COURS DALLOZ

Série Droit privé

Sous la direction de Marie-Anne Frison-Roche

Professeur à Sciences Po (Paris)

CONTRATS SPÉCIAUX

10e édition

2016

Daniel Mainguy
Professeur à la faculté de droit de Montpellier

DALLOZ

DALLOZ

31-35, rue Froidevaux - 75685 Paris Cedex 14

ISBN 978-2-247-16153-9

ABRÉVIATIONS

Act. dr. entr.	*Actualités du droit de l'entreprise*
C. civ.	Code civil
C. com.	Code de commerce
C. consom.	Code de la consommation
C. déont. méd.	Code de déontologie médicale
C. envir.	Code de l'environnement
C. rur.	Code rural
C. trav.	Code du travail
Cah. dr. entr.	*Cahiers de droit de l'entreprise*
CCC	*Contrats, concurrence, consommation*
CCH	Code de la construction et de l'habitation
CGI	Code général des impôts
Chron.	Chronique
Civ.	Cour de cassation, chambre civile
CJCE	Cour de justice des communautés européennes
Com.	Cour de cassation, chambre commerciale
Comp.	Comparer
CPI	Code de la propriété intellectuelle
CSP	Code de la santé publique
CSS	Code de la sécurité sociale
CVIM	Convention sur les ventes internationales de marchandises
D.	*Dalloz (Recueil)*

D. Affaires	*Dalloz Affaires*
Defrénois	*Répertoire du notariat Defrénois*
DMF	*Droit maritime français*
DP	*Dalloz périodique*
Dr. et patr.	*Droit et patrimoine*
Dr. soc.	*Droit social*
Gaz. Pal.	*Gazette du Palais*
IR	Informations rapides
J.-Cl.	*Juris-Classeur*
JCP	*Juris-Classeur périodique, édition Générale*
JCP E ou N	*Juris-Classeur périodique, édition Entreprise ou Notariale*
JOAN	*Journal officiel des questions à l'Assemblée nationale*
JOCE	*Journal officiel des Communautés européennes*
Journ. not.	*Journal des notaires*
L.	Loi
LPA	*Les Petites affiches*
Not.	Notamment
Obs.	Observations
Ord.	Ordonnance
Quot. jur.	*Quotidien juridique*
RD bancaire et bourse	*Revue de droit bancaire et de la bourse*
RDC	*Revue de droit des contrats*
RD imm.	*Revue de droit immobilier Dalloz*
RDIP	*Revue de droit international*
RDLC	*Revue des droits de la concurrence - Concurrences*
RGDM	*Revue générale de droit médical*
RRJ	*Revue de recherche juridique – Droit prospectif*
RCA	*Responsabilité civile et assurances*
Rev. crit. DIP	*Revue critique de droit international privé*
Rev. Loyers	*Revue des loyers*
Rev. proc. coll.	*Revue des procédures collectives*
Rev. sociétés	*Revue des sociétés*
RJ com.	*Revue de jurisprudence commerciale*
RJDA	*Revue de jurisprudence de droit des affaires*

RTD civ.	*Revue trimestrielle de droit civil*
RTD com.	*Revue trimestrielle de droit commercial*
S.	*Sirey (Recueil)*
Soc.	Cour de cassation, chambre sociale
Somm.	Sommaire
TEG	Taux effectif global

Introduction

1 **Définition.** Je vends, j'achète, je loue, je prête, je mandate, je dépose, j'emprunte, je fais réparer ma voiture, remplacer l'écran de mon ordinateur, je finance l'acquisition de ma voiture, conclus un nouveau contrat de travail, me rends chez le médecin, etc. : notre univers quotidien est peuplé de contrats particuliers, individualisés et spécifiques, distincts ce faisant du modèle générique du « contrat », objet de l'étude du « droit des contrats ». Certains de ces contrats sont moins usuels, soit plus rares soit encore plus spécifiques : je fais construire ma maison ou installer une nouvelle chaudière ; une entreprise conclut une licence de marque, un contrat de franchise, un pacte d'actionnaires, etc.

La tradition juridique de l'étude de ces contrats *particuliers* la considère comme un ensemble de règles spécifiques souchées sur celles du droit des obligations[1]. L'étude du droit des obligations, plus exactement du droit des contrats, est l'étude du *droit supplétif* des contrats, l'ensemble des normes juridiques applicables, loi et jurisprudence, qui les définissent et en réglementent les effets en général, en prenant souvent appui sur celle des contrats spéciaux, la vente et le contrat d'entreprise, les deux piliers essentiels du droit des contrats, du moins jusqu'à la réforme du droit des contrats de 2016, qui prend désormais en compte, au-delà de ces

1. D. Mainguy et J.-L. Respaud, *Droit des obligations*, Ellipses, 2009.

contrats élémentaires, les contrats de durée, comme les contrats-cadres. L'étude de ces contrats particuliers, dits *contrats spéciaux,* est, de même, l'étude du *droit supplétif de certains contrats particuliers,* les contrats nommés, les contrats faisant l'objet d'une réglementation, dont ceux du Code civil, la vente, le bail, etc. Il manque une partie importante, celle du *droit suppléé,* de l'ingénierie contractuelle, de la technique contractuelle[1], de la pratique des contrats, des clauses contractuelles[2]. Il s'agit de l'ensemble formant le droit vivant des contrats spéciaux compris comme les *contrats usuels,* ceux des particuliers entre eux, plus souvent ceux des professionnels avec les particuliers ou les professionnels entre eux, quand bien même on étudie en général ces contrats dans les cours de *droit civil* ce qui est aujourd'hui largement en deçà du domaine réel des contrats spéciaux

Les contrats spéciaux ne sauraient se dispenser des règles du droit commun des contrats, celles de leur formation, de leur exécution, de leur circulation, de leur extinction et de leur principe de fonctionnement, leurs définitions, etc. Le contrat n'est pas seulement un mécanisme producteur d'obligations mais un outil qui présente un effet normateur et donc toute une série d'effets, dont les effets particuliers et remarquables que sont les obligations, mais également des effets réels comme le transfert de propriété ou des risques dans la vente, des effets extinctifs, des options, des droits, des libertés, des facultés, des préavis, des délais, des gains et des pertes, des conditions[3], etc.

Aussi, une étude particulière des contrats spéciaux pourrait paraître superfétatoire si ce n'était, au moins, l'article 1107 du Code civil qui faisait référence aux contrats selon qu'ils sont nommés ou non, soumis à des lois particulières notamment commerciales, ou non, et qui restent donc soumis aux règles générales du droit des contrats et des obligations[4], article remplacé par

1. J.-M. Mousseron, P. Mousseron, J. Raynard et J.-B. Seube, *Technique contractuelle,* 4e éd., éd. F. Lefebvre, 2009.
2. F.-X. Testu, *Contrats d'affaires,* Dalloz action, 2010, J. Mestre et J.-C. Roda (dir.), *Les principales clauses des contrats d'affaires,* PUAM, 2011, W. Dross, *Clausier,* Litec, 2e éd. 2012.
3. *Cf.* not., P. Ancel, « Force obligatoire et contenu obligationnel du contrat », *RTD civ.* 1999. 771.
4. C. civ., ancien art. 1107 : « Les contrats, soit qu'ils aient une dénomination propre, soit qu'ils n'en aient pas, sont soumis à des règles générales, qui sont l'objet du présent titre » et ajoute que « les règles

l'article 1106 du Code civil qui dispose désormais : « Les contrats, qu'ils aient ou non une dénomination propre, sont soumis à des règles générales, qui sont l'objet du présent sous-titre. Les règles particulières à certains contrats sont établies dans les dispositions propres à chacun d'eux. Les règles générales s'appliquent sous réserve de ces règles particulières ».

Ce texte distingue entre *règles générales* du droit des contrats et *règles spéciales* à certains contrats, quelle que soit la nature de ces lois spéciales, civiles, commerciales ou autres. Il se comprend donc comme une logique bien emboîtée : le droit des contrats spéciaux se présente comme un ensemble de règles particulières à un autre ensemble – le droit commun et subsidiaire des contrats – de sorte que si, pour un problème contractuel particulier, on se réfère d'abord aux règles du droit des contrats spéciaux, le recours au droit commun, droit subsidiaire, permet tout à la fois des réponses particulières et une liaison générale. Par exemple, les règles sur le consentement ou le « contenu » des contrats spéciaux sont souvent des règles tranchées à partir des règles du droit commun des contrats, tandis que celles de la garantie des vices cachés, dans la vente, reposent sur des règles du droit de la vente. En même temps, aucune règle n'implique ce raisonnement : aucune norme *n'impose* de considérer en premier la règle *spéciale* puis en second ou à défaut, la norme *commune et subsidiaire* de sorte que, à l'observation, cet ordonnancement apparaît moins comme une *règle* que comme une habitude, une pratique, truffée de contre-exemples comme on pourra le voir. Une deuxième idée tend à considérer que les règles du Code civil, dans la rédaction de l'article 1106 issu de la réforme de 2016, pose clairement les règles du Code civil comme les règles générales, susceptibles d'être exceptées par toutes les autres, et notamment les règles du droit de la consommation ou celles du droit du travail ou encore des règles du Code du commerce, comme celles des articles L. 330-1 et suivants, ou celles de l'article L. 442-6, dont le statut, général ou spécial, n'est pas clair, sauf à bien

particulières à certains contrats sont établies sous les titres relatifs à chacun d'eux ; et les règles particulières aux transactions commerciales sont établies par les lois relatives au commerce ».

comprendre la hiérarchie imposée par l'article 1106 nouveau du Code civil.

2 L'idée même de « contrats spéciaux » peut surprendre en outre si l'on observe que le principe de liberté contractuelle propose la possibilité de conclure n'importe quel contrat, nommé ou innommé, connu ou inconnu, unique ou répété, « prêt à porter » ou « sur mesure », court ou long, écrit, gestuel ou verbal, etc. À quoi bon, alors, sérier, spécialiser, les contrats ? L'apprentissage du droit des obligations et une correcte pratique de la technique contractuelle[1] ne devraient-ils pas suffire ? « Les contrats ont certes besoin de droit, il n'est pas sûr qu'ils aient besoin de lois », affirmait ainsi Philippe Rémy[2]. C'est là, en effet, un appel assez courant de la tradition « contractualiste » française, que la méfiance envers les lois, comme si le droit des contrats, dans son entièreté, pouvait contenir toutes les règles et tous les raisonnements permettant de parvenir aux solutions réglant les problèmes spécifiques posés en la matière : les règles générales et spéciales du Code civil ainsi qu'une bonne maîtrise de la technique contractuelle suffiraient donc amplement.

On observe cependant le besoin de classifier les contrats qui répond à celui de disposer de règles spécialisées selon les contrats. Cette spécialisation des contrats paraît d'ailleurs avoir toujours existé et est même antérieure à la conception d'un ensemble de règles visant les contrats en général. L'étude des contrats spéciaux répond alors à la généralité du droit des obligations. Le droit des contrats pourrait ainsi se concevoir comme formé d'un droit des contrats en général, dont les règles sont empruntées au droit commun des contrats, et un droit spécial pour certains contrats, soit dans une logique juridique de principes directeurs et de règles d'application, comme droit pénal général et spécial forment une unité, soit dans une logique de subsidiarité : le droit commun, comme droit subsidiaire, organise tout ce qui n'est pas réglé par les règles spéciales. C'est dans cette dernière considération que

1. J.-M. Mousseron, P. Mousseron, J. Raynard et J.-B. Seube, *Technique contractuelle*, 4e éd., éd. F. Lefebvre, 2009.
2. Ph. Rémy, « Droit des contrats : questions, positions, propositions », in *Le droit contemporain des contrats*, Economica, 1987, p. 271.

l'on envisage, en général, l'idée qu'il existe, à côté d'un droit commun des contrats, un droit spécial des contrats... spéciaux.

Dans la réalité contractuelle, la situation serait plutôt inversée : le juriste observe le contrat tel qu'il est rédigé, dont les clauses transposent ou dérogent, avec plus ou moins de bonheur et de validité aux règles de droit, dont, d'abord, les règles du droit des contrats spéciaux, et, à défaut, du droit, subsidiaire, commun des contrats.

De quels contrats spéciaux s'agit-il, alors ? La lecture du Code civil montre un ordonnancement, supposé logique qu'une lecture un peu soutenue réfute cependant, auquel il convient d'ajouter quelques contrats rencontrés ici ou là, dans le Code de commerce ou telle loi spéciale, voire dans aucun code, mais dont le régime est forgé par la jurisprudence, voire par la pratique contractuelle, comme c'est le cas des contrats de distribution et des contrats « d'affaires » plus généralement[1].

Sur cette base, cependant, tant la notion de contrats spéciaux (SECTION 1) que leurs évolutions (SECTION 2) peuvent être envisagées, permettant d'aborder leur domaine (SECTION 3).

SECTION 1
NOTION DE CONTRATS SPÉCIAUX

3 **L'impossible liste des contrats spéciaux.** L'article 1106 du Code civil propose la distinction entre, d'une part, les règles intéressant les contrats en général, ce que l'on peut appeler le droit commun des contrats, qui font l'objet du Titre III du Livre III du Code civil, Des contrats ou des obligations conventionnelles en général, et, d'autre part, les règles intéressant certains contrats déterminés, notamment à travers les titres spéciaux du Code civil traitant de certains contrats en particulier. Ceux-ci sont nombreux : la vente (C. civ., Titre VI, art. 1582 à 1701), l'échange (C. civ., Titre VII, art. 1702 à 1707), le louage (C. civ., Titre VIII) qui se distingue

1. F.-X. Testu, *Contrats d'affaires*, Dalloz action, 2010.

selon qu'il s'agit du louage de chose régi par les règles du Code civil (C. civ., art. 1713 à 1778 et 1800 à 1831) ou par une cohorte de lois réglementant différents baux très spéciaux (bail d'habitation, bail commercial, bail rural...), du louage d'industrie (C. civ., art. 1780 et 1781) derrière lequel se discerne le contrat de travail, et du louage d'ouvrage (C. civ., art. 1782 à 1799) qui n'est autre que le contrat d'entreprise selon l'expression plus moderne utilisée aujourd'hui et qui se divise et se subdivise en quantité de contrats (transport, réparation, conseil...), du contrat de promotion immobilière, variante du précédent (C. civ., Titre VII *bis*, art. 1831-1 à 1831-5), du contrat de société (C. civ., Titre VIII, art. 1832 à 1873) qui se divise aujourd'hui en règles générales contenues dans le Code civil et nombre de règles spéciales dont la plus importante réside dans les articles formant le nouveau Livre II du Code de commerce qui a intégré, entre autres, l'ex-loi du 24 juillet 1966 sur les sociétés, du prêt (C. civ., Titre X, art. 1874 à 1914), largement contaminé par de nombreuses règles du droit de la consommation, du dépôt (C. civ., Titre XI, art. 1915 à 1963), des contrats aléatoires (C. civ., Titre XII, art. 1964 à 1983), du mandat (C. civ., Titre XIII, art. 1984 à 2010), de la transaction (C. civ., Titre XV, art. 2044 à 2058), du compromis (C. civ., Titre XVI, art. 2059 à 2061), les contrats emportant création de sûretés ayant fait l'objet d'une réforme récente qui déplace ces règles dans le Code civil.

La liste est longue et incomplète. Il conviendrait d'y ajouter les contrats du Code de commerce comme le contrat de cession de fonds de commerce, de bail commercial, d'agence commerciale, etc., le contrat d'association (L. 1er juill. 1901), le contrat d'assurance contenu dans un Code qui porte son nom, le contrat de travail, ainsi que l'ensemble des contrats nés de la pratique commerciale, les contrats de distribution : concession commerciale, franchise, distribution sélective, les contrats de production, sous-traitance, cotraitance, les contrats de financement, les contrats de représentation, etc.

La matière est immense pour celui qui souhaite y porter son regard. Immense et disparate, tant ses règles semblent épouser les diverses composantes du droit privé, du droit civil au droit des affaires, les plus importants, le droit du travail qui se préoccupe principalement d'un contrat, le contrat de travail, mais aussi des conventions collectives, de certains contrats d'assurance, des contrats relatifs à la protection sociale, le droit fiscal qui développe souvent une conception propre des contrats.

Cette liste est également déceptive. Les contrats, éventuellement spéciaux, ne sont pas résumés à l'ensemble des contrats qui sont évoqués dans telle ou telle loi. Tout juste peut-on y déceler une liste des contrats usuels qui n'entrave pas la possibilité de rédiger et conclure des contrats qui n'entrent pas dans ces listes. Il s'agirait, peut-être, de contrats *sui generis* sans qu'il s'attache à ce terme aucune connotation péjorative ou ambiguë[1]. Ces contrats ne sont pas alors des contrats inconnus : bien au contraire, le principe de la liberté contractuelle de l'article 1102, associé aux principes de la force obligatoire du contrat et de la bonne foi dans la négociation, la formation et l'exécution des contrats des articles 1103 et 1104 ouvrent largement la possibilité de les conclure et leurs règles seront celles que les parties ont bien voulu y insérer. Comme les auberges espagnoles, on trouve ce que l'on y apporte. D'ailleurs, la plupart des contrats du commerce, des contrats d'affaires, sont ou étaient de tels contrats avant de devenir pratiqués puis, à leur tour, nommés.

4 **Les normes juridiques applicables au droit des contrats spéciaux.** Le Code civil réglemente les contrats les plus usuels, du moins ceux considérés comme les plus usuels aux destinataires du Code civil en 1804, les propriétaires fonciers : vente, mandat, prêt, bail, etc. Parce que ces contrats portent un nom, qui remonte souvent au droit romain, on les qualifie de contrats nommés. En résulte la liste du Code civil énumérant tous ces contrats et les règles qui leur sont applicables. On remarquera qu'elle paraît très éclectique. Le plan, ou plutôt l'absence de plan, du Code civil – qui d'ailleurs limite l'efficacité de la réforme du droit *commun* des contrats –, laisse entrevoir le néant imaginatif de ses rédacteurs sur ce point (confirmé, d'ailleurs, par de nombreuses imprécisions, confusions ou erreurs parfois, que l'on peut recenser dans certains articles qui leur sont consacrés). Cette liste n'est d'ailleurs pas limitative.

1. D. Grillet-Ponton, *Essai sur le contrat innommé*, Thèse Lyon III, 1982.

C'est même l'apport essentiel de la fin du droit romain rejoint, comme si treize siècles étaient gommés, par l'article 1107 du Code civil en 1804, que d'opposer contrats nommés et innommés alors même que les règles du droit commun des contrats proposent l'efficacité de ces contrats innommés avant peut-être de devenir nommés à leur tour[1].

Après 1804, nombreuses furent les lois qui ajoutèrent de nouveaux contrats spéciaux, répondant à de nouveaux besoins ou de nouveaux enjeux économiques ou sociaux, sans toujours les intégrer dans les Codes existants, tels les différents baux, d'habitation, ruraux, commerciaux, ou bien des contrats totalement nouveaux comme le contrat de crédit-bail ou le contrat de mécénat ou les divers contrats de financement ou de garantie des financements. Certains de ces contrats ont fait l'objet de Codes « compilation » comme le Code des assurances, le Code de la construction, le Code de la consommation ou récemment le Code de commerce recodifié ou encore le Code monétaire et financier, le Code de la propriété intellectuelle, le Code de la santé publique, le Code de l'urbanisme, le Code de la construction et de l'habitation, etc. Enfin, certains codes portant sur des matières plus spéciales sont en réalité des excroissances du Code civil : le Code du travail est ainsi tiré du développement du contrat de travail vaguement et mal défini à l'article 1780 du Code civil, le Code de la consommation régit une forme de droit alternatif des contrats, pour autant qu'ils soient de consommation, exactement comme le droit de la famille trouve son prolongement dans le Code de l'action sociale et de la famille, le droit des personnes dans le Code de la santé publique, le droit des biens dans le Code de la construction et de l'habitation, etc.

5 Les conventions internationales sont également à l'origine de la réglementation de certains contrats spéciaux. Ainsi, diverses conventions internationales se sont souciées de régler les conflits de lois pouvant porter sur des contrats spéciaux (convention d'Ottawa sur les conflits de lois en matière d'affacturage ou de

1. Ph. Malaurie, L. Aynès et P.-Y. Gautier, n° 3, p. 13.

crédit-bail, convention de La Haye sur les conflits de lois en matières de ventes internationales de marchandises) et parfois organisent de véritables règles matérielles internationales (convention de Varsovie puis de Montréal sur les transports aériens, convention de Bruxelles sur les transports maritimes, de Genève sur les transports ferroviaires, convention de Vienne sur la vente internationale de marchandises...), avec cette spécificité des conventions internationales en matière de transport que leurs règles sont impératives. Le droit du commerce international est, d'ailleurs, un vivier important de contrats spéciaux[1] par l'apport de la pratique contractuelle[2]. C'est ainsi que de nombreux contrats types ou conditions générales de vente, établis par des organismes internationaux, participent à cette construction[3] en posant la question de l'existence de la *lex mercatoria*[4], mystérieux droit des marchands qui serait issu de la pratique commerciale, parallèle, pour ne pas dire alternative, aux règles posées par les institutions étatiques, et donc non pollués par des règles protectrices spécifiques ou d'ordre public *nationaux*, et aujourd'hui concurrencé par des « principes » et « règles » des contrats internationaux non étatiques comme les « Principes pour un droit européen des contrats » (PDEC) ou les « Principes Unidroit »[5]. On doit souligner l'importance croissante de ces règles, pourtant non normatives, et qui pourraient devenir le socle d'un futur Code européen des contrats[6] et en même temps la difficulté posée par l'existence de ces « règles », alors même qu'elles n'obéissent à aucune norme étatique.

1. D. Mainguy, « Les opérations du commerce international », *in* J. Béguin et M. Menjucq (dir.), *Traité de droit du commerce international*, Litec, 2005, n°s 901 s. ; J.-M. Mousseron, J. Raynard, *et al.*, *Droit du commerce international*, 3e éd., Litec, 2003 ; J.-M. Jacquet et Ph. Delebecque, *Droit du commerce international*, 2e éd., Dalloz, coll. Cours, 1999.

2. J.-Ph. Colson et D. Lemieux (dir.), *Le droit supranational et les techniques contractuelles*, Institut québécois des hautes études internationales, Université Laval, 1997.

3. D. Mainguy, « Conditions générales de vente et contrats types », *J.-Cl. Contr. distr.*, fasc. 60, 2001.

4. F. Osman, *Les principes généraux de la lex mercatoria*, Bibl. dr. priv., t. 192, préf. E. Loquin, LGDJ, 1992.

5. V. M. Luby, *J.-Cl. Conc. consom.*, fasc. 790 ; D. Tallon, I. de Lamberterie et G. Rouhette, *Les principes du droit européen des contrats*, La documentation française, 1997 ; O. Lando et H. Beale, *Principles of European Contract Law* Kluwer, 2000 ; D. Mazeaud, « À propos du droit virtuel des contrats », *Mélanges M. Cabrillac*, Dalloz-Litec, 2000, p. 205.

6. Cl. Witz, « Plaidoyer pour un Code européen des contrats », *D.* 2000. 79 ; D. Tallon, « Vers un droit européen des contrats », *Mélanges A. Colomer*, Litec, p. 485 ; G. Gandolfi, « Pour un droit européen des contrats », *RTD civ.* 1992. 707.

6 Le droit de l'Union européenne est par ailleurs, et de plus en plus, une source de la vente commerciale notamment et du contrat d'entreprise[1]. Ainsi, la directive du 25 juillet 1985 ouvrait un régime de responsabilité du fait des produits défectueux dont la transposition, chaotique, fut réalisée en 1998, comme celle de la directive du 25 mai 1999 sur certains aspects de la vente et des garanties des biens de consommation, transposée par une ordonnance du 17 février 2005. Le projet ou la menace, selon la position favorable ou critique de l'observateur, s'accroît avec un projet de Règlement relatif à un droit commun européen de la vente présenté en 2011[2], comme étape d'un futur droit européen des contrats, destiné à se substituer aux différents droits nationaux de la vente, alors unifiés. De même, de nombreux règlements européens imposent des conditions pour que certains contrats de distribution commerciale soient compatibles avec les règles du droit de la concurrence de l'Union européenne[3].

Enfin, la jurisprudence de la CJUE exerce une influence importante sur le régime de ces contrats de distribution. Par ailleurs, de même que l'ensemble des mécanismes assurant le contrôle de la loi en tant qu'elle respecte les droits et libertés fondamentaux, qu'il s'agisse de la Convention européenne des droits de l'homme ou du droit constitutionnel des contrats, via par exemple la désormais fameuse QPC, la relation entre contrats, éventuellement spéciaux, et droits fondamentaux ne peut plus être ignorée.

C'est poser, ici comme ailleurs, le rôle fondamental, essentiel de l'interprétation des normes juridiques et donc de la jurisprudence. C'est ainsi, par exemple, que ces dernières années ont donné lieu à des bouleversements retentissants, concomitants du renouvellement des fondements du droit des contrats, en matière d'obligation d'information, d'action directe dans la vente, de

1. J. Huet, « Les sources communautaires du droit des contrats », *LPA* 1997, n° 35, p. 9, M. Zoïa, *L'influence du droit communautaire sur les contrats spéciaux*, Thèse Toulouse, 1999 ; H. Aubry, *L'influence du droit communautaire sur le droit des obligations*, Thèse Paris, 2000. V. aussi, C. Quigley, *Le droit communautaire des contrats*, Bruylant-Kluwer, 1998 ; L. Idot, « Droit communautaire et contrats », in *Vers une culture juridique européenne*, Montchrestien, 1998.
2. B. Fauvarque-Cosson, « Vers un droit européen de la vente », *D.* 2012. 34, A.-S. Choné-Grimaldi, « La proposition de règlement relatif à un droit commun de la vente », *CCC*, 2011/4, ét. 6.
3. B. Goldman, A. Lyon-Caen et L. Vogel, *Droit commercial européen*, Dalloz, 1995 ; D. Ferrier, *Droit de la distribution*, 5e éd., Litec, 2011.

garantie des vices cachés, de la notion plus complexe de conformité, de l'obligation de sécurité, de détermination du prix, la révolution des obligations de moyens et de résultat... La Cour de cassation exerce cette fonction créatrice et interprétative, elle est la cour souveraine du droit des contrats, exerçant son contrôle sur tous les aspects de la vie des contrats, y compris en assurant un compromis parfois avec des interprétations provenant d'autorités aux fonctions différentes, comme celles des cours d'appel et d'autorités administratives indépendantes comme l'Autorité de la concurrence. La jurisprudence a ainsi forgé le régime des clauses de non-concurrence, d'exclusivité, du refus de vente, etc. On pourrait ajouter la Commission des clauses abusives qui trace la voie, dans les différents contrats qu'elle rencontre, en séparant les clauses qu'elle estime abusives de celles qui ne le sont pas. Citons encore la récente Commission d'examen des pratiques commerciales (C. com., art. L. 441-1) qui peut intervenir dans les relations entre producteurs et distributeurs.

Enfin, la pratique commerciale, comme en matière internationale, exerce en droit interne une grande influence. Très souvent des contrats usuels, ventes, dépôts ou prêts (bancaires par exemple), baux... sont rédigés par des spécialistes, notaires, avocats ou des organismes professionnels. En d'autres hypothèses, les praticiens créent de toutes pièces des contrats répondant à leurs besoins, identifiant de nouveau contrats spéciaux.

7 **Conséquences : les contrats nommés.** Le mouvement de « nomination », de spécialisation, des contrats est donc très vivace. C'est ainsi par exemple que les contrats spéciaux étaient autrefois classifiés selon qu'ils étaient des « grands » ou des « petits » contrats, la vente, le bail, le louage d'ouvrage pour les premiers, le reste constitué du dépôt, du prêt, du mandat. Une autre technique, voisine, distinguait les contrats à titre onéreux des contrats d'ami, par essence gratuits. Ces façons de considérer les contrats sont totalement obsolètes : tous les contrats se sont professionnalisés et tous sont devenus des « grands » contrats. Par ailleurs d'autres contrats se sont ajoutés, crédit-bail, contrats préparatoires à la vente, contrats de distribution par exemple, au gré des créations de la pratique.

La plupart des règles relatives aux contrats spéciaux sont en effet supplétives. Les contrats sont fondés sur le principe de liberté contractuelle qui se traduit ici par la liberté d'organiser le contenu du contrat par des clauses habilement choisies. Cette liberté est cependant contrainte par l'émergence, voire le renforcement, de l'impérativité des règles modernes. Le droit de la consommation, le droit du travail, le droit immobilier, le droit des assurances, le droit des transports, certaines règles du droit de la concurrence, reposant le plus souvent sur des impératifs de protection de l'une des parties mais aussi de direction de l'économie, en sont les principaux vecteurs. Il demeure, malgré tout, que la liberté contractuelle reste exercée, laissant la place à la technique contractuelle, permettant d'adapter chaque contrat aux besoins de leurs utilisateurs[1]. Ce serait cependant une erreur que de faire du droit des obligations le parangon de la liberté contractuelle et celui des contrats spéciaux le domaine de l'impérativité. Les deux disciplines rassemblent l'étude des règles intéressant les contrats avec leur part d'impérativité, de supplétivité et d'aménagements.

Ce qu'on appelle *contrat nommé* est un contrat prévu et réglementé par une norme juridique, la loi le plus souvent : la vente, le bail, le prêt, le contrat de crédit-bail, sont des contrats nommés, ce qui signifie qu'un juriste est capable de *reconnaître* qu'un contrat anonyme est l'un de ces contrats nommés, par un travail de *qualification*. Inversement, un *contrat innommé* est un contrat qui ne fait l'objet d'aucune règle particulière, d'aucun nom. En réalité, cette distinction est artificielle : bien des contrats non réglementés sont connus par la jurisprudence ou par la pratique. C'est le cas des contrats de déménagement, d'hôtellerie, de franchise, de concession, etc. Ils ne sont pas innommés puisqu'ils sont connus et que leur appellation invite à un régime plus ou moins déterminé[2]. Les contrats innommés ont donc naturellement vocation à devenir des contrats nommés (v. ss 15). Il n'y a plus guère d'intérêt aujourd'hui à distinguer les contrats nommés et innommés.

1. J.-M. Mousseron *et al.*, *Technique contractuelle*, *op. cit.*
2. D. Grillet-Ponton, *Essai sur le contrat innommé*, Thèse Lyon, 1982 ; J.-F. Overstake, *Essai de classification des contrats spéciaux*, LGDJ, 1969 ; J. Rochfeld, *Cause et type de contrats*, LGDJ, 1999.

SECTION 2

ÉVOLUTION DES CONTRATS SPÉCIAUX

8 **Avant le Code civil.** Le droit romain des contrats fut essentiellement un droit des contrats nommés, des contrats spéciaux, en raison de l'essence processualiste du droit romain[1]. Et encore, il s'agit là d'une vue de notre siècle car le droit romain était surtout un droit processuel qui s'attachait à des *actions* pouvant être engagées plus qu'aux fondements de ces actions, les *contrats* comme nous les envisageons. Le droit romain distinguait donc les « conventions », engagements dépourvus de tout effet obligatoire, et les « contrats » affectés de la force obligatoire, les pactes « vêtus » et les pactes « nus », les pactes avec ou sans action. Toute l'histoire du droit romain des contrats montre cependant une évolution vers l'admission de plus en plus de types de contrats. Les contrats sont par exemple distingués selon leur objet. On distingue surtout quatre types de contrats. Les contrats verbaux, essentiellement représentés par la stipulation, les contrats littéraux (des jeux d'écritures sur des livres de compte, comme des emprunts), les contrats réels dont le *mutuum* (prêt de consommation), la fiducie, le dépôt, le gage et le commodat (prêt à usage) étaient trois catégories de contrats formels imposant le prononcé de paroles (« *spondesne* » : promets-tu ? « *spondeo* » : je promets), la rédaction d'un écrit ou la remise d'une chose. Les contrats consensuels, dont la vente, le louage, la société et le mandat, sont apparus plus tard.

Dans le même temps, des contrats trouvaient leur force dans l'action en justice, de droit strict ou de bonne foi, qui laissait une plus grande liberté d'interprétation au juge. Il s'agit des contrats « vêtus », à la différence des « pactes nus » dont il ne résultait aucune action. Le prêteur pouvait cependant reconnaître une action à certains pactes, soit par la technique des pactes adjoints au contrat, soit par la reconnaissance de nouvelles actions et donc de nouveaux

1. J. Gaudemet, *Droit privé romain*, Montchrestien, 1998, p. 253 s.

à l'instauration d'un droit des contrats très spéciaux[1]. Par exemple les baux sont régis par le Code civil que l'on peut considérer comme le droit commun du bail assorti de toute une série de régimes spéciaux : les baux commerciaux, les baux ruraux, le bail d'habitation, la location en meublé, etc. Le même mouvement s'observe pour la vente, divisée en vente internationale ou interne, civile ou commerciale, aux professionnels ou aux consommateurs, vente d'immeuble ou de meuble, de meuble corporel ou de meuble incorporel... et ainsi de suite pour pratiquement tous les contrats spéciaux tels qu'on les envisageait traditionnellement dans le Code civil.

Cet ensemble est aujourd'hui profondément modifié par la réforme du droit des contrats de 2016[2]. Outre la question de numérotation de certains textes clés, c'est tout l'ensemble de l'architecture du droit des contrats qui a été modifiée par l'introduction de règles qui, hier, demeuraient jurisprudentielles, mais aussi par la prise en compte de nouveaux enjeux contractuels, les contrats-cadres (C. civ., art. 1111), les contrats d'adhésion (C. civ., art. 1110), la durée dans les contrats (C. civ., art. 1201), la « fusion » de l'objet et de la cause dans le « contenu » du contrat (C. civ., art. 1162 à 1171), le devoir précontractuel d'information (C. civ., art. 1112-1), la présentation d'un régime de la négociation (C. civ., art. 1112), du pacte de préférence (C. civ., art. 1123) et de la promesse unilatérale de contracter (C. civ., art. 1124), etc. Les bouleversements sont trop importants pour que l'on puisse se contenter de l'affirmation selon laquelle la recodification du droit des contrats et des obligations aurait été faite à droit constant. C'est toute la logique de la construction du droit des contrats qui en est changée, et par voie de conséquence, celle des contrats spéciaux, encore que le contraste, désormais, en termes qualitatifs, entre les textes légiférés du droit commun des contrats et du droit

1. F. Collart-Dutilleul et Ph. Delebecque, n° 5, p. 5 ; Ph. Jestaz, « L'évolution du droit des contrats spéciaux dans la loi depuis 1945 », in *L'évolution contemporaine du droit des contrats, Journées R. Savatier*, PUF, 1985, p. 117.

2. G. Chantepie et M. Latina, *La réforme du droit des obligations*, Dalloz, 2016 ; D. Mainguy (dir.), *Le nouveau droit français des contrats, du régime général et de la preuve des obligations*, public. électr. Montpellier, 2016.

spécial des contrats, laisse penser que l'influence de ces règles nouvelles, et pas seulement par l'attrait du neuf, pourrait être très importante.

11 **Spécialisation des contrats spéciaux.** Ce mouvement de spécialisation est général. Il s'accompagne assez logiquement d'une complication des règles. La vente par exemple n'est plus le contrat relativement simple d'autrefois, fait pour la vente d'immeuble ou d'animaux, mais un contrat aux règles complexes, s'agissant de ses obligations principales, délivrance, garantie, encore compliquées par le régime des groupes de contrats ou par la question de la sécurité de la chose, mobilière, vendue. En outre, la connaissance de la loi est insuffisante pour se faire une idée du régime de la vente : les apports jurisprudentiels souvent casuistiques et sophistiqués et de compréhension difficile pour le profane sont essentiels. Il en résulte une véritable « arborescence » des contrats spéciaux[1]. Il y aurait ainsi, par ordre de spécialisation croissante, des contrats spéciaux, des contrats très spéciaux, qui laissent loin le droit commun d'un contrat spécial, dont certaines règles tendent à tomber en désuétude, et, davantage encore, ignorent le droit commun des contrats et des obligations. À tel point, d'ailleurs, que certains auteurs purent s'inquiéter du maintien, sinon à la marge, du droit commun des contrats voire de la théorie générale des contrats, à supposer qu'elle existe[2]. Mais à bien des égards, on peut se demander si l'accent placé sur le droit commun des obligations et des contrats ne masque pas, parfois, une simple généralisation des règles de certains contrats spéciaux et, notamment, de la vente et du contrat d'entreprise, sans doute les plus importants, comme ce peut être le cas de la théorie de l'offre et de l'acceptation ou encore des vices du consentement. C'est dire qu'il est très difficile de contingenter le droit commun et le droit spécial tant ils paraissent imbriqués[3]. Sans doute cette prolifération des contrats spéciaux est une réponse aux besoins diversifiés des contractants. Ainsi, la spécialisation des contrats emprunte deux voies.

1. Ph. Malaurie, L. Aynès et P.-Y. Gautier, n° 34.
2. J. Ghestin, « La notion de contrat », *Droits*, 12, p. 7 et *D.* 1990. Chron. 147.
3. Ph. Malaurie, L. Aynès et P.-Y. Gautier, n° 60.

Une première est *objective* et traduit les distinctions que l'on constate par exemple entre vente d'immeuble et vente de meuble, ou entre dépôt ordinaire, nécessaire, hôtelier. Cette forme de spécialisation a toujours existé ; ce qui est nouveau, c'est la tendance à l'autonomie des règles gouvernant certaines branches comme en matière de bail et désormais de la vente.

Une seconde est *subjective* et distingue les contrats selon la qualité des contractants, professionnels ou non professionnels. La plupart des contrats se sont en effet « professionnalisés » en ce sens que de grandes masses de contrats, toutes catégories confondues, sont conclues par des professionnels, dont la responsabilité peut être plus largement engagée, avec des consommateurs, dont le besoin de protection se fera plus évidemment sentir. Massifiés, anonymisés, ces contrats font l'objet d'un consentement limité : le professionnel a pris tout son temps pour rédiger un contrat ou des conditions générales de contrat qui correspondent à ses désirs et besoins tandis que le destinataire, consommateur mais aussi professionnel profane, ne dispose que d'une option, accepter ou refuser, en bloc, sans pouvoir discuter le contenu de ce contrat. Les règles du droit de la consommation tentent alors de rétablir un peu de cet équilibre perdu. Le droit de la consommation est cependant autant un élément de réglementation que de perturbation des efforts de classification des contrats, et c'est sans doute vrai aussi du droit de la concurrence, dans la mesure où ces réglementations se fondent sur des besoins de réglementation immédiats, parfois éloignés des contingences des rédacteurs du Code civil. La spécialisation des contrats serait en ce sens accompagnée d'une certaine rigidité due au double phénomène de « massification » et « d'anonymisation » des contrats qui imposerait une réglementation de plus en plus complexe et pas toujours réservée d'ailleurs aux relations entre professionnels et consommateurs. La séparation pourrait alors ressembler à celle qui distingue contrats « prêts-à-porter » destinés à une utilisation massive et contrats « sur mesure », répondant à des besoins plus rares, plus onéreux, plus travaillés. C'est alors tout le domaine des contrats d'affaires ou des contrats commerciaux comme il plaira de les appeler.

Ici encore, l'article 1107 du Code civil s'avère particulièrement trompeur : il assimile contrats civils et contrats commerciaux, sauf, précise-t-il cependant, quelques règles particulières aux contrats commerciaux. Or, ces règles se sont fait progressivement jour jusqu'à constituer un corps de règles particulièrement importantes et complexes. Qu'il s'agisse des contrats assurant le financement d'une entreprise (contrats de cautionnement, contrats bancaires, contrats de cessions de créance, d'affacturage, de portage... jusqu'à des montages juridiques extrêmement sophistiqués), des contrats assurant l'organisation de la structure de l'entreprise (contrats de bail, de crédit-bail, de location-gérance, de cession de fonds de commerce, contrats de la société, cession de titres, cession de contrôle...) ou contrats assurant l'activité de l'entreprise (contrats portant sur des droits de propriété intellectuelle, contrats de distribution, contrats de transport, contrats de production...), c'est tout un pan de la matière qu'il convient d'observer. De nouvelles catégories contractuelles apparaissent alors : celle opposant les contrats de situation, les contrats les plus importants pour l'entreprise, et les contrats d'occasion, contrats qui sont pour l'entreprise des contrats de « consommation[1] » ; celle opposant les « contrats-échange » qui assurent un échange de valeurs ou de services entre les contractants et les « contrats-organisation » qui ne réalisent pas un tel échange[2] ; les contrats de dépendance et les autres[3].

Il en résulte alors une double influence, qui est propre au droit des contrats en général et point seulement au droit des contrats spéciaux, qui correspond également à deux conceptions du contrat. Une première conception envisage le contrat comme une institution rare et dangereuse qu'il convient de réglementer : le droit de la consommation ou le droit du travail, ou plus exactement la conception négative du droit de la consommation ou du droit du travail comme des règles contraintes, fournissent alors

1. M. Cabrillac, « Remarques sur l'évolution des contrats et les créations récentes de la pratique commerciale », *Mélanges G. Marty*, 1978, p. 235.
2. P. Didier, « Brèves notes sur le contrat organisation », *Mélanges F. Terré*, 1999, p. 635.
3. G. Virassamy, *Les contrats de dépendance*, LGDJ, 1986 ; G. Berlioz, *Le contrat d'adhésion*, LGDJ, 1976.

un modèle de réflexion du droit des contrats. Cette première conception est très influente et elle justifie les nombreuses atteintes à la liberté contractuelle que le droit moderne des contrats subit. Une seconde conception peut envisager le contrat comme une institution faste et utile qu'il convient tout au contraire de favoriser : c'est alors le modèle des contrats d'affaires qui promet de larges utilisations de la liberté contractuelle et donc de créations contractuelles toujours plus riches, et bien entendu supposerait un accueil favorable par le juge, loin, précisément, des réglementations contraignantes. De là les interrogations sur le point de savoir, par exemple, si des clauses comme des clauses limitatives de responsabilité doivent ou non être traitées comme des « clauses abusives », entre professionnels, si le juge peut, ou non, considérer que des obligations non prévues par les contractants sont inhérentes au contrat, ou encore si la clause de non-concurrence dans les contrats d'affaires doit ou non s'accompagner, comme en droit du travail, d'une rémunération pour être valable. Ces questions ne sont donc pas de simples questions techniques mais bien des questions de politique juridique et d'interprétation.

12 **Généralisation des règles spéciales ou spécialisation des règles générales ?** L'inquiétude tenant à la spécialisation croissante des contrats était exagérée[1] dans la mesure où les exemples donnés ci-dessus montrent que l'imbrication entre règles du droit commun des contrats et des contrats spéciaux est très fine. Par exemple, le traitement des clauses de non-concurrence dans le contrat de travail était réalisé sur le fondement de la cause, et non d'un texte spécifique au contrat de travail, tout comme la notion de « clause abusive » dans les contrats entre consommateurs se fonde sur l'existence d'un « déséquilibre significatif » entre les droits et obligations nés du contrat, formule que l'on retrouve à l'identique dans l'article L. 442-6, I, 2° du Code de commerce et qui est aujourd'hui intégrée dans le Code civil dans l'article 1171.

1. Même si ce retour peut sembler mythique, en ce sens que la théorie générale ne serait finalement qu'une construction de la doctrine (*cf.* É. Savaux, *La théorie générale du contrat, mythe ou réalité ?*, Bibl. dr. priv., t. 264, préf. J.-L. Aubert, LGDJ, 1997). V. C. Goldie-Genicon, *Contribution à l'étude des rapports entre le droit commun et le droit spécial des contrats*, LGDJ, 2009.

Les liens entre les analyses et interprétations tirées d'un texte spécial ou commun ne répondent donc pas à une méthode, une théorie générale, qui serait, ou bien celle de la « spécialisation » de règles générales ou au contraire de « généralisation » de règles spéciales mais l'un et l'autre et dans le plus grand désordre. On assiste ainsi à des hypothèses de généralisation de règles spéciales dont il s'agit. Ainsi en est-il de l'article 1615 du Code civil qui impose de délivrer les accessoires de la chose avec la chose elle-même, qui se prolonge dans d'autres contrats et qui surtout permet de découvrir dans ces accessoires les informations nécessaires au consentement ou à l'utilisation de la chose, aujourd'hui généralisées, à tout le moins au temps de la préparation du contrat (C. civ., art. 1112-1). Ainsi en est-il aussi de l'obligation de sécurité. Au départ découverte dans les contrats de transport ferroviaire par une stipulation pour autrui tacite, puis dans la plupart des contrats portant sur un service, elle fut ensuite observée dans le contrat de vente – même si ce n'est pas la même obligation de sécurité – à la fin des années quatre-vingt ; elle est aujourd'hui affirmée par la jurisprudence sur le fondement de l'article 1134 du Code civil[1], désormais article 1104, et enfin légalisée par les articles 1386-1 et suivants du Code civil, devenus 1245 et suivants. Même le contrat de travail connaît ces manifestations, par exemple sur le fondement la bonne foi dans l'exécution des contrats, pour imposer à l'employeur une obligation de reclassement, ou autrefois le mécanisme de la résolution judiciaire d'un contrat de travail[2], voire pour imposer une obligation de sécurité de l'employeur reprise du contrat d'entreprise.

À bien des égards, cependant, ce retour demeure très ponctuel. Les obligations d'information, de sécurité peut-être, la place importante de la bonne foi dans l'exécution des contrats (C. civ.,

1. Ph. Rémy, « Droits des contrats : questions, positions, propositions », in *Le droit contemporain des contrats*, dir. L. Cadiet, Trav. fac. dr. Rennes, 1990.

2. Soc. 8 avr. 1992, *JCP E* 1992. II. 360, note J. Savatier (obligation de reclassement des salariés dans l'entreprise) ; Soc. 25 févr. 1992, *D.* 1992. 320, note M. Défossez (obligation d'adapter les salariés à l'évolution de leur emploi) et D. Corrignan-Carsin, « Loyauté et droit du travail », *Mélanges H. Blaise*, Economica, 1995, p. 125.

art. 1104), les groupes de contrats[1], le contrat conjonctif[2], les contrats-cadres hier, la jurisprudence sur la détermination du prix, sont autant d'exemples de questions intéressant les contrats spéciaux et résolues par un discours tiré du droit commun du contrat. Mais pour un exemple de ce type, combien offrent, à l'opposé, des illustrations de la toujours plus large spécialisation des contrats et, finalement, peut-être, d'un phénomène de « régression » du droit commun des contrats[3] qui demeure un droit subsidiaire, comme bien des développements de cet ouvrage le montreront. Pour autant un débat sur une hypothétique « théorie générale des contrats spéciaux »[4] ou plus modestement d'un ensemble de règles communes aux contrats spéciaux, à mi-chemin des règles générales du droit commun et des mécanismes particuliers du droit spécial, n'est pas inutile si l'on observe que bien des contrats spéciaux proposent des problèmes voisins : la question du transfert de propriété, de la garantie, des obligations d'information, de restitution, sans oublier les « clauses spéciales » que sont les clauses d'exclusivité, de non-concurrence, de « hardship », de résiliation, etc., toutes utilisées de manière systématique dans bien des contrats dont le régime est forgé par la jurisprudence, pour l'essentiel et qui forment une partie de cet ensemble commun : cet ensemble de règles communes aux contrats spéciaux suppose alors une réflexion première sur l'ensemble des règles communes à tous les contrats, sans oublier les velléités du droit de l'Union européenne, cacophonie vertueuse de réformes projetées qui omettent, toutes, les contrats spéciaux.

Il faudrait, enfin, évoquer cette vague nouvelle de lois, spécifiques ou non, qui amendent ou modifient, parfois assez substantiellement, des parties des règles relatives au droit des contrats spéciaux. Par exemple, l'article 1840 A du Code général des impôts, relatif à l'enregistrement des promesses unilatérales de vente a été intégré dans le Code civil à l'article 1589-2 par une

1. B. Teyssié, *Les groupes de contrats*, LGDJ, 1975 ; J. Néret, *Le sous-contrat*, LGDJ, 1979 et v. ss 188.
2. R. Cabrillac, *L'acte conjonctif en droit privé français*, LGDJ, 1990.
3. B. Oppetit, « Les tendances régressives dans l'évolution du droit contemporain », *Mélanges D. Holleaux*, Litec, 1990, p. 317.
4. « Pour ou contre une théorie générale des contrats spéciaux », *RDC* 2007.

ordonnance du 7 décembre 2005. De même, la loi *Kouchner* du 4 mars 2002 a considérablement modifié les règles en matière de responsabilité médicale en transférant l'essentiel de ces règles dans le Code de la santé publique.

Ceci sans compter des changements de place (ce qui doit nous apprendre à maudire l'idée que les règles de droit seraient fongibles dans des numéros d'articles), comme celui du célébrissime article 2279 du Code civil rétrogradé à l'article 2276, la volonté de suppression de la notion de « bon père de famille », si chère à l'appréciation du comportement du dépositaire par exemple et qui se transmute en une exigence d'être « raisonnable ». On songe également au contenu d'une loi du 12 mai 2009, l'une de ces nombreuses lois de simplification du droit qui simplifie tellement peu qu'elle passe inaperçue, et qui substitue la notion de « remise de la chose » à celle de « tradition réelle » dans l'article 1606 ou 1919, de « rachat » à celle de « réméré » dans l'article 1662, de « métayer » à celle de « colon partiaire » aux articles 524, 585, 1714, 1801, 1819, 1827 ou encore qui supprime la notion de « commodat » pour lui préférer la notion usuelle de « prêt à usage » aux articles 1874, 1875 ou 1879. Tout ceci est sans intérêt : il faudra une génération, sans doute plus pour faire oublier les notions de « commodat » ou de « bon père de famille » qui ne véhiculent que des souvenirs ou des notions qui n'ont de sens que lorsqu'elles s'appliquent à des objets contractuels réels.

Section 3

Domaine des contrats spéciaux

13 **Exclusions.** La matière est largement éclatée. Il est impossible, dans le cadre de cet ouvrage, de prendre parti sur les délimitations possibles de la matière, encore moins de recenser tous les contrats spéciaux du droit français pour les étudier. D'ailleurs certaines exclusions s'imposent.

Ainsi, mais avec regret, les contrats du droit public[1], qui comprennent des contrats particuliers comme les contrats de concession, d'affermage, d'amodiation mais aussi des contrats plus ordinaires méritent une étude spécifique. Les contrats administratifs sont les contrats qui sont conclus par la puissance publique et qui lui offrent des prérogatives exorbitantes du droit commun (possibilité de révision, de résiliation, etc.).

De même, les contrats commerciaux[2] ne seront pas étudiés en tant que tels. Certains sont étudiés par ailleurs, tels les contrats de cession de fonds de commerce, les baux commerciaux, la location-gérance, les contrats portant sur des droits de propriété industrielle, etc., d'autres font l'objet d'études spécifiques, comme les contrats de distribution, d'assurance ou les contrats de transports. Ces contrats seront évoqués ; certains seront étudiés systématiquement.

En outre, certains contrats spéciaux du droit civil ne seront pas étudiés. Les conventions matrimoniales ou les donations qui le sont spécifiquement dans les manuels consacrés au droit des régimes matrimoniaux ou des successions, pas plus que le PACS même s'il est un lieu commun de constater la contractualisation du droit de la famille. De même, nous n'étudierons pas les contrats aléatoires, jeu, pari, rente viagère ni les contrats relatifs à un litige : transaction, compromis ; cet ouvrage ne saurait contenir que les contrats les plus importants ou les plus usuels.

14 **Qualifications.** L'une des principales difficultés de la matière tient aux questions de qualification[3]. Les juristes, tels des entomologistes, classent, distinguent, dissèquent, nomment, sérient les contrats comme d'autres épinglent les insectes. C'est une manie qui n'est pas propre aux juristes mais elle est remarquable chez

1. M. Guibal et L. Rapp, *Contrats des collectivités locales*, éd. F. Lefebvre, 1992 et *Mélanges M. Guibal*, Montpellier, 2006.

2. F.-X. Testu, *Contrats d'affaires*, Dalloz, 2010 : extraordinaire ouvrage qui allie règles de sources multiples (légiférées, jurisprudence, pratique, françaises, américaines, anglaises, internationales...) au service de cette catégorie impossible, celle des contrats d'affaires (Comp. V. Cadoret, *Réflexions sur les contrats d'affaires*, th. Montp. 2011).

3. F. Terré, *De l'influence de la volonté individuelle sur les qualifications*, LGDJ, 1957 ; X. Henry, *La technique des qualifications contractuelles*, Thèse Nancy II, 1992.

eux dans la mesure où le droit est une notion aux fonctions multiples et souvent confondues de description et de normalisation. Le droit est au moins un langage, un code sémantique, autour duquel sont envisagés des régimes juridiques particuliers. Chaque contrat repéré par un juriste est aussitôt comparé, rapproché d'un modèle existant soit pour constater l'identité soit, face à une apparente nouveauté, à quelque subtil élément de différenciation, tenter de rapprocher le contrat étudié de tel autre modèle ou au contraire de l'en écarter pour découvrir une nouvelle variété. *A priori* inutile en raison du principe de la liberté contractuelle, ce réflexe – qui perdure peut-être par un atavisme emprunté au droit romain – est constant et nécessaire. De même que la généralité de la vie sur terre n'empêche ni la différenciation des espèces ni n'entrave l'intérêt de son étude. Les contrats nommés connaissent en effet, toute une série de règles particulières, plus ou moins impératives, qui justifient la recherche de la nature exacte d'un contrat.

15 Les techniques de qualification sont nombreuses : elles empruntent le plus souvent à la recherche de l'objet d'un contrat, ou bien de sa cause. En pratique, la recherche de la prestation caractéristique d'un contrat permet de déterminer sa nature de la façon dont y invite par exemple la convention de Rome en matière de contrats internationaux. La recherche de l'obligation fondamentale ou de l'obligation essentielle, pour reprendre une autre terminologie[1] révèle une analyse empruntant la technique du partage de l'accessoire et du principal. La plupart des contrats spéciaux comportent des obligations à la charge des deux parties et l'une d'entre elles, l'obligation de payer un prix est commune à tous les contrats spéciaux : la prestation caractéristique sera alors souvent – mais non systématiquement – la prestation réciproque de l'obligation de payer. On mesure alors la différence de méthode entre la recherche de l'obligation principale et celle de prestation caractéristique d'un contrat. La vente par exemple a

1. Ph. Jestaz, « L'obligation et la sanction : à la recherche de l'obligation fondamentale », *Mélanges P. Raynaud*, Dalloz, 1985, p. 273.

pour obligation principale une obligation de livrer, contrepartie de l'obligation de payer de l'acheteur. Mais la prestation caractéristique de la vente est le transfert de propriété, qui n'est pas une obligation. Les deux techniques n'aboutissent donc pas au même résultat et les deux sont insuffisantes car pas plus l'obligation de livrer que le transfert de propriété ne sont caractéristiques de la vente. La qualification procède alors souvent d'une comparaison entre plusieurs régimes supplétifs étalons ou d'un choix de qualifications lorsque cette comparaison échoue ou est impossible. C'est le cas pour les contrats les plus complexes comme un contrat de franchise.

Encore, cet exercice de qualification peut-il conduire à plusieurs résultats étant entendu que le juge n'est jamais tenu de suivre la qualification choisie par les parties, qui est d'ailleurs souvent de fantaisie : combien de peu originaux contrats de vente se cachent derrière tel « contrat de partenariat », « contrat de coopération » ou « contrat d'approvisionnement » ? Le plus simple et, en principe, le plus rigoureux, révèle une qualification exclusive. Le contrat emprunte la nature juridique de sa prestation principale (à moins que la qualification ne résulte de l'analyse de la cause du contrat). Simple lorsque le contrat n'a qu'un objet (vente, bail) l'opération est parfois délicate lorsque l'opération contractuelle en identifie plusieurs. Tel est l'exemple classique du contrat de déménagement qui est soit un contrat de transport soit un contrat d'entreprise, selon que le déplacement ou la manutention est le plus important[1]. La mesure du principal et de l'accessoire permet de qualifier le contrat. Parfois, cependant, sans doute parce que cette mesure est illusoire, la qualification conduit à un nouveau contrat. Ainsi en est-il du contrat de crédit-bail composé de vente, mandat, bail, promesse de vente, baigné dans une atmosphère de crédit ou encore du contrat de franchise, associant de nombreuses obligations de faire et de ne pas faire et de mise à disposition d'une marque.

1. V. cependant récemment : Com. 3 avr. 2001, *JCP* 2002. 642, note Ph. Delebecque et v. ss 470.

16 La qualification peut aussi être distributive, un même contrat étant soumis à deux corps de règles différents empruntés aux deux objets auquel il se rapporte. Cette distribution des règles peut-être chronologique. La vente d'immeuble à construire connaît, ainsi, successivement les règles du contrat d'entreprise puis celles de la vente. Elle peut être simultanée. Ainsi, le contrat associant une vente d'une machine et l'entretien de cette machine voit s'appliquer les règles de la vente et celles du contrat d'entreprise pour chaque composante.

Enfin, la qualification peut échouer. Le contrat sera, alors, un contrat *sui generis*. Observons, cependant, que par un vieux réflexe issu de la pratique romaine, le droit français et ses juristes répugnent à admettre la nature *sui generis* d'un contrat et préfèrent souvent – toujours ? – nommer un contrat soit en le rattachant à un contrat existant soit en en créant un nouveau qui deviendra, petit à petit, nommé à son tour[1]. La pratique commerciale fourmille d'exemples, des contrats de distribution (franchise, concession...) ces contrats aux accents exotiques : contrats de sponsoring, de parking, d'affacturage, de portage, de *renting*, de *buy-back*[2]... Tous les contrats ont ainsi, par leur existence même vocation à intégrer la catégorie des contrats nommés, ou « typés », des contrats spéciaux. Par ailleurs, bien des contrats, *a priori* originaux, et non nommés, sont en réalité des combinaisons de conventions, mécanismes parfaitement connus. D'où la tentation d'une théorie générale des contrats spéciaux[3] dont on peut se rendre compte assez rapidement qu'elle se confond presque avec une théorie générale des contrats, et qui reste à faire : il n'y a pas, en droit français positif, de mécanisme général du transfert de propriété, de la garantie des vices cachés, etc.

1. V. *contra*, le contrat liant un pasteur et son église ou un moine et sa congrégation, qui n'est pas un contrat de travail, *cf.* Soc. 20 nov. 1986, *JCP* 1987. II. 20788, note Th. Revet.
2. Ph. Malaurie, L. Aynès et P.-Y. Gautier, *op. cit.*, n° 43. *Adde* : D. Grillet-Ponton, *Essai sur le contrat innommé*, Thèse Lyon, 1982.
3. « Pour une théorie générale des contrats spéciaux », *RDC* 2006. 2.

17 **Plan.** Plusieurs classifications des contrats spéciaux peuvent être envisagées[1]. Celles du Code civil, en premier lieu, en une longue litanie des contrats spéciaux. Ou bien en recherchant des divisions, par exemple entre les contrats à titre onéreux et les contrats entre amis (prêt, mandat, cautionnement...), distinction que l'évolution des relations contractuelles modernes a rendue passablement obsolète aujourd'hui, la plupart de ces contrats étant conclus à titre onéreux. On pourrait, d'ailleurs, sauter le pas et proposer une distinction entre les contrats civils et les contrats commerciaux ou d'affaires, même si cette classification comporterait quelques répétitions. Aujourd'hui, la plupart des auteurs retiennent une classification économique, fondée sur l'objet de ces contrats, retenant des distinctions que le Code n'avait pas faites, mais en la compliquant un peu en envisageant le fait que certains contrats portent sur un objet déterminé, au but bien défini, comme la vente, le mandat le bail Toutefois, on ne vend pas une voiture ou un immeuble comme on organise des relations à long terme, comme dans le cas des grands contrats d'affaires, de sorte que nous réserverons une partie à ces questions, à la charnière entre la vente et les contrats de services.

Nous retiendrons celle qui divise les contrats spéciaux selon qu'ils portent sur une chose, comprenant la vente, le bail, le prêt, le dépôt (PREMIÈRE PARTIE), puis les contrats de production et de distribution (DEUXIÈME PARTIE) et les contrats qui portent sur une prestation, sur un service, entreprise et mandat, tout en étant conscient de la relativité de cette distinction (TROISIÈME PARTIE). Le prêt ou le dépôt, par exemple, pourraient être rangés dans la troisième partie dans la mesure où ils comportent une part de prestation, surtout lorsqu'il s'agit de prêt ou de dépôt d'argent. Considérons, cependant, que ces contrats sont utiles parce qu'une chose (*lato sensu*, intégrant la monnaie) en est le support.

1. J.-F. Overstake, *Essai de classification des contrats spéciaux*, Bibl. dr. priv., t. 91, LGDJ, 1969.

Première partie

Les contrats portant sur une chose

18 **Plan.** Portant sur chose, le contrat peut viser plusieurs objectifs. Il peut s'agir de transférer la propriété d'une chose : la vente et l'échange sont les archétypes de ces contrats. Il peut s'agir de permettre l'usage de cette chose : le bail ou le prêt en sont les formes les plus achevées ; ou bien il peut s'agir de conserver cette chose, c'est le contrat de dépôt. Cette distinction paraît s'imposer ; elle n'est pas la seule. Ainsi des conditions d'onérosité les séparent ou bien de cause, selon qu'ils sont conclus dans un but exclusivement marchand ou non, ou bien encore selon la qualité des parties, tant il est vrai que le droit de la consommation a entraîné des bouleversements qui auraient pu avoir des conséquences sinon sur la qualification des contrats, du moins sur leur classification.

Titre 1. Les contrats assurant le transfert de propriété de la chose

Titre 2. Les contrats assurant l'usage de la chose

Titre 3. Les contrats assurant la conservation de la chose : le dépôt

TITRE 1

LES CONTRATS ASSURANT LE TRANSFERT DE PROPRIÉTÉ DE LA CHOSE

19 **Plan.** Le premier de ces contrats est bien entendu la vente, le roi des contrats. Peut-être conviendrait-il d'évoquer plus exactement « les » ventes, tant celles-ci, pourtant envisagées, par prudence ou par tradition, de manière unitaire paraissent aujourd'hui éclatées en des régimes irréductibles : la vente internationale et la vente interne de marchandises, la vente de droit commun et la vente aux consommateurs, voire la vente commerciale (SOUS-TITRE 1). Le second, qui est en même temps le plus ancien est l'échange, issu du troc (SOUS-TITRE 2) et, enfin, d'autres contrats composent un paysage disparate dans lequel on repère des contrats qui, à un titre ou à un autre, comme effet ou comme objet, emportent un transfert de propriété (SOUS-TITRE 3).

SOUS-TITRE 1

LA VENTE

20 **Définition.** L'article 1582 du Code civil offre une définition légale de la vente, assez approximative d'ailleurs. Il définit en effet la vente comme « une convention par laquelle l'un s'oblige à livrer une chose, et l'autre à la payer ». C'est, sans doute, le « plus usuel des contrats[1] » même si la formule est assez difficile à vérifier. L'ancienneté de la vente, la place que lui consacre le Code civil, le caractère fondamental, au plan économique, de ce contrat sont des éléments qui en font un contrat essentiel : tout se vend, des marchandises, des immeubles, des biens meubles incorporels comme des brevets, des marques, des actions, des créances ou des contrats, mais aussi des tickets de métro, des places de cinéma, des assurances, etc. Or, bien des contrats ainsi « vendus » ne le sont en réalité pas, mais s'identifient à d'autres figures spéciales : un contrat d'entreprise, un prêt ou tout autre contrat simulant, par l'échange apparemment simultané d'argent contre une prestation, une vente. C'est surtout un contrat translatif de propriété comme l'indique l'article 1583 du Code civil : « Elle est parfaite entre les parties, et la propriété est acquise de droit à l'acheteur à l'égard du vendeur, dès qu'on est convenu de la chose et du prix, quoique la chose n'ait pas encore été livrée ni le prix payé. » Tous

1. J. Carbonnier, *Flexible droit*, LGDJ, p. 298.

les jours, des centaines de milliers, des millions, davantage peut-être, de contrats de vente sont conclus. C'est, avec le contrat d'entreprise, le pilier de nos économies modernes de production, distribution et consommation.

Déjà, en 1804, l'importance de ce contrat était signalée par le nombre d'articles qui lui étaient consacrés. Aujourd'hui, il faudrait ajouter les nombreuses lois nouvelles, du droit de la consommation par exemple ou du droit immobilier et surtout l'ensemble des décisions de jurisprudence qui font de la vente un contrat complexe et éclaté.

21 **Un contrat complexe.** L'observation de l'évolution de la vente révèle une complexification croissante, spécialement en matière de responsabilité du vendeur et de garantie[1]. Issue du troc ou du don, seule l'abstraction de la monnaie a pu voir naître la vente, l'échange d'une valeur contre sa contre-valeur. Si aujourd'hui la vente est un contrat consensuel, conclu par la seule déclaration des parties, son ancêtre, la vente romaine notamment, imposait cependant une pesanteur qui divisait la vente en deux actes, deux formes : la vente proprement dite qui supposait des échanges de paroles, appelant un deuxième acte, la remise de la chose ou d'un symbole de la chose, emportant transfert de propriété (*traditio* ou *mancipatio*, v. ss 125). Le droit français s'est cependant mais très lentement éloigné de cette distinction sous l'influence des juristes de l'Ancien droit. Le Code civil a généralisé les solutions auxquelles était parvenu le droit français à la veille de la Révolution, dans l'article 1583 du Code civil, annoncé par l'article 1138 du Code civil où se trouve posé le principe du transfert *solo consensu* de la propriété. Ce principe souffre cependant nombre d'exceptions, ne serait-ce que parce que toutes les choses vendues ne sont pas des corps certains, mais des choses de genre ou bien parce que l'importance des choses vendues justifie un formalisme important.

C'est cependant vers la fin de l'Ancien Régime que la vente a acquis les caractères que nous lui connaissons aujourd'hui. La vente est un contrat consensuel, synallagmatique, onéreux et

1. Ph. Le Tourneau, *Responsabilité des vendeurs et des fabricants*, Dalloz, 2001 et v. ss 145 s.

commutatif, les caractères traditionnels des contrats en général, et translatif de propriété, ce qui fait son originalité et sans doute sa complexité. S'ajoutent les enjeux du contenu du contrat de vente, eu égard à leur nombre et à leur importance, qui ont largement déformé le contrat de vente. C'est ainsi que les études se sont organisées autour du contrat de vente pour comprendre les questions de conformité, de garantie, de sécurité et d'action directe qui ont donné lieu à des arrêts importants depuis la fin de la Seconde Guerre mondiale, qui correspond aussi à l'avènement de la société de consommation.

22 **Un contrat éclaté.** La vente a perdu l'unité relative que lui prêtait le Code civil, en 1804, rédigé aux temps des physiocrates pour gérer la propriété immobilière telle que résultant de la Révolution, y compris ses spoliations (C. civ., art. 1602 à 1701), au point, d'ailleurs, que le Code de commerce ne lui accordait qu'un article, relatif à la preuve, abrogé depuis. Plusieurs révolutions industrielles, démographiques, économiques, technologiques ont, depuis, imposé un éclatement de la vente. Cet éclatement est cependant relatif. On n'observe pas comme en matière de bail par exemple, une distinction en statuts mais divers régimes, celui de vente commerciale, rurale, au consommateur par des réglementations particulières qui ajoutent au droit commun de la vente. C'est, ainsi, qu'une grande distinction oppose la vente internationale, depuis la convention de Vienne, notamment, et la vente interne.

Les ventes internationales sont marquées par un effort de réglementation internationale, notamment pour les ventes de marchandises qui intéressent le commerce mondial : relevons la convention de La Haye du 15 juin 1955 sur la loi applicable aux ventes internationales de « meubles corporels » (en voie d'être remplacée par une convention de La Haye du 22 décembre 1986 dès que plus de cinq états l'auront ratifiée) qui traite des conflits de lois en matière de vente internationale de meubles corporels et la convention de Vienne du 11 avril 1980 sur les ventes internationales de marchandises (CVIM) qui crée un ensemble de règles matérielles applicables à la vente conclue entre des ressortissants d'États signataires ou alors que les règles du droit international privé désignent la loi d'un État signataire[1]. Aujourd'hui, de manière intermédiaire entre l'objectif d'un droit international matériel, comme la CVIM, et les droits nationaux, le droit de l'Union européenne propose des techniques d'unifications des droits nationaux comme alternatives aux techniques du droit international privé. C'est ce qui semble être annoncé par le projet de Règlement sur le droit européen de la vente[2] dans le but, affiché d'assurer sinon une meilleure protection des droits du consommateur du moins d'assurer une protection uniforme de ces droits, et avec comme objectif de se substituer aux droits nationaux, au droit français de la vente notamment, pour partie lorsque le contrat de vente ne sera pas international (transfrontière).

Sans entrer dans le détail d'une réglementation à venir, on observera simplement que le projet entend largement promouvoir la protection de la « partie faible » du contrat, l'acheteur, le plus souvent consommateur, par une généralisation de la notion de « déséquilibre manifeste », qui reposerait sur la démonstration que l'une des parties a retiré du contrat un « profit excessif ou un avantage déloyal » et par le fait d'avoir profité de l'état de « dépendance, de détresse ou d'ignorance » de l'autre partie, mais encore la notion de « clause abusive », à la manière du droit de la consommation français.

S'agissant des ventes internes, on peut distinguer la vente de meubles et la vente immobilière (C. civ., art. 1601-1 s.), la vente au comptant et la vente à crédit à laquelle le droit de la consommation s'est largement intéressé (C. consom., art. L. 312-1 s. sur le crédit à la consommation, et C. consom., art. L. 313-1 s. sur le crédit immobilier), les ventes entre professionnels et les ventes aux consommateurs (not. C. consom., art. L. 242-1 sur les clauses abusives ; L. 111-1 sur l'information au consommateur...). Cet éclatement demeure, cependant, marginal même si on doit aujourd'hui étudier la vente de façon éclatée.

1. V. Heuzé, *La vente internationale de marchandises*, LGDJ, 2000 ; B. Audit, *La vente internationale de marchandises*, LGDJ, 1990 ; D. Mainguy, « Les opérations du commerce international », *in* J. Béguin et M. Menjucq (dir.), *Traité de droit du commerce international*, Litec, 2e éd., 2011, nos 1001 s. ; J.-M. Mousseron, J. Raynard *et al.*, *Droit du commerce international*, *op. cit.*, nos 339 s. ; J.-M. Jacquet et Ph. Delebecque, *Droit du commerce international*, *op. cit.*, nos 220 s.

2. B. Fauvarque-Cosson, « Vers un droit européen de la vente », *D.* 2012. 34, A.-S. Choné-Grimaldi, « La proposition de règlement relatif à un droit commun de la vente », *CCC*, 2011/4, ét. 6, C. Aubert de Vincelles, « Premier regard sur la proposition d'un droit commun européen de la vente », *JCP* 2011. 2456.

23 **Plan.** Aussi, convient-il d'exposer les règles de la vente en observant trois premières questions abordant les traits communs de la vente : les éléments communs de la vente (CHAPITRE 1), sa formation (CHAPITRE 2) et ses effets (CHAPITRE 3), avant d'aborder quelques traits de ventes particulières, internationales et de consommation notamment (CHAPITRE 4).

CHAPITRE 1

Les éléments communs de la vente

24 **Plan.** La vente est un contrat très important qui présente des caractères originaux, qui dévoilent, eux-mêmes, des obligations particulières, telle l'obligation de garantie, éventuellement supplantée aujourd'hui par une obligation de sécurité. Mais ces effets ne peuvent se manifester qu'autant que certains préalables ont été envisagés.

Il convient, donc, d'observer les éléments permettant d'identifier la vente, à l'égard, notamment des certains contrats proches (SECTION 1) avant les questions de forme et de preuve de la vente (SECTION 2).

SECTION 1

L'IDENTIFICATION DE LA VENTE

25 **Caractères.** La vente, nous l'avons observé, se singularise par son effet translatif de propriété, en sorte que les parties se succèdent dans la propriété de la chose, objet du contrat. Cette définition justifie les caractères de la vente. Évidemment conventionnelle et synallagmatique puisque vendeur et acheteur exécutent une

prestation résultant d'un accord (l'expropriation n'est pas une vente), la vente est également commutative : la chose vendue est équivalente au prix payé pour l'acquérir. C'est la raison d'ailleurs pour laquelle la lésion n'est pas admise dans la vente en principe, sauf pour les ventes d'immeubles, compte tenu de leur spécificité. Se justifie également l'exigence de détermination du prix et de la chose : l'acheteur doit savoir exactement ce à quoi il s'oblige et le vendeur ce qu'il transmet puisque la vente est un contrat à exécution instantanée, onéreux et translatif.

Il demeure, cependant, que d'autres contrats se rapprochent de la vente. Il convient de les observer, selon qu'il s'agit de contrats portant sur une chose (**§ 1**) ou sur un service, une prestation (**§ 2**).

§ 1. La vente et les autres contrats portant sur une chose

26 La vente se singularise d'autres contrats, plus ou moins voisins, tels d'autres contrats translatifs de propriété (**A**) ou non translatifs de propriété (**B**).

A. La vente et d'autres contrats translatifs de propriété

27 **Vente et don.** La vente se distingue en premier du don, dont elle est primitivement issue. La vente, contrat onéreux, suppose un prix s'opposant absolument en cela à la donation, contrat par essence à titre gratuit. Se justifient, alors, les différences entre les deux institutions.

La donation, gratuite, n'impose pas les mêmes suites que la vente, pour laquelle le vendeur recueille la contre-valeur de la chose. La vente comporte ainsi une obligation de garantie qu'ignore la donation. De même, la donation, parce qu'elle emporte une dépossession définitive, nécessite un certain formalisme : la donation doit être notariée ou bien, manuelle, elle emporte une tradition qui vaut publicité à l'égard des tiers[1].

1. X. Lagarde, « Réflexions sur le fondement de l'article 931 du Code civil », *RTD civ.* 1997. 25.

28 **Vente et apport en société.** L'apport en société est un contrat qui, lorsqu'il porte sur un apport en nature, emporte dessaisissement de l'apporteur au profit de la société bénéficiaire de l'apport. Mais la rémunération de l'apport n'est pas un prix, mais la remise de droits sociaux, parts sociales ou actions. Aussi n'est-ce pas une vente et les règles de la lésion, par exemple ne s'appliquent pas, même si d'autres règles de la vente, comme la garantie, ont vocation à s'appliquer à l'apport en société : l'article 1843-3, al. 3 du Code civil, dispose ainsi que l'apporteur est garant envers la société « comme un vendeur ». Toutefois, l'apport en société d'un immeuble n'emporte pas l'application des règles de la lésion, ce qui se justifie par le formalisme des règles d'évaluation et d'apport des immeubles dans les sociétés de capitaux, et échappe aux techniques de préférence ou de préemption, sauf fraude (mais *contra* : C. urb., art. L. 213-1, à propos du droit de préemption urbain, C. urb., art. R. 143-4, à propos du droit de préemption des SAFER).

29 **Vente et dation en paiement.** La dation en paiement est la remise d'une chose, à titre de paiement, différente de celle qui faisait l'objet de l'obligation, par l'accord des parties[1]. C'est, par conséquent, un acte extinctif, par opposition à la vente qui est un acte constitutif[2]. Mais c'est aussi un acte translatif de propriété. Le débiteur remet une chose à titre de paiement au créancier. Aussi, la dation en paiement, acte de paiement, est-elle souvent rapprochée de la vente, à ceci près qu'elle suit aussi le régime du paiement, et qu'elle constitue, par exemple, un mode anormal de paiement au regard du droit des procédures collectives. Certaines dations en paiement n'en sont cependant pas parce qu'elles sont prévues dans le contrat initial, alors que la dation en paiement se décide au moment du paiement. Tel est le cas des ventes avec reprise d'un matériel ancien[3] : il s'agit en fait d'un échange avec soulte ou de deux ventes croisées indivisibles.

1. F. Bicheron, *La dation en paiement*, Thèse Paris II, 2003 ; *Adde* : Leoty, « La nature juridique de la dation en paiement », *RTD civ.* 1975. 12.
2. Ph. Malaurie, L. Aynès et P.-Y. Gautier, *op. cit.*, n° 70.
3. Ph. Malaurie, L. Aynès et P.-Y. Gautier, n° 71. V. aussi F. Collart-Dutilleul et Ph. Delebecque, n° 140, à propos de la cession d'un terrain contre remise d'un local à construire. V. par ex : Com. 20 juin 1972, *D.* 1973. 325, note J. Hémard (vente d'un véhicule avec reprise du véhicule ancien).

30 **Vente et échange**[1]. L'échange est une autre forme proche de la vente. Le contrat d'échange est, aux termes de l'article 1702 du Code civil, un contrat par lequel l'un fournit une chose contre une autre. Là encore, le prix n'est pas la contrepartie du transfert de la propriété, c'est un autre transfert de propriété, réciproque. Malgré tout, il est rare que les deux choses échangées aient la même valeur et une soulte sera souvent versée pour compenser la différence. La présence de cette soulte peut qualifier le contrat de vente et non d'échange dès lors que la soulte est apparue comme l'objet essentiel du contrat, parce que son montant dépasse le montant de la chose « échangée[2] ».

B. La vente et les contrats non translatifs de propriété

31 **Vente et bail.** Les deux contrats sont aisément distingués : l'un, la vente, emporte transfert de propriété, à titre définitif et de façon instantanée, l'autre, le bail, n'emporte que le transfert de l'usage de la chose, de façon provisoire et successive. Déjà, cependant, la vie des affaires montre que ces contrats sont susceptibles d'être concurrents : ainsi le candidat acquéreur d'un véhicule pourra hésiter entre son achat ou sa location, notamment lorsque la durée de vie, donc d'amortissement de la chose convoitée est adaptée à une période de location[3].

Les difficultés proviennent de l'effacement, parfois, de ces critères. Par exemple, la location d'une carrière assure au locataire la possibilité de s'approprier la substance de la chose. C'est la raison pour laquelle la jurisprudence considère que ce contrat n'est jamais un louage mais est une vente[4] précisément parce que la substance de la chose a disparu, de façon définitive. De même, la vente à réméré assure au vendeur la possibilité de racheter la chose vendue. L'opération semble alors ne présenter qu'un aspect

1. V. ss 258 ; L. Bardet-Blanvillain, *L'échange*, Thèse Paris II, 2002.
2. Civ. 3e, 26 juin 1973, *D.* 1973. Somm. 143 ; *RTD civ.* 1974. 145, note Y. Loussouarn.
3. Comp. Com. 28 janv. 2003, *Comm. conc. électr.* 2003, no 52, obs. Ph. Stoffel-Munck : à l'expiration d'un contrat de location, alors que le preneur avait continué de payer les loyers, une cour d'appel a valablement pu considérer que le surplus de loyers devait être remboursé en raison de la valeur nulle de la chose au terme de la location, aboutissant à une forme de transfert de propriété par paiement de loyers.
4. Civ. 3e, 30 mai 1969, *JCP* 1970. II. 16173, note Hubrecht, *RTD civ.* 1970. 188, obs. G. Cornu.

provisoire. Pourtant, cette situation n'emporte pas qualification de bail car le vendeur ne dispose que d'une faculté de réméré[1].

Certaines situations sont encore plus complexes. Ainsi, en est-il du bail à nourriture ou plus spécifiquement encore de la « vente d'herbe ». Dans ce contrat, régi par l'article L. 411-1 du Code rural, le propriétaire d'un pré cède les fruits de la chose, l'herbe, à un tiers qui fera paître ses bêtes dans ce pré. La qualification du contrat est cruciale : location, il constituera un bail rural, vente, il échappera aux règles très sévères du bail rural. Le risque de fraude est tellement important que l'article L. 411-1 du Code rural présume qu'un tel contrat est un bail rural lorsqu'il emporte cession exclusive des fruits et que l'exploitant doit les recueillir ou les faire recueillir, à moins que le propriétaire ne démontre que le contrat n'a pas été conclu en vue d'une utilisation continue ou répétée des biens[2].

Comme souvent, également, les contrats de bail et de vente peuvent être combinés : la location-accession, la location-vente, le crédit-bail, en sont des exemples[3].

32 **Vente ou prêt ; vente et prêt.** Là encore, les contrats sont bien distincts car le prêt, prêt à usage ou prêt de consommation, emporte obligation de restituer la chose prêtée. Ce n'est, en effet, pas le transfert de propriété qui est le critère décisif. Cependant, le prêt de consommation d'un bien meuble consomptible, c'est-à-dire qui se consomme, se détruit au premier usage, emporte transfert de propriété de la chose prêtée. Tel est le cas, notamment, du prêt d'argent. Demeure, cependant, le critère décisif, l'obligation de restituer. L'emprunteur demeure tenu de restituer non la chose prêtée, elle est consommée, mais une chose équivalente.

Bien souvent, le contrat combine la vente et le prêt ; tel est le cas des ventes avec un emballage consigné. Se pose le problème de savoir si l'emballage est vendu, avec la faculté pour l'acquéreur de le revendre, ou prêté, avec l'obligation de restituer l'emballage. C'est souvent une question très difficile d'interprétation du

1. V. ss 81.
2. L. Lorvellec, *Droit rural*, Masson, 1987, n°s 118 s.
3. V. ss 282.

contrat. Parfois, le contrat prévoit cette hypothèse et qualifie la remise de l'emballage de prêt à usage. Cette question devient encore plus complexe lorsque s'associe un dépôt.

33 **Vente et dépôt.** Dans ce contrat, une fois de plus, les opérations sont bien distinguées. Une forme contractuelle originale repose, cependant sur une apparente combinaison des deux, le dépôt-vente, très pratiqué pour la vente des journaux ou d'équipements électroniques comme les « ventes » d'antennes satellites[1] ou encore en présence d'une chose vendue avec un emballage consigné. Toute la difficulté repose sur la question de savoir si le dépositaire assume une obligation de restituer les choses déposées ou s'il dispose de la simple faculté de restituer ou bien encore si le déposant a l'obligation de récupérer les choses vendues. Dans le premier cas, l'opération sera un dépôt, dans le second, une vente avec faculté de restitution, dans le troisième une obligation d'accepter la restitution. L'opération n'a, très souvent, en pratique, que peu de rapports avec le dépôt et se rapproche, malgré son appellation de fantaisie, du mandat[2].

§ 2. La vente et les contrats portant sur un service

34 **Vente et contrat d'entreprise, vente de services.** La vente consiste à fournir un bien contre un prix, alors que le contrat d'entreprise[3] a pour objet un travail, conduisant à un ouvrage ou un service. La distinction paraît simple *a priori* : l'entrepreneur s'engage à réaliser un travail, moyennant rémunération, il ne vend pas un service. Pourtant de nombreux points de convergence existent.

Certains évoquent ainsi, l'hypothèse d'une vente de services dans le langage courant[4] et, parfois aussi, par les normes légales, comme la loi du 13 juillet 1992 sur « les ventes de voyage » ou

1. J. Ghestin et B. Desché, n° 84, p. 87 ; R. de Quenaudon, « Formes contractuelles voisines du dépôt », *J.-Cl. Contr. distr.*, fasc. 177.
2. V. ss 34 et 420.
3. V. P. Puig, *La qualification du contrat d'entreprise*, Éd. Panthéon-Assas, 2002.
4. R. Savatier, « La vente de services », *D.* 1971. Chron. 223 et v. ss 86 et 493.

l'article 20 de la loi du 29 janvier 1993 qui évoque « l'achat d'espace publicitaire ». C'est, en réalité, une erreur. Il n'y a pas de vente de services ce qui imposerait une identité des contrats de vente et d'entreprise. Simplement, on observe que, très souvent, les contrats de vente et les contrats d'entreprise sont traités selon un même régime particulier, par exemple en droit de la consommation lorsqu'il s'agit de fournir une information à un consommateur ou bien encore en droit pénal, pour réprimer la publicité mensongère : peu importe qu'il s'agisse d'une offre mensongère de vente ou de contrat d'entreprise.

35 **Vente et contrat d'entreprise combinés.** Dans certains contrats, les opérations de vente et d'entreprise sont combinées comme la vente d'un matériel informatique accompagnée d'une formation spécifique ou bien d'un contrat de maintenance ou bien encore les complexes contrats d'équipements industriels. On pourrait appliquer la règle de l'accessoire. Selon que l'opération de vente ou de service est plus importante, l'ensemble de l'opération contractuelle serait soumis à l'un ou l'autre régime. Ce critère se révèle, cependant, insatisfaisant alors même qu'il n'y a guère d'inconvénient à appliquer les deux régimes, en séparant ce qui a trait à la vente et au contrat d'entreprise. Une qualification mixte s'impose alors.

Une autre qualification s'impose parfois, identifiant un contrat *sui generis*, malgré la répulsion que cette non-qualification procure à la jurisprudence et à la doctrine, lorsque le contrat porte sur un ensemble industriel ou la fourniture d'un système informatique : l'opération contractuelle ne peut se résumer alors à un objet simple : fabriquer pour transférer la propriété d'une chose. Elle porte au contraire sur une multiplicité d'objets : étudier, conseiller, construire, installer, mettre en route, fournir des matières premières, des équipements annexes, former du personnel, portant sur des choses elles-mêmes nombreuses et très différentes... Ces contrats clés en main comme on les appelle parfois[1] excluent la qualification de vente ou de louage d'ouvrage[2].

1. Ph. le Tourneau, *Responsabilité des vendeurs et des fabricants, op. cit.*, n° 184.
2. Com. 25 oct. 1994, *RJDA* 1995. 131 (contrat de fourniture d'un système informatique). *Adde* : Ph. Le Tourneau, *Droit et pratique des contrats informatiques*, Dalloz, 2000, p. 108 s.

36 **Vente de chose future et contrat d'entreprise avec fourniture de matière.** La plupart du temps, vente et entreprise sont deux contrats qui divergent profondément, même lorsque le contrat d'entreprise porte sur un ouvrage, réparation, amélioration ou transformation d'une chose existante appartenant au maître de l'ouvrage. Il s'agit sans aucun doute d'un contrat d'entreprise.

La proximité des contrats de vente et d'entreprise est, en revanche, très importante, lorsque l'on évoque certaines situations particulières. Ainsi, le contrat par lequel le vendeur s'engage à vendre une chose qu'il va fabriquer et le contrat par lequel l'entrepreneur fabrique une chose commandée par le maître d'ouvrage en utilisant des matériaux qu'il a achetés sont économiquement étrangement proches : la chose n'existe pas encore, le vendeur ou entrepreneur va la fabriquer, un transfert de propriété se produira, un prix sera payé[1]. La situation est plus qu'ordinaire, c'est celle du tailleur qui prépare un costume sur mesure, du menuisier qui prépare une porte, du ferronnier à qui on commande un ouvrage, du vendeur d'automobile qui vend une voiture qui n'est même pas encore assemblée dans l'usine, etc. On compare alors ces deux contrats, qui se rapportent à une réalité identique mais des objectifs différents, la vente de chose à fabriquer et le contrat d'entreprise avec fourniture de matière.

Or, les règles sont fondamentalement différentes : le prix doit être déterminé dans la vente, pas dans le contrat d'entreprise, le transfert de propriété ne se produit pas au même moment, au moment de l'échange des consentements dans la vente, de l'achèvement pour le contrat d'entreprise, la garantie résulte de règles différentes, les règles de la sous-traitance peuvent s'appliquer au contrat d'entreprise...

Les règles diffèrent quelque peu selon que la chose est mobilière ou immobilière.

1. H. Périnet-Marquet, « Le fabricant sous-traitant, un hybride difficile », *JCP* 1989. I. 3399. *Adde* : Aubry et Rau, t. 5, § 374, p. 400 s. ; M. Planiol et G. Ripert, t. XI, n° 912 ; J.-F. Artz, *L'entreprise mobilière avec fourniture de matière*, Thèse Dr. Montpellier, 1970 ; « Contrat de vente ou contrat d'entreprise en matière de sous-traitance », *RTD com.* 1981. 1 s., not. J. Ghestin et A. Labbe, p. 13 s.

37 **La chose est un meuble[1].** En la matière, la jurisprudence a longtemps retenu, pour distinguer ces deux contrats, un critère de distinction mesurant la part de la matière et du travail fournis par l'entrepreneur. Selon ce critère dit économique, était une vente le contrat dans lequel la valeur des matériaux utilisés aurait été supérieure à celle du travail et, réciproquement, un contrat d'entreprise celui dans lequel la valeur du travail l'eût emporté.

On admettra, ainsi, que le contrat de restauration est un contrat d'entreprise car la valeur du service et du travail de cuisine est très supérieure à celle de la nourriture servie. Ce critère, qui est aussi celui utilisé par l'article 3-2 de la convention de Vienne, est cependant apparu malaisé à utiliser lorsque la mesure de ces deux valeurs est difficile ou lorsque les valeurs respectives de la matière fournie et du travail sont sensiblement égales. D'ailleurs la jurisprudence avait souvent tendance à qualifier le contrat de vente, sans doute parce qu'il est mieux connu ou que ses règles apparaissent plus protectrices du consommateur[2]. C'est encore le critère retenu dans la directive du 25 mai 1999 (v. ss 268) qui répute vente les contrats de fourniture de biens de consommation à fabriquer ou à produire (art. 1, § 4).

Aussi, la Cour de cassation utilise aujourd'hui un autre critère dit objectif car fondé sur la spécificité de l'ouvrage, depuis un arrêt de la troisième chambre civile du 5 février 1985. Il s'agissait de savoir si la fabrication d'armatures métalliques destinées à des travaux de fondation d'un immeuble relevait d'un contrat d'entreprise pour lui appliquer les règles de la sous-traitance. Pour la Cour, le fabricant avait « effectué un travail spécifique en vertu d'indications particulières » données par le maître de l'ouvrage[3]

---

1. Sur l'évolution, *cf.* J. Huet, G. Decocq, C. Grimaldi et H. Lecuyer, *Les principaux contrats spéciaux*, LGDJ 2012 n° 11126.
2. Civ. 1re, 25 janv. 1989, *D.* 1989. 253, note Ph. Malaurie, *D.* 1989. Somm. 337, obs. J.-L. Aubert, *JCP* 1989. II. 21357, note G. Paisant, à propos d'une clause abusive.
3. Civ. 3e, 5 févr. 1985, *D.* 1986. 499, note J. Huet, *RTD civ.* 1985. 737, obs. Ph. Rémy, et depuis : Com. 4 juill. 1989, *D.* 1990. 246, note G. Virassamy, *JCP* 1990. II. 21515, note Y. Dagorne-Labbée, *RTD civ.* 1990. 105, obs. Ph. Rémy ; Com. 1er oct. 1991, *CCC* 1991. 234, obs. L. Leveneur ; Com. 17 mars 1998, *CCC* 1998. 88, obs. L. Leveneur ; Com. 13 oct. 1998, *RJDA* 1998. 1351, Civ. 3e, 9 juin 1999, *Bull. civ.* III, n° 135, Civ. 1re, 14 déc. 1999, *Bull. civ.* I, n° 340, *CCC* 2000. 56, obs. L. Leveneur ; Com. 6 mars 2001, *JCP* 2001. II. 10564, note F. Labarthe, Civ. 1re, 27 nov. 2001, *CCC* 2002. 42, obs. L. Leveneur (contrat de fourniture d'eau considéré comme une vente).

et, donc, conclu un contrat d'entreprise. Le nouveau critère est celui de la spécificité de l'objet, de l'ouvrage (et non la spécificité du travail effectué par le fabricant eu égard à son activité ordinaire, qui peut être très banal et pourtant porter sur une chose spécifique). C'est alors une distinction qui oppose le travail en série à la production sur mesure. Ce critère a le mérite de la clarté, en ce sens que les risques d'erreur sont largement marginalisés, mais c'est une distinction qui milite en faveur de la qualification de vente.

38 **La chose est un immeuble.** En matière immobilière, les choses sont plus complexes en raison de l'application des règles de l'accession : superficies *solo cedit* : ce qui se construit sur le sol est moins important que le sol lui-même. Combiné avec la règle de l'accessoire, il en résulte que la question sera réglée en fonction de la propriété du sol, mais pour certains contrats seulement.

Ainsi, les contrats qui sont des contrats d'aménagement, de réparation, d'entretien, de conseil, d'un immeuble sont évidemment, et par nature des contrats d'entreprise dans la mesure où leur finalité est la fourniture d'un service et peu importe que des choses soient fournies dans le cadre de ce service.

Les contrats d'installation, construction d'une maison préfabriquée, d'une cuisine équipée, de pose d'une cheminée sont, en principe des contrats de vente : l'essentiel est la fourniture d'une chose, l'accessoire étant le service, l'installation, sauf lorsque l'installation prend une telle importance que l'autonomie du service ne peut être niée, auquel cas le contrat sera mixte, vente et service.

Restent enfin les contrats de construction, c'est-à-dire qui ont pour objet un service qui porte sur un immeuble ou un terrain dont le maître de l'ouvrage est déjà propriétaire.

Si le constructeur de l'immeuble fournit le sol et la construction, le contrat sera un contrat de vente et ce, quelle que soit la valeur de la construction. D'ailleurs, la loi du 3 janvier 1967, devenue les articles 1601-1 s. du Code civil, confère, en ce cas, la qualité de vendeur au constructeur. Mais, curieusement, la garantie qui s'applique est celle des entrepreneurs (C. civ., art. 1646-1).

C'est ainsi que fonctionne le régime des ventes d'immeubles à construire, c'est-à-dire la plus grande partie des ventes de logements neufs urbains.

Si, au contraire, le constructeur construit sur le sol du maître de l'ouvrage, le contrat, qui relève de la catégorie des contrats d'entreprise avec fourniture de matière, est un contrat d'entreprise, soumis au régime des articles 1779 s. du Code civil[1], reste alors, à mesurer la technique permettant au maître de l'ouvrage de devenir propriétaire, technique d'accession, par application de l'adage plus haut cité ou véritable transfert de propriété, comme dans la vente.

39 **Vente et mandat.** Les différences entre ces deux contrats sont essentielles puisque le mandat est un mécanisme de représentation qui s'éloigne très largement de la vente. Pourtant, en matière commerciale, notamment, les différences s'estompent. Un commerçant peut, en effet, acheter un bien pour le revendre, ou bien être livré et mandaté par le vendeur-mandant pour vendre ce bien à des utilisateurs. C'est ainsi que la distribution de l'essence en France fonctionne selon ces deux formes de distribution.

L'opération est parfois qualifiée de dépôt-vente comme dans la distribution de la presse. Le commerçant reçoit les marchandises, sans en devenir propriétaire, les vend et restitue les invendus. Si les contractants n'ont rien prévu dans le contrat, la jurisprudence décide souvent que l'opération est une vente assortie d'un mandat de vendre. Souvent, cependant, les parties organisent plus précisément leurs relations. L'opération se rapproche, alors, d'un mandat de vendre, auquel est assorti, mais de façon accessoire, un contrat de dépôt. Le contrat est un dépôt-mandat[2]. L'opération est cependant parfois qualifiée de contrat de consignation, comme les contrats en matière de distribution de journaux semblent le montrer[3].

---

1. Civ. 3e, 3 mai 2001, *RJDA* 2001. 952, à propos d'un contrat de fourniture d'un chalet en kit.
2. Com. 17 févr. 1981, *RTD com.* 1983. 300, obs. P. Bouzat ; Crim. 9 févr. 1983, *RTD com.* 1984. 337.
3. R. de Quenaudon, *op. cit.* et Com. 2 mars 1993, *JCP* 1993. II. 22176, note M. Behar-Touchais ; *D.* 1994. 48, note Th. Aubert-Monpeyssen.

Section 2

La preuve et la forme de la vente

40 **Preuve : droit commun.** Aucune règle particulière qui dérogerait aux règles du droit commun des obligations, ne s'impose pour prouver la vente. Comme pour tous les contrats, la preuve de la vente est libre entre commerçants, elle est administrée à l'égard des particuliers selon les règles de l'article 1359 du Code civil[1].

41 **Forme : contrat consensuel.** La vente est, en principe, un contrat consensuel, les articles 1582 et 1583 du Code civil le promettent, principe que la convention de Vienne sur les ventes internationales de marchandises ne dément pas[2] et que le Code civil, en toute hypothèse, formule désormais sous la forme d'un principe (C. civ., art. 1172).

Ce principe demeure vrai pour la plupart des ventes, c'est-à-dire les ventes mobilières, les ventes de tous les jours.

Mais ce principe souffre aujourd'hui de nombreuses exceptions tenant à des raisons diverses. Il peut s'agir d'un besoin de sécurité, car le formalisme permet bien souvent de l'atteindre. Il peut s'agir d'un souci de protection, guidé par l'obligation de rédiger certaines mentions obligatoires, comme le droit de la consommation le démontre, qu'il s'agisse d'un formalisme qui atteint tout le contrat ou certaines clauses seulement, telle la clause de réserve de propriété[3]. Il peut encore s'agir d'un formalisme informatif, destiné à la publication de la vente pour l'information des tiers, comme c'est le cas des ventes immobilières.

Toutes ces exceptions transforment de nombreuses ventes particulières en contrats très formalistes.

---

1. Civ. 1re, 25 janv. 1989, *Bull. civ.* I, n° 41, *RTD civ.* 1990. 79, obs. J. Mestre, à propos de la vente de matériaux à un particulier pour laquelle le vendeur invoquait, mais en vain, l'existence d'un usage qui ferait que dans cette profession aucun écrit ne serait exigé, justifiant une impossibilité de se procurer un écrit et le retour à la liberté de la preuve.
2. V. Heuzé, *La vente internationale de marchandises*, GLN-Joly, 1993, n° 194 et v. ss 206.
3. V. ss 126.

Observons quelques-unes de ces formes en prenant l'exemple de la vente d'immeuble (**§ 1**), de la cession de fonds de commerce (**§ 2**) et d'autres ventes mobilières (**§ 3**).

§ 1. Le formalisme de la vente d'immeuble

42 **La liberté oubliée.** En principe, la vente immobilière, comme toute vente, est un contrat consensuel et rien n'impose un formalisme particulier s'agissant de la formation de la vente. Autre est, en effet, la question de la publication de l'acte de vente aux registres de la publicité foncière pour assurer l'opposabilité du contrat aux tiers : aux termes de l'article 4 du décret du 4 janvier 1955, seuls les actes authentiques ont accès à la publicité foncière. Ce formalisme informatif intervient pour l'efficacité de la vente à l'égard des tiers mais point pour valider sa formation.

En pratique, pourtant, toutes les ventes immobilières sont consenties sous la forme d'un acte authentique, devant notaire. Celui-ci intervient, alors, comme spécialiste de la chose immobilière, c'est lui qui se chargera d'assurer les formalités de publicité foncière et toutes les autres (demande de certificats d'urbanisme, d'inscription hypothécaire, notifications et déclarations diverses...)[1] et comme élément de sécurité juridique dans la transaction à réaliser en raison du devoir de conseil qu'il assume.

C'est, d'ailleurs, en raison de toutes ses formalités diverses et nombreuses, qui nécessitent du temps que le notaire ou les parties feront précéder la conclusion de l'acte en sa forme authentique par un acte sous seing privé, promesse unilatérale de vente ou promesse synallagmatique conditionnelle[2].

43 **Formalismes particuliers.** Le formalisme des ventes immobilières s'observe, cependant, dans de nombreux cas particuliers.

Ainsi en est-il de la vente d'immeuble à construire dans le « secteur protégé » qui concerne les immeubles à usage d'habitation ou mixte (professionnel et d'habitation) (CCH, art. L. 261-11).

1. J.-F. Robbe, « La vente d'immeuble et ses formalités », *Journ. not.* 1991. 1183.
2. V. ss 58.

Un contrat préliminaire doit être conclu, à l'exclusion de tout autre, notamment une promesse d'achat ou de vente (CCH, art. L. 261-15), par lequel le réservataire s'engage à verser un dépôt de garantie, une sorte d'indemnité d'immobilisation. De son côté, le réservant ne s'engage qu'à réserver au réservataire un immeuble ou une partie d'un immeuble. L'ensemble ressemble, alors, à un pacte de préférence mais dont la nature est évolutive : ainsi, le réservant est obligé de fournir l'immeuble si le contrat est conclu après que la décision de construire ait été prise[1].

Tel est également le cas de la location-accession à la propriété immobilière (*cf.* L. 12 juill. 1984) ou encore de la vente de logements HLM (CCH, art. R. 443-20). Dans ces ventes, un acte notarié est exigé en raison de la complexité de l'opération et du souci d'assurer par l'intervention du notaire la protection du consentement de l'acquéreur.

Il faut encore ajouter à ce formalisme propre aux ventes immobilières, celui qui s'attache très souvent au contrat de prêt qui pourra être conclu par le candidat acquéreur[2].

§ 2. Le formalisme de la cession de fonds de commerce

44 **Protection de l'acquéreur.** Là encore, il s'agit en principe d'un contrat consensuel. La loi du 17 mars 1909, codifiée aux articles L. 141-1 s. du Code de commerce, n'impose pas la conclusion par écrit de la cession de fonds de commerce. En pratique, cependant, le formalisme de la cession de fonds de commerce est important.

L'écrit s'impose, en effet, pour publier la cession qui permettra son opposabilité aux tiers, même s'il n'est pas nécessaire d'obtenir un acte authentique ; un acte sous seing privé, dressé sous la forme d'un acte d'avocat (C. civ., art. 1374) ou sous la forme d'un

1. F. Collart-Dutilleul, *Les contrats préparatoires à la vente d'immeuble*, Sirey, 1988, n°s 99 s. ; J.-L. Bergel, « Les contrats préliminaires de réservation dans les ventes d'immeubles à construire, unité ou dualisme ? », *JCP* 1975. I. 2669.
2. V. ss 412.

exemplaire unique remis à un tiers (C. civ., art. 1375), suffit pour que la date certaine de l'acte soit garantie.

L'écrit s'impose en outre pour respecter le formalisme protecteur que la loi du 17 mars 1909 et la loi du 29 juin 1935 assurent à l'acquéreur d'un fonds de commerce. L'article L. 141-1 du Code de commerce, en effet, impose que certains renseignements soient fournis à l'acquéreur par le cédant et consignés dans l'acte de vente[1] (l'origine de propriété du fonds, l'état des nantissements et privilèges sur ce fonds, les bénéfices et chiffre d'affaires des trois dernières années, la date et la durée du bail, le nom et l'adresse du bailleur).

La sanction de cette obligation est forte. L'inexactitude de ces mentions assure à l'acquéreur une action en garantie ouverte pendant un an à compter de la signature et leur omission risquera de soumettre le cédant à une action en nullité relative (ouverte seulement à l'acquéreur) également pendant un an, nullité facultative car le juge demeure libre de vérifier si l'omission a effectivement vicié le consentement de l'acquéreur et lui a causé un préjudice. De ce point de vue, la sanction est un dol civil spécial, imitant l'action en annulation sur celle qui résulterait de l'article 1139 du Code civil.

§ 3. Le formalisme dans d'autres ventes mobilières

45 **De nombreuses autres ventes mobilières sont également soumises à un certain formalisme.** En premier lieu, des raisons probatoires l'imposent chaque fois que la vente conclue avec un particulier est d'un prix supérieur à 1 500 € aux termes de l'article 1359 du Code civil.

Même si le prix est inférieur et même si la vente est conclue entre professionnels, un écrit est souvent rédigé : c'est le seul moyen d'insérer des clauses particulières dans la vente, telles des

1. Mais aussi dans la promesse de cession de fonds, *cf.* Com. 24 nov. 1954, *Gaz. Pal.* 1955. 1. 35.

clauses restreignant ou étendant la responsabilité ou la garantie du vendeur, des clauses de réserve de propriété, des clauses attributives de juridiction...

Ensuite, certains contrats doivent être conclus par écrit, comme condition de leur validité même, souvent pour respecter un formalisme solennel, de protection, comme le contrat de vente à domicile, le contrat de vente à distance[1] ou bien pour organiser un régime de publicité, comme pour les ventes de navires (L. 3 janv. 1967, art. 10) ou de brevet.

De même, l'offre de vendre, entre professionnels (et cela touche essentiellement les relations entre les industriels et la grande distribution) est soumise à un formalisme important par le droit de la concurrence. L'article L. 441-6 du Code de commerce, en effet, impose la communication des conditions générales de vente à tout acheteur professionnel qui en ferait la demande et ne permet de dérogation à ces conditions générales de vente que de façon très stricte, par la conclusion, par écrit, d'un contrat retraçant le contenu de cette dérogation négociée de façon particulière[2].

L'écrit s'impose, enfin, pour la cession de certains meubles, comme les biens meubles incorporels afin de satisfaire les besoins d'un formalisme informatif : la cession de brevet ou de marque doit être écrite à peine de nullité comme la cession d'un droit d'auteur qui impose en outre la mention précise de chacun des droits cédés (CPI, art. L. 131-3.).

---

1. V. ss 263 s.
2. V. ss 274, M. et J.-M. Mousseron et D. Mainguy, « Le droit français nouveau de la transparence tarifaire », *Act. dr. ent.*, n° 18, 2e éd., Litec, 1998.

CHAPITRE 2

La formation de la vente (traits communs)

46 **Plan.** La vente, comme tout contrat, doit naturellement rassembler les éléments essentiels envisagés par l'article 1128 du Code civil pour la « validité » des contrats, le consentement, la capacité, un contenu licite et certain (ex- cause et objet), de façon d'autant plus naturelle que de très nombreuses questions du droit commun des obligations prennent la vente pour exemple comme en matière d'erreur sur la chose dans les ventes d'objets précieux ou de dol en matière de cession d'actions. Le Code civil consacre, cependant, des parties importantes à la formation de la vente, s'agissant de la nature et de la forme de la vente (C. civ., art. 1582 s.), des personnes qui peuvent acheter ou vendre (C. civ., art. 1594 s.) et des choses qui peuvent être vendues.

Nous ne suivrons pourtant pas le plan proposé par le Code, tant les règles ont évolué, pour préférer étudier les parties (SECTION 1), le consentement (SECTION 2), l'objet (SECTION 3) et le prix (SECTION 4).

SECTION 1
LES PARTIES À LA VENTE

47 L'article 1594 du Code civil dispose que « tous ceux auxquels la loi ne l'interdit pas peuvent acheter ou vendre » en un rappel du principe de liberté contractuelle. Tout le monde peut, donc, *a priori*, être ou bien vendeur (**§ 1**) ou bien acheteur (**§ 2**).

§ 1. Le vendeur

48 Tout le monde peut être vendeur, l'article 1594 du Code civil le suggère. Encore convient-il d'en avoir la capacité (**A**) et surtout, que ce principe soit bien vérifié. L'interventionnisme moderne tend, en effet, à largement limiter la liberté de vendre que suggère ce texte (**B**).

A. La capacité de vendre

49 **Capacité de vendre.** Celle-ci obéit aux règles générales du droit des obligations, largement réformées cependant (C. civ., 1145 s.). Le mineur, le majeur en curatelle ou en tutelle, est incapable de vendre mais les articles 388 s. du Code civil assurent une tolérance pour les contrats que l'usage l'admet à effectuer seul, c'est-à-dire, essentiellement, des ventes. Il ne saurait, donc, vendre les choses les plus importantes, comme un immeuble, ou des actions.

La seule interdiction propre à la vente que le Code civil connaissait a, d'ailleurs, été abrogée par la loi du 23 décembre 1985. L'article 1595 interdisait, en effet, la vente entre époux, qui constituait donc une double prohibition de vendre et d'acheter. Ce texte est désormais abrogé, en sorte que la vente ne recèle plus aucune spécificité sur ce point.

50 **Pouvoir de vendre.** S'agissant des biens susceptibles d'être vendus, les questions sont plus complexes.

Une première difficulté tient à la question de la vente de la chose d'autrui que l'article 1599 du Code civil frappe de nullité. On exige, en effet, très logiquement, que le vendeur soit propriétaire de la chose qu'il vend. Pourtant, la question, qui paraît relever d'un bon sens trivial, n'est pas aussi simple. Par exemple, un commerçant peut-il vendre des marchandises qu'il aurait commandées avant de les avoir reçues et d'en être devenu propriétaire ? Répondre négativement condamnerait toutes les ventes effectuées sous réserve de propriété, c'est-à-dire, en pratique, l'ensemble des ventes effectuées entre industriels et entreprises de distribution[1]. On admet que le vendeur de la chose d'autrui dispose de la faculté de se porter acquéreur de cette chose et, ainsi, de confirmer la vente annulable. D'ailleurs, pour que l'article 1599 du Code civil produise effet, encore convient-il que la vente en question assure un transfert de propriété immédiat de la chose vendue. Chaque fois, au contraire, que la vente est conclue avec un retard dans le transfert de propriété, il n'y a pas vente de la chose d'autrui annulable. Ainsi, parvient-on, par des ventes sous condition suspensive (de l'acquisition par le vendeur)[2], des ventes à terme ou des ventes sous réserve de propriété, à vendre la chose d'autrui.

Par ailleurs, la nullité instituée par l'article 1599 du Code civil n'est qu'une nullité relative[3], ce qui s'explique aisément. L'acheteur est, en effet, protégé par l'article 2279 (devenu 2276) du Code civil s'il possède la chose de bonne foi quoiqu'il l'ait acquise d'un non-propriétaire. Les règles de la possession assurent que sa possession de bonne foi vaut titre et, surtout, font de lui le véritable propriétaire de la chose. Ce n'est, donc, que dans l'hypothèse où l'acheteur n'est pas protégé par l'article 2276 du Code civil, par exemple parce que la chose est un immeuble ou un bien meuble incorporel, qu'il pourra exercer l'action en nullité de l'article 1599 du Code civil. La relativité de la nullité permet, alors, de réserver à l'acheteur l'exclusivité de l'action en nullité, lui assurant ainsi une double protection : celle de l'article 1599 et celle de

1. Sur ces questions et les difficultés qui en résultent, *cf.* D. Mainguy, *La revente*, Bibl. dr. ent., n° 35, préf. Ph. Malaurie, Litec, 1996.

2. Civ. 3e, 20 juin 1973, *Bull. civ.* III, n° 433 : « La vente de la chose sur laquelle le vendeur ne possède qu'un droit conditionnel n'est pas la vente de la chose d'autrui et est seulement soumise à la même condition que le droit du vendeur. »

3. *Cf.* Cass. com. 15 oct. 2013, n° 12-19756, *CCC* 2014, n° 2, obs. L. Leveneur. *Adde* : Cass. req., 15 janv. 1934 : DH. 1934, p. 97, Cass. 1re civ., 17 juill. 1958, *D.* 1958, p. 619.

l'article 2276 du Code civil sans risque de voir le vendeur ou un tiers exercer une action en annulation, comme ce serait possible si la nullité était absolue.

Une autre difficulté provient de l'hypothèse dans laquelle le vendeur n'est pas le seul propriétaire de la chose qu'il souhaite vendre, qu'il s'agisse d'un vendeur marié sous un régime de communauté (libre d'effectuer tout acte de disposition, donc, une vente, sur un bien meuble même s'il n'en est pas propriétaire : C. civ., art. 222, mais obligé de requérir le consentement de son conjoint pour conclure certaines ventes d'immeubles, de fonds de commerce, de droits sociaux... : *cf.* C. civ., art. 1424) ou propriétaire indivis de la chose[1].

B. Les restrictions à la liberté de vendre

1. Les interdictions de vendre

51 **Restrictions conventionnelles, clauses d'inaliénabilité.** Le bien qu'il est question de vendre peut être frappé d'inaliénabilité conventionnelle[2]. Ces clauses sont fréquemment observées dans les libéralités, raison pour laquelle une loi de 1971 a introduit l'article 900-1 dans le Code civil, au sein des règles sur les libéralités[3]. Il convient, aux termes de l'article 900-1 du Code civil, que l'inaliénabilité soit temporaire et justifiée par un intérêt sérieux et légitime et sans doute, désormais, non déséquilibré (C. civ., art. 1171).

La question se pose, alors, de savoir si ces règles, propres aux libéralités, peuvent être adoptées pour les contrats et, notamment, la vente. Certains auteurs se prononcent en défaveur de cette possibilité : toute clause d'inaliénabilité insérée dans un contrat de vente serait nulle comme contredisant le principe de libre disponi-

1. Sur ce point, *cf.* P. Jourdain, « Les actes de disposition sur la chose indivise », *RTD com.* 1987. 488 : la vente de la chose indivise était longtemps reconnue comme une vente nulle au sens de l'article 1599 du Code civil jusqu'à ce qu'une décision considère que la vente était valable mais inopposable aux autres indivisaires sur le fondement du C. civ., art. 883 : *cf.* Civ. 1re, 7 juill. 1987, *JCP* 1988. II. 20999, note P. Jourdain.

2. Sur des formes d'inaliénabilité légales, *cf.* L. 31 déc. 1913 sur les monuments historiques ; L. 25 janv. 1985, art. 70 sur l'inaliénabilité de certains biens nécessaires à l'entreprise en difficulté.

3. H. Corvest, « L'inaliénabilité conventionnelle », *Defrénois* 1979. 1377, Civ. 1re, 8 janv. 2002, *JCP* 2002. II. 10036, note Y. Chartier.

bilité des biens[1]. La plupart des autres auteurs estiment, au contraire, que la liberté contractuelle doit l'emporter, sous réserve de ne pas contrevenir à d'autres principes, comme celui de libre disponibilité des biens. Aussi les clauses d'inaliénabilité seraient valables, pour autant qu'elles soient temporaires, et justifiées par un intérêt légitime[2]. C'est ainsi que le distributeur exclusif se voit parfois interdire de revendre les marchandises qui lui restent en stock à la fin du contrat ou bien que certains contrats de distribution interdisent de vendre des produits à l'essai pendant un certain temps[3].

52 **Restrictions légales.** Il conviendrait d'ajouter l'ensemble des règles qui, essentiellement au regard du droit de la concurrence, limitent les conditions dans lesquelles une personne, un commerçant, peut vendre ou revendre à un acheteur. Ainsi, les règles du droit de la concurrence érigent en faute les discriminations de prix, exigent que le revendeur ne revende pas à perte, prohibent le fait d'imposer un prix de revente minimal... L'ensemble de ces règles ne constitue pas une véritable interdiction de vendre mais une série de limitations des comportements contractuels qui contredisent l'article L. 410-2 du Code de commerce selon lequel, « les prix et la concurrence sont libres » ; il faudrait ajouter, « sous réserve de l'application des règles d'une concurrence loyale » ce que le reste des règles du droit de la concurrence tente d'expliciter.

2. Les obligations de vendre

53 **Refus de vente.** *A priori*, une telle obligation de vendre peut surprendre, tant le principe de liberté contractuelle et l'autorité du droit de propriété (*cf.* C. civ., art. 545 : « nul ne peut être contraint de céder sa propriété ») s'y opposent, principe lui-même conforté par l'article 18 de la Déclaration des droits de l'homme et du citoyen de 1789 ou par la CEDH (1er Protocole additionnel, art. 1er).

La règle est, cependant, tempérée par des principes tenant au droit de la consommation ou au droit de la concurrence. Ainsi, le

1. A. Bénabent, n° 54 ; J. Huet, G. Decocq, C. Grimaldi et H. Lecuyer, n° 11147.
2. En ce sens, L. Cadiet, v. Choses pouvant être vendues, *J.-Cl. Civil*, art. 1588, 1988 et les réf. citées.
3. D. Mainguy, La revente, *op. cit.*, n°s 259, 260.

refus de vente est prohibé à l'égard d'un consommateur et pénalement sanctionné (C. consom., art. L. 121-11), sauf motif légitime tenant par exemple à l'indisponibilité des choses demandées ou l'énormité de la demande. Entre professionnels, la règle n'était plus érigée en sanction pénale depuis l'ordonnance du 1er décembre 1986 (art. 36-2) mais constituait une simple sanction civile, sous la forme d'une présomption de faute qu'il appartenait à l'auteur de renverser. C'est sur le fondement de ces textes que la jurisprudence avait érigé l'ensemble des règles gouvernant les conditions dans lesquelles des contrats de distribution exclusive pouvaient être conclus, bien souvent associés aux articles L. 420-1 et L. 420-2 du Code de commerce qui sanctionnent les ententes et les abus de domination anticoncurrentiels.

La loi du 1er juillet 1996 réformant le droit de la concurrence a, cependant, abrogé l'article 36-2 de l'ordonnance de 1986, en sorte que l'on pouvait se demander si le refus de vente était toujours sanctionné[1]. On aurait pu admettre que, puisque l'article 36-2 de l'ordonnance de 1986 a été abrogé, le siège de cette faute civile a disparu, et toute sanction est désormais impossible. Mais une autre analyse est proposée – rejointe par la jurisprudence[2] – estiment, en revanche, que l'article 36-2 ne faisait qu'identifier une faute particulière qui reposait sur les règles traditionnelles de la responsabilité civile, l'article 1240 (ex 1382) du Code civil, selon le régime de la concurrence déloyale et il faudrait alors faire la preuve que le refus de vente est une faute (alors que la présomption de faute de l'article 36-2 n'est plus). Si la faute civile a disparu, ce n'est pas le cas de la faute concurrentielle permettant la répression d'une entente fondée sur un refus de vente.

54 **Ventes forcées.** Signalons également les hypothèses exceptionnelles dans lesquelles une personne est forcée de vendre un bien.

---

1. A. Decocq, « Sur l'abolition du délit civil de refus de vente », *JCP* 1997. I. 3997.
2. Paris, 22 sept. 1999, *CCC* 1999. 179 ; Versailles, 26 avr. 2001, *RJDA* 2001. 916 : « considérant que nonobstant l'abrogation de l'article 36-2 de l'ordonnance du 1er déc. 1986, le refus de vente reste sanctionnable par l'application du droit commun de la responsabilité, et en particulier en vertu de la théorie de l'abus de droit », Com. 18 déc. 2001, *D.* 2002. Somm. 3009, obs. D. Ferrier. V. aussi pour une sanction via la prohibition des pratiques de prix imposés de revente : Crim. 31 oct. 2000, *Cah. dr. ent.* 2001/4, obs. D. Mainguy.

Les procédures d'expropriation pour cause d'utilité publique, les réquisitions ou, jadis, les nationalisations figurent au nombre de ces hypothèses, parmi les plus célèbres et les plus redoutées. Plus ordinairement, les mécanismes de saisie, réformés par la loi du 19 juillet 1991, reposent fondamentalement sur ce procédé afin de permettre au créancier d'être payé. En droit des sociétés, la réglementation limitant les participations croisées entre sociétés, interdit à une société qui est détenue à plus de 10 % par une autre société de posséder des titres de cette dernière et impose, en conséquence de les céder (C. com., art. L. 233-29 et 233). De même, les règles des procédures collectives, l'ancienne « faillite », permettent au juge d'imposer la cession de tout ou partie de l'entreprise « faillie » (C. com., art. L. 621-83).

§ 2. L'acheteur

55 Contrairement au vendeur, l'acheteur subit des incapacités d'acheter plus lourdes (**A**) mais également des restrictions à sa liberté d'acheter (**B**).

A. Les incapacités d'acheter

56 **Incapacités de jouissance.** Les règles générales des incapacités jouent leur rôle, s'agissant des mineurs ou des mineurs incapables. Certaines incapacités particulières aux contrats spéciaux existent, en outre. Ainsi, l'article 1125-1 du Code civil enseigne que les professionnels travaillant dans un établissement recueillant des personnes âgées ou effectuant des soins psychiatriques ne peuvent acquérir les biens des personnes qui y sont reçues. De même, aux termes de l'article 1596 du Code civil, le tuteur ne peut acquérir les biens de celui dont il a la charge, pas plus que le mandataire les biens qu'il est chargé de vendre ou, selon l'article 1597 du Code civil, les gens de justice (juges, avocats...) les droits litigieux se trouvant dans le ressort de leur juridiction. Enfin, les règles des procédures collectives du Code de commerce font interdiction aux dirigeants d'une entreprise placée en redressement ou en liquidation judiciaire d'acquérir les biens de cette entreprise. Toutes ces

incapacités de jouissance reposent sur la crainte du détournement des patrimoines des personnes protégées par l'éventuel abus de l'influence dont ils bénéficient sur ces personnes.

B. Les restrictions à la liberté d'acheter

57 **Retraits et préemption.** Certains mécanismes légaux[1], comme les facultés de retrait ou de préemption, permettent à une personne de se substituer à l'acheteur choisi par le vendeur : la vente est conclue mais l'acheteur choisi est évincé au profit du bénéficiaire du droit de préemption, s'il préempte effectivement. L'institution s'apparente alors à une vente forcée. L'essentiel réside aujourd'hui dans les droits de préemption, les droits de retrait ayant connu une grande défaveur depuis la Révolution française et se limitant à trois cas[2].

Les droits de préemption sont, en revanche, très nombreux[3]. Le plus souvent, il s'agit de protéger un intérêt public pour assurer à une autorité, une collectivité, une faculté d'acquisition prioritaire. Tel est le cas des droits de préemption reconnus aux musées nationaux pour les ventes d'œuvres d'art aux enchères (L. 21 déc. 1921, art. 37) ou encore celui dont bénéficient les SAFER pour les ventes de parcelles agricoles (C. urb., art. L. 143-1). Mais ce sont surtout les droits de préemption urbains (DPU), les plus nombreux, qui permettent à une commune de se porter acquéreur d'un immeuble vendu, à la place de l'acheteur choisi par le vendeur, dans certaines parties d'une commune établies selon les conditions posées, les règles du droit de l'urbanisme et celles du POS (Plan d'occupation des sols) remplacés par des PLU (Plan local d'urbanisme, C. urb. art. L. 211-1 s.) depuis 2003[4], ou encore le droit de préemption des départements pour la protection des espaces naturels sensibles (C. urb., art. L. 142-1). Il en résulte des

---

1. Sur le pacte de préférence, v. ss 79 s.

2. J. Huet, G. Decocq, C. Grimaldi et H. Lecuyer, n° 11154, J. Ghestin et B. Desché, n°s 457 s. : subsistent le retrait d'indivision (C. civ., art. 815-14 s.), le retrait successoral (C. civ., art. 841) et le retrait litigieux (C. civ., art. 1699).

3. C. Saint-Alary-Houin, *Le droit de préemption*, Thèse Paris II, 1979. J. Huet, G. Decocq, C. Grimaldi et H. Lecuyer, n° 11155.

4. H. Périnet-Marquet, « Droit de préemption et formation du contrat », *AJPI* 10 janv. 1998, p. 25.

mécanismes lourds d'information des autorités concernées afin de permettre aux bénéficiaires de ces droits de préemption d'exercer ou de ne pas exercer ce droit.

Certains droits de préemption concernent également des intérêts privés. C'est ainsi que le locataire d'un immeuble rural bénéficie d'un droit de préemption sur l'immeuble qu'il exploite, lui permettant de se porter acquéreur à la place d'un acheteur choisi par le vendeur (C. rur., art. L. 412-1 à 412-13). De même le locataire d'un immeuble à usage principal d'habitation bénéficie d'un droit de préemption (L. 6 juill. 1989, art. 15, II) ou encore l'indivisaire dans le cas de la vente par l'un des coïndivisaires de sa part de l'indivision (C. civ., art. 815-14).

Ces mécanismes de préemption n'organisent cependant pas, au contraire des droits de retraits, de véritables substitutions de contractants, sauf pour les SAFER et les musées nationaux mais un droit de préférence (sauf si ce droit est méconnu, auquel cas il interviendra nécessairement après la vente). Le bénéficiaire de ce droit, en l'exerçant dans le délai imparti par la loi, devient propriétaire à la place de l'acquéreur choisi par le vendeur, avant même que cette vente soit conclue.

L'exercice des droits de préemption suppose un acte translatif, vente, apport en société ou échange, ce qui exclut les hypothèses de partage ou les cessions forcées. Le vendeur doit alors notifier le contrat qu'il conclut au bénéficiaire du droit de préempter, sous la forme d'une déclaration d'intention d'aliéner, comprenant le prix et l'indication de l'objet de la vente. Le bénéficiaire du droit de préemption dispose alors d'un délai fixé par la loi, assez court, un mois (locataire), deux mois (fermier, SAFER, DPU) par exemple. La sanction de la non-observation de ces règles consiste soit en la nullité de la vente (fermier), soit en son inopposabilité soit encore en la substitution du bénéficiaire à la place de l'acheteur (SAFER), ce qui n'est guère cohérent : les trois sanctions devraient être associées.

Pour contourner les droits de préemption, les vendeurs insèrent souvent dans la déclaration d'intention, une condition suspensive de non-exercice du droit de préemption : si le bénéficiaire du droit de préemption exerce ce droit, la condition suspensive est réalisée, rendant caduque la vente, et empêchant donc la poursuite de la préemption. Le mécanisme suppose sans doute sa répétition dans le projet de vente, mais il est généralement considéré comme valable[1]. Dans d'autres circonstances, le vendeur tente d'obtenir du bénéficiaire du droit de préemption, la renonciation à son exercice : cela suppose que le droit soit acquis, c'est-à-dire qu'il ait reçu la déclaration d'intention.

58 **Restrictions conventionnelles, clauses d'exclusivité.** De nombreuses formules contractuelles ont pour objet d'aménager les conditions dans lesquelles un acheteur achètera des biens à un vendeur. Ces clauses figurent généralement dans des contrats-cadres qui, eux-mêmes, ont pour objet de préciser les conditions dans lesquelles des ventes, contrats d'application, s'effectueront. Les modalités sont multiples[2]. On rencontre des exclusivités d'achat par des clauses d'approvisionnement exclusif, par lesquelles l'acheteur n'achètera qu'au vendeur ou bien, à l'inverse des exclusivités de vente, par des clauses de fourniture exclusive par lesquelles le vendeur ne vendra qu'à son contractant, le distributeur-acheteur, dans un territoire donné. Par conséquent, il lui est fait interdiction de vendre à un autre acheteur dans ce même territoire. La combinaison des deux clauses assure une exclusivité réciproque qui fonde les contrats de concession commerciale par exemple. Très souvent, d'autres clauses s'adjoignent, telles une clause de minima, imposant à l'acheteur d'acheter un volume minimal de choses ou bien des clauses de pénétration de marché, imposant à l'acheteur des diligences particulières dans la revente de ces biens[3].

Ces clauses, en raison de la restriction à la liberté d'acheter ou de vendre qu'elles occasionnent, sont observées avec une grande sévérité, surtout par les règles du droit de la concurrence. C'est ainsi que la loi du 14 octobre 1943 (C. com., art. L. 330-1) limite à dix ans la durée des contrats contenant de telles clauses et que des règlements en droit de la concurrence de l'Union européenne les regardent avec méfiance.

1. Civ. 3e, 26 avr. 1978, *Bull. civ.* III, n° 162, *Defrénois* 1978. 1071, note J.-L. Aubert.
2. D. Ferrier, *Droit de la distribution, op. cit.*, n°s 408 s. et v. ss 433 s.
3. F. Collart-Dutilleul et Ph. Delebecque, n° 927 et v. ss 484.

59 **Obligations d'acheter ?** Peut-on s'obliger à acheter ? La question ne semble guère avoir de sens, sauf dans certains cas particuliers. Ainsi, la Cour de cassation considère que l'abus du droit d'acheter n'existe pas : « le refus d'acheter ne saurait dégénérer en abus » même en présence d'une intention de nuire[1]. Ce n'est donc que de manière exceptionnelle qu'une telle obligation d'acheter peut être dénichée, par exemple en droit boursier.

SECTION 2
LE CONSENTEMENT À LA VENTE

60 **Coup de foudre ou fiançailles contractuelles ?** Le consentement à la vente est, en principe, instantané, comme le contrat qu'il produit. Le modèle simple de la rencontre de l'offre et de l'acception trouve ici toute sa justification. L'article 1583 du Code civil en dispose ainsi : la vente « est parfaite entre les parties... dès qu'on est convenu de la chose et du prix, quoique la chose n'ait pas encore été livrée ni le prix payé ».

La formation immédiate et définitive, qui emporte d'ailleurs les effets de la vente, tout aussi immédiats, est ainsi pleinement affirmée.

Pourtant, à ce principe, qui vaut dans la plupart des ventes de meubles, la pratique apporte nombre d'exceptions. On observe ainsi que le processus de formation de la vente, comme d'ailleurs de bon nombre de contrats, est de plus en plus long, sous l'influence, d'une part, de l'existence de « devoirs » précontractuels d'information multiples, désormais organisés par les articles 1112 à 1112-2 du Code civil, faits d'un ensemble formé d'un devoir général d'information et de devoirs spéciaux d'information nés sans doute des règles de la vente et plus particulièrement de l'application de l'article 1602 du Code civil qui impose au vendeur « d'expliquer clairement ce à quoi il s'oblige » et généralisées en droit de la consommation (C. consom., art. L. 111-1), obligations ou devoirs qui, s'ils s'inscrivent souvent en amont du contrat et donc parti-

1. Com. 5 juill. 1994, *JCP* 1994. II. 22323, note J. Léonnet.

cipent de sa formation, se distinguent difficilement des « obligations » ou « devoirs » contractuels d'information auxquels se soumet le vendeur, raison pour laquelle ils seront étudiés au titre des obligations du vendeur (v. ss 147 s. et v. ss 261). Cet étirement s'explique d'autre part par l'existence de contrats préparatoires à la vente (**§ 1**) ou bien du mûrissement du consentement (**§ 2**), souvent aidé par des règles impératives du droit de la consommation[1], ou bien encore s'il dépend de techniques particulières de vente.

§ 1. Les contrats préparatoires à la vente

61 **Négociation : procédures informelles et contrats de la négociation.** Les ventes d'objets de valeur importante, les immeubles, les meubles de grande valeur comme un fonds de commerce, sont fréquemment précédées de contrats les préparant, promesses de vente, pactes de préférence... Ils constituent autant de formes contractuelles de la négociation du contrat futur de vente dont la formation est envisagée[2]. On parle souvent, à leur endroit d'« avant-contrat », illustrant le moment où s'inscrivent ces contrats mais la formule semble leur conférer une catégorie inférieure alors qu'ils sont des contrats à part entière, des contrats de l'avant-contrat, destinés à préparer un contrat.

Toutes ces négociations ne recouvrent pas une forme contractuelle, loin s'en faut. La préparation de la vente peut faire l'objet d'une négociation (C. civ., art. 1112 s.) informelle, précédant ou s'identifiant à la rencontre (C. civ., art. 1113) de l'offre (C. civ., art. 1114 s.) et de l'acceptation (C. civ., art. 1118 s.) mais surtout le caractère progressif de la formation de la vente, du contrat de façon plus générale : la négociation est ainsi tout à la fois un

1. J.-M. Mousseron, « La durée dans la formation des contrats », *Études A. Jauffret*, PUAM, 1973, p. 509 s.
2. D. Mainguy et J.-L. Respaud, *Droit des obligations*, Ellipses, 2008, n° 85 s. ; J.-M. Mousseron, M. Guibal et D. Mainguy, *L'avant-contrat*, éd. F. Lefebvre, 2001 ; F. Bénac-Schmidt, *Le contrat de promesse unilatérale de vente*, LGDJ, 1983 ; F. Collart-Dutilleul, *Les contrats préparatoires à la vente d'immeuble*, Sirey, 1988 ; M. Géninet, *Théorie générale des avant-contrats en droit privé*, Thèse Paris II, 1985.

acte (un bon de commande, des pourparlers lors d'une réunion de négociation, etc.) et une période où chaque partie est, en vertu du principe de liberté contractuelle, parfaitement libre de rompre la négociation pour autant qu'elles négocient de bonne foi, c'est-à-dire sans utiliser de procédés déloyaux, sans faire croire à l'autre que le contrat sera conclu alors qu'il n'en est rien, de telle manière que s'il n'est pas possible de conclure que l'échec d'une négociation aboutisse à la conclusion forcée d'un contrat, la rupture abusive des négociations peut conduire à l'engagement de la responsabilité civile délictuelle de son auteur. Bien souvent, cependant, cette négociation est minutieusement préparée d'un côté comme de l'autre : comme il n'est pas matériellement possible de négocier chaque contrat de vente lorsque plusieurs centaines, milliers voire dizaines de milliers de contrats seront conclus, les parties inventent des procédés permettant de parvenir à un résultat voisin.

Tel est le rôle des conditions générales de vente (C. civ., art. 1119), de rédaction et de communication impératives face à un acheteur professionnel ou, inversement, de conditions générales d'achat. Ces documents permettent, en effet, à un opérateur de formaliser son offre dans le sens de ce qu'il souhaite pour le contrat à conclure, sous réserve de l'acceptation par l'autre soit, en pratique, de la conformité avec les documents de son partenaire[1].

L'incertitude demeurant, les parties, l'initiateur du contrat surtout, prennent souvent la peine de rédiger un contrat précisant les conditions dans lesquelles des ventes seront conclues ; c'est le rôle des contrats-cadres appelant les contrats de vente, contrats d'application, qui seront étudiés par ailleurs, au titre des contrats de distribution (v. ss 463 s.). Au-delà de ces techniques, qui s'éloignent considérablement de la seule considération de la négociation, des contrats organisent aussi la négociation d'un contrat. C'est le cas des ordinaires contrats de négociation, dont

1. *Cf.* par ex., pour une clause de réserve de propriété : Com. 11 juill. 1995, *JCP* 1996. II. 22583, note D. Mainguy ; *JCP E* II. 3896, obs. J. Vaillausan, *D.* 1996. Somm. 212, obs. F. Pérochon ; L. 25 janv. 1985, art. 121, al. 2, mod. L. 1er juill. 1996, *RTD civ.* 1996. 573, obs. P. Crocq ; *JCP* E 1997. I. 617, n° 7, obs. D. Mainguy.

l'intérêt est de borner les obligations des parties pendant la négociation, autour de l'exigence de négociation de bonne foi, ou sincère, avec des clauses de confidentialité, de révélation de négociation parallèle voire d'exclusivité, des clauses limitant la durée de la négociation, préparant les conséquences de la réussite de la négociation sur un contrat et l'échec pour un autre lorsqu'elle porte sur plusieurs corpus contractuels, et peut-être et surtout les conséquences de l'échec, avec des clauses compromissoires, de loi applicable lorsqu'elle est internationale, etc. Ces contrats sont, et de loin, les plus usuels dans le champ de la négociation contractuelle par des voies contractuelles, mais ils ne posent guère de difficultés particulières, simplement l'application des règles du droit commun des contrats. L'absence de difficulté tient aussi au fait que ces contrats sont de simples aménagements de la période de la négociation avec, en toute hypothèse, la logique de la liberté contractuelle qui y préside, aucun des partenaires à la négociation n'est tenu de conclure le contrat négocié.

Autre est la situation d'outils contractuels de la négociation particulièrement pathogènes, sans doute parce que les frontières claires entre la période de la négociation et celle du contrat sont brouillées, comme pour les deux principales de ces formules contractuelles[1] : les promesses de vente ou d'achat (**A**) et les pactes de préférence (**B**), formules longtemps ambiguës non par leur objet mais par le sentiment de réalisation acquise de la vente qu'elles produisent parfois dans l'esprit des parties, voire des juristes, et aujourd'hui organisée, partiellement, par les règles du Code civil, depuis la réforme de 2016.

A. Les promesses de vente ou d'achat

62 **Contrat de promesse.** Les formules utilisées sont diverses et issues de la pratique ; le Code civil a pratiquement ignoré les promesses de vente en particulier, les promesses de contrat de manière plus générale. Il convient en effet de préciser que si les promesses de

1. V. J.-M. Mousseron, M. Guibal et D. Mainguy, *L'avant-contrat, op. cit.*

vente semblent les plus usuelles, elles peuvent porter sur n'importe quel contrat, promesse de contrat de travail, promesse de contrat de bail, de contrat de société, etc. Depuis la réforme de 2016, un type particulier de promesse, les promesses unilatérales de contracter, fait l'objet d'un ensemble de règles posées à l'article 1124 du Code civil.

Parfois, l'objet de la promesse est d'engager une seule des parties, tandis que l'autre se réserve la possibilité de consentir ou de refuser dans un délai déterminé. On évoque, alors, une promesse unilatérale de contracter, ici de vente ou d'achat.

Dans d'autres hypothèses, vendeur et acheteur sont tous deux d'accord pour vendre et acheter mais il manque un élément pour parfaire cette vente, l'accord d'un coïndivisaire ou d'un usufruitier par exemple, ou bien la renonciation à un droit de préemption par son bénéficiaire ou bien encore parce que les parties souhaitent qu'un autre contrat soit conclu, souvent un contrat de crédit, assurant l'acheteur du financement du contrat. La promesse est alors une promesse synallagmatique très proche du contrat de vente, si proche même que l'article 1589 du Code civil répute que « la promesse de vente vaut vente ».

Outre ces différences, les promesses se ressemblent en ce qu'elles sont un contrat, un contrat de promesse. D'ailleurs l'article 1124 du Code civil, au moins s'agissant des promesses unilatérales, les définit comme « le contrat par lequel une partie, le promettant, accorde à l'autre, le bénéficiaire, le droit d'opter pour la conclusion d'un contrat dont les éléments essentiels sont déterminés, et pour la formation duquel ne manque que le consentement du bénéficiaire ». Le plus souvent, il s'agit d'un contrat *synallagmatique* de promesse *unilatérale* de vente ou de promesse *synallagmatique* de vente lorsque les deux parties s'engagent à faire quelque chose : le vendeur promet de réserver son offre à l'acheteur, lequel lui remettra une somme d'argent appelée indemnité d'immobilisation. Plus rarement, une promesse unilatérale de vente peut être l'objet d'un contrat unilatéral de promesse si seul le promettant s'oblige et notamment lorsque le bénéficiaire ne verse aucune indemnité d'immobilisation.

63 **Promesse unilatérale d'achat.** Les promesses unilatérales de vente sont les plus importantes parmi les promesses, même si on rencontre des promesses unilatérales d'achat.

Dans la promesse unilatérale d'achat, le promettant, l'acheteur, s'engage à acheter le bien, réservant au vendeur, le bénéficiaire de la promesse, le choix de lever ou non l'option de vente. Ce sont des formules qui permettent d'expliquer certains mécanismes contractuels. Par exemple, le buy-back est un contrat de vente sur lequel s'agrège une promesse unilatérale d'achat[1] : à titre promotionnel, le vendeur s'engage, ainsi, à racheter ce même bien d'occasion, si son client l'accepte (lève l'option) et s'il acquiert un autre bien, neuf, en remplacement.

De même, on trouve des promesses unilatérales d'achat dans des contrats financiers comme dans des opérations financières portant sur des titres de société, tel que le contrat de portage[2] dans lesquels une personne remet à un financier des titres et promet de les lui racheter ou bien charge un financier d'acheter des titres d'une société et promet de les lui acheter.

Leur régime ne fait pas l'objet d'une réglementation particulière ; elle correspond à celle des promesses unilatérales de contracter en général, celles de l'article 1124 du Code civil, qui sont souvent des promesses unilatérales de vente.

1. Les promesses unilatérales de vente

64 **Définition.** Comme nous l'avons vu, la promesse unilatérale de vente est, avant tout, un *contrat* de promesse de contracter. Dans ce contrat, l'une des parties, le promettant (éventuel futur vendeur) promet de conclure un contrat, ici vendre, au profit de l'autre partie, le bénéficiaire, auquel est conféré le choix d'acheter par la levée d'une option, pendant un certain délai, définition désormais donnée par l'article 1124 du Code civil. Ce contrat n'est défini par la loi que depuis la réforme de 2016 et, sans doute pour cette raison, fait l'objet, depuis l'arrêt *Cruz* de 1993, d'une tourmente doctrinale importante, dont l'essentiel repose sur la

1. G. Raymond, « Analyse juridique du *buy back* », *JCP* 1992. I. 3564.
2. P. Soumrani, *Le portage d'actions*, Bibl. dr. priv., t. 260, préf. B. Oppetit, LGDJ, 1996 ; F.-X. Lucas, *Les transferts temporaires de titres*, LGDJ, 1998.

question de sa définition et le reste sur son régime, notamment sur le point de savoir si le promettant peut, avant que le bénéficiaire ait fait valoir qu'il optait, « rétracter » (l'article 1124, al. 2 du Code civil évoque une « révocation », pour la proscrire) sa promesse sans subir une exécution forcée en nature du contrat promis.

En premier, la promesse unilatérale est un contrat, elle n'est pas un acte unilatéral. Elle se distingue donc, en principe, d'une simple offre, encore qu'il s'agisse là, le plus souvent d'une pétition de principe. L'offre est l'émanation de la volonté du vendeur à vendre, la promesse de vente est l'aménagement par les parties de cette offre, dans l'organisation d'un délai d'attente pour le bénéficiaire de la promesse. En effet, le contrat de promesse est formé par la rencontre de l'offre de promesse et de son acceptation, parfaitement distinguée d'une offre de vente. Le rapprochement entre offre et promesse devient alors plus délicat ; si une offre de vente peut être révoquée par le pollicitant tant qu'elle n'est pas acceptée par l'acceptant, le contrat de promesse pouvait l'être tout autant, avec quelques réserves cependant depuis 2006, et nous verrons que c'est cette question qui fait l'objet de la réforme de 2016.

La différence se manifeste essentiellement à travers l'organisation contractuelle de l'attente que permet la promesse. Le contrat de promesse unilatérale permet de fixer le consentement de l'une des parties, le promettant, tandis que le bénéficiaire dispose d'un délai supplémentaire pour donner son consentement, pour opter, retardant d'autant le moment de la formation de la vente.

Ces contrats sont très fréquents pour préparer une vente d'immeuble ou de fonds de commerce. Ils sont, d'ailleurs, fréquemment en accord avec un contrat de crédit et les règles du droit de la consommation lient ces deux contrats. Observons la formation de la promesse (**a**), ses effets (**b**) et son dénouement (**c**).

a. La formation de la promesse

65 **Indemnité d'immobilisation.** La promesse unilatérale de vente est un contrat consensuel, unilatéral ou synallagmatique le plus souvent. Le bénéficiaire verse très souvent, en effet, une somme

d'argent destinée à payer le prix de la réservation, une indemnité d'immobilisation : la promesse est alors un contrat synallagmatique et à titre onéreux : un contrat synallagmatique de promesse unilatérale de vente. À défaut d'indemnité d'immobilisation et donc d'obligation à la charge du bénéficiaire, il s'agit d'un contrat unilatéral de promesse unilatérale de vente.

Si le bénéficiaire lève l'option, la vente est conclue et l'indemnité d'immobilisation s'impute sur le prix de vente. Si, au contraire, le bénéficiaire ne lève pas l'option, il perd l'indemnité, le vendeur la conserve[1]. Deux difficultés s'ajoutent.

En premier lieu, se pose la question de savoir si l'indemnité d'immobilisation doit être rapprochée d'institutions voisines telles que le dédit ou la clause pénale. Du dédit, l'indemnité se distingue en ce qu'elle est versée pour prix de la réservation et, donc, du temps accordé au bénéficiaire pour ne pas conclure définitivement la vente, ne pas acquérir. À l'inverse, le dédit permet au contractant d'un contrat déjà conclu de se dédire, en versant le dédit[2]. De la clause pénale également, l'indemnité d'immobilisation diffère. L'intérêt du rapprochement est bien entendu la faculté de révision judiciaire de la clause pénale ouverte par l'article 1231 du Code civil. La clause pénale est, cependant, un mécanisme permettant la fixation conventionnelle de dommages et intérêts en cas d'inexécution d'une obligation alors que l'indemnité d'immobilisation n'a pas cette nature de sanction[3]. En revanche, le montant de l'indemnité d'immobilisation n'est pas sans incidence. Ainsi, plus le montant est élevé et plus le bénéficiaire est incité à acheter. La jurisprudence admettait depuis un arrêt du 20 novembre 1962[4] et apparemment de manière consensuelle, que la promesse, unilatérale, devient synallagmatique. On pourrait se demander, si le bénéficiaire refuse d'acquérir, perdant l'indemnité, si celle-ci, qui apparaîtrait davantage comme une sanction, ne doit pas être qua-

1. Civ. 3ᵉ, 11 mai 2004, *RDC* 2004. 972, obs. F. Collart-Dutilleul, à propos d'une d'indemnité versée à titre de « dépôt de garantie ».
2. L. Boyer, « La clause de dédit », *Mélanges P. Raynaud*, Dalloz, 1985, p. 41.
3. Civ. 3ᵉ, 5 déc. 1984 (2 arrêts), *D.* 1985. 544, note F. Bénac-Schmidt ; *JCP* 1986. II. 20555, note G. Paisant ; *RTD civ.* 1985. 372, obs. J. Mestre ; 592, obs. Ph. Rémy.
4. Com. 20 nov. 1962, *D.* 1963. 3 ; Com. 8 nov. 1972, *Bull. Civ.* IV, n° 280, Com. 13 févr. 1978, *Bull. civ.* IV, n° 60.

lifiée de clause pénale, éventuellement réductible. Si en revanche le bénéficiaire verse une indemnité d'éviction presque égale au prix de vente, la promesse demeure unilatérale si le bénéficiaire dispose toujours d'une option réelle[1]. Il en résulte que l'existence d'une exigence de versement, quelle que soit son appellation (sauf à ce qu'il s'agisse d'une clause pénale), d'une somme d'argent en contrepartie de la conclusion d'une promesse a bien pour fonction de permettre de se dédire de son engagement et n'est pas, en tant que telle, une clause pénale, ce qui permet de se demander si depuis un arrêt du 1er décembre 2010[2], la jurisprudence n'est pas discrètement revenue sur sa solution de 1962. En second lieu, la question s'est posée de savoir si le montant de l'indemnité ne devait pas être calculé au prorata de la durée de la réservation, en sorte que si le bénéficiaire renonce à acheter pendant le délai d'option, il pourrait récupérer une partie de l'indemnité. La Cour de cassation l'admit un temps[3] pour finalement le rejeter car l'indemnité d'immobilisation est le prix de la réservation, qui ne se découpe pas, et non une sorte de prix de location[4].

66 **Conditions de validité, article 1589-2 du Code civil.** Les conditions de fond de la promesse tiennent à ce que le contrat de promesse de vente se transformera en vente dès la levée de l'option par le bénéficiaire. Aussi, les éléments essentiels de la vente doivent être réunis, la chose et le prix doivent être déterminés selon les exigences propres à la vente ; c'est d'ailleurs une exigence reprise dans la définition proposée par l'article 1124 du Code civil. C'est également la raison pour laquelle la capacité et le pouvoir du promettant s'apprécient dès la conclusion de la promesse. En revanche, ceux du bénéficiaire s'apprécient au moment de la levée d'option.

Surtout, la promesse de vente, contrat consensuel, est soumise à une règle fiscale, une condition de forme, très importante. Selon

1. Com. 9 janv. 1991, *D.* 1991. 481, note G. Paisant, Com. 18 janv. 2011, *RDC* 2011. 812, obs. Y.-M. Laithier, *RTD civ.* 2011. 122, obs. B. Fages.
2. Civ. 1re, 1er déc. 2010, *RDC* 2011. 420, obs. Y.-M. Laithier.
3. Civ. 3e, 5 déc. 1984, préc.
4. Civ. 3e, 10 déc. 1986, *JCP* 1987. II. 20857, note G. Paisant ; Civ. 3e, 28 mars 1990, *D.* 1991. 187, note R. Cabrillac.

l'article 1589-2 du Code civil, qui a repris l'article 1840 A du Code général des impôts, la promesse de vente doit, à peine de nullité absolue, être enregistrée dans les dix jours de sa formation, lorsqu'elle porte sur un immeuble ou sur un fonds de commerce à peine de nullité de la promesse[1].

L'objectif poursuivi par ce texte est de lutter contre la fraude fiscale qui aurait consisté pour un intermédiaire à se faire consentir une promesse de vente occulte dont il cède le bénéfice à un nouveau bénéficiaire. En fait, loin de réaliser cet objectif, ce texte est surtout utilisé par le bénéficiaire de mauvaise foi qui, désireux de ne plus acheter, chercherait, par la sanction de la nullité absolue, à récupérer l'indemnité d'immobilisation. C'est pourquoi la jurisprudence tendait parfois à interpréter de manière restrictive ce texte, par exemple à travers la qualification de promesse unilatérale, pour proposer celle de promesse synallagmatique, qui n'est pas visée par l'article 1589-2 du Code civil[2]. En revanche, la promesse unilatérale de vente qui s'inscrit dans un ensemble contractuel plus vaste[3], ou bien dans un autre contrat spécial[4], échappe à l'obligation fiscale.

67 **Protection de l'acquéreur immobilier consommateur.** La loi dite « SRU » sur la solidarité et le renouvellement urbain du 13 décembre 2000[5] a profondément réformé les règles du droit de l'urbanisme et, à la marge, les règles du droit des contrats en

1. L'enregistrement doit survenir dans les dix jours de la conclusion de la promesse et non dans les dix jours de la levée de l'option : *cf.* Civ. 3e, 10 oct. 1968, *Bull. civ.* III, n° 368, *JCP* 1969. II. 15910, obs. P.L. ; Com. 6 janv. 1970, *JCP* 1970. II. 16240. V. aussi R. Savatier, « Délai d'enregistrement des promesses de vente unilatérales et des cessions de ces promesses », *RTD civ.* 1971. 65.

2. Civ. 3e, 1er juill. 1998, *JCP* E 1999. 169, n° 5, obs. Ph. Neau-Leduc et les propos critiques de L. Boyer, V° Promesse de vente, *Rép. civ.*, 1990, nos 73 s.

3. Com. 15 janv. 2002, *Bull. civ.* IV, n° 12, *Defrénois* 2002. 765, note É. Savaux, *RTD civ.* 2002. 504, obs. J. Mestre et B. Fages, *JCP E* 2003. I. 543, obs. D. Mainguy, imposant cependant l'enregistrement des promesses et censurant l'arrêt d'appel qui avait jugé l'inverse et qui aurait dû rechercher « s'il existait un lien de dépendance nécessaire entre ces diverses obligations réciproques susceptibles de modifier les caractéristiques de la promesse de vente » ; Civ. 3e, 26 juin 2002, *Defrénois* 2003. 1261, note É. Savaux, *RTD civ.* 2003. 77, obs. J. Mestre et B. Fages, *JCP E* 2003. I. 543, obs. D. Mainguy ; Civ. 3e, 26 mars 2003, *Bull. civ.* III, n° 71, *D.* 2003. 2241, note P. Lipinski, *Defrénois* 2003. 841, note É. Savaux ; Ass. plén., 24 févr. 2006, à paraître au *Bull.* ; Com. 22 nov. 2005, *Bull. civ.* IV, n° 234, pour des promesses croisées d'achat et de vente valant vente.

4. Civ. 3e, 3 nov. 1981, *Bull. civ.* III, n° 173, *JCP* 1982. II. 19867, note E.-M. Bey, *RTD civ.* 1982. 434, note Ph. Rémy (promesse insérée dans un contrat de crédit-bail), Civ. 3e, 26 mars 2003, préc. (promesse de vente dans un contrat de transaction).

5. V. Ph. Pelletier, « La protection nouvelle de l'acquéreur immobilier, à propos de la loi sur la solidarité et le renouvellement urbains », *Defrénois* 2001. 205.

matière d'acquisition immobilière. Les règles nouvelles s'articulent en trois thèmes voisins.

• L'article 1589-1 du Code civil vise un engagement unilatéral d'acquisition et dispose qu'« est frappé de nullité tout engagement unilatéral souscrit en vue de l'acquisition d'un bien ou d'un droit immobilier pour lequel il est exigé ou reçu de celui qui s'engage un versement, quelles qu'en soient la cause et la forme ». Il s'agirait de mettre fin à certaines pratiques de versement de sommes d'argent pour la réservation d'immeubles. « L'engagement unilatéral » en question renvoie moins à la promesse de vente qu'à des formules de réservation unilatérale, voire à l'offre émanant de l'acheteur ou à une promesse unilatérale d'achat, même si l'article L. 271-1 du Code de la construction et de l'habitation vise la promesse unilatérale et la promesse synallagmatique dont l'article 1589-1 serait la sanction civile. C'est alors le sort de l'indemnité d'immobilisation qui est en jeu.

• Plus globalement, l'avant-contrat de vente conclu avec un non professionnel, est soumis à un régime protecteur (CCH, art. L. 271-1) : « Pour tout acte sous seing privé ayant pour objet la construction ou l'acquisition d'un immeuble à usage d'habitation, la souscription de parts donnant vocation à l'attribution en jouissance ou en propriété d'immeubles d'habitation ou la vente d'immeubles à construire ou de location-accession à la propriété immobilière » et l'article L. 271-1, alinéa 4 vise sans plus de précision le « contrat préliminaire » – sans doute est-ce le contrat préliminaire de vente d'immeuble à construire – la promesse synallagmatique et la promesse unilatérale. Ce mécanisme assure à l'acquéreur immobilier un délai de réflexion de 7 jours soit pour lui permettre de se rétracter (hypothèse de l'acte sous-seing privé : art. L 271-1 al. 1) soit pour lui permettre de réfléchir (hypothèse de l'acte authentique : art. L. 271-1 al. 3). De façon voisine à la solution nouvelle en matière d'engagement unilatéral, par ailleurs, l'article L. 271-2 du Code de la construction et de l'habitation interdit de percevoir de l'acquéreur non professionnel un versement avant l'expiration du délai de sept jours, à moins que ces fonds soient remis à un mandataire immobilier. La règle est pénalement sanctionnée, à la différence de l'article 1589-1 du Code civil qui se contente d'une simple sanction civile, la nullité.

• La promesse de vente de lotissement, envisagée par l'article L. 316-3-1 du Code de l'urbanisme, connaît également un délai de réflexion-rétractation, dans les conditions de l'article L. 271-1 mais s'ajoutent des conditions formalistes, relatives à la description du lot vendu.

68 **Promesses conditionnelles.** La promesse de vente est souvent assortie d'une ou plusieurs conditions suspensives comme, par exemple, l'obtention d'une autorisation de construire, de l'autorisation par le propriétaire du droit au bail de le déspécialiser, dans les ventes de fonds de commerce, ou, plus souvent encore, d'obtention d'un prêt. Dès lors, les règles de la promesse et de la condition se combinent : le bénéficiaire ne bénéficiera de l'option que si les conditions prévues sont remplies dans le délai imparti dans la promesse ; à défaut, la promesse est caduque.

b. Les effets de la promesse

69 **Situation d'attente, droit d'option du bénéficiaire.** Pendant toute la durée de la promesse de vente, promettant et bénéficiaire se trouvent dans une situation d'attente, attente de la réalisation des conditions pour le bénéficiaire, attente de l'exercice de l'option pour le vendeur. Le promettant demeure donc propriétaire, le bénéficiaire ne l'est point encore même si on admet que ce dernier bénéficie d'un « germe de droit » qui lui permet par exemple d'effectuer des mesures conservatoires sur la chose. Le bénéficiaire de la promesse dispose alors du droit d'opter à tout moment pendant la durée prévue par la promesse. Ce droit d'option est considéré par la jurisprudence comme un simple droit personnel, un droit de créance, et non comme un droit réel[1]. En effet, aucun transfert de propriété ne s'est réalisé, encore, à son profit, ce qui n'est pas sans conséquence dès lors que le promettant n'exécute pas son

1. Civ. 26 nov. 1935, *DP* 1936. 1. 37, rapp. Pilon. *Adde* : L. Boyer, « Les promesses synallagmatiques de vente », *RTD civ.* 1949. 1 ; I. Najjar, *Le droit d'option, contribution à l'étude du droit potestatif*, LGDJ, 1967. V. ainsi Com. 7 juill. 1949, *Bull.* n° 279, : la créance du bénéficiaire est de nature mobilière même si le contrat définitif porte sur un droit réel immobilier mais *contra* Civ. 3e, 12 janv. 1994, *D.* 1995. 52, note F. Macorig-Venier, validant la conclusion par le bénéficiaire d'une promesse unilatérale de vente portant sur un immeuble d'un bail commercial avec un tiers car le bénéficiaire avait été placé « en possession réelle » et bénéficiait de ce fait, « d'un droit de caractère immobilier ».

obligation. À défaut de lever l'option dans le délai prévu, la promesse cesse de produire ses effets, certainement par caducité[1].

70 **Obligations du promettant, « révocation » de la promesse.** Pendant cette période d'attente, le promettant est dans une situation ambiguë, cette ambiguïté reposant sur la définition du contrat de promesse et la sanction de l'éventuelle rétractation ou « révocation », terme choisi par l'article 1124 du Code civil, de la promesse par le promettant. L'article 1124 du Code civil formule désormais une définition claire de la promesse unilatérale de contracter, ainsi que des éléments de son régime. Ainsi, il dispose que « la promesse unilatérale est le contrat par lequel une partie, le promettant, accorde à l'autre, le bénéficiaire, le droit d'opter pour la conclusion d'un contrat dont les éléments essentiels sont déterminés, et pour la formation duquel ne manque que le consentement du bénéficiaire » et poursuit en indiquant que « la révocation de la promesse pendant le temps laissé au bénéficiaire pour opter n'empêche pas la formation du contrat promis » et enfin que « le contrat conclu en violation de la promesse unilatérale avec un tiers qui en connaissait l'existence est nul ».

Pour saisir la portée de la réforme opérée, il n'est pas inutile de revenir sur la jurisprudence qui l'a précédée et les enjeux de celle-ci. Certains auteurs estimaient en effet que le promettant est débiteur d'une obligation de ne pas faire : ne rien faire qui puisse empêcher le bénéficiaire de lever l'option qu'il a réservée à ce dernier[2], l'intérêt étant que, en ce cas, le bénéficiaire pourrait obtenir la destruction du contrat conclu avec un tiers sur le fondement de l'article 1222, al. 2 du Code civil. Pour d'autres, ce serait une obligation de donner[3], permettant cette fois une exécution forcée en nature sans difficulté, solution critiquée car elle ferait de la promesse une sorte de « demi-vente ». Pour d'autres encore

1. Civ. 1re, 8 oct. 2003, *CCC* 2004. 3, obs. L. Leveneur.
2. A. Bénabent, *Les contrats spéciaux*, Montchrestien, n° 93 ; F. Collart-Dutilleul, *op. cit.*, n° 227, A. Terrasson de Fougères, « Sanction de la rétractation du promettant avant levée de l'option par le bénéficiaire d'une promesse de vente », *JCP* N 1995. I. 194. La Cour de cassation a cependant clairement rejeté cette solution, s'agissant des pactes de préférence, dans un arrêt du 10 juillet 2002, Civ. 3e, 10 juill. 2002, *JCPG* 2002. Pan. 1396 : « L'article 1143 du Code civil n'est pas applicable à la violation d'un pacte de préférence qui met une obligation de faire à la charge du débiteur ».
3. P. Bloch, « L'obligation de transférer la propriété dans la vente », *RTD civ.* 1988. 673.

il pourrait s'agir d'une obligation de faire : maintenir son offre au profit du bénéficiaire, solution que la jurisprudence a retenue. Cette question était déduite de la solution jurisprudentielle donnée au problème de l'exécution forcée en nature, éventuelle, de la promesse de contracter, alors que le promettant s'y refuse, pendant le temps d'efficacité de celle-ci, c'est-à-dire avant que le bénéficiaire lève l'option, question devenue classique et connue comme le problème de la « rétractation » de la promesse par le promettant[1]. Or, la Cour de cassation s'est prononcée dans un important arrêt *Cruz* du 15 décembre 1993 en défaveur de toute exécution forcée du promettant : « Les bénéficiaires n'avaient pas déclaré acquérir, l'obligation de la promettante ne constituait qu'une obligation de faire et (...) la levée d'option, postérieure à la rétractation de la promettante, excluait toute rencontre des volontés réciproques de vendre et d'acquérir[2] ». Pour la Cour, la rétractation par le promettant avant l'échéance de la levée d'option peut utilement s'effectuer et le bénéficiaire n'est créancier que d'une obligation de faire, ce qui l'empêche d'obtenir exécution forcée en nature de la promesse.

À l'inverse, la majorité de la doctrine considérait que le promettant a engagé son consentement à la vente en concluant cette promesse en sorte que, à la différence de la simple offre de vendre, le promettant ne pourrait rétracter sa promesse : « Le promettant s'étant d'ores et déjà engagé à vendre à des conditions précises, la réalisation de l'opération ne dépendra plus que de la seule volonté du bénéficiaire[3] ». Dans cette hypothèse, la sanction de

---

1. Le tout, pour autant que la promesse contienne un terme, un délai pour opter ; à défaut, le promettant peut rétracter sa promesse et il lui suffit de le signifier (Civ. 3e, 25 mars 2009, n° 08-12.237, *RDC* 2009. 995, obs. Y.-M. Laithier), contrairement à la jurisprudence antérieure qui considérait que le promettant devait mettre en demeure le bénéficiaire d'opter ou de renoncer.

2. F. Terré, Ph. Simler et Y. Lequette, Les obligations, 9e éd., 2004, n° 191. V. aussi P.-H. Antonmattéi et J. Raynard, *Contrats spéciaux*, n° 58, Ph. Malaurie, L. Aynès et P.-Y. Gautier, *Les contrats spéciaux*, n° 111 ; A. Bénabent, *Les contrats spéciaux*, n° 85, C. Paulin, « Promesse et préférence », *in* « La négociation du contrat », *RTD civ.* 1998. 511.

3. Civ. 3e, 15 déc. 1993, *D.* 1994. 507, note F. Bénac-Schmidt, Somm. 230, obs. O. Tournafond ; 1995. Somm. 88, obs. L. Aynès ; *JCP N* 1995. J. 31, note D. Mazeaud ; *Defrénois* 1994. 35845, obs. Ph. Delebecque, *RTD civ.* 1994. 588, obs. J. Mestre. *Adde* : A. Terrasson de Fougères, « Sanction de la rétractation de promettant avant la levée de l'option », *JCP N* 1995. 1. 194 ; F. Collart-Dutilleul, « Les contrats préparatoires à la vente d'immeuble, les risques de désordre », *Dr. et patr.* déc. 1995. 58 ; D. Stapylton-Smith, « La promesse unilatérale de vente a-t-elle encore un avenir ? », *AJPI* 1996. 568, R.-N. Schütz, « L'exécution des promesses de vente », *Defrénois* 1999. 37021.

pareille rétractation devrait logiquement consister en l'exécution forcée de la promesse unilatérale de vente, par l'exigence du maintien du consentement, et non la solution prétorienne « classique » – certains diront laxiste – consistant en la simple allocation de dommages et intérêts au profit du bénéficiaire déçu.

71 La doctrine majoritaire a très largement contesté la solution de 1993. En effet, une telle obligation de faire n'est en principe pas susceptible d'exécution forcée, de telle manière que la plupart des auteurs considèrent que l'obligation du promettant ne s'exprime pas dans une obligation de faire. Ensuite, le principe même d'une « rétractation » a été critiqué. La promesse de vente est un contrat et, aux termes de l'article 1193 (ex-1134, alinéa 2) du Code civil, tout contrat est en principe irrévocable et la rupture unilatérale du contrat n'est pas possible, sauf clause à cet effet ou à considérer la résiliation unilatérale comme fautive. Par conséquent, la doctrine considère généralement que le promettant a déjà, par la promesse, donné son consentement à la vente puisque la levée de l'option par le bénéficiaire formera la vente. Le promettant ne peut rétracter son consentement et le bénéficiaire peut, dans le délai, lever l'option, formant ainsi le contrat malgré la rétractation, inopérante, du promettant, assurant ainsi moins l'exécution forcée de la promesse que le maintien forcé du consentement du promettant. C'est donc par la considération de l'effet obligatoire de la promesse elle-même, indépendamment de ses obligations : « Le promettant n'est pas dans la situation d'un débiteur mais (...) il est, plus fondamentalement, tenu par le contrat[1] ».

Inversement, il paraît difficile de forcer le consentement d'un contractant. La jurisprudence admet, ainsi, que nul ne peut être forcé de demeurer dans les termes d'un contrat. La résiliation unilatérale, irrégulière donc, d'un contrat produit effet, mais en engageant la responsabilité du contractant fautif. Aussi, que la Cour de cassation décèle ou non une obligation de faire, celle de maintenir son offre par le promettant, on pourrait toujours concevoir

1. P. Ancel, « Force obligatoire et contenu obligationnel du contrat », *RTD civ.* 1999. 771, spéc. n° 21 ; R.-N. Schütz, « L'exécution des promesses de vente », art. cit. n° 10-11 ; Ph. Brun, « Le droit de revenir sur son engagement », *in* « Que reste-t-il de l'intangibilité des conventions ? », *Dr. et patr.* mai 1998, n° 60, p. 78.

que le promettant puisse résilier unilatéralement, mais fautivement, le contrat de promesse (du moins jusqu'à la levée d'option)[1], à moins de s'engager vers une conception plus objective du contrat et, admettre, comme le droit allemand, un maintien forcé de l'engagement du promettant. En outre, certains auteurs souhaitant le maintien de la solution jurisprudentielle soutiennent que la rétractation de la promesse de contracter doit pouvoir s'analyser comme une simple résiliation d'un contrat, de promesse, dont l'objet n'est pas une vente ou une demi-vente, mais le seul engagement de promesse. Enfin, des arguments économiques sont parfois apportés au soutien de cette analyse, dans la mesure où on imagine que le promettant rétracte sa promesse pour vendre à un tiers qui propose une somme supérieure à celle attendue du bénéficiaire, ce qui valide les principes de valorisation maximale d'une chose.

La Cour de cassation a d'ailleurs maintenu sa jurisprudence, dans un arrêt du 26 juin 1996[2]. Le résultat de ces arrêts est que le promettant peut rétracter sa promesse tant que le bénéficiaire ne l'a pas acceptée, comme il pourrait rétracter son offre, sauf aménagement contractuel, devenu fréquent pour interdire conventionnellement la rétractation par le promettant et favoriser l'exécution forcée[3] ou pour enchérir la rétractation par une clause pénale. On put penser, un temps, que la solution de l'arrêt de la Chambre mixte du 26 mai 2006, rendue à propos du pacte de

1. En ce sens, D. Mainguy, « L'efficacité de la rétractation de sa promesse par le promettant », *RTD civ.* 2004. 1 ; F. Bellivier et Ruth Sefton-Green, « Force obligatoire et exécution en nature du contrat en droits français et anglais : bonnes et mauvaises surprises du comparatisme », *Mélanges J. Ghestin*, LGDJ, 2000, p. 91, D. Stapylon-Smith, « La promesse unilatérale de vente a-t-elle encore un avenir ? », art. cit., M. Fabre-Magnan, « Le mythe de l'obligation de donner », *RTD civ.* 1996. 85 et spéc. n° 17.

2. Civ. 3e, 26 juin 1996, *Bull. civ.* III, n° 165, *Defrénois* 1996. 36434, obs. D. Mazeaud, *RJDA* 1996. 636, rapp. D. Pronier, *LPA* 30 mai 1997, p. 27, note B. Bévière : « La cour d'appel (a) exactement retenu que tant que les bénéficiaires n'avaient pas déclaré acquérir, l'obligation de la promettante ne constituait qu'une obligation de faire et que la levée d'option, postérieure à la rétractation de la promettante, excluait toute rencontre des volontés réciproques de vendre et d'acquérir ».

3. Civ. 3e, 27 mars 2008, *JCP* 2008. II. 10147, note G. Pillet, *D.* 2008, p. 2973, note S. Amrani-Mekki, *RDC* 2009. 143, obs. Ph. Brun ; 2008. 1239, obs. F. Collart-Dutilleul : « si les parties à une promesse unilatérale de vente étaient libres de convenir que le défaut d'exécution par le promettant de son engagement de vendre pouvait se résoudre en nature par la constatation judiciaire de la vente, force était de relever que les actes conclus entre la société Foncière Costa et la société Ogic n'avaient pas stipulé que l'inexécution par la société Foncière Costa de sa « promesse ferme » et de son « engagement ferme et définitif » de vendre se résoudrait par une autre voie que celle prévue à l'article 1142 du Code civil ».

préférence (v. ss 80) s'étende à la promesse unilatérale de vente notamment après un arrêt de 2010[1] qui soulignait que l'engagement du promettant était « définitif ». Pourtant la Cour s'est à nouveau prononcée dans le même sens dans un arrêt du 11 mai 2011[2] : « En application des articles 1101 et 1134 du Code civil, la levée de l'option par le bénéficiaire d'une promesse unilatérale de vente postérieurement à la rétractation du promettant exclut toute rencontre des volontés réciproques de vendre et d'acquérir et la possibilité d'obtenir la réalisation forcée de la vente ». L'arrêt validait ainsi l'analyse selon laquelle le contrat de promesse n'a pas pour objet le consentement déjà donné à la vente et excluait l'exécution forcée en nature[3].

L'article 1124 du Code civil, al. 2 semble alors renverser cette solution. En effet, il affirme que « la révocation de la promesse pendant le temps laissé au bénéficiaire pour opter n'empêche pas la formation du contrat promis », ce qui semble, à première vue, laisser entendre que la révocation est écartée, inefficace, rendant alors possible l'exécution forcée en nature de la promesse. La plupart des auteurs affirment que cette solution est acquise, ce qui supposerait que l'exécution forcée en nature d'une promesse soit réellement possible, alors même que la définition de la promesse ne considère pas que la promesse engage le promettant, notamment dans une promesse de vente, comme s'il avait déjà donné son consentement au contrat promis, que l'exécution forcée des contrats serait possible selon l'article 1226 du Code civil, et surtout qu'il en résulterait une atteinte considérable à la liberté de ne plus contracter, formulée pourtant en principe par l'article 1102, atteinte qui mériterait au moins d'être mesurée à l'aune d'un critère de proportionnalité.

1. Civ. 3e, 8 sept. 2010, *D.* 2011. 477, obs. S. Amrani Mekki ; *RTD civ.* 2010. 770, obs. B. Fages ; *Defrénois* 2010. 2123, obs. L. Aynès ; *RDC* 2011. 153, obs. Ph. Brun.
2. Civ. 3e, 11 mai 2011, n° 10-12.875 : *D.* 2011. 1457, note D. Mazeaud, et 1460, note D. Mainguy ; *JCP N* 2011. 1163, rapp. G. Rouzet ; *LEDC* juill. 2011. 1, obs. G. Pillet ; *adde* : Y. Paclot et E. Moreau, « L'inefficacité de la rétractation de la promesse unilatérale de vente » : *JCP* 2011. 736 ; N. Molfessis, « De la prétendue rétractation du promettant dans la promesse unilatérale de vente ou pourquoi le mauvais usage d'un concept inadapté doit être banni », *D.* 2012. 231 ; D. Mainguy, À propos de « l'affaire de la rétractation de la promesse unilatérale de vente », *JCP G* 2012. 808. Comp. Cass. com., 13 sept. 2011, n° 10-19.526 (reproduisant la solution de la 3e ch. civ.) et Cass. 3e civ., 6 sept. 2011, n° 10-20.362 (contre cette solution).
3. V. depuis Cass. civ. 3e, 12 juin 2013, n° 12-19105.

72 **Obligations du promettant, cession du bien à un tiers.** Par ailleurs, le promettant ne peut pas disposer du bien objet de la promesse, interdiction qui n'est pas sans poser quelques difficultés, outre le fait que cette hypothèse est voisine de la précédente. Si le promettant vend, à meilleur prix on imagine, le bien à un tiers malgré la promesse, il engagerait sa responsabilité contractuelle à l'égard du bénéficiaire. Mais ce dernier pourrait-il demander l'annulation de la vente consentie par le promettant au tiers au mépris de son droit issu de la promesse ? Avant la réforme de 2016, cette possibilité était limitée. Le bénéficiaire ne disposait en effet que d'un droit personnel contre le promettant et non d'un droit réel sur ce bien. Aussi n'avait-il guère de moyen pour défendre son droit. Tout au plus ceux offerts par les règles de la responsabilité ou de l'action paulienne de l'article 1341-2 (ex-art. 1167) du Code civil. Si le tiers connaissait l'existence de la promesse, il a commis une faute en acquérant ce bien qui pourrait justifier que le juge prononce l'inopposabilité de l'acquisition à l'égard du bénéficiaire de la promesse plutôt que de choisir un mode de réparation par l'allocation de dommages et intérêts. Observons que le fait de publier la promesse à la conservation des hypothèques ne change rien à cette solution : le tiers n'est pas de ce fait censé la connaître puisqu'aux termes des règles de la publicité foncière, il ne s'agit que d'une inscription facultative. Ici encore, ce raisonnement était suspendu à l'éventuelle extension de l'arrêt du 26 mai 2006 (v. ss 81). Or, c'est précisément la solution que promeut l'article 1124, al. 3 du Code civil en précisant que « le contrat conclu en violation de la promesse unilatérale avec un tiers qui en connaissait l'existence est nul ». Est nul le contrat conclu avec le tiers, ce qui devrait permettre alors au promettant de redevenir propriétaire ; ce faisant, à supposer que l'exécution forcée en nature d'une promesse de contracter soit possible, le bénéficiaire devrait pouvoir obtenir satisfaction.

c. Le dénouement de la promesse

73 **Levée de l'option.** Le bénéficiaire peut, jusqu'à l'expiration du délai fixé dans le contrat de promesse, lever l'option.

Il peut, en premier lieu, choisir de ne pas lever l'option, de façon expresse, en renonçant à la promesse ou, simplement, en gardant le silence pendant tout ce délai. La promesse prend alors fin, par caducité[1]. Le promettant retrouve sa liberté et il conserve l'indemnité d'immobilisation, versée comme prix de la réservation par le bénéficiaire. On aurait pu estimer que le promettant s'est enrichi sans cause, pour obtenir restitution de l'indemnité. Ce serait se leurrer sur le fondement de cette indemnité : non une clause pénale ou un dédit mais le prix de la réservation.

Il peut, surtout, lever l'option manifestant par là son consentement à la vente que la promesse prépare. C'est alors à ce moment que la capacité et le pouvoir du bénéficiaire ou de son successeur seront examinés puisque c'est à ce moment qu'il s'engage véritablement. C'est aussi à cette date que l'évaluation de l'immeuble est mesurée afin d'envisager une éventuelle rescision pour lésion.

Acte unilatéral, la levée de l'option n'est soumise à aucune forme particulière, à moins que la promesse ait fixé par une clause une exigence particulière (par exemple une levée d'option par lettre recommandée) comme c'est souvent le cas[2].

74 **Transmission de la promesse de contracter.** La promesse unilatérale de vente est transmissible à cause de mort, qu'il s'agisse du promettant, ses héritiers seront tenus à l'égard du bénéficiaire, ou du bénéficiaire, ses héritiers recueillent le bénéfice de l'option.

La promesse peut également faire l'objet d'une cession. Une telle cession par le promettant constituerait une violation de la promesse, à moins qu'elle ne soit pas encore entrée en vigueur, comme le prévoit, en matière de location-accession, l'article 20 de la loi du 12 juillet 1984 et qu'elle accompagne la cession du bien, objet de la promesse.

Une cession par le bénéficiaire est beaucoup plus fréquente et, d'ailleurs, les contrats de promesse prévoient souvent une clause accordant une « faculté de substitution[3] » et permettant au bénéfi-

1. Par conséquent, la levée tardive de l'option est sans effet : Civ. 1re, 8 oct. 2003, *CCC* 2004. 3, obs. L. Leveneur.
2. Civ. 3e, 7 janv. 1987, *Bull. civ.* III, n° 7.
3. L. Boyer, « Clause de substitution et promesse unilatérale de vente », *JCP* 1987. I. 3310 ; I. Najjar, « Option et substitution dans la promesse unilatérale de vente », *D.* 1988. Chron. 135 ; F. Bénac-Schmidt, « La promesse unilatérale de vente, à propos de deux questions d'actualité », *D.* 1990. Chron. 7 ; V. Soubise, « La transmission par substitution de bénéficiaire des droits conférés par une promesse de vente », *D.* 1994. Chron. 237 ; Ph. Brun, « Nature juridique de la clause de substitution dans le bénéfice d'une promesse unilatérale de vente : une autonomie de circonstance », *RTD civ.* 1996. 29 ; M. Behar-Touchais, « Retour sur la clause de substitution », *Mélanges L. Boyer*, 1996. 85 ;

ciaire de se substituer un tiers qui profitera de l'option et de toute la promesse, à sa place[1]. La jurisprudence refuse d'y voir une cession de créance[2], en sorte que les formalités de l'article 1690 du Code civil n'ont pas à être respectées, qualification apparemment la plus probable (surtout depuis la jurisprudence admettant que le promettant n'assume qu'une obligation de faire) mais une stipulation pour autrui[3]. Cette solution est plausible quoiqu'inexacte : dans la stipulation pour autrui, la créance du bénéficiaire n'est jamais passée par le patrimoine du stipulant (le premier bénéficiaire de la promesse) ; de même l'acceptation de la stipulation la rend irrévocable, solution remise en cause par les arrêts de 1993 et 1996. En fait la jurisprudence cherche ainsi à éviter l'annulation de la cession, laquelle doit comme la promesse elle-même, être enregistrée dans les dix jours (C. civ., art. 1589-2). Par conséquent, ces « cessions » qui n'en sont pas se développent, de façon occulte, facilitant une spéculation immobilière artificielle (contrairement au but recherché par l'article 1589-2 du Code civil). Aussi, l'article 52 de la loi 29 janvier 1993 annule les cessions à titre onéreux de promesses de vente réalisées par un professionnel de l'immobilier.

75 **Exécution en nature.** Il peut arriver, alors que le bénéficiaire a levé l'option, formant la vente, que le promettant-vendeur refuse, ensuite, de l'exécuter. Le transfert de propriété est, en principe, immédiat : l'ex-bénéficiaire devenu acheteur par la levée de l'option est propriétaire. L'exécution forcée en nature est alors possible puisque c'est désormais une vente dont il s'agit.

Il arrive cependant que le transfert de propriété ne soit pas aussi immédiat, par exemple parce que la promesse a prévu que le transfert de propriété se produirait au jour de la réitération de la vente en sa forme authentique comme c'est très souvent le

E. Jeuland, « Proposition de distinction entre la cession de contrat et la substitution de personne », *D.* 1998. Chron. 356, qui développe la thèse d'une solution *sui generis*, G. Pillet, *La substitution de contractant*, Thèse Paris I, 2002.

1. Civ. 3 ; 28 févr. 2007, *Bull. civ.* I., à paraître.

2. Civ. 3e, 17 avr. 1984, *D.* 1985. 234, note I. Najjar ; Civ. 3e, 1er avr. 1987, *D.* 1987. 454, note L. Aynès ; *D.* 1989. 65, note I. Najjar. Civ. 3e, 19 mars 1997, *Bull. civ.* III, no 68, *JCP* 1997. 1. 4030 obs. M. Billiau ; *D.* 1991. 341, note Ph. Brun ; Civ. 3e, 15 juill. 1999, *D.* 2000. 195, note E. Jeuland ; Civ. 1re, 15 nov. 2000, *JCP E* 2001. 1578, note P. Chauvel, 2002 ; Com. 27 mars 2001, *RJDA* 2001. 1088.

3. Civ. 3e, 2 juill. 1969, *D.* 1970. 151, note J.-L. Aubert ; *adde* : J. Ghestin et B. Desché, nos 155 s.

cas en matière immobilière. Dans cette hypothèse, le promettant devenu vendeur s'est obligé à signer l'acte authentique. L'exécution forcée est possible : mieux, le jugement rendu vaudra constat authentique de la vente[1].

2. Les promesses synallagmatiques de vente

76 **Définition.** La promesse synallagmatique, souvent appelée aussi compromis de vente, est un contrat par lequel les parties s'engagent l'une à vendre et l'autre à acheter un bien pour un prix déterminé. Il y a donc, consentement réciproque sur le contrat envisagé, la vente. Aussi, l'article 1589, alinéa 1er du Code civil dispose que « la promesse de vente vaut vente lorsqu'il y a consentement réciproque des deux parties sur la chose et le prix ». Dès lors que la promesse de vente rassemble tous les éléments de la vente, l'autonomie de la promesse synallagmatique est refusée par l'article 1589 du Code civil : la promesse de vente est une vente.

Très souvent, cependant, la promesse synallagmatique de vente mérite une existence propre lorsque tous les éléments nécessaires à la formation de la vente ne sont pas réunis : la chose par exemple ou bien le prix. L'article 1589 du Code civil ne prétend pas, alors, que la promesse de vente vaut vente. Elle présente, d'ailleurs, un grand intérêt en tant que contrat préparatoire, assorti de conditions ou d'un terme ou bien lorsque le compromis de vente est consenti en stipulant que la vente ne sera formée qu'après obtention d'une autorisation administrative quelconque ou après la signature de l'acte authentique, en une sorte « d'essentialisation » de ces éléments supplémentaires[2].

Dans cette hypothèse, la formation de la vente est repoussée à la réalisation des conditions ou à l'existence des éléments « essentialisés ». Le compromis est alors pleinement autonome par rapport à la vente. Pareil compromis comporte, alors, une obligation spécifique de solliciter l'autorisation administrative en question ou de signer l'acte authentique.

1. V. ss 71.
2. F. Collart-Dutilleul et Ph. Delebecque, n° 80. V. aussi Civ. 3e, 31 janv. 2001, *RJDA* 2001. 569, à propos d'une promesse de vente qualifiée de promesse unilatérale de vente et donc soumise à la formalité de l'article 1840 A du CGI.

77 **Vente conditionnelle ou à terme.** En dehors de ces hypothèses, l'article 1589 du Code civil retrouve toute son autorité, la promesse de vente est une vente, assortie de condition ou d'un terme. Très souvent et comme dans l'hypothèse précédente, ces conditions consistent en l'obtention d'une autorisation administrative ou d'un prêt[1] et un terme repose fréquemment sur la signature de l'acte authentique. Le compromis n'existe alors pas véritablement, c'est en fait la vente elle-même qui fait l'objet du compromis ; seule son exécution est repoussée à la réalisation des conditions ou à la survenance du terme.

78 **Exécution forcée, signature de l'acte authentique.** Lorsque le compromis assure que la formation de la vente est retardée au jour de la signature de l'acte authentique réitérant la vente ou que la vente est formée mais son exécution est repoussée au même acte (hypothèse qui vaut également pour une promesse unilatérale de vente après levée de l'option), la question se pose de savoir quelles sont les conséquences d'un refus du vendeur de procéder à cette signature (indépendamment de l'hypothèse dans laquelle les parties se sont contractuellement réservé le droit de s'y soustraire par une faculté de dédit ou la stipulation d'arrhes).

La jurisprudence admet qu'il n'est pas possible de refuser de signer l'acte authentique dès lors que l'acte comporte les éléments essentiels à la formation de la vente (chose et prix) et, estime la Cour de cassation, qu'aucune circonstance n'est « de nature à démontrer que les parties avaient fait de la réitération par acte notarié un élément constitutif de leur consentement[2] ». Par conséquent, deux situations s'opposent et qui dépendent de la rédaction de la clause ayant pour objet la réitération de la vente en sa forme authentique :

– ou bien le compromis (ou la vente conditionnelle[3] ou la promesse unilatérale de vente après la levée de l'option) a fait,

1. Sur l'implication de la loi Scrivener, v. ss 415 s.
2. Civ. 3e, 20 déc. 1994, *JCP* 1995. II. 22491, note Ch. Larroumet, *JCP N* 1996. J. 501, note D. Mainguy.
3. Sous réserve, cependant, que la condition suspensive affectant la vente ne consiste pas en la signature de l'acte notarié en raison de la potestativité qui la menacerait : *cf.* Civ. 3e, 7 juin 1983, *Bull. civ.* III, no 132 : la vente n'en est pas une et le contrat ne consiste qu'en un simple projet (*cf.* Ph. Malaurie et L. Aynès, no 138).

par une clause, de la réitération de la vente en sa forme authentique un élément de la formation de la vente ; cette réitération est alors l'objet d'une obligation de faire de la promesse : la vente n'est pas formée, seule une obligation de faire n'est pas exécutée et, donc, cette inexécution se résoudra par des dommages et intérêts[1] ;

– ou bien, au contraire, le compromis (ou la vente conditionnelle...) a fait de la réitération de la vente une modalité d'exécution de la vente : la vente est alors formée dans les conditions ordinaires : elle produit ses effets. Mais alors, parce que la promesse s'efface derrière la vente, le refus par le vendeur (le plus souvent) de signer l'acte ne se résout pas en dommages et intérêts ; la vente est conclue, il doit exécuter les obligations qui naissent, notamment celle de réitérer l'acte en sa forme authentique[2]. Surtout, de la formation de la vente naît l'une de ses obligations principales, l'obligation de donner, susceptible d'exécution forcée. Une obligation de faire, insusceptible d'exécution forcée, et une obligation de donner, susceptible d'exécution forcée, se concurrencent alors. La jurisprudence avait, un temps, admis que l'inexécution de l'obligation de signer la promesse se résolvait en dommages et intérêts[3] : l'obligation de faire l'emportait. En 1983, changeant de position, reprise en 1994, la Cour avait, au contraire, admis que le refus de signer l'acte authentique devait être surmonté par le jugement valant acte authentique, en raison de l'autorité de la chose jugée qui s'y attache[4]. Cette régularisation judiciaire traduit l'exécution forcée de l'obligation de donner contenue dans la vente : l'obligation de donner contenue dans la vente supplante l'obligation de faire contenue dans (feu) la promesse. Cette régularisation judiciaire n'est possible que si la promesse de vente contient une clause faisant de la réitération par acte notarié une modalité d'exécution et point un élément de la formation de la vente[5].

1. V. Civ. 3e, 10 sept. 2013, n° 12-22883, *RDC* 2014, p. 54, note Ph. Brun.
2. V. Civ. 3e, 19 juin 2012, n° 10-22906, *RDC* 2014, p. 54, note Ph. Brun.
3. Civ. 3e, 22 mars 1968, *D.* 1968. 412, note H. Mazeaud, *JCP* 1968. II. 15587, note A. Plancqueel, *RTD civ.* 1968. 564, obs. J.-D. Bredin ; Civ. 3e, 2 avr. 1979, *JCP* 1981. II. 19697, note M. Dagot.
4. Ass. plén., 3 juin 1994, *Bull.*, n° 4.
5. Civ. 3e, 20 déc. 1994, préc. ; Civ. 3e, 5 janv. 1983, *D.* 1983. 617, note P. Jourdain, *JCP* 1984. II. 20312, note H. Thuillier.

Par conséquent, ou bien la réitération par acte authentique est érigée en élément du consentement des parties à la vente, et celle-ci ne sera formée qu'à ce moment et le refus ne se résoudra qu'en dommages-intérêts, ou bien la réitération est une obligation de la vente déjà conclue et un jugement pourra pallier le refus de signer l'acte authentique.

B. Les pactes de préférence

79 **Définition.** Le pacte ou accord de préférence, ignoré du Code civil[1] jusqu'à la réforme du droit des contrats de 2016, présente des similitudes avec le mécanisme des préemptions, formule déjà étudiée[2]. Les deux institutions reposent sur un fondement voisin : le pacte de préférence est un contrat de réservation qui assure une priorité contractuelle ; le droit de préemption est une priorité légale accordée à une personne pour la conclusion d'un contrat. L'article 1123 du Code civil propose une définition correspondant à sa description usuelle : « Le pacte de préférence est le contrat par lequel une partie s'engage à proposer prioritairement à son bénéficiaire de traiter avec lui pour le cas où elle déciderait de contracter. »

Le pacte de préférence présente également des similitudes avec les contrats de promesse : il est un contrat de réservation qui est utilisé essentiellement pour préparer une vente et surtout une vente d'immeuble, une cession de fonds de commerce ou de droits sociaux, voire de contrat[3]. Ces pactes de préférence sont, d'ailleurs, fréquemment insérés dans d'autres contrats : dans un contrat de bail, au profit du locataire, dans une vente, pour un objet accessoire ou voisin.

Une personne, le promettant, réserve à son partenaire, le bénéficiaire, la priorité de l'offre de conclusion d'une vente future,

1. Mais comp. CPI, art. L. 132-4, s'agissant des formules de préférence dans des contrats d'édition conclu avec un auteur (CPI, art. L. 132-4) et encore, pour limiter à cinq le nombre d'œuvre futures réservées avec un éditeur.
2. J.-P. Desideri, *La préférence dans les contrats*, préf. J. Mestre, PUAM, 1998.
3. Civ. 1re, 6 juin 2001, *RJDA* 2002. 25, à propos d'un courrier établi entre deux cocourtiers assurant une « priorité de reprise » du contrat par l'un des deux cocontractants au profit de l'autre.

pour le cas où il déciderait de la vendre. Rien n'est assuré : le promettant n'est pas certain de vendre, le bénéficiaire pas certain d'acheter et le contenu du contrat n'est pas définitivement arrêté.

Il s'agit, donc, d'une priorité d'acquisition éventuelle accordée à une personne. Là réside, d'ailleurs, la principale différence entre le pacte de préférence et la promesse unilatérale de vente. Où le premier nécessite, pour que la vente soit effectivement conclue, un nouvel accord émanant tant du promettant que du bénéficiaire, la seconde se suffit de l'accord du bénéficiaire seul, par la levée de l'option, le promettant (le terme utilisé étant alors l'une des sources de la confusion entre les deux contrats) ayant déjà donné son consentement. En outre, le prix de vente n'est généralement pas encore fixé dans le pacte de préférence. Pour autant, la jurisprudence analyse parfois le pacte de préférence en une promesse unilatérale de vente conditionnelle pour des raisons d'opportunité tenant par exemple aux règles de la publicité foncière[1]. Cette analyse est inexacte car les éléments de la promesse ne sont pas rassemblés et la condition («je promets de vendre si je vends») serait purement potestative.

Le pacte de préférence peut également s'analyser comme un droit de préemption conventionnel, mais sans la force des droits de préemption légaux, sous la forme d'un *pacte de préemption*, chaque fois qu'il organise les conditions par lesquelles le bénéficiaire pourra se substituer à la position contractuelle du contrat conclu, ou envisagé et aux mêmes conditions, entre le promettant et un tiers.

Des formes plus spécifiques apparaissent parfois sous la forme des clauses « d'offre concurrente » ou « de premier refus » – de validité discutée aujourd'hui, dans les contrats d'affaires internes (*cf.* C. com., art. L. 442-6, II) – insérées dans des contrats de distribution et qui imposent à un producteur de réserver ses offres de vente à tel distributeur jusqu'à ce que celui-ci propose une offre

1. Civ. 3e, 16 mars 1994, *Bull. civ.* III, n° 58 ; *D.* 1994. 486, note A. Fournier ; *Defrénois* 1994. 1164, note L. Aynès ; Civ. 3e, 13 mars 1979, *Bull. civ.* III, n° 43, *D.* 1979. 546, note Franck, *Defrénois* 1979. 1651, note J.-L. Aubert.

plus intéressante émanant d'un concurrent ou bien jusqu'à ce qu'il refuse d'acheter. Dans un cas comme dans l'autre, la sanction de ces clauses consiste en la rupture de la relation et le distributeur ou le producteur, selon la clause, retrouve sa liberté[1]. Il est très utilisé dans la pratique sociétaire, pour réserver l'acquisition de titres : un actionnaire conclut souvent un tel pacte dans un pacte d'actionnaires de façon à s'assurer que si l'un des autres actionnaires envisage de vendre, il réservera son offre à l'un des autres actionnaires. Il est enfin utilisé comme technique de sortie d'un contrat, notamment un contrat de distribution, où il est fréquent qu'un fournisseur soit le bénéficiaire d'un pacte de préférence portant sur le fonds de commerce de son partenaire au cas où celui-ci envisagerait de le céder à un tiers et éviter ainsi qu'il « passe à la concurrence ».

80 **Conditions.** Le pacte de préférence n'est soumis à aucune autre condition que celles du droit commun des contrats. Une exception peut être identifiée à travers le pacte de préférence portant sur un droit d'auteur réglementé par l'article L. 132-4 du Code de la propriété intellectuelle. Il convient alors que le pacte de préférence porte sur un objet déterminé et pour un acte à venir également déterminé. Il n'est pas nécessaire que le prix soit déterminé dans le pacte de préférence[2] ou qu'il contienne un délai déterminé pour l'exercice du droit de priorité[3] de telle manière que le pacte peut être conclu pour une durée indéterminée, solution particulièrement dangereuse car le vendeur peut alors être tenu indéfiniment dans la mesure où la prescription ne joue alors pas (*contra non valentem agere non currit praescriptio* : la prescription ne court pas contre celui qui a été empêché d'agir), ou bien pour une durée déterminée, solution plus fréquente.

Traditionnellement alors, sans doute afin que cette immobilisation ne soit pas générale pour le promettant, la jurisprudence considère qu'un pacte portant sur un type de contrat ne joue pas dès lors que le contrat conclu avec le tiers est un autre type de

1. J.-M. Mousseron, Technique contractuelle, *op. cit.*, n° 105-106.
2. Civ. 1re, 6 juin 2001, préc., Civ. 3e, 15 janv. 2003, *D.* 2003. 1110, note H. Kenfack, *CCC* 2003. 71, obs. L. Leveneur.
3. Civ. 1re, 22 déc. 1959, *Bull. civ.* I, n° 558, *JCP* II. 11494. note P.E. ; Civ. 3e, 15 janv. 2003, préc.

contrat, par exemple un pacte portant sur une éventuelle vente alors que le contrat conclu avec le tiers est une donation[1], un échange[2], une constitution d'usufruit[3], un bail[4], une adjudication[5] ou un apport en société[6] ou un traité de fusion de sociétés[7].

81 **Effets du pacte de préférence.** Le droit de priorité du bénéficiaire s'analyse en un droit de créance, l'obligation pour le promettant de réserver son offre au bénéficiaire et, implicitement, de ne pas offrir ce bien à la vente à un tiers sans l'avoir préalablement présentée au bénéficiaire[8]. Celui-ci dispose donc d'un simple droit de créance contre le promettant, qui peut d'ailleurs faire l'objet d'une cession pour autant que le pacte de préférence ne soit pas affecté d'un *intuitu personae*[9]. Le promettant supporte en principe une obligation de présenter une offre au bénéficiaire dans les conditions prévues par le pacte, ce qui justifie la précision contractuelle en la matière, qui, s'il l'accepte, forme le contrat.

La question principale, cependant, est, comme en matière de promesse de vente où les enjeux sont finalement assez voisins, de mesurer les sanctions éventuelles du promettant défaillant ou qui vendrait la chose objet du pacte à un tiers malgré l'engage-

1. Civ. 1re, 18 oct. 1983, n° 82-11.687, *Gaz. Pal.* 1983. Pan. 80.
2. Soc., 13 mai 1949, *D.* 1949. J. 477, note R. Savatier (le pacte ne joue pas) ; Com. 7 mars 1989, n° 87-17.212, *Bull. civ.* IV, n° 79, p. 52, *JCP* 1989. II. 21316, concl. M. Jéol, note Y. Reinhard (le pacte joue).
3. Civ. 3e, 5 mars 1970, n° 67-12.398, *Bull. civ.* III, n° 178, p. 133.
4. Civ. 3e, 1er avr. 1992, n° 90-16.985, *Bull. civ.* III, n° 116, p. 71 ; Civ. 3e, 10 mai 1984, n° 82-17.079, *Bull. civ.* III, n° 96, p. 77, *RD imm.* 1985. 74, note Ph. Malinvaud et B. Boubli, *JCP* 985. II. 20328, note M. Dagot, *Defrénois* 1985. 33612, note Olivier, à propos d'un bail rural considéré comme une violation du bail.
5. Décisions contrastées : certaines décisions ont refusé que le droit de préférence soit mentionné dans le cahier des charges relatif à l'adjudication (Lyon, 22 nov. 1927, *DP* 1928. I. 151) ; d'autres ont admis qu'un dire du cahier des charges pouvait permettre au bénéficiaire de se substituer à l'adjudicataire (Nancy, 31 oct. 1928, *DP* 1929. II. 166, note H. Lalou, et sur pourvoi, Req. 6 janv. 1931, *Gaz. Pal.* 1931. 1. 471).
6. Paris, 27 juin 1949, *Cts Cuypers c. Delles Violet*, *D.* 1949. J. 537 ; Civ. 5 mars 1951, *JCP* 951. II. 6496, note L. Laurent (le pacte ne joue pas) ; Com. 9 déc. 1974, n° 73-13.113, *Bull. civ.* IV, n° 323, p. 266 (idem à propos d'un pacte sur cession de parts sociales confronté à une augmentation de capital). Mais comp. Récemment, Civ. 3e, 31 janv. 2007, *D.* 2007. 1698, note D. Mainguy, admettant que le pacte peut jouer malgré un apport en société.
7. Com. 9 nov. 2010, *D.* 2010. 2702, obs. A. Lienhard, *RTD civ.* 2011. 139, obs. P.-Y. Gautier.
8. Inversement, si le bénéficiaire ne se déclare pas intéressé, le promettant peut vendre librement la chose objet du pacte de préférence : Civ. 3e, 29 janv. 2003, *Bull. civ.* III, n° 24.
9. V. arrêt, Civ. 3e, 4 janv. 1995, *Defrénois* 1996. 36100, note Ph. Delebecque, avait considéré que les règles de l'article 1690 du Code civil, applicable à la cession de créance, devaient avoir été respectées, même si la créance était cédée avec le contrat principal, alors qu'une analyse en termes de cession de contrat évince cette condition.

ment de préférence à un tiers[1]. Comme en matière de promesse, la jurisprudence précédant la réforme permet de la comprendre, étant entendu que l'article 1123 propose un régime reprenant ces solutions jurisprudentielles et ajoute une technique particulière, celle de « l'action interrogatoire ».

Un temps, en outre, la question s'était posée de savoir si les règles de la publicité foncière s'appliquaient au pacte de préférence. Deux textes pouvaient se concurrencer : l'article 28-2° du décret du 4 janvier 1955 relatif aux restrictions à la liberté de disposer soumises à publicité obligatoire ou l'article 37-1-1° du décret de 1955 qui soumet les promesses unilatérales de vente à publicité facultative mais inopposable aux tiers. Après avoir estimé que le premier, l'article 28-2°, s'appliquait, de façon illogique car le pacte est moins contraignant que la promesse (qui n'est soumise qu'à publicité facultative), la Cour de cassation a considéré que l'article 37-1-1° devait s'appliquer, de façon tout aussi illogique car le pacte de préférence n'est pas une promesse[2].

Si le promettant n'exécute pas correctement son obligation, le promettant engage sa responsabilité contractuelle. L'obligation est, cependant, strictement observée : la préférence ne joue que pour les actes visés dans le pacte de préférence. Ainsi, l'obligation ne joue que si le promettant vend ; qu'il décide d'apporter le bien objet du pacte en société, de le donner, d'effectuer une dation en paiement..., le pacte de préférence ne jouera pas (à moins qu'il ait prévu ces hypothèses)[3]. Mais, en même temps, la Cour de cassation estime que le promettant engage sa responsabilité en donnant l'immeuble à bail à un locataire bénéficiaire d'un droit de préemption légal si celui-ci préempte[4].

82 La principale difficulté demeure, comme pour la promesse, celle de l'exécution forcée du pacte de préférence. Si le promettant s'est simplement abstenu, l'allocation de dommages et intérêts peut suffire. Imposer l'exécution forcée en nature supposerait de

1. D. Mainguy, « La violation du pacte de préférence », *Dr. et patr.* déc. 2005. 65.
2. Civ. 3e, 16 mars 1994, préc.
3. Ph. Malaurie et L. Aynès, n° 143 ; F. Collart-Dutilleul et Ph. Delebecque, n° 68.
4. Civ. 3e, 10 mai 1984, *Defrénois* 1985. 1234, obs. J.-M. Olivier, *JCP* 1985. II. 20328, note M. Dagot, Civ. 3e, 1er avr. 1992, *D.* 1993. 165, note Fournier, *JCP N* 1992. II. 410, note Moreau.

contraindre à l'exécution de l'obligation de présenter une offre au bénéficiaire, dans les conditions prévues.

Si, en revanche, le promettant a cédé la chose objet du pacte à un tiers, la situation du bénéficiaire est autrement plus délicate. L'exécution forcée du pacte suppose d'une part l'annulation de la vente réalisée avec le tiers et, d'autre part, l'exécution forcée de la relation avec le bénéficiaire. Il convient, en effet, suivant les solutions jurisprudentielles, de distinguer selon que le tiers ignorait ou connaissait l'existence du pacte de préférence. Dans le premier cas, le tiers est considéré comme de bonne foi. Le pacte de préférence est une convention inopposable au tiers, selon la règle de l'article 1199 (ex-1165) du Code civil. Par conséquent, le bénéficiaire peut simplement demander les dommages et intérêts au promettant et point au tiers[1]. Dans le second cas, en revanche, le tiers est considéré comme de mauvaise foi. La vente conclue entre le promettant et le tiers peut alors être annulée si, en outre, le tiers connaissait l'intention du bénéficiaire de se prévaloir du pacte, ce qui suppose, pour le bénéficiaire, de démontrer, ce qui paraît bien difficile, ces deux éléments. C'est d'ailleurs la solution retenue par l'article 1123, al. 2 du Code civil : « Lorsqu'un contrat est conclu avec un tiers en violation d'un pacte de préférence, le bénéficiaire peut obtenir la réparation du préjudice subi. Lorsque le tiers connaissait l'existence du pacte et l'intention du bénéficiaire de s'en prévaloir, ce dernier peut également agir en nullité ou demander au juge de le substituer au tiers dans le contrat conclu ». La solution reprend celle retenue par la jurisprudence avant la réforme qui considérait qu'une fraude aux droits du tiers peut en effet être reprochée au tiers par le bénéficiaire pour obtenir l'annulation ou la substitution du contrat conclu avec ce tiers[2]. Cette solution aux allures martiales présentait cependant le grand avantage d'être proclamée sans être appliquée. Demeure, en effet, la question des suites de l'annulation du contrat conclu

1. Civ. 3e, 24 mars 1999, *RJDA* 1999. 536.
2. Civ. 3e, 26 oct. 1982, *Bull. civ.* III, n° 208 ; Com. 7 mars 1989, *D.* 1989. 231, concl. M. Jéol, *JCP* 1989. II. 21316, concl. M. Jéol et note Y. Reinhard.

avec le tiers en contravention des termes du pacte. Le bénéficiaire peut-il être substitué au tiers alors que le promettant, en traitant avec ce tiers, a manifestement fait état de son refus de contracter avec le bénéficiaire ? C'est une question difficile car cette substitution constituerait une sanction en nature de l'obligation violée. La jurisprudence ne l'admettait cependant qu'avec beaucoup de prudence[1] jusqu'à un arrêt important du 26 mai 2006[2] qui a décidé que : « si le bénéficiaire d'un pacte de préférence est en droit d'exiger l'annulation du contrat passé avec un tiers en méconnaissance de ses droits et d'obtenir sa substitution à l'acquéreur, c'est à la condition que ce tiers ait eu connaissance, lorsqu'il a contracté, de l'existence du pacte de préférence et de l'intention du bénéficiaire de s'en prévaloir ». Même si, en l'espèce, les conditions n'étaient ici pas rapportées, il en résultait donc que la Cour de cassation prenait acte de la possibilité de prononcer l'annulation et la substitution du bénéficiaire à la place du tiers contractant, malgré bien des critiques sur cette solution qui, au final, nie l'indépendance du pacte de préférence, et peut-être de tous les contrats préparatoires. Depuis, la Cour de cassation a pu appliquer cette solution de manière efficace en 2007[3] puis a semblé reculer en 2009 en affirmant que la connaissance de l'existence du pacte de préférence s'apprécie au moment de la formation du contrat tiers[4]. L'article 1123, al. 2 offre alors un fondement légal aux solutions à venir.

---

1. Civ. 3ᵉ, 26 oct. 1982, préc. mais *contra*, Com. 7 mars 1989, préc. *cf.* Civ. 3ᵉ, 30 avr. 1997, *Bull. civ.* III, nº 96 ; *D.* 1997. 475, note D. Mazeaud ; *JCP* 1997. II. 22963, note H. Thuillier, *CCC* 1997, nº 129, obs. L. Leveneur, *Defrénois* 1997. 1007, obs. Ph. Delebecque ; mais à nouveau, Civ. 3ᵉ, 10 févr. 1999, *RJDA* 1999, nº 392, censurant l'arrêt d'appel qui avait annulé la vente « sans rechercher si l'acheteur avait eu connaissance de l'intention du titulaire à faire usage de son droit » et v. Ch. Atias, « La substitution judiciaire du bénéficiaire d'un pacte de préférence à l'acquéreur de mauvaise foi », *D.* 1998. Chron. 203.

2. Ch. mixte, 26 mai 2006, *D.* 2006. 1864, note D. Mainguy, 1861, note P.-Y. Gautier.

3. Civ. 3ᵉ, 31 janv. 2007, *D.* 2007. 1698. note D. Mainguy (preuve non rapportée) ; Civ. 3ᵉ, 14 févr. 2007, *RDC* 2007. 701, obs. D. Mazeaud, *Defrénois* 2007. 1048, obs. R. Libchaber, retenant au contraire les preuves rapportées, tant de la connaissance du pacte de l'intention de l'exercer. *Adde.* H. Kenfack, « Le renforcement de la rigueur du pacte de préférence », *Defrénois* 2007. 38621 ; Civ. 3ᵉ, 3 nov. 2011, *CCC* 2012. 60.

4. Civ. 3ᵉ, 25 mars 2009, *RDC* 2009. 991, obs. Y.-M. Laithier. En revanche le tiers ne commet aucune faute en n'interrogeant pas le bénéficiaire sur son intention d'exercer son pacte de préférence : Civ. 3ᵉ, 29 juin 2010, *RDC* 2011. 30, obs. E. Savaux.

L'article 1123, al. 3 et 4 offre cependant une solution alternative originale et efficace, à travers le mécanisme de l'action interrogatoire. Le tiers peut en effet « demander par écrit au bénéficiaire de confirmer dans un délai qu'il fixe et qui doit être raisonnable, l'existence d'un pacte de préférence, et s'il entend s'en prévaloir ». Le but est ici de sécuriser la transaction envisagée par le tiers, même s'il serait très utile d'interroger surtout et en premier le promettant, qui doit savoir encore mieux si un tel pacte existe. L'intérêt en effet est de ménager la circulation de l'information sur l'existence du pacte ; en effet, à défaut de réponse du bénéficiaire, ce dernier perd toute possibilité d'agir en substitution au contrat conclu avec le tiers (C. civ., art. 1123, al. 4).

§ 2. Le mûrissement du consentement

83 **Coup de foudre contractuel.** La vente, comme beaucoup de contrats, est censée se former, immédiatement, par la seule rencontre des volontés, qui se produit en un instant, par une sorte de « coup de foudre contractuel[1] ».

Or, la réalité est souvent autre même sans contrat préparatoire à la vente. Les parties ont dans certaines circonstances besoin d'un temps de réflexion ; dans d'autres, c'est la loi qui impose un temps de réflexion, afin de vérifier que l'acheteur, un consommateur souvent, n'achète pas à la légère.

Deux formules principales assurent un tel mûrissement du consentement, l'expérimentation (**A**) et la réflexion (**B**).

A. L'expérimentation

1. Vente à l'essai

84 **Satisfait ou non conclu.** La vente à l'essai est prévue par l'article 1588 du Code civil. L'acheteur est alors autorisé à utiliser le bien qu'il envisage d'acheter, le temps qu'il procède à son essai afin d'en apprécier les qualités ou bien l'adéquation à ses besoins[2]. Cette

1. J.-M. Mousseron, « La durée dans la formation du contrat », *Mélanges A. Jauffret*, 1974.
2. L. Lorvellec, *L'essai dans les contrats*, Thèse Rennes, 1972.

forme de vente se pratique très fréquemment, pour les ventes de vêtement, d'animaux, de voiture, de matériel informatique... Une clause à cet effet dans le contrat, à moins qu'elle ne résulte des usages, suffira pour que la vente soit conclue à l'essai.

Une première difficulté tient à la qualification de cette vente. Traditionnellement, on affirme qu'il s'agit d'une vente sous condition suspensive ; l'article 1588 du Code civil l'affirme même expressément : la vente à l'essai est « toujours présumée faite sous condition suspensive ». Pourtant, cette qualification ne satisfait guère. La condition suspensive retarde l'exécution de la vente jusqu'à sa réalisation. Or, la vente est déjà conclue puisque l'acheteur peut se servir de la chose ; la condition serait, alors résolutoire[1]. À moins que la vente ne soit assortie d'un prêt à usage de la chose qui lui permette de l'essayer.

Quoi qu'il en soit, l'essai s'entend de façon objective, en sorte que l'acheteur n'est pas maître de la réussite ou de l'échec de l'essai : si l'essai est satisfaisant, la vente est conclue[2].

2. La vente à la dégustation

85 **Dégustation et agréage.** L'hypothèse est, ici, voisine. L'acheteur n'achètera la chose qu'après l'avoir appréciée, en la dégustant ou plus simplement en l'agréant. L'article 1587 du Code civil envisage cette modalité pour la vente « de vin, d'huile et des autres choses que l'on est dans l'usage de goûter avant d'en faire l'achat ». Pour ces choses, « il n'y a point de vente tant que l'acheteur ne les a pas goûtées et agréées[3] ».

Précisons d'emblée qu'en réalité, il faudrait ajouter « pour autant que les parties en aient convenu ainsi » car il n'est pas suffisant que la vente porte sur de telles choses pour conclure qu'elle l'est à la dégustation. En revanche, cette formule peut être adoptée pour d'autres choses, un livre, un disque, par exemple[4].

1. L. Lorvellec, Thèse préc., n°s 147 s. ; V° Vente à l'essai, *J.-Cl. Civil*, art. 1588, 1985.

2. Ph. Malaurie et L. Aynès, n° 107 ; *contra* : F. Collart-Dutilleul et Ph. Delebecque, n° 87, qui évoquent l'hypothèse d'un essai portant sur des qualités subjectives de la chose (ex. : sonorité d'un instrument de musique ou intérêt d'un livre), mais il s'agit, sans doute alors, d'une vente au goûter, et non d'une vente à l'essai.

3. N. Olszak, « *Emptio ad gustum* : la vente à la dégustation de l'Antiquité à l'article 1587 du Code civil », Tijdschift voor Rechtsgeschiedenis, *Rev. hist. droit* 1990. 361.

4. Encore faut-il alors que la clause soit convenue. À défaut la vente est conclue *solo consensu*, dans les conditions de C. civ., art. 1583. *Cf.* Civ. 1er juin 1999, *CCC* 1999. 156, obs. L. Leveneur.

Dans ces hypothèses, la vente n'est pas encore formée : si, en effet, elle l'était sous condition suspensive, la condition serait purement potestative. La vente ne sera formée qu'après agrément, discrétionnaire, par l'acheteur. Par conséquent, l'acheteur et le vendeur concluent non une vente mais une promesse de vente et l'acheteur pourra lever l'option après avoir goûté la chose[1].

B. La réflexion

86 La réflexion est bien entendu un préalable au consentement. Les parties se réservent parfois la possibilité de réfléchir, à moins que ce soit la loi qui l'impose, par la stipulation d'une condition (**1**) ou bien une faculté de rétractation (**2**). L'article 1122 du Code civil propose d'ailleurs désormais une forme en ce sens, envisageant l'hypothèse d'un délai de réflexion, interdisant au destinataire de l'offre d'accepter avant l'expiration de celui-ci, ou un délai de rétractation, permettant au bénéficiaire de « rétracter son consentement ».

1. Les ventes sous condition

87 La vente peut être conclue sous condition, condition suspensive ou résolutoire. Toutes sortes de conditions peuvent être insérées, sous les réserves propres aux conditions mais quelques cas types sont rencontrés, qu'ils soient prévus par les parties ou par la loi.

88 **Condition prévue par les parties. Vente à réméré.** Au-delà des stipulations relevant purement de la liberté contractuelle, la vente à réméré est une forme de vente conditionnelle. Connue depuis le droit romain et aujourd'hui réglementée par les articles 1659 s. du Code civil (C. civ., art. 1659-1673), la vente à réméré est une vente dans laquelle le vendeur d'une chose se réserve la possibilité de la racheter contre la restitution du prix. C'est un moyen efficace de se procurer du crédit, puisque le créditeur devient propriétaire et bénéficie donc de la meilleure sûreté qui soit avec la propriété[2] souvent comme contrepartie d'opérations financières[3].

---

1. V. cependant, Besançon, 14 sept. 1999, *D.* 2001. 729, note N. Olszak.
2. M. Cabrillac et Ch. Mouly, *Droit des sûretés*, 5e éd., Litec, 2001, n° 531.
3. J.-B. Heinrich, « La vente à réméré d'obligations », *JCP N* 1985. I. 279.

L'exercice du réméré est enfermé dans un délai de cinq ans. Pendant ce délai, l'acheteur est véritablement propriétaire mais le vendeur peut, à tout moment, décider d'acheter.

Aussi, la qualification de la vente à réméré pose difficultés. L'article 1659 du Code civil évoque une faculté de rachat. Or, le réméré n'est pas une seconde vente en sens inverse mais la disparition rétroactive de la vente. Aussi, il s'agirait d'une condition résolutoire, mais qui aurait la particularité d'être potestative.

89 **Condition prévue par la loi. Vente à crédit.** Il est de plus en plus fréquent qu'une vente soit assortie d'un crédit qu'il s'agisse d'une vente d'immeuble ou, de plus en plus, de vente de biens de consommation. Dans cette hypothèse, deux contrats sont conclus, un contrat de vente et un contrat de prêt destiné à financer le prix de la vente. Or, si l'acquéreur conclut la vente sans bénéficier du prêt, il devra malgré tout payer le vendeur. Inversement, s'il obtient le prêt mais que la vente n'est pas conclue, il lui faudra régler le prêt (et les intérêts) sans jouir de la chose. Cette difficulté pourrait être résolue par un mécanisme liant les deux contrats.

Le législateur est intervenu pour protéger l'acquéreur-emprunteur consommateur d'un immeuble (L. 13 juill. 1979 : C. consom., art. 313-1 s.) ou d'un bien meuble (L. 10 janv. 1978 : C. consom., art. 312-1 s.). Ces règles tendent notamment à assurer un lien entre les deux contrats. Si le prêt est subordonné à la vente, réciproquement, la vente est subordonnée au prêt[1]. C'est ensuite un moyen d'imposer la réflexion de l'acquéreur-emprunteur. Ainsi, pour un contrat de vente financé par un crédit immobilier, l'acceptation de l'emprunteur ne peut intervenir qu'après un délai de 10 jours[2].

2. Les ventes assorties d'une faculté de rétractation

90 **Arrhes et dédit.** L'acheteur ou le vendeur peuvent chercher à se réserver la possibilité de revenir sur leur acceptation, ce que l'article 1193 du Code civil rend en principe impossible[3].

1. F. Collart-Dutilleul et Ph. Delebecque, n° 880-883.
2. V. ss 416 s.
3. D. Mainguy, « Vente avec arrhes », art. 1590, *J.-Cl. Civil*, 2002.

La vente avec arrhes prévue par l'article 1590 du Code civil permet à l'acheteur de reprendre sa liberté en versant une somme d'argent au vendeur. Si la vente est effectivement conclue, les arrhes s'imputeront sur le prix à payer. Si l'acheteur renonce à acheter, il perdra cette somme mais si le vendeur renonce à vendre, il devra restituer à l'acquéreur le double de la somme versée, afin que lui aussi paie le prix de la liberté de renoncer au contrat.

La vente avec faculté de dédit s'inspire d'un mécanisme identique, à la différence qu'elle n'est prévue, en principe, que dans un seul sens : si l'acheteur s'est réservé la faculté de se dédire moyennant la remise d'une somme d'argent, il peut l'exercer en perdant cette somme, mais le vendeur n'a pas cette faculté, et réciproquement. À moins que le dédit soit prévu pour les deux parties, mais ce sera, alors, le mécanisme des arrhes qui est une faculté de dédit réciproque. Par ailleurs, le dédit peut être gratuit[1] et la question se pose de l'éventuel contrôle de l'exercice du dédit, autrement dit de savoir si le dédit est, ou non, une faculté discrétionnaire. Si, en principe, la Cour de cassation refuse de contrôler les motifs de l'exercice du dédit, militant donc pour une faculté discrétionnaire[2], il en est différemment lorsque la faculté de dédit est exercée de mauvaise foi, comme les clauses résolutoires[3].

Les règles du droit de la consommation (C. consom., art. 214-1) prévoient cependant que toute somme versée par avance par le consommateur est présumée avoir la nature d'arrhes, sauf stipulation qu'il s'agit d'un dédit[4] et pour autant que cette clause ne soit pas considérée comme une clause abusive. En outre, les ventes de consommation développent des techniques particulières, dans le cas de la vente à domicile ou à distance (v. ss 262).

1. Com. 30 oct. 2000, *D.* 2001. Somm. 3241, obs. D. Mazeaud.
2. Civ. 1re, 3 avr. 2001, *D.* 2001. Somm. 3240, obs. D. Mazeaud.
3. Civ. 3e, 15 févr. 2000, *Defrénois* 2000. 1379, obs. D. Mazeaud ; *adde* J. Rochfeld, « Les droits potestatifs accordés par le contrat », *Mélanges J. Ghestin*, LGDJ, 2001, p. 747.
4. Triclin, « La renaissance des arrhes », *JCP* 1994. I. 3732.

Section 3
La chose

91 L'article 1583 du Code civil en fait un élément essentiel sur lequel le consentement doit porter, avec le prix. Ceci explique sans doute le fait que le Code civil se soit préoccupé de prévoir certaines règles concernant la chose qui, d'ailleurs, s'ajoutent à celles qui prévalent pour tous les contrats. De ces règles, il résulte que la chose doit être aliénable (**§ 1**) et déterminable (**§ 2**).

§ 1. La chose doit être aliénable

92 **Libre circulation des marchandises.** La Révolution française avait fait de la liberté contractuelle et, donc, de la libre circulation des biens un droit fondamental ; le traité de Rome en a fait un principe économique (Traité CE, art. 28). Par conséquent, l'aliénabilité des choses est de principe et l'inaliénabilité et toutes autres restrictions, l'exception.

Tel est, d'ailleurs, le principe que reformule l'article 1598 du Code civil : « tout ce qui est dans le commerce peut être vendu lorsque des lois particulières n'en ont pas prohibé l'aliénation » reprenant à son compte le texte de l'article 1128 du Code civil sans doute pour insister sur son importance dans la vente.

Encore convient-il qu'il s'agisse bien d'une chose (**A**), d'une chose existante (**B**) et d'une chose dans le commerce juridique (**C**).

A. Une chose

93 **Vente de services.** La vente étant un contrat translatif de propriété, il convient de s'assurer que la chose ou prétendue telle est bien susceptible de faire l'objet d'un tel transfert. Traditionnellement, on évoque la vente d'un service, dans le langage courant, parfois relayé par la technique juridique. Ainsi la loi du 13 juillet 1992 est-elle relative à la « vente de voyage », comme la loi du 29 janvier 1993 avait réglementé « l'achat d'espace publicitaire ». Pourtant le contrat de voyage n'est rien d'autre qu'un contrat

d'entreprise, un contrat de transport éventuellement accompagné de contrats d'hôtellerie.

Dans ces contrats, le débiteur s'engage à fournir un travail particulier mais point à transférer la propriété d'une chose. La notion de vente de services[1] est un abus de langage même si elle permet de montrer que la frontière existant entre vente et entreprise est ténue. Ainsi, la vente d'électricité était-elle reconnue par la jurisprudence pour lui appliquer la loi de 1978 sur les clauses abusives aux temps où celles-ci ne s'entendaient que pour les contrats de vente au consommateur[2].

Mais la distinction est encore plus difficile à effectuer en présence de contrats dans lesquels le débiteur s'engage à faire quelque chose et à transférer la propriété d'un bien, qu'il s'agisse de la distinction entre vente de chose à fabriquer et contrat d'entreprise avec fourniture de matière ou bien en présence de contrats complexes comme la vente de matériels informatiques.

Observons, alors, que ces prétendues ventes sont assimilées à la vente par une confusion de leur objet souvent renommé ailleurs en « produit[3] ».

94 **Biens meubles incorporels.** Le contrat de vente a surtout été conçu en droit romain comme par les rédacteurs du Code civil pour transférer la propriété d'une chose corporelle.

Les règles de la vente s'adaptent, cependant, aux biens incorporels si ce n'est que la terminologie varie alors et que l'on évoque des cessions : cession de brevet, de marque, de droit d'auteur, de logiciel, d'usufruit, de créance, de fonds de commerce, de parts sociales ou d'actions, etc. voire des éléments plus nouveaux comme les quotas d'émission de gaz à effet de serre organisés par l'ordonnance du 15 avril 2004 (C. envir., art. L. 229-15)[4].

Souvent, pourtant, des réglementations spéciales organisent ces cessions. Ainsi en est-il des cessions de créance et autres droits incorporels, réglementées par les articles 1689 s. du Code civil,

---

1. R. Savatier, « La vente de services », *D.* 1971. Chron. 223, J.-C. Planque, « La vente de prestation de services », *CCC* févr. 2003. 4.
2. B. Gross et Ph. Bihr, p. 110.
3. D. Mainguy, « Réflexions sur la notion de produit en droit des affaires », *RTD com.* 1999. 47.
4. T. Revet, « Les quotas d'émission de gaz à effet de serre », *D.* 2005. Chron. 2632.

des cessions de créances professionnelles, organisées par la loi *Dailly* du 2 janvier 1981 (devenue CMF, art. L. 313-23 s.). Tel est le cas encore des cessions de fonds de commerce (C. com., art. L. 141-1 s.), opération assez complexe en raison de la nature de ce bien : il s'agit d'une universalité de fait qui comprend divers éléments comme le droit au bail, l'enseigne, le nom commercial, le stock et surtout la clientèle. Citons encore les cessions de droits sociaux, actions ou parts sociales et les sophistiquées cessions de contrôle d'une société, cessions massives de droits sociaux qui assurent au cessionnaire le contrôle de la société cible[1].

B. Une chose existante

95 **Vente de chose future.** Conformément à l'article 1163 du Code civil, la vente, comme tout contrat, peut porter sur une chose future[2]. La vente de chose future est la vente d'une chose qui n'existe pas... encore, parce que le vendeur ne dispose pas encore de cette chose ou bien parce qu'il ne l'a pas encore fabriquée. Mais cette chose existera, dans le futur.

La certitude qui préside à l'existence de la chose est cependant susceptible de degrés. Parfois, cette existence n'est qu'une probabilité, comme en matière de vente de récolte sur pied. La vente est, alors, un contrat aléatoire. Lorsque, au contraire, cette probabilité est proche de la certitude, la vente est un contrat commutatif et le vendeur prend l'engagement que la chose existera, soit qu'il la fabriquera, soit qu'il s'en procurera un exemplaire. Mais la vente ne sera parfaite que lors de l'achèvement de la chose ou lors de son individualisation.

Un cas particulier réside, enfin, dans la vente d'immeuble à construire, réglementée par les articles 1601-1 s. du Code civil. La vente est, alors, ou bien une vente à terme dans laquelle l'acheteur ne sera propriétaire qu'à l'achèvement de l'immeuble mais le transfert de propriété s'opérera rétroactivement au jour de la formation de la vente, ou bien une vente en l'état futur d'achève-

1. T. Massart, *La cession de contrôle*, Thèse dr. Paris II, 1995.
2. À la réserve près du pacte sur succession future ou de la cession globale d'œuvres futures, que l'article L. 131-1 du Code de la propriété littéraire et artistique répute nulle.

ment, dans laquelle l'acheteur devient propriétaire de l'immeuble au fur et à mesure de l'avancement des travaux, par le mécanisme de l'accession[1] ; en revanche, le transfert des risques ne s'effectue qu'à l'achèvement des travaux[2].

Par ailleurs, certaines ventes de choses futures sont réglementées, comme la cession future d'œuvre objet d'un droit d'auteur (CPI, art. L. 131-1, 132-4) voire prohibées comme la cession de droits successoraux (C. civ., 1600, pacte sur succession future).

96 **Perte de la chose.** Entre le moment où la vente est formée et celui où le vendeur doit livrer la chose vendue, il arrive que cette chose périsse. Comme il ne saurait y avoir de vente sans une chose qui existe, parce que le transfert de propriété s'effectue en principe immédiatement, une telle vente de chose qui disparaît est une vente impossible.

L'article 1601 du Code civil règle l'hypothèse dans laquelle la perte a lieu au moment de la vente et distingue cependant selon que la perte est totale ou partielle. Dans le premier cas, la vente est nulle et cette nullité est sans obstacle. Dans le second cas, l'acheteur a le choix ou bien d'abandonner la chose ou bien de la conserver moyennant une diminution proportionnelle du prix.

Mais la perte peut avoir lieu après le moment de la formation de la vente. Les règles générales prévues aux articles 1197 et suivants du Code civil qui organisent la charge des risques dans les contrats s'appliquent alors, de façon assez complexe[3]. L'article 1351-1 du Code civil ajoute en outre, comme complément des règles relatives à la force majeure ou à l'impossibilité d'exécuter (C. civ., art. 1218, 1351), que « lorsque l'impossibilité d'exécuter résulte de la perte de la chose due, le débiteur mis en demeure est néanmoins libéré s'il prouve que la perte se serait pareillement produite si l'obligation avait été exécutée ». En outre, les parties peuvent organiser à leur guise les conditions dans lesquelles les parties assument ce risque, par exemple en prévoyant une clause admettant la perte d'une fraction de la marchandise, pour des denrées périssables par exemple.

1. Ph. Malinvaud et Ph. Jestaz, *Droit de la promotion immobilière*, 6e éd., Dalloz, n° 348.
2. Civ. 3e, 11 oct. 2000, *JCP* 2001. II. 10465, note Ph. Malinvaud.
3. V. ss 139 s.

C. Une chose dans le commerce juridique

97 **Choses appropriables et choses inappropriables.** Cette question pourrait sembler obsolète, dans la mesure où elle correspond à la formule de l'ancien article 1128. Elle correspond toutefois à celle de l'article 1598 du Code civil. La formule « dans le commerce juridique » ne doit pas être prise dans son sens commun. Elle signifie, par une tautologie toute juridique, que seuls les biens susceptibles de faire faire l'objet d'un contrat... peuvent être objets de contrat. Si le principe est que toute chose est dans le commerce juridique, la formule se comprend surtout par ses exceptions, un certain nombre de choses ne peuvent faire l'objet d'une vente.

Comme le propre de la vente est de transférer un droit de propriété sur un bien, encore convient-il que la chose qui en est l'objet soit appropriable. Or, toutes les choses ne sont ni appropriables ni appropriées. Les choses sans maître ou les choses communes[1] comme l'air ou l'eau ne sont ainsi pas appropriables.

Surtout, la question se pose pour des choses incorporelles comme l'information ou le savoir-faire qui ne font pas l'objet d'un droit de propriété : ce sont parfois des valeurs, en ce sens que des personnes sont susceptibles de dépenser de l'argent pour les obtenir, et des biens, puisque ces mêmes personnes entendent se réserver l'usage de ces choses, mais ce n'est qu'en de très rares occasions (reconnaissance d'un droit de brevet ou de marque ou autre, si une demande est formulée et si les conditions requises sont rassemblées), que la loi reconnaît un droit de propriété sur ces choses incorporelles. Par conséquent, ces choses, informations, savoir-faire, etc., peuvent faire l'objet d'un contrat, mais pas d'un contrat de vente. La cession d'une information est impossible ; seule sa communication, son enseignement est envisageable par un contrat d'entreprise (v. ss 233).

Le fait qu'une chose soit appropriable ne rend pas son appropriation nécessairement aisée : ainsi en est-il des propriétés collectives, les biens indivis, qui doivent être cédés avec le consentement de tous les indivisaires à moins qu'il s'agisse de la

1. M.-A. Chardeaux, *Les choses communes*, Thèse Paris I, 2004.

cession d'une quote-part indivise de la chose ou d'un bien déterminé d'une masse indivise, ce qui est subordonné au résultat du partage à venir.

98 **Chose d'autrui, propriétaire apparent.** Autre est la question de savoir si le vendeur est bien propriétaire de la chose vendue. En principe, la chose, appropriable, est la propriété du vendeur, à moins qu'il ne vende la chose d'autrui, dont le régime est largement favorable à la circulation des biens. On observera que la vente de la chose d'autrui n'est pas une hypothèse d'école : certaines opérations frauduleuses et généralement le fait d'escrocs inventifs sont finalement assez rares, plus commune est l'hypothèse de la vente d'une chose dont le vendeur n'est encore propriétaire, par exemple lorsqu'il s'agit de marchandises en gros ou de produits financiers, ou celle dans laquelle le vendeur est bien propriétaire mais perd rétroactivement son droit de propriété au cours de l'opération. Si le bon sens conduit à reconnaître que la vente de la chose d'autrui est impossible et donc nulle, *nemo plus juris ad alium transferre potest quam ipse habet,* la règle s'inspire de l'ancien droit où la vente n'était pas, par elle-même, translative de propriété, de sorte que la vente de la chose d'autrui était valable. Pourtant, la nullité promise par le Code civil est finalement peu intense. Ainsi, la nullité promise par l'article 1599 du Code civil, « la vente de la chose d'autrui est nulle », n'est-elle permise que lorsque le transfert de propriété est immédiat, ainsi encore est-elle relative, seulement ouverte à l'acheteur dans un délai de cinq ans qui ne l'invoquera que s'il n'est pas protégé par les mécanismes de la possession (C. civ., art. 2276 pour les meubles). Le fondement de cette nullité est obscur : est-ce un vice du consentement, une erreur sur la qualité de propriétaire du vendeur ? La jurisprudence considère cependant que la connaissance par l'acheteur que le vendeur n'est pas propriétaire ne le prive pas de son action. Est-ce un mécanisme inspiré de la garantie d'éviction du vendeur de son fait personnel, alors que l'éviction suppose un trouble et que l'acheteur peut agir avant que ce trouble apparaisse ? Est-ce l'absence de cause ? Mais l'absence de cause serait plutôt sanctionnée par la nullité absolue...

C'est ainsi encore que la vente d'une chose dont le vendeur n'est pas propriétaire mais qui est apparue aux tiers comme tel, comme c'est le cas d'un héritier apparent, est valable à condition que l'acheteur soit de bonne foi (il ignorait que le vendeur n'était pas propriétaire) et que l'erreur qu'il a commise était commune, c'est-à-dire que tout le monde l'aurait commise (*error communis facit jus*)[1]. En outre le véritable propriétaire ne peut agir en nullité de la vente[2], mais simplement exercer une action en revendication de la chose, pour autant que l'acheteur ne soit pas un possesseur de bonne foi (C. civ., art. 2276), s'agissant d'un meuble.

99 **Choses illicites.** Par ailleurs, un certain nombre de choses ne peuvent être objet d'un contrat de vente par l'effet de la loi, comme autant de « tabous » juridiques[3]. Ainsi en est-il des choses qui n'en sont pas, comme les droits de la personnalité[4], le corps humain et les éléments du corps humain mais aussi les fonctions publiques[5], le droit de vote ou les attributs de la souveraineté ou encore le droit moral d'un auteur sur son œuvre.

Certaines choses appropriées sont encore interdites à la vente comme la drogue, les armes de guerre ou certains produits dangereux[6], à moins que leur vente ne soit étroitement contrôlée comme la vente de médicaments[7] ou d'armes. Peut-on dire que ces choses sont hors commerce ? On l'affirme, on l'écrit souvent[8]. En réalité ces choses sont dans le commerce juridique : le commerce des armes ou des drogues est licitement l'un des plus profitables, mais des limites à leur commercialisation sont fixées. Une

1. L. Leveneur, *Situation de fait et droit privé*, Bibl. dr. priv., t. 212, préf. M. Gobert, LGDJ, 1990, n° 81.
2. Civ. 3e, 8 déc. 1999, *D.* 2001. 269, note C. Albigès, Civ. 3e, 9 mars 2005, *CCC* 2005. 128, obs. L. Leveneur.
3. Ph. Malaurie et L. Aynès, n° 128 ; I. Moine, *Les choses hors commerce*, LGDJ, 1995 ; G. Loiseau, « Typologie des choses hors du commerce », *RTD civ.* 2000. 47. *Cf.* Civ. 1re, 10 févr. 1998, *CCC* 1998. 57, obs. L. Leveneur, sur l'illicéité de contrat de présentation de clientèle d'un astrologue.
4. Mais on observe des exceptions, comme pour le nom, v. G. Loiseau, *Les contrats portant sur le nom*, LGDJ, 1997.
5. Paris, 12 nov. 2001, *RTD civ.* 2002. 89, obs. J. Mestre.
6. Ceux-ci font l'objet d'une réglementation extrêmement riche et sévère dont les lois du 1er août 1905 sur les fraudes et tromperies (C. consom., art. 213-1 s.) et la loi du 21 juill. 1983 sur la sécurité des produits (C. consom., art. 221-1 s.)
7. *Cf.* la définition du médicament : Ass. plén., 6 mars 1992, *D.* 1992. 305, concl. H. Dottenville, autour de laquelle se battent grandes surfaces et pharmaciens.
8. *Cf.* par ex. A. Bénabent, n° 21. V. pour d'intéressants éclaircissements, L. Montagnier, *Le principe de libre circulation des biens*, Thèse Montpellier 2000.

partie de ces limites repose sur les règles du droit de la consommation et, notamment des règles de l'article L. 411-1 et suivants du Code de la consommation qui dispose que « les produits et les services doivent... présenter la sécurité à laquelle peut légitimement s'attendre et ne pas porter atteinte à la sécurité des personnes » qui fixe ensuite des procédures permettant aux autorités ministérielles de réglementer la vente de ces produits par voie de décret ou d'arrêtés.

La jurisprudence a également retenu que des marchandises contrefaites ne pouvaient, sur le fondement de l'ex-article 1128 et de l'article 1598 du Code civil, faire l'objet d'une vente[1]. Par là, la sanction de la contrefaçon que le Code de la propriété intellectuelle organise trouve par la nullité des ventes ayant de telles choses contrefaites pour objet, un prolongement civil efficace : point n'est besoin alors de recourir à la théorie des vices du consentement ou à la garantie des vices cachés ou d'éviction[2].

100 **Clientèles civiles : de la prohibition à la reconnaissance du fonds libéral.** Une place particulière peut être réservée aux clientèles civiles, celle des professions libérales[3]. Si, en effet, les clientèles commerciales et artisanales sont librement cessibles, ne serait-ce que parce que le Code de commerce en fait l'élément central du fonds de commerce (C. com., art. L. 141-5), il n'en a pas été de même des clientèles civiles pendant longtemps, jusqu'à l'important arrêt du 7 novembre 2000[4] pour la simple raison que ces clientèles étaient attachées à la personne du professionnel libéral, de la même manière que le nom ou les attributs de la personnalité.

Jusqu'à cet arrêt, le principe traditionnel en la matière voulait que les clientèles civiles soient incessibles parce qu'elles seraient attachées à la personne du professionnel libéral en raison de ses

1. Civ. 1re, 24 sept. 2003, *D.* 2003. 2683, note C. Caron. V. déjà, Com. 26 oct. 1999, *Bull. civ.* IV, n° 185, sur le caractère illicite d'une sûreté réelle portant sur des marchandises contrefaites.
2. Paris, 19 nov. 1997, *PIBD* 1998. III. 146 (garantie des vices cachés), Com. 15 oct. 1996, *Bull. civ.* I, n° 355 (garantie d'éviction dans le cadre d'un contrat de distribution).
3. P. Leclercq, *Les clientèles attachées à la personne*, LGDJ, 1965 ; M. Chaniot-Waline, *La transmission des clientèles civiles*, LGDJ, 1994 ; Y. Auguet, *Concurrence et clientèle*, LGDJ, 2000 et surtout F. Vialla, *L'introduction du fonds libéral en droit positif français*, Bibl. dr. ent., t. 39, Litec, 1990, dont les passages éclairants ont inspiré la Cour de cassation.
4. Civ. 1re, 7 nov. 2000, *Bull. civ.* I, *JCP* 2001. II. 10452, note F. Vialla. V. aussi M.-C. Chemtob, « Cession de clientèle civile, licéité sous réserve de la liberté de choix du patient », *CCC* avr. 2001. 9.

qualités propres, personnelles, en sorte que cette clientèle serait hors commerce juridique. Par ailleurs, pour les médecins, ces cessions iraient à l'encontre du principe du libre choix du médecin par le patient, ce qui est partiellement inexact car rien ne l'empêche de consulter un nouveau médecin. Aussi, sur le fondement de l'ex-article 1128 du Code civil et, donc, de l'indisponibilité de la personne, assistait-on à l'annulation systématique des cessions de clientèles[1]. D'autres arrêts annulaient le contrat pour défaut de cause ; la cause du contrat serait illicite si ce dernier fait échec à la liberté de choix du médecin par le patient, ce qui n'est pas sans intérêt car, alors, l'objet du contrat, la clientèle civile, était peut-être validé en tant qu'objet de contrat[2].

De nombreux auteurs avaient critiqué ces solutions car certaines incohérences apparaissent : ainsi, des sociétés civiles professionnelles pouvaient être constituées, signe d'une patrimonialisation des clientèles civiles[3] mais surtout la jurisprudence validait le contrat de présentation de clientèle proposant une cession de matériels et de fichiers, une obligation de non-concurrence et la présentation au successeur de la clientèle (ou du successeur à la clientèle) qui ne sont rien d'autre que des cessions de clientèle civile déguisées[4]. Mais cession de clientèle ou droit de présentation de clientèle, le résultat est le même : la clientèle civile peut faire l'objet d'un contrat, elle n'est donc plus hors du commerce juridique (d'où le recours à la notion de cause et par exemple le principe du libre choix du praticien par le patient[5]).

L'arrêt du 7 novembre 2000 se présente alors comme une alternative efficace : à l'occasion d'une cession de clientèle par un médecin à un confrère avec lequel il s'était auparavant associé, la Cour de cassation affirmait en effet que « si la cession de la

1. *Cf.* parmi tant d'autres : Civ. 16 mars 1943, *JCP* 1943. II. 2289.
2. Civ. 1re, 7 févr. 1990, *Defrénois* 1990. 1018, obs. J.-L. Aubert, *RTD civ.* 1991. 560, obs. F. Zenati. D'ailleurs, parce que nul n'est certain que la clientèle se reportera effectivement sur le successeur, le contrat de présentation de clientèle est un contrat aléatoire : Civ. 1re, 7 oct. 1997, *D.* 1998. 78, note B. Beignier.
3. S. Ferré-André, « De la patrimonialisation à la commercialisation des clientèles civiles et des professions libérales », *RTD civ.* 1995. 565 ; F. Vialla, *op. cit.*
4. V. par ex. : Civ. 1re, 7 mars 1956, *D.* 1956. 523, note R. Percerou, pour un chirurgien-dentiste ; Civ. 1re, 3 juill. 1996, *Bull. civ.* I, n° 287, *D.* 1997. Somm. 170, obs. R. Libchaber.
5. Civ. 1re, 7 juin 1995, *D.* 1995. 560, note B. Beigner.

clientèle médicale, à l'occasion de la constitution ou de la cession d'un fonds libéral d'exercice de la profession n'est pas illicite, c'est à la condition que soit sauvegardée la liberté de choix du patient ». On observe alors que, outre la consécration de la notion de fonds libéral[1], la Cour de cassation opère un revirement de jurisprudence attendu, propre à inscrire l'activité des professions libérales dans le siècle, par une patrimonialisation efficace de celle-ci. C'est, qu'en effet, l'activité traditionnelle indépendante, intellectuelle et désintéressée assise sur une relation de confiance particulière et *intuitu personae* entre le praticien et son client impose, de plus en plus ; l'utilisation d'outils comme la société, le contrat (cession, louage ou prêt) et les sûretés qui exigent une telle patrimonialisation. La reconnaissance d'un fonds libéral, sur le modèle voisin du fonds de commerce, ouvre alors ces perspectives modernes appelant investissements, capitaux, salariat...

101 **Autorisations administratives.** De très (trop ?) nombreuses autorisations administratives permettent d'exercer telle ou telle activité professionnelle, par exemple la licence permettant de vendre des boissons alcoolisées, la licence d'entreprise de spectacle, de clinique, de chauffeur de taxi, d'exploitation conchylicole... Censées assurer la protection du public, ces autorisations deviennent en outre, un outil de protection de leur titulaire contre la concurrence. Comme en effet le nombre de ces autorisations est compté, elles ont d'autant plus de valeur. Pourtant, certaines autorisations ne peuvent être cédées, lorsqu'elles présentent un caractère personnel par exemple, l'autorisation donnée à une agence de voyages, l'autorisation d'exploiter une carrière, à moins qu'elles fassent l'objet d'une présentation du successeur à l'administration, qui l'accepte. Le fondement est ici voisin de l'exemple précédent : l'administration est hors du commerce juridique[2]. Certaines autorisations sont cependant librement cessibles, comme les licences de débit de boissons, d'une officine de pharmacie ou les licences de transport routier.

1. F. Vialla, *L'introduction fonds libéral en droit positif français, op. cit.* Mais *contra* : M. Chaniot-Waline, *La cession des clientèles civiles, op. cit.*
2. A. Bernard, « L'autorisation administrative et le contrat de droit privé », *RTD com.* 1987. 1.

102 **Clauses d'inaliénabilité.** La mise hors commerce juridique peut aussi résulter d'une stipulation contractuelle, une clause d'inaliénabilité, regardée avec une large défaveur par la loi et les tribunaux. On les rencontre surtout dans les libéralités : ces clauses empêchent alors le bénéficiaire de la libéralité de vendre le bien.

Ces clauses, cependant, sont évidemment antiéconomiques et bloquent la circulation des richesses. Aussi, elles ne sont admises que si elles sont limitées dans le temps et justifiées par un intérêt sérieux et légitime.

§ 2. La chose doit être déterminable

103 **Détermination de la chose.** Parce que le transfert de propriété est immédiat dans la vente, il convient également que la chose soit déterminée au moment de la vente ou bien déterminable. L'ex-article 1129 du Code civil l'imposait pour tous les contrats : « Il faut que l'obligation ait pour objet une chose au moins déterminée quant à son espèce. La quotité de la chose peut être incertaine pourvu qu'elle soit déterminable. » Depuis 2016, l'article 1163, al. 2 dispose que « [l'obligation] doit être possible et déterminée ou déterminable ». L'alinéa 3 poursuit en outre : « La prestation est déterminable lorsqu'elle peut être déduite du contrat ou par référence aux usages ou aux relations antérieures des parties, sans qu'un nouvel accord soit nécessaire ».

En pratique, il convient de distinguer corps certains et choses de genre. La détermination des corps certains ne suscite guère de difficulté. Ainsi, la description d'une chose, par ses caractéristiques, ou simplement le fait de donner l'adresse d'un immeuble suffit pour déterminer la chose.

La détermination de la chose s'entend, alors, classiquement (et explicitement dans l'ex-article 1129 du Code civil) de sa désignation dans son espèce (du blé, un appartement dans tel immeuble) et dans sa quantité. S'agissant de la qualité de la chose, l'article 1166 du Code civil dispose que « lorsque la qualité de la prestation n'est pas déterminée ou déterminable en vertu du contrat, le débiteur doit offrir une prestation de qualité conforme aux attentes légitimes des parties en considération de sa nature, des usages et du montant de la contrepartie ». La solution est très heureuse dans la mesure où elle offre un standard, une « qualité conforme aux attentes légitimes des parties », ce qui laissera une large marge d'appréciation aux juges.

104 **Déterminabilité de la chose.** Les choses de genre, des meubles le plus fréquemment[1], sont au contraire déterminées uniquement quant à leur espèce. La quotité ne l'est pas encore. Conformément à l'article 1163 al. 2 du Code civil, il convient cependant que la quotité de la chose soit déterminable au jour de la formation du contrat, à peine de nullité de la vente : la détermination viendra plus tard. La mesure de la chose suffit, nombre de litres, de kilos ou autres unités de mesure.

La détermination de la chose proviendra, ensuite, de son individualisation. Celle-ci résulte de la mesure, du comptage ou du pesage de la chose, comme c'est le cas des ventes de choses au poids, au compte ou à la mesure prévues par l'article 1585 du Code civil ou, mieux, des ventes en bloc où l'acheteur acquiert tous les biens, individualisés en bloc parce que rassemblés par exemple dans un local et qu'il suffira de mesurer, et qui posent d'autres difficultés s'agissant des modalités du terme de transfert de propriété.

Section 4

Le prix

105 **Élément essentiel.** La vente est un contrat à titre onéreux. Le prix constitue la contrepartie financière, exprimée sous forme d'une somme d'argent, du transfert de propriété que la vente produit. À ce titre, le prix est une composante essentielle de la vente, d'abord en tant qu'élément nécessaire à sa formation, ensuite en tant qu'objet principal de l'obligation de payer qu'assume l'acheteur.

1. V. Cependant, pour une vente immobilière d'une certaine superficie de terrain : Civ. 3e, 17 juill. 1968, *Bull. civ.* III, n° 354 ; *RTD civ.* 1969. 137, obs. G. Cornu.

En outre, la question de savoir le prix de la vente doit être un prix librement fixé par les parties ou répondre à d'autres critères comme celui de la justice du prix ou de sa conformité à des impératifs plus importants se pose. Aussi observerons-nous, l'existence du prix (**§ 1**), sa détermination (**§ 2**) et sa licéité (**§ 3**).

§ 1. L'existence du prix

106 Le prix doit exister dans la vente, l'article 1583 du Code civil en fait un élément essentiel de sa formation. Cette proposition s'exprime, cependant, à travers deux autres, le prix présente un caractère monétaire (**A**) et est libre (**B**).

A. Le prix a un caractère monétaire

107 **Prix fixé en argent.** Aucune disposition du Code civil ne l'énonce clairement mais il ne fait de doute que le prix, dans la vente, doit s'exprimer en argent.

C'est d'ailleurs par ce caractère que la vente se distingue d'autres contrats voisins, tels le contrat d'échange ou l'apport en société ou encore le bail à nourriture, par lequel une personne s'engage à loger une personne, lui assurer sa nourriture, sa vie durant, moyennant rémunération. Le prix est, alors, un élément de qualification du contrat[1].

108 **Euro.** Le passage à la monnaie unique, le 1er janvier 1999, pour les 11 États, dont la France, ayant choisi l'Union économique et monétaire s'est traduit par de nouvelles règles en matière d'expression du prix dans les contrats[2]. Ainsi, depuis le 1er janvier 2002, l'expression du prix en euros est obligatoire. Auparavant, le prix devait être exprimé en francs et en euros (double affichage), simple faculté qui devait être « non équivoque, aisément identifiable et facilement lisible[3] ». Par ailleurs, est posé le principe de la continuité des contrats dont il résulte que les contrats

1. Civ. 1re, 20 févr. 2008, *D.* 2009. 276, note L. Saenko.
2. Règlement n° 974/98 du 3 mai 1998 (*JOCE* 11 mai 1998, n° L. 139, p. 6, *JCP* 1998. III.20079), v. F. Grua, « Fictions et réalités dans le passage à l'euro », *D.* 1997. Chron. 130 ; H. Claret, « L'euro et les consommateurs », *CCC* févr. 2000. 54.
3. Recommandation du 23 avril 1998, art. 2, 1er, c (*JOCE* 1er mai 1998, n° L. 130, p. 26).

conclus avant le 1er janvier 1999 et payés après le 1er janvier 2002 seront exécutés sans tenir compte du changement, par simple conversion de francs en euros.

109 **Vente et dation en paiement.** Pourtant, la vente demeure telle quoique le prix payé ne soit pas une somme d'argent, comme dans le cas de la vente dont le prix est payé moyennant une dation en paiement. L'acheteur exécute alors son obligation de payer en remettant un bien d'une valeur égale au prix dû. Mais la dation en paiement est une modalité de paiement qui se décide au moment du paiement, et qui requiert l'accord du vendeur créancier de paiement[1]. Par conséquent, la vente a bien été formée moyennant un prix exprimé sous une forme monétaire. D'ailleurs, si la remise de la chose en contrepartie est prévue lors de la formation du contrat, ce contrat est un échange, point une vente[2].

110 **Rente viagère.** Peu importe, cependant, pour la qualification de la vente que le prix soit fixé sous la forme d'un capital ou sous la forme d'une rente viagère, pour devenir une vente en viager, que l'on rencontre à propos des ventes d'immeuble. Le vendeur, alors, sera payé par le versement périodique de sommes d'argent tout le reste de sa vie. C'est la raison pour laquelle ce contrat est un contrat aléatoire.

Observons que le contrat de rente viagère est un contrat autonome, en ce sens qu'il n'est pas nécessairement greffé sur le contrat de vente. Le Code civil identifie le contrat de rente viagère comme celui qui impose à une personne, le débirentier, de verser périodiquement et sa vie durant à une autre personne, le crédirentier, une somme déterminée appelée arrérage[3] à titre gratuit, par donation ou testament, ou à titre onéreux, le crédirentier s'engageant en contrepartie qui consiste, le plus souvent, en la vente d'un bien (mais aussi le bail à nourriture, v. ss 107). Aussi évoque-t-on le contrat de vente moyennant rente viagère ou vente en viager.

---

1. F. Terré, Ph. Simler et Y. Lequette, *Droit des obligations, op. cit.*, n° 1227.
2. V. Cependant la particularité de la vente d'un terrain contre la remise d'un local à construire (Ph. Malinvaud et Ph. Jestaz, *Droit de la promotion immobilière, op. cit.*, n° 655) qui demeure une vente (Civ. 3e, 9 déc. 1986, *Defrénois* 1987. 1187, obs. G. Vermelle) alors pourtant que le prix ne présente aucun caractère monétaire, il s'agirait donc d'un échange, à moins qu'il s'agisse d'une double cession dont les prix se compensent.
3. Y. Dagorne-Labbé, V° Rente, *Rép. civ.*

Ce contrat est essentiellement un contrat aléatoire dans la mesure où les parties (et surtout le débirentier) spéculent sur l'aléa que constitue la durée de la vie du crédirentier[1]. Ainsi se justifient quelques règles du Code civil, comme celle imposant que l'aléa soit toujours présent au moment de la conclusion du contrat (que le crédirentier soit toujours vivant : C. civ., art. 1974), que la rente ne soit pas inférieure aux revenus du bien (auquel cas le débirentier ne subit aucune perte)[2] et surtout celle de l'article 1975 du Code civil. Si, en effet, le crédirentier décède dans les vingt jours de la conclusion du contrat, le contrat est nul. La règle s'explique ici aussi par l'importance de l'aléa dans le contrat de rente viagère[3].

Le montant de la rente est en principe librement fixé et, toujours en principe, intangiblement, ce que l'article 1979 du Code civil rappelle. Les parties peuvent prévoir une clause d'indexation qui peut ne pas suffire. Aussi, parce que la durée est une composante de contrat, un système de révision des rentes viagères a été mis en place par la loi du 25 mars 1949 qui impose une évolution à la hausse de rentes en fonction de taux fixés par l'administration et limite les effets de clauses d'indexation (à la baisse et à la hausse) à moins qu'une révision judiciaire ou conventionnelle ne soit assurée[4].

L'effet du contrat assure une rente au crédirentier en sorte que le débirentier ne saurait proposer de verser le capital en une seule fois, sauf à consentir au « rachat » de la rente. En outre, le défaut de paiement des rentes n'ouvre au profit du crédirentier qu'une action en exécution forcée, l'article 1978 du Code civil fermant toutes les autres actions, mais la jurisprudence admet l'existence d'une clause résolutoire, devenue une clause de style dans tous les contrats.

---

1. Pas toujours avec bonheur d'ailleurs, fort heureusement pour la morale, comme l'expérience du débirentier de feue Jeanne Calment, décédée à près de 120 ans, s'en rendit compte, ses héritiers ayant dû continuer à payer la rente consentie par leur père, prédécédé à la crédirentière.
2. Civ. 1re, 24 oct. 1978, *Bull. civ.* I, n° 319.
3. Aussi seul le décès du crédirentier pour maladie est visé par l'article 1975 du Code civil et point un décès accidentel. Malgré le caractère d'exception de l'article 1975, la jurisprudence admet que la nullité peut être prononcée même en cas de décès survenu après les vingt jours de la conclusion du contrat, mais pour des causes tirées du droit commun des obligations (*cf.* Civ. 1re, 2 mars 1977, *Bull. civ.* I, n° 115, *Defrénois* 1977. 31582, n° 11, obs. J.-L. Aubert).
4. J.-L. Bergel, « La révision des rentes viagères entre particuliers », *RTD civ.* 1973. 450. Révision qui ne saurait être unilatérale : *cf.* Civ. 1re, 5 nov. 1996, *RTD civ.* 1997. 159, obs. P.-Y. Gautier.

B. Le prix est libre

111 **Principe de liberté.** Le prix de la vente est en principe libre, les parties peuvent fixer le prix qu'elles entendent, même très différent de la valeur que d'autres personnes auraient donnée au bien vendu. D'ailleurs les règles du droit de la concurrence le proclament. Le prix n'est donc pas nécessairement la valeur de la chose que le droit civil se refuse à déterminer.

De ce point de vue, l'analyse juridique rejoint l'analyse économique : le prix est le résultat de la négociation des parties, de la rencontre de l'offre et de la demande : la « main invisible » d'Adam Smith imprime sa marque sur le Code civil.

Aucune notion de prix juste n'apparaît, par principe, dans le droit français de la vente en particulier et des contrats en général. Le prix consenti est, donc, en principe la contrepartie de la valeur du bien même si, intrinsèquement, ce bien aurait une valeur moindre ou supérieure pour une autre personne ou dans d'autres circonstances.

112 **Limite : le prix doit être réel et sérieux.** Le prix, quoique libre, doit être réel c'est-à-dire qu'il ne doit pas s'agir d'un prix fictif, qui ne serait pas payé par l'acheteur. Tel serait le cas d'une contre-lettre, indiquant un prix différent du prix figurant sur l'acte ostensible.

Une vente qui comprendrait une contre-lettre valant remise de paiement du prix ou dont le prix ne serait pas payé serait requalifiée en donation déguisée, une donation qui ne revêt pas les formes imposées pour les donations (*cf.* C. civ., art. 931)[1]. Il convient cependant que l'intention libérale du vendeur soit démontrée : une telle donation déguisée est en principe valable, mais les règles de la simulation permettent aux tiers de s'en tenir soit à l'acte ostensible soit à l'acte réel, selon leur intérêt.

Dans d'autres circonstances, la contre-lettre accroît le prix apparaissant sur l'acte ostensible, par exemple pour diminuer le montant des droits de mutation. Il s'agit alors d'une situation de prix dissimulé. La manœuvre est cependant très dangereuse.

1. *Contra* : C. civ., art. 911, al. 1 qui rend nulles les libéralités déguisées sous la forme d'une vente à des personnes incapables de recevoir ; C. civ., art. 1099, al. 2 qui annule les donations déguisées entre époux.

L'article 1840 du Code général des impôts annule, en effet, toute contre-lettre qui aurait pour objet de dissimuler une partie du prix de ventes d'immeubles, de fonds de commerce, d'offices ministériels, de clientèle ou de droit au bail et l'article L. 18 du Livre des procédures fiscales assure un droit de préemption au fisc, en sorte que le vendeur n'aura que le prix figurant dans l'acte ostensible et l'acheteur risque de ne pas pouvoir disposer du bien. Cette formule est désormais généralisée dans les articles 1201 et 1202 du Code civil. Aux termes de l'article 1202 notamment, la nullité est promise à toute contre-lettre qui emporte une augmentation de prix de la cession d'un office ministériel, de même que tout « contrat » ayant pour but de dissimuler une partie du prix d'une vente d'immeuble, de fonds de commerce ou de clientèle.

Le prix doit également être sérieux, ce qui l'oppose au prix dérisoire. L'article 1169 du Code civil, issu de la réforme de 2016, dispose clairement qu'« un contrat à titre onéreux est nul lorsque, au moment de sa formation, la contrepartie convenue au profit de celui qui s'engage est illusoire ou dérisoire ». Le prix est dérisoire lorsqu'il n'existe pas ou lorsqu'il est ridiculement bas eu égard à la valeur de la chose dont la propriété est transférée en contrepartie de ce prix (payer 1 € une chose qui vaut 1 000 €). Cette question prend tout son intérêt dans les hypothèses où les règles de la lésion ne sont pas applicables[1]. Dans ce cas, le recours à la notion de cause objective du contrat (une obligation n'est pas la contrepartie de l'autre) explique ce mécanisme.

Pourtant, le prix peut être très faible voire inexistant sans qu'il s'agisse d'un prix dérisoire. Ainsi, une vente faite pour un prix d'un euro peut être considérée comme une donation indirecte parce que le vendeur a souhaité consentir une libéralité à l'acquéreur. L'intention libérale du vendeur compense alors le caractère dérisoire du prix. De même, de nombreuses cessions de droits sociaux sont effectuées pour un prix d'un euro parce que l'ache-

1. Civ. 3e, 18 juill. 2001, *D.* 2001. 680, note C. Castets (hypothèse où les règles de la lésion eussent été applicables).

teur prend à sa charge une partie du passif de la société dont il acquiert les titres[1].

Un prix peut, en outre, être considéré comme dérisoire même sans être ridicule. C'est le cas des rentes viagères rémunérant une vente immobilière. La jurisprudence les annule lorsque la rente est inférieure ou égale au montant de revenus de l'immeuble, réels ou potentiels[2] puisque, alors, l'acquéreur n'a rien à débourser.

113 **Exception : la lésion.** La question de la justice du prix réapparaît, cependant, en cas de lésion. La lésion est le préjudice qui résulte du déséquilibre entre les prestations réciproques du contrat. La lésion ne vicie pourtant pas le contrat en règle générale. Ce n'est que dans quelques cas particuliers, dont celui de la vente d'immeuble[3], que la lésion peut être invoquée pour provoquer une rescision de la vente pour lésion.

L'article 1674 du Code civil, en effet, dispose que « si le vendeur a été lésé de plus de sept douzièmes dans le prix d'un immeuble, il a le droit de demander la rescision de la vente, quand même il aurait expressément renoncé dans le contrat à la faculté de demander cette rescision, et qu'il aurait déclaré donner la plus-value ».

Ouverte au vendeur, elle est fermée à l'acheteur (C. civ., art. 1683) sur le fondement que le vendeur d'immeuble mérite protection car il risque d'être spolié lorsqu'il est contraint de vendre son immeuble pour se procurer rapidement des fonds. L'acheteur, en revanche, n'est jamais obligé d'acheter.

Elle est surtout réservée aux ventes d'immeubles. Par conséquent, les contrats voisins comme l'échange, le don, la donation déguisée ou l'apport en société n'en bénéficient pas[4]. Pas plus d'ailleurs que les ventes de biens de très forte valeur, mais qui ne sont pas des immeubles, comme une cession de droits sociaux,

1. Ch. Freyria, « Le prix de vente symbolique », *D.* 1997. Chron. 51 ; Th. Tauran, « La vente à bas prix », *RRJ* 1998. 931. V. inversement, pour une vente à un prix très supérieur à la valeur réelle de la chose (Civ. 3e, 10 févr. 1999, *D.* 2000. 14, note F. Kendarian : cession d'une entreprise connaissant des pertes de plus de 8 millions d'euros pour un prix de plus de 4 millions d'euros).

2. Civ. 1re, 26 mars 1974, *D.* 1974. IR 358.

3. Mais aussi s'agissant des ventes d'engrais (L. 8 juill. 1907, art. 1er) ou des cessions de droits d'auteur (CPI art. L. 131-5).

4. C. civ., art. 1706 (échange), Civ. 16 juill. 1959, *D.* 1960. 185, note R. Savatier (donation déguisée), Req. 12 juin 1945, *S.* 1945. 1. 42 (apport en société).

même si ceux-ci représentent une société immobilière, puisqu'il s'agit de meubles[1]. Constitue des immeubles, en revanche, n'importe quel droit portant sur un immeuble, comme une servitude ou un droit d'usage[2].

114 Certaines ventes immobilières échappent cependant à la rescision pour lésion, comme les ventes aléatoires (vente en viager, vente avec réserve d'usufruit) parce que « l'aléa chasse la lésion ». En effet, ces contrats présentent ce trait particulier que la prestation de l'une des parties ne peut être chiffrée lors de la conclusion du contrat. En outre, la cause du contrat réside dans l'existence de l'aléa et, donc, du risque de perdre ou de gagner au final. Par conséquent, il convient de qualifier très précisément le contrat pour savoir s'il comporte ou non une part d'aléa. Ainsi, la rescision est admise même lorsque la vente est payée par une rente viagère lorsque le contrat contient des éléments évaluant la prestation de l'acheteur, par exemple parce que le prix exprimé en capital est payé par une rente ou alors que la réserve d'usufruit est sans rapport avec la valeur de l'immeuble[3].

La rescision est également refusée dans les ventes par autorité de justice (C. civ., art. 1684). Les ventes aux enchères sont, en effet, effectuées sous l'autorité d'un juge et après publicité même si ces précautions n'empêchent nullement qu'une vente soit effectuée à faible prix. En revanche, les ventes effectuées volontairement en justice peuvent être rescindées pour lésion car ces licitations volontaires ne sont pas imposées et l'acheteur aurait pu choisir une vente volontaire.

Toute lésion n'emporte cependant pas rescision. Seules les lésions les plus importantes le sont et la loi fixe le seuil de cette importance à une différence de plus des sept douzièmes de la valeur de l'immeuble[4], estimée au moment de la formation de la vente, peu important qu'il ait gagné ensuite une forte plus-

1. Civ. 3e, 9 avr. 1970, *JCP* 1971. II. 16925, note M. Perrot-Fontaine.
2. Civ. 3e, 6 févr. 1985, *D.* 1986. IR 72.
3. Civ. 3e, 3 oct. 1991, *D.* 1992. 219, note E.-S. de La Marnière.
4. Ex. : un immeuble d'une valeur de 1 200 000 € est vendu 600 000 €, la différence est d'un demi soit 6/12e, il n'y a pas lésion ; vendu 400 000 €, la différence est des deux tiers, soit plus de 7/12e, il y a lésion.

value. En outre, le moment de la formation de la vente désigne la rencontre des deux volontés. Par conséquent, en cas de promesse unilatérale de vente, alors que le vendeur a déjà donné son consentement, la lésion s'apprécie au jour de l'option par l'acheteur, au moment où la promesse devient vente (C. civ., art. 1675, al. 2 modifié par la loi du 28 nov. 1949, consacrant la jurisprudence ancienne)[1] ou la date de la formation de la promesse, même conclue sous condition suspensive, lorsqu'elle est une promesse synallagmatique[2].

La procédure de l'action en rescision pour lésion est, alors, assez complexe. Le vendeur dispose d'un court délai préfix, donc susceptible d'interruption mais non de suspension, de deux ans à compter du jour de la vente[3] pour agir (C. civ., art. 1676, al. 1).

Le vendeur ne saurait, en outre renoncer à l'action (C. civ., art. 1674) en raison de la crainte que cette renonciation devienne une clause systématiquement insérée dans les contrats. En revanche, comme pour tous les droits d'ordre public, son bénéficiaire peut y renoncer dès lors qu'il est acquis, soit après la date de la formation de la vente.

Il convient, alors, de demander au juge de pouvoir prouver la rescision (C. civ., art. 1677), preuve qui ne pourra être faite que par trois rapports d'experts concordants (C. civ., art. 1678-1681).

Prouvée, la lésion entraîne l'annulation de la vente, dont la rescision est une des formes. Le vendeur devra restituer le prix et l'acheteur l'immeuble. Mais, l'acheteur peut choisir de maintenir le contrat à condition de payer le supplément du prix, judiciairement constaté, moins un dixième[4] (C. civ., art. 1681) mais majoré des intérêts (C. civ., art. 1682, al. 2) pour tenir compte de ce que

1. En revanche, la lésion dans la vente conclue sous condition suspensive s'apprécie au jour de la formation de la vente et non au jour de la réalisation de la condition en raison de la rétroactivité qui s'opère.

2. Civ. 3e, 30 mars 2011, n° 10-13756, *RDC* 2011. 885, obs. S. Pimont.

3. Mais le délai court du jour de la promesse pour une promesse synallagmatique (*cf.* Civ. 3e, 29 janv. 1992, *Bull. civ.* I, n° 35, *D.* 1993. Somm. 236, obs. G. Paisant). Pour les ventes conditionnelles, ce délai court depuis la date de la réalisation de la condition ; si, en effet, l'acheteur disposait d'un délai supérieur à deux ans pour opter, le vendeur lésé ne pourrait plus agir si la date retenue était celle de la formation.

4. Ex. : dans l'exemple ci-dessus, l'acheteur qui aurait déjà versé 400 000 € devrait payer un supplément de 680 000 € (1 200 000 – 400 000 – 120 000).

toute vente contient une part d'aléa. Mais de nombreuses difficultés naissent de ce que l'immeuble a pu prendre de la valeur ; aussi le supplément de valeur se calcule-t-il sur la valeur de l'immeuble au jour du règlement du supplément du prix[1].

§ 2. La détermination du prix

115 **Détermination ou déterminabilité.** L'article 1591 du Code civil dispose que « le prix de la vente doit être déterminé et désigné par les parties ». Cette règle, qui a largement inspiré la fameuse jurisprudence sur la détermination du prix jusqu'aux arrêts d'assemblée plénière du 1er décembre 1995 (v. ss 477), est justifiée par le fait que la vente produit ses effets instantanément, en sorte que l'acheteur doit payer le prix dès la formation de la vente. Par conséquent, le prix doit faire l'objet de l'accord des parties, dans son intégralité, le principal du prix mais aussi ses accessoires comme d'éventuels rabais, remises ou ristournes[2].

Pourtant, si l'article 1591 affirme que le prix doit être « déterminé », on admet en réalité qu'il suffit qu'il soit « déterminable » c'est-à-dire que le calcul définitif du prix dépende d'éléments objectifs désignés dans le contrat[3]. D'ailleurs, l'article 1592 du Code civil le reconnaît en admettant que la fixation du prix soit

1. Ex. : l'immeuble, au jour du règlement, vaut 3 600 000 €, alors que l'acheteur a payé 400 000 €. Le supplément de prix s'effectuera en proportion de la lésion, deux tiers de 3 600 000 €, soit 2 400 000 €. Mais le dixième à soustraire se calcule sur le prix payé au total, soit sur 2 400 000 + 400 000, soit 2 800 000 €. Il faut donc soustraire 280 000 du supplément : l'acheteur paiera 2 120 000 €. Il faut en outre ajouter les intérêts. Mais les intérêts légaux et la valeur de l'immeuble varient en permanence et la Cour de cassation (Civ. 3e, 3 mai 1972, *D.* 1972. 598, note Ph. Malaurie, *JCP* 1972. II. 17143, rapp. Fabre, *RTD civ.* 1973. 139, obs. G. Cornu) décide que la masse de calcul des intérêts est la moyenne entre le complément du prix juste fixé au jour de la vente et celui fixé au jour du règlement soit, dans notre exemple, la moyenne entre 680 000 et 2 120 000 soit 1 400 000 €.

2. Reste, cependant, la question des taxes et, notamment, de la TVA. Le prix indiqué dans un contrat, sans aucune mention, l'est-il hors taxe, HT, ou toutes taxes comprises, TTC ? Dans la mesure où l'acheteur supporte, aux termes de l'article 1593 du Code civil, « les frais d'actes et autres accessoires » et qu'il est le redevable légal de la TVA, la Cour de cassation estime que le prix « nu » est stipulé HT (Com. 8 oct. 1991, *CCC* 1992. 1, obs. L. Leveneur ; Com. 8 déc. 1992, *Bull. civ.* IV, n° 399) de sorte que, dans cette hypothèse, l'acheteur doit s'acquitter en outre du prix, de la TVA, à moins qu'il ne s'agisse d'un usage : (Com. 9 janv. 2001, *CCC* 2001. 70, obs. L. Leveneur : « attendu que... selon un usage constant entre commerçants, les prix s'entendent hors taxe, sauf convention contraire »). V. ss 254.

3. Req. 7 janv. 1925, *DH* 1925. 57, *Grands arrêts*, t. 2, n° 245, Com. 24 mars 1965, *RTD civ.* 1965. 821, obs. G. Cornu.

effectuée par un tiers. Ce qui importe, c'est que la fixation du prix ne dépend pas de la seule volonté de l'une ou l'autre des parties. Et l'on sait que cette question fut à l'origine de la contagion de cette exigence de détermination du prix dans les contrats-cadres imposant une obligation de conclure des contrats de vente d'application[1].

En outre, parce que l'article 1583 du Code civil dispose que la vente est formée dès que « les parties sont convenues... du prix », on en conclut que la fixation du prix ne peut être faite que par les parties et non par un juge[2], à moins que les parties elles-mêmes s'en remettent à un tiers[3] (C. civ., art. 1592). À défaut, le contrat est annulable. Toutefois, la solution retenue par l'article 1164 du Code civil est assez ambiguë. Celui-ci dispose que « dans les contrats-cadres, il peut être convenu que le prix sera fixé unilatéralement par l'une des parties, à charge pour elle d'en motiver le montant en cas de contestation ». Il poursuit en reprenant la solution de la jurisprudence de 1995 : « En cas d'abus dans la fixation du prix, le juge peut être saisi d'une demande tendant à obtenir des dommages et intérêts et le cas échéant la résolution du contrat ». La formule de l'article 1164, al. 1 semble se limiter aux contrats-cadres, et non à tous les contrats, de sorte que faute d'être élargie et faute pour le droit de la vente de permettre au juge de réviser le contrat ou de fixer lui-même le prix, par exemple en s'aidant des prix précédemment fixés entre les parties, pour des ventes successives et répétées, ou bien en se fondant sur le « prix de marché » ou bien encore sur le prix « raisonnable » qui pourrait être demandé en pareille situation par un contractant ordinaire eu égard aux circonstances de l'espèce, solution qui est par exemple retenue en matière de vente internationale ou bien dans les principes pour un droit européen des contrats.

1. V. ss 477 ; v. aussi pour des clauses insérées dans des cessions d'actions, Civ. 2e, 8 avr. 1999, *CCC* 1999. 126, obs. L. Leveneur (annulation de la cession pour indétermination du prix, en raison du rôle du cédant).

2. Civ. 1re, 28 nov. 2000, *CCC* 2001. 40, obs. L. Leveneur. Il en serait différemment si les parties fournissent les éléments permettant au juge de calculer, objectivement, le prix : *cf.* note préc. et Com. 12 nov. 1997, *CCC* 1998. 22 ; Civ. 1re, 24 févr. 1998, *RTD civ.* 1998. 900, obs. J. Mestre ; Civ. 1re, 19 janv. 1999, *Bull. civ.* I, n° 25.

3. Civ. 1re, 19 janv. 1999, *CCC* 1999. 52, obs. L. Leveneur (où le juge se fixait sur le prix du marché).

116 **Ventes internationales.** Pourtant, ce doute n'est pas partagé par d'autres systèmes de droit. Ainsi, la convention de Vienne, dans son article 14, dispose que l'offre de vendre est suffisamment précise lorsqu'elle comporte explicitement ou implicitement des indications sur le prix, se rapprochant ainsi de la formule de l'article 1591 du Code civil. Mais l'article 55 de la convention de Vienne affirme que la vente est valablement conclue sans que le prix des marchandises ait été fixé et les parties sont réputées s'être référées au prix habituellement pratiqué dans le même marché[1] de façon, cette fois, très éloignée de la solution française mais plus proche des préoccupations d'autres droits étrangers, peut-être plus marchands, le droit belge, allemand, suisse, anglais ou américain et, surtout, plus proche des soucis des opérateurs eux-mêmes. La règle internationale donne en effet une solution à l'hypothèse où le prix n'est pas déterminé, ce qui n'est pas le cas de la règle interne.

117 **Déterminabilité du prix.** De nombreuses raisons font que le prix peut ne pas être encore déterminé au jour de la vente, par exemple parce que la quantité vendue est encore inconnue (vente d'une récolte de raisins à 100 € l'hectolitre) ou bien parce que les prix peuvent évoluer dans un contrat de vente à exécution successive (un contrat d'abonnement) ou encore parce que le prix ne peut être connu (vente assortie de remises accordées en fonction des quantités vendues) ou que le prix est appelé à se modifier en fonction de coûts divers (clause d'indexation).

Il convient, alors, que tous les éléments qui permettront de déterminer le prix soient fixés dans le contrat, faute de voir le contrat annulé[2]. Tout une série de clauses sont ainsi à la disposition des parties pour parvenir à déterminer le prix[3]. Certaines sont valables, d'autres dont discutées ou refusées par la jurisprudence.

118 Parmi les clauses validées par la jurisprudence, citons la clause de prix à dire de tiers (C. civ., art. 1592). Celle-ci est valable pour

1. V. ss 217 et Ch. Mouly, « La formation du contrat », in *La Convention de Vienne sur la vente internationale de marchandises et les incoterms*, LGDJ, 1990, p. 72 ; J.-M. Mousseron, J. Raynard *et al.*, *Droit du commerce international*, *op. cit.*, n° 388.
2. Com. 12 nov. 1997, *CCC* 1998. 22, obs. L. Leveneur ; Civ. 1re, 24 févr. 1998 ; *D. Affaires* 1998. 531.
3. J.-M. Mousseron *et al.*, *Technique contractuelle*, *op. cit.*, nos 480 s.

autant que le tiers soit bien un tiers impartial[1]. Ce tiers n'est alors ni un arbitre, ni un expert mais un mandataire commun du vendeur et de l'acheteur.

De même est valable et ordinairement utilisée la clause d'indexation, dite aussi clause d'échelle mobile, qui permet une révision du prix en fonction de l'évolution d'un indice ou d'une combinaison d'indices connus, à condition de satisfaire les exigences posées par l'article 79 de l'ordonnance du 30 décembre 1958 modifiée par celle du 4 janvier 1959 (CMF, art. L. 111-1 s.)[2]. L'indice est remplacé par l'indice qui s'en rapproche le plus en cas de disparition de l'indice de référence (C. civ., art. 1167).

La clause de prix de rentabilité se rencontre également parfois, par exemple dans une cession de brevet, de marque ou d'un droit d'auteur où le prix de la cession sera assis sur le chiffre d'affaires effectué par le cessionnaire ou bien dans une vente de marchandises dont le prix dépendra du niveau de la revente. Ces clauses sont en principe valables car le prix dépend d'une cause qui n'est pas entièrement soumise à la volonté de l'acheteur mais la jurisprudence est, sur ce point, très variable[3].

Est plus discutée la clause prix de marché, ou clause vente au cours même si elle semble une extension de la clause de prix à dire de tiers de l'article 1592 du Code civil. En pratique, cette question est souvent rencontrée dans les contrats de distribution. Plusieurs conditions doivent en effet être réunies. Il convient que ce cours ou ce marché existe, qu'il soit sérieux, précis et objectif, par référence à une bourse de valeur ou de commerce ou un marché

1. Ph. Malaurie et L. Aynès, n°s 204 s. ; J.-M. Mousseron *et al.*, *op. cit.*, n°s 491 s. Tel ne serait pas le cas si le tiers était une entité dépendant de l'une des parties, *cf.* Com. 29 janv. 1968, *D.* 1968. 341, rapp. Dallant ; Civ. 1re, 16 juill. 1998, *D. Affaires* 1998. 1442. Mais V. cependant, Com. 2 déc. 1997, *D. Affaires* 1998. 103, où la Cour de cassation valide le mode de détermination du prix d'une voiture vendue par un concessionnaire à son client consistant à appliquer le prix imposé à ce même concessionnaire par le fabricant, alors même que la clause de prix imposé est prohibée (*cf.* Ord. 1er déc. 1986, art. 34).

2. Sont ainsi proscrites les clauses référant à un indice fondé « sur le SMIC, le niveau général des prix ou des salaires ou sur des prix et services n'ayant pas de relation directe avec l'activité de l'une ou de l'autre des parties » et la Cour de cassation interprète largement cette notion de relation directe avec l'activité d'une des parties, validant, par exemple, un indice dans un contrat de prêt conclu avec un restaurateur fondé sur l'évolution du prix des bouteilles d'eau minérales (*cf.* Com. 31 janv. 1984, *Bull. civ.* IV, n° 49).

3. B. Gross et Ph. Bihr, *op. cit.*, p. 139.

dans lequel les cotations sont régulièrement relevées (au contraire de clauses tendance du marché). Il ne faut pas, en effet, que le prix dépende de la seule volonté de l'acheteur ou du vendeur.

Enfin, la clause de prix catalogue ou clause de prix fournisseur qui a été validée dans les contrats-cadres de distribution par les arrêts du 1er décembre 1995[1] ne peut, en revanche, être valable dans une vente car si la Cour de cassation affirme que « l'article 1129 du Code civil n'est pas applicable au contrat », entendons au contrat-cadre, l'article 1591 du Code civil, pour la vente, exige expressément que le prix soit fixé par les parties et non par une seule d'entre elles[2]. Il n'y a donc pas de difficulté lorsque la vente est conclue sur la base du tarif du vendeur du jour de la formation de la vente mais la pratique est plus discutable lorsqu'elle prévoit que le prix sera celui du tarif en cours au jour de la livraison ou du paiement.

§ 3. La licéité du prix

119 **Contraintes monétaires.** Plusieurs contraintes interdisent que n'importe quel prix soit fixé par les parties. La première relève des règles du droit financier. C'est ainsi qu'en droit interne, le prix de la vente doit être exprimé et payé (C. civ., art. 1343-3) en euros. Toutefois, la jurisprudence admet qu'une monnaie étrangère soit utilisée comme unité de compte pour autant que l'unité de paiement soit l'unité interne[3] ; aujourd'hui, l'euro règle en partie cette difficulté.

En revanche, s'agissant de ventes internationales, l'unité de compte comme l'unité de paiement peut être stipulée en monnaie étrangère, ceci afin que les entreprises françaises ne soient pas défavorisées par rapport à leurs concurrentes internationales, dans la mesure où l'unité de paiement internationale est très souvent le dollar (comp., C. civ., art. 1343-3).

1. V. ss 477.
2. *Cf. contra* : Com. 2 déc. 1997, préc.
3. Civ. 1re, 14 déc. 1962, *D.* 1963. 658, note M. Pédamon, 10 mai 1966, *D.* 1966. 497, note Ph. Malaurie, *JCP* 1966. II. 14871, note J.-P. Lévy ; Com. 8 févr. 1972, *JCP* 1972. II. 17386, note Ph. Kahn.

120 **Droit de la concurrence.** C'est surtout le droit de la concurrence qui imprime le plus sa marque, s'agissant du prix de la vente (mais aussi des autres contrats). En principe, comme l'affirme l'article L. 410-2 du Code de commerce, « les prix sont librement déterminés par le jeu de la concurrence », contre les mécanismes de l'ordonnance du 30 juin 1945 où les prix étaient davantage encadrés avec, notamment, les mesures de taxation des prix qui consistaient en une possible fixation par la loi des prix de certains produits ou services[1]. Cet interventionnisme était – n'est – finalement qu'un avatar de l'interventionnisme public tous azimuts. Ce que l'on appelle « ordre public économique » – que d'autres nommeraient « keynésianisme » ou « colbertisme » – en est la traduction. Ce dirigisme de l'État a été en partie gommé par l'ordonnance Balladur de 1986. Mais ne nous y trompons pas : elle n'est pas une marque de l'avènement d'un libéralisme économique. C'est plutôt vers une forme de régulation du marché, entre dirigisme et libéralisme, que se situent les nouvelles formes d'interventions de l'État. Le droit des ententes, accords ou concertations qui portent atteinte à un marché, ou des abus de domination, abus commis par une entreprise placée en situation de dominer un marché, constitue l'essentiel de ces règles, le « grand » droit de la concurrence, même si d'autres, le « petit » droit de la concurrence, intéressent plus directement les contrats spéciaux[2].

L'ordonnance de 1986, intégrée depuis au Code de commerce aux articles L. 410-1 s., contient de nombreuses dispositions qui intéressent directement le contrat de vente.

En premier lieu, sont constitutives de faute civile, les discriminations illicites qui consistent en des différences de traitement de partenaires, « sans contrepartie réelle » (art. L. 442-6, I, 1°) en créant un avantage ou un désavantage dans la concurrence. Pour tenter de les éviter, l'article L. 441-6 impose la communication des conditions générales de vente à tout acheteur professionnel qui en fait la demande et l'article L. 441-3 impose de mentionner sur la facture nombre de mentions obligatoires concernant essen-

1. Même si cette possibilité demeure, *cf.* C. com., art. L. 410-1, al. 2.
2. V. Cl. Lucas de Leyssac et G. Parléani, *Droit du marché*, PUF, 2002.

tiellement le prix et les réductions de prix accordées par un vendeur à un acheteur, en un mécanisme de transparence tarifaire[1]. Mais ces mécanismes ne concernent que les ventes effectuées entre professionnels.

Ensuite, la revente à perte est prohibée par l'article L. 442-2, c'est-à-dire la revente à un prix inférieur au prix porté sur la facture d'achat de ce revendeur, auxquelles peuvent être retranchés tous les avantages financiers consentis entre les parties (remises, ristournes, coopération commerciale, etc.). Ce sont, donc, les distributeurs qui sont visés par cette infraction. Il s'agit de protéger les consommateurs, qui risquent de payer plus cher d'autres produits (« un îlot de perte dans un océan de profit »), mais ainsi les autres distributeurs contre une concurrence déloyale, et les producteurs contre ce qu'on appelait autrefois le « gâchage » du prix. L'article L. 442-4 tolère cependant quelques exceptions (produits démodés, défraîchis, ventes en liquidation...). De façon voisine, l'article L. 420-5 du Code de commerce prohibe les ventes à prix abusivement bas, sanctionnant cette fois les producteurs (et d'ailleurs les distributeurs aussi lorsqu'ils fabriquent : c'était l'affaire de la baguette de pain à 1 F). De même, mais concernant le vendeur cette fois, les prix imposés de revente sont proscrits par l'article L. 442-5, afin que le revendeur demeure maître de la fixation des prix de la revente et afin de ne pas provoquer de hausse artificielle des prix[2].

1. M. et J.-M. Mousseron et D. Mainguy, « Le droit français nouveau de la transparence tarifaire », *Act. dr. ent.* 1998, n° 18, 2e éd., Litec.
2. D. Mainguy, *La revente, op. cit.*, n°s 273 s.

CHAPITRE 3

Les effets de la vente

121 **Plan.** Comme tout contrat, la vente produit des effets et leur étude présente un intérêt essentiellement pour lister les obligations particulières de la vente. C'est à ce titre que réside l'intérêt majeur qu'il y a à distinguer l'étude de ces contrats spéciaux et de la théorie générale des obligations.

À cet égard, la vente se distingue des contrats en général et des autres contrats spéciaux (sauf l'échange ou la donation) en ce qu'elle produit deux types d'effets différents qui en font un contrat si particulier.

La vente n'a d'intérêt qu'en ce qu'elle permet à un acheteur de devenir propriétaire de la chose qui appartient au vendeur. La vente produit, donc, des effets réels, par ce mécanisme de transfert de la propriété qu'accompagne celui des risques (SECTION 1) mais la vente produit également des effets personnels, les obligations des parties (SECTION 2).

Section 1
Le transfert de la propriété et des risques

122 Le transfert de la propriété et des risques est l'un des éléments permettant de qualifier le contrat de vente et le distinguer d'autres contrats[1]. Toutefois, la vente n'est pas disqualifiée du seul fait que la propriété n'est pas transférée de matière intégrale : la vente d'un bien grevé d'un usufruit, d'une servitude, d'une sûreté réelle, la cession de la seule nue-propriété, etc. demeurent des ventes. Le Code civil raisonne à partir de l'hypothèse la plus achevée, et la plus ordinaire, celle d'un transfert total de propriété.

Ce sont deux effets complémentaires : le transfert de propriété est l'objectif, la cause, du contrat et le transfert des risques – l'expression n'est guère heureuse, elle évoque le transfert de la charge des risques c'est-à-dire du risque de perte de la chose – en est la conséquence logique. *Res perit domino*, les risques pèsent sur la tête du propriétaire : le contrat de vente lie transfert de propriété et transfert des risques.

Il s'agit, pourtant, de deux notions différentes, qu'il convient d'observer séparément, le transfert de propriété (**§ 1**) et le transfert des risques (**§ 2**).

§ 1. Le transfert de propriété

123 Trois questions principales méritent examen, l'observation des règles supplétives gouvernant le transfert de propriété (**A**) mais aussi les clauses relatives au transfert de propriété (**B**) et, surtout peut-être, la question de l'obligation de donner qui peut sembler à la source du transfert de propriété (**C**).

---

1. V. ss 22 s.

A. Les règles supplétives gouvernant le transfert de propriété

124 Les règles supplétives du Code civil organisent la réalisation du transfert de propriété (1) mais aussi son opposabilité (2).

1. La réalisation du transfert de propriété

125 **Évolution**[1]. L'observation de l'évolution du mécanisme au cours de l'histoire permet de comprendre le mécanisme du transfert de propriété tel qu'il est aujourd'hui proposé par le Code civil, celui de 1804 puis celui issu de la réforme de 2016, et des articles 1196 et suivants du Code civil.

En droit romain, la conclusion du contrat de vente n'emportait pas elle-même transfert de propriété. La vente produisait deux types d'obligations, des obligations personnelles (livrer, payer, garantir) et une obligation de transférer la propriété de la chose, du moins lorsqu'une obligation de *dare* avait été stipulée dans le contrat. Le transfert de la propriété de la chose ne se réalisait que par un acte juridique particulier, différent selon qu'il s'agissait de choses importantes (*res mancipi*, en fait des choses qui ne pouvaient se vendre qu'entre citoyens romains) ou de moindre importance (*res nec mancipi*). Le transfert de la propriété des premières se réalisait par l'accomplissement de certaines formalités ou de certains gestes (remise d'une motte de terre pour la vente d'un champ ou des clefs pour une vente d'immeuble et *cf.* encore C. civ., art. 1605) par *mancipatio*, c'est-à-dire l'accomplissement de certaines paroles solennisant l'instant et le paiement du prix par l'acheteur. Le transfert de la propriété des secondes s'effectuait par la remise de la chose, par *traditio*, et seul ce dernier mécanisme fut repris dans le Code justinien, pour toutes les choses.

L'Ancien droit connut des formes voisines. Le transfert de la propriété de la chose était également distingué de la formation de la vente et s'accomplissait par la tradition de la chose. De plus en plus, cependant, cette tradition, sous l'influence des notaires notamment, est devenue plus abstraite. Ils inséraient, en effet, dans

1. B. Durand, « Évolution historique de la règle », *in* « Faut-il retarder le transfert de propriété ? », *Cah. dr. entr.* 1995/2, p. 2 ; F. Garisson, « La vente commerciale de marchandises, Étude historique », in *La vente commerciale de marchandises*, dir. J. Hamel, Dalloz, 1951, p. 13.

les contrats, des clauses de « tradition feinte » ou de « dessaisine-saisine » (le vendeur déclarait se « dessaisir » de la chose et, ce faisant, « saisissait » l'acheteur qui devenait propriétaire[1]) remplaçant la tradition réelle de la chose et dissociant, alors, le moment du transfert de la propriété (réalisé au moment de la signature de la vente en raison de ces clauses remplaçant la tradition réelle) de celui de la remise effective de la chose à l'acheteur.

Le Code civil a parachevé cette évolution en assurant un transfert automatique de la propriété par le seul échange des consentements que d'autres systèmes de droit ne connaissent pourtant pas, tel le droit allemand (BGB, § 873, 925 et 929) pour lequel le transfert de la propriété résulte de la tradition pour les meubles et d'un autre acte pour les immeubles.

126 **Transfert *solo consensu*.** L'article 1583 du Code civil dispose, en effet, que « la vente est parfaite et la propriété est acquise de droit à l'acheteur à l'égard du vendeur, dès qu'on est convenu de la chose et du prix[2] », ce que généralise l'article 1196 du Code civil.

Le transfert de propriété se réalise dès que la vente est parfaite, soit dès que les volontés se sont rencontrées sur les éléments essentiels de la vente, la chose et le prix, *solo consensu* donc, même si le vendeur n'a pas livré et l'acheteur n'a pas payé le prix. Avant même l'exécution de ces obligations, l'acheteur dispose de la chose dans son patrimoine.

Le Code civil reproduit ainsi un mode de transfert automatique de la propriété qu'il impose également pour l'ensemble des obligations (C. civ., art. 1138), pour la donation (C. civ., art. 938).

Ce mécanisme ne peut, cependant, valoir que pour les corps certains. Pour les choses de genre, le transfert de propriété est parfois différé.

127 **Transfert de propriété des choses de genre.** Le transfert de propriété des choses de genre est impossible[3] ; il ne pourra se produire,

1. S'ajoutait aussi le fait que le vendeur n'était peut-être propriétaire que d'une fraction de la propriété, le « domaine utile », l'autre, le « domaine éminent » demeurant la propriété du seigneur auquel il fallait payer un impôt ou une taxe (mais *cf.* aujourd'hui les droits de mutation).

2. *Cf.* not., D. Tallon, « Le transfert de propriété », in *La vente commerciale de marchandises*, dir. J. Hamel, Dalloz, 1951, p. 51. Comp. cependant, J.-P. Chazal et S. Vicente, « Le transfert de propriété par l'effet des obligations dans le Code civil », *RTD civ.* 2000. 477.

3. D. Tallon, *op. cit.* ; F. Goré, « Le transfert de propriété dans les ventes de choses de genre », *D.* 1954. Chron. 175.

au plus tôt, qu'au moment de leur individualisation, c'est-à-dire au moment où la chose de genre devient un corps certain. Il n'est, en effet, pas possible d'affecter à l'acheteur la chose qui est sienne tant que la chose n'est pas identifiée comme sa chose.

Le procédé d'individualisation de la chose est indifférent. Il peut s'agir de la mise de côté d'une chose, dans un magasin, où son mesurage, procédé choisi par l'article 1585 du Code civil. À défaut de l'un quelconque de ces procédés ou bien s'ils ne permettent pas une séparation matérielle suffisante pour individualiser la chose, celle-ci se produira, au plus tard, à la livraison.

En revanche, dans la vente en bloc[1] prévue par l'article 1586 du Code civil, portant sur un ensemble de marchandises localisées dans un endroit particulier (comme l'intégralité du vin contenu dans un fût), le transfert de propriété s'effectue immédiatement. Il n'est pas nécessaire, en effet, de reporter le moment du transfert de propriété à la date de l'opération de mesurage car cette opération ne modifiera en rien ni le contenu, ni le prix, ni la répartition des droits de propriété sur les choses vendues en bloc. Par conséquent, on peut considérer que la vente en bloc est la vente d'un corps certain, le « bloc » lui-même formé d'un ensemble de choses de genre.

128 **Choses futures.** Il en est de façon voisine des choses futures : outre la question du contrat permettant que la chose existe, le transfert de propriété ne pourra se produire qu'à partir du moment de l'achèvement de la chose puisqu'avant la chose n'existe pas encore[2]. S'il s'agit de corps certains, l'achèvement permettra, sauf clause contraire, l'individualisation et, donc, le transfert de propriété sans restriction. Si, au contraire, il s'agit de choses de genre (ex. : vente d'une partie d'une récolte future), l'achèvement de la chose ne permettra pas ce transfert, il sera naturellement retardé au moment de son individualisation.

---

1. L. Lorvellec, C. civ., art. 1585 et 1586, *J.-Cl. Civil* 1992.
2. Civ. 3ᵉ, 11 oct. 2000, *RJDA* 2001. 143, à propos d'une vente en l'état futur d'achèvement, le transfert de propriété ne s'opère pas le jour de la vente comme pour le terrain et les constructions existantes, mais le jour de la livraison.

Moment du transfert de propriété / Nature de la chose		Échange des consentements	Achèvement de la chose	Individualisation de la chose
Corps certain	Chose existante	X		
	Chose future		X	
Chose de genre	Chose existante	X (vente en bloc)		X
	Chose future		X (vente en bloc)	X

2. L'opposabilité du transfert de propriété

129 **Présentation du problème.** La vente d'une chose assure un déplacement du droit de propriété sur cette chose, ce qui n'est pas sans influence sur les droits des tiers. Ainsi le créancier du vendeur voit l'assiette de son droit de gage général se modifier, les ayants cause du vendeur (locataire, autre acheteur de la même chose) peuvent s'inquiéter... ou bien encore le quidam qui est victime du fait d'une chose qui cherche son gardien et s'adresse naturellement à son propriétaire.

La question de l'opposabilité à tous ces tiers est donc fondamentale. Elle est, cependant, « extraordinairement compliquée[1] » en raison de plusieurs facteurs. Les premiers reposent sur des principes du droit des obligations : la vente comme tout contrat satisfait le principe de la relativité des conventions (lui-même très complexe : les tiers, mais encore faut-il pouvoir les déterminer avec précision, ne peuvent être attraits dans le contrat mais peuvent se voir opposer le contenu du contrat) ; le second tient aux principes du droit des biens et essentiellement, le fait que le droit de propriété est, au contraire, opposable *erga omnes*, encore que cette opposabilité soit très largement diverse selon qu'il s'agit d'un immeuble ou d'un meuble, corporel ou incorporel, soumis à publicité ou non...

La vente est au carrefour du droit des biens et du droit des contrats ; la question du transfert de propriété et de son opposabilité marque leur frontière et sa complexité en résulte.

1. A. Bénabent, n° 143.

130 **Ventes immobilières.** La question de l'opposabilité du transfert de propriété est, dans les immeubles, organisée par les règles de la publicité foncière. La vente, en effet, opère un transfert de propriété immédiat mais uniquement *inter partes*. À l'égard des tiers, en revanche, le transfert de propriété ne sera opposable qu'à compter de la publication de l'acte opérant transfert de propriété à la conservation des hypothèques, en vertu des règles de la publicité foncière (Décr. 4 janv. 1955). L'article 1198, al. 2 reprend la solution du premier alinéa qui impose un comportement de bonne foi : « Lorsque deux acquéreurs successifs de droits portant sur un même immeuble tiennent leur droit d'une même personne, celui qui a, le premier, publié son titre d'acquisition passé en la forme authentique au fichier immobilier est préféré, même si son droit est postérieur, à condition qu'il soit de bonne foi ».

Par conséquent, en cas de vente concurrente : A vend la même chose à B puis à B', B devrait être préféré si l'on s'en tient aux règles de l'article 1583 du Code civil. B est propriétaire depuis la date de conclusion du contrat et B' ne peut l'être. Mais les règles du droit des biens, en l'espèce de la publicité foncière, modifient cette solution : les actes « sont, s'ils n'ont pas été publiés, inopposables aux tiers qui, sur le même immeuble, ont acquis des droits concurrents en vertu d'actes soumis à la même obligation de publicité » (Décr. 4 janv. 1955, art. 30). Par conséquent, de B ou de B', sera considéré comme propriétaire à l'égard des tiers le premier qui aura publié l'acte, à condition qu'il soit de bonne foi, ce dont la jurisprudence tenait déjà compte. Ainsi, le second acquéreur qui conclurait la vente en connaissant l'existence d'une précédente vente à un premier acquéreur ne pourrait invoquer le bénéfice des règles de la publicité foncière[1], solution que reprend l'article 1198, al. 2 du Code civil.

131 **Ventes mobilières, meubles corporels.** Les règles d'opposabilité sont, pour les ventes de meubles corporels, les marchandises, les ventes de tous les jours, à la fois très simples et très complexes, paradoxalement.

1. Civ. 3e, 30 janv. 1974, *D.* 1975. 427, note J. Penneau. Encore, la bonne foi ne s'apprécie qu'au moment de l'acte, peu importe que le second acquéreur apprenne ensuite l'existence d'une seconde vente, il demeure de bonne foi (*cf.* Civ. 3e, 22 mai 1990, *D.* 1991. 326, note Fournier).

Elles sont très simples dans la mesure où les règles de la publicité foncière ne jouent pas. C'est, alors, la possession de la chose qui assure le rôle de mécanisme d'opposabilité au tiers, ce qui est assez curieux car la possession et le transfert de propriété sont deux choses différentes, la possession est un élément de fait qui résulte de la délivrance de la chose à l'acheteur et le transfert de propriété est un effet de droit automatique.

Par conséquent, en cas de vente d'une même chose à deux acheteurs différents, B et B', sera préféré non celui qui aura acheté la chose le premier mais celui qui, le premier, aura été mis en possession, de bonne foi, aux termes de l'article 1196, al. 1er du Code civil, qui applique à la vente les règles de l'article 2276 du Code civil.

Les choses deviennent plus complexes lorsque le vendeur vend à un acheteur qui revend lui-même la chose, alors qu'un événement bouscule le jeu traditionnel du transfert de propriété, par exemple parce que le premier vendeur a vendu une chose sous réserve de propriété[1]. Le sous-acquéreur qui ignore l'existence de ce retard dans le premier transfert de propriété, ne sera-t-il propriétaire que lorsque le premier transfert de propriété sera réalisé ? Mais le sous-acquéreur a reçu la chose, il en est possesseur, de bonne foi ; il est donc propriétaire, aux termes de l'article 2276 du Code civil, ce qui pose la question de savoir si le vendeur est encore propriétaire, quoiqu'il le pense (puisqu'il a inséré une clause de réserve de propriété), si le revendeur le sera un jour, et donc de l'existence même de transferts de propriété dans ce type de ventes successives.

132 **Vente de meubles incorporels.** Les règles d'opposabilité sont ici très diverses. Ainsi, les cessions de brevet ou de marque sont soumises à publicité dans un registre spécial tenu par les services de l'INPI ; pour les cessions de créance ou de parts de société, c'était jusqu'à 2016 la notification de la cession au débiteur cédé qui vaut opposabilité de la cession à celui-ci (*cf.* C. civ., ex-art. 1690) et désormais à la date de l'acte (C. civ., art. 1323). Pour les autres, le

1. V. ss 135, et D. Mainguy, La revente, *op. cit.*, nos 27 s.

transfert de propriété comme son opposabilité s'opèrent dans les conditions du droit commun dès la réalisation du contrat, pour les cessions de droit d'auteur ou de fonds de commerce[1].

B. Les aménagements conventionnels du transfert de propriété

133 L'article 1583 du Code civil propose une règle supplétive à laquelle les contractants peuvent déroger par une clause retardant (1) ou avançant (2) le moment du transfert de propriété.

1. Les clauses retardant le moment du transfert de propriété

134 **Condition suspensive, terme suspensif.** Les premiers outils contractuels permettant de retarder le moment du transfert de propriété sont les traditionnels conditions ou termes suspensifs.

La condition suspensive retarde la formation même du contrat. La vente affectée d'une telle condition n'étant pas encore formée, le transfert de propriété ne peut, *a fortiori*, se produire et le vendeur demeure, donc, le propriétaire. L'acheteur le sera, rétroactivement (à moins qu'une clause écarte cette rétroactivité), dès que la condition sera réalisée : les ventes immobilières sont très fréquemment assorties d'une condition suspensive[2].

Un terme suspensif ne retarde que l'exécution de l'obligation. Si le transfert de propriété est affecté d'un terme suspensif, son exécution est retardée : tel est le mécanisme de la clause, dans les ventes immobilières, qui retarde le transfert de propriété au moment de la réitération de la vente en sa forme authentique[3] car c'est à ce moment, généralement, que le prix de la vente est payé.

Une telle modalité est parfois tacite, comme dans le cas, très problématique, des ventes en libre-service. On pourrait en effet considérer que le client qui se sert dans les rayons devient propriétaire puisqu'il exprime son consentement en saisissant la chose, avant même de payer ses achats en caisse. Le fait, par

1. *Cf.* obs. J. Derrupé, *RTD com.* 1990. 186.
2. Com. 19 déc. 2000, *RJDA* 2001. 573 : à propos d'un contrat de reprise d'un matériel prévoyant un transfert de propriété retardé à l'expiration d'un contrat de location, de sorte que le transfert des risques était retardé d'autant.
3. B. Gross et Ph. Bihr, p. 175 et v. ss 78.

conséquent, de passer les caisses sans payer devrait être poursuivi pour non-paiement, mais point pour vol, faute de soustraction de la chose d'autrui. En revanche, comme propriétaire, il serait responsable de la casse avant de payer, voire des dommages causés aux tiers, et on voit mal comment il pourrait ensuite renoncer à son achat, en raison de la force obligatoire de la vente. Par conséquent, les juridictions pénales, pour incriminer le vol éventuel, considèrent que le transfert de propriété est retardé jusqu'au paiement du prix. Reste cependant la question de la renonciation à la vente, qui permet de penser que c'est la formation même de la vente qui est repoussée jusqu'au passage en caisse.

135 **Clauses de réserve de propriété.** Plus attachées aux ventes mobilières[1], les clauses de réserve de propriété constituent une méthode très usitée permettant de retarder le transfert de la propriété dans les ventes commerciales. Le transfert de la propriété y est subordonné au paiement du prix, en entier généralement ou selon la fraction que la clause prévoit[2].

C'est pour cette raison que la clause de réserve de propriété est souvent considérée comme une sûreté[3] qui garantit le crédit-fournisseur consenti par le vendeur en accordant un délai de paiement. En effet, le propriétaire demeure propriétaire de la chose tant que l'acheteur ne l'a pas encore payée.

La clause est valable en elle-même[4], même si on s'interroge sur le point de savoir s'il s'agit d'une condition suspensive ou d'un terme suspensif[5] (la distinction n'est guère importante s'agissant des ventes mobilières sauf sur la question de la rétroactivité du transfert de propriété).

1. Mais v. aussi dans les ventes immobilières : C. Saint-Alary-Houin, « Réflexions sur le transfert différé de la propriété immobilière », *Mélanges P. Raynaud*, Dalloz, 1985, p. 733 ; F. Derrida, « À propos de la clause de réserve de propriété dans les ventes immobilières à crédit », *Defrénois* 1989. 34590. Ou dans un contrat d'entreprise, Com. 2 mars 1999, *D.* 2000. Somm. 69, obs. D. Mainguy.

2. F. Pérochon, *La réserve de propriété*, Bibl. dr. ent., n° 21, préf. F. Derrida, Bibl. dr. ent., n° 21, Litec, 1989 ; « La clause de réserve de propriété », in *Les principales clauses des contrats conclus entre professionnels*, PUAM, 1990, p. 35 ; J. Ghestin et B. Desché, n°s 581 s.

3. Com. 9 mai 1995, *Rev. proc. coll.* 1995. 487, n° 28, obs. B. Soinne ; *RTD civ.* 1996. 441, obs. P. Crocq.

4. Com. 19 nov. 2003, *D.* 2004. 801, note A. et F.-X. Lucas, *LPA* 19 févr. 2004, p. 9, note H. Lécuyer, admettant que l'action en revendication des biens dont la propriété est réservée en application d'une clause de réserve de propriété peut être exercée quelle que soit la nature juridique du contrat et quelle que soit la nature des biens, même incorporelle.

5. F. Pérochon, *La clause de réserve de propriété dans la vente de meubles corporels*, *op. cit.*, n°s 67 s.

Toute la difficulté tient, alors, à l'opposabilité de la clause de réserve de propriété aux créanciers de l'acheteur en cas de redressement judiciaire de celui-ci. Une loi du 12 mai 1980 avait admis cette opposabilité, plusieurs fois modifiée et devenue l'article L. 624-16 du Code de commerce, admet aujourd'hui l'opposabilité de la clause pour autant que plusieurs conditions soient respectées : la clause doit faire l'objet d'un écrit établi au plus tôt avant la date de la livraison ; la chose ne doit pas être incorporée dans une autre (à moins qu'elle puisse être démontée sans dommage) ou transformée[1].

136 **Obligation de conservation.** Le transfert de propriété, dans la vente, est distingué de l'obligation de délivrance.

Dès lors que le transfert de propriété est retardé, le vendeur demeure propriétaire alors que la chose a pu, déjà, être remise à l'acheteur. L'article 1196, al. 3 du Code civil dispose que l'obligation de donner emporte une obligation de conserver, qui commence d'ailleurs dès la mise en demeure d'exécuter l'obligation de délivrer (C. civ., art. 1344-2), que l'article 1197 du Code civil précise et identifie comme une obligation de moyens. Par conséquent, l'acheteur non encore propriétaire mais maître de la chose assume une telle obligation de conservation[2], éventuellement exemptée dans les conditions de l'article 1351-1 du Code civil appliquant les règles nouvelles de la force majeure à l'hypothèse de l'impossibilité d'exécuter du fait de la perte de la chose.

En sens inverse, lorsque le transfert de propriété n'est pas retardé mais que le vendeur n'a pas encore livré, c'est le vendeur qui assume une telle obligation de conserver la chose.

1. Là ne sont pas les seules difficultés : celle du consentement à la clause est énorme car il suffisait à l'acheteur de faire savoir au vendeur qu'il refuse la clause pour qu'elle ne soit pas consentie (*cf.* Com. 11 juill. 1995, *JCP* 1996. II. 22583, note D. Mainguy ; *E* II. 3896, note J. Vaillansan, *D.* 1996. Somm. 212, note F. Pérochon) jusqu'à ce que le législateur modifie l'article 121 par la loi du 1er juillet 1996 en un sens plus profitable au vendeur (*cf.* obs. P. Crocq, *RTD civ.* 1996. 675 ; obs. D. Mainguy, *JCP E* 1997. I. 631, n° 6) ; ou encore la question de savoir si le vendeur peut revendiquer des choses identiques aux siennes, des « choses fongibles » comme l'indique désormais l'article 121, depuis la loi du 10 juin 1994 : *cf.* Paris, 3 avr. 1998, *RTD civ.* 1998. 709, obs. P. Crocq, *D.* 2000. Somm. 69, obs. D. Mainguy.

2. Com. 19 oct. 1982 (aff. Mécarex), *Bull. civ.* IV, n° 321, *RTD civ.* 1984. 515, obs. J. Huet ; Com. 26 mai 2010, *CCC* 2010. 197, obs. L. Leveneur, *RDC* 2011. 165, obs. S. Pimont.

2. Les clauses avançant le moment du transfert de propriété

137 L'hypothèse est moins ordinaire car l'existence de cette clause suppose que le transfert de propriété soit déjà retardé par rapport au moment de la formation de la vente. On les retrouve dans les ventes d'immeuble à construire ou de chose future en général. En principe, en effet, le transfert de propriété ne s'opère qu'au moment de l'achèvement de la chose. En pratique, cependant, des clauses avançant le moment de ce transfert se rencontrent, par exemple à l'occasion de la réalisation de tranches convenues dans la construction de la chose. Ainsi, l'acheteur devient propriétaire non à l'achèvement ni au fur et à mesure de la construction (ce qui serait le cas si, par exemple, l'acheteur était propriétaire du terrain, et il faudrait une clause retardant le moment du transfert de propriété pour faire échec à cette appropriation par accession) mais lors de l'achèvement de chacune des tranches. L'intérêt est essentiellement de protéger l'acheteur de l'éventuelle faillite du vendeur, comme en matière de vente de navire à construire (*cf.* L. 3 janv. 1967, art. 6).

C. L'obligation de donner

138 **Transfert de propriété ou obligation de transférer la propriété ?** Véritable énigme[1] depuis le Code civil, l'obligation de donner était révélée par les ex-articles 1136 et suivant du Code civil : « l'obligation de donner emporte celle de livrer la chose et de la conserver jusqu'à la livraison, à peine de dommages et intérêts envers le créancier ». Or, comme le transfert de propriété se produit dès l'échange des consentements, on en déduisait que l'obligation de donner est une obligation de transférer la propriété, du latin *dare*, qui signifie transfert de propriété. En outre, l'ex-article 1101 du Code civil identifiait précisément l'obligation de donner comme l'une des obligations possibles produites par un contrat.

1. F. Collart-Dutilleul et Ph. Delebecque, n° 200. *Adde* : A.-S. Courdier-Cuisinier, « Nouvel éclairage sur l'énigme de l'obligation de donner », *RTD civ.* 2005. 521, D. Tallon, « Le surprenant réveil de l'obligation de donner », *D.* 1992. Chron. 67 ; P. Bloch, « L'obligation de transférer la propriété dans la vente », *RTD civ.* 1988. 673 ; M. Fabre-Magnan, « Le mythe de l'obligation de donner », *RTD civ.* 1996. 85, N. Gavalda, *L'obligation de donner*, Thèse dr. Montpellier, 1997.

En vérité, et indépendamment de la modification de l'article 1101 qui ne fait plus référence à des types d'obligations particuliers, toute une série d'objections se dressaient, et demeurent, devant cette proposition.

Des arguments historiques, en premier lieu, démontrent que le Code civil avait rompu, dès 1804, avec les mécanismes prévalant sous l'Ancien Régime selon lesquels le transfert se produisait par la remise de la chose ou bien par la stipulation de clauses ; une obligation de donner pouvait véritablement naître de la vente mais cet argument a aujourd'hui disparu.

Des arguments techniques, surtout, sont avancés. Le transfert de propriété dans la vente, en effet, est automatique, abstrait et instantané. Il est automatique car il s'opère dès l'échange des consentements (*cf.* C. civ., art. 1196, 1583), abstrait car aucun acte (tradition ou clause) particulier n'est exigé et instantané car il se produit en un trait de temps. Le recours à une obligation comme l'est l'obligation de donner n'est, donc, d'aucune utilité pour expliquer le transfert de propriété. Cette obligation ne trouverait d'intérêt que lorsque le transfert de propriété est différé, par exemple en présence d'une clause de réserve de propriété. Or, on remarque que le retard dans le transfert de propriété ne modifie pas ses caractères : il demeure automatique et abstrait car l'obligation de donner n'est pas véritablement exécutée mais ce sont des obligations de faire qui le sont comme l'obligation de livrer ou de payer et il demeure instantané car le retard a simplement retardé l'instantanéité du transfert, il n'en a pas fait une obligation qui s'étale dans le temps[1].

Aucune raison technique n'impose donc de recourir à la notion d'obligation pour expliquer le transfert de propriété et la doctrine classique nie généralement son existence.

À l'inverse, divers arguments en faveur de l'existence de l'obligation de donner étaient avancés en partant de l'hypothèse dans laquelle le transfert de propriété est retardé.

1. Ph. Simler, « Classification des obligations », C. civ., art. 1136 à 1145, *J.-Cl. Civil*, 1993, spéc. n°s 36 s.

Dans cette situation, en effet, une obligation de donner, distinguée de l'obligation de faire qui consisterait par exemple à individualiser la chose, présenterait plusieurs intérêts. Elle permettrait d'expliquer le fonctionnement de la clause de réserve de propriété[1] ou bien le recours à l'obligation de donner par la jurisprudence dans les ventes immobilières face au refus d'une des parties de signer l'acte authentique alors qu'une clause retarde le transfert de propriété à ce moment. Un temps, la Cour de cassation admit qu'une telle vente n'emportait que des obligations de faire et n'était, donc, pas susceptible d'exécution forcée[2] avant de décider le contraire en 1983 et estimer qu'une obligation de donner, susceptible d'exécution forcée y était contenue[3]. Dans d'autres décisions (où l'acquéreur non encore propriétaire est mis en possession de la chose), la Cour de cassation admet que l'acquéreur détient un « droit à caractère immobilier[4] » dont le fondement ressemble fort à une obligation de donner.

En outre l'analyse abstraite et instantanée du transfert de propriété est brouillée par des décisions de la Cour de cassation en matière de redressement judiciaire où la Cour admet que la vente dont le transfert de propriété n'est pas encore accompli est un contrat en cours au sens des règles de droit des procédures collectives ce qui laisse à penser qu'une obligation de donner permet de conférer à la vente ce caractère continu dans son exécution[5].

La jurisprudence à venir, appliquant les nouvelles règles du droit des contrats, dira si le recours à une telle obligation est utile à la solution ou à l'explication de ce type de difficultés.

---

1. A. Ghozi, « Nature juridique et transmissibilité de la clause de réserve de propriété », *D.* 1986. Chron. 317 ; D. Mainguy, *La revente, op. cit.*, n°s 64 s. ; F. Pérochon, *La clause de réserve de propriété dans la vente de meubles corporels, op. cit.*, n° 7.
2. Civ. 3e, 2 mai 1968, *Bull. civ.* III, n° 182 ; *Defrénois* 1968. 29146 ; Civ. 3e, 2 avr. 1979, *JCP* 1981. II. 19697, note M. Dagot.
3. Civ. 3e, 5 janv. 1983, *D.* 1983. 617, note P. Jourdain, *RTD civ.* 1983. 550, obs. Ph. Rémy ; Civ. 3e, 20 déc. 1994, *JCP* 1995. II. 22491, note Ch. Larroumet, *JCP N* 1996. 501, note D. Mainguy.
4. Civ. 3e, 12 janv. 1994, *D.* 1995. 52, note F. Macorig-Venier.
5. Com. 9 avr. 1991, *JCP E* 1991. I. 102, n° 12, obs. M. Cabrillac et Ph. Pétel, *RTD com.* 1991. 660, obs. Y. Chaput ; *adde* : M.-H. Monsérié, *Les contrats dans le redressement et la liquidation judiciaire des entreprises*, Bibl. dr. ent., n° 33, Litec, 1994, n° 172, p. 164. À moins que l'on considère qu'un contrat en cours, au sens de l'article L. 621-28 du Code de commerce, est un contrat dans lequel la prestation caractéristique du contrat n'est pas encore réalisée, et non un contrat dans lequel l'obligation principale est une obligation qui s'inscrit dans la durée, et convenir que la clause de réserve de propriété n'a fait que reculer le moment de réalisation du transfert de propriété, automatique et abstrait, considéré comme la prestation caractéristique de la vente.

§ 2. Le transfert des risques

139 Le transfert des risques est lié au transfert de propriété : l'article 1196, al. 3 du Code civil propose désormais expressément cette solution. Les risques de la chose suivent donc la propriété de la chose. C'est l'application de l'adage *res perit domino.* Mais cette solution est supplétive (**A**) et supporte des aménagements conventionnels (**B**).

A. Les règles supplétives organisant le transfert des risques

140 ***Res perit domino.*** La règle résulte de l'article 1196, alinéa 3 du Code civil : « Le transfert de propriété emporte transfert des risques de la chose », formule bien plus claire que celle de l'ex-article 1138 : « Elle rend le créancier propriétaire et met la chose à ses risques dès l'instant où elle a dû être livrée, encore que la tradition n'en ait point été faite, à moins que le débiteur ne soit en demeure de la livrer ; auquel cas la chose reste aux risques de ce dernier ». Lorsque le transfert de propriété est immédiat, le transfert des risques l'est également. C'est une application de l'adage *res perit domino* : les risques de la chose pèsent sur la tête de son propriétaire. Si la chose est perdue après la formation de la vente mais avant la livraison, la perte est pour l'acheteur en sorte qu'il doit malgré tout en payer le prix[1], sauf démonstration d'un cas de force majeure rendant impossible la délivrance de la chose dans les conditions de l'article 1351-1 du Code civil. Le vendeur doit alors établir le cas de force majeur qui rend impossible la délivrance, d'une part et, d'autre part, que la perte de la chose se serait produite même si la chose avait été délivrée, par exemple du fait d'une corrosion due à un mauvais transport. C'est,

1. C'est, d'ailleurs, un autre argument en faveur de l'existence de l'obligation de donner. Si la perte est pour l'acheteur avant que le vendeur ait délivré, l'obligation de payer risque d'être dépourvue de cause. Or, si l'on identifie une obligation de donner, on considérera que c'est elle qui cause l'obligation de payer : l'obligation du vendeur est exécutée, l'acheteur doit exécuter la sienne et le transfert des risques explique cette situation.

d'ailleurs, le principal enjeu de la question de savoir à quelle date se produit le transfert de propriété.

Les règles du droit des transports confirment cette solution. L'article 100 du Code de commerce dispose ainsi à propos de la livraison de marchandises par recours à un transporteur que « la marchandise sortie du magasin du vendeur ou de l'expéditeur voyage, s'il n'y a convention contraire, aux risques et périls de celui à qui elle appartient, sauf son recours contre le commissionnaire et le voiturier chargé du transport ». La marchandise vendue voyage, donc, aux risques de l'acheteur si le transfert de propriété est immédiat.

En revanche, le transfert de propriété et des risques est parfois dissocié et deux situations différentes sont envisagées par le Code civil.

La première tient au régime général des obligations. Lorsque la vente a été conclue sous condition suspensive, l'acheteur était, sous l'empire du Code civil de 1804, réputé rétroactivement propriétaire à partir de la réalisation de la condition. Le fait que, désormais, cette rétroactivité doit avoir été spécifiquement prévue, ne change pas la situation (C. civ., art. 1304-6). Le vendeur demeure tenu des risques jusqu'au jour de la réalisation de la condition aux termes de l'article 1304-6, alinéas 2 du Code civil[1].

La seconde est propre à l'article 1344-2du Code civil : lorsque l'acheteur a mis en demeure le vendeur de livrer la marchandise, les risques qui étaient passés sur la tête de l'acheteur repassent sur la tête du vendeur. La solution est surprenante : l'acheteur est tenu des risques dès la conclusion de la vente et ceux-ci repassent sur la tête du vendeur lorsque celui-ci n'a pas encore livré et qu'il a été mis en demeure, pour retourner sur celle de l'acheteur à la livraison. Cette solution s'explique, cependant, non plus par le recours à l'adage *res perit domino* mais son voisin *res perit debitori* : les risques de la chose pèsent sur la tête du débiteur, ici de

1. V. Civ. 1re, 20 déc. 1990, *JCP* 1992. II. 21841, note M. Dagot. Cette situation peut, d'ailleurs, être rapprochée de celle dans laquelle la vente est annulée rétroactivement (*cf.* F. Collart-Dutilleul et Ph. Delebecque, n° 203).

l'obligation de livrer, dès que l'acheteur l'a mis en demeure de la faire. Avant cette mise en demeure, toutefois, si l'acheteur supporte en principe les risques de la chose, il peut toutefois reprocher au vendeur la mauvaise exécution de son obligation de conserver. Si celle-ci a été correctement exécutée, l'acheteur qui n'a pas mis en demeure le vendeur de livrer supporte donc les risques de la chose, qui lui ont été transférées en même temps que la propriété, dans les conditions de principes posés par l'article 1196.

B. Les aménagements conventionnels au transfert des risques

141 De la même façon que le transfert de propriété peut être conventionnellement dissocié du moment de la formation de la vente, le transfert des risques peut être dissocié du moment du transfert de propriété ou bien pour le retarder ou bien pour l'avancer. C'est, ainsi, que les clauses de réserve de propriété, retardant le transfert de propriété jusqu'au complet paiement du prix par l'acheteur sont fréquemment assorties d'une clause anticipant le moment du transfert des risques au jour de la livraison. Ainsi, vendeur et acheteur supportent les risques de la chose jusqu'à et à partir du moment où, matériellement, ils disposent de la chose.

142 **Ventes internationales. Incoterms. Ventes maritimes.** C'est surtout dans le domaine des ventes internationales que se sont développées les clauses aménageant le moment du transfert des risques, se désintéressant du moment du transfert de propriété. Ainsi, la convention de Vienne du 11 avril 1980 sur les ventes internationales de marchandises ne traite pas du moment du transfert de propriété mais évoque celui du transfert des risques, qu'elle lie au moment de la délivrance. Dès la livraison, les risques sont pour l'acheteur à moins que la perte soit due à un fait du vendeur, aux termes de l'article 66 de la convention de Vienne.

C'est essentiellement lorsque la vente (éventuellement internationale) de marchandises s'accompagne d'un transport que les praticiens se sont intéressés au moment du transfert des risques. La Chambre de commerce internationale a ainsi échafaudé des clauses types, des Incoterms (*International commercial terms*) qui se préoccupent de cette question sous la forme de codes formés de groupes de lettres qui évoquent chacun un type de vente et un moment particulier du transfert des risques[1].

La loi du 3 janvier 1969 sur les ventes maritimes connaît, d'ailleurs, des clauses voisines : la vente au départ (art. 32), la vente à l'arrivée (art. 36) ou la vente CAF (art. 40).

SECTION 2
LES OBLIGATIONS DES PARTIES

143 Les obligations des parties, du vendeur (**§ 1**) et de l'acheteur (**§ 2**), telles que le Code civil les expose et telles que les contrats de vente rédigés par les praticiens les distinguent également, sont réciproques : la vente est un contrat commutatif. Seules, pourtant, les obligations de faire, éventuellement de ne pas faire, sont envisagées car l'obligation de donner, si elle existe[2], est identifiée aux effets réels du contrat. Ce sont, donc, les obligations des parties, prises en tant qu'effets personnels de la vente, qui seront ainsi étudiées. Mais, là encore, l'impression est faussée par le fait que de nombreuses obligations nouvelles, telles les obligations de renseignement ou l'obligation de sécurité, sont nées d'interventions légales suggérées par une volonté consumériste toujours plus intense, ou bien dénichées par les juges sur le fondement de l'article 1134, alinéa 3 ou de l'article 1135 du Code civil. Ce ne sont donc pas seulement les obligations strictement nées du contrat qui seront étudiées ici mais toutes ces obligations qui font de la vente un contrat aux obligations nombreuses et complexes.

1. V. ss 245 et *Guide des incoterms*, doc. CCI, 1999 ; *adde* : D. Le Masson, « Les incoterms », in *La Convention de Vienne sur la vente internationale et les incoterms*, LGDJ, 1990, p. 37. *Les incoterms, Étude d'une norme du commerce international*, Thèse Montpellier, 1999. Établis dès 1936 à l'initiative de la CCI, les incoterms ont fait l'objet de plusieurs modifications. La version 1990 traduisait une forte évolution vers la prise en compte des transports multimodaux. Une nouvelle version, celle des incoterms 2000, éditée en 1999, ne modifie la version de 1990 que de façon marginale.
2. V. ss 138.

§ 1. Les obligations du vendeur

144 **Multiplication des obligations du vendeur.** Aux termes de l'article 1603 du Code civil, « le vendeur a deux obligations principales, celle de délivrer et de garantir ce qu'il vend ». La proposition n'est pas tout à fait exacte puisque l'article 1602, alinéa 1, qui le précède affirme que « le vendeur est tenu d'expliquer clairement ce à quoi il s'oblige ». La règle sert moins à fonder une obligation de renseignement du vendeur qu'à proposer le principe d'interprétation de son alinéa second qui prévoit que « tout pacte obscur ou ambigu s'interprète contre le vendeur » (écartant de ce fait les règles d'interprétation des articles 1188 et suivants du Code civil). De même, l'article 1603 du Code civil laisse entendre que d'autres obligations, accessoires, peuvent être mises à la charge du vendeur, une obligation d'exclusivité d'achat ou bien de service après-vente par exemple. Ainsi, lorsque la chose n'est pas immédiatement livrée, le vendeur assume une obligation de conservation (C. civ., art. 1614 ; art. 1197) au profit de l'acheteur ou bien le vendeur doit laisser l'acheteur procéder à l'essai lorsqu'une telle vente à l'essai est conclue.

Par conséquent, la vente ne connaît pas deux obligations comme le promet l'article 1602 du Code civil mais beaucoup plus, au gré des ventes particulières et des stipulations des parties[1].

145 **Sophistication des obligations du vendeur.** Surtout, les obligations du vendeur se sont largement sophistiquées au rythme de la progression de la société de consommation et, donc, des ventes de masse de produits standardisés, divers et parfois techniques ou dangereux. Les obligations du vendeur en ont subi le contrecoup. S'est, ainsi, amorcée la distinction entre le vendeur particulier et le vendeur professionnel sur lequel pouvaient peser des obligations plus élaborées. Ainsi est né le développement des obligations de renseignement, d'information, de conseil, de mise en garde, d'instruction... à la charge des vendeurs professionnels qui peuvent apparaître comme la manifestation d'une véritable déres-

1. Ph. Malaurie, L. Aynès, et P.-Y. Gautier, n° 280.

ponsabilisation de l'acheteur par une telle obligation d'assistance du vendeur.

De même, s'est opéré le renforcement de l'obligation de garantie, *lato sensu*, de plusieurs façons. La première consiste à limiter le jeu des clauses limitatives de garantie des professionnels. La seconde tend à élargir la considération de son domaine, quitte à la dénaturer. S'est, alors, posée la question de la délimitation du domaine respectif de la conformité des marchandises et de la garantie, d'abord par une confusion des genres puis par un partage de leur domaine[1]. La troisième consiste à élargir le domaine des questions traitées par l'obligation de garantie, par la création des obligations de sécurité qui renouvellent totalement les réflexions de la matière, pérennisées par la loi du 19 mai 1998, mais finalement réduites à néant par la Cour de justice, par l'introduction d'une garantie de conformité depuis l'ordonnance de 2005 transposant la directive du 25 mai 1999 sur certains aspects de la vente de la garantie des biens de consommation (C. consom., art. L. 217-1 s., v. ss 268).

146 La vente devient un contrat de plus en plus important, un contrat de plus en plus mobilier, un contrat pilier de la société de consommation, de sorte que la législation consumériste s'est largement préoccupée de la vente.

C'est le cas notamment de la législation sur les clauses abusives. La loi du 10 janvier 1978 avait initié le mouvement, puis la directive du 5 avril 1993, transposée par la loi du 1er février 1995, pour aboutir à l'article L. 212-1 du Code de la consommation : « Dans les contrats conclus entre professionnels et consommateurs, sont abusives les clauses qui ont pour objet ou pour effet de créer, au détriment du consommateur, un déséquilibre significatif entre les droits et obligations des parties au contrat ». Le texte, complété par l'article L. 212-2 (pour un élargissement à tous les contrats conclus entre professionnels et non professionnels, et donc aux personnes morales telles que visées par l'article liminaire du Code de la consommation) et L. 241-1 pour ce qui est de

1. J. Ghestin, *Conformité et garantie dans la vente*, LGDJ, 1983 ; J. Huet, *Responsabilité du vendeur et garantie contre les vices cachés*, Litec, 1987.

ses sanctions, valait pour tout le droit des obligations appliqué aux relations de consommation mais est, en réalité, de droit des contrats spéciaux, voire de la vente et des contrats d'entreprise. La loi du 4 août 2008, dite loi LME, a substitué au système préexistant un jeu de clauses « noires », celles qui portent atteinte à l'équilibre du contrat, et les clauses « grises », présumées abusives sauf pour le professionnel de prouver qu'une telle clause ne porte pas atteinte à l'équilibre du contrat, complété par un décret réformant l'article R. 132-1 du Code de la consommation. Or l'article L. 442-6, I, 2° du Code du commerce et, surtout, l'article 1171 du Code civil, généralisent à tous les contrats d'adhésion la possibilité de critiquer une clause créant un tel déséquilibre significatif.

Il en résulte une extension et un renforcement des obligations du vendeur professionnel et, inversement, une réduction de celles de l'acheteur ou plus exactement, une exigence d'attention particulière de l'acheteur.

Enfin, le champ d'efficacité du contrat s'est élargi par le développement considérable des actions directes dans la vente.

Quoi qu'il en soit, l'étude des obligations du vendeur est, de loin, la question la plus intéressante dans le contrat de vente.

Ces obligations, aussi diverses soient-elles, peuvent être divisées selon l'ordre chronologique de leur apparition. Ainsi, l'obligation de renseignement (**A**) apparaît en premier, même si on peut la retrouver tout le long de l'exécution du contrat, puis l'obligation de délivrance (**B**) suivie de près de l'obligation de garantie (**C**) et de l'obligation de sécurité (**D**) encore que l'existence de celle-ci pourrait être discutée depuis l'introduction d'un régime de responsabilité du fait des produits défectueux.

A. Les obligations de renseignement

147 **Diversité.** L'obligation d'information ou de renseignement est celle par laquelle le vendeur, le plus souvent, doit fournir à l'acheteur, des éléments d'information qu'il connaît et que l'acheteur ignore. Le développement des ventes, la sophistication des choses qui en sont l'objet ont suscité le constat de la différence de connaissances entre le vendeur, qui connaît ou devrait connaître l'ensemble des

informations tenant à la chose, et l'acheteur, le plus souvent ignorant de ces informations. L'émergence d'un « devoir de parler[1] », des obligations de renseignement procède de ce constat. Ces obligations se sont ramifiées en autant d'obligations de renseignement, de mise en garde, de conseil... qui toutes, portent, sur la même information mais n'imposent pas les mêmes sujétions au vendeur.

148 **Bonne foi contractuelle, consumérisme, et économie du droit.** Ces obligations peuvent se réclamer d'une triple filiation. La première, classique, repose sur l'interprétation jurisprudentielle volontariste des ex-articles 1134, alinéa 3, et ex-1135 du Code civil, repris, mais dans une séquence différente, aux articles 1104 et 1194, qui font appel, l'un à la bonne foi dans la négociation, la formation et l'exécution du contrat et l'autre à l'équité, aux usages ou à la loi (l'ex-article 1135 ajoutait les « suites naturelles du contrat ») comme guides supplémentaires de l'interprétation du contrat. La seconde s'inspire du large mouvement consumériste qui a baigné le droit français des contrats ces vingt dernières années. La troisième est plus moderne et relève de l'analyse économique du droit révélant une externalité nécessaire à la conclusion de contrats efficaces[2].

Se pose, alors, la question de la détermination des caractères des obligations de renseignement (**1**) et de leur objet (**2**).

1. Les caractères des obligations de renseignement

149 **Informer ou s'informer ?** *Emptor debet esse curiosus* ? La première question qui se pose est celle qui porte sur le domaine de l'obligation de renseignement : est-elle une obligation à caractère général due par le vendeur à l'acheteur, en toutes circonstances, au risque de considérer l'acheteur comme un incapable majeur[3] ou bien, au contraire, faut-il tenir compte des diligences de l'acheteur ? Autrefois, on estimait que l'acheteur devait se renseigner en application d'un adage d'origine britannique : *emptor debet esse curiosus* (l'acheteur doit être curieux) qui impose à l'acheteur ne pas être complètement passif face au vendeur[4]. La plupart des obliga-

1. Ph. Le Tourneau, *Responsabilité des vendeurs et fabricants*, n° 247.
2. M. Fabre-Magnan, *De l'obligation d'information dans les contrats*, LGDJ, 1992
3. Ph. Malaurie, L. Aynès et P.-Y. Gautier, n° 309.
4. P. Jourdain, « Le devoir de se renseigner », *D.* 1983. Chron. 139.

tions d'informer n'en tiennent pas compte, sauf lorsque le vendeur est face à un acquéreur professionnel ou bien lorsque cette obligation devient une obligation bilatérale de collaboration[1]. Ainsi l'obligation de renseignement pèse de façon différente selon la qualité des parties, vendeur ou acheteur, professionnel ou profane[2]. On peut toutefois observer que l'article 1112-1 du Code civil impose un devoir d'information à celui qui connaît une information déterminante pour l'autre, par celle qu'il aurait dû connaître, et que ce devoir pèse indifféremment sur les contractants, ce qui pourrait relancer le débat sur les obligations ou devoirs réciproques d'information.

• ***Le vendeur est un professionnel :***

– l'acheteur est un profane : toute la lourdeur de l'obligation, toute son intensité telle qu'évoquée ci-après pèse alors sur le vendeur. Mais l'obligation n'est pas absolue : l'acheteur profane devrait par exemple avertir le vendeur d'un usage exceptionnel de la chose[3] ;

– l'acheteur est un professionnel : les obligations du vendeur ne sont pas allégées. Le vendeur est tenu de renseigner l'acheteur dans la mesure où la compétence de celui-ci ne lui donne pas les moyens d'apprécier la portée exacte des caractéristiques techniques de la chose[4], y compris d'ailleurs sur des points que l'acheteur connaît mais dont il n'apprécie pas nécessairement la portée[5]. Ainsi en serait-il d'un produit nouveau ou technique ou dangereux[6]. Rappelons que l'obligation de renseignement résulte du constat de défaut de connaissances essentielles[7] entre les deux parties.

---

1. V. ss 148.
2. V. cependant Civ. 3e, 21 févr. 2001, *RJDA* 2001. 574, à propos de l'obligation du vendeur d'informer l'acheteur « quelle que soit l'utilisation envisagée par l'acheteur » de la situation juridique de la chose (à propos de l'existence d'un droit de chasse).
3. Civ. 1re, 20 juin 1995, *Bull. civ.* I, n° 276.
4. Civ. 1re, 3 juin 1998, *Bull. civ.* I, n° 198. V. Com. 17 juill. 2001, *RJDA* 2002. 28, à propos de la vente d'une « supérette », le vendeur n'a pas à informer l'acheteur, qui devrait connaître l'information, du projet d'implantation d'un supermarché à proximité Com. 28 mai 2002, *CCC* 2002. 138, obs. L. Leveneur.
5. Civ. 1re, 4 juin 2009, *RDC* 2009. 1415, obs. D. Fenouillet, pour l'obligation d'information du vendeur d'un rat, du risque que celui-ci transmette des maladies.
6. Civ. 1re, 4 mai 1994, *Bull. civ.* I, n° 163 (produit nouveau) ; Com. 15 mai 2001, *RJDA* 2001. 957 (vente à un grossiste d'un progiciel incapable de remplir les besoins de l'acheteur).
7. Civ. 1re, 26 nov. 1976, *Bull. civ.* IV, n° 370.

- ***Le vendeur est un profane :***

– l'acheteur est un profane : le vendeur n'est pas épargné par le seul fait qu'il soit un profane. Il doit fournir à l'acheteur tout renseignement nécessaire, ne serait-ce que pour éviter de subir l'annulation de la vente pour dol[1] ;

– l'acheteur est un professionnel : la solution est identique même si on peut alors attendre de l'acheteur qu'il se renseigne davantage que ne le ferait un profane.

150 **Devoir ou obligation ? Précontractuel ou contractuel ?** La détermination de la nature du devoir ou de l'obligation de renseignement se pose. En toutes circonstances, l'« obligation » d'information est bien une obligation quelle qu'en soit la source, légale, contractuelle ou extracontractuelle. Il demeure que le terme « obligation » de renseignement prête à confusion eu égard au régime de responsabilité, contractuelle ou extracontractuelle, qui en découle. Aussi, par simple souci de précision sémantique, appellerons-nous obligation de renseignement celle découlant d'un contrat et devoir de renseignement découlant de la période précontractuelle. D'ailleurs, l'article 1112-1 du Code civil se garde bien d'évoquer une « obligation » précontractuelle d'information.

Par exemple, les articles L. 111-1 et suivants du Code de la consommation imposent une longue série de devoirs d'information portant sur les caractéristiques, le prix, etc., intéressant les services ou produits proposés.

Depuis longtemps, d'ailleurs, la jurisprudence avait dégagé une règle similaire à propos des choses dangereuses et des choses présentant un caractère technique : le vendeur professionnel doit informer le candidat acheteur des dangers ou bien l'informer des caractéristiques essentielles du bien. Il s'agit, là encore, de devoirs d'information, comme le sont les obligations de mentionner certaines informations sur les paquets de cigarettes (L. 10 janv. 1991, art. 9-II).

---

1. Civ. 3e, 4 janv. 1991, *Bull. civ.* III, n° 9, à propos de l'existence d'éboulements d'une falaise sur un terrain vendu ; Civ. 3e, 30 juin 1992, *Bull. civ.* III, n° 258, à propos d'un procès sur la constructibilité pesant sur le terrain voisin de celui vendu et susceptible d'avoir des répercussions sur le terrain vendu.

Curieusement, pourtant, la jurisprudence, approuvée par la plupart des auteurs, considère que le devoir (précontractuel) de renseignement comme l'obligation (contractuelle) de renseignement sont sanctionnés par un même régime de responsabilité contractuelle[1]. Cette assimilation est en général justifiée par la très grande difficulté qu'il y a à faire la part entre ce qui relève d'un devoir ou d'une obligation d'information car le vendeur se présente en toute hypothèse comme un contractant effectif ou potentiel et l'« inexécution » de ce devoir ou de cette obligation de renseignement se découvre après que la vente ait été conclue, pendant la période contractuelle.

Mais on pourrait opposer, outre la claire limite posée par l'article 1112-1 du Code civil, sanctionné par les règles de la responsabilité extracontractuelle, que la plupart des dols et des dols par réticence en particulier se traduisent par l'absence de renseignements où l'on aurait dû s'attendre à un tel devoir. Or, le dol est sanctionné par l'article 1137 du Code civil, notamment en son alinéa 2, qui sanctionne expressément le dol par réticence, et par l'article 1240 du Code civil, et on enseigne généralement que l'évolution du dol par réticence se traduit par l'émergence d'une obligation précontractuelle de renseignement[2].

Par conséquent, un auteur[3] propose une distinction fondée non sur le moment de la fourniture de l'information mais sur son objectif, selon que l'information est donnée pour éclairer le consentement du contractant ou bien pour faciliter l'exécution du contrat. Dans le premier cas, des devoirs (précontractuels) de renseignement se manifestent, sanctionnés par le régime de responsabilité délictuelle ; dans le second, des obligations de renseignements peuvent être isolées et sont sanctionnées par le régime de responsabilité contractuelle.

1. Ph. Malaurie, L. Aynès et P.-Y. Gautier, n° 314 ; F. Collart-Dutilleul et Ph. Delebecque, n° 214 et Com. 25 juin 1980, *Bull. civ.* IV, n° 276, *RTD civ.* 1981. 157, obs. G. Durry ; Com. 25 mai 1993, *Bull. civ.* IV, n° 211 : imposant au vendeur de vérifier si un système d'alarme vendu correspond aux normes imposées par les compagnies d'assurances.

2. F. Terré, Ph. Simler et Y. Lequette, *Droit des obligations*, *op. cit.*, n° 225.

3. M. Fabre-Magnan, *De l'obligation d'information dans les contrats*, Bibl. dr. priv., t. 221, préf. J. Ghestin, LGDJ, 1992, n°s 281 s.

151 **Toutes les choses ou certaines choses ? Casuistique.** En pratique, on s'aperçoit que l'existence d'un devoir ou d'une obligation d'information pose difficulté, outre les principes généraux tenant à l'émergence d'une obligation générale d'information, pour certains types de choses.

Ainsi, les ventes de choses dangereuses font l'objet d'une attention soutenue de la jurisprudence[1]. C'est le cas également des ventes de choses techniques[2] pour lesquelles elle exige une obligation particulière d'information. L'existence d'une telle obligation s'explique aisément par le fait que l'acheteur est un profane et qu'il est, en quelque sorte, en déficit d'information par rapport au vendeur. Mais, alors, l'objet de l'obligation varie fortement, de la simple information au conseil.

152 **Moyens ou résultat ?** L'obligation de renseigner, quelle que soit son intensité, est généralement considérée comme une obligation de moyens[3]. En effet, le vendeur doit faire tout son possible pour donner la bonne information mais sans pour autant assurer le résultat que cette information sera totalement pertinente. En outre, le débiteur doit, sans doute, se conformer à des règles de l'art ou déontologiques en sorte que les moyens nécessaires pour exécuter l'obligation sont guidés : c'est une obligation de moyens renforcée. Enfin, dans bien des cas (sinon, désormais dans tous les cas), le dommage fait présumer la faute, ce qu'on appelle parfois la « faute incluse » et, donc, l'absence d'exécution de l'obligation de renseigner, comme s'il s'agissait d'une obligation de résultat atténuée, comme la Cour de cassation l'a récemment admis en matière de responsabilité médicale (v. ss 484 s.) mais en usant de termes d'une généralité qui autorise l'analogie : « Celui qui est légalement ou contractuellement tenu d'une obligation particulière d'information doit rapporter la preuve de l'exécution de

1. Civ. 1re, 31 janv. 1973, *JCP* 1973. II. 17846, note Ph. Malinvaud (une colle néoprène dont les vapeurs étaient inflammables) ; Civ. 1re, 4 mai 1994, *Bull. civ.* I, n° 163, à propos d'un matériau nouveau ; Civ. 1re, 8 avr. 1986, *JCP* 1987. II. 20271, note G. Viala et A. Viandier, *RTD civ.* 1986. 779, obs. J. Huet (association dangereuse de deux médicaments) ; Civ. 1re, 1er déc. 1999, *RJDA* 2000. 141 (machine dangereuse).

2. Com. 3 déc. 1985, *JCP* 1986. IV. 65 ; Com. 5 janv. 1999, *RJDA* 1999. 399 (matériel informatique), Civ. 1re, 18 mai 1989, *Bull. civ.* I, n° 206 (vente d'un matériel de sécurité).

3. Civ. 1re, 23 avr. 1985, *Bull. civ.* I, n° 125, *RTD civ.* 1986. 367, obs. J. Huet.

cette obligation[1] ». La Cour de cassation a ensuite, dans un arrêt du 15 mai 2002[2] appliqué cette solution à la formation de la vente en reconnaissant que l'exécution de l'obligation de renseignement qu'assume le vendeur professionnel doit être prouvée par ce dernier.

153 **Le contractant ou le sous-acquéreur ?** Par ailleurs, comme pour toutes les obligations du vendeur, la question s'est bien entendue posée de savoir si le sous-acquéreur de la chose vendue pouvait exercer une action directe contre le vendeur initial de la chose, le fabricant pour simplifier, qui aurait pour objet l'information déficiente que ce vendeur aurait diffusé au revendeur, le distributeur. Très tôt, la Cour de cassation a répondu par l'affirmative par exemple pour admettre, de façon traditionnelle, que le sous-acquéreur puisse exercer une action directe en responsabilité[3]. Elle admit même que le vendeur initial (le fabricant) doit informer directement le sous-acquéreur, identifiant une « obligation directe » de renseigner le sous-acquéreur[4].

2. L'objet des obligations de renseignement

a. Obligation unilatérale

154 **Obligation d'information.** Le premier niveau de l'obligation de renseigner l'acheteur est constitué par de simples obligations d'information. Il s'agit d'apporter à l'acheteur toutes les informations qui l'aideront à donner un consentement éclairé (mais il s'agit là encore d'un devoir d'information) ou bien qui lui permettront d'utiliser correctement le bien acquis (il s'agit d'une obligation d'information). Il peut alors s'agir de fournir des renseignements précisant des conditions d'utilisation[5].

---

1. Civ. 1re, 25 févr. 1997, *Bull. civ.* I, n° 75, *JCP* 1997. I. 4025, n° 7, obs. G. Viney, *RTD civ.* 1997. 434, obs. P. Jourdain. Mais la preuve peut être apportée par tous moyens : Civ. 1re, 14 oct. 1997, *JCP* 1997. I. 4068, n° 6, obs. G. Viney, II. 22942, rapp. P. Sargos.
2. Civ. 1re, 15 mai 2002, *CCC* 2003. 135, obs. L. Leveneur « le vendeur professionnel est tenu d'une obligation de renseignement à l'égard de son client et il lui incombe de prouver qu'il a exécuté cette obligation ».
3. Civ. 1re, 31 janv. 1973, *JCP* 1975. I. 2679, note D. Nguyen-Thanh-Bourgeais et J. Revel (produits inflammables) ; *adde* : D. Mainguy, *La revente, op. cit.*, n° 123 et n° 130.
4. Civ. 1re, 23 avr. 1985, *D.* 1985. 558, note S. Dion et comp. Rouen, 14 févr. 1979, *JCP* 1980. I. 19360, note P. Boinot (qui admettait qu'un contrat portant sur les informations à fournir se forme entre le fabricant et le sous-acquéreur).
5. Civ. 1re, 17 févr. 1998, *Bull. civ.* I, n° 61, instruction de montage d'une cheminée.

L'obligation pèse alors plus lourdement sur le vendeur professionnel que sur le vendeur occasionnel. Et elle sera d'autant plus importante que le vendeur professionnel se trouve face à un acheteur profane.

En matière immobilière, l'obligation d'information porte sur les caractéristiques techniques de l'immeuble vendu (surface, matériaux utilisés...), ce qu'on appelle la « clause de désignation ». L'information doit surtout porter sur toute une série de faits invisibles, que ce soit son environnement juridique comme l'existence de servitudes, de procédures judiciaires engagées par un voisin[1] ou sur des faits et des risques dont l'étendue est de plus en plus large et lourde : le tout récent diagnostic de performance énergétique (CCH, art. L. 134-1, 134-6 et 134-7), risques liés à un plan de prévention des risques technologiques (C. envir., art. L. 125-5), risque de pollution dans le cas d'une installation classée (C. envir., art. L. 512-18, 514-20), à la présence de plomb (CSP, art. L. 1334-5 et 6), d'amiante (CSP, art. L. 1334-13), de termites (CCH, art. L. 133-6), ces dernières rassemblées dans un dossier de diagnostic technique (CCH, art. L. 271-4), et bien d'autres encore, alourdissant considérablement le formalisme de la vente ou des contrats préparatoires à celle-ci. L'obligation d'information s'impose mais dans des conditions précises. Ainsi, si le vendeur adresse un dossier de diagnostic technique précisant que l'immeuble est exempt d'amiante et que l'acquéreur en trouve, la vente ne sera pas annulée pour autant, la Cour de cassation ayant considéré que l'obligation du vendeur consistant simplement à fournir le diagnostic fourni par le professionnel, de sorte que la vente pourrait être annulée si le vendeur avait pris un engagement spécifique[2] ; à défaut c'est la responsabilité du professionnel qui doit être recherchée[3].

1. Civ. 3e, 30 juin 1992, *Defrénois* 1993. 378, obs. G. Vermelle.
2. Civ. 3e, 23 sept. 2009, n° 08.13.373.
3. Civ. 3e, 2 juill. 2003, *RD imm.* 2003. 554 et 557, obs. F.-G. Trébulle, 3 janv. 2006, *RD imm.* 2006. 186, obs. F.-G. Trébulle.

155 **Obligation de mise en garde.** Plus intense est l'obligation de mise en garde qui frappe par exemple le vendeur de choses dangereuses[1] et qui sera d'autant plus importante que la chose est dangereuse et nouvelle. Le vendeur doit alors informer l'acheteur sur la dangerosité de la chose et le mettre en garde contre les dangers afférents à son utilisation[2].

156 **Obligation de conseil.** L'obligation devient encore plus intense dès lors qu'elle est une obligation de conseil. Le vendeur ne doit pas, alors, se contenter d'informer l'acheteur mais doit, en outre, l'informer sur la pertinence de l'information qu'il donne, s'agissant de l'opportunité d'acquérir telle chose plutôt que telle autre (devoir de conseil) ou bien de la meilleure utilisation de la chose (véritable obligation de conseil)[3], dans la mesure toutefois du rapport avec la chose[4].

Cette obligation de conseil trouve son terrain d'élection dans les ventes de choses techniques, comme les ventes d'ordinateurs ou de logiciel[5]. Certains estiment même que l'obligation ne pèse que sur un vendeur professionnel traitant avec un acheteur profane[6], ce dont on peut douter eu égard à l'évolution de ce type

1. V. ss 151.

2. D. Nguyen-Thanh-Bourgeais et J. Revel, « La responsabilité du fabricant en cas de violation de l'obligation de renseigner le consommateur sur les dangers de la chose vendue », *JCP* 1975. I. 2679 ; J. Huet, « Le paradoxe des médicaments, responsabilité pharmaceutique et risques de développement », *RTD civ.* 1986. 777.

3. Civ. 1re, 20 juin 1995, *Bull. civ.* I, n° 276, *RTD civ.* 1996. 177, obs. J. Mestre, sur l'intensité différenciée de l'obligation de conseil : s'agissant de vente de tuiles vieillies qui avaient subi une décoloration : « l'obligation d'information et de conseil de l'entrepreneur installateur d'un matériau lui impose d'appeler l'attention du maître de l'ouvrage sur les inconvénients du produit choisi et sur les précautions à prendre pour sa mise en œuvre, compte tenu de l'usage auquel ce matériau est destiné » alors que le vendeur, en l'espèce, n'assumait pas cette obligation ; Civ. 1re, 2 déc. 1997, *CCC* 1997. 40, obs. L. Leveneur (sur les conseils tenant aux conditions atmosphériques lors de l'utilisation d'un clavier d'orgues).

4. Civ. 1re, 25 juin 2002, *Bull. civ.* I, n° 177, *RTD civ.* 2003. 83, obs. J. Mestre et B. Fages : l'employeur qui fait installer des caméras de surveillance dans la cafétéria de l'entreprise et qui est ensuite condamné ne peut se retourner contre le vendeur pour manquement à l'obligation de conseil, s'agissant d'une information de nature juridique qu'il aurait dû connaître.

5. J. Huet, « Les modifications du droit sous l'influence de l'informatique », *JCP* 1983. I. 3095, *cf.* Paris, 12 juill. 1972, *JCP* 1974. II. 17603, note N. S. ; Civ. 1re, 5 déc. 1995, *RTD civ.* 1996. 388, obs. J. Mestre (vente d'un équipement téléphonique) ; Com. 15 mai 2001, *RJDA* 2001. 957 ; Civ. 1re, 3 juill. 2001, *RJDA* 2002. 32 : « l'obligation de conseil du vendeur de matériels complexes s'étend à l'information de l'acheteur quant à la faisabilité des interventions nécessaires à leur mise en service et quant aux délais requis par elles » de même que « l'obligation d'information et de conseil du vendeur n'est pas écartée par les éventuelles défaillances du tiers installateur » ; Civ. 1re, 30 mai 2006, *Bull. civ.* I, n° 280, *RDC* 2006. 1231, obs. G. Viney ; Civ. 1re, 28 oct. 2010, *RDC* 2011. 531, obs. S. Pimont.

6. A. Bénabent, n° 203.

d'obligation : il s'agit le plus souvent de combler un déficit de connaissances, c'est donc une appréciation économique qui préside à l'application de ces obligations, plus qu'une forme de morale consumériste (qui est présente mais absorbée par la généralisation de ces obligations). Mieux, l'obligation de conseil prépare la correcte exécution de l'obligation de délivrance et l'adéquation de la chose à l'utilisation prévue[1].

On trouve, alors, toute la palette des obligations de renseignement : une information sur les caractéristiques de la chose, une mise en garde contre l'opportunité de l'acquisition de telle machine ou de telle utilisation[2] et une obligation de conseil sur le choix du matériel adapté au besoin de l'acheteur ce qui suppose, d'ailleurs, une obligation de se renseigner sur ces besoins pour mieux conseiller[3] (qui débordera, sans doute, sur une obligation de renseigner pesant sur l'acheteur) par exemple, voire une obligation de déconseiller un achat[4].

157 **Obligation à la charge de l'acheteur ?** Le débat s'est récemment enrichi de plusieurs décisions à propos de la question de savoir si l'acheteur devait informer le vendeur sur la valeur du bien, autrement dit de savoir si le dol de l'acheteur est sanctionnable, à travers l'affaire dite des photographies de Baldus[5] qui avait donné lieu à une décision controversée : « aucune obligation d'information ne pesait sur l'acheteur » décidait la Cour pour casser l'arrêt d'appel qui avait retenu le dol de l'acheteur. Il s'agissait de la propriétaire de photographies anciennes qui en avait cédé une première partie aux enchères puis une seconde partie à la personne qui avait acquis le premier lot, mais cette fois par une vente de gré à gré. Or, l'acheteur connaissait la grande valeur de ces photographies d'un artiste connu et n'avait pas informé le ven-

1. Civ. 1re, 28 oct. 2010, préc.
2. Paris, 4 janv. 1980, *JCP* 1982. II. 19734, note J.-L. Goutal, *RJ com.* 1980. 260, note Ph. Le Tourneau.
3. Civ. 1re, 28 oct. 2010, *RDC* 2011. 531, obs. S. Pimont (la preuve de l'obligation de se renseigner pour mieux conseiller repose d'ailleurs sur le vendeur) ; Civ. 2e, 19 oct. 1994, *D.* 1994. 499, note A.-M. Gavard-Gilles et V. P. Jourdain, « Le devoir de se renseigner », *D.* 1983. Chron. 139.
4. Civ. 1re, 16 juin 1993, *CCC* 1993. 191.
5. Civ. 1re, 3 mai 2000, *Bull. civ.* n° 131, *Defrénois* 2000. 1110, obs. D. Mazeaud et Ph. Delebecque, *CCC* 2000. 140, obs. L. Leveneur, *RTD civ.* 2000. 566, obs. J. Mestre et B. Fages, *JCP* 2001. II. 10510, note C. Jamin, *E* 2001. 1578, note P. Chauvel. Comp. Civ. 1re, 15 nov. 2000, *JCP E* 2001. 1578, note P. Chauvel.

deur. Inversement, l'affaire des Grands Moulins de Paris avait retenu le dol commis par le cessionnaire d'actions qui avait dissimulé la véritable valeur des actions[1]. Au-delà de la question de l'existence d'une obligation d'information à la charge de l'acheteur sur la valeur de la chose, c'est la place de la valeur dans le contrat qui pose ici difficulté. Il ne s'agit donc pas de proposer une forme alternative de prise en compte de l'erreur sur la valeur. Dans un arrêt du 15 novembre 2000, le dol par réticence consistait à masquer pour l'acheteur au vendeur l'existence des qualités véritables du sous-sol de la propriété, qui valorise cette propriété, de sorte qu'il s'agit alors d'une classique hypothèse d'erreur sur les qualités substantielles de la chose, provoquée par une faute de l'acheteur, un dol. Par conséquent, l'exigence d'une certaine bonne foi dans la formation justifie ici l'identification de cette faute précontractuelle – ne pas avoir indiqué une qualité de la chose – aggravée par la simulation organisée par une clause de substitution qui constitue un dol ayant provoqué l'erreur commise par le vendeur. Le débat semble tranché depuis un arrêt du 17 janvier 2007 : « l'acquéreur, même professionnel, n'est pas tenu d'une obligation d'information au profit du vendeur sur la valeur du bien acquis[2] ».

b. Obligation bilatérale

158 **Obligation de collaboration.** L'obligation de renseigner pesant sur le vendeur, quel que soit son objet, information, mise en garde ou conseil, présente, telle que nous l'avons évoquée, un caractère unilatéral : seule une des parties, ici le vendeur, assume l'exécution de cette obligation.

On observe parfois, cependant, une tendance à « bilatéraliser » cette obligation en identifiant une obligation de collaboration, une obligation de coopération. « Les contrats forment une sorte de microcosme. C'est une petite société où chacun doit travailler dans un but commun » écrivait Demogue[3]. Chacune des deux parties

1. Com. 27 févr. 1996, *JCP* 1996. II. 22665, note J. Ghestin, *D.* 1996. 518, note Ph. Malaurie.
2. Civ. 3e, 17 janv. 2007, *D.* 2007. 1051, note D. Mazeaud, 1054, note Ph. Stoffel-Munck, *RTD civ.* 2007. 335 obs. J. Mestre et B. Fages.
3. R. Demogue, *Traité des obligations en général*, t. VI, 1931, n° 3.

doit, alors, informer l'autre : le vendeur doit informer l'acheteur sur les qualités de la chose qu'il vend et se renseigner sur les attentes de l'acheteur[1] ; l'acheteur doit renseigner le vendeur sur ses besoins et se renseigner sur les informations détenues par le vendeur. Identifiée et organisée par la jurisprudence cette notion de coopération trouve un écho particulier dans certaines normes, par exemple dans les Principes pour un droit européen des contrats : « chaque partie doit à l'autre une collaboration qui permette au contrat de produire son plein effet » (art. 1107)[2]. Cette obligation se retrouve lors de la formation du contrat[3] mais aussi au cours de l'exécution du contrat, par exemple dans de complexes contrats de transfert de technologie ou de vente de choses très complexes nécessitant une assistance prolongée de la part du vendeur ou bien encore lorsque l'acheteur entend utiliser la chose vendue de façon très particulière[4].

B. L'obligation de délivrance

159 **Position du problème.** L'obligation de délivrance est une des obligations principales du vendeur (avec la garantie et la garantie de conformité) aux termes de l'article 1603 du Code civil[5] et elle est précisée dans le Code civil aux articles 1604 à 1624 mais encore par les articles L. 216-1 à 6 du Code de la consommation.

Elle est définie par l'article 1604 du Code civil comme « le transport de la chose en la puissance et possession de l'acheteur ». Elle se distingue alors d'une « obligation de transférer » la propriété de la chose qui n'existe pas en droit français (quoique de façon ambiguë, les ex-articles 1136 et 1138 du Code civil semblaient les associer). Si l'obligation de donner assure à l'acheteur le transfert de la propriété du bien, l'obligation de délivrance per-

1. Cass. civ. 1re, 20 déc. 2012, n° 11-28202.
2. Comp. F. Diesse, « L'exigence de coopération contractuelle dans le commerce international », *DPCI* 1980. 9.
3. Civ. 1re, 20 juin 1995, *Bull. civ.* I, n° 277, *JCP E* 1996. I. 523, n° 12, obs. D. Mainguy, *RTD civ.* 1996. 387, obs. J. Mestre (obligation bilatérale pour un contrat de vente d'un bateau avec installation d'un moteur prévu pour la navigation de plaisance alors qu'il s'agissait d'un bateau destiné à la pêche).
4. Com. 15 avr. 1975, *Bull. civ.* I, n° 106 (vente de peinture utilisée pour une cuve à vin alors que cet usage était contre-indiqué).
5. M. Alter, *L'obligation de délivrance dans la vente de chose corporelle*, LGDJ, 1972.

met d'assurer le transfert de la possession de la chose. Mais enfin, cette définition masque le problème premier de la délivrance qui repose moins sur ses effets que sur la conformité de la chose délivrée avec le contrat : or la question de la conformité est devenue le problème principal d'application des règles de la vente, tant en elle-même qu'en raison de sa proximité avec la garantie des vices cachés. Dès lors, au-delà de la compréhension du mécanisme, le domaine de la conformité, entre pluralité et unité, guide les débats modernes.

Trois difficultés se présentent tenant à la détermination de l'objet de la délivrance (**1**), des modalités de la délivrance (**2**) et de la sanction de la délivrance (**3**).

1. L'objet de l'obligation de délivrance

160 La délivrance de la chose s'entend de la chose vendue (**a**) et, mieux, de la chose convenue, ce qui pose le problème de la conformité de la chose livrée avec ce qui était convenu (**b**).

a. Délivrance de la chose

161 **Délivrance de la chose elle-même.** L'obligation de délivrance est le transfert « en la puissance et possession » de l'acheteur. En la puissance, en la possession, ce second terme est plus clair : il s'agit, après que le transfert de propriété ait eu lieu (ou avant, comme dans le cas des ventes conclues sous réserve de propriété), de donner à l'acheteur la maîtrise véritable de la chose, selon les termes du contrat.

En l'absence de clause insistant sur ce point, la délivrance consiste à laisser la chose vendue à la disposition de l'acheteur, dans l'état où elle se trouve au moment de la vente (C. civ., art. 1614).

La délivrance se distingue donc, d'abord, du transfert de propriété. Ce dernier porte sur le droit, sur la maîtrise juridique de la chose, alors que la délivrance porte sur la possession, la maîtrise matérielle de la chose. Ces deux événements sont parfois concomitants, comme pour les ventes usuelles de consommation, les ventes sur place ou ventes à emporter : la délivrance s'effectue par remise de la chose, c'est-à-dire par tradition réelle, voire par remise d'un substitut comme la remise des clefs (C. civ., art. 1607, ce qui a quelque chose de magique ou symbolique). Ils sont souvent distingués : le transfert de propriété précède fréquemment la délivrance, à moins que ce ne soit l'inverse en présence d'une clause de réserve de propriété par exemple. La délivrance se distingue, ensuite, de la livraison de la chose. La délivrance consiste simplement en le fait de mettre la chose à disposition de l'acheteur (ou du transporteur) qui viendra la retirer. Par conséquent, les frais de délivrance et d'enlèvement de la chose sont logiquement à la charge de l'acheteur selon les termes de l'article 1608 du Code civil : la chose est quérable.

Dans les ventes d'immeubles, le Code civil est encore plus précis. L'article 1605 du Code civil dispose ainsi que la délivrance est exécutée par la remise des clefs ou des titres de propriété. Il en est presque de même pour les ventes de certains meubles incorporels : l'article 1607 du Code civil dispose que la délivrance est faite par la remise des titres ou par l'usage de ces meubles avec le consentement de l'acheteur.

Une clause peut aménager l'obligation de délivrance, par exemple par la stipulation que le vendeur doit livrer la chose en un endroit précis : la délivrance se prolonge, alors, d'une obligation de livrer cette chose : la chose devient portable.

162 **Délivrance des accessoires de la chose.** Aux termes de l'article 1615 du Code civil, la délivrance s'entend de la chose mais aussi de ses accessoires et de « tout ce qui a été destiné à son usage perpétuel ». Ces accessoires peuvent être de tous ordres et présenter un caractère matériel, administratif ou juridique, comme les actions en justice attachées à la chose si l'on en croit la jurisprudence sur les actions directes (v. ss 194).

Dans les ventes mobilières, il s'agira des emballages ou du conditionnement de la chose ou bien les documents administratifs nécessaires pour utiliser la chose, tels la carte grise d'un véhicule[1], le certificat de garantie, le mode d'emploi ou bien encore les documents nécessaires pour dédouaner une marchandise, ceux nécessaires à l'établissement d'un connaissement maritime. C'est

1. Civ. 1re, 22 janv. 1991, *Bull. civ.* I, n° 23 ; 5 oct. 1994, *CCC* 1995. 4, obs. L. Leveneur.

au vendeur de prouver qu'il a bien remis à l'acheteur les accessoires de la chose délivrée[1].

Dans les ventes immobilières, il s'agira des immeubles par destination affectés à l'immeuble vendu, des fruits (*cf.* C. civ., art. 1614, al. 2), les droits réels accessoires divers, les servitudes ou bien des droits à caractère plus incorporels comme un droit à indemnisation[2].

Sont également transmis avec la chose les contrats qui accompagnent cette chose, solution qui peut surprendre au regard du principe de l'effet relatif des contrats dans la mesure où l'ayant cause à titre particulier d'une chose reste un tiers au regard du contrat conclu par son auteur (c'est ainsi que la plupart des contrats, comme un contrat de distribution ne sont pas transmis avec la cession de fonds de commerce), par exemple un contrat de bail (*cf.* C. civ., art. 1743 et v. ss 335), un contrat de travail (*cf.* C. trav., art. L. 1224-1), une clause de non-concurrence, mais aussi tous les droits et actions et notamment les créances de délivrance ou de garantie qui justifient les actions directes du sous-acquéreur (v. ss 194 s.) ou les créances d'indemnisation, c'est-à-dire des contrats considérés comme faisant corps avec la chose cédée, conception au fondement douteux, soit pour identifier les conventions effectivement cédées soit pour en exclure d'autres, les contrats de distribution plus haut cités qui ne suivent pas le fonds de commerce par exemple. Mais la loi impose que certains de ces droits personnels soient obligatoirement transmis avec certaines choses vendues. Ainsi en est-il du bail commercial qui accompagne nécessairement la cession d'un fonds de commerce... (C. com., art. L. 145-15) ou des baux qui suivent un immeuble (C. civ., art. 1743) ou bien encore de tous les contrats nécessaires à une entreprise cédée dans le cadre d'une procédure de redressement judiciaire (C. com., art. L. 621-88).

1. Com. 11 déc. 2001, *CCC* 2002. 58, obs. L. Leveneur.
2. Civ. 3e, 23 oct. 1991 ; *Bull. civ.* III, n° 244. Mais pas nécessairement : *cf.* Civ. 1re, 18 juin 1997, *Bull. civ.* I, n° 149 ; *JCP E* 1998. 604, n° 12, obs. F. Vialla : « La vente de l'immeuble n'emporte pas de plein droit cession au profit de l'acquéreur des droits et actions qui ont pu naître au profit du vendeur en raison de dégradations causées à l'immeuble antérieurement à la vente ».

b. Conformité de la chose vendue

163 **Identité, quantité, qualité de la chose.** L'obligation de délivrance porte sur la chose qui a fait l'objet du contrat. Par conséquent, l'obligation de délivrance doit nécessairement porter sur la chose qui a été achetée et non d'une autre chose. Or, la vente assurant un transfert de propriété immédiat alors que l'obligation de délivrance peut être retardée, la question de la conformité de la chose livrée à la chose vendue se pose. À défaut de délivrance conforme, le vendeur engage sa responsabilité sur le fondement de l'article 1231-1 du Code civil ou bien encourt l'exécution forcée de l'obligation (art. 1221) ou le risque de voir le contrat résolu, unilatéralement, aux termes de l'article 1226 du Code civil (*cf.* C. civ., art. 1610). Présentée ainsi, la question s'entend d'évidence.

Pourtant, cette question devient assez complexe dès lors que l'acheteur constatera que le vendeur lui remet une chose différente de celle qui a fait l'objet du contrat de vente (ou tout simplement qui, au final, ne le satisfait pas).

Il peut s'agir d'une différence tenant à l'identité de la chose vendue. Par exemple, la vente portait sur un corps certain, un modèle particulier, la délivrance doit s'effectuer sur ce modèle et non un autre. Toute substitution constituerait une inexécution de l'obligation de délivrance de la chose (à moins que l'acheteur ne donne son accord, par une forme de dation en paiement de l'obligation de délivrance). Ainsi, la conformité de la délivrance ne s'apprécie pas uniquement en fonction du type, de la marque ou des caractéristiques techniques de la chose vendue mais aussi au regard de certains aspects convenus plus subjectifs ou esthétiques : la vente d'un véhicule d'une certaine couleur doit être exécutée par la délivrance d'un véhicule de cette couleur et non d'une couleur voisine[1].

164 Pour les ventes immobilières, d'ailleurs, le Code civil propose un luxe de détails assurant la vérification de la conformité de l'identité de l'immeuble livré à l'immeuble vendu (C. civ., art. 1616 à

1. Civ. 1re, 1er déc. 1987, *Bull. civ.* I, n° 324-325 ; Com. 17 mars 1998, *D. Affaires* 1998. 995 (où l'inadaptation était le fait de l'acheteur).

1623), tenant à sa surface[1] (surtout si elle sert à déterminer le prix par un prix défini au mètre carré).

Il peut s'agir d'une différence tenant à la quantité de choses vendues, par exemple lorsque la vente de marchandises s'est effectuée à partir d'un échantillon, ou bien lorsqu'il s'agit de choses vendues au poids ou à la mesure ou bien encore de produits préemballés, pour lesquels les règles du droit de la consommation imposent une indication de contenance et des principaux ingrédients. La réglementation du droit de la consommation impose des marges minimales tolérées de « manquant » en fonction de phénomènes naturels d'évaporation ou de cristallisation, le tout sous les peines du délit de tromperie sur les marchandises (C. consom., art. L. 413-1 s.).

Il peut également s'agir d'une différence dans des ventes d'immeuble lorsqu'il s'agit d'évaluer la surface d'un immeuble[2] (C. civ., art. 1616), que la vente soit à la mesure, ou bien que la contenance soit indiquée. Lorsque la vente s'est effectuée pour un prix global, le prix ne peut être révisé sauf si la différence de contenance est de plus de un vingtième[3] en défaveur de l'acheteur, et ce dernier a le choix entre payer un supplément ou demander la résolution de la vente en cas contraire On parle alors souvent de garantie de contenance distincte de la garantie d'éviction (v. ss 176 s.), et qui est en réalité une application de l'obligation de délivrance conforme. Si la vente a, au contraire, été faite pour un prix proportionnel, au mètre carré, toute différence de contenance emporte une conséquence sur le prix : lorsque la superficie réelle est inférieure à celle annoncée, l'acheteur peut demander un supplément de surface ou une diminution du prix

1. Ch. Albigès, « La superficie de la chose dans les contrats », *Dr. et patr.* juin 1998. 65.

2. Civ. 1re, 11 janv. 2005, *CCC* 2005. 107, qui rappelle que les dispositions de l'article 1616 ne s'appliquent pas aux ventes de meubles.

3. Les clauses de « tolérance » qui écartent les garanties de contenance sont en principe valables (Civ. 3e, 20 févr. 1973, *Bull. civ.* III, no 144), sauf fraude ou faute lourde du vendeur, en cas d'éviction, d'erreur sur les qualités substantielles de la chose, dans les rapports de consommation. Et v. Civ. 3e, 24 mars 1999, *RJDA* 1999. 657 ; Civ. 3e, 24 nov. 1999,*Bull. civ.* III, no 79, *Defrénois* 1999. 1140, obs. H. Périnet-Marquet, 1328, obs. Ph. Delebecque ; *RJDA* 1999. 1316 et rapp. D. Pronier, *RJDA* 1999. 1043. La clause qu'on appelle parfois de « tolérance » permet au vendeur de considérer leur obligation comme exécutée alors que la quantité n'est pas conforme et, dans une vente en l'état futur d'achèvement, nulle.

(C. civ., art. 1617) et à l'inverse, si la superficie est supérieure, l'acheteur doit payer un supplément de prix si la différence n'excède pas un vingtième, ou a le choix entre payer la différence et se désister du contrat si la différence excède un vingtième. Enfin, lorsqu'il s'agit de la vente d'un lot de copropriété, la loi dite « Carrez » du 18 décembre 1996 impose la mention de la superficie du lot vendu à peine de nullité de la vente : si la surface réelle est supérieure à celle mentionnée, aucun supplément de prix n'est dû et en cas contraire, l'acheteur peut demander une diminution du prix que si la différence est supérieure à un vingtième. Dans tous ces cas, l'action doit être intentée dans un délai d'un an.

Il peut surtout s'agir d'une différence tenant à la qualité de la chose. L'exécution correcte de l'obligation de délivrance s'apprécie, en effet, par comparaison entre les caractéristiques de la chose livrée à celles de la chose qui faisait l'objet de la convention (d'où l'intérêt de préciser ces caractéristiques dans le contrat). Il peut s'agir par exemple du kilométrage d'un véhicule d'occasion[1]. En l'absence de précision, la qualité doit correspondre à un standard : la marchandise doit être « loyale et marchande ».

Si cette comparaison s'avère satisfaisante, l'exécution de l'obligation de délivrance est correcte. Mais si cette comparaison est décevante, on estimera que la chose livrée n'est pas conforme à la chose vendue[2]. C'est cependant à l'acheteur de prouver la non-conformité[3].

165 **Conformité et garantie.** Cette question de conformité de la délivrance apparaît, donc, très simple et surtout se distingue de la question voisine de la garantie des vices cachés de la chose pour laquelle la garantie est due par le vendeur lorsque la chose présente un vice qui rend la chose « impropre à l'usage auquel l'acheteur la destinait ». La question est d'autant plus complexe qu'à la distinction classique délivrance conforme et garantie s'ajoute

1. Civ. 1re, 16 juin 1993, *D.* 1994. 546, note Clay, Civ. 1re, 24 janv. 2006, *Bull. civ.* I, n° 36, 13 juin 2006, *Bull. civ.* I, n° 309.
2. Com. 24 nov. 1966, *JCP* 1967. II. 15288, obs. J.-H. (peaux de moutons différentes de ce qui était prévu au contrat), Com. 22 mai 1991, *Bull. civ.* IV, n° 176, *D.* 1991. Somm. 166, obs. O. Tournafond.
3. Com. 3 déc. 1980, *Bull. civ.* IV, n° 409, Com. 17 oct. 2000, *D.* 2002. Somm. 999, obs. G. Pignarre.

la conjonction avec le régime spécifique de la « garantie de conformité » qui fusionne les deux notions. Néanmoins, la distinction classique demeure importante en raison de la survie de ces notions dans le Code civil. Reprenons la fable du vilain petit canard. Ses parents attendaient un mignon petit caneton, et naît un cygne (mais personne ne le sait alors) : la « chose » remise est différente de ce qui était attendu, c'est un défaut de conformité. Si était né un caneton malade, la « chose » remise eût été conforme, mais affectée d'un vice caché ou d'un vice apparent, selon le cas. Si était né un caneton, en bonne santé qui, ensuite, devient malade (pour une cause antérieure), il eût été affecté d'un vice caché[1]. La distinction entre conformité et garantie, traditionnellement, est celle-ci, si c'est un *alter*, une autre chose que celle qui faisait l'objet du contrat, c'est qu'un défaut de conformité apparaît ; si c'est un *pejus*, une chose de moins bonne qualité comparée à sa destination normale (alors qu'elle correspond pleinement au contrat), c'est qu'un vice caché l'affecte. Cette définition et cette distinction correspondent à ce qu'on appelle la conception matérielle ou dualiste de la délivrance et de la garantie.

Or, l'intérêt de distinguer les deux mécanismes est essentiel : où l'acheteur peut exercer l'action en réparation de l'inexécution de l'obligation de délivrance conforme pendant trente ans (dix ans en matière commerciale), il devra agir dans un bref délai pour obtenir garantie (C. civ., art. 1648) ; une clause limitative de responsabilité ne couvrira pas un vice caché[2], la réception de la chose par l'acheteur purge la chose de ses vices apparents de conformité[3]. Pour cette raison, la doctrine a longtemps estimé que la garantie devait céder le pas devant l'obligation de délivrance en raison du statut plus favorable qu'offrait la réparation de cette dernière. En effet, la délivrance d'une chose non conforme s'entend d'une chose qui ne remplit pas les caractéristiques attendues de la chose. Si l'on force cette attente de l'acheteur en consi-

1. À moins que ce ne soit une erreur, vice du consentement.
2. Civ. 1re, 8 juin 1999, *JCP E* 2000. 311, n° 14, obs. D. Mainguy.
3. Civ. 1re, 26 juin 2001, *CCC* 2001. 156, obs. L. Leveneur (véhicule « Porsche » livré sans toit ouvrant électrique), Com. 8 janv. 2002, *CCC* 2002. 75, obs. L. Leveneur.

dérant que ce dernier avait acheté une chose qui fonctionne, alors, si la chose ne fonctionne pas ensuite, on peut en déduire que, en délivrant une chose inapte à satisfaire l'attente de l'acheteur, c'est-à-dire, impropre à l'usage auquel l'acheteur la destinait[1] (ce qui est très exactement la définition de la garantie des vices cachés par l'article 1641 du Code civil), le vendeur a remis une chose différente de la chose achetée : la délivrance non conforme devient la délivrance d'une chose non conforme à sa destination. Cette conception de la délivrance absorbe, alors, l'obligation de garantie ; c'est la conception fonctionnelle ou moniste de la délivrance[2].

Sourde pendant longtemps à ces échos doctrinaux, la première chambre civile puis la chambre commerciale ont fini par leur emboîter le pas[3], sans toutefois que la troisième chambre civile s'y rallie[4]. La Cour de cassation parvenait, ainsi, à admettre que la présence de vices de conception[5] ou de fabrication[6], qui paraissaient relever du domaine de la garantie des vices cachés, emporte réparation sur le fondement de la responsabilité contractuelle de l'article 1231-1 du Code civil comme s'il s'agissait d'un défaut de conformité.

166 **Retour au *statu quo ante*.** La première chambre civile puis la chambre commerciale se sont, cependant, rapprochées de la position défendue par la troisième à partir de 1993[7]. La conception

1. Dans notre exemple : si naît un caneton qui ensuite tombe malade, ses parents peuvent estimer que devait leur être livrée une « chose » conforme, c'est-à-dire qui ne tombe pas malade. Ainsi, si l'on admet ce raisonnement, la délivrance absorbe la garantie.

2. M. Alter, *op. cit.* ; Ph. Le Tourneau, « Conformité et garantie dans la vente », *RTD civ.* 1980. 231 ; J. Ghestin, *Conformités et garantie dans la vente, op. cit.*, J. Huet, *Conformité et garantie dans la vente, op. cit. ;* O. Tournafond, « Les prétendus concours d'actions et le contrat de vente », *D.* 1989. Chron. 237 ; Y.-M. Sérinet, *Les régimes comparés de sanction de l'erreur, de vices cachés et de l'obligation de délivrance dans la vente*, Thèse Paris, 1996, J. Calais-Auloy, « De la garantie des vices cachés à la garantie de conformité », *Mélanges C. Mouly*, t. II, Litec, 1998, p. 63.

3. Civ. 1re, 14 févr. 1989, *Bull. civ.* I, n° 84 ; 20 mars 1989, *Bull. civ.* I, n° 140, 13 déc. 1989, *Bull. civ.* I, n° 314, 29 janv. 1991, *JCP* 1992. II. 21935, note Ginestet, Com. 1er déc. 1992, *Bull. civ.* IV, n° 389 (et voir déjà Ass. plén., 7 févr. 1986, *op. cit.*, v. ss 194, à propos des actions directes).

4. Civ. 3e, 13 avr. 1988, *JCP* 1989. II. 21315, note R. Martin, 4 oct. 1989, *Bull. civ.* III, n° 178.

5. par ex. Civ. 1re, 14 févr. 1989, préc.

6. *Cf.* par ex. Civ. 1re, 4 avr. 1991, *Bull. civ.* I, n° 130, *D.* 1992. Somm. 201, obs. O. Tournafond ; 9 oct. 1991, *Bull. civ.* I, n° 259, *D.* 1992. Somm. 403, obs. A. Penneau.

7. Civ. 1re, 5 mai 1993, *D.* 1993. 507, note A. Bénabent ; Civ. 1re, 27 oct. 1993, *Bull. civ.* I, n° 305 ; Civ. 1re, 8 déc. 1993, *Bull. civ.* I, n° 362 ; Com. 31 mai 1994, *Bull. civ.* IV, n° 199 ; Com. 23 mai 1995, *Bull. civ.* IV, n° 217 ; *adde* : A. Bénabent, « Conformité et vices cachés dans la vente, l'éclaircie », *D.* 1994. Chron. 115, D. Veaux, « Sélection des actions de l'acheteur », *CCC* 1994. Chron. 9.

fonctionnelle a finalement vécu peu de temps, avant que la classique conception matérielle retrouve son empire pour parfaitement scinder les domaines respectifs des défauts de la conformité de la chose délivrée à la chose vendue, par référence aux stipulations du contrat, et des vices cachés, par référence à l'usage attendu de la chose vendue.

Il faut, sans doute, prendre la mesure de ce retour des choses à leur état initial. Il en résulte, en effet, que désormais, l'acheteur n'a plus le choix entre une action en réparation résultant d'une délivrance non conforme ou une action en garantie. Mieux, le juge doit rechercher la nature exacte du défaut pour, éventuellement, requalifier l'action qui lui est présentée[1] (*cf.* CPC, art. 12), à moins que le défaut constitue à la fois un défaut de conformité et un vice caché[2].

De façon générale, le critère utilisé pour séparer conformité et garantie des vices cachés est celui identifiant la conception matérielle :

– ou bien le défaut résulte d'une différence entre la chose livrée (identité, qualité, quantité) et la chose vendue et, en ce cas, il s'agit d'une hypothèse de délivrance non conforme. On utilisera alors les stipulations contractuelles, explicites ou implicites[3], pour vérifier qu'une telle différence est bien présente. Par exemple, lorsqu'il est précisé qu'un bateau ira à telle vitesse et que tel n'est pas le cas, ce sera un défaut de conformité[4] ;

– ou bien le défaut résulte d'une différence entre l'usage attendu et l'usage réel, pour la destination normale de la chose et il s'agira d'un vice caché, par exemple pour les sempiternelles

1. Civ. 1re, 16 juin 1993, *Bull. civ.* I, 224.
2. Civ. 1re, 11 mai 1993, *JCP* E 1994. II. 526, note L. Leveneur, dans lequel un système informatique non conforme à la vente avait été livré et, de plus, ne fonctionnait pas correctement : plus qu'une confusion des vices, c'est alors de distribution des défauts dont il s'agit, un défaut de conformité et un vice caché.
3. Civ. 1re, 30 mars 1999, *CCC* 1999. 110, obs. L. Leveneur ; Civ. 1re, 24 févr. 1999, *RJDA* 1999. 540 : l'inconstructibilité d'un terrain est un défaut de conformité.
4. Com. 27 avr. 1979, *Bull. civ.* IV, n° 13. V. Aussi Civ. 1re, 13 oct. 1993, *D.* 1994. 211 (kilométrage différent de celui qu'affiche le compteur d'un véhicule) ; Civ. 1re, 5 nov. 1996, *JCP* 1997. II. 22872, note C. Radé (véhicule résultant de l'assemblage de véhicules accidentés), Civ. 1re, 29 mai 1996, *Bull. civ.* IV, n° 230 (véhicule volé), Com. 7 juill. 1998, *D. Affaires* 1998. 129 (machine à la productivité moindre que celle annoncée).

tuiles gélives, vendues pour ne point geler[1]. Par ailleurs, sur le fondement de l'article 1602 du Code civil, on estimera que faute de stipulation claire, la non-conformité soulevée par l'acheteur sera avérée puisque « tout pacte obscur ou ambigu s'interprète contre le vendeur ». Ce retour au *statu quo ante* ne lève pas toutes les ambiguïtés que la distinction entre ces deux obligations suscite : comme avant 1993, la question de la conception fonctionnelle peut toujours légitimement se poser lorsque la distinction entre la différence avec les stipulations contractuelles et avec l'usage attendu de la chose devient très difficile à marquer[2].

Observons enfin que tout cet édifice fragile, parce que complexe, est ébranlé par la transposition de la directive du 25 mai 1999 sur la garantie des biens de consommation qui, comme pour les ventes internationales soumises à la convention de Vienne, organise un régime fusionnant conformité et garantie en un régime nouveau, mais uniquement dans le cadre des ventes au consommateur, de telle manière que, en droit français, trois régimes coexistent, celui de la vente internationale organisée par la CVIM (v. ss 217 s.), celui du droit commun du Code civil et celui du droit de la consommation (C. consomm., art. L. 217-1 s., v. ss 268).

2. Les modalités de la délivrance

167 **La chose est quérable.** Nous l'avons vu, l'obligation de délivrance s'exécute par la seule mise à disposition de cette chose (*cf.* C. civ., art. 1342 s. et 1343 s., à propos de la question générale de l'obligation de paiement qui est portable). La chose est donc quérable : c'est à l'acheteur de venir la chercher (ce sera d'ailleurs l'objet de son obligation de retirement de la chose) et non portable. Autre, cependant, est la situation dans le cas où une clause du contrat précise que le vendeur est tenu de livrer la chose.

Dans bien des situations, cependant, la délivrance s'effectue par remise de la chose, par tradition, explique l'article 1606 du

1. Civ. 1re, 5 mai 1993, préc. ; Civ. 1re, 4 juill. 1995, *Bull. civ.* I, n° 302 (véhicule présentant des défauts dans la peinture et de la rouille dans le coffre), Civ. 3e, 24 févr. 1999, *D. Affaires* 1999. 551 (inconstructibilité d'un terrain).
2. *Cf.* par ex., Civ. 1re, 5 nov. 1996, *JCP* 1997. II. 22872, note Ch. Radé, à propos d'un retour à la confusion entre les deux actions ; Civ. 1re, 17 juin 1997, *JCP E* 1998. 604, n° 16, obs. D. Mainguy (défaut affectant un produit considéré comme un défaut de conformité).

Code civil dans le souvenir de la tradition qui, dans l'Ancien droit provoquait le transfert de propriété, mais en recourant à d'autres formes, comme pour les ventes immobilières ou de meubles incorporels. Il peut s'agir de la remise d'un titre représentant les marchandises, comme le connaissement maritime[1] ou la filière dans les ventes du même nom[2].

168 **Lieu et date de la délivrance.** L'article 1609 du Code civil dispose que « la délivrance doit se faire au lieu où était, au temps de la vente, la chose qui en a fait l'objet » en application de la règle selon laquelle la chose est quérable et non portable. Cette règle est supplétive et les parties peuvent convenir une obligation différente. C'est le cas notamment à travers les modalités contractuelles prévues par les Incoterms (v. ss 250).

Le moment de la délivrance se situe, en principe, au moment de la vente, selon le principe selon lequel la vente est un contrat instantané, même si l'on admet généralement qu'un délai raisonnable est laissé à la discrétion du vendeur[3]. Mais la chose n'est pas toujours immédiatement disponible, par exemple parce qu'elle est à construire, ou parce qu'elle est complexe et impose des opérations particulières pour la rendre opérationnelle[4], auquel cas la délivrance devra s'effectuer dans un délai raisonnable après son achèvement.

Pour les ventes aux consommateurs, ces règles n'ont pas semblé suffisantes au législateur qui est intervenu pour imposer au vendeur d'indiquer la date limite à laquelle il entend délivrer alors que la délivrance n'est pas immédiate (C. consom., art. 111-1 3° et L. 216-1).

Les parties ont pu, cependant, prévoir dans une clause la date de la délivrance. L'article 1610 du Code civil semble faire du délai ainsi indiqué un délai de rigueur ou délai impératif puisque passé ce délai ce texte offre à l'acheteur la possibilité de demander la

1. E. du Pontavice, *Droit maritime*, Dalloz, 1996, n° 345.
2. G. Ripert et R. Roblot, par Ph. Delebecque et M. Germain, *Droit commercial*, t. 2, LGDJ, n° 2577.
3. J. Ghestin et B. Desché, n° 671.
4. Com. 12 nov. 2008, 07-19676, *RDC* 2009. 599, obs. S. Pimont : « à défaut de délai convenu, il appartient aux juges du fond de déterminer le délai raisonnable dans lequel le vendeur devait délivrer la chose vendue », Com., 11 juill. 2006, *D.* 2006. 2788, obs. X. Delpech, *CCC* 2006. 248, note L. Leveneur.

résolution du contrat ou l'exécution forcée de la vente (et comp. C. consom., art. L. 216-2). Mais les parties peuvent ne stipuler qu'un délai indicatif où seul le retard abusif sera sanctionné.

3. La sanction de la délivrance

a. Les différentes sanctions de l'obligation de délivrance

169 **Diversité.** L'inexécution de l'obligation de délivrance peut s'observer de différentes manières. Il peut s'agir d'une inexécution partielle ou provisoire tenant, par exemple, à un retard dans la délivrance ou à une délivrance non conforme, appelant ou bien la résolution judiciaire de la vente ou bien surtout l'exécution forcée de l'obligation de délivrance, assorties de l'allocation de dommages et intérêts. Il peut s'agir aussi d'une inexécution totale, appelant une sanction appropriée, la résolution judiciaire de la vente, également assortie de dommages et intérêts. Les articles 1610 et 1611 proposent ces sanctions, reprenant ainsi les sanctions générales de l'inexécution du contrat des articles 1224 et suivants et 1231-1 du Code civil. L'acheteur insatisfait de l'exécution de l'obligation de délivrance peut le faire savoir au vendeur en refusant de prendre livraison d'une marchandise non conforme ou bien livrée en retard. Cette possibilité de rejet est généralement dénommée faculté de « laissé pour compte[1] » (et *cf.* CVIM, art. 86).

Observons, en outre, que si l'acheteur peut exiger la sanction du vendeur en cas d'inexécution de son obligation de délivrer, cette sanction appartient également au sous-acquéreur de la chose qui pourrait, en effet, exercer une action directe en responsabilité[2].

170 **Exécution forcée.** L'exécution forcée de l'obligation de délivrance répond aux règles traditionnelles du droit des obligations. Aux termes de l'article 1221 du Code civil que l'article 1610 traduit comme un « envoi en possession », l'acheteur peut, en effet, demander à un juge l'exécution forcée de l'obligation, éventuellement sous astreinte, du moins si la délivrance est encore possible[3], voire, depuis la formule de l'article 1221 « s'il existe une

1. Sur sa nature juridique, *cf.* Ph. Malaurie, L. Aynès et P.-Y. Gautier, n° 329.
2. V. ss 183.
3. Com. 5 oct. 1993, *Bull. civ.* IV, n° 313 (arrêt de la fabrication d'un véhicule).

disproportion manifeste entre son coût pour le débiteur et son intérêt pour le créancier ». Dans ce cas, l'exécution en nature devenue impossible se résoudra en dommages et intérêts. Mais observons que si l'acheteur est déjà propriétaire (le transfert de propriété est, en principe, immédiat), l'action en exécution forcée de l'obligation peut se doubler d'une action en revendication[1].

Une autre sanction propre aux ventes commerciales est généralement déduite de l'article 1144 du Code civil qui permet à un débiteur insatisfait de réclamer judiciairement l'exécution de l'obligation par un tiers et qui prend ici le nom de faculté de remplacement (*cf.* CVIM, art. 75, dans les ventes internationales), ce qui pose plusieurs difficultés, notamment si l'acheteur paie un prix plus élevé à ce tiers qu'il ne l'aurait payé à son vendeur[2].

171 **Résolution du contrat, réduction du prix.** Surtout, l'acheteur peut exiger la destruction du contrat, par sa résolution. Autrefois nécessairement judiciaire et prononcée en justice, sauf la réserve jurisprudentielle de la résolution unilatérale aux risques et périls de son auteur, cette question est aujourd'hui transformée. La résolution unilatérale est de principe (C. civ., art. 1224 et 1226) : elle suppose une « notification », laquelle doit être précédée d'une mise en demeure de s'exécuter dans un « délai raisonnable » et précisant la menace de résolution unilatérale (C. civ., art. 1226).

Une clause résolutoire peut, cependant, prévoir la résolution du contrat sans qu'il soit nécessaire de recourir à l'intervention du juge ni à une mise en demeure préalable si, du moins, la clause résolutoire prévoit expressément quelles obligations sont visées et que la résolution interviendra du seul fait de l'inexécution (C. civ., art. 1225). Ce dernier ne pourra, alors, que constater que la résolution est survenue, sans aucun pouvoir d'appréciation.

La loi prévoit en outre que la résolution se produit de plein droit dans les ventes aux consommateurs : le vendeur doit en effet indiquer la date limite à laquelle il livrera le bien et passé un délai de sept jours après cette date, le consommateur peut dénoncer le contrat (selon des modalités complexes : la demande doit

1. J. Huet, G. Decocq, C. Grimaldi et H. Lecuyer, n° 11260.
2. B. Gross et Ph. Bihr, p. 201.

avoir lieu dans les 30 jours, le vendeur conserve malgré tout une faculté de livrer), dénonciation valant résolution du contrat (*cf.* C. consom., art. L. 216-2).

Le juge, saisi de la contestation d'une résolution (voire d'une demande de résolution judiciaire) du contrat ne dispose pas, en principe, de la faculté de « refaire » le contrat mais il peut apprécier le degré de gravité de l'inexécution, laquelle doit être établie par l'auteur de la rupture, pour vérifier qu'elle justifie la résolution (C. civ., art. 1226, al. 4). Il allouera, alors, des dommages et intérêts à l'acheteur si la résolution ne se justifie pas, voire ordonnera l'exécution du contrat.

Dans les ventes commerciales, cependant, on admettait que le juge pouvait, en outre, lorsque l'inexécution n'était pas suffisamment grave pour mériter résolution de la vente, procéder à la réfaction du contrat en accordant une réduction du prix de la vente[1]. C'est désormais une faculté générale, dite de « réduction du prix » : le créancier (l'acheteur) peut, après avoir mis en demeure son cocontractant, accepter une exécution imparfaite et solliciter une réduction du prix, ce à quoi le créancier (le vendeur) doit notifier sa décision d'accepter, ou non, la réduction du prix (C. civ., art. 1223).

172 **Force majeure, exception d'inexécution, procédure collective.** D'autres mécanismes sont cependant proposés. Un événement présentant les caractères de la force majeure peut être invoqué par le vendeur si cet événement a rendu impossible la livraison (où les règles du transfert des risques vont prendre tout leur intérêt, C. civ. art. 1351-1). Ainsi encore l'article 1612 du Code civil permet au vendeur de ne pas livrer la marchandise tant que l'acheteur ne l'a pas payé (à moins qu'un délai de paiement ne lui ait été accordé), appliquant ainsi à la vente le principe de l'exception d'inexécution de l'article 1219 mais en plus efficace car on admet que le vendeur dispose d'un droit de rétention, opposable à tous[2].

1. Com. 15 déc. 1992, *JCP* 1994. II. 22075, note M. Poulnais.
2. Com. 14 avr. 1992, *Bull. civ.* IV, n° 164 : droit de rétention sur la carte grise d'un véhicule ; Civ. 1re, 19 févr. 2002, *CCC* 2002. 108, obs. L. Leveneur.

De même, l'article 1613 du Code civil ajoute que le vendeur peut ne pas livrer l'acheteur, même s'il a consenti un délai de paiement, lorsque l'acheteur subit une procédure collective, solution cependant démentie par la faculté reconnue par l'article L. 621-28 du Code de commerce d'imposer la continuation des contrats en cours. En revanche, les règles du droit commun ajoutent à celles de la vente en permettant le principe d'une exception d'inexécution par anticipation (C. civ. art. 1120) par la suspension de son obligation, notifiée ; dans ce cas il est « manifeste » que l'autre partie ne s'exécutera pas et que les conséquences sont très graves pour le débiteur. Or, c'est précisément le cas des ventes, où, en principe, chaque partie attend que l'autre ait exécuté, et où bien souvent, les obligations sont décalées dans le temps.

b. Les clauses relatives à la responsabilité du vendeur

173 **Clauses allégeant l'obligation ou la responsabilité.** Comme la plupart des mécanismes de responsabilité contractuelle, la responsabilité du vendeur pour inexécution de son obligation de délivrance peut faire l'objet d'un aménagement contractuel. Il peut s'agir de clauses intéressant les sanctions du vendeur par l'aménagement d'une clause pénale ou bien de clauses d'astreinte pour sanctionner les retards de livraison.

Il peut surtout s'agir de clauses intéressant le principe même de la responsabilité du vendeur pour réduire voire éluder l'obligation elle-même ou bien la responsabilité liée à son inexécution, étant entendu qu'une clause qui, au contraire, étendrait la responsabilité du vendeur serait bienvenue (*cf.* CVIM art. 36-2, dans les ventes internationales et qui pourrait résulter d'une clause pénale généreuse par exemple).

S'agissant de clauses qui réduiraient l'objet de l'obligation, celles-ci ne sont valables qu'à la marge, par exemple pour affecter le délai de livraison ou bien pour admettre qu'une part de non-conformité (dans la contenance par exemple) sera considérée malgré tout comme une exécution correcte. Toute autre atteinte à l'obligation de délivrance ne serait pas admise parce qu'il s'agit d'une obligation fondamentale de la vente, elle est de l'essence même du contrat[1]. Or, depuis 2016, une clause qui « prive de sa substance l'obligation essentielle » est réputée non écrite (C. civ., art. 1170). On pourrait aussi considérer que l'inexécution de cette obligation est une faute très grave, une faute lourde, assimilée à une faute dolosive qui écarte les clauses limitatives sur le fondement des articles 1230-3 et 4 du Code civil.

On trouve plus couramment des clauses limitatives ou exclusives de responsabilité. Seules les premières peuvent être admises car une clause exonérant totalement le vendeur de toute responsabilité reviendrait à lui reconnaître la faculté de ne pas exécuter son obligation, pourtant essentielle dans la vente : on serait très clairement dans le cadre de l'article 1170 du Code civil.

Ensuite, les ventes entre professionnels et consommateurs font l'objet d'une attention particulière du législateur sur ce point : l'article R. 132-1 (pris en application de l'article L. 212-1 du Code de la consommation) considère que les conventions exonérant le vendeur de sa responsabilité ne sont pas valables, qu'elles soient totalement ou partiellement exonératoires de responsabilité.

Enfin, la portée d'une telle clause doit être mesurée. Une clause limitative de responsabilité qui aurait eu l'heur de passer à travers les écueils dressés sur son parcours n'aurait d'effet que pour l'objet qu'elle traite : la responsabilité contractuelle, point la garantie des vices cachés[2].

C. L'obligation de garantie

174 **Garantie ou responsabilité.** La garantie prévue par le Code civil n'est pas une forme particulière de responsabilité du vendeur, en ce sens que le mécanisme de la garantie ne sanctionne pas une faute du vendeur. En même temps, la bonne ou la mauvaise foi

1. *Cf.* pour un contrat de transport, le fameux arrêt Chronopost : Civ. 1re, 22 oct. 1996, *D.* 1997. 121, note A. Sériaux ; *JCP* 1997. II. 22881, note D. Cohen, *JCP E* 1997. 924. note K. Adom et Ph. Delebecque, « Que reste-t-il du principe de validité des clauses limitatives de responsabilité », *D. Affaires* 1997. 235. *Adde* : Ph. Delebecque, *Les clauses allégeant les obligations dans les contrats*, Thèse Aix, 1981, nos 180 s. et *J.-Cl. Contrats, distribution*.

2. Civ. 1re, 8 juin 1999, *Bull. civ.* I, n° 198, *JCP E* 2000. 311, n° 14, obs. D. Mainguy et M.-L. Izorche, « Le vendeur professionnel entre vices cachés et jurisprudence hermétique », *D.* 2000. Chron. 407. Comp. cependant Com. 20 mars 2001, *RJDA* 2001, n° 956, refusant qu'un fournisseur professionnel puisse opposer une clause limitative de garantie limitant celle-ci au remplacement du produit « lorsqu'il ne fournit pas un produit conforme à sa destination ».

du vendeur, son comportement, sont pris en compte dans le régime de la garantie, en sorte que les liens entre garantie et responsabilité sont bien présents. C'est une obligation qu'il assume et dont il est susceptible de répondre en justice (d'où, sans doute, l'appellation fréquente d'action en garantie plutôt que d'obligation de garantie). Pourtant, toute idée de réparation n'est pas absente, notamment s'agissant de garantie des vices cachés (*cf.* C. civ., art. 1645). On pourrait aussi y voir une mesure de l'intensité des obligations affectant la vente et, notamment, relative à l'utilité de la chose pour l'acheteur. Ce terme de garantie évoque une obligation d'une très grande intensité[1], plus intense encore que l'obligation de résultat (puisqu'aucun cas de force majeure ne saurait l'évincer). L'obligation de garantie peut alors se concevoir comme une obligation de fournir une chose exempte de vice que le Code civil estime si importante qu'il l'érige en obligation de garantie[2] et qu'il fait supporter au vendeur comme si ce dernier devait assumer le souvenir de la propriété de la chose qu'il n'a plus[3] : le vendeur garantit que la chose n'est pas viciée. Mais on a pris l'habitude de parler d'obligation de garantie contre l'éviction ou des vices cachés.

175 **Éviction ou vices cachés.** L'obligation de garantie est l'autre obligation principale du vendeur si l'on en croit l'article 1603 du Code civil. L'article 1625 du Code civil la définit comme portant sur deux objets : « le premier est la possession paisible de la chose vendue ; le second les défauts cachés de la vente » assurant la distinction entre la garantie d'éviction (**1**) et la garantie des vices cachés (**2**).

1. La garantie d'éviction

176 La garantie d'éviction consiste, pour le vendeur, à protéger l'acheteur contre les troubles, quels qu'ils soient, qui pourraient provenir du vendeur ou de tiers, et qui seraient de nature à entraver sa possession paisible de la chose. Il s'agit, donc, d'une garantie contre le fait personnel du vendeur (**a**) ou contre le fait des tiers (**b**).

1. P.-A. Crépeau, *L'intensité des obligations juridiques*, Québec, éd. Yvon Blais, 1989.
2. B. Gross, *La notion d'obligation de garantie dans le droit des contrats*, LGDJ, 1964.
3. J. Carbonnier, « Sociologie de la vente », in *Flexible droit*, 7e éd., LGDJ, p. 305 : « La chose, dans ses malfaisances, continue à refléter la personnalité du vendeur ».

a. La garantie d'éviction du fait personnel

177 **Qui doit garantie ne peut évincer.** Cet adage préside à l'application et la compréhension de la garantie due par le vendeur contre tout trouble qu'il pourrait occasionner à l'acheteur. C'est, donc, une protection de la propriété de l'acheteur pesant sur le vendeur qu'instaurent les articles 1626 s. du Code civil. Il serait trop facile, en effet, que le vendeur puisse après avoir vendu procéder à toutes sortes d'atteintes à la propriété de l'acheteur. D'ailleurs, le débiteur de cette obligation est le vendeur, mais aussi ses ayants cause universels.

L'obligation de garantie d'éviction traduit une obligation de ne pas faire : ne pas compromettre la situation de l'acheteur, ne pas lui nuire (et l'on pourrait se demander aujourd'hui si l'article 1044 du Code civil ne suffirait pas pour satisfaire les intérêts de l'acheteur[1]). Les clauses de non-concurrence que l'on trouve dans les contrats de cession de fonds de commerce procèdent, ainsi, de la garantie d'éviction, voire dans les cessions de parts sociales[2]. La règle instaurée par l'article 1626 du Code civil est, d'ailleurs, d'ordre public en sorte qu'une clause cherchant à éliminer ou limiter la garantie du vendeur serait inefficace (C. civ., art. 1628). En revanche, la garantie peut être étendue, sous réserve que cette extension ne masque pas une restriction ce qui serait le cas d'une clause de non-concurrence stipulée par le vendeur d'un fonds de commerce limitée dans le temps ; passé le délai conventionnel, la garantie d'éviction reprend ses droits[3].

178 **Troubles de droit et troubles de fait.** Tous les troubles émanant du vendeur sont visés.

Les troubles de droit, en premier lieu, constituent des prétentions à un droit sur la chose vendue par le vendeur. Par exemple, le vendeur peut prétendre être propriétaire de la chose, bénéficier d'un droit réel (usufruit, servitude) ou d'un droit personnel (bail). La garantie d'éviction interdit alors au vendeur de revendiquer ce droit auprès de l'acheteur. Comme, en outre, il s'agira d'un moyen

1. B. Gross et Ph. Bihr, p. 207-208.
2. Com. 21 janv. 1997, *D.* 1997. IR 60, Civ. 1re, 24 janv. 2006, *RDC* 2006. 1183, obs. F.-X. Lucas. *Adde.* A. Couret, « La garantie du fait personnel du cédant de droits sociaux », *Dr. et patr.* mai 1997. 64.
3. Com. 14 avr. 1992, *Bull. civ.* IV, n° 160, *CCC* 1992. 49, obs. L. Leveneur, *D.* 1993. Somm. p. 239, obs. G. Paisant, *RTD civ.* 1993. 150, obs. P.-Y. Gautier ; Com. 16 janv. 2001, *CCC* 2001. 71, obs. L. Leveneur.

de défense de l'acheteur, l'exception de garantie qu'il invoquerait est imprescriptible[1]. En revanche, la garantie n'empêche pas le vendeur d'exercer une action en nullité ou en résolution de la vente.

Les troubles de fait ne reposent pas sur un droit mais constituent n'importe quel trouble, fait, acte, qui porterait atteinte à la jouissance de la chose. C'est, notamment, le cas des troubles qui affectent les cessions de fonds de commerce si le cédant cherche ensuite à détourner la clientèle qu'il a cédée avec le fonds (ce qui justifie les clauses de non-concurrence) ou bien lorsque le cédant d'un brevet ou d'une marque continue d'exploiter l'invention ou le signe distinctif qui en est l'objet[2].

b. La garantie d'éviction du fait des tiers

179 **Conditions. Uniquement les troubles de droit.** L'acheteur peut également être troublé dans la jouissance de la chose par un tiers : le vendeur doit également sa garantie. Mais la garantie ne concerne que les troubles de droit que le tiers pourrait lui occasionner ; pour les troubles de fait (vol, détournement de clientèle, trouble de voisinage...), l'acheteur doit seul se préoccuper de la défense de ses intérêts.

Il pourrait s'agir d'une éviction totale par le tiers, par exemple en raison d'un jugement reconnaissant au tiers la qualité de propriétaire de cette chose. Mais c'est que le vendeur a vendu la chose d'autrui (et l'acheteur pourrait en demander l'annulation mais la garantie est plus avantageuse). Il peut s'agir aussi d'un droit réel qu'un tiers invoquerait conduisant à son éviction ou encore d'une cession d'un brevet ou d'une marque qui s'avérerait nulle parce que le vendeur n'aurait pas respecté les conditions lui permettant de revendiquer ce brevet ou cette marque.

Il peut y avoir également éviction partielle par le tiers s'il dispose d'une partie du bien vendu, à laquelle l'article 1626 du Code civil assimile les charges non déclarées : un droit réel ou personnel au profit d'un tiers qui réduirait l'usage de la chose pour l'acheteur et que le vendeur n'aurait pas déclaré.

---

1. Civ. 3e, 20 oct. 1981, *Bull. civ.* III, n° 168.
2. J.-M. Mousseron, « L'obligation de garantie dans les cessions d'exploitation de brevet d'invention », *Étude H. Desbois*, 1974, p. 154.

Contrairement, cependant, à la garantie du fait personnel, la garantie d'éviction du fait du tiers n'est pas d'ordre public. La clause de non garantie ne présente, cependant, qu'un effet limité aux termes de l'article 1629 du Code civil : le vendeur doit malgré la clause restituer le prix de la chose mais il ne devra pas les autres charges (les fruits, les dommages-intérêts) en sorte que la clause de non garantie est, en réalité, une clause de non-responsabilité des conséquences de la garantie. En revanche, la clause ne serait pas valable si le vendeur connaissait le risque d'éviction.

180 **Trouble antérieur à la vente, bonne foi de l'acheteur.** Très logiquement, le trouble ne fait l'objet de la garantie que s'il est antérieur à la vente ou s'il trouve sa source antérieurement à la vente (hypothèse d'un droit exercé après la vente mais consenti avant par le vendeur) : si l'acheteur a consenti un droit qui réduit sa propriété, il ne peut s'en prendre au vendeur.

De même, l'acheteur doit être de bonne foi, c'est-à-dire qu'il ne devait pas connaître le droit de l'acheteur, car l'éviction serait alors apparente[1], ni l'existence du risque d'éviction lorsqu'il a acquis le bien : « l'aléa chasse la garantie » en sorte que l'acheteur, connaissant le risque d'éviction, ne peut, ensuite, demander au vendeur d'assumer ce risque. L'acheteur bénéficie toutefois d'une présomption d'ignorance (contrairement à l'ancien adage *emptor debet esse curiosus* : l'acheteur doit être curieux[2]) sauf si le droit du tiers ou le risque d'éviction étaient manifestement apparents.

181 **Effets. Garantie principale et incidente.** La garantie est principale lorsque l'acheteur exerce contre le vendeur une action en garantie après avoir subi l'éviction par le tiers ou lorsqu'il est sous la menace d'une éviction (s'il se rend compte que la chose est hypothéquée ou gagée par exemple)[3] mais l'acheteur encourt le risque de se voir opposer qu'il aurait pu invoquer des moyens de défense pour s'opposer à l'éviction.

La garantie est incidente, en revanche, lorsque l'acheteur appelle le vendeur en garantie au cours du litige qui l'oppose au

1. Mais l'apparence n'est pas toujours évidente, *cf.* Civ. 1re, 13 janv. 1965, *D.* 1965. 555.
2. Ph. Malaurie, L. Aynès et P.-Y. Gautier, n° 362.
3. Civ. 1re, 20 mars 1990, *Bull. civ.* I, n° 70.

tiers. Le vendeur devient, alors, partie prenante du procès opposant l'acheteur et le tiers : il sera tenu à la garantie si le tiers voit son action triompher.

Observons que l'acheteur peut exercer l'action principale ou incidente mais aussi le sous-acquéreur qui exercerait l'action de son auteur[1].

182 **Restitution du prix et indemnisation.** Si l'action en garantie est un succès, il en résulte un mécanisme spécial à la vente qui, précise l'article 1639 du Code civil, réserve l'application des règles du droit commun au silence du Code, même si ce mécanisme spécial est minutieusement précisé aux articles 1630 à 1640 du Code civil.

En cas d'éviction totale, le vendeur doit restitution du prix de la vente qu'il a perçu de l'acheteur, quand bien même le vendeur aurait exclu sa garantie, si le bien a perdu de la valeur (quelle que soit la cause de cette perte de valeur : cas fortuit ou fait de l'acheteur, *cf.* art. 1631), ce qui est très avantageux pour l'acquéreur. Il bénéficie aussi de dommages et intérêts qui portent sur le dommage subi par l'acheteur évincé parce qu'il peut devoir restituer des fruits au tiers (par exemple une indemnité d'occupation qu'il devrait au tiers s'il a connu le droit du tiers après la vente), les frais et coûts qu'il pourrait supporter (de procédure notamment) mais également la valeur de la plus-value prise par la chose entre le jour de la vente et celui de l'éviction[2] (comprenant les réparations et améliorations utiles, *cf.* C. civ., art. 1633 et 1634) et encore d'autres dommages qu'il pourrait faire valoir.

En cas d'éviction partielle, l'acheteur peut, à son choix, ou bien demander la « résiliation » de la vente (mais il s'agit plutôt de sa résolution) s'il démontre qu'il n'aurait pas acheté s'il avait connu l'éviction, ou bien une diminution du prix.

2. La garantie des vices cachés

183 **Notion et évolution.** Puisant son origine dans la garantie romaine, la garantie édilicienne, l'article 1641 du Code civil dispose que

1. V. ss 194.
2. Par conséquent, comparée au droit commun où une telle indemnité eût été appréciée au jour de l'indemnisation, la solution est avantageuse pour l'acheteur si la valeur de la chose a baissé entre le jour de l'éviction et celui de l'indemnisation, mais désavantageuse dans le cas contraire.

« le vendeur est tenu de la garantie à raison des défauts cachés de la chose vendue qui la rendent impropre à l'usage auquel on la destine, ou qui diminuerait tellement cet usage, que l'acheteur ne l'aurait pas acquise, ou n'en aurait donné qu'un moindre prix, s'il les avait connus ». Il institue une obligation objective qui peut passer pour le prolongement de l'obligation de délivrance, plus exactement comme son complément mais également de l'obligation de renseignement. À partir du moment où la chose est affectée d'un vice caché (s'il avait été apparent, l'acheteur aurait dû se rendre compte au moment de la délivrance-réception de la chose), c'est-à-dire d'un défaut qui empêche un usage normal de cette chose, le vendeur doit garantie à l'acheteur.

L'accroissement considérable des ventes de biens de grande consommation mais aussi d'immeubles en tout genre, a placé cette obligation au cœur de l'actualité juridique (et créant de ce fait des conflits avec des institutions voisines, comme les défauts de conformité[1], l'erreur, l'obligation de sécurité ou la responsabilité du fait des produits défectueux). Il est vrai que la technicité des choses corporelles a évolué les rendant peut-être plus sujettes à de tels vices cachés et que l'opposition vendeur professionnel-acheteur consommateur a été l'occasion d'alourdir les obligations du premier.

La loi du 19 mai 1998, qui a transposé la directive européenne du 25 juillet 1985 prévoit, en outre, un mécanisme de responsabilité objective du fait des produits défectueux, présentant un défaut de sécurité, qui tend à supplanter tout à la fois les questions relatives aux défauts de délivrance, de garantie et de l'obligation de sécurité s'agissant des dommages causés par la chose[2].

En même temps, l'ordonnance du 17 février 2005 (C. consom., art. L. 211-1 s., v. ss 268) qui a transposé la directive du 25 mai 1999 menace ce régime traditionnel. en créant, même réservée aux ventes de consommation, une nouvelle « garantie de confor-

1. V. ss 165.
2. V. ss 202.

mité » qui fusionne les notions de délivrance conforme et de garantie en ouvrant la voie à de nouvelles sanctions, comme le remplacement ou la réparation de la chose.

184 **Domaine et exclusions.** La généralité de l'article 1641 est trompeuse car toutes les ventes ne contiennent par une obligation de garantie (et, de surcroît, on la retrouve dans d'autres contrats, comme dans le bail ou le prêt). Ainsi, la garantie est exclue dans les ventes faites par autorité de justice (C. civ., art. 1649) en raison de l'aléa qui affecte ces ventes[1], des ventes d'animaux s'agissant des maladies contagieuses (pour lesquelles le Code rural organise un régime particulier : C. rur., art. 284 s.). Autre est, en outre, la question de l'exclusion conventionnelle de la garantie, par une clause limitative ou élusive de garantie, que le droit de la vente et le droit de la consommation soumettent à un régime strict[2].

En revanche, la garantie joue dans toutes les autres ventes, portant sur n'importe quelles choses, ventes de meubles, corporels (même les objets d'occasion[3]) ou incorporels, comme les actions[4], vente d'immeubles sauf pour les ventes d'immeubles à construire pour lesquelles les articles 1642-1 et 1646-1 substituent la garantie des constructeurs des articles 1792 s. du Code civil[5]. Par ailleurs, certaines ventes bénéficient de régimes particuliers, comme la vente d'animaux qui prévoit une liste de vices supposés rédhibitoires, en une jolie liste à la Prévert (*cf.* C. rur., art. L. 213-1) ; et bien entendu, les ventes aux consommateurs depuis l'entrée en vigueur de l'ordonnance du 17 février 2005 (C. consom., art. L. 217-1 s.), ainsi que les ventes internationales, soumises en principe aux dispositions de la CVIM (v. ss 236 s. et 252).

---

1. Pour cette raison, d'ailleurs, la jurisprudence étend l'exclusion à toutes les ventes aléatoires, c'est-à-dire dans les ventes « en l'état » aux risques de l'acheteur. Mais on peut douter que l'aléa soit le vrai fondement puisque les ventes sur licitation volontaire contiennent l'obligation de garantie et alors que même dans les ventes judiciaires forcées, l'acquéreur peut exercer une action contre le vendeur antérieur (*cf.* Com. 3 mars 1992, *CCC* 1992. 112, obs. L. Leveneur).
2. V. ss 198.
3. D'ailleurs, beaucoup de ventes d'immeubles sont des ventes d'occasion. Même pour les meubles, la garantie joue (*cf.* Com. 11 juin 1954, *RTD civ.* 1955. 128, obs. J. Carbonnier). En outre, le vice se confond parfois avec l'usure due à l'ancienneté ou avec l'ancienneté elle-même : ils ne sont pas des vices cachés.
4. Com. 12 déc. 1995, *D.* 1996. 297, note J. Paillusseau, *JCP E* 1996. II. 541, note A. Viandier et J.-J. Caussain.
5. V. ss 551 s.

185 **Vices cachés, défaut de conformité, erreur, dol.** Nous avons déjà rencontré une confusion entre le défaut de conformité et le vice caché, par une déformation des règles propres à chacun des régimes, essentiellement motivée par le souci d'assurer une meilleure protection de l'acheteur[1]. Cette confusion peut également affecter la distinction entre la garantie des vices cachés et l'erreur sur les qualités substantielles de la chose, notamment lorsque l'erreur est la conséquence des vices cachés. La Cour de cassation assurait à l'acheteur affecté d'un tel vice une option entre l'action en annulation de la vente ou l'action en garantie[2] pour finalement distinguer ces deux actions, en 1996[3] et refuser donc que la garantie puisse être contournée par une action en erreur sur les qualités de la chose : la garantie des vices cachés constituant « l'unique fondement possible de l'action exercée ». Or, plus récemment, est apparue la question de la distinction entre garantie des vices cachés et réticence dolosive à propos d'une information non révélée qui rend la chose impropre à l'usage auquel on la destine où la Cour de cassation admit au contraire qu'une action pour dol, concurrente d'une action en garantie des vices cachés puisse prospérer[4], à telle enseigne, alors, que l'option entre garantie des vices cachés et erreur redevient possible.

Observons, alors, les conditions de la garantie des vices cachés (**a**) avant sa mise en œuvre (**b**) et ses effets (**c**). Nous verrons également le domaine et le régime des actions directes (v. ss 194 s.).

---

1. H. Mazeaud, « La responsabilité civile du vendeur-fabricant », *RTD civ.* 1955. 611.
2. *Cf.* par ex., Civ. 1re, 17 mars 1992, *Bull. civ.* I, n° 81 (maladie contagieuse d'un animal).
3. D. Boulanger, « Erreur, non-conformité et vice caché : la fin d'une confusion » (à propos de Civ. 1re, 14 mai 1996), *JCP N* 1996. I. 1585, Ch. Radé, « L'autonomie de l'action en garantie des vices cachés (à propos de Civ. 1re, 14 mai 1996) », *JCP* 1997. I. 4009, à propos de tuiles affectées d'un vieillissement prématuré ; Civ. 1re, 7 juin 2000, *CCC* n° 159, obs. L. Leveneur. V. aussi Civ. 1re, 12 juill. 2001, *RJDA* 2002. 27, *JCP* 2001. I. 370, obs. G. Loiseau, qui censure l'arrêt d'appel qui n'a pas requalifié une action en annulation d'une vente de véhicule d'occasion pour erreur en action en garantie des vices cachés, de façon à sauver la pérennité d'une action, alors que c'est généralement dans le sens inverse que la confusion profite. *Adde* : Y.-M. Sérinet, « Erreur et vice caché : variation sur le même thème », *Mélanges J. Ghestin*, 2001, p. 789.
4. Civ. 3e, 29 nov. 2000, *CCC* 2001. 41, obs. L. Leveneur. La question portait sur l'absence de déclaration d'une interdiction d'habiter affectant un immeuble par le vendeur (qui l'habitait sans se soucier de l'arrêté administratif imposant cette interdiction) qui considérait au contraire qu'il s'agissait d'un vice caché sur le fondement que la garantie des vices cachés serait la seule action possible pour l'acheteur : la Cour de cassation retient ici qu'il s'agissait d'un dol par réticence de sorte que le bref délai de l'article 1648 ne s'appliquait pas à l'acheteur déçu. Comp. cependant Civ. 3e, 15 nov. 2000, *Bull. civ.* III, n° 61, où la Cour de cassation avait admis que l'inconstructibilité d'un terrain était un vice caché. Civ. 1re, 6 nov. 2002, *CCC* 2003. 38, obs. L. Leveneur : « l'action en garantie des vices cachés n'est pas exclusive de l'action en nullité pour dol ».

a. Les conditions de la garantie des vices cachés

186 **Un vice est un défaut rendant la chose impropre à son usage normal.** Le vice caché ou vice rédhibitoire est le défaut qui rend la chose impropre à son usage pour l'acheteur, selon la définition de l'article 1641 du Code civil.

On retrouve ici l'opposition entre la conception matérielle et la conception fonctionnelle du défaut. La conception matérielle ou dualiste du défaut, considère que ce défaut est une anomalie, une altération, un défaut de conception, une malfaçon... qui empêche de l'utiliser normalement parce qu'elle est moins solide, moins efficace[1], une *chose déficiente*, à la différence d'un défaut de conformité où la chose livrée est une *autre chose* que celle prévue lors de la formation du contrat. C'est donc autant la nature du défaut que ses conséquences qui importent pour repérer un vice caché. La conception fonctionnelle ou moniste du défaut englobant défaut de conformité et vice caché considère qu'il s'agit de tout ce qui pourrait nuire à l'utilité de la chose, qu'il s'agisse d'un *vice au sens matériel* ou d'un défaut de conformité, pour englober les deux notions et, donc, ne s'en tient qu'aux conséquences du « défaut ». Nous avons vu que la jurisprudence, après avoir un temps adopté la conception fonctionnelle, retient depuis 1993 la conception matérielle, dualiste. Nous avons vu aussi que la conception matérielle était contrariée par les dispositions de la convention de Vienne (CVIM, art. 38 s., v. ss 236) mais surtout par la *garantie de conformité* de l'ordonnance du 17 février 2005 transposant la directive du 25 mai 1999 (C. consom., art. L. 217-1 s. et v. ss 268). Sans doute ces deux exemples sont isolés, détachés du cœur de la notion du Code civil, l'un pour les ventes internationales, l'autre pour les ventes de consommation ; ils restent cependant suffisamment importants pour laisser vivante la distinction.

Il n'est pas nécessaire que ce défaut empêche totalement d'utiliser la chose. Il suffit qu'elle en diminue l'usage, au sens de l'article 1641. Mais il convient malgré tout qu'il s'agisse d'un vice assez grave (... qui rend l'usage impropre... ou qui en diminue

1. O. Tournafond, art. cit. et v. ss 164.

tellement l'usage que..., C. civ., art. 1641)[1] et qui soit un vice de la chose, même si la jurisprudence adopte une conception assez fonctionnelle de cette condition : par exemple, il peut s'agir d'un vice affectant un accessoire de la chose[2] ou extérieur à la chose[3]. De même, il s'agit de l'usage normal de la chose et la garantie ne serait pas due pour un vice empêchant un usage inhabituel ou spécifique de celle-ci.

On distingue, alors, par anticipation avec le régime de l'action en garantie des vices cachés, certains vices : ainsi en est-il des vices rédhibitoires, ceux qui rendent la chose totalement inutilisable, comparés aux vices qui diminuent simplement l'usage de la chose.

187 **Vice caché, vice apparent, vice décelable et indécelable et présomptions.** Il convient, en outre que le vice soit caché, c'est-à-dire que l'acheteur devait ignorer l'existence du vice. À défaut, c'est qu'il a acquis une chose avec ses défauts ou que le vendeur l'a averti des défauts de la chose[4]. Le vice est alors apparent (C. civ., art. 1642, et art. 1642-1 pour le régime particulier des vices apparents de la vente d'immeuble à construire) et la garantie de ce vice n'est pas due par le vendeur[5]. Mais la question se pose, alors

1. Ne serait pas grave, par exemple, un trouble affectant temporairement un immeuble (*cf.* Civ. 3e, 25 janv. 1989, *D.* 1990. 100, note Y. Dagorne-Labbé : « un tel trouble ne justifie pas la restitution partielle du prix » ; Civ. 3e, 4 juill. 2001, *RJDA* 2002. 29 : simple humidité) ou le simple agrément de la chose (*cf.* Nîmes, 18 déc. 1980, *D.* 1983. 29, note Ch. Larroumet). Est grave cependant la présence de tuiles gélives (Civ. 3e, 27 mars 1991, *Bull. civ.* III, no 107, *CCC* 1991. 198, obs. L ; Leveneur), le fait qu'un terrain soit inondable (Civ. 3e, 7 juill. 2004, *Bull. civ.* III, no 150) ou inconstructible (Civ. 3e, 15 mars 2000, *Bull. civ.* III, no 61), qu'un immeuble ne soit pas étanche (Civ. 3e, 6 oct. 2004, *Bull. civ.* III, no 167), etc. En revanche, la perte de la chose (si, du moins elle résulte du vice, *cf.* C. civ., art. 1647, sinon, le cas fortuit traduit la règle du transfert des risques) est sans doute le vice le plus grave qui peut affecter la chose (mais v. pourtant, Civ. 1re, 3 déc. 1996, *Bull. civ.* I, no 441 : « La perte de la chose (...) ne fait pas obstacle à ce que (l'acheteur) obtienne, par la voie de l'action estimatoire, la réduction du prix que justifie la gravité du vice dont cette chose était atteinte »). Par ailleurs, le vice peut affecter un accessoire de la chose : *cf.* Com. 25 nov. 1997, *CCC* 1997. 43, obs. L. Leveneur, à propos d'une disquette contenant un virus vendue comme accessoire d'un journal.

2. Com. 25 nov. 1997, préc.

3. Civ ; 3e, 6 oct. 2004, *Bull. civ.* III, no 167, *RDC* 2005. 350, note Ph. Brun : vice consistant en un bruit excessif d'une chaudière collective, extérieure à l'appartement objet du vice ; Civ. 3e, 15 mars 2006, *Bull. civ.* III, no 72, vice affectant un immeuble agricole consistant en un système de filtrage d'air inadapté à l'élevage d'animaux.

4. L. 8 juin 1999, art. 8, sur la présence de termites dans l'immeuble et l'obligation d'informer l'acheteur, Civ. 3e, 26 févr. 2003, *Bull. civ.* III, no 53 sur le rejet de l'action de l'acheteur ; Civ. 3e, 26 févr. 2003, *Bull. civ.* III, no 53, *CCC* 2003. 106 (maison infestée de capricornes que l'agent immobilier avait signalés).

5. Est en revanche caché, le vice de l'acheteur qui ne pouvait en mesurer l'ampleur : ainsi est affecté d'un vice caché le piano en mauvais état présenté comme réparable et qui s'avère lors de son usage (*cf.* Civ. 1re, 16 févr. 1983, *Bull. civ.* I, no 65). Ne l'est plus, en revanche, le vice réparé par l'acheteur (Civ. 1re, 2 déc. 1997, *Bull. civ.* I, no 351 ; *RTD civ.* 1998. 397, obs. P.-Y. Gautier, *D.* 1994. Somm. 17, obs. Ph. Brun).

de savoir si l'acheteur ne pouvait découvrir le vice au prix d'une petite ou d'une grande vérification, c'est-à-dire de savoir si pour l'acheteur, le vice était décelable ou indécelable. La qualité de l'acheteur présente, alors, pour la jurisprudence, une grande importance, selon qu'il est un professionnel ou un non professionnel (un consommateur) :

– si l'acheteur est un non professionnel, c'est-à-dire qu'il ne dispose pas des compétences nécessaires pour connaître la chose et, *a fortiori*, déceler le vice, la jurisprudence admet très aisément que le vice soit pour lui indécelable et, donc, qu'il est caché, occulte, à moins que le vice ait pu être révélé par une vérification élémentaire, celle qu'un acheteur normalement avisé peut réaliser[1] ;

– si l'acheteur est un professionnel, au contraire, sa connaissance de la chose est ou devrait être plus grande et, donc, plus grande sa capacité de déceler le vice. Mieux (ou pire), la jurisprudence considère que l'acheteur professionnel est présumé connaître le vice : le vice est pour lui décelable[2]. Toute la difficulté est, alors, de repérer un acheteur professionnel : c'est l'acheteur de la même spécialité que le vendeur[3]. Mais l'acheteur professionnel ne subit pas une présomption irréfragable, il peut parfaitement démontrer que le vice était indécelable notamment lorsque le vice ne pouvait être decelé même en utilisant les moyens d'investigation que lui assurait sa connaissance de la chose. De même, la présomption cède devant le dol du vendeur.

Dans tous les cas, les ventes de choses d'occasion posent difficulté : on aurait pu considérer qu'une telle vente ne produisait pas d'obligation de garantie des vices cachés en raison de la vétusté inhérente à la chose d'occasion. Pourtant, la Cour de cassation a toujours admis la garantie dans ces ventes[4].

---

1. Ass. plén. 24 oct. 2006, *Bull. ass. plén.*, n° 13, *JCP N* 2007, 1101, note L. Leveneur, *Defrénois* 2007. 431, note Y. Dagorne-Labbé. Le consommateur n'a donc pas à se faire assister d'un expert (*cf.* Civ. 3e, 3 mai 1989, *D.* 1990. 117, note O. Tournafond : vice apparent qui ne pouvait être vu qu'avec une échelle de huit mètres). V. par ex. : Civ. 1re, 7 janv. 1982, *Bull. civ.* I, n° 8, (bateau qui prenait l'eau, vice particulièrement évident), Civ. 3e, 26 févr. 2003, préc.

2. Civ. 18 déc. 1962, *D.* 1963. 114 (tracteurs vendus à des garagistes).

3. *Cf.* spécialité différente : Civ. 1re, 20 déc. 1983, *Bull. civ.* I, n° 308 (camion vendu à un entrepreneur de travaux publics) spécialité identique : Com. 29 nov. 1983, *Bull. civ.* IV, n° 329 (en raison des longues relations entre les parties).

4. Com. 11 juin 1954, *D.* 1954. 697, *RTD civ.* 1955. 128, obs. J. Carbonnier (pour une vente de meuble) ; d'ailleurs, bien des ventes de choses d'occasion sont des ventes d'immeuble, justifiant la garantie des vices cachés.

188 **Antériorité du vice.** Le Code civil n'impose pas cette condition qui s'entend pourtant d'évidence : si le vendeur doit livrer une chose exempte de tout vice, il n'assume que les vices apparus après la vente (sinon il s'agirait de vices apparents) mais qui étaient en germe avant la vente et non les vices postérieurs. Par conséquent, les défauts de la chose résultant de son usure ne sont pas garantis[1].

La règle a aussi un rapport avec celle du transfert des risques : parce que l'acheteur assume tous les risques de la chose après la vente (mais point les vices antérieurs) il assumera les vices postérieurs. D'ailleurs, lorsque le transfert de propriété est retardé, la jurisprudence considère que le moment de l'appréciation de l'antériorité s'effectue au jour du transfert de propriété (mais il devrait s'agir du moment du transfert des risques)[2].

b. La mise en œuvre de la garantie

189 **Du bref délai au délai de deux ans.** L'article 1648 du Code civil prévoyait avant l'ordonnance du 17 février 2005 que l'action en garantie « doit être intentée par l'acquéreur dans un bref délai suivant la nature des vices rédhibitoires, et l'usage du lieu où la vente a été faite ».

Le point de départ du délai est le moment de la découverte du vice (et non le jour de la vente ou du transfert de propriété ou encore le jour de la livraison)[3].

La durée pendant laquelle l'action peut être intentée était, par ailleurs, extrêmement floue[4] : un bref délai (qu'une citation en justice interrompt, même en référé, *cf.* C. civ., art. 2244[5]) laissé à l'appréciation des juges du fond, afin d'éviter le risque de déperdition des preuves et pour rendre compte de la disparité des choses

1. Civ. 1re, 4 déc. 1973, *Bull. civ.* I, n° 337 (bouteille de gaz usagée qui explose).
2. Com. 9 févr. 1965, *Bull. civ.* III, n° 103.
3. *Cf.* par ex., Civ. 1re, 19 mars 1991 ; *Bull. civ.* I, n° 101 ; 19 nov. 1991, *CCC* 1992. 48 ; Civ. 3e, 2 févr. 1999, *CCC* 1999. 71. Lorsque l'acquéreur agit à titre récursoire, le point de départ du bref délai court à compter du jour de l'action principale (*cf.* Com. 20 mars 1984, *Bull. civ.* IV, n° 111 ; Civ. 1re, 24 oct. 2000, *CCC* 2001. 6, obs. L. Leveneur).
4. Et pourtant conforme à l'art. 6 CEDH, Civ. 1re, 21 mars 2000, *D.* 2000. 593, note C. Atias, *RTD civ.* 2000. 592, obs. P.-Y. Gautier.
5. Civ. 3e, 5 nov. 1997, *Bull. civ.* III, n° 1999, pour autant cependant qu'il s'agisse bien d'une citation en justice (*cf.* Civ. 1re, 18 sept. 2002, *CCC* 2003. 4, obs. L. Leveneur, à propos d'une expertise). Le bref délai est en principe un délai préfixé, insusceptible d'interruption, jusqu'à la modification de l'article 2244 du Code civil par la loi du 5 juillet 1985.

et de leurs vices éventuels. En général, pourtant, la jurisprudence retenait un délai d'une année[1] mais le délai pouvait être plus long pour les choses complexes ou bien en fonction du comportement de l'acheteur par exemple s'il a cherché un règlement amiable[2]. C'est, qu'en effet, le vendeur peut avoir intérêt à laisser les choses se prolonger afin que le délai soit prescrit lorsque l'acheteur agira. La loi fige parfois ce délai : un an pour les navires (L. 3 janv. 1967, art. 8) ou pour les ventes d'immeuble à construire (C. civ., art. 1648, al. 2), quelques jours pour les ventes d'animaux atteints de maladies contagieuses (C. rur., art. 224 s.). La question se pose cependant de l'effet de cette interruption. La jurisprudence a récemment considéré que l'interruption du délai fait naître un nouveau délai, le délai de prescription de droit commun, à la place du bref délai[3].

Observons, cependant, que cette question pose difficulté en raison de la différence de durée du délai que l'on observe selon les choses ou le comportement de l'acheteur. Aussi, la convention de Vienne sur les ventes internationales de marchandises fixe précisément la durée du délai à deux ans (art. 39, al. 2)[4]. Certains estiment d'ailleurs que même dans le droit commun de la vente, l'obligation de garantie obéit à une prescription extinctive, à compter de la conclusion de la vente, comme toute obligation de tout contrat[5] ce qui pose alors problème par exemple lorsque la garantie des vices cachés, délai spécial cohabite avec un délai plus général[6].

---

1. F. Collart-Dutilleul et Ph. Delebecque, n° 283 ; mais v. A. Bénabent, n° 232 ; J. Ghestin et B. Desché, qui le fixent à 3 mois.
2. Civ. 1re, 16 juill. 1987, *Bull. civ.* I, n° 230.
3. Civ. 1re, 21 oct. 1997, *CCC* 1998. 23, obs. L. Leveneur, *D.* 1998. 409, note M. Bruschi, *D.* 1999. Somm. 17, obs. O. Tournafond ; *JCP* 1998. II. 10063, note C. Moulongui ; Civ. 1re, 19 oct. 1999, *CCC* 2000. 22, obs. L. Leveneur ; *D.* 2001. 413, note I. Bufflier, *RTD civ.* 2000. 133, obs. P.-Y. Gautier ; Civ. 1re, 5 oct. 2000, *RJDA* 2001. 17, Com. 5 mars 2002, *Bull. civ.* IV, n° 50 ; Civ. 1re, 25 juin 2002, *Bull. civ.* I, n° 176.
4. V. ss 268. Le projet de transposition de la directive de 1985 sur la responsabilité du fait des produits défectueux envisageait un temps (ce point a été abandonné) de modifier l'article 1648 pour fixer un délai de prescription d'un an permettant à l'acheteur de faire connaître le vice au vendeur (et non agir) à compter du moment où l'acheteur a découvert ou aurait dû découvrir le vice (tout en prévoyant une possible modification par convention).
5. M. Bruschi, note *D.* 1998. 409 et v. Civ. 1re, 19 oct. 1999, *CCC* 2000. 22, obs. L. Leveneur.
6. Com. 27 nov. 2001, *JCP* 2002. II. 10021, note P. Jourdain à propos d'une action en garantie des vices cachés soumise à bref délai portant sur un bateau commandé auprès d'un fabricant et enfermée aussi dans le délai de la prescription décennale des commerçants de l'article L. 110-4 du Code de commerce. *Adde* : S. Joly, « La nouvelle génération des doubles délais extinctifs », *D.* 2001. Chron. 1450.

Depuis l'ordonnance du 17 février 2005, l'article 1648 prévoit que l'action doit être intentée dans les deux ans à compter de la découverte du vice.

190 **Preuve du vice.** Le vendeur quant à lui doit prouver que le bref délai de l'article 1648 du Code civil est expiré s'il oppose à la demande de l'acheteur une fin de non-recevoir et que le vice était apparent, par exemple parce que le vice était décelable pour l'acheteur (sauf si l'acheteur est un professionnel qui assume une sorte de présomption de décelabilité, qu'il doit renverser).

c. Les effets de la garantie légale

191 **Action estimatoire ou rédhibitoire de l'acheteur, action autonome.** L'article 1644 du Code civil prévoit deux actions pour l'acheteur : « l'acheteur a le choix de rendre la chose et de se faire restituer le prix, ou garder la chose et se faire rendre une partie du prix » c'est-à-dire qu'il a le choix entre exercer une action rédhibitoire ou une action estimatoire, selon des termes remontant au droit romain. En revanche, l'acheteur ne peut, en principe, obtenir la réparation ou le remplacement de la chose[1].

L'action rédhibitoire est une forme particulière d'action en résolution judiciaire puisqu'elle assure la destruction rétroactive de la vente. Le vendeur doit alors restituer la chose et l'acheteur le prix qu'il a reçu.

L'action estimatoire (ou *quanti minoris*) est une sorte de réfaction judiciaire de la vente. L'acheteur conservera la chose mais obtiendra une réduction du prix qu'il a payé dans des conditions évaluées par experts.

Cette option est en principe totalement libre pour l'acheteur : le juge ne peut contrarier ce choix pas plus qu'une clause de la vente qui interdirait par exemple une action rédhibitoire contre un remplacement ou la réparation de la chose[2]. Quelques limites

---

1. V. cep., Civ. 11 avr. 1933, *DH* 1933. 331, Com. 17 mai 1971, *Bull. civ.* IV, n° 134 ; *contra* : Civ. 1re, 6 oct. 1998, *RTD civ.* 1999. 127, obs. P.-Y. Gautier ; Civ. 1re, 11 juin 1980, *Bull. civ.* I, n° 185 : le vendeur ne peut pas proposer la réparation pour éviter une action rédhibitoire ou estimatoire. En revanche, si la réparation a été faite, donc acceptée par l'acheteur, supprimant les défauts, l'action est perdue, faute d'intérêt à agir (Civ. 1re, 2 déc. 1997, *Bull. civ.* I, n° 351). *Adde* D. Plantamps, « Le particularisme du remplacement dans la vente commerciale », *D. Affaires* 2000. Chron. 243.

2. Civ. 3e, 20 oct. 2010, *RDC* 2011. 521, obs. Ph. Brun ; Civ. 1re, 23 mai 1995, *Bull. civ.* I, n° 216, *D.* 1996. Somm. 14, obs. O. Tournafond, *RTD civ.* 1996. 191, obs. P.-Y. Gautier (contrairement à l'article 1644-1 d'un ancien projet de réforme du Code civil – abandonné – qui ouvrait la possibilité tempèrent cependant ce principe. Ainsi, lorsque l'acheteur ne peut pas restituer la chose, seule l'action estimatoire demeure[1]. La jurisprudence admet parfois aussi que le vendeur soit condamné à la remise en état de la chose[2]. En effet, l'effet rétroactif de la rédhibition du contrat, qui correspond au principe selon lequel sans le vice, l'acheteur n'aurait pas acheté la chose, conduit à cette conclusion, mais également à l'obligation de verser, éventuellement, une indemnité correspondant à l'utilisation, à l'usure ou à la dépréciation de la chose utilisée, puis restituée. La jurisprudence est cependant peu claire sur ce point. Ainsi décide-t-on parfois que l'acheteur peut être contraint de verser une indemnité d'occupation au vendeur de bonne foi[3] alors même que plusieurs arrêts du 21 mars 2006 semblent marquer une différence selon que la rétroactivité résulte d'une rédhibition, rejetant une indemnité tenant compte de la dépréciation, ou d'une résolution pour non-conformité, admettant alors une telle indemnité[4].

Classiquement, cette option se divise en deux simples branches : une action rédhibitoire et une action estimatoire, dont l'engagement conditionne la possibilité, accessoire, de demander réparation sur le fondement de l'article 1645 du Code civil. Or, la jurisprudence considère désormais que cette possibilité de demander réparation est une action autonome, qui n'est pas subordonnée à l'exercice de l'une ou l'autre de ces actions[5].

192 **Dommages et intérêts et frais de la vente.** L'acheteur peut, cependant, demander davantage. L'article 1645 du Code civil prévoit,

de demander la réparation ou le remplacement de la chose). Si la chose est perdue par cas fortuit, l'action rédhibitoire est perdue mais pas l'action estimatoire, qui demeure (Civ. 1re, 3 déc. 1996, *CCC* 1997. 44, obs. L. Leveneur).

1. Civ. 1re, 12 janv. 1994, *Bull. civ.* I, n° 23.

2. Civ. 11 avr. 1966, *DH* 1933. 331, Civ. 1re, 8 oct. 1997, *JCP E* 1998. 604, n° 17, obs. J.-B. Seube : « la solution est critiquable en l'absence de clause en ce sens, de même qu'est critiquable la solution qui consiste à nier la possibilité de choisir lorsque le vice n'est pas assez grave, n'est pas un "vice rédhibitoire" – ce qui aboutit à confondre la cause et l'effet de l'action – pour n'admettre qu'une action estimatoire » (Com. 6 mars 1990, *Bull. civ.* IV, n° 78, Civ. 3e, 22 nov. 1988, *Bull. civ.* III, n° 95).

3. Civ. 3e, 12 janv. 1988, *Bull. civ.* III, n° 7 (pour un immeuble), Civ. 1re, 22 nov. 1988, *Bull. civ.* I, n° 334, Civ. 1re, 8 mars 2005, *Bull. civ.* I, n° 128 (pour une automobile, indemnité tenant compte de la dépréciation due à l'usure du véhicule).

4. Civ. 1re, 21 mars 2006, *Bull. civ.* I, n° 171 et 172 (rédhibition), n° 165 (résolution). *Adde.* Ph. Brun, *RDC* 2006. 1140, G. Viney, *RDC* 2006. 1231, Kessler, « Restitutions en nature et indemnité de jouissance », *JCP* 2004. I. 154.

5. Cass. com. 19 juin 2012, n° 11-13176, *CCC* 2012, n° 227, obs. L. Leveneur.

en effet, que « si le vendeur connaissait les vices de la chose, il est tenu, outre la restitution du prix, qu'il en a reçu, de tous les dommages et intérêts envers l'acheteur ». Et l'article 1646 précise que « si le vendeur ignorait les vices de la chose, il ne sera tenu qu'à la restitution du prix, et à rembourser à l'acquéreur les frais occasionnés par la vente ». Cette action en réparation du fait des vices de la chose s'inscrit, alors, comme un mécanisme spécial de responsabilité contractuelle accompagnant la garantie. D'ailleurs, l'acheteur peut exercer cette action indépendamment de l'action en garantie proprement dite, rédhibitoire ou estimatoire.

C'est là une question fondamentale car ces dommages et intérêts peuvent largement dépasser le montant de la restitution de la chose, notamment lorsque le vice a été l'occasion d'un préjudice important pour l'acheteur.

Cette importance justifie sans doute que la jurisprudence ait considéré que le vendeur professionnel est présumé connaître les vices de la chose[1]. On dit parfois qu'il est de mauvaise foi (même si ce n'est pas véritablement de mauvaise foi dont il s'agit). Mieux, la jurisprudence estime que cette présomption est irréfragable illustrant un mécanisme de responsabilité contractuelle objective[2]. Le vendeur professionnel est donc réputé connaître tous les vices, même les vices les plus indécelables. Par conséquent, il devra tous les dommages et intérêts[3]. La situation est alors curieuse si le vendeur est face à un acheteur professionnel qui, lui, est présumé également connaître les risques, mais de façon réfragable, de sorte qu'il n'y a pas vice caché en principe.

Le vendeur non professionnel ne subit pas cette présomption et il peut démontrer qu'il ne connaissait pas le vice : il ne devra, alors, que la restitution du prix et les frais de la vente[4].

1. Civ. 19 mars 1965 (aff. du pain maudit de Pont-Saint-Esprit), *D.* 1965. 389, *RTD civ.* 1965. 665, obs. G. Cornu : « Le vendeur qui connaissait les vices de la chose auquel il convient d'assimiler celui qui par sa profession ne pouvait les ignorer, est tenu, outre la restitution du prix qu'il a reçu, de tous dommages-intérêts envers l'acheteur. »

2. Com. 27 avr. 1971, *Bull. civ.* IV, n° 117, *JCP* 1972. II. 17280.

3. *Cf.* par ex., Civ. 1re, 6 juill. 1999, *CCC* 2000. 23, obs. Leveneur, condamnant un vendeur d'ardoise à payer le coût de réfection du toit, bien que, non entrepreneur, il ne les ait pas posées.

4. Civ. 3e, 8 oct. 1997, *CCC* 1998. 5, obs. L. Leveneur (connaissance du vice par le vendeur particulier d'une maison condamné à payer le coût de sa reconstruction) ; Civ. 1re, 21 mars 2006, *Bull. civ.* I, n° 173.

Demeure une difficulté qui consiste à savoir si les dommages réparables sur le fondement de l'article 1645 ont ou non une limite, par exemple si le vice de la chose cause un dommage à des tiers ou des dommages corporels. L'obligation de sécurité dans la vente est, ainsi, notamment issue de l'interprétation de l'article 1645 du Code civil.

193 **Action récursoire et appel en garantie du sous-acquéreur.** Très ordinairement, la chose objet d'un contrat de vente est fabriquée par un fabricant qui la vend à un acheteur, un distributeur, qui la revend à un acheteur qui l'utilisera, et qui la revendra peut-être à son tour, en une chaîne de contrats de ventes[1].

Tous les vendeurs ont conclu un contrat de vente et, donc, assument à l'égard de leur propre acquéreur une obligation de garantie des vices cachés. Par conséquent, si un vice apparaît et que ce vice est imputable au fabricant (ce qui est le plus souvent le cas si les autres se sont contentés d'acheter pour revendre), tous les vendeurs successifs assument la garantie et l'on peut alors, par actions successives, remonter jusqu'au fabricant. Encore convient-il, cependant, de respecter les conditions des articles 1641 s. du Code civil : le délai de l'article 1648, notamment, doit être respecté mais il commence à s'écouler à compter de l'assignation du vendeur par son propre acheteur[2].

Le sous-acquéreur de la chose qui subit le vice peut exercer l'action en garantie contre son propre contractant, celui qui lui a vendu la chose, lequel exercera une action récursoire, fondée sur la subrogation personnelle contre son propre vendeur et ainsi de suite. L'inconvénient est, alors, que le processus permettant de remonter jusqu'au premier vendeur est très long. Aussi, le vendeur actionné par le sous-acquéreur peut-il effectuer un appel en garantie de son propre vendeur qui appellera le sien en garantie, etc.

---

1. B. Teyssié, *Les groupes de contrats*, LGDJ, 1975, M. Bacache-Gibeili, *Les groupes de contrats et la relativité des conventions*, LGDJ, 1996 et D. Mainguy, *La revente, op. cit.* ; « Les parties à un groupe de contrat », *LamyDroit des contrats*, n°s 320-35 s.

2. Civ. 3e, 20 oct ; 2004, *RDC* 2005. 345, note F. Collart-Dutilleul, Com. 24 mars 2004, *RDC* 2004. 976, note F. Collart-Dutilleul, Civ. 1re, 24 oct. 2000, *CCC* 2001. 6, obs.L. Leveneur (en l'espèce, l'action exercée 18 mois après sa propre assignation a été considérée comme tardive) ; Com. 19 mars 1974, *D.* 1975. 628, note Ph. Malinvaud, *JCP* 1975. II. 17941, note J. Ghestin.

Cette action récursoire permet alors d'attraire son propre vendeur au procès qu'engage son acheteur[1].

Cette solution est, en principe, la seule possible en vertu de l'article 1199 du Code civil selon lequel les contrats n'ont d'effet qu'entre les parties et ne nuisent point aux tiers.

194 **Action directe.** Le système présente, cependant, de nombreux inconvénients car un vendeur intermédiaire peut être insolvable ou difficilement repérable et la chaîne des actions récursoires ou des appels en garantie est bloquée, en sorte que le sous-acquéreur n'obtiendrait pas la garantie promise alors que le fabricant qui est à l'origine du vice ne l'assumerait pas. Par ailleurs, ce blocage conduit à ouvrir une action délictuelle au profit du sous-acquéreur contre le vendeur initial, détournant alors les prévisions contractuelles de ce dernier.

195 **Le domaine des actions directes.** C'est la raison pour laquelle l'acquéreur peut exercer une action directe contre un vendeur quelconque de la chaîne des ventes successives[2], par exemple contre le fabricant, avec lequel il n'a pourtant conclu aucun contrat : il est l'acheteur de l'acheteur.

Cette solution, retenue depuis 1820, a depuis été admise pour d'autres obligations que l'obligation de garantie. Le sous-acquéreur peut exercer une action directe en responsabilité pour

1. On ne confondra cependant pas ce type d'appel en garantie de l'appel en garantie que l'on retrouve de façon systématique en droit de la responsabilité. Par exemple, le vendeur qui subit une action en garantie des vices cachés par son acheteur, sur le fondement de l'article 1644 du Code civil, et qui doit restituer une partie du prix, ne peut considérer que cette restitution constitue un préjudice indemnisable : Civ. 1re, 16 janv. 2001, *RJDA* 2001. 844.

2. Cette action est reconnue depuis très longtemps, la première décision datant de 1820 mais c'est surtout depuis une vingtaine d'années que cette question est devenue vraiment d'actualité, *cf.* Ch. Jamin, *La notion d'action directe*, LGDJ, 1992 ; F. Leborgne, *L'action en responsabilité dans les groupes de contrats*, Thèse Rennes, 1995 ; M. Bacache-Gibeili, *La relativité des conventions et les groupes de contrats, op. cit.* ; D. Mainguy, *La revente, op. cit.* Observons, à cet égard que le terme « action directe » qui provient de ce que cette question a été abordée par comparaison aux actions directes que la loi propose (*cf.* C. civ., art. 1753) est assez malvenu si l'on songe qu'elle suit une obligation ou une créance qui, elle, est directe (puisque jamais il n'a été affirmé qu'une action judiciaire devait être exercée pour que l'« action » directe existe). V. depuis : C. Lisanti-Kalczynski, « Dix ans après l'arrêt Besse, que reste-t-il de l'action directe dans les contrats ? », *JCP* 2002. I. 102 ; P. Puig, « Faut-il supprimer l'action directe dans les chaînes de contrats ? », *Mélanges J. Calais-Auloy*, Dalloz, 2004, p. 913 ; P. Ancel, « Les arrêts de 1988 sur l'action en responsabilité contractuelle dans les groupes de contrats, quinze ans après », *Mélanges A. Ponsard*, Litec, p. 3 ; D. Mainguy, « L'actualité des actions directes dans les chaînes de contrats », *Mélanges J. Béguin*, 2004, p. 449.

délivrance non conforme[1], pour défaut d'information[2], à propos de la garantie d'éviction[3] mais aussi de l'obligation de sécurité[4]. Purement jurisprudentielle, cette solution n'a cependant pas été consacrée par la réforme de 2016 ; l'article 1341-3 dispose même que le créancier peut agir directement « en paiement » contre un débiteur de son débiteur, dans les cas déterminés par la loi, ce qui ne vise donc que les actions directes en paiement.

L'action directe existe également pour d'autres contrats que les chaînes de ventes (essentiellement en raison de l'affirmation selon laquelle l'action est transmise à titre accessoire au contractant suivant). Ainsi, la jurisprudence l'admet dans d'autres chaînes de contrats translatifs de propriété, comme une suite de vente et de don[5] ou bien à une succession de contrats translatifs et acquisitifs de propriété par accession comme une vente suivie d'un contrat d'entreprise avec fourniture de matière (un couvreur achète des tuiles et les pose sur la maison du maître de l'ouvrage), et réciproquement[6]. Le maître de l'ouvrage dispose, alors, des mêmes actions que le sous-acquéreur, même si la pérennité de cette action est ici moins assurée que pour le modèle que constituent les chaînes de ventes. Par conséquent, le domaine des actions directes est limité aux chaînes de contrats emportant un effet acquisitif de propriété (et homogènes du point de vue de cet effet acquisitif) et point dans les autres (par exemple une vente suivie d'un contrat d'entreprise ayant simplement pour objet un travail sur la chose)[7].

1. Civ. 1re, 9 mars 1983, *JCP* 1984. II. 20295, note P. Courbe, *RTD civ.* 1983. 753, obs. G. Durry ; Ass. plén., 7 févr. 1986, *JCP* 1986. II. 20616, note Ph. Malinvaud, *D.* 1986. 293, note A. Bénabent ; mais comp. Civ. 3e, 8 janv. 1997, *JCP* 1997. II. 22877, note M.-Ch. Monsallier.
2. Civ. 23 avr. 1985, *D.* 1985. 558, note S. Dion, *RTD civ.* 1986. 367, obs. J. Huet.
3. Civ. 3e, 28 mars 1990, *Bull. civ.* III, n° 93, Civ. 1re, 21 mars 2000, *RJDA* 2000. 642.
4. Civ. 1re, 27 janv. 1993, *Bull. civ.* I, n° 44.
5. Civ. 1re, 27 janv. 1993, *D.* 1994. Somm. 238, obs. O. Tournafond.
6. Ass. plén., 7 févr. 1986, préc. *Cf.* Civ. 1re, 26 mai 1999, *CCC* 1999. 153, pour la vente d'un chalutier que le vendeur avait fait réparer, donnant lieu à une action contractuelle directe contre l'entrepreneur. V. cependant Civ. 3e, 28 nov. 2001, *JCP* 2002. II. 10037, note D. Mainguy, *CCC* 2001. 118, obs. L. Leveneur, *Defrénois* 2002. 255, obs. R. Libchaber : « attendu, d'une part, qu'ayant exactement relevé que (le) sous-traitant, engageait sa responsabilité vis-à-vis du maître de l'ouvrage sur le fondement délictuel, la cour d'appel a retenu, à bon droit, que le fournisseur de ce sous-traitant (...) devait, à l'égard du maître de l'ouvrage, répondre de ses actes sur le même fondement » Civ. 3e, 4 déc. 2002, *JCP* 2003. II. 10058, note P. Jourdain, mais v. Civ. 3e, 12 déc. 2001, *RTD civ.* 2002. 303, obs. P. Jourdain.
7. V. la controverse de la jurisprudence : la première chambre civile considérait qu'une action directe existait dans toutes les chaînes de contrats (Civ. 1re, 8 mars 1988, *JCP* 1988. II. 21070, note P. Jourdain ; Civ. 1re, 21 juin 1988, *JCP* 1988. II. 21125, note P. Jourdain, *D.* 1989. 5, note Ch. Larroumet), la

196 **Le régime des actions directes.** Ce principe étant reconnu, les difficultés se posent s'agissant de son régime.

– En premier lieu, la jurisprudence affirme que l'action directe est une action nécessairement contractuelle[1] c'est-à-dire que le sous-acquéreur ne saurait choisir entre une action délictuelle (puisque le défendeur, le fabricant, n'est pas son contractant) et une action contractuelle notamment s'il rencontre une clause limitative de responsabilité[2]. La jurisprudence estime, en effet, que l'action en garantie (contenue dans le contrat A-B) est transmise au sous-acquéreur, comme un accessoire de la chose[3].

– Par conséquent, le contenu de l'action directe devient aisé à déterminer. Si l'action directe du sous-acquéreur est celle de son auteur, son contractant (le revendeur), comme l'affirme la Cour de cassation, il en résulte logiquement que le sous-acquéreur (fût-il un consommateur) peut se voir opposer une clause limitative de responsabilité contenue dans le contrat conclu entre le fabricant et le vendeur intermédiaire[4] ou bien une clause compromissoire[5]. Toutefois, la Cour de cassation a considéré qu'une

troisième chambre civile résistait (Civ. 3ᵉ, 22 juin 1988, *JCP* 1988. II. 21115). L'Assemblée plénière a donné raison à la troisième chambre civile dans le fameux arrêt Besse (Ass. plén., 12 juill. 1991, *D.* 1991. 549, note J. Ghestin, *JCP* 1991. II. 21743, note G. Viney ; *JCP E* 1991. II. 218. note Ch. Larroumet, et Ch. Jamin, « La restauration de l'effet relatif du contrat », *D.* 1991. Chron. 157 et P. Jourdain, « La nature de la responsabilité civile dans les chaînes de contrats », *D.* 1992. Chron. 149).

1. Civ. 1ʳᵉ, 9 oct. 1979, *RTD civ.* 1980. 354, obs. G. Durry. En matière internationale les choses sont moins certaines, *cf.* CJCE, 17 juin 1992, *JCP* 1992. II. 21927, note Ch. Larroumet, *JCP E* 1992. II. 363, note P. Jourdain, 1993. I. 3664, obs. G. Viney (sur le fondement des conflits de juridictions, l'action est délictuelle), Civ. 1ʳᵉ, 10 oct. 1995, *Rev. crit. DIP* 1996. 332, note V. Heuzé ; Civ. 1ʳᵉ, 6 févr. 1996, *Rev. crit. DIP* 1996. 400 (2ᵉ esp.), note D. Bureau (sur le fondement des conflits de lois, l'action peut être contractuelle si la loi de la première vente est la loi française). Conséquence : si le bref délai de l'article 1648 est expiré, le sous-acquéreur ne peut pas exercer une action fondée sur le C. civ., art. 1382 : Civ. 3ᵉ, 26 juin 2002, *CCC* 2202. 173, obs. L. Leveneur.

2. L'inverse n'est pas vrai : une clause de non garantie stipulée dans le contrat conclu entre le vendeur intermédiaire et le sous-acquéreur ne fait pas obstacle à l'action directe contre le vendeur originaire : Civ. 3ᵉ, 22 juin 2011, nº 08-21. 804, *RDC* 2011. 1197.

3. Aubry et Rau, t. II, § 176. C détient donc l'action ab résultant de la vente AB. Par conséquent, si trois ventes se succédaient, le dernier acquéreur, D, disposerait de l'action de son auteur, C soit de l'action bc de la vente BC et, donc, de l'action (de l'auteur de son auteur) ab résultant de la vente AB et ainsi de suite. Mais le vendeur intermédiaire conserve la faculté d'agir contre le vendeur initial s'il y trouve un intérêt direct et certain (Civ. 19 janv. 1989, *RTD civ.* 1988. 549, obs. Ph. Rémy).

4. Civ. 1ʳᵉ, 7 juin 1995, *D.* 1996. 395, note D. Mazeaud, *JCP E* 1997. I. 617, obs. D. Mainguy ; Civ. 1ʳᵉ, 8 juin 1999, *JCP E* 2000. 311, nº 14, obs. D. Mainguy. *Contra*, Civ. 3ᵉ, 26 mai 1992, *Bull. civ.* IV, nº 175, *JCP E* 1992. I. 199, nº 6, obs. J. Raynard ; Com. 24 nov. 1987, *Bull. civ.* IV, nº 250. La solution paraît très surprenante dans son énoncé mais elle est conforme à la logique de la Cour de cassation en ce domaine (v. *contra*, D. Mainguy, *La revente, op. cit.*, nºˢ 182 s).

5. Civ. 1ʳᵉ, 6 févr. 2001, *Bull. civ.* I, nº 22, *JCP E* 2001. 1238, note D. Mainguy et J.-B. Seube, *D.* 2001. Somm. 1135, obs. Ph. Delebecque.

clause attributive de juridiction n'était pas opposable au sous-acquéreur[1], et ce à la suite d'une décision rendue par la CJUE en interprétation du Règlement n° 44/2001 du 22 décembre 2000 du 7 février 2013[2] à la suite d'une question préjudicielle posée dans cette affaire. Pour celle-ci en effet : l'article 23 du règlement du 22 décembre 2000 « doit être interprété en ce sens qu'une clause attributive de juridiction convenue dans le contrat conclu entre le fabricant d'un bien et l'acquéreur de celui-ci ne peut pas être opposée au tiers sous-acquéreur qui, au terme d'une succession de contrats translatifs de propriété conclus entre des parties établies dans différents États membres, a acquis ce bien et veut engager une action en responsabilité à l'encontre du fabricant, sauf s'il est établi que ce tiers a donné son consentement effectif à l'égard de ladite clause dans les conditions énoncées à cet article ». Le principe est donc celui de la relativité de la clause attributive de compétence au sous-acquéreur, sauf consentement de ce dernier. Cette solution emporte alors un risque de bouleversement, non acquis, du reste du régime des actions directes. De même, si le sous-acquéreur exerce une action rédhibitoire contre le fabricant, il obtiendra la rédhibition de la première vente et, donc, la restitution du prix de la vente conclue par le vendeur initial et le vendeur intermédiaire : le restituant (le fabricant) ne peut restituer que ce qu'il a reçu (mais éventuellement accrus de dommages et intérêts pour combler la différence si A a vendu à B 100 et que B a revendu 150 à C[3]).

197 **Le fondement des actions directes.** Le fondement de ces actions est difficile à déterminer. Une stipulation pour autrui[4], une cession de créance tacite[5] paraissent très artificielles. C'est la thèse de l'accessoire qui l'emporte généralement justifiant que l'action

1. Cass. civ. 1re, 11 sept. 2013, n° 09-12442, *CCC* 2013, n° 257, obs. L. Leveneur. V. déjà, dans la même affaire, Cass. Civ. 1re, 17 nov. 2010, *CCC* 2011, n° 23, obs. L. Leveneur.
2. CJUE 7 févr. 2013, C-543/10.
3. Civ. 1re, 27 janv. 1993, *Bull. civ.* I, n° 45 ; Civ. 1re, 16 avr. 1996, *D. Affaires* 1996. 805, *JCP E* 1997. I. 617, obs. D. Mainguy ; Civ. 1re, 3 juin 1997, *Bull. civ.* I, n° 178, Civ. 1re, 4 mars 1999, *CCC* 1999. 53, obs. L. Leveneur, (empêchant l'action directe rédhibitoire car le revendeur n'avait pas payé le vendeur originaire).
4. *Cf.* (mais *contra*) Ph. Malinvaud, note sous Civ. 1re, 5 janv. 1972, *JCP* 1973. II. 17340, R. Savatier, « Le prétendu principe de la relativité des contrats », *RTD civ.* 1934. 525.
5. R. Rodière, note sous Aix, 5 oct. 1954, *JCP* 1955. II. 8548.

directe soit transmise par les ventes qui se succèdent, comme accessoire de la transmission de la chose[1] : on évoque à cet effet un fondement *propter rem* ou *intuitu rei* (même si c'est davantage la cascade d'effets acquisitifs de propriété, quels qu'ils soient, accession, transfert de propriété ou autre, résultant des contrats se succédant, plus que la chose, qui justifie l'existence des actions directes).

d. Les aménagements conventionnels de la garantie

198 **Clauses limitatives de garantie. Ordre public et convention sur la garantie.** Pour le vendeur, la garantie présente l'inconvénient d'être totalement imprévisible et d'être une obligation très lourde. L'intérêt de limiter sa garantie est donc, pour le vendeur professionnel, évident. Mais les intérêts des acheteurs, surtout consommateurs, sont totalement divergents ; d'ailleurs la présence d'une clause extensive de garantie est un bon argument de vente pour les vendeurs. Le législateur et surtout la jurisprudence ont rapidement pris la mesure de ces enjeux pour créer un ensemble de règles casuistiques.

On s'aperçoit, alors, qu'en fait de clauses limitatives de garantie ou élusives de garantie c'est de clauses limitatives ou élusives de responsabilité née de la garantie dont il s'agit. Une clause ne saurait, en effet, ni limiter le bref délai de l'article 1648, ni limiter l'option de l'article 1644[2] : ces règles sont d'ordre public. La clause ne pourra, alors affecter que les dommages et intérêts de l'article 1645 du Code civil (contrairement à l'article 1643 du Code civil qui évoque bien une clause limitative de garantie).

---

1. Sur la critique de pertinence de ce critère : comp. Ch. Jamin, *La notion d'action directe, op. cit.*, D. Mainguy, *La revente, op. cit.*, n°s 214 s. Les critiques se fondent essentiellement sur le fait que la transmission de l'action doit résulter d'un mécanisme permettant une telle transmission, comme le transfert de propriété, mécanisme dérivé d'acquisition de la propriété. Or, dans les ventes suivies d'un contrat d'entreprise avec fourniture de matière (ou bien d'une vente sous réserve de propriété suivie d'une revente immédiate), le sous-acquéreur devient propriétaire par un mécanisme originaire d'acquisition de la propriété : aucune transmission de l'action ou des clauses restrictives l'accompagnant n'est alors possible.

2. *Cf.* par ex., pour une clause limitant le choix de l'acheteur à la seule réparation (Civ. 3e, 11 mai 1994, *Bull. civ.* III, n° 95) ou le remplacement (Com. 28 juin 1994, *Bull. civ.* IV, n° 248, *RTD civ.* 1994. 139, obs. P.-Y. Gautier) de la chose, *adde* Civ. 3e, 26 avr. 2006, *Bull. civ.* III, n° 106.

199 **Restriction des clauses restrictives.**

• ***Vendeur professionnel.***

La jurisprudence estime que le vendeur professionnel est irréfragablement présumé connaître les vices cachés, qu'il est de mauvaise foi. Or, l'article 1643 du Code civil dispose que le vendeur « est tenu des vices cachés, quand bien même il ne les aurait pas connus, à moins que dans ce cas, il n'ait stipulé qu'il ne sera obligé à aucune garantie ». Le vendeur ne peut donc invoquer à son profit une clause limitative de garantie (de responsabilité) s'il connaissait les vices.

Or, il connaît toujours les vices s'il est un vendeur professionnel dans la mesure où la jurisprudence reconnaît que le vendeur professionnel est présumé irréfragablement connaître les vices de la chose. Par conséquent, il ne devrait logiquement jamais pouvoir invoquer une clause limitative de garantie. De la même façon, l'acheteur professionnel est présumé avoir pu déceler les vices de sorte que, entre professionnels, le mécanisme de la garantie ne devrait jamais jouer, alors même que c'est entre ces parties (mais aussi lorsque le vendeur est un vendeur occasionnel) que la liberté contractuelle retrouve tout son empire. Or, on s'aperçoit que la jurisprudence affirme que ces clauses sont valables à l'égard d'un acheteur professionnel de même spécialité que le vendeur par contournement de l'article 1643[1], en ce que la présomption de connaissance des vices de l'acheteur de même spécialité que le vendeur n'est pas irréfragable[2]. On observera alors que les règles en la matière sont sensiblement plus sévères qu'en matière de responsabilité contractuelle ordinaire dans la mesure où la jurisprudence valide les clauses limitatives de responsabilité sauf si elles ont un rapport direct avec l'activité de celui qui considère la clause comme abusive.

1. Com. 15 mai 2001, *RJDA* 2001. 957 ; Com. 3 févr. 1998, *D.* 1999. 455, note J. Revel ; Com. 18 févr. 1997, *RJDA* 1997. 767 ; Com. 22 juin 1993, *Bull. civ.* IV, n° 267 ; 23 juin 1992, *CCC* déc. 1992. 6, obs. L. Leveneur ; Civ. 3e, 30 oct. 1978, *JCP* 1979. II. 19178, note J. Ghestin. Ce qui signifie sans doute que la présomption de connaissance du vice assumée par le vendeur professionnel face à un acheteur lui-même professionnel, n'est plus, alors, irréfragable, mais simple : le vendeur professionnel peut démontrer qu'il ignorait le vice et l'acheteur pourra faire valoir que ce vice était pour lui indécelable.
2. Civ. 3e, 28 févr. 2012, n° 11-10705, *CCC* 2012, n° 118, obs. Leveneur.

En revanche, si l'acheteur est un acheteur occasionnel (un consommateur ou un professionnel profane[1]), la présomption joue à nouveau et les consommateurs bénéficient de toute façon de l'écart de ces clauses par les règles du droit de la consommation (C. consom., art. L. 132-1, R. 132-1).

• ***Vendeur occasionnel.***

Le vendeur occasionnel, ou profane ou consommateur, en revanche, n'était généralement pas considéré comme devant subir ces présomptions. N'étant pas censé connaître les vices il pouvait donc insérer une clause limitative de garantie, qui trouve, malgré tout, sa limite dans la mauvaise foi du vendeur, parce qu'il connaissait le vice ou bien s'il commet une faute[2]. La troisième chambre civile de la Cour de cassation semble cependant se rallier à une conception plus radicale à l'endroit de ce type de vendeur, par exemple dans le cas du « vendeur bricoleur », celui qui achète et installe un équipement par exemple (une cheminée, un ascenseur, etc.), qui vend l'ensemble alors que la chose produit, chez l'acheteur consommateur, un dommage[3].

200 **Clauses extensives de garantie. Garantie conventionnelle.** Le mécanisme de la garantie légale présente également cet inconvénient qu'il est très processuel. Or, le vendeur peut souhaiter proposer des solutions alternatives, comme un remplacement ou une réparation de la chose vendue et pas seulement pour ce qui aurait relevé de la garantie légale des vices cachés, d'ailleurs, mais peut-être aussi de la non-conformité, des vices apparents. C'est le cas, par exemple, des clauses de service après vente ou de garantie contractuelle qui sont bien plus que des clauses de garantie[4].

Dans ces clauses extensives, on trouve souvent des aménagements de la durée de la garantie de façon à ce que tout défaut, de

1. Com. 15 mai 2001, *RJDA* 2001. 957 (acheteur profane et vendeur professionnel de l'informatique), Civ. 3e, 10 juill. 2001, *RJDA* 2001. 1199, à propos d'une société de gestion du patrimoine immobilier filiale d'une compagnie pétrolière qui avait vendu un élément de ce patrimoine immobilier, non considérée comme un vendeur professionnel. V. aussi Cass. com. 19 mars 2013, n° 11-26566, *CCC* 2013, n° 129, obs. L. Leveneur (fabricant de rotative et éditeur, de spécialité différente).
2. Civ. 3e, 23 févr. 1994, *D.* 1994. 524, note C. Mascala.
3. Cass. civ. 3e, 10 juill. 2013, n° 12-17149, *CCC*, 2013, n° 234, obs. L. Leveneur. Comp. Civ. 3e, 11 avr. 2012, n° 11-13198, *CCC* 2012, n° 202, obs. L. Leveneur.
4. P. Ancel, « La garantie conventionnelle des vices cachés dans les conditions générales de vente en matière mobilière », *RTD com.* 1979. 203.

quelque origine qu'il soit, sera traité comme un vice s'il survient dans ce délai[1]. Les effets de la garantie sont également aménagés, par exemple pour dispenser l'acheteur d'assigner le vendeur dans le délai prévu mais aussi pour permettre un remplacement ou la réparation de la chose.

Observons, cependant, que la garantie légale n'est pas véritablement affectée par ces clauses. Celles-ci, en effet, fonctionnent plutôt à côté de la garantie légale qui demeure. L'acheteur peut toujours choisir d'exercer une action rédhibitoire[2].

En matière de cession de titres et surtout de cession de contrôle définie comme la cession de la quantité de titres nécessaires pour assurer le contrôle d'une société[3], le mécanisme de la conformité dans la délivrance ou de garantie des vices cachés est plutôt inefficace : en raison de l'écran constitué par la personnalité morale, la délivrance ou la garantie porte sur les titres vendus et non sur l'actif ou le passif de la société dans la mesure où la cession de titres est une cession de créance tandis que le vendeur ne garantit pas la solvabilité du cédé (C. civ., art. 1694)[4]. Par conséquent, la pratique intègre dans ces cessions de contrôle des conventions de garantie d'actif ou de passif[5]. Il s'agit de tenir compte de l'économie d'une cession de droits sociaux : il s'agit moins d'une vente de titres que de la cession de l'actif net de la société dont les titres sont cédés. Or, l'actif net de la société existant au moment de la cession peut être altéré, dans la composition de l'actif (contrats composant l'actif qui ne figurent pas au bilan par exemple[6]) ou du passif (existence d'engagements hors bilan ou révélation d'un passif nouveau, un passif fiscal, la mise en

1. Civ. 1re, 6 juill. 1999, *CCC* 1999. 174, obs. L. Leveneur.
2. Com. 28 juin 1994, *Bull. civ.* IV, n° 248 ; *RTD civ.* 1994. 139, obs. P.-Y. Gautier.
3. Th. Massart, *La cession de contrôle*, Thèse Paris II, 1993.
4. Com. 23 janv. 1990, *Bull. civ.* IV, n° 23, *D.* 1991. 337, *Rev. sociétés* 1990. 248, note Y. Guyon. V. cependant pour l'annulation de la cession en cas de manquement par le vendeur à une obligation d'information ou de réticence dolosive en cas de présentation inexacte de la situation comptable ou fiscale de la société (Com. 3 avr. 1979, *Rev. sociétés* 1981. 723, Paris, 12 juill. 1991, *JCP* 1992. I. 3561, n° 13, obs. A. Viandier et. J.-J. Caussain). Inversement, lorsque c'est le vendeur qui est victime d'un tel dol parce que l'acheteur avait connaissance des promesses d'avenir qu'ignorait le vendeur (Com. 27 févr. 1996, *D.* 1996. 518, note Ph. Malaurie, *JCP* 1996. II. 22665, note J. Ghestin).
5. P. Mousseron, *Les conventions relatives à la garantie dans les cessions d'actions*, 1997.
6. D. Mainguy, « Cession de contrôle et sort des contrats conclus par la société cédée », *Rev. sociétés* 1996. 17.

œuvre d'un procès retentissant, un dommage concurrentiel ou environnemental, etc.). La convention de garantie d'actif a donc pour objet de figer l'état de l'actif existant au moment de la cession de sorte que, si l'actif était finalement moindre, le prix serait révisé ou bien une indemnité serait due ou bien encore le cédant devrait reconstituer l'actif. La convention de garantie de passif couvre la révélation de dettes nées avant la cession mais apparues après celle-ci. Deux difficultés se posent alors : si le montant du passif révélé, et donc de la garantie devenait supérieur au prix de cession, le « prix négatif » qui en résulte n'aboutit-il pas à l'annulation de la cession ? La jurisprudence répond négativement[1]. Par ailleurs, la jurisprudence admet que la société elle-même, voire les créanciers sociaux, puisse exercer l'action née de la garantie de passif pour autant que l'on identifie une stipulation pour autrui tacite en ce sens[2].

201 L'incidence de la qualité du vendeur et de l'acheteur sur l'action en garantie des vices cachés

	Acheteur professionnel	Acheteur non professionnel
Vendeur professionnel	- présomption de connaissance des vices (simple) - vice décelable (présomption simple) - clause limitative de garantie (oui)	- présomption de connaissance des vices (irréfragable) - vice décelable - clause limitative de garantie (non)
Vendeur non professionnel	- présomption de connaissance des vices (oui ?) - vice décelable (présomption simple) - clause limitative de garantie (oui)	- présomption de connaissance des vices (non) - vice indécelable - clause limitative de garantie (oui)

1. Com. 6 janv 1987, *JCP* 1987. II. 16342, note A. Viandier.
2. Com. 6 mai 1982, *Bull. civ.* IV, n° 163, *JCP* 1983. II. 20073, note Ch. Gallet.

D. Droit et obligation de sécurité

202 **Droit à la sécurité. Nouveaux risques, reconnaissance d'une obligation de sécurité.** L'obligation de sécurité préexistait à sa reconnaissance dans la vente, le contrat de transport la connaît depuis le début du siècle. Par ailleurs, le Code de la consommation prévoit indirectement une telle obligation : « les produits et services doivent, dans des conditions normales d'utilisation ou dans d'autres conditions raisonnablement prévisibles par le professionnel, présenter la sécurité à laquelle on peut légitimement s'attendre et ne pas porter atteinte à la santé des personnes » (C. consom., art. 411-1 s.).

En jurisprudence, surtout, cette question s'est posée de manière plus générale.

Les causes de cette interrogation dépassent le cadre de la vente. L'internationalisation des ventes, la massification de celles-ci, la délocalisation de leur production, la standardisation de leur construction associée à la normalisation des conditions de sécurité rendent l'appréciation des risques liés aux défauts de sécurité très difficile à saisir. Qu'en est-il, par exemple de jouets fabriqués en Chine selon les strictes spécifications d'un industriel français par exemple et dans lesquels on retrouve de la peinture dangereuse, de jouets qui, à l'usage, se révèlent dangereux ? Comment traiter les risques alimentaires ? Qu'en est-il des produits techniques, comme les médicaments, vendus selon toutes les connaissances techniques du moment et alors qu'un risque nouveau, appelé risque de développement, se révèle en cours d'utilisation ? En France, ce risque de développement offre une exonération de responsabilité dans le cadre de la responsabilité du fait des produits défectueux, mais cette exonération n'est pas uniforme dans tous les pays de l'Union européenne. Certains risques sont en outre inconnus, comme c'est le cas des OGM, des ondes émises par différents appareils, des fours à micro-ondes aux téléphones cellulaires, aux systèmes Bluetooth, etc. À la différence des risques de développement, ils ne sont pas inconnus au moment de la mise en circulation d'un produit, mais on ne sait si ce risque existe ou non. Le principe de précaution, souvent invoqué à tort permet alors de rendre compte de cette réalité. L'article L. 200-1 du Code de l'environnement, issu d'une loi du 2 février 2005 dispose ainsi que « l'absence de certitudes, compte tenu des connaissances scientifiques et techniques du moment, ne doit pas retarder l'adoption de mesures effectives et proportionnées visant à prévenir un risque de dommages graves et irréversibles à l'environnement à un coût économiquement acceptable[1] ». On distingue alors le principe de précaution du principe de prévention. La situation est ici tout autre : les risques sont connus et immanquables, comme dans le cas de contaminations alimentaires, de respect de normes alimentaires de conservation de qualité, de traçabilité, etc. Le droit de la consommation formalise de manière générale le *droit à la sécurité* que l'on peut induire des articles L. 411-1 et suivants du Code de la consommation, imposant un devoir d'autocontrôle des professionnels.

203 L'obligation de sécurité dans la vente était un moyen technique de parvenir à une réparation de l'acheteur dans ces circonstances. Il s'agissait de savoir si les dommages causés à la chose, par l'obligation de garantie des vices cachés, pouvaient être assimilés aux dommages causés par la chose, aux biens, à des personnes (l'acheteur ou des tiers). L'article 1645 du Code civil, en effet, ne distingue pas entre tous les dommages et intérêts envers l'acheteur. Au départ, la Cour parvenait à ce résultat par l'action en garantie des vices cachés et en présumant la connaissance des vices et, donc, l'obligation de réparation des dommages quels qu'ils soient[2].

Mais le mécanisme de la garantie s'est vite révélé inadapté si l'action était engagée après le bref délai. Aussi, la jurisprudence a identifié une obligation de sécurité à la charge du vendeur. Dans un arrêt de 1989, la première chambre civile précisait que « le vendeur professionnel est tenu de livrer des produits exempts de tout vice ou de tout défaut de fabrication de nature à créer un

1. M. Depincé, *Le principe de précaution*, Thèse Dr. Montpellier, 2004 ; M. Boutonnet, *Le principe de précaution en droit de la responsabilité civile*, LGDJ, 2005.

2. Civ. 19 mars 1965 (*aff. du Pain maudit de Pont-Saint-Esprit*), *D.* 1965. 389, *RTD civ.* 1965. 665, obs. G. Cornu, dans laquelle plusieurs personnes étaient décédées après avoir ingéré du pain contenant de l'ergot de seigle mal cuit et, avis aux amateurs, hallucinogène. *Adde* : *La responsabilité du fait des choses, réflexion autour d'un centenaire*, Economica, 1997 et spéc. G. Viney et P. Sargos, p. 87.

danger pour les personnes ou les biens[1] », jurisprudence confirmée depuis notamment par un arrêt de 1991 qui affirmait l'autonomie de l'obligation de sécurité à l'égard de la garantie des vices cachés[2].

204 **Régime de l'obligation de sécurité.** L'originalité de cette obligation se manifeste à plusieurs égards. En premier lieu parce que cette obligation n'est pas prévue par le Code civil et participe du « forçage » du contrat par la jurisprudence à partir de l'interprétation de l'article 1104 (ex-1134, alinéa 3), ou 1194 (ex-1135 du Code civil). En second lieu parce que cette obligation, qui se présente comme une obligation de faire (obligation de livrer une chose exempte de vice de nature à présenter un danger aux personnes ou aux biens) alors qu'elle ressemble à une obligation de ne pas faire (obligation de ne pas livrer un bien dans lequel un tel vice apparaîtrait). En troisième lieu parce qu'il s'agit d'une obligation contractuelle soumise, donc, aux règles de la responsabilité contractuelle. C'est ainsi que la jurisprudence en fait dans la vente une obligation de résultat, susceptible d'exonération par la démonstration de la cause étrangère[3]. Mais la jurisprudence admet que le vendeur est responsable à l'égard du contractant et des tiers : les tiers peuvent agir contre le débiteur de l'obligation de sécurité, mais selon les règles de la responsabilité délictuelle[4]. Beau régime donc, très protecteur de l'acheteur considéré comme une victime et indemnisé comme tel mais condamné, aujourd'hui, par l'introduction des articles 1245 et suivants du Code civil. L'ensemble pourrait être singulièrement remis en cause du fait de

1. Civ. 1re, 20 mars 1989 (*arrêt Thomson-Brandt*), *D.* 1989. 381, note Ph. Malaurie, mais il s'agissait d'un arrêt de cassation d'un arrêt d'appel qui avait condamné le fabricant sur un autre fondement.

2. V. not. Civ. 1re, 11 juin 1991 (*aff. du Mobil-home*), *Bull. civ.* I, n° 201 ; Civ. 1re, 27 janv. 1993, *Bull. civ.* I, n° 44, *RTD civ.* 1993. 592, obs. P. Jourdain (à l'égard du sous-acquéreur) ; Civ. 1re, 15 oct. 1996, *Bull. civ.* I, n° 354 ; *JCP* 1997. I. 4025, obs. G. Viney.

3. Civ. 1re, 12 avr. 1995, *JCP* 1995. II. 22467, note P. Jourdain (à propos de la responsabilité d'un centre de transfusion sanguine dans la contamination du VIH) ; Civ. 1re, 28 avr. 1998, *JCP* 1998. II. 10088, rapp. P. Sargos. C'est toutefois à la victime de faire la preuve que le dommage résulte d'un défaut de la chose (Civ. 1re, 16 oct. 2001, *CCC* 2002. 25, obs. L. Leveneur).

4. Civ. 17 janv. 1995 (arrêt *Planet Watthom*), *D.* 1995. 350, note P. Jourdain. V. aussi Com. 9 déc. 1997, *Rev. Lamy dr. aff.* 1998, n° 74 ; Civ. 1re, 3 mars 1998, *JCP* 1988. II. 10049, rapp. P. Sargos, *D.* 1999. 36, note G. Pignarre et Ph. Brun ; Civ. 1re, 28 avr. 1998, *JCP* 1998. II. 10088, rapp. P. Sargos (transposant quasiment la directive à la veille de l'adoption de la loi du 19 mai 1998) ; *adde* : D. Mazeaud, « L'attraction du droit de la consommation », *in* « Droit du marché et droit commun des obligations », *RTD com.* 1998. 1 s., spéc. p. 95.

l'adoption de l'avant-projet de loi sur la responsabilité civile, dont le projet d'article 1234 du Code civil pourrait prévoir que « lorsque l'inexécution d'une obligation contractuelle est la cause directe d'un dommage subi par un tiers, celui-ci ne peut en demander réparation au débiteur que sur le fondement de la responsabilité extracontractuelle, à charge pour lui de rapporter la preuve de l'un des faits générateurs visés à la section II du chapitre II » soit la faute, le fait de la chose ou un trouble du voisinage. Par conséquent, il ne s'agirait de rien de moins que de remettre en cause l'ensemble de la construction jurisprudentielle bâtie depuis 1911 visant à « contractualiser » la réparation des dommages corporels, notamment par les obligations de sécurité.

205 **Responsabilité du fait des produits défectueux : C. civ., art. 1245 s.** Le régime de la responsabilité du fait des produits défectueux est la traduction, en termes de responsabilité, de la massification des contrats et de leurs éventuelles conséquences avec quelques domaines d'application plus particuliers : le secteur alimentaire, le secteur pharmaceutique et celui des biens de grande consommation. Il résulte d'une directive du 25 juillet 1985 [1] transposée en 1998 qui, avec plus de dix ans de retard, a créé (C. civ., art. 1386-1 s.) un régime nouveau de responsabilité du fait des produits défectueux [2]. Ce retard est essentiellement dû à des raisons techniques. La directive impose en effet une harmonisation des règles en la matière, mais fondée sur des considérations d'égalité ou d'équivalence des règles, donc de concurrence essentiellement, et point de faveur aux victimes, alors que, parallèlement, la jurisprudence française développait un système d'indemnisation fondée sur la dissociation d'une obligation de sécurité de la vente. Ce nouveau régime fut révisé par une loi du 9 décembre 2004 à la suite de trois arrêts de la CJCE du 25 avril 2002 qui ont condamné la France pour avoir « trop transposé » la directive : la loi ne doit pas prévoir une indemnisation des dommages infé-

1. J. Ghestin, « La directive communautaire directive du 25 juillet 1985 sur la responsabilité du fait des produits défectueux », *D.* 1986. Chron. 135, Y. Markovits, *La directive CEE du 25 juillet 1985 (directive du 25 juillet 1985) sur la responsabilité du fait des produits défectueux*, LGDJ, 1990.
2. J.-S. Borghetti, *La responsabilité du fait des produits*, LGDJ, 2004, *D. Affaires*. V. aussi J.-P. Béraudo, *JCP* 1999. I. 140, pour son application en matière internationale.

rieurs à 500 €, elle ne doit pas assimiler le distributeur au producteur, elle ne doit pas poser de conditions à l'exonération du producteur et l'obligation de sécurité jurisprudentielle très favorable aux victimes qui avait été façonnée par la Cour de cassation en une petite dizaine d'années, semble bien condamnée parce que la directive de 1985 étant une directive d'harmonisation des droits et non de protection des consommateurs, ce qui interdit d'aller au-delà de ses dispositions, fût-ce au bénéfice du consommateur. L'obligation de sécurité jurisprudentielle semble bien condamnée parce que la directive de 1985 étant une directive d'harmonisation des droits et non de protection des consommateurs[1] : l'arrêt de la CJCE de 2002 décidait en effet que l'article 1386-18 qui permet à un consommateur d'agir, indifféremment, sur le fondement du régime nouveau ou d'un régime de responsabilité contractuelle ou extracontractuelle, sur le fondement des articles 1240 ou 1242 ou de l'obligation prétorienne de sécurité, donc, doit être interprété comme interdisant « aux États membres de maintenir un régime général de responsabilité du fait des produits défectueux autre que celui prévu par la directive » ce qui n'interdit pas une action fondée sur une faute délictuelle ou sur la garantie des vices cachés, mais condamne implicitement l'obligation prétorienne de sécurité.

On peut aussi noter que l'avant-projet de loi sur la responsabilité civile, présenté courant 2016, prévoit une réforme globale des règles du droit de la responsabilité civile, contractuelle ou extracontractuelle, avec quelques aménagements, en conséquence, des règles relatives à la responsabilité du fait des produits défectueux.

206 Le régime de responsabilité du fait des produits défectueux propose alors un régime original, ni délictuel ni contractuel, c'est-à-dire, applicable que la victime soit ou non liée par contrat avec le producteur. Il n'empêche pas en principe, mais sous les réserves

1. CJCE, 25 avr. 2002, *D.* 2002. 1670, note C. Rondeley ; *D.* 2002. 2462, note C. L., et v. J. Calais-Auloy, « Menace française concernant l'obligation de sécurité du vendeur professionnel », *D.* 2002. Chron. 2458 et *adde* CJCE, 10 janv. 2006, *Skov c. Bilka*, aff. C-402/03, *JCP* 2006. II. 10082, note L. Grynbaum, *RDC* 2006. 835, note J.-S. Borghetti.

majeures imposées par la CJCE en 2002[1], la concurrence avec d'autres régimes de responsabilité pour autant qu'ils portent sur des fondements différents, le vice caché, la faute, le fait de la chose par exemple (C. civ., art. 1245-17)[2].

• *Des produits.* Les produits en question comprennent « tout bien meuble, même s'il est incorporé dans un immeuble, y compris les produits du sol, de l'élevage, de la chasse ou de la pêche » et l'électricité.

• *Des produits défectueux.* En outre, elle se fonde sur les potentialités de dangers des produits concernés : « un produit est défectueux lorsqu'il ne présente pas la sécurité à laquelle on peut légitimement s'attendre » en tenant compte « de toutes les circonstances et notamment de la présentation du produit, de l'usage qui peut en être raisonnablement attendu et du moment de sa mise en circulation » (C. civ., art. 1245-3). Ce n'est donc pas un produit affecté d'un vice caché, erroné, ou dangereux qui est concerné. Un produit peut être dangereux sans être défectueux, tel le tabac ou certains médicaments[3] : la défectuosité se présente donc comme un défaut de sécurité envisagé du point de vue de l'attente d'un usager raisonnable et sans doute raisonnablement informé[4].

• *Un producteur.* Le responsable est le producteur, notion nouvelle, défini (C. civ., art. 1245-5) comme le fabricant d'un produit fini d'une matière première ou d'un composant (qui sont solidaires du producteur, C. civ., art. 1245-7), mais aussi ceux qui se présentent comme un producteur ou les importateurs. En revanche, en sont exclus les constructeurs dont la responsabilité demeure celle que réglementent les articles 1792 s. du Code civil. De même, sans être assimilés à des producteurs, les vendeurs, loueurs, sauf le crédit-bailleur, professionnels sont responsables comme le producteur des défauts des produits qu'ils vendent ou qu'ils louent

---

1. Toutefois, la limite ne vaut que dans le domaine de la directive de 1985, de sorte qu'une jurisprudence favorable pour un usage professionnel est tolérée (CJCE, 4 juin 2009, C-285/08, *RDC* 2009. 1381, obs. G. Viney).

2. D. Mainguy, « L'avenir de l'obligation de sécurité dans la vente », *Dr. et patr.*, déc. 1998, p. 68.

3. Civ. 1re, 5 avr. 2005, *Bull. civ.* I, n° 173, *JCP* II. 10085, note L. Grynbaum et J.-M. Job, *RTD civ.* 2005. 607, obs. P. Jourdain.

4. Civ. 1re, 24 janv. 2006, *Bull. civ.* n° 33, *RTD civ.* 2006. 325, obs. P. Jourdain.

(C. civ., art. 1245-6). Ils disposent cependant d'un recours contre le producteur, qui se prescrit par un délai d'une année.

• *Une victime, un dommage.* Les victimes peuvent être un contractant ou un sous-contractant ou un tiers ordinaire, peu importe, comme le précise l'article 1245, de même qu'il importe peu qu'elle soit un consommateur ou un professionnel. La victime est celle qui subit le défaut de sécurité et peut invoquer un dommage, réparable dans les conditions des articles 1245 s. du Code civil, s'il s'agit d'un dommage causé à sa personne ou d'un dommage causé à ses biens (autre que le produit défectueux lui-même[1]) et d'un montant supérieur à 500 €.

• *Mise en circulation du produit.* La mise en œuvre de la responsabilité s'avère particulièrement complexe.

En premier lieu, le producteur est responsable à partir du moment de la mise en circulation du produit, qui ne s'effectue qu'une seule fois (C. civ., art. 1245-4) et s'éteint par un délai d'une durée de dix ans à compter de cette mise en circulation (C. civ., art. 1245-15), mais se prescrit dans un délai de trois ans à compter de la date à laquelle la victime a eu ou aurait dû avoir connaissance du dommage, du défaut et de l'identité du producteur (C. civ., art. 1245-16). La mise en circulation du produit s'observe « lorsque le producteur s'en est dessaisi volontairement » c'est-à-dire, en observant *a contrario* l'article 1245-10, 3° du Code civil qui envisage les hypothèses d'exonération, « lorsque le produit a été destiné à la vente ou toute autre forme de distribution ». Elle est présumée et ne s'opère qu'une seule fois : c'est la présentation au public en quelque sorte.

Ce régime de double délai[2] est très complexe : le régime de responsabilité des produits défectueux est en quelque sorte un régime de responsabilité à durée déterminée qui commence le jour de la mise en circulation et s'achève, comme un couperet, dix ans après. Or, ce n'est pas sans poser difficulté pour des biens dont l'usage serait plus long comme des immeubles, des avions, des bateaux, des véhicules..., ce qui montre l'intérêt de comparer ce

1. Cass. 1re civ., 14 oct. 2015, n° 14-13847.
2. S. Joly, « La nouvelle génération des doubles délais extinctifs », *D.* 2001. Chron. 1450.

régime nouveau et les régimes anciens (obligation de sécurité « traditionnelle », garantie des vices cachés, responsabilité pour défaut de conformité de d'information, responsabilité civile délictuelle pour faute, du fait des choses, du fait d'autrui), selon les cas.

• *Preuve du dommage.* Dès lors, la victime, tiers ou contractant, doit démontrer l'existence du défaut, le dommage et le lien de causalité (C. civ., art. 1245-8).

• *Exonération du producteur.* Le producteur dispose de plusieurs moyens pour s'exonérer de sa responsabilité. Il peut, d'abord, invoquer le fait qu'il n'a pas mis le produit en circulation, que le défaut est né après la mise en circulation, qu'il n'était pas destiné à la vente qu'un tiers a concouru à la production du dommage auquel cas le producteur doit indemniser la victime avant de se retourner contre ce tiers, ou le défaut provient d'un composant ou d'un vice de conception imputable alors à un autre responsable, ou encore la faute de la victime. En revanche, le fait que le produit ait été fabriqué en conformité avec les règles de l'art, des normes existantes ou qu'il a bénéficié d'une autorisation administrative n'est pas exonératoire.

Le producteur peut invoquer le fait que le défaut est dû à la conformité du produit à une norme impérative (C. civ., art. 1245-10, 4°) et l'existence de « risques de développement », plus exactement, le fait « que l'état des connaissances scientifiques et techniques, au moment où il a mis le produit en circulation, n'a pas permis de déceler l'existence du défaut » (C. civ., art. 1245-10, 4°). Il s'agit d'une disposition d'une dimension économique et, sans doute, philosophique, considérable : le producteur n'est responsable que des défauts que l'état des connaissances techniques pouvait ou aurait dû pouvoir éviter. Le producteur ne pourra cependant pas invoquer les risques de développement dans deux hypothèses. La première est une limite absolue en cas de défaut né d'un produit du corps humain ou d'un élément du corps humain, où l'on reconnaîtra le sang contaminé et autres hépatites (C. civ., art. 1245-11, al. 2). Le second concerne l'hypothèse ou, le défaut s'étant révélé dans le délai de dix ans, le producteur n'a pas mis en œuvre « les dispositions propres à en prévenir les conséquences dommageables », hypothèse plus large que « l'obligation de suivi » qui avait imposé cette réserve (C. civ., art. 1245-11, al. 2). Or, cette règle peut permettre aux juges de tempérer très largement l'exonération pour risques de développement ; elle est condamnée par la CJCE.

• *Clauses limitatives de responsabilité.* Enfin, le régime des clauses limitatives de responsabilité est abordé : réputées non écrites en principe, elles ne sont valables, entre professionnels, que pour limiter ou écarter les dommages causés aux biens.

Au final, la loi apparaît peu novatrice comparée au régime de l'obligation de sécurité que la jurisprudence avait échafaudé depuis une dizaine d'années jusqu'à la veille de la transposition, et même en régression comparé à ce même régime eut égard, notamment, aux risques de développement. Par ailleurs, l'article 1245-17 du Code civil admet que la responsabilité nouvelle n'empêchera pas une victime d'utiliser les autres moyens, contractuels ou délictuels, pour obtenir réparation de son dommage, sauf cependant l'obligation prétorienne de sécurité.

§ 2. Les obligations de l'acheteur

207 L'acheteur assume deux obligations principales qui répondent aux obligations du vendeur, celle de payer (C. civ., art. 1650) est l'obligation essentielle de l'acheteur (**A**) ; celle de retirer les marchandises répond à l'obligation de délivrance (**B**).

À cette liste d'obligations que la loi prévoit en l'absence de stipulation particulière des parties, le contrat peut mettre tout une série d'autres obligations à la charge de l'acheteur[1].

A. L'obligation de payer

208 **Quoi ?** L'obligation de payer porte sur le prix convenu, en euros en principe (C. civ. art. 1343-3). Le juge ne pourrait réviser le principal du prix proposé par le contrat (à l'exception de la réfaction judiciaire). Mais si le prix est le plus souvent fixe, il peut

1. J.-M. Mousseron, P. Mousseron, J. Raynard et J.-B. Seube, *Technique contractuelle, op. cit.*

être aménagé par une clause particulière[1], notamment une clause d'indexation. Il est même parfois inconnu, partiellement lorsque le prix était seulement déterminable, ou totalement lorsque le prix est payé sous forme d'une rente viagère où l'acheteur (le débirentier) doit verser au vendeur (le crédirentier) les arrérages de cette rente jusqu'à son décès[2].

Il doit également payer les intérêts du prix qui peuvent être stipulés dans le contrat ; à défaut le taux de l'intérêt légal s'appliquera[3]. L'article 1652 du Code civil dispose que l'acheteur doit payer des intérêts « lorsque la chose vendue et livrée produit des fruits ou autres revenus » mais également dans l'hypothèse où l'acheteur paye en retard (et *cf.* C. com. art. L. 441-3)[4].

Il doit également payer les frais de la vente (C. civ., art. 1593), c'est-à-dire les « frais d'acte et autres accessoires », les frais d'établissement de l'acte notarié pour une vente immobilière et les droits de mutation que le droit fiscal impose, de même que la TVA[5] mais une clause dans le contrat peut inverser la charge du paiement des frais.

209 **À qui ?** Le prix est, en principe, payé au domicile du vendeur (C. civ., art. 1343-4).

Ainsi, le prix peut être consigné, c'est-à-dire déposé sur un compte particulier, un compte public souvent ou bien à un notaire. La loi l'impose parfois, comme dans la vente d'immeuble à construire (CCH, art. R. 261-14).

Il se peut aussi que le prix soit remis à un tiers, par une clause d'indication de paiement. Ainsi, le prix de la cession de fonds de commerce est indisponible (C. com., art. L. 141-14) tant que certains délais ne sont pas expirés, permettant aux créanciers de l'acquéreur de surenchérir et, surtout, d'adresser des oppositions pour se faire payer de leurs créances.

---

1. V. ss 118.
2. V. ss 110.
3. Civ. 2e, 31 mai 2001, *RJDA* 2001. 1089, à propos d'une vente à terme.
4. V. Com. 5 déc. 2000, *CCC* 2001. 57, obs. L. Leveneur, à propos des intérêts dus par un acheteur qui paie 29 ans après la délivrance de parts sociales, choses frugifères par la production des revenus sous forme de dividendes.
5. Avec une difficulté cependant, lorsque le prix n'est pas spécifié comme hors taxes ou toutes charges comprises, v. ss 119.

210 **Quand ?** Le paiement est, en principe, payé comptant. Le caractère synallagmatique et instantané de la vente impose la simultanéité de l'exécution des obligations du vendeur et de l'acheteur.

Cette simultanéité se traduit, d'ailleurs, dans les textes du Code civil. Aux termes de l'article 1651 du Code civil l'acheteur doit payer « aux lieu et temps où doit se faire la délivrance ». Comme la délivrance doit se faire au jour de la formation de la vente, le paiement doit s'effectuer à cette date[1].

En même temps, l'article 1612 du Code civil assure au vendeur au comptant un droit de rétention sur la chose tant que l'acheteur n'a pas payé[2]. Mais, l'acheteur aussi peut refuser de payer dès lors que la délivrance n'a pas eu lieu, par le jeu de l'exception d'inexécution[3], éventuellement anticipé.

Mais le paiement peut être différé. Le paiement peut être anticipé, par le versement d'un acompte ou d'arrhes. Il est le plus souvent différé soit totalement soit partiellement dans les ventes à tempérament. Les délais de paiement ainsi consentis posent de nombreuses difficultés que plusieurs lois successives ont tenté de résoudre (mal) en réformant des règles du droit de la concurrence.

Quel que soit le délai prévu, le prix doit être réglé à bonne date. Tout défaut de paiement constitue une faute qui peut emporter la résolution de la vente, à moins que l'acheteur obtienne un délai de grâce (C. civ., art. 1343-5, art. 1655). En outre, aucun cas de force majeure ne peut être invoqué pour justifier le non-paiement[4].

Le moment du paiement est, par ailleurs un enjeu concurrentiel important ce qui explique que les règles du droit de la concurrence lui prêtent une grande attention : ainsi, faute de clause particulière le paiement entre professionnel doit s'effectuer dans les trente jours de la livraison de la chose, le fait d'imposer un délai de paiement

1. *Contra*, A. Bénabent, n° 162 qui estime que le prix est exigible lorsque le vendeur a délivré.
2. Auquel s'ajoute, d'ailleurs, le privilège du vendeur de meuble de l'article 2102, 4° du Code civil (qui attribue, même, un droit de revendication qui ressemble à celui du vendeur sous réserve de propriété).
3. En matière immobilière, l'article 1653 du Code civil prévoit un mécanisme voisin si l'acheteur « est troublé ou a juste sujet de craindre d'être troublé par l'action, soit hypothécaire, soit en revendication (...) jusqu'à ce que le vendeur ait fait cesser le trouble ». L'usage est parfois exagéré : *cf.* Civ. 1re, 4 avr. 1991, *Bull. civ.* I, n° 130, admettant le refus de payer alors que la voiture achetée et livrée présentait pour seuls défauts des ondulations légères de la peinture visibles sous un éclairage rasant.
4. Com. 23 janv. 1968, *Bull. civ.* IV, n° 39, *RTD civ.* 1969. 137, obs. G. Durry.

« manifestement abusif » est considéré comme une faute (C. com., art. L. 442-6, I, 7°), la présence d'un escompte pour paiement anticipé doit figurer dans les conditions générales du vendeur, et sur ses factures, les retards de paiement donnent lieu à des pénalités strictement réglementées (C. com., art. L. 441-3 et 6)[1].

211 **Où ?** Le lieu du paiement doit être connu car c'est à ce lieu que la libération de l'acheteur s'opère. Lorsque le prix est payé comptant, l'article 1651 du Code civil précise que le paiement du prix doit être fait au lieu où doit être effectuée la délivrance. Or, la délivrance s'effectue chez le vendeur : son exécution est, pour l'acheteur, quérable. Le paiement du prix est, alors, portable, rejoignant la solution de droit commun de l'article 1343-4 du Code civil.

Pour les ventes immobilières, l'usage est, en outre, de payer le prix en l'étude du notaire qui authentifie la vente.

212 **Comment ?** La forme du paiement peut être variée, en espèce, pour les achats courants ou par chèque, par virement, par carte bancaire (obligatoire d'ailleurs en principe pour tous les paiements de plus de 1 500 € sauf pour les non commerçants : L. 22 oct. 1940 art. 1-2°) si la vente comprend un prix plus important ou bien encore par un effet de commerce, une lettre de change ou un billet à ordre.

La preuve du paiement repose sur l'acheteur. Un écrit particulier constate parfois le paiement, une quittance.

B. L'obligation de retirement

213 **Délivrance et retirement.** L'obligation de délivrance étant exécutée par la simple mise à disposition de la chose (essentiellement parce que le transfert de propriété est immédiat), on en déduit que l'obligation est quérable, en sorte que c'est à l'acheteur de prendre livraison, mieux de retirer la chose, pour autant que la chose ait bien été mise à sa disposition. Il ne s'agit pas d'une faculté mais d'une obligation pour l'acheteur, l'obligation de retirement. L'obli-

1. G. Lardeux, « La lutte contre le retard de paiement dans les transactions commerciales », *CCC* 2000. Chron. 12.

gation de retirer justifie que l'acheteur doive payer les frais du transport.

214 **Réception.** C'est, en principe, au moment de l'exécution de l'obligation de retirement que s'opère la réception de la chose, acte juridique qui libère le vendeur de son obligation de délivrance et la purge de ses vices, défauts de conformité et vices apparents. Il convient, donc, que l'acheteur ait été en mesure d'effectuer ce contrôle, en un trait de temps le plus souvent ou durant une période d'essai pour des choses plus complexes[1].

L'acheteur doit, alors, protester en faisant part au vendeur de ces réserves (sur la quantité, la qualité...) pour faire échec à la réception de la chose. La protestation prend, alors, une forme quelconque mais il doit sans doute le faire dans un bref délai. L'acheteur qui accepte sans protester, ne peut plus agir ensuite contre le vendeur pour défaut de conformité, pour autant que le défaut fût apparent[2].

215 **Sanction : résolution unilatérale.** La sanction du défaut d'exécution est propre à cette obligation afin de permettre au vendeur de ne pas être encombré de marchandises. L'article 1657 du Code civil prévoit la résolution de plein droit sans même avoir à mettre en demeure l'acheteur de retirer, permettant, alors, au vendeur de vendre à nouveau cette chose (et d'espérer qu'elle sera, cette fois, retirée). La jurisprudence retient alors que la résolution unilatérale n'est possible que pour autant que l'acheteur ait été mis en mesure de retirer la marchandise[3], que la chose soit sans vice et conforme[4].

1. Ph. Malaurie, L. Aynès et P.-Y. Gautier, n° 321.
2. Com. 12 févr. 1980, *D.* 1981. 278, note Ch. Aubertin. Mais il pourrait agir si le vice n'était pas caché mais apparent alors qu'il n'a pu se convaincre de cette apparence, par exemple si le compteur kilométrique d'un véhicule a été trafiqué.
3. Civ. 1re, 24 oct. 2000, *CCC* 2001. 5, obs. L. Leveneur.
4. Civ. 1re, 25 mai 1992, *Bull. civ.* I, n° 166, *RTD civ.* 1993. 376, obs. P.-Y. Gautier.

CHAPITRE 4

Les ventes particulières

216 **Plan.** S'agissant des ventes particulières, nous envisagerons les ventes internationales de marchandises (SECTION 1), les ventes de consommation (SECTION 2) et quelques autres ventes (SECTION 3).

SECTION 1

LES VENTES INTERNATIONALES DE MARCHANDISES

217 **Présentation.** En matière internationale comme en matière interne, la vente constitue, avec le contrat d'entreprise, un pilier du droit des contrats, l'outil fondamental des échanges internationaux. Il en a toujours été ainsi et le développement massif des échanges internationaux, avatar contractuel de la mondialisation, multiplie de manière géométrique cette importance. C'est alors, essentiellement, la vente internationale de marchandises que l'on retrouve, et autour de laquelle la réglementation de source internationale est la plus intense, des problèmes posés en termes de conflits de lois ou d'uniformisation des règles matérielles, le droit uniforme à travers la convention de Vienne sur la Ventes internationale de

marchandises[1], la CVIM (CISG pour l'acronyme anglais : *Convention on the International Sale of Goods*). La vente ainsi entendue suppose la détermination d'un élément d'extranéité et un objet particulier, des marchandises.

Est alors identifié un corps de règles internationales, de source conventionnelle pour l'essentiel, déterminant les critères de la loi applicable à une telle vente mais surtout, un droit matériel de la vente internationale de marchandises, d'application automatique de telle sorte que le droit français de la vente devient un droit résiduel, le droit de la vente internationale, le droit commun.

§ 1. La loi applicable à la vente internationale de marchandises

218 **Conventions internationales en matière de conflits de lois.** Le caractère international de la vente fonde, en premier, l'application des règles intéressant la détermination de la loi applicable à la vente internationale, dans les conditions du droit commun des contrats internationaux : le principe d'autonomie permet aux parties de choisir la loi applicable à leur contrat.

La plus importante est la convention de La Haye du 15 juin 1955 sur la loi applicable aux ventes à caractère international d'objets mobiliers corporels, le droit commun en ce domaine et, ce malgré l'entrée en vigueur de la convention de Rome sur la loi applicable aux obligations contractuelles de 1980, remplacée par un Règlement européen. La convention de La Haye a une vocation universelle, de sorte qu'il suffit qu'un tribunal d'un État contractant soit saisi pour qu'elle s'applique. Elle reconnaît le principe d'autonomie, de sorte qu'une clause d'*electio juris* permet de choisir la loi applicable au contrat : une telle clause doit cependant « faire l'objet d'une clause expresse ou résulter indubitablement des dispositions du contrat » (art. 2).

1. V. Heuzé, *La vente internationale de marchandises*, in *Traité des contrats*, dir. J. Ghestin, LGDJ, 2000, n° 8, J.-M. Jacquet et Ph. Delebecque, *Droit du commerce international*, Dalloz, 2006, D. Mainguy, « les opérations du commerce international », *in* J. Béguin et M. Menjucq (dir.), *Traité de droit du commerce international*, Litec, 2005, n° 1000 s.

À défaut de clause de loi applicable, la convention de La Haye désigne la loi de l'État sur le territoire duquel est établi le vendeur au moment où il reçoit la commande (art. 3°), solution qui est conforme aux solutions que propose l'application des règles de la convention de Rome si elle avait été applicable. Par exception cependant, la convention ajoute que la loi est celle sur le territoire duquel est établi l'acheteur « si c'est dans ce pays que la commande a été reçue soit par le vendeur, soit par son représentant, agent ou commis voyageur ».

Quelle que soit la technique de désignation de la loi applicable, volontaire ou subsidiaire, le choix de la loi interne vaut, classiquement, désignation de l'intégralité de celle-ci moins les dispositions relatives aux conflits de lois[1] : le choix par les parties de la loi française emporte donc application des règles de la CVIM, droit français matériel des ventes internationales, sauf clause d'exclusion de celle-ci.

Les conditions de validité du consentement sont déterminées par la loi applicable (art. 2). Pour le reste, la convention élimine certains thèmes de son domaine comme la capacité des parties, la forme du contrat, le transfert de propriété, les effets de la vente à l'égard des tiers. La loi désignée peut donc légitiment traiter de toutes les autres questions.

Une autre convention, celle de La Haye du 22 décembre 1986 sur la loi applicable aux ventes internationales de marchandises, n'a été ratifiée que par l'Argentine et la Moldavie et doit l'être par cinq états pour entrer en vigueur. Elle demeure donc en suspens, bien qu'un grand nombre d'États eût participé à sa négociation.

D'autres conventions internationales intéressent la vente internationale. La convention de La Haye du 15 avril 1958 sur la loi applicable aux transferts de propriété en cas de vente à caractère international d'objets mobiliers corporels avait pour objet de

1. Civ. 1re, 18 oct. 1989, *Bull. civ.* I, n° 322, *Rev.crit. DIP* 1990. 712, obs. J. Foyer : un vendeur français avait vendu un matériel à une société allemande par l'intermédiaire de sa filiale allemande. Le droit allemand, applicable, hésitait, s'agissant des effets de la vente entre une action contractuelle et une action délictuelle finalement retenue, que contestait alors l'acheteur français qui estimait que, alors, la *lex loci delicti*aurait dû être applicable. Mais cela aurait été retenir l'application des règles de renvoi allemandes, ce que reconnaissait la Cour de cassation.

compléter la convention de La Haye de 1955 dans un domaine particulièrement complexe au regard des règles du droit international privé[1]. Elle n'est cependant jamais entrée en vigueur en raison, essentiellement des divergences de conception en la matière entre les divers systèmes juridiques. La convention de La Haye du 2 octobre 1973 sur la loi applicable à la responsabilité du fait des produits, disposant d'une vocation universelle, concerne l'ensemble des questions intéressant la réparation des dommages causés par un produit défectueux et pas véritablement la vente, dans la mesure où la convention prévoit qu'elle n'est pas applicable dans les rapports entre la victime et l'auteur du transfert de propriété[2]. La convention prévoit deux types de rattachement, la loi de l'État sur lequel s'est produit le fait dommageable et celle du pays de la résidence de la victime « directement lésée ».

§ 2. Le droit matériel de la vente internationale de marchandises

219 **Présentation et origine de la convention de Vienne du 11 avril 1980 sur la vente internationale de marchandises.** La méthode des conflits de loi a montré ses limites et depuis longtemps. La convention de Vienne sur la vente internationale de marchandises (CVIM) ou *Convention on the International Sale of Goods* (CISG) succède à deux conventions de La Haye du 1er juillet 1964 intitulées l'une « loi uniforme sur la formation des contrats de vente internationale des objets mobiliers corporels » dite LUFVI et l'autre « loi uniforme sur la vente internationale des objets mobiliers corporels », dite LUVI.

La convention de Vienne connaît un succès très important dont témoigne le grand nombre de ratifications dont les plus

1. V. not. P. Lagarde, « Sur la loi applicable au transfert de propriété », *Mélanges Droz*, 1996, p. 151.
2. Civ. 1re, 16 déc. 1997, *Rev. crit. DIP* 1998. 300, note P. Lagarde.

importants États[1]. Par ailleurs, elle connaît un succès intellectuel croissant : elle a inspiré par exemple les règles uniformes de droit commercial général de l'Organisation pour l'harmonisation du droit des affaires en Afrique (OHADA), les Principes Unidroit et les Principes pour un droit européen des contrats ou encore la directive n° 1999/44 du 25 mai 1999 sur certains aspects de la vente et des garanties des biens de consommation (v. ss 268).

Une convention voisine, au domaine bien plus restreint, la convention des Nations unies de New York du 14 juin 1974 sur la prescription de la vente internationale de marchandises, et complétée par un Protocole du 11 avril 1980, de façon à harmoniser ses dispositions avec celles de la convention de Vienne, vise la vente d'objets corporels avec le même type d'exclusions que dans les conventions du même ordre (ventes aux consommateurs, ventes aux enchères, etc.). Comme la convention de Vienne elle s'applique aux ventes qu'elle détermine sauf si les parties ont expressément exclu cette application. Sont concernées les actions nées des relations entre le vendeur et l'acheteur, à l'exclusion de certaines actions spécifiques comme les actions causant un dommage corporel ou le décès d'une personne (art. 5).

De façon voisine, la convention de Genève du 17 février 1983 sur la représentation en matière de vente internationale de marchandises, qui n'est pas entrée en vigueur, intéresse la question de la représentation en matière de vente internationale de marchandises, c'est-à-dire, les actes réalisés par un intermédiaire en vue de la conclusion ou de l'exécution d'une vente internationale de marchandises. Nous envisagerons ainsi le domaine de la CVIM (**A**) puis les règles elles-mêmes de la convention de Vienne à travers la formation (**B**) puis l'exécution (**C**) de la vente internationale de marchandises.

1. Littérature abondante : V. not. B. Audit, *La vente internationale de marchandises*, LGDJ, 1980, V. Heuzé, *La vente internationale de marchandises, Traité de droit des contrats*, LGDJ, 2000 ; C. Witz, *Les premières applications jurisprudentielles du droit uniforme de la vente internationale de marchandises*, LGDJ, 1995 ; M. A Benitos Soares & M. Moura Ramos, *Contratos internacionais*, Lib. Almeida, 1986 ; H. Bernstein & J. Lookofsky, *Understanding the CISG in Europe*, Kluwer, 1997 ; Bianca-Bonnell, *Commentary on the Uniform Sales Law*, Giuffré, 1987 ; J. Honnold, *Uniform Law for international Sales*, 2e éd., Kluwer, 1991 ; A. H. Kritzer, *Guide to practical applications of the United Nations Conventions on Contract for the International sale of goods*, Kluwer, 1994 ; P. Schlechtriem (dir.), *Commentary on the UN Convention on the International Sale of Goods*, 2e éd., Clarendon Press, 1998 ; E. von Caemmerer, Peter Schlechtriem, *Kommentar zum Einheitlichen UN-Kaufrecht*, Beck 1995, G. Reinhart, *UN-Kaufrecht*, Müller, 1991 ; F. Ferrari, *La vendita internazionale, Applicabilità ed applicazioni della conventione di Vienna del 1980*, Padoue, 1987.

A. Le domaine de la convention de Vienne

1. Domaine d'application matériel

220 **Clauses d'*exclusio juris* et exclusion tacite de la convention.** La convention de Vienne se présente comme fondée sur une technique d'« *opt out* » : la convention s'applique sauf si les parties décident d'exclure son application en tout ou partie[1], par une clause d'*exclusio juris*. Il en résulte alors que le contrat est régi par la *lex contractus*, éventuellement désignée par les parties. L'écart de la CVIM peut être exprès ou tacite. Cette dernière hypothèse emporte de difficiles interprétations de clauses peu claires. Ainsi, si la clause renvoyant au seul droit interne de la vente ne pose pas de difficulté, la clause renvoyant simplement à l'application du droit interne de la vente est susceptible d'interprétation : s'agit-il, comme la première d'un renvoi au seul droit interne, à l'exclusion de la convention ou bien l'appel au droit interne invite-t-il également le droit interne de source internationale, dont la CVIM ? De même, des difficultés surgiraient lorsque, en l'absence de clause d'*exclusio juris* expresse, les parties auront précisé dans le contrat des stipulations contraires à celles de la CVIM, telle qu'une clause qui interdirait que, en toutes circonstances, une partie puisse mettre fin de façon extrajudiciaire à la vente en cas d'inexécution par l'autre partie ou bien encore lorsqu'une clause de loi applicable renvoie à la loi d'un État non-signataire. En cas de doute, on considérera que les parties n'ont pas entendu exclure l'application de la convention[2].

La question de l'autorité matérielle de la convention de Vienne se pose cependant. Ses règles définissent un périmètre clos, celui de la vente, de sorte qu'une juridiction ne pourrait appliquer la convention de Vienne à un domaine qu'elle ne prévoit pas, à un autre contrat qu'un contrat de vente par exemple ou en dehors de

---

1. V. C. Witz, « L'exclusion de la convention des Nations unies sur les contrats de vente internationale de marchandises par la volonté des parties », *D.* 1990. Chron. 107. Une exception cependant, dans le cas des réserves de l'article 96 de la convention.
2. *Cf.* pour la jurisprudence française : Com. 17 déc. 1996, *Rev. crit. DIP* 1997. 72, note J.-P. Rémery, *D.* 1997. Chron. 337, note C. Witz.

la détermination conventionnelle de la vente, en matière d'action directe notamment. Autre est cependant la question de savoir si les parties peuvent déclarer que leur contrat, qui ne serait pas une vente de marchandises soumise à la convention de Vienne, est régi par la convention de Vienne, par exemple pour une vente d'aéronef ou un contrat-cadre, et donc de faire de la convention de Vienne la loi du contrat[1]. Se poserait notamment la question de la compatibilité d'une disposition prohibant une clause et celles de la convention de Vienne qui la valideraient.

221 **Absence de définition de la vente internationale de marchandises.** La convention de Vienne ne propose pas de définition positive de la vente internationale de marchandises et se contente d'une définition par exclusion. L'article 2 exclut certaines ventes, les ventes par autorité de justice, sur saisie ou aux enchères, ou les ventes de certains objets. On considère ainsi que seules les marchandises sont visées par la CVIM, c'est-à-dire les biens meubles. Sont donc exclus les instruments financiers ou la monnaie mais aussi la vente d'électricité (art. 2, f), comme les biens meubles incorporels, les navires, les bateaux, les aéroglisseurs et les aéronefs. Sont encore exclues les ventes qui ne sont pas conclues entre professionnels et notamment les ventes aux consommateurs.

De même, sont exclues les questions relatives à la propriété et notamment du transfert de propriété, malgré les dispositions des articles 30 et 41 de la convention qui précisent que le vendeur assume « l'obligation » de transférer la propriété, exclusion classique justifiée par les controverses majeures en la matière et qui invite à nouveau l'application des règles de la *lex contractus*, comme celles de la « responsabilité des dommages corporels causés à quiconque par les marchandises ».

222 **Validité du contrat.** La validité du contrat ou des clauses de la vente n'est pas réglée par la convention de Vienne, ce qui impose de retenir la méthode classique de détermination de la loi applicable.

1. C. Mouly, « La conclusion du contrat selon la Convention de Vienne sur la vente internationale de marchandises », *DPCI* 1989. 400.

Toutefois, cette disposition comprend des exceptions : l'article 4 exclut l'appréciation de la validité de la vente « sauf disposition contraire expresse ». Ainsi, la validité de la vente est prévue par les règles prévalant en matière de formation des contrats.

223 **Relations avec les tiers.** L'article 4 de la convention prévoit que ses dispositions ne régissent que « la formation du contrat de vente et les droits et obligations qu'un tel contrat fait naître entre le vendeur et l'acheteur ». La CVIM ne concerne donc pas les relations juridiques qui peuvent être réalisées à l'égard des tiers. Il en résulte que les tiers ne sauraient invoquer à leur profit les dispositions de la CVIM et, inversement, que les parties ne pourraient envisager son application à des relations engagées avec des tiers. Le problème s'est présenté devant les juridictions françaises à propos des actions directes[1], à propos des dommages subis par l'acheteur français d'un produit revendu par l'acquéreur français d'un fournisseur américain. La plupart des auteurs observent en effet que l'article 4 de la CVIM exclut l'hypothèse de la réparation des dommages causés par le vendeur au sous-acquéreur, de sorte que cette question demeure traitée par les règles du droit national[2].

224 **Interprétation uniforme.** Bien des dispositions de la convention de Vienne prête à interprétation, sans compter les lacunes qui peuvent apparaître.

L'article 7 impose une technique d'interprétation en cas d'ambiguïtés, tenant compte du caractère international de la

1. Civ. 1re, 5 janv. 1999, *CCC* 1999. 53, obs. L. Leveneur, *D.* 1999. 383, note Cl. Witz, *RDIP* 1999. 519, note V. Heuzé : « Attendu qu'au terme de ces textes, la convention s'applique aux contrats internationaux et régit exclusivement les droits et obligations qu'un tel contrat fait naître entre le vendeur et l'acheteur ; Attendu que pour faire application de ce traité aux rapports contractuels qu'elle définit à l'égard de la société américaine Thermo King, (...) la cour d'appel retient que la société Thermo King, en délivrant une garantie à l'utilisateur, avait accepté de se placer dans un rapport contractuel avec cet utilisateur qui, dès lors, disposait contre le fabricant d'une action pour faire valoir le défaut de la chose vendue ; Attendu qu'en se déterminant ainsi, sans caractériser l'existence, entre les sociétés Thermo King et Dentressangle, d'un contrat de vente régi par la convention, la cour d'appel a violé les textes susvisés » dans une espèce où le vendeur étranger avait proposé une convention de garantie au sous-acquéreur (v. l'arrêt d'appel contraire, Grenoble, 15 mai 1996, *D.* 1997. Somm. 221, obs. Cl. Witz). Comp. F. Leborgne, *L'action en responsabilité dans les groupes de contrats, étude de droit interne et de droit international privé*, Thèse Rennes, 1995 ; F. Leclerc, « Les chaînes de contrats en droit international privé », *JDI* 1995. 267.

2. *Cf.* par ex. Civ. 1re, 10 oct. 1995, *D.* 1996. Somm. 171, obs. B. Audit, *JCP* 1996. II. 22742, note L.-C. Henry, *RDIP* 1996. 332, note V. Heuzé, Civ. 1re, 11 mars 1997, *JDI* 1997. 789, note M. Santa-Croce.

CVIM et « de la nécessité de promouvoir l'uniformité de son interprétation ainsi que d'assurer le respect de la bonne foi dans le commerce international », interdisant donc des interprétations obéissant à des raisonnements de droit interne. Les dispositions de la CVIM doivent être interprétées en fonction des autres règles de celle-ci et donc la considération des solutions jurisprudentielles d'une façon globale, telles qu'elles sont rendues par les juridictions des pays signataires[1] mais également les principes généraux dont s'inspire la CVIM, ou, à défaut, en fonction de la loi applicable selon les règles du droit international privé, ou encore les usages (art. 9).

2. Domaine d'application spatial

225 **Lieu d'établissement des parties.** La convention de Vienne impose que les parties soient établies sur le territoire d'États différents (art. 1er) peu important la nationalité des parties ou la localisation de leur siège social ou encore des critères plus objectifs comme le lieu de conclusion ou d'exécution de la vente. C'est le cas lorsque vendeur et acheteur sont établis sur des États contractants différents (art. 1.1.a). Lorsque vendeur et acheteur ne sont pas établis sur des États contractants, l'article 1.1.b) assure que la convention de Vienne est applicable « lorsque les règles du droit international privé mènent à l'application de la loi d'un État contractant ». Par conséquent, la convention de Vienne peut s'appliquer lorsqu'une partie seulement est localisée sur le territoire d'un État signataire, voire aucun par le jeu d'une clause d'*electio juris*.

B. La formation de la vente internationale de marchandises

226 **Présentation.** La formation de la vente internationale de marchandises présente un aspect original dans la CVIM par la mécanique de la formation de la vente et l'agencement de l'offre et de l'acceptation, ce qui est en avance au regard du droit français, mais aussi à travers la question de la validité de la vente.

1. Notamment disponibles dans le « CLOUT » (*Cas Law on Unitral Texts*), recueil de jurisprudence concernant les textes de la CNUDCI.

1. L'échange des consentements

227 **Définition de l'offre.** L'article 14 de la CVIM définit l'offre comme une proposition de conclure un contrat suffisamment précise et indiquant la volonté de son auteur d'être lié en cas d'acceptation.

L'offre est « suffisamment précise lorsqu'elle désigne les marchandises et, expressément ou implicitement, fixe la quantité et le prix ou donne des indications permettant de les déterminer » (art. 14, 2), pour les mêmes raisons qu'en droit interne.

S'agissant des marchandises, il ne fait pas de doute que la plus grande précision doit être donnée, tant en termes de nature, d'identité et de quantité des marchandises (telle marchandise de tel type, corps certain ou chose de genre) : l'offre doit ainsi présenter des éléments de détermination quant à l'espèce et la quotité des marchandises vendues ou à défaut de déterminabilité, même de manière approximative En matière de qualité des marchandises, en raison des éventuels problèmes de garantie, différentes techniques permettent de déterminer la qualité convenue des marchandises, des échantillons, la référence à une norme technique ou à des usages, par référence notamment au standard du « raisonnable » prôné par l'article 8, al. 2 de la CVIM, de sorte que faute de précision supplémentaire, la qualité définie par l'offre sera une qualité standard, celle qu'un acheteur raisonnable attend d'un vendeur raisonnable. S'agissant du prix, la même approximation se retrouve. L'article 14 de la CVIM contient une exigence plus lâche que celle de l'article 1591 du Code civil mais impose tout de même que le prix soit, expressément ou implicitement, déterminé ou déterminable dans l'offre. Toutefois, l'article 55 de la convention qui, au titre des conditions d'exécution de ses obligations par l'acheteur, propose, au contraire, que « si la vente est valablement conclue sans que le prix des marchandises vendues ait été fixé dans le contrat expressément ou implicitement ou par une disposition permettant de le déterminer, les parties sont réputées, sauf indications contraires, s'être tacitement référées au prix habituellement pratiqué au moment de la conclusion du contrat, dans la branche commerciale considérée, pour les mêmes marchandises vendues dans des circonstances comparables », suggérant l'hypothèse de la formation d'une vente sans prix déterminé à ce moment. Face à cette contradiction des articles 14 et 55, la doctrine est divisée. Certains auteurs retiennent la prééminence de l'article 55 de la convention, et la validité d'une vente formée sans prix, l'article 55 constituant une technique de détermination subsidiaire du prix [1], tandis que d'autres retiennent la prééminence de l'article 14 de la convention [2] et se prononcent en faveur de la déterminabilité du prix dans la vente, se fondant notamment sur l'interprétation de l'article 55 qui ne propose son application sur lorsque le prix n'a pas été déterminé, voire envisagent de renvoyer à la loi applicable pour régler cette question, dans la mesure où la convention de Vienne ne se préoccupe pas de la validité de la vente.

L'exigence de fermeté, en second, permet de distinguer l'offre de la simple invitation à entrer en pourparlers. L'article 14, alinéa 2 considère qu'une offre est ferme dès lors qu'elle « indique la volonté de son auteur d'être lié en cas d'acceptation », ce qui peut résulter de la nature des relations, dès lors que son destinataire n'avait pas de raison de soupçonner le contraire.

228 **Effets de l'offre.** L'offre a pour objet d'assurer la formation du contrat. Son effet est de permettre à l'acceptation émanant de son destinataire de former la vente. Cette offre prend effet au moment où elle parvient au destinataire (art. 15), c'est-à-dire lorsqu'elle est faite verbalement ou est délivrée au destinataire lui-même (art. 24).

La question de la rétractation de l'offre avant qu'elle soit acceptée est une question particulièrement controversée, tant en droit interne qu'en droit comparé [3], la CVIM retient l'efficacité de la révocation de l'offre (art. 16) pour autant que la révocation parvienne au destinataire avant que ce dernier ait expédié son acceptation. La solution retenue en matière de contrat conclu entre absents est donc, dans l'opposition entre théorie de l'émission et théorie

1. C. Mouly, « La formation du contrat », in *La convention de Vienne sur la vente internationale de marchandises et les incoterms*, LGDJ, 1990, p. 57 ; V. Fortier, « Le prix dans la Convention de Vienne sur la vente internationale de marchandises : les articles 14 et 55 », *JDI* 1990. 381.

2. V. Heuzé, *La vente internationale de marchandises, op. cit.*, n° 168 s. ; B. Audit, *La vente internationale de marchandises*, LGDJ, 1990, p. 60.

3. Pro : Droit français et *Common Law*, mais *Contra* : BGB, § 145, ou Code civil suisse (C. oblig., art. 3).

de la réception, assez complexe : elle est celle de l'émission de l'acceptation s'agissant du moment de la rétractation, mais avec cette nuance qu'il convient que la révocation soit parvenue au destinataire de l'offre avant l'expédition, comme en matière de prise d'effet de l'acceptation. Une exception cependant, lorsque l'offre est irrévocable (art. 16 § 2). L'offre est par ailleurs caduque (art. 17) lorsqu'elle est rejetée par son destinataire ou bien lorsqu'un délai ayant été fixé pour sa validité, ce délai est expiré.

229 **Définition et forme de l'acceptation.** L'acceptation est le reflet de l'offre : elle est l'émanation concordante de volonté du destinataire de l'offre qui forme la vente. Il est défini pas les articles 18 à 23 de la convention de Vienne.

La première difficulté classique en la matière est celle de la forme de l'acceptation. L'article 18 § 1 de la convention de Vienne impose en premier que l'acceptation résulte « d'une déclaration ou autre comportement du destinataire » manifestant son acquiescement, c'est-à-dire un écrit, un courrier ou un bon de commande, ou un comportement, matériel comme le fait d'emballer des marchandises ou juridique comme un commencement d'exécution. Le silence ou l'inaction ne valent donc pas acceptation « à eux seuls », mais en présence par exemple, d'un accord antérieur, d'un courant d'affaires ou d'un usage contractuel (*cf.* art. 8 § 3 et 9 § 1), indiquant que des commandes seront considérées comme acceptées sauf refus exprès.

L'acceptation doit être pure et simple pour former la vente (art. 19. 2), concordante et sans réserve (art. 19.1). Toute réserve, tout ajout, toute différence qui altère substantiellement les termes de l'offre emporte rejet de l'offre, comme des différences sur le prix, le paiement, les qualités des marchandises (art. 19 § 3), ce qui limite largement l'hypothèse inverse. En présence de différences mineures, une réaction du pollicitant emporte poursuite de la négociation, la vente n'est pas conclue tandis que son silence emporte conclusion du contrat « dans les termes de l'offre avec les modifications comprises dans l'acceptation », consacrant ici la technique du « *last shot* » de *Common Law.*

230 **Effets de l'acceptation.** L'acceptation emporte en principe conclusion du contrat de vente, au moment où l'acceptation parvient au pollicitant (art. 18.2), poursuivant l'application de la théorie de la réception en la matière.

2. Forme et preuve de la vente

231 **Consensualisme.** Le principe du consensualisme est posé par l'article 11 de la convention de Vienne : « Le contrat de vente n'a pas à être conclu ni constaté par écrit et n'est soumis à aucune autre condition de forme ». Il en résulte que le contrat peut être prouvé par tout moyen, sauf dans l'hypothèse où les règles internes imposent un formalisme particulier.

C. L'exécution de la vente internationale de marchandises

232 **Présentation.** La troisième partie de la convention de Vienne se divise en cinq chapitres, « dispositions générales », « obligations du vendeur », « obligations de l'acheteur », « transfert des risques » et « dispositions communes aux obligations du vendeur et de l'acheteur » ; la convention y distribue les questions relatives à l'inexécution des obligations et des remèdes, au lieu de proposer un système global, au risque de redondances et de différences.

1. Les obligations du vendeur

233 **Livraison.** La convention de Vienne a retenu la notion d'obligation de « livraison », en lui associant le transfert des risques, sans doute parce que la notion de « livraison » ne contient pas d'exigence de conformité à la différence de la notion de délivrance. Pourtant, l'article 31 de la CVIM dispose que le vendeur exécute son obligation de délivrance, sauf clause contraire, en remettant les marchandises au premier transporteur ou, à défaut, en mettant les marchandises à la disposition de l'acheteur, ce qui correspond à la notion de délivrance.

234 **Lieu et moment de la livraison.** L'article 31 propose trois solutions pour identifier le lieu de livraison. Dès lors que la vente implique un transport de marchandises, la livraison s'effectue par remise des marchandises au premier transporteur. Dès lors cependant que la vente n'implique pas un transport, l'article 31, b) prévoit que,

pour les choses de genre ou des corps certains à prélever sur une masse déterminée, la livraison s'effectue au lieu de situation des marchandises et l'article 31 c), enfin, propose une solution subsidiaire, pour les autres cas, la livraison s'effectue chez le vendeur. Le moment de la livraison est déterminé par le contrat, ou à défaut, « dans un délai raisonnable à partir de la conclusion du contrat » (art. 33).

235 **Modalités de la livraison.** Les modalités de la délivrance sont laissées à la volonté des parties. L'article 32 prévoit simplement que le vendeur doit individualiser les marchandises et qu'une clause peut imposer le transport ou l'assurance des marchandises à la charge du vendeur.

236 **Garantie de conformité.** La notion de conformité est l'élément central de la CVIM, qui lui consacre dix articles, les articles 35 s. Elle se veut détachée de la notion de livraison, opération matérielle, et, surtout, se veut comme un système moniste, évitant la dualité connue par exemple du droit français entre délivrance conforme et garantie des vices cachés. Mais la notion de garantie implique deux situations : l'une intéresse la garantie des défauts affectant la chose, en termes de « garantie de conformité », comme dans les articles L. 211-1 s. du Code de la consommation, et l'autre intéresse la garantie contre l'éviction de l'acheteur, par le vendeur ou par des tiers, ce que la convention de Vienne envisage comme la disponibilité juridique des marchandises (art. 41 s.).

Ces règles sont particulièrement formalistes mais supplétives de la volonté des parties qui, en pratique, règlent souvent les questions de garantie par des clauses à cet effet. Celles-ci sont cependant soumises aux conditions de validité posées par la loi du contrat, de sorte que, en cas de contrariété avec de telles dispositions impératives, les articles 35 s. de la CVIM retrouvent leur empire[1].

La notion de conformité, telle qu'elle apparaît aux articles 35 s. de la convention de Vienne envisage une action unique pour toutes les hypothèses, à la différence, notamment, du droit français, même

1. Sur ce point, *cf.* Cl. Witz, « L'adaptation du droit français interne aux règles de la Convention de Vienne sur la vente internationale de marchandises », *Mélanges C. Mouly*, Litec, t. 2, p. 205.

si, dans la mesure où la CVIM ne se préoccupe pas de la validité de la vente, l'acheteur devrait pouvoir engager, sur le fondement de la *lex contractus*, une action en nullité pour erreur ou pour dol. De même, comme l'article 5 de la convention prévoit que celle-ci ne s'applique pas aux actions ayant pour but la réparation d'un dommage corporel du fait de la chose vendue, toutes les actions fondées sur un défaut de sécurité devraient pouvoir être engagée soit sur le fondement de la loi applicable à la vente soit en respectant les règles de la convention de La Haye du 2 octobre 1973 sur la responsabilité du fait des produits défectueux.

237 **Défauts de conformité.** L'article 35 dispose que « le vendeur doit livrer des marchandises dont la quantité, la qualité et le type répondent à ceux qui sont prévus au contrat et dont l'emballage ou le conditionnement correspond à celui qui est prévu au contrat ».

Le texte poursuit en précisant les types de défauts envisagés. Le premier cas, principal, de non-conformité repose sur le non-respect des spécifications contractuelles qui définissent la qualité, la quantité des marchandises, à partir du contrat de vente lui-même mais aussi de son environnement contractuel : conditions de vente, contrat-cadre, ou les usages contractuels qui se seraient développés entre les parties.

Le texte propose ensuite diverses hypothèses de conformité avec le contrat et donc, en négatif, de cas de non-conformité. C'est le cas lorsque les marchandises sont « propres aux usages auxquels serviraient habituellement des marchandises du même type », ce qui suppose d'observer ce que les parties avaient convenu, au regard de la qualité que l'acheteur pouvait raisonnablement prévoir. Le problème se pose tout particulièrement pour les qualités techniques qu'une marchandise doit présenter, spécialement dans le contexte international de ces ventes. La question classique qui se pose est alors de savoir si la livraison est conforme dès lors que les normes techniques du vendeur sont respectées[1] ou si elles doivent respecter celles du pays de l'acheteur[2], solution qui induit l'existence d'une obligation d'informa-

1. En ce sens : BGH, 8 mars 1995, *D.* 1997. Somm. 217, obs. C. Witz.
2. En ce sens Grenoble, 13 sept. 1995, *JDI* 1996. 948, note C. Witz, *Rev. crit. DIP* 1996. 666, note D. Pardoël.

tion précontractuelle à la charge du vendeur : il doit sans doute attirer l'attention de l'acheteur sur les conditions particulières d'emploi de telle marchandise, ou sur les précautions d'emploi à respecter. Mais cette obligation ne le conduit pas à devoir s'informer des besoins particuliers de l'acheteur et, au-delà, de l'état de la réglementation technique du pays de l'acheteur. Inversement, l'acheteur supporte sans doute une obligation d'information de ces points au vendeur.

De même, des marchandises livrées sont conformes dès lors qu'elles « sont propres à tout usage spécial qui a été porté expressément tacitement à la connaissance du vendeur ». Cette hypothèse émise par l'article 35.2 b), outre qu'elle valide le raisonnement plus haut tenu, implique que l'acheteur doit avoir expressément informé le vendeur de l'utilisation particulière de la chose, sauf à ne pouvoir se plaindre d'un défaut de conformité.

Enfin, les marchandises sont conformes dès lors qu'elles sont de même qualité qu'un modèle ou un échantillon remis et qu'elles sont emballées ou conditionnées selon le mode habituel pour ce type de marchandises.

L'article 35.3 exclut cependant toute action de la part de l'acheteur s'il connaissait les défauts ou ne pouvait les ignorer, interprété à la lumière des capacités raisonnables de l'acheteur.

238 **Défaut de sécurité.** La convention de Vienne n'envisage pas cette situation de sorte que la question se pose de savoir si elle est incluse dans l'article 35 ou si elle autorise une action fondée sur la loi du contrat. Une première situation intègre les défauts de sécurité dans l'article 35 de la CVIM, imposant de distinguer selon que le défaut se présente alors que la chose était utilisée normalement ou anormalement, cette dernière situation l'excluant du domaine de la CVIM. La seconde, sans doute moins fidèle à l'exigence d'unité que promet la convention de Vienne, écarte au contraire la réparation des défauts de sécurité de son domaine : le silence de la CVIM sur ce point, la contradiction avec l'article 5 alors qu'il s'agira souvent de dommages corporels, subis d'ailleurs par des tiers, et parce que des solutions internationales existent par ailleurs.

239 **Moment de l'appréciation du défaut.** L'article 36 associe défaut de conformité et transfert des risques : il précise que le vendeur n'est responsable que des défauts de conformité existant au moment du transfert des risques à l'acheteur. Le défaut doit donc être antérieur à cette date : les défauts postérieurs sont donc dus soit à la force majeure, soit au mauvais usage ou stockage de la chose, à moins que les vices n'apparaissent qu'ultérieurement, c'est-à-dire à moins qu'il s'agisse de vices cachés, à établir selon la *lex contractus*[1]. L'article 36 connaît par ailleurs d'autres exceptions. L'une tient aux défauts résultant de l'inexécution, même s'ils surviennent après le transfert des risques, comme l'inexécution d'une obligation de conseil ou de transport. Une autre tient au manquement à une garantie que le vendeur aurait promise, pendant une durée déterminée. En revanche l'article 37 prévoit que la garantie due par le vendeur cesse dès lors que les défauts ont été réparés avant la date prévue pour la livraison.

240 **Mise en œuvre de la garantie. Double délai.** L'essentiel des techniques de garantie repose autant sur la notion de garantie retenue que sur les procédures d'engagement de la garantie.

En la matière, la convention de Vienne a retenu une technique extrêmement formelle imposant deux diligences à l'acheteur, vérifier et dénoncer, encadrées dans de stricts et courts délais.

L'article 38.1 de la convention de Vienne prévoit que l'acheteur doit vérifier les marchandises « dans un délai aussi bref que possible », à moins que les parties aient organisé une procédure particulière de vérification des marchandises. « Aussi bref que possible » : cela signifie presque « aussitôt » que les marchandises ont été livrées. Toutefois, comme en pratique cet examen immédiat est très difficile voire impossible, l'article 38 réserve le cas de toutes les circonstances particulières dont il doit être tenu compte, par exemple en raison d'un retard dans le transport, hypothèse qu'envisage l'article 38.2. Par ailleurs, ces vérifications doivent

1. Grenoble 15 mai 1996, *D.* 1997. Somm. 721, obs. C. Witz qui considérait que c'était au vendeur de prouver que le défaut était le résultat d'une mauvaise utilisation, tendant à considérer donc que le défaut est présumé caché. Mais comp., inversement, B. Audit, *La vente internationale de marchandises, op. cit.*, n° 102, s'inspirant des principes généraux du commerce international auxquels renvoie l'article 7 de la CVIM.

être efficaces, c'est-à-dire correspondre au standard de vérifications qu'il est légitime d'attendre en pareilles circonstances, et correspondre aux exigences posées par le contrat, si celui-ci imposait le recours à un expert ou un technicien.

Cette étape est fondamentale : faute de telles vérifications, l'acheteur ne pourrait ensuite reprocher un défaut caché.

L'acheteur qui constate un défaut doit le dénoncer au vendeur dans les conditions posées par l'article 39 de la CVIM. Il doit ainsi indiquer la nature du défaut, « dans un délai raisonnable à partir du moment où il l'a constaté ou il aurait dû le constater ». Il en résulte en premier que l'acheteur ne peut se contenter d'une dénonciation vague ou de style. On considère généralement que ce délai raisonnable est, eu égard aux exigences du monde du commerce, court, quelques jours, une voire deux semaines, les illustrations jurisprudentielles offrant des exemples souvent sévères[1]. L'article 39 ne donne cependant aucune indication sur la forme de la dénonciation, il faut sans doute s'en remettre aux consignes générales de l'article 27 qui évoque « un moyen approprié aux circonstances ». Surtout la dénonciation doit être effectuée dans un délai de deux ans à compter de la remise effective des marchandises à l'acheteur, ce dont il résulte qu'il convient que le défaut soit apparu dans ces deux ans, quelle que soit la nature de la chose elle-même. En pratique, comme en droit interne, cela signifie que les garanties dépassant cette durée de deux ans sont payantes.

Il reste cependant que ce délai de dénonciation des vices n'est pas un délai de prescription, la CVIM n'en traitant pas, renvoyant à la convention de New York de 1974, laquelle prévoit un délai de prescription de quatre ans. Leur conjonction est aisée : l'ache-

1. Ont ainsi été considérées comme tardives des dénonciations effectuées plusieurs mois après la livraison (C. Witz, *Les premières applications jurisprudentielles de la Convention de Vienne*, LGDJ, 1995, p. 90), et la jurisprudence fournit nombre d'exemples de tardiveté constatées après deux à trois semaines (T. civ. Cueno, 31 janv. 1996, *D.* 1997. Somm. 222, obs. C. Witz : dénonciation après 23 jours ; OLG Karlsuhe, 25 juin 1997, *D.* 1998. Somm. 310, obs. C. Witz : 24 jours). Mais comp. Grenoble, 13 sept. 1995, *D.* 1996. Somm. 310, obs. C. Witz, *Rev. crit. DIP* 1996. 666, note D. Pardoël : dénonciation admise quoiqu'effectuée après un mois, ce qui laisse penser que la sévérité ou les largesses constatées reflètent sans doute l'état et les habitudes du droit interne, transposés à la CVIM.

teur doit dénoncer dans le délai de deux ans, de façon à pouvoir agir, dans le délai de prescription applicable.

La sanction du non-respect de ces règles est redoutable : l'acheteur est « déchu du droit de s'en prévaloir », à moins que, dans les conditions de l'article 44, il dispose d'une excuse raisonnable, lui permettant de demander une réduction du prix. La sanction ne joue cependant pas lorsque le vendeur renonce à la sanction, connaissait le défaut ou ne pouvait l'ignorer, par exemple parce que cela résulte d'une mauvaise conception ou d'une mauvaise fabrication, preuve qui, à différence des solutions françaises notamment, est à rapporter par l'acheteur, sauf à priver d'effets les articles 38 et 39.

241 **Disponibilité juridique des marchandises : garantie contre l'éviction.** L'article 41 de la convention de Vienne prévoit les hypothèses dans lesquelles le vendeur vend des marchandises sur lesquelles des tiers pourraient avoir des prétentions. Il en résulte que seule l'éviction par un tiers, s'agissant de troubles de droit, est concernée, point l'éviction du fait du vendeur lui-même. La garantie du vendeur dépend, comme en matière de conformité matérielle, d'une dénonciation qui doit, ici encore, émaner de l'acheteur dans un délai raisonnable, compte tenu des circonstances (art. 43), mais sans que cette dénonciation soit enfermée dans un délai déterminé.

De façon voisine, l'article 42 envisage l'hypothèse d'un conflit entre le droit de propriété sur la marchandise et le titulaire d'un droit de propriété intellectuelle : la solution est ici différente en raison de la spécificité de ces droits. Le vendeur doit là encore garantie.

2. Les obligations de l'acheteur

242 **L'obligation de prendre livraison des marchandises. Retirement.** L'obligation de prendre livraison des marchandises vendues est une obligation traditionnelle de l'acheteur, complémentaire de l'obligation de délivrance du vendeur, que l'on appelle parfois obligation de retirer et qui indique que c'est à l'acheteur de procéder aux modalités permettant sa prise de possession des marchandises : il devra alors vérifier les marchandises, procéder à diverses

réserves et dénoncer les éventuels défauts de conformité. Or, l'article 53 de la CVIM s'en remet à la liberté contractuelle : les parties ont donc tout intérêt à prévoir expressément cette question, en relation avec l'obligation de délivrance et, souvent, d'ailleurs, par référence avec l'Incoterm choisi.

L'acheteur doit surtout faciliter l'obligation de délivrance du vendeur. Pour ce faire, il s'impose un devoir de collaboration que l'article 60 exprime comme l'obligation d'« accomplir tout acte qu'on peut raisonnablement attendre de lui pour permettre au vendeur d'effectuer la livraison », ce qui présente un intérêt chaque fois que la livraison impose un déplacement, un transport, par exemple si c'est à l'acheteur de conclure le ou les contrats de transport, de réaliser les diverses formalités administratives, douanières notamment. Seuls les actes que l'on peut « raisonnablement » attendre intègrent cette obligation, point des actes inhabituels ou particulièrement coûteux.

243 **Spécification des marchandises.** Si, en principe, la vente s'est formée sur la base de marchandises parfaitement déterminées, les parties ont pu se réserver la possibilité soit de préciser ultérieurement certaines caractéristiques des marchandises soit de modifier certaines caractéristiques ayant fait l'objet de l'accord. La spécification des marchandises par l'acheteur devient alors une condition essentielle de l'exécution par le vendeur de son obligation de délivrance, ce que précise l'article 65 de la CVIM. Celui-ci précise alors que si l'acheteur n'effectue pas la spécification attendue à la date prévue, ou dans un délai raisonnable, le vendeur peut l'effectuer lui-même.

244 **L'obligation de payer le prix. Principe et modalités.** L'acheteur doit payer le prix convenu : c'est une évidence que l'article 54 de la CVIM se contente de rappeler, même si la vente est valable bien que le prix ait été indéterminé mais puisse l'être sur la base d'éléments objectifs. En revanche, la révision du prix ne s'impose pas d'elle-même de sorte que la théorie de l'imprévision n'est pas consacrée par la CVIM : c'est donc au contrat de prévoir les conditions d'une révision : clause d'indexation, clause de hardship, clause de renégociation, etc., dont l'efficacité dépendra de la loi du contrat. S'agissant des modalités, tout est affaire de prévision

contractuelle notamment le lieu du paiement ; à défaut l'article 57 fait du paiement une obligation portable. Si cependant le contrat prévoit que le paiement doit s'effectuer contre remise des marchandises, l'article 57.1, b) de la CVIM prévoit que le lieu du paiement est celui du lieu de cette remise. C'est encore le cas de la monnaie du paiement, à défaut la monnaie sera sans doute celle du lieu où le paiement doit s'effectuer, ou du moment du paiement : la CVIM considère que le paiement doit s'effectuer en contrepartie de la livraison (et non par le seul fait de l'échange des consentements) de sorte que le vendeur peut contrôler les marchandises jusqu'au moment où le paiement aura été effectué, sauf le cas où les modalités de livraison ou de paiement rendent incompatibles l'exercice de cette faculté ce qui est le cas dès lors que la vente implique un transport des marchandises. Dans ce cas, l'article 58.2 permet au vendeur d'expédier sous la condition que les marchandises ou les documents qui les représentent ne soient remis à l'acheteur que contre remise du prix.

3. Le transfert de propriété et des risques

245 **Le transfert de propriété. Convention de La Haye du 15 avril 1958.** La convention de Vienne exclut de son champ d'application la question du transfert de propriété, bien que les articles 30 et 41 précisent que le vendeur assume « l'obligation » de transférer la propriété. La question relève donc de la loi du contrat, laquelle peut être déterminée grâce à la convention de La Haye du 15 avril 1958 relative à la loi applicable au transfert de propriété en cas de vente à caractère international d'objets mobiliers corporels, qui avait pour objet de compléter la convention de La Haye de 1955. Elle n'est cependant jamais entrée en vigueur, n'ayant été ratifiée que par l'Italie et est trop ancienne aujourd'hui pour servir de référence devant une juridiction. La convention de 1958 avait pour objet de déterminer la loi applicable afin de régler la question du moment du transfert de propriété, du moment du transfert des risques, à la validité des clauses de réserve de propriété. L'article 3 indique également que le transfert de la propriété à l'égard des tiers est régi par la loi de situation des marchandises.

246 **Modalités du transfert des risques.** La question du transfert des risques de la chose est capitale (v. ss 139) : elle implique la déter-

mination de la partie qui supportera le risque d'une perte fortuite de la chose, totale ou partielle entre le moment de la conclusion de la vente et celui de la prise de livraison de la chose par l'acheteur, qu'il s'agisse d'une perte liée au transport de la chose, à l'occasion de sa manutention, de détériorations liées au temps du transport, de risques juridiques comme une réquisition administrative, une confiscation etc. Il en résulte de larges implications en termes de garantie notamment mais aussi de coût, s'agissant par exemple de la charge de la perte ou du coût d'une assurance.

La convention de Vienne lie le moment du transfert des risques à celui de la livraison et non, comme en droit français, au moment du transfert de propriété de la chose : c'est donc au moment où l'acheteur reçoit la possession de la chose qu'il subit les risques de celle-ci, ce qui est rendu complexe par l'intervention fréquente d'un transporteur. Toutefois, la convention de Vienne prévoit toute une série d'hypothèses pour adapter ses règles à l'objectif qu'elle s'est assignée : faire peser les risques sur la partie qui est la mieux placée pour les prévenir.

Par ailleurs, les règles posées par la convention de Vienne sont, comme en droit français de la vente, supplétives, de sorte que les parties peuvent évidemment y déroger, par exemple par les techniques proposées par les Incoterms proposés par la Chambre de commerce internationale.

247 **Vente impliquant un transport de marchandises.** Lorsque, comme très souvent, la chose fait l'objet d'un transport. En principe alors, leur livraison, et par conséquent le transfert des risques, se réalise par la remise de la chose au premier transporteur, soit que l'acheteur l'ait choisi soit qu'il ait laissé choisir par le vendeur. L'acheteur supporte donc tous les risques postérieurs à la remise au premier transporteur et notamment les risques du chargement de la chose. Il reste cependant de nombreuses difficultés, par exemple lorsque l'acheteur devait organiser le transport et qu'il n'exécute pas cette obligation, empêchant par là même la livraison de s'effectuer ou bien lorsque le vendeur vend à l'expédition, se chargeant donc du transport et ordonne la restitution des marchandises au transporteur, annulant l'ordre d'expédition et donc le transfert des risques, qu'il récupère (*cf.* CVIM, art. 58.2 en cas de vente à l'expédition

sous condition de paiement). Ces principes trouvent cependant une exception (CVIM, art. 67.2) dans le cas où les marchandises n'ont pas été individualisées, exactement comme en droit français de la vente.

248 **Vente de la chose au cours du transport.** Certaines choses, comme les matières premières, se prêtent à des négociations multiples, même au cours du transport, de sorte que l'acheteur acquiert une chose sans qu'il puisse se rendre compte de la situation de la chose. Dans ce cas, la remise au premier transporteur « pour transmission à l'acheteur » ne peut valoir transfert des risques au sens de l'article 67 de la convention de Vienne. L'article 68 précise alors que les risques sont transférés à l'acheteur au moment de la conclusion du contrat. Mais l'article 68 poursuit, apportant une exception, en ce sens que les risques sont transférés à l'acheteur au moment de la remise au transporteur qui a émis les documents constatant le contrat de transport « si les circonstances l'impliquent », formule qui est sujette à bien des interprétations.

249 **Marchandises remises à l'acheteur dans les locaux du vendeur.** Dans l'hypothèse où la chose n'est pas transportée et pour autant que les marchandises soient individualisées, l'article 69 précise que si les marchandises doivent être livrées dans les locaux du vendeur, le transfert des risques se réalise au moment du retirement par l'acheteur ou au moment où l'acheteur aurait dû les retirer. Si les marchandises sont mises à la disposition de l'acheteur dans un autre lieu que les locaux du vendeur, ce qui est le cas des ventes à l'arrivée, l'article 69 poursuit en indiquant que les risques sont supportés par l'acheteur lorsque la livraison est due et que l'acheteur sait que les marchandises sont mises à sa disposition.

250 **Incoterms.** C'est dans le domaine du commerce international et maritime que sont développées les Incoterms (*International Commercial Terms*) publiés par la Chambre de commerce internationale depuis 1936 et régulièrement révisés jusqu'à la dernière, datant de 2010[1]. Ceux-ci se présentent comme des codes de trois

1. J.-M. Mousseron, J. Raynard, R. Fabre, J.-L. Pierre, *Droit du commerce international*, 5e éd., Litec, 2013, n° 357 s., J.-M. Jacquet et Ph. Delebecque, *Droit du commerce international*, Dalloz, n° 226 ; D. Le Masson, « Les incoterms », in *La convention de Vienne sur la vente internationale et les incoterms*, LGDJ, 1990, p. 37, D. Mainguy, « Les opérations du commerce international », in *Traité de droit du*

lettres qui évoquent une clause-type particulière relative au transfert des risques principalement mais aussi au moment et aux modalités de la livraison, du paiement de certains frais (fret, assurances, dédouanement, manutention), du choix du transporteur, de l'accomplissement de certaines formalités... Chacun de ces « *terms* » se révèle être un véritable contrat type de vente et les contractants prendront garde que les obligations imposées par son choix correspondent bien à leurs désirs et qu'ils n'entrent pas en contradiction avec d'autres aménagements contractuels. Précisons enfin que chacune des informations envisagées par ces *terms* est supplétive.

Ces Incoterms se présentent en quatre groupes. Le groupe E (qui ne comprend qu'un terme, EXW, ex Work) qui ne se préoccupe pas du transport, le groupe F (Vente FOB, *Free on board*, par exemple) et le groupe C (Vente CIF, *Cost, Insurance, and Freight*) qui représente des ventes dans lesquelles la question du transport est primordiale, forment un groupe plus important qui caractérise des ventes au départ, en ce sens que l'ensemble des obligations et effets de la vente qui sont intéressés par ces termes se réalisent dans le pays de départ des marchandises. Le groupe D, en revanche, regroupe les termes qui se préoccupent des ventes à l'arrivée, où les effets concernés par ces termes se produisent dans le pays d'arrivée des marchandises.

Les ventes au départ regroupent les termes des groupes E et F : le transfert des risques s'effectue très tôt, dans l'usine du vendeur (EXW) ou lors de la remise au premier transporteur (groupe F).

Les ventes au départ du groupe C pourraient presque être considérées comme des ventes à l'arrivée, car le vendeur assume ici la charge du transport principal. Toutefois, l'obligation de délivrance n'est pas affectée par les conditions du transport : le vendeur est considéré comme ayant rempli son obligation de livraison lors de l'expédition, date qui emporte transfert des risques, en sorte que l'acheteur assume les risques de la perte pendant le transport. Les ventes à l'arrivée sont constituées des ventes du

---

commerce international, Litec, 2005 ; E. Jolivet, *Les incoterms, Étude d'une norme du commerce international*, Thèse Montpellier, 1999.

groupe D. Ces ventes imposent un report de l'exécution des obligations du vendeur, comme le transfert des risques, qui s'opérera au lieu de destination.

251 **Ventes maritimes, ventes internationales et documentaires.** Les ventes maritimes sont des ventes commerciales, souvent internationales, qui impliquent un transport des marchandises vendues par mer et qui emportent la constitution d'un titre, le connaissement maritime et d'autres documents (facture commerciale, police d'assurance...) en sorte que l'on parle aussi de vente documentaire qui crée un lien important entre le contrat de vente et le contrat de transport. Nées de la pratique, ces ventes connaissaient des dénominations trompeuses : ventes au débarquement, comprenant les ventes par navire désigné et les ventes sur embarquement qui désignent les conditions dans lesquelles le transport s'effectuera. Ces aménagements contractuels concernent donc essentiellement les modalités de transport mais aussi les conditions de la livraison et du transfert des risques. La loi du 3 janvier 1969 sur les ventes maritimes a choisi de préciser ces dénominations : la vente au départ ou vente FOB (L. 3 janvier 1969, art. 32), la vente à l'arrivée (L. 1969, art. 36) ou la vente CAF (L. 1969, art. 40), évidemment supplétives. Elles sont alors plus précises que les Incoterms correspondant.

252 **Effets du transfert des risques.** Le transfert des risques détermine simplement laquelle des parties subit la charge de la perte de la chose. Il en résulte donc que le transfert des risques ne libère pas l'acheteur de son obligation de payer le prix de la chose dès lors que la perte se produit après le moment du transfert des risques (CVIM, art. 66). Par exception cependant, l'article 70 de la convention de Vienne dispose que lorsque le vendeur a commis une contravention essentielle, les articles 67, 68 et 69 ne portent pas atteinte aux moyens dont dispose l'acheteur en raison de cette contravention, formule dont la portée est discutée. L'acheteur peut en effet demander la résolution de la vente et ce, malgré la formule de l'article 82.1 de la convention de Vienne : il sera en conséquence déchargé de son obligation de payer le prix ou en droit d'en demander remboursement de sorte que les risques sont alors supportés par le vendeur.

253 **Obligation de conservation.** En contrepartie des risques et parce que la marchandise peut se trouver entre les mains de celui qui n'assume pas ou plus les risques, les articles 85 s. de la convention de Vienne font peser à celle-ci une obligation de conservation lui imposant, par une obligation de moyens, de mettre en œuvre toutes les mesures pour prévenir tout sinistre. C'est le cas, à la charge du vendeur, dans l'hypothèse où la vente n'implique pas un transport ou bien, lorsqu'elle implique un transport mais que le vendeur dispose de la faculté de donner des instructions au transporteur ou bien encore lorsqu'il est en mesure d'exercer le droit de rétention que lui accorde l'article 58.2 par l'intermédiaire du transporteur. C'est le cas aussi, à la charge de l'acheteur, dans l'hypothèse où celui-ci refuse les marchandises, pour une raison de non-conformité notamment, et déclare le contrat résolu (CVIM, art. 86). Le débiteur de l'obligation de conservation dispose alors de la faculté de réclamer des frais de conservation, s'agissant « de ses dépenses raisonnables », et d'un droit de rétention sur ces marchandises (art. 85 et 86). L'article 88 l'autorise même à vendre les marchandises, « dans des conditions raisonnables », impliquant de laisser couler un certain délai, voire l'oblige à vendre dès lors que la conservation de la chose emporterait des frais déraisonnables.

4. Les remèdes à l'inexécution du contrat

254 **Contravention essentielle.** La convention de Vienne a distingué les « moyens dont dispose l'acheteur en cas de contravention au contrat par le vendeur » (art. 45 s.), des moyens réciproques du vendeur (art. 61 s.) et enfin des moyens proposés à chacun (art. 71 s.), sans que ces distinctions soient pleinement justifiées : des répétitions sont observées et quelques divergences. Ces « moyens dont dispose » l'une ou l'autre partie constituent des remèdes à l'inexécution du contrat, au sens des *remedies* que la version anglaise consacre : exception d'inexécution, dommages et intérêts, intérêts moratoires, exécution en nature et résolution du contrat, en fonction de la nature de l'inexécution reprochée et surtout en fonction de l'intensité de l'inexécution.

La notion de « contravention essentielle » est au cœur du dispositif. L'article 25 la définit comme l'exécution qui « cause à l'autre partie un préjudice tel qu'elle la prive substantiellement de ce que celle-ci était en droit d'attendre du contrat, à moins que la partie en défaut n'ait pas prévu un tel résultat et qu'une personne raisonnable de même qualité placée dans la même situation ne l'aurait pas prévu non plus ». Il s'agit d'un manquement particulièrement préjudiciable, au regard de ce qu'il était en droit d'attendre, qui aurait déterminé le contractant à ne pas conclure le contrat. Ainsi, une non-conformité qui n'affecte pas la revente de la chose n'est pas une contravention essentielle si l'acheteur a acheté pour revendre mais pourrait l'être dans d'autres circonstances. En revanche, la nature de l'obligation non exécutée est sans incidence sur la notion de contravention essentielle : qu'il s'agisse d'une obligation principale ou d'une obligation accessoire, une telle contravention peut être considérée comme essentielle, comme le fait de ne pas souscrire un contrat d'assurance contre les risques du transport.

Il convient également que le manquement crée un préjudice chez le créancier de l'obligation qui soit normalement prévisible pour son débiteur. Il ne suffit donc pas que le préjudice soit important ; il convient que ce préjudice soit prévisible.

255 **Exception d'inexécution.** Aux termes de l'article 58, l'acheteur n'est pas tenu de payer le prix tant que la marchandise n'a pas été livrée ; inversement, le vendeur dispose de la faculté de retenir les choses, d'un droit de rétention, tant que le prix n'est pas réglé. Ces règles, traditionnelles dans le droit de la vente, s'expliquent par le caractère instantané de la formation et de l'exécution du contrat, caractère qui ne se retrouve pourtant que rarement en matière internationale. C'est la raison pour laquelle l'article 71 de la CVIM permet, de manière originale, de faire-valoir le mécanisme de l'exception d'inexécution de façon préventive en cas de risque de contravention grave.

256 **Exécution en nature.** La technique de l'exécution forcée en nature, qui suppose cependant que les règles procédurales de la loi du juge saisi soient efficaces, est un principe traditionnel du droit de la vente : l'exécution en nature peut être demandée comme remède à l'inexécution de toute obligation de la vente, visant tout spécialement les remèdes à la non-conformité des marchandises.

L'acheteur peut ainsi demander le remplacement des marchandises (art. 46.2), en totalité ou en partie (art. 51) pour autant qu'il s'agisse d'une contravention essentielle, que les règles de dénonciation aient été respectées et que l'acheteur soit en mesure de restituer les choses à remplacer (art. 82). L'acheteur peut aussi demander la réparation des marchandises (art. 46.3), pour autant que cette réparation demeure une demande raisonnable.

257 **Résolution unilatérale.** Le remède phare demeure cependant la possibilité pour chacune des parties de déclarer le contrat résolu, aux termes des articles 49, 64, 72 et 81 de la convention de Vienne, formule réservée aux hypothèses d'inexécution les plus graves. Dans la plupart des cas, la résolution, unilatéralement prononcée par la partie victime de l'inexécution, est une mesure curative, une réponse à une inexécution constatée par l'autre partie, non-conformité ou non paiement du prix par exemple (CVIM, art. 49 et 64).

Cependant, l'article 72 de la convention de Vienne assure aux parties une faculté de résoudre le contrat de façon anticipée, préventive, lorsqu'il apparaît que l'autre partie commettra une contravention essentielle. Par ailleurs, aux termes de l'article 73 de la convention de Vienne, la résolution peut n'être que partielle, par exemple dans le cas d'une vente avec livraisons successives ou en cas de non-conformité partielle des marchandises vendues.

258 **Dommages et intérêts, réduction du prix, intérêts moratoires.** En toute hypothèse, les parties disposent de la faculté de demander réparation des préjudices subis, quelle que soit la gravité de l'obligation inexécutée, de façon éventuellement cumulée avec d'autres remèdes (CVIM, art. 45, 61, 74). Il s'agit alors des dommages matériels subis par l'une des parties, la « perte subie » et le « gain manqué » (art. 74), pour autant qu'ils aient été prévisibles. Encore faut-il également que le créancier de l'obligation inexécutée démontre que le préjudice qu'il invoque soit bien le résultat de la contravention, ce qui suppose bien entendu la démonstration d'un lien de causalité mais aussi d'une certaine diligence du créancier qui prend la forme d'une obligation, à sa charge, de minimiser le dommage (CVIM, art. 77).

L'acheteur dispose également de la faculté de demander la réduction du prix de la vente (art. 50), en cas de défaut de conformité, de façon proportionnelle avec la différence de valeur de la chose.

Enfin, les parties disposent de la faculté de demander des intérêts moratoires dans le cas où l'autre connaît un retard dans le paiement de sommes dues, ce qui concerne essentiellement l'acheteur (CVIM, art. 78).

259 **Causes d'exonération.** Soumises à une hypothèse d'inexécution, et par là même, à l'un des remèdes prévus par la convention de Vienne, les parties peuvent cependant être exonérées des sanctions qui en résultent si elles parviennent à faire valoir une cause d'exonération, force majeure (art. 79) ou fait du créancier (art. 80).

SECTION 2
LES VENTES DE CONSOMMATION

260 **Diversité.** De tout temps, les commerçants ont cherché à sophistiquer les procédés de vente afin d'attirer l'attention des acheteurs et, donc, leur consentement. Ces techniques font l'objet d'une réglementation rigoureuse et généralement assortie de sanctions pénales, surtout lorsqu'elles s'adressent à des consommateurs, mais également du mécanisme de poursuite des clauses abusives, modifié en 2008, selon qu'elles sont irréfragablement considérées comme abusives (« clauses noires ») ou simplement (« clauses grises »). Nous n'envisagerons bien entendu pas toutes les questions relatives aux ventes de consommation mais simplement deux des questions les plus originales l'information et l'incitation à la vente, c'est-à-dire les règles qui encadrent la promotion des ventes (**§ 1**) et la garantie de conformité de la vente de consommation (**§ 2**).

§ 1. La promotion des ventes

261 **Information du consommateur, conditions générales de vente.** D'une façon générale, le consommateur bénéficie d'une très large protection[1] qui prend fréquemment la forme d'un devoir d'information afin de permettre, de sa part, un consentement libre et éclairé[2]. C'est, ainsi, que les règles de publicité sont très strictement encadrées[3] comme le sont les ventes promotionnelles particulières, entendues comme des ventes qui se présentent comme plus avantageuses pour le consommateur, telles les ventes sur liquidation (C. com., art. L. 310-1), les ventes au déballage (C. com., art. L. 310-2) ou les ventes en solde (C. com., art. L. 310-3) ou encore les ventes directes (C. com., art. L. 310-4). Observons cependant que cette protection intéresse des ventes au consommateur exceptionnelles, à la différence des ventes ordinaires, qui bénéficient du droit commun de la consommation, telles les ventes en libre-service (v. ss 134)[4].

Cette information minimale du consommateur concerne les caractéristiques essentielles du bien vendu, s'agissant de sa composition ou des prescriptions d'emploi (C. consom., art. L.111-1 s.) mais aussi le prix, les conditions de vente et de livraison, dont la date prévisible de livraison, la date ou les délais de disponibilité des pièces détachées, sous forme d'étiquetage, de marquage ou d'affichage de ces informations.

L'information trompeuse est également sanctionnée : les tromperies, notamment, sont sanctionnées depuis la loi du 1er août

---

1. A. Sinay-Citermann, « Protection ou surprotection du consommateur », *JCP* 1994. I. 3800. J. Calais-Auloy et F. Steinmetz, *Droit de la consommation, op. cit.*, nos 46 s. ; J. Beauchard, *Droit de la distribution et de la consommation, op. cit.*, p. 302 s.

2. Devoir d'information plus qu'obligation d'information dans la mesure où le contrat n'est pas encore formé et que, par conséquent, aucune obligation n'a pu encore être mise à la charge du vendeur professionnel, à moins de faire resurgir la thèse de l'avant-contrat tacite. De véritables obligations d'information et de conseil naissent ensuite, mais pas uniquement au profit du consommateur d'ailleurs, v. ss 147 s.

3. R. Fabre, *Droit de la publicité et de la promotion des ventes*, Dalloz, 1995.

4. Mais ce ne sont pas les seules : citons rapidement les ventes au déballage qui sont des ventes exceptionnelles qui ont lieu sur une place publique ; les ventes en solde ou en liquidation, ventes occasionnelles accompagnées de publicité pour écouler rapidement un stock de marchandises, pour lesquelles une autorisation municipale est nécessaire ; les ventes foraines ou ambulantes, les ventes en salons ou en foire...

1905 au titre des fraudes et falsifications (C. consom., art. L. 413-1 s.) et la sanction peut être doublée lorsqu'il y a menace sur la santé humaine ou animale, mais aussi la publicité mensongère (C. consom., art. L. 121-2 s.), dont les règles ont été récemment modifiées par la loi du 3 janvier 2008 transposant la directive relative aux pratiques commerciales déloyales (C. consom., art. L. 121-1), pour intégrer la notion de pratique commerciale trompeuse (C. consom., art. L. 121-2) et de pratiques commerciales agressives (C. consom., art. L. 121-6 s.), auxquelles on peut assimiler les pratiques relevant de la publicité comparative (C. consom., art. L. 122-1). Selon ce texte constitue une publicité comparative la référence, dans un message publicitaire, à un type de produits et non à une entreprise ou à un produit déterminés, dès lors qu'il est possible d'identifier cette entreprise ou les produits qu'elle offre comme étant concrètement visés par ce message, peu importe que les concurrents ou les produits concurrents soient concrètement identifiés.

L'ensemble de ces règles est en mutation, après la directive n° 2005/29 relative *aux pratiques déloyales*, transposée de manière compliquée en deux fois, par la loi du 3 janvier 2008 et par celle du 4 août 2008 et dont l'interprétation pose difficulté chaque fois qu'une législation adopte ou conserve la sanction de pratiques non visées par cette directive[1], ce qui pourrait concerner, en France, les ventes avec primes, les ventes liées et le refus de vente, malgré sa transposition dans le Code de la consommation.

La loi Hamondu 17 mars 2014 prévoit en outre que les conditions générales de vente doivent prévoir des mentions obligatoires, à savoir les conditions de mise en œuvre de la garantie légale de conformité et, au besoin, l'existence d'une garantie commerciale, dite souvent « service après vente » ou « garantie commerciale » (C. consom., art. L. 217-15 et 16).

Enfin, et c'est sans doute essentiel, en cas de litige sur l'application des articles L. 111-1 et suivants du Code de la consomma-

1. CJUE, 23 avr. 2009, aff. C-261/07 et 299/07, VAB et Galatea, *RDC* 2009. 1458, obs. C. Aubert de Vincelles.

tion, c'est au vendeur de prouver qu'il a correctement exécuté son obligation d'information, sans doute par tout moyen, par exemple par le « clic » sur l'acceptation des conditions de vente pour des ventes à distance, ou bien par voie d'affichage sur les lieux de vente, dont il doit prouver l'accessibilité et la connaissance, par exemple par une clause dite de « référence » à ces conditions de vente et ses informations.

262 **Vente par démarchage à domicile, vente hors établissement, achat d'or.** Le démarchage à domicile a très tôt été dénoncé comme une méthode de vente extrêmement violente pour le consommateur[1]. La loi du 22 décembre 1972 l'a réglementée, aujourd'hui modifiée par la loi Hamondu 17 mars 2014 qui lui a associé la vente à distance (C. consom., art. 221-1 s. et not. L. 221-11 s.). L'essentiel de la réglementation repose sur l'exigence d'une information précontractuelle imposant un formalisme spécifique impliquant la remise d'un formulaire détachable permettant l'exercice d'un *droit de rétractation*. Pendant longtemps d'une durée de 7 jours, il est depuis 2014 de 14 jours et permet au consommateur de renoncer au contrat conclu, pendant ce délai. Alors qu'avant 2014, il commençait à courir à compter de la conclusion du contrat, il commence aujourd'hui à compter de la conclusion du contrat de prestation de services et certaines ventes (eau électricité, etc.) et à compter de la réception de la chose pour les ventes de biens ou de prestation de services incluant la remise d'une chose (C. consom., art. L. 221-18). Certaines ventes sont cependant sans aucun droit de rétractation (C. consom., art. 221-28), les ventes particulières portant sur des fournitures de choses spécifiques, ou périssables, etc. y compris d'ailleurs selon l'ancien critère de 7 jours à compter de la conclusion du contrat. La notion de vente par démarchage à domicile s'entend de toute vente réalisée au domicile du consommateur, ou bien hors des lieux habituels de vente du professionnel ou encore dans les lieux habituels de vente du professionnel, après sollicitation, de quelque nature que ce soit, du consommateur à s'y rendre. Toutefois, les ventes en foires ou

1. J. Calais-Auloy et F. Steinmetz, *Droit de la consommation*, *op. cit.*, n°s 98 s.

salons connaissent un régime particulier, sans délai de rétractation, sauf lorsque la vente est assortie d'une offre de crédit (C. consom., art. L. 224-99). En outre, le contrat d'achat d'or fait l'objet d'une réglementation particulière (C. consom., art. L. 224-96 s.). Il s'agit ici d'une sorte d'inversion des rôles traditionnels : le vendeur est le consommateur et l'acheteur est le professionnel, avec ceci de particulier que l'objet de la vente est différent pour les parties : la vente d'un bijou en or pour le vendeur, l'achat d'or, par destruction de la chose pour l'acheteur. Un droit de rétractation, d'une durée de vingt-quatre heures pendant lequel les obligations du contrat sont suspendues.

263 **Vente à distance.** La vente à distance entre professionnel et consommateur, qui était autrefois la vente sur catalogue et s'étend aujourd'hui à la vente sur Internet est une forme de plus en plus empruntée par les vendeurs et par les consommateurs. Elle pose de difficiles questions de localisation temporelle et spatiale de la formation du contrat ou de détermination du contenu du contrat lorsque vendeur et acheteur échangent des documents antagonistes.

Le législateur se soucie de la protection du consommateur qui achète à distance[1]. Il est vrai que cette technique de vente est, finalement, très proche de celle du démarchage à domicile, surtout si l'on considère les progrès de l'informatique et le caractère intrusif voire violent de certaines approches commerciales. Les règles, complexes, du droit de la consommation (C. consom., art. L. 221-1 s., L. 221-11 s.), imposent une faculté de rétractation au contrat que l'acheteur peut exercer dans les 14 jours, comme pour la vente par démarchage à domicile, soit de la conclusion d'un contrat de prestation de services, soit de la livraison de la chose et avec les mêmes exceptions. La vente à distance connaît en outre un certain nombre de précisions, selon que la chose est une chose immatérielle (livraison de logiciel ou de contenus à télécharger) ou une chose matérielle à livrer.

1. J. Calais-Auloy et F. Steinmetz, *Droit de la consommation, op. cit.*, n°s 88 s.

264 **Pratiques commerciales déloyales, vente par envoi forcé.** Le Code de la consommation et quelques règles du Code de commerce prévoyaient une série d'interdits dans les techniques de promotion des ventes, sous la forme de pratiques interdites, souvent associées à des sanctions pénales. Celles-ci ont cependant été bouleversées par une directive n° 2005/29 du 11 mai 2005 sur les *Pratiques commerciales déloyales*, dite directive « PCD », transposée par morceaux, dans une loi du 3 janvier 2008, dans la *loi sur la modernisation de l'économie* (« LME ») du 4 août 2008, dans une loi de « simplification du droit » du 17 mai 2011 et enfin dans la loi Hamon du 17 mars 2014. La définition des pratiques commerciales déloyales est particulièrement généreuse : *« Une pratique commerciale est déloyale lorsqu'elle est contraire aux exigences de la diligence professionnelle et qu'elle altère, ou est susceptible d'altérer de manière substantielle, le comportement économique du consommateur normalement informé et raisonnablement attentif et avisé, à l'égard d'un bien ou d'un service »* (C. consom., art. L. 121-1), Sont ainsi de telles pratiques des pratiques agressives, comme les pratiques de publicité dite trompeuse (C. consom., art. L. 221-2) ou agressive, comme les ventes par démarchage ou à distance. Apparemment simple, le mécanisme est cependant rendu complexe par le fait que le texte de référence, la directive de 2005, prévoit également une définition large qui sert d'étalon au juge, face à une pratique donnée. Ainsi pour la directive, *« toute action, omission, conduite, démarche ou communication commerciale [...], de la part d'un professionnel, en relation directe avec la promotion, la vente ou la fourniture d'un produit aux consommateurs »*. À cette définition est associée une série de pratiques trompeuses, agressives et considérées comme déloyales *per se* en une liste, dite « liste noire » et reprise aux articles L. 121-1-8 et suivants du Code de la consommation. L'ensemble présente alors un certain nombre d'incertitudes pour des pratiques non visées dans l'article L. 121-1, et surtout non prévues dans la directive, ou alors qui le seraient par référence à l'article L. 121-1 du Code de la consommation.

C'est le cas par exemple de la pratique dite de la vente par envoi forcé ou « sans commande préalable » et définie dans la catégorie des « pratiques illicites » (C. consom., art. L. 121-12 s.). Une technique ancienne consiste à forcer le consentement de l'acheteur en lui envoyant une marchandise comme si un contrat était conclu, à charge pour lui de la conserver, parfaisant le contrat, ou bien de la renvoyer dans un délai indiqué, étant entendu que passé ce délai, la vente est réputée conclue et le prix payable. L'article L. 121-12 du Code de la consommation prohibe strictement cette technique, même si, au regard des règles de droit commun, le destinataire de l'envoi ne doit rien puisqu'il n'a rien commandé. Aucun contrat n'est conclu, aucune exécution n'est possible, si ce n'étaient les abus de la crédulité et de la faiblesse de certains.

265 **Vente à la boule de neige.** Ce procédé est très connu et repose sur les techniques de la « pyramide ». Pour obtenir un bien en n'en payant qu'une très faible valeur, le consommateur est incité à acquérir des bons représentant la totalité du prix et à vendre tous les bons, sauf celui qu'il conserve, à d'autres consommateurs qui reproduiront la même technique à leur tour. Il suffit d'un petit calcul mathématique pour se rendre compte qu'au bout de quelques niveaux, le nombre total de personnes touchées dépasse la population française. De nombreux acquéreurs de ces bons ne peuvent les placer à leur tour et il est évident que le fournisseur ne pourrait plus parvenir à livrer si tous les bons étaient placés. Aussi, cette technique comme toutes les techniques de vente pyramidale voisines sont prohibées par les articles L. 121-15 du Code de la consommation.

266 **Ventes avec prime.** L'attrait d'un cadeau, d'une prime, pour le consommateur est également un bon moyen de promouvoir ses ventes[1] par la fourniture d'un bien ou d'un service gratuitement à un client. À la différence du cadeau, la prime est subordonnée à la conclusion d'un contrat à titre onéreux, vente ou prestation de services en général. C'est, cependant, une méthode peu loyale de concurrence qui risque de forcer le consentement d'un consommateur. L'article L. 121-19 du Code de la consommation, issu de

1. M. Pédamon, « Ventes avec prime, cadeaux », *J.-Cl. Contr. distr.*, fasc. 23 *bis*, St. Bénilsi, *Essai sur la gratuité en droit privé*, Thèse dr. Montpellier, 2006.

la loi du 17 mars 2014, limite la possibilité de recourir à cette technique en tant qu'il s'agit d'une pratique déloyale au sens de l'article L. 121-1 du Code de la consommation. Si avant 2014, cet encadrement reposait sur la valeur de ces primes : seules des primes de très faible valeur étaient admises à moins qu'il ne s'agisse de biens identiques (auquel cas, c'est en fait une réduction de prix : treize à la douzaine) ou d'une prime « autopayante[1] ». Désormais, les ventes avec primes sont interdites « dès lors que la pratique en cause revêt un caractère déloyal au sens de l'article L. 121-1 », ce qui doit être démontré.

Le cadeau est un bien ou service donné gratuitement pouvant cependant consister en un acte de concurrence déloyale[2] et surtout une pratique commerciale déloyale (C. consom., art. L. 121-4, 19°). Par exception, certains biens, considérés comme dangereux, ne peuvent faire l'objet d'une distribution gratuite promotionnelle. C'est le cas des produits du tabac (CSP, art. L. 3511-2 et L. 3511-3), des médicaments (CSP, art. L. 5122-10) et des préparations pour nourrissons (C. consom, art. L. 121-52). On compare souvent cette formule avec les ventes accompagnées d'une loterie prohibée depuis une loi du 21 mars 1836 (C. consom., art. L. 121-20) : sont interdites de telles ventes assistées d'une loterie, c'est-à-dire d'un lot tiré au hasard à moins qu'il ne s'agisse d'un véritable concours, ouvert à tous, « même sans obligation d'achat » selon la formule consacrée.

267 **Ventes liées et refus de vente.** Dans le même esprit, les ventes par lot, ou ventes jumelées, qui consistent à vendre un produit en obligeant l'acheteur à en acheter un autre, sont interdites à l'égard des consommateurs. Le problème touche les ventes de produits préemballés : ils sont admis dès lors que le lot ne dépasse pas les besoins d'un consommateur ou bien s'il lui est laissé la possibilité d'acquérir chaque bien séparément (C. consom., art. L. 121-11). Le même problème touche les refus de vente, c'est-à-dire en réalité le refus d'exécuter une vente ou une prestation de service. Toute-

1. V. Y.-M. Sérinet, « Ventes ou prestations de service avec prime : d'une prohibition à l'autre », *D.* 2002. 3252. *Adde* : Crim. 28 nov. 2007, *JCP E*, note D. Mainguy et St Bénilsi.
2. Riom, 6 juin 1990, *D.* 1992. Somm. 47, obs. M.-L. Izorche.

fois, alors qu'il s'agissait d'une technique interdite en elle-même, elle n'est plus qu'une vente illicite « en tant qu'elle est une pratique déloyale au sens de l'article L. 121-1 du Code de la consommation ».

§ 2. La garantie de conformité de la vente au consommateur

268 **Garantie de conformité dans les ventes internes au consommateur.** Le souci d'harmonisation des législations nationales en matière de garantie se fait également sentir au sein de l'Union européenne. L'idée de départ repose sur le constat de la disparité des droits nationaux en matière de garantie des biens de consommation alors qu'il y aurait de plus en plus de ventes au sein de l'Union européenne de tels biens de consommation. La difficulté de connaître le droit applicable conduirait alors, en réaction, à « assurer une protection uniforme minimale des consommateurs dans le cadre du marché intérieur » (Dir., 25 mai 1999, art. 1er).

Dès lors, le besoin d'harmonisation s'est concrétisé par l'adoption de la directive du 25 mai 1999 sur certains aspects de la vente et des garanties des biens de consommation[1] et un avant-projet de loi proposant sa transposition avait été diffusé fin 2000. Elle paraît largement inspirée des mécanismes de la convention de Vienne de sorte que l'on y retrouve la fusion entre ce qui en droit français ressortit à la conformité et à la garantie en un régime que les juristes français auront du mal à apprécier. Le projet ayant été finalement retiré, un second projet de loi a été présenté en juin 2004, plus proche de l'esprit de la Directive, assurant une transposition par l'ordonnance du 17 février 2005[2], légère-

1. *JOCE* 17 juill. 1999, L. 171, p. 12 ; M. Trochu, « Vente et garantie des biens de consommation... », *D.* 2000. Chron. 119 ; O. Tournafond, « Remarques critiques sur la directive européenne du 25 mai 1999 », *D.* 2000. Chron. 159.
2. *Cf. Varii auctores*, « Défauts, qualités et vices du nouveau régime de garantie dans la vente des biens de consommation », *RDC* 2005/3. 921 s. ; D. Mainguy, « Le nouveau droit de la garantie de conformité dans la vente au consommateur », *JCP E* 2005. 630, G. Paisant, « La transposition de la directive du 25 mai 2005 », *JCP* 2005. I. 146 ; O. Tournafond, « La nouvelle garantie de conformité des consommateurs », *D.* 2005. Chron. 1557.

ment modifiée par la loi du 17 mars 2014, dans le seul Code de la consommation, aux articles L. 217-1 s., tout en modifiant l'article 1648 du Code civil. Désormais, donc, coexistent plusieurs types de règles concernant la garantie et la conformité des biens objets d'une vente. Les règles gouvernant les ventes conclues entre un professionnel et un consommateur sont désormais l'objet des articles L. 211-1 s. du Code de la consommation. Les autres ventes demeurent régies par les règles du Code civil et les ventes internationales de marchandises connaissent encore un autre régime, celui proposé par la convention de Vienne sur la Vente Internationale de Marchandises du 11 avril 1980 (CVIM).

L'apport de cette nouvelle garantie de conformité est de promouvoir une notion unique pour réparer les dommages subis par les acheteurs consommateurs et indépendamment des savantes distinctions entre garantie et conformité dans la délivrance, voire avec le dol ou l'erreur.

269 L'article L. 217-1 limite l'application de ses règles aux « contrats de vente de biens meubles corporels » auxquels sont assimilés les « contrats de fourniture de biens meubles à fabriquer ou à vendre », de façon désormais classique, afin de résoudre la question de savoir si de tels contrats relèvent de la catégorie des ventes ou de celle des contrats d'entreprise. Sont en revanche exclus les ventes par autorité de justice, par enchères publiques, bénéficiant de règles particulières, les ventes d'électricité. Mais la « vente » d'eau ou de gaz est incluse « lorsqu'ils sont conditionnés dans un volume délimité ou en quantité déterminée » : bouteilles, bonbonnes, barriques, citernes sont concernées certes, mais qu'en est-il d'un engagement d'achat d'eau, sans volume délimité mais pour un volume déterminé ?

L'innovation la plus remarquable est la nouvelle garantie de conformité, directement issue de la Directive, désormais formulée à l'article L. 2147-4 du Code de la consommation : « Le vendeur livre un bien conforme au contrat et répond des défauts de conformité lors de la délivrance. Il répond également des défauts de conformité résultant de l'emballage, des instructions de montage ou de l'installation lorsque celle-ci a été mise à sa charge par le contrat ou a été réalisée sous sa responsabilité ». Le texte ajoute les défauts d'emballage et les défauts résultant des instructions de montage, ce que l'on a appelé la « clause Ikéa ».

Suivent alors, sous l'article L. 217-5, les conditions nécessaires pour que le bien livré soit effectivement conforme au contrat, où apparaît de façon évidente la fusion entre garantie et conformité.

270 Le bien doit « 1° être propre à l'usage habituellement attendu d'un bien semblable et, le cas échéant, – correspondre à la description donnée par le vendeur et posséder les qualités que celui-ci a présentées à l'acheteur sous forme d'échantillon ou de modèle –, présenter les qualités qu'un acheteur peut légitimement attendre eu égard aux déclarations publiques faites par le vendeur, par le producteur ou par son représentant, notamment dans la publicité ou l'étiquetage, 2° ou présenter les caractéristiques définies d'un commun accord par les parties ou être propre à tout usage spécial recherché par l'acheteur, porté à la connaissance du vendeur et que ce dernier a accepté ». Le texte évoque donc deux situations.

Dans le premier cas, le plus courant, le contrat, ou plus exactement l'usage de la chose par l'acheteur consommateur, n'a pas été véritablement négocié. Il doit alors s'agir d'un bien de qualité marchande ordinaire, un bien répondant à l'usage normalement attendu, légitimement attendu par un consommateur standard, un bon père de famille. À cette situation générale et abstraite, l'article L. 217-5 ajoute cependant, « le cas échéant », des points de repère plus concrets pour apprécier cette conformité, lorsque le vendeur aura décrit la chose, par exemple par voie d'échantillon ou de modèle ou bien lorsque le vendeur aura effectué des « déclarations publiques » par publicité ou étiquetage notamment. Une difficulté cependant : le texte semble hiérarchiser les critères. À un critère abstrait présenté de façon générale, l'usage habituellement attendu, semble s'ajouter, « le cas échéant », deux critères concrets, la description concrète, résultant ou bien d'un modèle de référence ou bien de l'attente légitime résultant de la publicité faite autour de la chose. Pourtant, l'exposé des motifs et le rapport au président de la République insistent sur le fait que lorsque ces trois situations se présentent, les critères s'appliquent cumulativement. Pour être conforme, un bien qui fait l'objet d'une publicité, alors que des modèles sont présentés, doit donc répondre aux trois critères, ce qui s'avère favorable au consommateur et qui paraît des plus logiques. Par ailleurs, les déclarations du professionnel, conditions de vente, publicité, etc., l'engagent, mais point celles du producteur ou du représentant du vendeur si ce dernier les ignorait (art. L. 217-6), par exemple pour des produits dont les caractéristiques techniques ou qualitatives sont évolutives : le distributeur n'est donc pas le garant de ces déclarations, ce qui, là encore, est discutable.

Dans le second cas, des caractéristiques précises ont été définies dans le contrat ou qu'un « usage spécial » sans doute donc plus marginal que l'usage ordinaire de la chose, a été indiqué par l'acheteur et accepté par le vendeur. En ce cas, les qualités particulières attendues par le consommateur sont entrées dans le champ contractuel : elles définissent la conformité, mais sans plus recourir aux trois critères de la première situation. La non-conformité est alors présumée (art. L. 217-7) lorsque les défauts ou vices apparaissent dans un délai de vingt-quatre mois, depuis la loi de 2014, à compter de la livraison de la chose, présomption simple qui peut être renversée si elle n'est pas compatible avec le bien ou le défaut de conformité invoqué. En revanche, pour les biens d'occasion, elle est de six mois.

271 La non-conformité ainsi établie, l'acheteur peut exercer son droit d'exiger la conformité du bien, à moins que l'acheteur connaisse ou ne puisse ignorer l'existence du défaut de conformité (art. L. 217-8). Si, cependant, le droit commun de la vente propose une alternative principale entre la restitution de la chose contre le prix ou une diminution du prix, pour la garantie des vices cachés, la résolution de la vente ou des dommages et intérêts pour la non-conformité dans la délivrance, le régime nouveau propose quatre « remèdes » au lieu de deux et une hiérarchie entre ces remèdes.

En premier, l'acheteur est en droit d'obtenir l'exécution conforme de la vente et choisir entre la réparation ou le remplacement de la chose. L'option ainsi créée est exercée de façon libre à moins que cela entraîne un coût manifestement disproportionné au regard de l'autre modalité compte tenu de la valeur du bien ou de l'importance du défaut (art. L. 217-9). Le vendeur peut alors imposer l'autre modalité à l'acheteur. À défaut, si la réparation du bien ou son remplacement sont impossibles, l'acheteur retrouve l'option classique du droit de la vente, action « rédhibitoire » ou action « estimatoire ». Cette seconde option n'est cependant ouverte que lorsque le remplacement ou la réparation sont impossibles. Il n'y a pas de telle impossibilité lorsque la réparation ou le remplacement ne peuvent s'effectuer dans un délai d'un mois à compter de la demande ou qu'il se ferait avec des « inconvénients majeurs » (art. L. 217-10). Par ailleurs, le droit de demander la résolution n'est pas possible si le vice est mineur (L. 217-10, al. 1er). Comment choisir entre réparation ou remplacement ? Qu'en est-il lorsque le remplacement, quoique moins onéreux pour le vendeur que la réparation, est impossible car le modèle a changé, voire été modifié ou, au contraire, lorsque la réparation est possible mais à un coût supérieur au remplacement, fut-ce au prix d'un léger changement de modèle, mais sans que ce coût soit manifestement disproportionné et surtout de façon bien plus rapide et efficace ?

Ajoutons que ces « remèdes » s'effectuent sans aucun coût pour l'acheteur consommateur, ce qui s'explique par le fait que ces droits de l'acheteur ne sont pas des actions en ce sens qu'il n'a pas exigé que l'acheteur engage une action en justice pour les obtenir, comme c'est le cas, en principe, de la garantie légale des articles 1641 s. du Code civil. Mais en est-il de même de la « résolution » de la vente ? Les termes choisis semblent conduire à cette solution non judiciaire, ce qui est très audacieux et révèle une inspiration utile des dispositions de la CVIM.

En outre, l'article L. 217-10 *in fine* précise que l'exercice de ces droits ne fait pas obstacle à l'obtention de dommages et intérêts, un peu comme dans l'article 1645 du Code civil. Pas un mot, en revanche, en matière d'action directe, sinon l'article L. 217-14 qui dispose que « l'action récursoire peut être exercée par le vendeur final à l'encontre des vendeurs intermédiaires successifs et du producteur du bien meuble corporel, selon les principes du Code civil », pas de consécration, mais pas de condamnation non plus.

Enfin, l'action se prescrit par une durée de deux ans à compter de la vente. Passé ce délai, les remèdes offerts par l'article L. 217-2 cessent de produire leurs effets, délai très court, même s'il apparaît que les défauts surgissent le plus souvent dans ce délai, car il n'en est pas de même pour des biens plus onéreux comme les appareils électroménagers, acoustiques ou automobiles.

272 Les articles L. 217-15 et L. 217-16 envisagent également la « garantie commerciale » et qui n'a pas nécessairement à voir avec la garantie, mais que la pratique avait pratiquement généralisé, sous forme de « garantie contractuelle », « convention de garantie » ou autre « service après-vente »[1]. Celle-ci doit figurer dans les conditions de vente (C. consom., art. L. 133-3) et se présente comme « tout engagement contractuel d'un professionnel à l'égard du consommateur en vue du remboursement du prix d'achat, du remplacement, ou de la réparation du bien » (C. consom., art. L. 217-15). Une telle convention de garantie doit être écrite, contenir le contenu de la garantie, les éléments nécessaires à sa mise en œuvre, sa durée, son étendue territoriale et le nom et l'adresse du garant mais également le fait que le vendeur reste débiteur de la garantie légale de conformité (C. consom., art. L. 217-15, R. 211-2 qui propose un cadre type des contrats de garantie) et l'indication que le vendeur demeure tenu de la garantie dans les conditions de l'article 1641 s. du Code civil, la reproduction de l'article L. 217-4, 5 et 12, de l'article 1641 et de l'article 1648, al. 1er. Par ailleurs, l'article L. 217-16 prévoit une forme de prorogation automatique de la durée de la garantie en cas de « remise en état » d'au moins sept jours de la durée réelle de l'immobilisation de la chose.

Enfin, les clauses limitatives ou élusives de garanties sont réputées non écrites, du fait de l'application de l'article R. 132-1 du Code de la consommation.

1. P. Ancel, « La garantie conventionnelle des vices cachés dans les conditions générales de vente en matière mobilière », *RTD com.* 1979. 203. *Adde* : B. Fages, « Les conventions portant sur la garantie », in *La transposition en droit français de la directive européenne du 25 mai 1999 relative à la vente*, préc., p. 23.

Section 3
Autres ventes particulières

273 Bien d'autres techniques coexistent, les ventes d'immeuble, les cessions de fonds de commerce, les cessions de certains biens meubles incorporels, comme des brevets ou des marques, mais encore la vente commerciale (**§ 1**), les ventes en bourse (**§ 2**), les ventes aux enchères (**§ 3**) et, parce qu'elles défraient la chronique, les ventes électroniques (**§ 4**).

§ 1. Les ventes commerciales

274 **Grande distribution.** Les ventes commerciales, c'est-à-dire des ventes entre commerçants, ne sont pas véritablement des ventes spéciales ; pour l'essentiel elles obéissent à toutes les règles du droit commun de la vente, ne serait-ce que parce que les réglementations spéciales qui ont successivement dépouillé le Code civil pour réglementer les ventes particulières ont finalement fait de ces règles celles qui demeurent pour les ventes qui restent, les ventes commerciales. Ainsi, les ventes « civiles » sont essentiellement des ventes réalisées entre un professionnel et un particulier, c'est-à-dire un consommateur, et obéissent aux règles établies dans le Code de la consommation, ou bien des ventes réalisées entre particuliers, régies par le droit commun de la vente. Les ventes commerciales sont ainsi de banales ventes de choses de genre ou des ventes en gros, et s'inscrivent principalement comme des ventes entre un producteur et un distributeur, ou entre intermédiaire, dans l'objectif de présenter, en toute fin, des choses à vendre aux consommateurs ou à des utilisateurs terminaux de manière plus générale. Elles sont alors souvent des « ventes d'application » de contrats-cadres de distribution (*cf.* infra, 2e partie).

Certaines spécificités restent cependant attachées à certaines ventes commerciales. C'est notamment le cas des ventes internationales de marchandises (v. ss 217 s.), des cessions de brevet ou de marque (v. ss 448), de l'application de règles particulières comme la limitation des clauses d'exclusivité (v. ss 58 et 484). Dans le cadre des ventes commerciales, quelques « spécificités » ou aménagements demeurent. C'est le cas des ventes auxquelles est associée une clause d'exclusivité réglementée par l'article L. 330-3 du Code de commerce et qui limite ces clauses à dix ans. De même des sanctions particulières ont été établies par le juge. Ainsi, la faculté de « laissé pour compte » ou « faculté de remplacement », offre à l'acheteur – quel qu'il soit mais en pratique la situation est réservée aux ventes commerciales – la possibilité de renoncer à prendre livraison de la chose si elle ne le satisfait pas, et donc de disposer d'une faculté de résolution unilatérale de la vente, aujourd'hui généralisée. L'acheteur doit alors conserver la chose si elle lui a été livrée et dispose de la faculté d'acheter d'autres choses sur le marché si le vendeur ne peut fournir à temps, voire d'obtenir réparation de la différence entre le prix convenu et le prix que l'acheteur a dû payer[1].

Un domaine demeure cependant très particulier, celui de la « grande distribution », plus exactement des ventes conclues entre les fournisseurs et les entreprises de la grande distribution. Ce secteur est majeur et s'inscrit, à bien des égards dans le secteur de la distribution, même si les règles qui ont été établies couvrent, en pratique, toutes les ventes commerciales.

Les entreprises de la grande distribution alimentaire ou non alimentaire sont très nombreuses. Elles organisent en général leur activité autour d'une « centrale », une centrale d'achat ou de référencement qui achète pour revendre ou plus souvent « référence » des fournisseurs auprès des distributeurs affiliés à cette centrale[2].

275 Des règles très techniques ont été mises en place depuis 1986[3] pour tenter d'équilibrer les relations existant entre les fournisseurs de ces centrales, les centrales et les points de vente de ces centrales. Il s'est longtemps agi de tenter d'éviter des « discriminations tarifaires » que les entreprises de la grande distribution auraient pu subir, et qui avaient eu pour effet de développer des structures

1. *Cf.* D. Plantamp, « Le particularisme du remplacement dans la vente commerciale », *D.* 2000, Chron. p. 243.
2. Comp. M.-E. André, *Les contrats de la grande distribution*, Litec, 1990.
3. D. Mainguy, J.-L. Respaud et M. Depincé, *Droit de la concurrence*, Litec, 2e éd. 2014.

tarifaires complexes, développant les remises, ristournes et avantages de coopération commerciale (C. com., art. L. 441-3 s.). L'apogée de ces techniques reposait sur les dispositions de la loi Galland de 1996, qui ont été successivement modifiées en 2005 et 2008, dans le but de déréglementer ce secteur, en vue d'une concurrence plus effective, qui serait synonyme de baisse des prix. Pour résumer ces règles dites de « transparence tarifaire », le mécanisme se présente ainsi.

Il en résulte des règles très techniques, inscrites dans une partie des règles relevant du droit de la concurrence, qui ont pour objectif de réglementer les *conditions de vente* proposées par les fournisseurs ainsi que les *conditions particulières de vente* résultant de la négociation des premières, à travers une *convention écrite* (C. com., art. L. 441-1), fixant notamment la teneur du prix et des conditions de vente, notamment les diverses réductions de prix, rabais, remises, ristournes, escomptes. Enfin les factures font l'objet d'une attention particulière, à travers les exigences des articles L. 441-3, 4 et 5 qui imposent certaines mentions – principalement les réductions de prix accordées – sur les factures émises par les fournisseurs. Enfin, la prohibition de la revente à perte (C. com., art. L. 442-2, 3 et 4) permet, pour quelques produits particulièrement concurrencés, de vérifier que l'acheteur ne revend pas en dessous de son « prix d'achat effectif » c'est-à-dire en dessous du prix diminué de toutes les réductions de prix auxquelles il peut prétendre.

§ 2. Les ventes en bourse

276 **Approvisionnement et spéculation.** Les ventes dans les bourses de commerce permettent les grands approvisionnements de matières premières telles que le café, le sel, le sucre, le caoutchouc... et la spéculation sur ces biens. Elles jouent un rôle similaire à celui que les bourses de valeurs jouent pour les titres, actions ou obligations. Il peut s'agir de ventes au comptant où l'acheteur paie immédiatement un stock existant. Il peut s'agir de ventes à terme, qui allient approvisionnement et/ou spéculation : le vendeur vend

un stock qu'il aura à terme (et qu'il espère avoir acquis moins cher) ou l'acheteur achète mais paiera à terme (en priant pour que les cours baissent). Le plus souvent, ces ventes se dénouent par le versement d'une différence correspondant aux gains et aux pertes sur ces marchés. Il peut s'agir de ventes fermes, auquel cas la vente est irrévocable ou bien de ventes conditionnelles où une des parties peut se dédire en perdant un dédit[1].

§ 3. Les ventes aux enchères

277 **Ventes publiques.** Les ventes aux enchères sont des ventes publiques volontaires ou forcées, l'acquéreur étant celui qui propose le prix le plus élevé. Elles font l'objet d'une réglementation spéciale afin d'éviter qu'elles ne concurrencent le commerce traditionnel et ne constituent une forme de tromperie des consommateurs. Le régime des ventes aux enchères publiques a été modifié par la loi du 10 juillet 2000[2], elles sont désormais réglementées par les articles L. 321-1 s. pour les ventes mobilières volontaires, et par les articles 2201 s. pour les ventes sur saisie ; en outre, un mécanisme dit d'« enchères inversées », souvent sur l'Internet, est organisé par l'article L. 442-10 du Code de commerce.

Les ventes aux enchères peuvent être volontaires ou forcées, elles s'effectuent alors sous autorité de justice, le vendeur n'exprimant pas, alors, son consentement à la vente, de sorte que ces ventes échappent à la critique pour fait de lésion (C. civ., art. 1684), ou de garantie des vices cachés (C. civ., art. 1649), mais, le vendeur « saisi » doit procéder à l'exécution de son obligation de délivrance et garantit l'éviction (C. civ., art. 2208). Elle peut d'ailleurs se convertir en vente amiable (C. civ., art. 2202)[3].

Les ventes publiques de marchandises neuves au détail sont interdites car elles concurrenceraient trop le commerce tradition-

---

1. G. Ripert et R. Roblot, *Traité de droit commercial*, t. 2, n°s 2567 s. Un titre constate en outre ces ventes, la filière, dont la transmission vaut transmission des valeurs qu'elle représente, *cf.* L. Boyer, « Les ventes en filière », in *Les ventes commerciales de marchandises*, dir. J. Hamel, 1951, p. 418.
2. J.-L. Bellin, « Le marteau pris dans la toile », *Cah. Lamy droit de l'informatique*, juin 2000, *adde.* L. Mauger-Vielpeau, *Les ventes aux enchères*, Economica, 2002.
3. F.-J. Pansier, « La vente amiable », *D.* 2007. Chron. 246.

nel, à l'exception des ventes sur saisie, des ventes de biens dépendant d'une communauté, d'une succession, d'une faillite, de biens donnés en gage ou encore remis à un artisan et non récupérés (*cf.* L. 25 juin 1841) mais elles sont permises pour les marchandises d'occasion (C. com., art. L. 321-1), de définition large : est un bien d'occasion celui qui est déjà entré en la possession d'une personne pour son usage propre.

En revanche, les ventes en gros de marchandises neuves sont permises lorsqu'elles portent sur des matières premières dont une liste est fixée par une loi du 28 mai 1858, sauf autorisation du tribunal de commerce (C. com., art. L. 322-14).

Dans tous les cas, l'objectif est l'obtention du prix le plus élevé, que ce soit par le truchement d'un tribunal, d'un notaire ou d'une société commerciale agréée. L'acquéreur – l'ajudicataire – accède aux conditions de la vente par la publicité réalisée et le cahier des conditions de la vente, voire le catalogue, comme c'est souvent le cas des ventes aux enchères d'objet d'art. Malgré cela, un contentieux se développe sur le consentement donné par l'acquéreur, notamment sur le fondement de droit commun de l'erreur sur la substance de l'acheteur[1] mais aussi du vendeur, comme les deux très célèbres affaires *Poussin*, celle de *Olympos et Marsyas* la plus connue[2], et celle de *la fuite en Égypte*[3].

§ 4. Les ventes électroniques

278 **Commerce électronique, vente sur Internet.** Le développement du commerce électronique[4] appelle en corollaire celui des ventes en ligne. Les professionnels du secteur distinguent le B to B (*business*

1. Civ. 1re, 27 févr. 2007, n° 02.13.420, *Bull. civ.* I, n° 90, Civ. 1re, 8 déc. 2009, n° 08.16.471 (acheteur professionnel).
2. Paris, 2 févr. 1976, *D.* 1976. 325, concl. Cabannes jusqu'à Versailles 7 janv. 1989, *D.* 1989. 485, en passant par Civ. 1re, 22 février 1978, *D.* 1978. 601, note Ph. Malinvaud, *Defrénois* 1978. 1346, obs. J.-L. Aubert ; Amiens, 1er févr. 1982, *JCP* 1982. II. 19916, note J.-M. Trigeaud, et Civ. 1re, 13 déc. 1983, *D.* 1984. 340 note J.-L. Aubert, *JCP* 1984. II. 20184, concl. Gulphe ; Versailles, 7 janv. 1987, *D.* 1987. 485, note J.-L. Aubert, *JCP* 1988. II. 21121, note J. Ghestin, Comp. Affaire du *Verrou de Fragonard*, Civ. 1re, 24 mars 1987, *D.* 1987. 489, note J.-L. Aubert, *JCP* 1988. II. 21300, note Vieilleville-Miravette.
3. Civ. 1re, 17 sept. 2003, *Bull. civ.* I, n° 183, *JCP* 2004. I. 123, n° 1, obs. Y.-M. Sérinet, *CCC* 2004. 2, obs. Leveneur.
4. M. Vivant, *Les contrats du commerce électronique*, Litec, 1999, nos 69 s.

to business), B to C (*business to consumers*), B to E (*business to employees*). Comme toutes les opérations de ce secteur, les ventes électroniques se singularisent par plusieurs caractères dominants qui guident leur régime :

• les ventes en ligne sont, par nature, des contrats conclus à distance. Par conséquent, les règles sur la vente à distance (v. ss 263) s'imposent même si bien des questions en matière de protection du consommateur ne sont pas réglées[1]. De même, une livraison par transporteur est nécessaire tout comme la mise en œuvre d'une formule de paiement, éventuellement sécurisé, comme pour n'importe quel contrat à distance. La directive n° 2000/31 du 8 juin 2000, qui envisage les règles de conclusion des contrats conclus par voie électronique, a ainsi été transposée par loi du 21 juin 2004 pour la confiance dans l'économie numérique et fait l'objet aujourd'hui d'un régime complet aux articles 1125 et suivants (pour les règles de fond) et 1174 et suivants (pour les règles de forme) ;

• ces ventes ont vocation à l'extranéité : le commerce électronique est moins une composante du commerce interne que du commerce international et donc des ventes soumises à la CVIM, en tout cas des ventes dans lesquelles la gestion de l'élément d'extranéité, clause d'*electio juris* et clause attributive de compétence voire compromissoire, doit être effectuée. Surtout, la loi de 2004 prévoit que la loi applicable est, en principe, la loi du vendeur, conformément aux règles du droit international de la vente, mais que le consommateur résidant en France ne peut se voir privé des dispositions impératives résultant de cette loi ;

• ces ventes sont nécessairement des contrats d'adhésion : leur conclusion s'effectue par un « clic » et non par claque dans la main et toute négociation s'avère difficile[2] ;

• enfin, et surtout, les ventes en ligne sont des contrats dématérialisés. Il en résulte quelques difficultés particulières. La formalisation d'un contrat est rendue nécessaire pour pouvoir organiser

1. J. Passa, « Commerce électronique et protection du consommateur », *D.* 2001. Chron. 555.
2. M. Vivant, « Commerce électronique, un premier contrat type. Le contrat commerçants-consommateurs de la CCIP », *Rev. Lamy, droit des affaires*, sept. 1998, p. 9.

les règles choisies par les parties, c'est-à-dire ici par le promoteur du site Internet. Des conditions générales de vente sont alors souvent précisées : reste à s'assurer qu'elles sont opposables à l'acheteur, c'est-à-dire qu'il en a nécessairement eu connaissance (par exemple en affichant sur l'écran ces conditions générales de vente avant la conclusion définitive du contrat)[1]. La loi du 21 juin 2004, loi pour la confiance dans l'économie numérique a transposé la directive n° 2000/31 du 8 juin 2000 et dont les dispositions sont reprises, et précisées, dans les articles 1125 et suivants du Code civil s'agissant de la conclusion de ces contrats et 1174 et suivants s'agissant de leur forme. Il s'agit notamment d'éliminer les obstacles à l'utilisation des contrats électroniques. L'article 1127-1 du Code civil impose des mentions particulières pour l'offre faite par un professionnel, dont les étapes à suivre pour conclure le contrat électronique, les moyens techniques permettant de corriger d'éventuelles erreurs et de les corriger avant de pouvoir exprimer son acceptation définitive (C. civ. art. 1127-2), validant ainsi la technique du « double-clic », les langues disponibles dont la langue française, les modalités d'archivages et les moyens de connaître les conditions du contrat (sauf si la conclusion est exclusivement faite par échange de courriers électroniques : art. 1127-3). L'auteur de l'offre doit en outre accuser réception de la commande par voie électronique et l'ensemble doit pouvoir être consulté.

1. M. Vivant, « L'importance des stipulations contractuelles », in *Lamy droit du numérique*, Lamy, pt. 2559.

Sous-titre 2

L'ÉCHANGE

279 **Vente et échange.** L'échange est un contrat qui a, sans doute, précédé la vente[1]. L'article 1702 définit, en effet, l'échange comme le « contrat par lequel les parties se donnent respectivement une chose pour une autre ». Le troc, l'échange, s'est effacé dès lors que la monnaie s'est développée, assurant l'abstraction de la contrepartie du transfert de propriété, sa fongibilité et, partant, la promotion de la vente.

L'échange n'a pas nécessairement disparu : tout le monde a un jour échangé un article acheté contre un autre chez un commerçant compatissant. Le contrat d'échange demeure, au-delà un outil efficace. Il est, en effet, l'outil assurant les « remembrements » en matière rurale (C. rur., art. L. 122-1 s.), même si l'échange n'est qu'une figure inspirant une règle imposée par voie d'autorité, qui permet le réaménagement foncier de terres agricoles[2]. De même, les systèmes d'échanges locaux (SEL) sont des contrats par lesquels les membres d'un tel système proposent des biens ou des services au profit des autres membres en échange des biens ou

1. J.-M. Poughon, *Histoire doctrinale de l'échange*, Bibl. dr. priv., t. 194, LGDJ, 1987 ; A. Bardet-Blanvillain, *L'échange*, Thèse Paris II, 2002 ; B. Sousi-Roubi, « Le contrat d'échange », *RTD civ.* 1978. 257. Et, même, si l'on en croit les sociologues, le troc lui-même fut précédé du don (M. Mauss, « Essai sur le don, forme et raison de l'échange dans les sociétés archaïques », in *Sociologie et anthropologie*, Paris, 1966, p. 143).
2. L. Lorvellec, *Droit rural*, Masson, n°s 1206 s.

services proposés par les autres[1]. Ici encore, la figure de l'échange est dénaturée par la présence de services. L'échange est encore un instrument du commerce international[2] qui permet d'échanger des produits contre d'autres, souvent pour contrer une instabilité monétaire ou de cours de marchandises et souvent dans des rapports entre opérateurs d'un pays riche et d'au pays pauvre, voire dans des situations plus complexes, tel le programme « pétrole contre nourriture » en Irak, ou des programmes de « contre-achat », faisant de l'acquisition de produits la condition de l'acquisition de produits dans l'autre. Parfois l'échange est multipartite et devient une complexe opération dite d'échange compensé ou d'échange contre achat, permettant la fourniture de produits ou de technologie contre des acquisitions. L'échange est également une opération financière élaborée à travers des produits dérivés tels les swaps[3], qui sont des opérations d'échange de devises ou de monnaie scripturale, mais aussi les OPE, offres publiques d'échange, variante des OPA, offres publiques d'achat par laquelle une société qui lance, sur un marché boursier, une offre d'acquisition des titres d'une société cible, propose non pas d'acquérir ces titres (offre en cash) mais d'offrir des titres de sa propre société, solution utilisée en période de hausse des cours qui permet à l'offreur de ne pas débourser d'argent et aux vendeurs de spéculer sur une hausse à venir, ou encore des techniques comme les obligations échangeables en actions, qui permettent de convertir un droit de créance né d'un emprunt en droit de propriété.

Le contrat d'échange a cependant cédé la place à la vente. En atteste l'assimilation à la vente qu'assure le Code civil par son article 1707 : toutes les règles de la vente s'appliquent à l'échange hors les règles spéciales prévues aux articles 1702 à 1706 du Code civil, comme le consentement (C. civ., art. 1703, mais des échanges

---

1. R. Libchaber, « Actualité du non-droit : les systèmes d'échanges locaux », *RTD civ.* 1998. 800.

2. J.-M. Mousseron, J. Raynard *et al.*, *Droit du commerce international, op. cit.*, n° 966 (qui décrivent la forme élaborée des « échanges compensés ») ; P. Durand-Bartez, « Le troc dans le commerce international et les opérations de switch », *DPCI* 1982. 195 ; M. Fontaine, « Aspects juridiques des contrats de compensation », *DPCI* 1091. 179.

3. M. Contamine-Raynaud et J.-L. Rives-Langes, *Droit bancaire*, Dalloz, n° 369 : il s'agit d'échanges de taux d'emprunt ou plus exactement d'échanges de monnaie scripturale née d'un emprunt ou bien d'échanges de devises afin d'amortir des risques de changes ou de spéculer sur leurs évolutions.

forcés sont possibles comme les remembrements ruraux), les obligations de délivrance, de garantie, d'éviction ou des vices cachés. Les articles 1704 et 1705 du Code civil semblent, en effet, appliquer des règles particulières de la vente sur ces points : l'article 1704 du Code civil dispose que celui qui a reçu la chose objet de l'échange sans avoir lui-même remis la sienne et qui s'aperçoit que l'autre permutant n'est pas propriétaire ne peut être forcé de livrer mais seulement à rendre la chose, adaptant une règle de la garantie d'éviction et l'article 1705 du Code civil en réécrivant une autre.

280 **Règles propres à l'échange.** L'échange trouve sa spécificité dans le double transfert de propriété qu'il entraîne (C. civ., art. 1702) : c'est un contrat translatif et réciproque. L'échange se distingue donc de contrats dans lesquels une chose est « échangée » contre un service (comme la vente d'un terrain contre la construction d'un immeuble ou le bail à nourriture). La loi assimile pourtant à l'échange des contrats qui ne seraient pas considérés comme relevant du domaine de l'échange comme les échanges d'appartements par des copermutants qui ne seraient pas propriétaires mais locataires (L. 1er sept. 1948, art. 79).

Le contrat a, donc, deux objets, les deux choses (quelles qu'elles soient : immeubles, meubles corporels ou incorporels comme des actions[1] ou de doits réels comme des droits indivis ou d'usufruit) qui sont échangées et dont la propriété est transférée. En ce sens, l'échange n'est pas assimilable à deux ventes dans lesquelles les prix seraient compensés ou à une vente dans laquelle le prix serait payé par dation en paiement. Mais la distinction est parfois difficile. Constituerait deux ventes l'« échange » dans lequel les prix de chaque chose seraient indiqués (à moins qu'il ne s'agisse que d'une information à caractère fiscal).

Aucun prix n'apparaît, en effet, dans ce contrat. Pourtant, toute contrepartie monétaire n'est pas exclue dans l'échange.

1. L. 24 juill. 1966, art. 200 s. *Cf.* Dorat des Monts, « Un titre intermédiaire entre l'action et l'obligation : l'obligation échangeable », *JCP* 1965. I. 1920. *Cf.* aussi les sophistiqués contrats de swaps qui sont des échanges de monnaie scripturale ou d'emprunts (P.-A. Boulat et P.-Y. Chabert, *Les swaps, technique contractuelle et régime juridique*, Masson, 1992).

Ainsi, l'échange avec soulte traduit l'hypothèse commune dans laquelle les choses échangées n'ont pas une valeur équivalente ; celui qui reçoit la chose qui présente la plus forte valeur devra payer une somme, une soulte, à l'autre, destinée à compenser la différence de valeur. Mais alors, si la soulte est une somme plus importante que la chose qui l'accompagne, le paiement la soulte devient, économiquement, l'objet principal des obligations de son débiteur en sorte que, l'aspect monétaire redevenant principal, le contrat redevient une vente par application de la règle *accessorium principale sequitur*[1] (*cf.* C. civ., art. 1436).

Autre conséquence de l'absence, en principe, d'expression monétaire des obligations des échangistes, aucune action en rescision pour lésion ne peut être exercée (C. civ., art. 1706).

1. *Cf.* par ex., Civ. 3e, 26 juin 1973, *Bull. civ.* III, n° 436, *RTD civ.* 1974. 145, obs. Y. Loussouarn. L'intérêt tient essentiellement à la possibilité de retrouver une action en rescision pour lésion.

Sous-titre 3

Les autres contrats emportant transfert de propriété

281 **Plan.** Différents contrats assurent un transfert de propriété ou un transfert de droit à un moment ou un autre. Certains, très proches de la vente, assurent ce transfert de façon immédiate (**§ 1**) et d'autres combinent plusieurs opérations pour réaliser, finalement, un transfert de propriété, tel le crédit-bail (**§ 2**) ; certains, enfin, réalisent un transfert de droit, mais de façon temporaire (**§ 3**).

§ 1. Les contrats assurant un transfert immédiat de propriété de la chose

282 **Apport en société.** L'apport en société est un contrat par lequel une personne apporte quelque chose (apport en nature ou parfois en jouissance ou en industrie) à une société en contrepartie de parts sociales ou d'actions représentant la valeur de cet apport dans le capital social. Seul l'apport en nature, cependant, est un contrat translatif de droit ; l'apport en jouissance ayant davantage de rapports avec le bail.

L'article 1843-3, alinéa 3 du Code civil impose à l'apporteur qu'il garantisse son apport « comme un vendeur envers son acheteur ».

Plus largement, l'apport en société est assimilé au contrat de vente même si la spécificité de ce contrat impose quelques réserves.

Ainsi, le transfert de propriété est nécessairement retardé jusqu'à l'immatriculation de la société qui datera la reconnaissance de la personnalité juridique de la société (à moins qu'il s'agisse d'un apport consécutif à une augmentation de capital).

De même, parce qu'aucun prix n'apparaît, la rescision pour lésion devrait être exclue (d'ailleurs pour certaines sociétés, une procédure d'évaluation par un commissaire aux apports est organisée mais pour protéger les tiers sur la réalité du capital et non les associés).

283 **Dation en paiement.** La dation en paiement est un contrat particulier qui confère au débiteur d'une obligation la faculté de payer (un prix ou plus largement d'exécuter une obligation) en remettant une chose à la place de ce qui était convenu, en obtenant l'accord du créancier (*cf.* C. civ., art. 1342-4).

La dation en paiement est alors assimilée à une vente à laquelle elle emprunte tout son régime, les règles de capacité, celles relatives à la rescision pour lésion, la garantie et, bien sûr au transfert de propriété[1]. Ce contrat est cependant fragilisé en cas de redressement judiciaire du débiteur : les règles en matière de procédures collectives frappent de nullité une dation en paiement effectuée pendant la période suspecte car elle est considérée comme un paiement anormal.

§ 2. Les contrats assurant un transfert retardé de propriété de la chose

284 **Présentation.** D'autres formes contractuelles combinent diverses opérations contractuelles et se présentent comme des contrats alternatifs à la vente, comme les contrats de location-vente, de location-accession ou de crédit-bail. Ces contrats pourraient être

1. Civ. 3e, 26 juin 1993, *JCP* 1993. II. 22195, note I. Pétel-Teyssié.

traités au chapitre du bail, comme c'est parfois le cas ou bien du prêt en raison du rapprochement que l'on peut faire avec des opérations de crédit si ce n'était la considération de leur but final qui est bien d'acquérir une chose.

A. Les contrats de location-vente et location-accession

285 **Location-vente.** Le contrat de location-vente dit aussi *leasing* assimile bail et vente[1] et constitue, en même temps, une opération de crédit. Il s'agit d'associer un bail à une vente de manière à permettre à une personne d'user de la chose et de la rendre propriétaire, à terme, tout en assurant au vendeur-bailleur la conservation de la propriété de la chose, garantie du crédit consenti. Deux régimes se distinguent, cependant.

En premier lieu, ce contrat peut assurer dès sa formation le transfert de propriété de la chose à son terme, en un véritable contrat de location-vente, où le locataire paye des « loyers » qui s'imputent sur le prix de vente en constituant à la fois le prix de la jouissance de la chose et une fraction du prix de la vente de cette chose, dont le transfert de propriété est retardé au terme du contrat.

En second lieu, le contrat peut être un bail assorti d'une promesse unilatérale d'achat en sorte qu'au terme du contrat le locataire peut ou bien lever l'option et acquérir la chose moyennant le prix de sa valeur résiduelle ou bien ne pas lever l'option et restituer la chose ou bien encore renouveler le bail.

S'agissant de location-vente mobilière, et quel que soit le type de contrat conclu, les dispositions de la loi du 10 janvier 1978 sur le crédit mobilier aux consommateurs (C. consom., art. L. 312-1 s. et part. art. L. 312-2 al. 2) s'appliquent, du moins lorsqu'il est conclu avec un consommateur. Il en est de même pour les locations-ventes conclues en matières immobilières, tout autant assimilées à des opérations de crédit et, de ce fait, soumises aux règles des articles 312-1 s. du Code de la consommation (C. consom., art. L. 313-53).

1. L. Aynès, V° Location vente, *J.-Cl. Contr. distr.*, fasc. 760.

On ne confondra pas cette opération avec le contrat de *lease back* appelé aussi « cession-bail » en matière immobilière et « *leasing* adossé » en matière mobilière : une entreprise spécialisée achète la chose à son contractant et le lui loue à titre d'un *leasing* ou d'un crédit-bail[1]. L'établissement financier se constitue ainsi une sûreté efficace, par la propriété de la chose.

Le contrat de *renting* ou « location-service » est un contrat qui associe le fournisseur d'un bien assez complexe, une machine, un système informatique, qui le loue à un utilisateur en l'accompagnant d'une prestation de services, d'entretien ou de maintenance, moyennant le paiement d'un loyer qui couvre l'ensemble de la prestation.

Le contrat d'*outsourcing* est un contrat d'externalisation : le propriétaire d'un bien, un système informatique par exemple, confie sa gestion et sa maintenance à une entreprise spécialisée.

286 **Location-accession.** Le contrat de location-accession est très proche de la location-vente (sans promesse d'achat) mais connaît une certaine spécificité en matière immobilière en raison d'une loi du 12 juillet 1984 qui assimile l'accédant à un acheteur (qui a par exemple la qualité de copropriétaire, art. 32) bien que le transfert de propriété soit retardé au terme du contrat. Ce contrat est un contrat solennel : l'article 4 de la loi de 1984 impose un acte authentique[2].

B. Le contrat de crédit-bail

287 **Définition.** Le contrat de crédit-bail également dit *leasing* participe de la même fusion d'opérations de vente, location et de crédit, auxquelles s'ajoute un peu de mandat.

La loi du 2 juillet 1966 intégrée depuis dans le Code monétaire et financier issu de la vague de codification administrative de l'année 2000 (C. mon. et fin., art. L. 313-7) le définit comme l'opération de location de bien d'équipement ou de matériel d'outillage, d'immeuble ou de fonds de commerce achetés en vue de la loca-

1. G. Parléani, « Le contrat de *lease-back* », *RTD com.* 1973. 699. V. Civ. 3e, 19 mai 1999, *JCP* 2000. 268, note Ph. Neau-Leduc.
2. Civ. 3e, 13 déc. 2000, *RJDA* 2001. 581.

tion à un *crédit-preneur* par une entreprise, le *crédit-bailleur*, et qui donne au crédit-preneur la faculté d'acquérir (par une promesse unilatérale de vente) les biens loués (C. mon. et fin., art. L. 313-7, 1° et 2° pour le contrat de crédit-bail immobilier)[1].

C'est surtout un contrat de crédit en sorte que ce contrat ne peut être conclu que par un établissement de crédit. Il répond, en effet, au besoin d'une entreprise qui souhaite acquérir l'un des biens entrant dans le domaine du crédit-bail et qu'il ne peut payer immédiatement. Un banquier pourrait lui prêter la somme nécessaire mais, souhaitant garantir ce crédit par la meilleure des sûretés, la propriété, il achètera ce bien et le donnera en location à l'entreprise utilisatrice qui pourra l'acquérir à son tour au terme du contrat en levant l'option de la promesse unilatérale de vente que doit contenir ce contrat (ou bien refusera de lever cette option pour restituer la chose ou demander le renouvellement du contrat pour une nouvelle période de jouissance).

Si seuls le crédit-bailleur et le crédit-preneur sont parties au contrat de crédit-bail, trois personnes sont présentes dans l'opération plus globale de crédit-bail : le vendeur du matériel ou de l'immeuble ou du fonds de commerce conclut un contrat de vente avec le crédit-bailleur[2], une banque, qui le louera au crédit-preneur (un industriel, un commerçant, un agriculteur) qui lui-même sera en contact avec le vendeur pour choisir le matériel idoine et pour l'exécution du contrat de vente, le crédit-bailleur donnant mandat au crédit-preneur pour tout ce qui relève de l'exécution de la vente : l'obligation de délivrance, de garantie (le banquier souhaitant se contenter de sa fonction de fournisseur de crédit).

Quatre opérations se conjuguent, donc, dans ce contrat, la vente, la location, une promesse unilatérale d'achat, un mandat,

1. M. Cabrillac, V° Crédit-bail, *Rép. civ.*, Dalloz ; J. Calais-Aulois, V° Crédit-bail, *Rép. com.*
2. Si le vendeur est lui-même le crédit-bailleur, le contrat n'est pas un contrat de crédit-bail au sens de la loi de 1966. Parfois aussi le vendeur cède le bien au crédit-bailleur qui le lui loue en retour : il s'agit, alors, d'un contrat de *cession-bail* ou de *lease-back* (G. Parléani, « Le contrat de *lease-back* », *RTD civ.* 1973. 699). En outre, il pourrait s'agir non pas d'une vente mais d'un contrat d'entreprise avec fourniture de matières : peu importe, l'essentiel étant que le crédit-bailleur devienne effectivement propriétaire de la chose (L. 1966, art. 1er, 2°).

le tout noyé dans une ambiance d'opération de crédit, par une symbiose propre à ce contrat[1].

Par conséquent, le contrat de crédit-bail se distingue de contrats voisins. Ainsi, il n'est pas une vente à crédit dans laquelle le transfert de propriété est simplement retardé et où le paiement, surtout, est échelonné. Il ne s'agit pas non plus d'un contrat de prêt assorti d'une sûreté réelle : la propriété de la chose. Plusieurs arguments techniques militent contre cette assimilation. La propriété n'est pas véritablement la garantie du paiement des loyers et s'il s'agissait d'un prêt, ce serait nécessairement un prêt à usage, par essence gratuit ; or les règles du prêt d'argent sont inapplicables au crédit-bail. En outre, la restitution de la chose en cas de défaillance du crédit-preneur n'éteint pas la créance du crédit-bailleur[2].

288 **Formation du contrat de crédit-bail.** Quelques règles particulières de formation dérogent aux règles du droit commun de la formation des contrats. Il ne peut, d'abord, être conclu que par un établissement de crédit. Lorsque le contrat est, ensuite, conclu avec un consommateur, les règles protectrices du consommateur (C. consom., art. L. 312-1 s. pour un meuble[3] et L. 313-1 s. pour un immeuble) s'ajoutent aux règles de la loi de 1966. Enfin, le contrat de crédit-bail immobilier doit prévoir, à peine de nullité, une clause assurant une faculté de résiliation unilatérale anticipée, forme de clause de rétraction (C. mon. et fin., art. L. 313-7, 2°, al. 2), sans bien entendu avoir à verser l'ensemble des loyers[4].

Des règles de publicité sont également prévues afin d'informer les tiers que le bien loué n'appartient pas à l'utilisateur. Ce sont les règles de la publicité foncière pour le crédit-bail immobilier selon le régime des baux (publicité obligatoire si le contrat excède douze ans) et des règles spéciales pour le contrat de crédit-bail mobilier, organisées au greffe du tribunal de commerce du siège du crédit-preneur comportant une sanction particulière puisque

---

1. E.-M. Bey, *De la symbiotique dans les contrats de* leasing *et crédit-bail mobiliers*, Dalloz, 1970.
2. Sur cette question, *cf.* M. Cabrillac et Ch. Mouly, *Droit des sûretés*, *op. cit.*, n° 535 ; J. Mestre, E. Putman et M. Billiau, *Droit commun des sûretés réelles*, LGDJ, 1996, n° 22.
3. Civ. 1re, 1er déc. 1993, *Bull. civ.* I, n° 354.
4. Civ. 1re, 27 avr. 1988, *JCP* 1989. II. 21171, note E.-M. Bey.

ce n'est pas le contrat qui serait, à défaut, inopposable aux tiers (C. mon. et fin., art. L. 313-10), mais le droit de propriété du crédit-bailleur lui-même, permettant, alors, aux tiers créanciers du crédit-preneur de saisir ce bien[1] (Décr. 4 juill. 1972, art. 2 et 3, mais voir art. 10 et 11 pour le contrat de crédit-bail immobilier qui doit en outre faire l'objet de la publicité foncière[2]).

289 **Exécution du contrat de crédit-bail.** On retrouve toutes les composantes plus haut repérées dans le régime du contrat de crédit-bail. Le crédit-bailleur donne mandat au crédit-preneur d'acheter et d'exécuter toutes ses obligations d'acheteur (sauf de payer) comme d'exercer en son nom toutes les actions en justice qu'il pourrait exercer contre le vendeur (en responsabilité, en garantie). À défaut, en effet, le crédit-preneur devrait agir contre le crédit-bailleur, son contractant, en cas d'éviction ou de vices cachés selon les règles du bail et ce dernier devrait appeler le vendeur en garantie. Plus qu'un mandat, d'ailleurs, c'est très fréquemment une cession de créance future au profit du crédit-preneur qui est organisée[3] assortie d'une clause de non garantie du crédit-bailleur[4].

De même, le contrat organise la location et la promesse unilatérale de fin de contrat, en prévoyant le terme du contrat, les loyers, souvent assortis d'une clause pénale imposant, en cas de non-paiement d'une échéance, le paiement de toutes les échéances à venir (comme dans un contrat de prêt d'argent) qui n'est considérée comme une clause pénale[5].

290 **Extinction du contrat. Indivisibilité des contrats.** Surtout, la question de pose du sort du contrat de crédit-bail en cas de disparition du contrat de vente (annulation, résolution, rescision ou rédhibition)

1. *Cf.* aussi, C. com., art. L. 621- 115 s.
2. La sanction est l'inopposabilité aux tiers du crédit-bail et notamment des tiers qui ont acquis des droits concurrents sur le bien objet du contrat : Com. 15 mai 2001, *RJDA* 2001. 1025.
3. À moins qu'il ne s'agisse d'une délégation de créance : *cf.* Com. 4 juin 1996, *JCP* 1996. II. 22744, note M. Taillens-Dessalle, *D.* 1996. 630, note M. Billiau, cession de créance d'ailleurs inopposable au vendeur (Com. 7 juin 1994, *CCC* 1994. 244, obs. L. Leveneur).
4. Cette clause est, d'ailleurs, d'une licéité douteuse. Ainsi, quoique validée dans un crédit-bail professionnel (Com. 30 oct. 1973, *Bull. civ.* IV, n° 303, *D.* 1974. Somm. 6), elle est écartée dans un contrat conclu avec un consommateur (Com. 6 janv. 1994, *JCP* 1994. II. 22237, note G. Paisant).
5. Civ. 3e, 27 juin 2001, *RJDA* 2001. 1143, Civ. 3e, 27 nov. 1996, *RJDA* 1997. 389, à propos d'un contrat de crédit-bail immobilier.

conclu entre le vendeur et le crédit-bailleur (étant entendu que le mandat consenti par le crédit-bailleur au crédit-preneur assure à ce dernier une action contre le vendeur).

En principe, en vertu de l'article 1999 du Code civil, le crédit-preneur, tiers à la relation entre le crédit-bailleur et le vendeur, devrait continuer à payer les loyers malgré l'extinction de la vente conclue entre le vendeur et le crédit-bailleur. Mais en même temps, cette extinction prive d'objet le contrat de crédit-bail. Aussi la jurisprudence affirme-t-elle que le contrat de crédit-bail doit être résilié[1], résiliation qui n'affecte que l'avenir du contrat sans remettre en cause son passé, et qui se justifie par un phénomène d'indivisibilité des deux contrats de vente et de crédit-bail en une même opération (mais il est vrai que le crédit-bailleur est partie au contrat de vente et au contrat de crédit-bail). L'article 1186, al. 2 du Code civil offre cependant une autre solution à travers la logique de la caducité du contrat « dont l'exécution est rendue impossible » par la disparition du contrat, disparu, qui était une « condition déterminante » du consentement d'une partie.

1. Cette question fut l'objet d'une controverse fameuse. Une divergence apparaissait entre la première chambre civile qui estimait que la disparition rétroactive de la vente devait entraîner celle, tout aussi rétroactive, du contrat de crédit-bail, faute de cause ou d'objet (Civ. 1re, 3 mars 1982, *JCP* 1983. II. 20115, note E.-M. Bey ; *RTD civ.* 1983. 152, obs. Ph. Rémy, Civ. 1re, 11 déc. 1985, *Bull. civ.* I, n° 351, *Defrénois* 1986. 591, obs. J. Honorat), contre la solution de la chambre commerciale qui estimait que le contrat de crédit-bail se maintenait (Com. 15 mars 1983, *JCP* 1983. II. 20115, note E.-M. Bey ; *RTD civ.* 1983. 758, obs. Ph. Rémy), jusqu'à ce qu'une décision de Chambre mixte tranche en faveur d'une solution médiane mais plus exacte : Ch. mixte, 23 nov. 1990 (deux arrêts) *D.* 1991. 121, note Ch. Larroumet, *CCC* 1991. 30, obs. L. Leveneur : « La résolution du contrat de vente entraîne nécessairement la résiliation du contrat de crédit-bail sous réserve des clauses ayant pour objet de régler les conséquences de cette résiliation » comme une clause assurant le paiement des intérêts ou une clause de garantie par le crédit preneur de la restitution de la chose par l'utilisateur si le fournisseur est insolvable (*cf.* aussi Com. 15 mars 1994, *JCP* 1994. II. 22339, note F. Labarthe). Il semble, pourtant, si l'automaticité de la rupture du contrat de crédit-bail est ainsi assurée, que ce soit la caducité qui la justifie, sanction automatique résultant du défaut de cause (le crédit-bail a été conclu parce que la vente l'a été) ou d'objet (l'objet du contrat de crédit-bail est commun à la vente) du contrat de crédit-bail par la disparition de la vente, davantage qu'une résiliation qui demeure un mécanisme volontaire de rupture (v. aussi, Com. 25 avr. 2001, *RJDA* 2001. 898, à propos de l'inexécution de l'obligation de délivrance conforme justifiant la résolution de la vente laquelle emporte résiliation du contrat de crédit-bail).

§ 3. Les contrats assurant un transfert temporaire de propriété d'une chose

291 **Diversité.** De très nombreux contrats n'assurent un transfert de droit que pour un temps déterminé. Il s'agit généralement de formules dérivées du bail : bail à construction, bail superficiaire, emphytéose. Il s'agit parfois de formules plus sophistiquées encore, empruntant aux techniques financières : ce sont les formules fiduciaires comme la fiducie ou le contrat de portage.

292 **Bail emphytéotique.** Les articles L. 451-1 s. du Code rural consacrent de larges passages à la description de ce contrat qui apparaît quelque peu désuet, le bail emphytéotique ou emphytéose. Il s'agit d'un contrat portant nécessairement sur un immeuble assurant à l'emphytéote (le locataire) un droit réel sur le fonds dont il aura la maîtrise en contrepartie du paiement d'une redevance – le canon – généralement modique afin d'encourager l'emphytéote à exploiter effectivement le fonds (souvent un fonds rural).

Trois conditions sont requises pour qu'un banal contrat de bail devienne un bail emphytéotique :

- la durée minimum du contrat est de 18 ans (et au maximum de 99 ans, C. rur., art. L. 451-1 et v. ss 321) ;
- il doit être conclu à titre onéreux. Même – et souvent – modique, une redevance doit être prévue. Forfaitaire, elle n'est pas un loyer et ne peut être révisée même en cas de perte de la chose (C. civ., art. 1722) ;
- il doit conférer à l'emphytéote un droit réel, de sorte que ce contrat n'est pas assimilable à un bail. La jurisprudence considère d'ailleurs que ce droit ne peut être altéré, sauf à emporter la requalification en bail[1].

Dès lors ce contrat impose la capacité d'aliéner un immeuble (C. rur., art. L. 451-2) et doit être soumis aux règles de la publicité foncière.

1. Civ. 3e, 3 oct. 1991, *Bull. civ.* III, n° 222, à propos d'une interdiction de sous-louer.

Les effets du bail emphytéotique diffèrent selon que l'on observe son exécution et son extinction. Au cours du bail emphytéotique, l'emphytéote est titulaire d'un droit réel sur la chose en sorte qu'il bénéficie du droit d'accession (C. rur., art. L. 451-10), du droit de chasse et de pêche (C. rur., art. L. 451-11), qu'il peut acquérir des servitudes (C. rur., art. L. 451-9), qu'il peut hypothéquer son droit (C. rur., art. L. 451-1). Il est par ailleurs tenu de certaines obligations, payer la redevance mais aussi les frais et charges (C. rur., art. L. 451-8) ; il est tenu d'effectuer les réparations et s'interdit des changements qui modifieraient la valeur du fonds. Il est donc tenu à bien plus qu'une simple obligation d'entretien du type de celle qui pèse sur le locataire (v. ss 331).

De son côté, le bailleur est tenu de délivrer la chose, comme le vendeur, de la garantie, tant contre l'éviction que contre les vices cachés, ce qui se justifie par le transfert du droit.

À la fin du bail, qu'elle survienne normalement à son terme ou accidentellement par résolution (*cf.* C. rur., art. L. 451-5 mais il faudrait cesser de payer pendant deux ans ou commettre de graves détériorations), la chose revient dans le patrimoine du bailleur avec toutes les améliorations (C. rur., art. L. 451-7, comme le promettent les règles ordinaires de l'accession immobilière).

293 **Bail à construction.** Prévu par les articles L. 251-1 s. du Code de la construction et de l'habitation depuis une loi du 16 décembre 1967, le bail à construction est un contrat qui ressemble par beaucoup de traits à un bail emphytéotique qui aurait été aménagé pour les besoins non plus d'une exploitation rurale mais d'une opération de construction immobilière. Il se définit comme le contrat par lequel le preneur dispose d'un droit réel sur le terrain loué, pendant une durée comprise entre 18 et 99 ans, afin d'y édifier une construction.

Dès lors, pendant la durée du contrat, le preneur est titulaire d'un droit réel sur la chose – un terrain à bâtir généralement – et est propriétaire de l'immeuble qui y est édifié. À la fin du bail, le bailleur retrouve le terrain et, surtout, devient propriétaire de l'immeuble édifié (un immeuble de rapport, un hôtel, un centre commercial...).

Une formule voisine réside dans le bail à réhabilitation (C. constr. et hab. art. L. 252-1 issu d'une loi du 31 mai 1990) permettant à des organismes HLM de réaliser des logements sociaux par réhabilitation d'appartements appartenant à des personnes privées.

Titre 2

Les contrats assurant l'usage de la chose

294 **Plan.** Deux contrats peuvent essentiellement être considérés comme assurant un usage de la chose à l'un des contractants. Le bail, en premier lieu, en constitue l'exemple type (Sous-titre 1). Le prêt peut également être considéré comme un tel contrat (Sous-titre 2).

Sous-titre 1

Le contrat de bail

295 **Les baux, droit commun, statuts.** Les contrats qui ont pour objet l'usage d'une chose sont, essentiellement, les contrats de bail, les baux. Plus exactement, il s'agit du louage de chose. Le Code civil connaît trois sortes de louages : le louage d'industrie (C. civ., art. 1780) qui est devenu le contrat de travail ; le louage d'ouvrage qui est le contrat d'entreprise plus loin étudié et le louage de chose, le bail.

Pourtant, le bail, au sens moderne du terme, n'a plus guère à voir avec le louage de chose du Code civil, un code physiocrate, un code de propriétaires fonciers fondé sur la liberté contractuelle. Le bail dans le Code civil est ainsi le mode de gestion approprié de la propriété et, essentiellement, de la propriété immobilière. Aussi, il aurait été étonnant que l'évolution interventionniste du droit privé de la fin du XIXe siècle et du début du XXe qui a très largement corrigé le libéralisme contractuel antérieur ne se fût pas intégrée dans le droit des baux. Au contraire, il a très largement subi cette évolution sous forme de « statuts » qui éparpillent le droit des baux selon le but recherché par les parties et font des règles communes à tous les baux du Code civil des règles subsidiaires et passablement obsolètes. Ainsi les baux ruraux connaissent leurs règles, les baux commerciaux les leurs, les baux d'habitation et, demain, les baux professionnels, les leurs encore.

Ces règles spéciales (à un contrat lui-même spécial) sont, en outre, le plus souvent d'ordre public et sont parfois précédées de grandes formules à valeur déclarative comme celle de l'article 1er de la loi du 6 juillet 1989 : « Le droit au logement est un droit fondamental ; il s'exerce dans le cadre des lois qui le régissent. »

Ce caractère d'ordre public ajoute encore à la désuétude relative des règles du bail du Code civil qui pourraient être envisagées par les optimistes comme un droit commun du bail ou par les pessimistes comme un droit résiduel du bail réservé à tous les baux qui ne portent sur des immeubles ni ruraux, ni commerciaux, ni d'habitation, et même, depuis les dispositions de la loi ALUR du 24 mars 2014, les locations meublées, ce qui fait quand même beaucoup. Toutes les locations d'immeubles qui parviennent à se glisser dans les interstices laissés libres par ces statuts, comme les locations de garages, de places de parking ou de jardins par exemple, et encore, à condition qu'ils ne soient pas loués comme accessoire d'un bail d'habitation, demeurent régies par le Code civil, comme les locations de biens meubles corporels et, surtout, incorporels (à moins qu'une législation particulière ne soit à nouveau prévue comme pour la location-gérance de fonds de commerce).

296 **Plan.** Ces observations auraient pu nous conduire à reculer devant l'obstacle pour identifier le droit commun des baux puis les règles spéciales à certains baux. L'avantage de cette présentation est évident : l'éclairage de la première partie sert en même temps de support technique à la seconde, raison pour laquelle la plupart des auteurs la retiennent.

Nous classant, cependant, dans le camp des optimistes plus hauts visés, il nous semble préférable d'envisager les baux dans leur ensemble en identifiant à chaque fois la spécificité de tel ou tel régime spécial (exactement comme pour la vente), afin de présenter une vue d'ensemble de tous les baux et, donc, du droit sinon du bail du moins des baux [1]. Aussi retiendrons-nous le plan

1. Comp. Ph. Malaurie, L. Aynès, et P.-Y. Gautier, nos 599 s.

qui nous sert de guide depuis le début : observons quels sont les éléments communs du bail (CHAPITRE 1) puis les conditions de la formation des baux (CHAPITRE 2), les effets des baux (CHAPITRE 3) et, enfin, leur extinction (CHAPITRE 4), et, enfin, certains baux spéciaux (CHAPITRE 5).

CHAPITRE 1

Les éléments communs du bail

297 Le bail est un contrat défini par l'article 1709 du Code civil comme « le contrat par lequel l'une des parties s'oblige à faire jouir l'autre d'une chose pendant un certain temps, et moyennant un certain prix que celle-ci s'oblige à lui payer ». Il convient, alors, d'observer les éléments de qualification du bail (SECTION 1) et, enfin, les questions de forme et de preuve (SECTION 2).

SECTION 1

LA QUALIFICATION DU BAIL

298 **Définition et identification.** Le contrat de bail est un contrat qui assure un droit de jouissance sur une chose au preneur en lui assurant un droit personnel, pendant une certaine durée et moyennant un certain prix. Le contrat de bail est, donc plus complexe que la vente puisqu'il requiert trois éléments constitutifs, une chose, un prix et une durée. L'influence du contrat de bail est déterminante. Il permet, pour le propriétaire d'assurer une technique efficace et rentable de gestion de la propriété. Il assure aux locataires la possibilité d'user d'une chose, moyennant le

paiement d'un loyer sans subir les charges de la propriété. Socialement, le bail est la technique permettant d'obtenir un logement mais plus ordinairement d'utiliser certaines choses : audiovisuels, matériel sportif, automobiles, etc.

On parle alors indifféremment de louage de chose, même si le terme est, quoique dans le Code civil, désuet, ou de bail, alliant un bailleur et un preneur à bail ou preneur, de location, alliant un loueur et un locataire, voire, pour des baux portant sur des biens meubles incorporels, de licence, alliant un concédant et un licencié (de marque, de brevet par exemple). En droit des transports on parle également d'affrètement alliant un fréteur (bailleur) et un affréteur (preneur).

299 Le bail porte sur une chose et la contradiction ou les rapprochements entre les règles du droit des contrats et celles du droit des biens ne peuvent manquer d'apparaître. C'est ainsi que le même résultat pour le preneur pourrait être obtenu par la constitution d'un usufruit qui est un droit réel. L'usufruitier dispose de l'*usus* et du *fructus* tandis que le nu-propriétaire conserve l'*abusus*. Mais si les prérogatives paraissent voisines, les deux institutions sont différentes : l'usufruit est un droit réel en général constitué pour un temps assez long, souvent subi (par le nu-propriétaire, par exemple par les héritiers après le décès d'un parent), et sans que s'organisent de rapports entre le nu-propriétaire et l'usufruitier, au contraire du bail, contrat de durée courte ou moyenne et dont le régime est choisi (du moins en principe eu égard au poids des statuts spéciaux).

Plus encore, c'est surtout la sinueuse controverse sur le point de savoir si le droit du preneur est effectivement un droit personnel contre le bailleur ou un droit réel sur la chose qui a animé la doctrine[1] et que l'on retrouve aujourd'hui à l'aune des statuts protecteurs qu'assurent les règles modernes du droit des baux. En effet, le bail est opposable aux propriétaires successifs de la chose louée (C. civ., art. 1743), un droit de renouvellement est accordé

1. *Cf.* not. J. Derruppé, *La nature juridique du droit du preneur à bail et la distinction des droits réels et des droits de créance*, Thèse Toulouse, 1952 ; « Souvenir et retour sur le droit réel du locataire », *Mélanges L. Boyer*, Toulouse, 1996, p. 169.

au locataire comme en matière de baux ruraux ou commerciaux lui assurant une « vocation à la perpétuité[1] ». Ces caractères traduisent l'ambiguïté de la situation du preneur qui devient proche de celle d'un titulaire de droit réel (même si la plupart des règles qui nourrissent cette ambiguïté sont légales et point issues de l'assimilation avec la théorie générale des droits réels : *cf.* par exemple C. civ., art. 1425 en matière de régimes matrimoniaux qui assimile les règles de conclusion d'un bail commercial ou rural à celles de la vente d'immeuble). Le principe demeure cependant que le locataire ne dispose que d'un droit personnel.

Par exception, cependant, au principe selon lequel le bail ne confère aucun au premier qu'un droit personnel, certaines formules contractuelles organisent un transfert de droit réel au preneur pour un temps déterminé et, par conséquent, organisent la possibilité du retour de la chose dans le patrimoine du propriétaire. Ces contrats sont très proches du bail, auquel ils empruntent souvent leur titre, d'ailleurs.

Premier de ces contrats, l'emphytéose ou bail emphytéotique est organisé par les articles L. 451-1 s. du Code rural. Ce contrat porte sur un immeuble (et le plus souvent un terrain) et assure à l'emphytéote pour une très longue durée (entre 18 et 99 ans) un droit réel, le droit emphytéotique qui est un droit d'user et d'exploiter le fonds, sur cette chose moyennant le paiement d'une redevance.

Autre de ces contrats, le bail à construction (CCH, art. L. 251-1 s.) est une version du bail emphytéotique par lequel le propriétaire d'un terrain assure au preneur un droit réel sur un terrain (CCH, art. L. 251-3) lequel s'oblige à construire un immeuble sur ce terrain (CCH, art. L. 251-1). Ce contrat a, donc, pour objet davantage la mise en valeur du terrain que sa jouissance. Au terme du contrat, le propriétaire retrouve son terrain ainsi que les édifications construites par le preneur, selon les règles de l'accession immobilière.

1. Ph. Malaurie, L. Aynès et P.-Y. Gautier, n° 621, d'ailleurs on n'hésite pas à évoquer le terme de « propriété commerciale » ou de « propriété rurale » pour évoquer le statut du preneur.

300 **Bail et contrats translatifs de propriété.** Où la vente assure un transfert de propriété à un acheteur, le bail se contente de confier la jouissance d'une chose au preneur. La différence est, donc, bien établie à cela près que le preneur doit également, en fin de bail, restituer la chose au bailleur. Par conséquent, ne peut faire l'objet d'une location une chose insusceptible de restitution parce que consomptible ou bien dont la substance est altérée. Dès lors, le louage d'une chose dont les fruits sont perçus par le locataire est possible mais pas celui d'une chose dont les produits seraient extraits comme le contrat assurant le droit d'exploiter une mine qui est une vente de matériaux.

De même, le bail se distingue des contrats assurant un transfert différé de la propriété comme le contrat de crédit-bail, la location-vente ou la location-accession car, même si ces contrats comportent une part non négligeable de location[1], c'est, pour l'essentiel, la composante « transfert de droit » qui constitue l'objectif premier des parties[2].

301 **Bail et dépôt.** Le contrat de dépôt comporte, comme le bail, une obligation de restitution. Mais ce sont là leur seul rapport car le dépôt a pour objet la conservation d'une chose alors que le bail a pour objet la jouissance de la chose et, très accessoirement, sa conservation. Pourtant des zones de conflits demeurent par exemple pour des contrats comme le contrat de coffre-fort, contrat dans lequel une banque loue un coffre pour y stocker (déposer ?) ou le contrat de parking, contrat portant sur la mise à disposition d'un emplacement auquel s'ajoute fréquemment une obligation de garde[3].

302 **Bail et entreprise.** Ici encore la distinction apparaît évidemment : le bail porte sur la jouissance d'une chose alors que le contrat d'entreprise a pour objet un service, un ouvrage. Pourtant, des points de rencontre existent. Ainsi, le contrat de transport de voyageur assure au transporté la jouissance d'une place dans le moyen de transport envisagé, bus, train, avion. Mais il s'agit d'un

---

1. V. cependant, Civ. 3e, 13 juin 2001, *RJDA* 2001. 949, imposant l'application de la loi du 6 juill. 1989, car d'ordre public, au contrat de bail assorti d'une promesse de vente.

2. V. ss 264 s.

3. V. ss 395.

contrat d'entreprise car le transporteur conserve la maîtrise de la chose de façon indépendante et la composante « service » l'emporte sur celle de « louage ». Ainsi encore le contrat d'hôtellerie ressemble à un bail mais c'est, pour les mêmes raisons, un contrat d'entreprise[1]. C'est encore le cas de contrats plus complexes comme les contrats dits de mise à disposition d'installation partagée, par exemple dans le cas de la mise à disposition d'un espace dans un centre commercial[2].

SECTION 2

LA FORME ET LA PREUVE DU BAIL

303 **Position du problème.** Si le contrat de bail est, en principe, un contrat consensuel, les articles 1715 et 1716 du Code civil écartent pour partie les règles de preuve du droit commun des contrats pour assurer plus facilement au locataire la démonstration écrite de l'existence du bail. Mais ces règles divergent selon que le bail est écrit ou verbal. Encore ces dérogations n'intéressent-elles que les relations entre les parties[3].

§ 1. Preuve du bail

304 **Bail écrit.** Le plus souvent, le bail est écrit. C'est même une obligation parfois imposée pour certains baux, comme pour le bail rural (C. rur., art. L. 411-4), le bail d'habitation (L. 6 juill. 1989 art. 3).

Dans cette hypothèse, les règles ordinaires du droit de la preuve s'appliquent pour prouver l'existence comme le contenu du bail.

1. Et v. ss 502.
2. Civ. 3e, 13 févr. 2002, *D.* 2002. 1204, note Y. Rouquet.
3. À l'égard des tiers, le contrat est considéré comme un fait juridique et, comme tel, se prouve par tous moyens si un tiers souhaite invoquer le bail. Inversement, le contractant qui souhaite opposer le bail à un tiers, par exemple au nouveau propriétaire, doit le prouver par écrit (C. civ., art. 1743) mais la jurisprudence affirme parfois le contraire dans d'autres hypothèses (curieusement puisque le contractant a dû, souvent, préconstituer la preuve du bail à l'encontre de son propre contractant).

305 **Bail verbal, charge de la preuve.** Le contrat de bail est, cependant, valable par principe même s'il n'est pas conclu par écrit. La preuve du bail verbal fait, alors, l'objet de l'attention des articles 1715 et 1716 du Code civil.

Rien ne change, cependant, s'agissant de la charge de la preuve : c'est à celui qui entend faire valoir son droit résultant du bail de prouver l'existence du bail et son contenu, qu'il soit le locataire ou le bailleur.

306 **Preuve de l'existence du bail.** L'article 1715 prévoit que lorsque le bail verbal n'a encore reçu aucune exécution, la preuve ne peut être rapportée par témoin et ce, quel que soit le montant du loyer, supérieur ou inférieur à 1 500 € (« ... quelque modique que soit le prix... »). On déduit de cette limitation des moyens de preuve de l'existence du bail qu'il ne reste plus que l'écrit : le bail verbal doit donc être prouvé par écrit, conséquence surprenante si l'on songe que l'article 1715 visait l'objectif (prophylactique) de protéger le locataire.

Dès lors, toutes les dérogations que l'article 1341 du Code civil connaît disparaissent : en l'absence d'écrit, le commencement de preuve par écrit, par exemple, ne peut pas non plus valoir (puisque, alors, une preuve par témoin serait possible)[1]. En revanche, l'impossibilité morale et matérielle prévue par l'article 1360 ou la production d'une copie dans les conditions de l'article 1379, devraient pouvoir être admises (puisque la copie vaut, alors, écrit). Seul le serment est admis (art. 1715 al. 2) ou l'aveu[2].

À l'inverse, le bail commercial demeure soumis aux règles commerciales en sorte que la preuve du bail commercial verbal peut être apportée par tous moyens : le droit commercial déroge au droit civil, à l'article 1359 comme à l'article 1715 du Code civil. De même, le bail rural verbal peut être prouvé librement (C. rur., art. L. 411-1).

Un certain tempérament est apporté à cette rigueur dès lors que le bail a fait l'objet d'un commencement d'exécution. Inter-

1. Civ. 3e, 18 mars 1987, *Bull. civ.* III, n° 54.
2. Civ. 3e, 12 févr. 1980, *D.* 1980. IR 418 (il s'agissait ici d'un commandement de payer adressé au locataire).

prété *a contrario*, en effet, l'article 1715 doit pouvoir autoriser la preuve par témoignage ou par présomption. La jurisprudence l'admet mais sans laxisme : celui qui invoque un tel commencement d'exécution, par exemple par l'occupation des locaux, doit prouver ce commencement d'exécution, qui est un fait juridique, par tous moyens[1], mais il doit aussi prouver que ce commencement d'exécution résulte bien d'un bail et non d'une simple occupation des locaux, par exemple en prouvant l'existence du prix[2].

307 **Preuve du contenu du bail.** Le droit commun de la preuve joue en principe, sous la réserve apportée par l'article 1716 du Code civil. Ainsi, les obligations du bail doivent être prouvées conformément aux règles du droit commun, tout comme la destination du bail, par exemple.

En revanche, l'article 1716 restreint les modes de preuve pour la durée et le montant du bail. La durée du bail ne peut être prouvée que par écrit. Par conséquent, un bail verbal ou un bail écrit dont la durée n'est pas précisée est réputé conclu pour une durée indéterminée. Il pourra, alors, être rompu à tout moment (C. civ., art. 1736). Le montant du loyer, en outre, ne peut pas être prouvé par témoin : seules des quittances remises par le bailleur le prouvent. À défaut, le serment du bailleur suffit, à moins d'une contestation du preneur qui choisira une forme d'expertise (art. 1716).

§ 2. Formalisme du bail

308 **Publicité et formalités.** Le bail ne conférant aucun droit réel sur la chose, le bail n'a pas à faire l'objet d'une publicité quelconque pour informer les tiers.

Pourtant, certains baux doivent être publiés. Les baux d'une durée de plus de douze ans sont astreints à cette obligation. Ces baux, en effet, sont d'une telle durée que les tiers peuvent se

1. Civ. 3e, 13 mars 2002, *Bull. civ.* III, n° 59, Civ. 3e, 26 févr. 1971, *Bull. civ.* III, n° 147, *RTD civ.* 1971. 867, obs. G. Cornu : « La prohibition de la preuve par témoins ou par présomptions d'un bail verbal édictée par le texte (art. 1715) ne s'applique pas lorsque le bail a reçu exécution. »
2. Civ. 3e, 5 janv. 1978, *Bull. civ.* III, n° 10.

méprendre sur les droits du locataire. La publicité sert, alors, à les informer de la réalité des droits de ces tiers (notamment d'éventuels futurs acquéreurs du bien) et, en même temps permet au locataire d'opposer son droit de jouissance à ces tiers.

De même, les locations de certains meubles incorporels comme la location-gérance, les licences de brevet ou de marque (v. ss 448) répondent à des exigences formelles strictes : ils doivent être écrits à peine de nullité et ils doivent être publiés, pour être opposables aux tiers[1]. Le bail rural (C. rur., art. L. 411-4) ou le bail d'habitation (L. 6 juill. 1989 art. 3 al. 6) sont astreints à d'autres formalités telles qu'un écrit ou des mentions obligatoires. Quelques clauses sont imposées (date, durée, consistance de la chose louée, description des locaux et équipements, loyer, dépôt de garantie). Pour le bail d'habitation, cependant, la question est plus ambiguë puisque l'article 3 de la loi de 1989 assure à chaque partie qu'elle peut « exiger, à tout moment, de l'autre partie l'établissement d'un contrat conforme » à ses dispositions. L'exigence d'écrit érige donc le bail en une forme particulière, atténuée, de contrat solennel.

1. CPI, art. L. 613-8, à la différence de la licence de marque, art. L. 714-2.

CHAPITRE 2

La formation du bail

309 **Plan.** La formation du bail repose sur les règles ordinaires de tous les contrats, les parties au contrat de bail doivent être identifiées (SECTION 1) afin que leur consentement apparaisse (SECTION 2) sur les éléments essentiels du bail à savoir la chose et le loyer (SECTION 3) et la durée (SECTION 4).

SECTION 1

LES PARTIES

§ 1. Le bailleur

310 **Capacité et pouvoirs.** Le bailleur effectue, en principe, un acte d'administration en louant une chose. Ainsi, l'usufruitier d'une chose peut conclure un bail sur la chose dont le droit de propriété est ainsi démembré et l'article 595 du Code civil n'impose que des limitations à l'opposabilité de certains baux au nu-propriétaire lorsqu'il récupérera l'intégralité des prérogatives sur cette chose.

Pourtant, de nombreux tempéraments et exceptions sont apportés à ce principe. Plusieurs exemples peuvent en attester.

• Représentant légal d'un incapable. Si le bail est un acte d'administration, le représentant légal d'un incapable devrait pouvoir conclure des baux sur la chose de l'incapable sans restriction[1]. Or, l'article 1718 du Code civil renvoyant à l'article 595, alinéas 2 et 3 du Code civil ne lui permet de passer seul des baux que pour une durée inférieure à 9 ans, les baux d'une durée supérieure devant être autorisés par le conseil de famille.

En outre, aux termes de l'article 456, alinéa 3 du Code civil, les baux ainsi consentis (avec ou sans l'accord du conseil de famille) n'assurent au preneur aucun droit au renouvellement, s'agissant, notamment, de baux commerciaux ou ruraux.

• Bail de la chose d'autrui. Contrairement à la vente, aucun texte n'envisage le bail de la chose d'autrui. Comme ce contrat n'emporte pas de transfert de propriété, ce contrat a un objet et la jurisprudence admet la validité du bail sur la chose d'autrui. Par conséquent, le preneur pourrait engager la responsabilité du bailleur si, comme on peut s'y attendre, sa jouissance est troublée par le véritable propriétaire. En effet, le bail sur la chose d'autrui est inopposable au véritable propriétaire, sauf lorsque la théorie de l'apparence peut jouer[2]. Il en est ainsi, par exemple lorsque l'acheteur d'un bien le donne à bail et que la vente est, ensuite, révoquée par le jeu d'un réméré, (auquel cas l'article 1673, alinéa 2 du Code civil impose le maintien des baux) ou rétroactivement par l'effet de la résolution ou de l'annulation de la vente. La jurisprudence limite en effet les conséquences de l'annulation à l'égard du preneur et impose le maintien de l'ensemble des actes d'administration conclu par l'acheteur, dont les baux[3].

• Bail d'un indivisaire. L'indivision, ordinaire (C. civ., art. 815-1 s.) ou conventionnelle (C. civ., art. 1873-1 s.) comporte un principe de gestion unanime des indivisaires. Par conséquent, le bail d'une chose indivise impose le consentement unanime des coïndivisaire[4]. Par conséquent, le bail conclu par un seul indivi-

1. P. Argney, « Le bail des immeubles du mineur », *JCP N* 1988. I. 343.
2. Civ. 1re, 2 nov. 1959, *JCP* 1960. II. 11456, *RTD civ.* 1960. 327, obs. J. Carbonnier ; Civ. 3e, 4 févr. 1975, *Bull. civ.* III, n° 36 ; 29 janv. 1992, *Bull. civ.* III, n° 31, Civ. 3e, 26 sept. 2001, *RJDA* 2002. 1183.
3. Sauf, évidemment mauvaise foi du locataire : Civ. 3e, 25 oct. 1983, *Bull. civ.* III, n° 196.
4. J. Viatte, « La location des biens indivis », *Rev. loyers* 1977. 453 ; M. Dagot, « Le bail du bien indivis », *JCP* 1985. I. 3178.

saire (à moins qu'il en ait reçu pouvoir ou que les coïndivisaire ratifient ensuite le bail ainsi conclu) est considéré comme un bail sur la chose d'autrui et, donc, inopposable à ses coïndivisaire[1]. En revanche, en cas d'abstention des coïndivisaire, si le bien loué par un seul tombe à la suite du partage dans son lot, le bail est rétroactivement consolidé en raison de l'effet déclaratif du partage.

• Bail des époux communs en biens. Les règles des régimes matrimoniaux apportent également leur lot d'exceptions. Ainsi, si l'article 1421 du Code civil assure que chacun des époux dispose de tous les pouvoirs pour effectuer seul tous les actes sur les biens communs (même si l'efficacité des baux est limitée dans le temps, comme les baux de l'usufruitier), il en est autrement pour certains baux : l'article 1425 du Code civil impose le consentement des deux époux pour donner un bien à bail rural ou commercial ou un fonds de commerce ou artisanal si le conjoint y travaille (C. com., art. L. 121-5, al. 1 et 2).

§ 2. Le preneur

311 **Principe.** Pour le preneur, il en est de même, la conclusion d'un bail est un acte d'administration. Par conséquent, seul le contractant du bailleur a la qualité de preneur. Mais le bénéfice du bail se transmet aux héritiers du preneur qui deviennent alors cotitulaires du bail, c'est-à-dire coïndivisaires du droit au bail. Mais ici aussi certaines exceptions sont apportées.

312 **Cotitularité du bail d'habitation.** La plus importante de ces exceptions concerne le bail conclu par un locataire marié pour le logement servant à l'habitation de la famille. L'article 1751 du Code civil (et comp. L. 6 juill. 1989 art. 14) attribue, en effet, automatiquement au conjoint du locataire la qualité de locataire en sorte que les deux époux deviennent cotitulaires du bail[2] conclu par l'un d'entre eux et, ce, quel que soit le régime matrimonial choisi par les époux et quelle que soit la date à laquelle le bail a été

1. Civ. 1re, 27 oct. 1992, *Bull. civ.* I, n° 264, *RTD civ.* 1993. 614, obs. F. Zenati.
2. Mais pas pour un prêt : Civ. 3e, 13 mars 2002, *D.* 2002. IR 1237.

conclu, avant ou après le mariage (mais tant que dure le mariage, *cf.* C. civ., art. 1751 al. 2, en cas de divorce ou de séparation de corps et, pour le concubinage : *cf.* L. 6 juill. 1989 art. 14[1]).

Première conséquence de cette cotitularité (à moins qu'il ne s'agisse d'une indivision portant sur le droit au bail, l'article 1751 disposant que le bail est « réputé appartenir » aux deux), les deux époux sont tous deux *créanciers* du bailleur. Le congé doit, alors, être délivré aux deux époux, distinctement[2]. Le congé délivré à un seul des époux n'aurait donc pas d'effet à l'égard de l'autre[3]. Or, cette situation pose évidemment difficulté lorsque le bailleur ayant par exemple conclu le bail avec un locataire célibataire ignore le mariage postérieur de celui-ci : le congé n'est, pourtant, pas opposable au conjoint dont il ignorait l'existence. Par conséquent, le conjoint est toujours titulaire du bail (et, donc, le conjoint auquel le congé a été notifié est toujours titulaire du bail aussi, en vertu de l'article 1751). Cette règle s'est, cependant, atténuée sous l'effet d'une modification de la loi du 6 juillet 1989 par la loi du 20 juillet 1994 : l'article 9-1 de la loi de 1989 déroge, en effet, à l'article 1751 du Code civil pour imposer l'opposabilité à l'autre conjoint du congé délivré par le bailleur à un seul des époux dès lors qu'il n'avait pas préalablement été prévenu de l'existence du conjoint. La loi de 1989 substitue, donc, une obligation de renseigner à la charge du locataire à l'obligation de se renseigner qui pesait sur le bailleur[4].

Inversement, les deux époux doivent intervenir pour mettre fin au bail : les époux sont cocréanciers indivisibles et point solidaires en sorte que l'un des époux ne représente pas l'autre (et *cf.* C. civ., art. 215 al. 3)[5].

1. Civ. 1re, 17 déc. 1997, *D.* 1998. 111, note F. Weber et J.-L. Aubert, à propos d'un « concubinage » homosexuel : la Cour refusait l'attribution à la « concubine » en cas de décès de sa compagne mais sur le fondement de la définition du concubinage, une relation entre deux personnes de sexe différent, en raison du modèle du mariage duquel le concubinage s'inspire.
2. Civ. 3e, 10 mai 1989, *Bull. civ.* III, n° 103 ; *RTD civ.* 1990. 300, obs. Ph. Rémy ; 27 janv. 1993, *D.* 1993. IR 51.
3. Civ. 3e, 23 janv. 1985, *Bull. civ.* III, n° 16, *RTD civ.* 1985. 735, obs. Ph. Rémy ; Civ. 3e, 20 juill. 1994, *Bull. civ.* III, n° 149. *Adde* Civ. 3e, 1er avr. 2009, *D.* 2009. 1090, note G. Forest, *RDC* 2009. 1484, obs. G. Lardeux.
4. Civ. 3e, 19 oct. 2005, *RDC* 2006. 405, obs. J.-B. Seube.
5. Civ. 3e, 19 juin 2002, *Defrénois* 2003. 672, note S. Brémond.

Seconde conséquence, les époux sont tous deux *débiteurs* et chacun est tenu au paiement du loyer.

313 **Bail commercial et rural.** En la matière, la loi n'organise pas une forme de cotitularité légale comme pour le bail d'habitation mais accorde certaines prérogatives au conjoint du titulaire, le preneur commerçant ou agriculteur, dès lors que ce conjoint participe à l'exploitation commerciale ou rurale. Ainsi, l'article 2 de la loi du 10 juillet 1982 interdit dans ces conditions au titulaire du bail de l'aliéner sans le consentement de son conjoint. De même, l'article L. 411-68 du Code rural impose l'accord du conjoint lorsqu'il s'agit d'accepter la résiliation du bail, de le céder ou de ne pas en demander le renouvellement (v. ss 366).

SECTION 2

LE CONSENTEMENT

314 Le consentement ne suscite guère de difficulté sinon pour évoquer des hypothèses de bail forcé ou la question récurrente des promesses de bail ou des pactes de préférence de bail et autres droits de préemption.

315 **Bail forcé.** Certaines hypothèses de bail forcé se rencontrent à l'encontre du bailleur par exemple face aux questions tenant à l'institution de l'attribution préférentielle en droit des successions (C. civ., art. 832 s.) ou bien tenant aux conséquences d'un divorce lorsque l'un des époux était propriétaire de l'immeuble dans lequel habite la famille (C. civ., art. 285-1). À bien des égards également, le droit au renouvellement automatique du bail rural ou quasi-automatique du bail commercial traduit l'existence d'un bail forcé.

De façon plus spécifique, les locations de biens meubles incorporels que constituent les licences de brevet ou de marque connaissent également des hypothèses de licences forcées, par des mécanismes de licence dites de droit afin d'éviter que des inventions ou des signes distinctifs demeurent inusités.

316 **Contrats préparatoires.** On rencontre parfois des promesses unilatérales ou synallagmatiques de bail. La promesse synallagmatique

de bail vaut bail[1], pour plagier l'article 1589 du Code civil, dès lors que les éléments essentiels du bail (chose, loyer, durée) sont déterminés et font l'objet du consentement des parties.

Le cas du pacte de préférence pose aussi difficulté comme en témoignait une décision récente de la Cour de cassation : comme pour la vente, la question de la violation du pacte par le promettant ne consiste pas en une substitution du tiers par le bénéficiaire mais ne se résout qu'en dommages et intérêts[2].

SECTION 3
LA CHOSE ET LE LOYER

§ 1. La chose louée

317 **Détermination et destination.** Il convient évidemment que la chose soit déterminée. Elle doit en outre exister encore que, comme pour tout contrat, le bail d'une chose future ne rencontre pas d'obstacle (comme c'est le cas pour des baux d'appartements dans des immeubles encore inachevés) : ils prendront effet à la date à laquelle la jouissance sera possible.

Ce sont surtout les questions tenant à la destination du local loué qui suscitent quelques difficultés (et v. ss 332). Le contrat de bail confère, en effet, au locataire le droit de jouir de la chose mais seulement dans la mesure de l'usage convenu entre les parties, c'est-à-dire dans le respect de la destination du bail. Si, très souvent, cet usage s'entend de la chose elle-même (par exemple, la licence d'une marque ou la location d'un verger), les parties rédigent des clauses relatives à la destination dans lesquelles elles précisent ou restreignent l'usage de la chose. C'est le cas, par exemple de la clause d'habitation bourgeoise que l'on trouve dans les contrats de bail d'habitation (et souvent aussi imposées par les

1. Civ. 3e, 20 mai 1992, *Bull. civ.* III, n° 152 ; Civ. 3e, 28 mai 1997, *Bull. civ.* III, n° 116.
2. Civ. 1re, 30 avr. 1997, *CCC* 1997. 129, obs. L. Leveneur, *JCP E* 1998. 604, n° 5, obs. J. Raynard, Civ. 1re, 10 juill. 2002, *Bull. civ.* I, n° 192, *RTD civ.* 2002. 107, obs. P.-Y. Gautier.

règlements de copropriété) qui interdit de pratiquer toute activité professionnelle dans les lieux loués[1], clause qui, d'ailleurs, trouve un relais dans l'article L. 637-1 du Code de la construction et de l'habitation qui interdit de changer l'affectation d'un local d'habitation (posant problème en cas de prolifération de baux professionnels conclus par des professionnels libéraux par exemple).

C'est le cas, surtout, des baux commerciaux dans lesquels la destination est d'autant plus spécifiquement précisée que le décret de 1953 impose une minutieuse procédure pour assurer un changement de destination, par déspécialisation (v. ss 350 s.).

Une jurisprudence abondante favorise ces clauses et leur respect. Ainsi les changements de destination intervenus sans l'accord du bailleur sont de nul effet : ils n'emportent aucun changement du contrat[2].

§ 2. Le loyer

318 **Détermination et révision.** Le contrat de bail étant un contrat à titre onéreux, la présence d'un loyer y est indispensable. Le Code civil se désintéresse pourtant de cette question ; seul l'article 1725 dispose que le loyer peut être révisé en cas de perte partielle de la chose, hypothèse particulière d'imprévision dans le contrat.

Comme dans la vente, le loyer doit être déterminé ou déterminable[3], en sorte que le juge ne dispose pas du pouvoir de fixer le loyer. À défaut de loyer, le bail serait annulable[4] bien qu'aucun

1. M. Dagot, « La clause d'habitation bourgeoise », *JCP* 1967. I. 2108.
2. Ass. plén., 3 mai 1956, *RTD civ.* 1956. 553, obs. J. Carbonnier (changement pourtant connu et toléré par le bailleur) ; inversement le non-usage de l'ensemble des prérogatives accordées par une telle clause ne la restreint pas (Civ. 3e, 18 févr. 1998, *Bull. civ.* III, n° 39) comme c'est le cas d'un bail mixte, habitation et usage professionnel, qui ne serait utilisé que pour l'un des usages (Ass. plén., 2 févr. 1996, *D.* 1996. 181, note J.-L. Aubert, Civ. 3e, 2 déc. 1998, *Bull. civ.* III, n° 223).
3. Civ. 3e, 13 juill. 1994, *Bull. civ.* III, n° 144 (à propos d'un loyer à actualiser, sans davantage de précision).
4. Civ. 3e, 27 janv. 1973, *Bull. civ.* III, n° 446, *RTD civ.* 1983. 748, obs. F. Chabas. De même la portée des décisions d'Assemblée plénière de 1995 sur le prix se mesure dans le contrat de bail mais de façon mitigée. En effet, l'une de ces décisions concernait un contrat de « location entretien » et visait les articles 1709, 1710, 1134 et 1135 du Code civil mais le contrat était un contrat mixte associant bail et entreprise (*cf.* aussi, Com. 29 janv. 1991, *JCP* 1991. II. 21751, note L. Leveneur et l'arrêt précurseur : Civ. 1re, 29 nov. 1994, *JCP*1995. II. 22371, note J. Ghestin ; *JCP E* 1995. II. 662, note L. Leveneur ; *D.* 1995. 122, note L. Aynès ; *RTD civ.* 1995. 358, obs. J. Mestre).

texte similaire à l'article 1591 du Code civil n'existe pour le bail à moins que le bail ne soit requalifié en prêt à usage[1]. Le plus souvent, le loyer n'est que déterminable : par exemple, en effet, dans les baux d'habitation, à une formule fixant le loyer en début de contrat s'ajoute fréquemment une clause d'indexation fondée sur l'évolution du coût de la construction[2] ou bien dans un contrat de licence de brevet ou de marque, on observe fréquemment le versement d'une somme initiale (sorte de « droit d'entrée » qui pourrait s'analyser en une avance sur les loyers à venir) assorti de loyers – des redevances – fondés sur le chiffre d'affaires du licencié.

Ces règles fondées sur la liberté contractuelle valent aussi bien pour la fixation initiale du loyer que pour son renouvellement.

À ces principes s'ajoutent les multiples règles spéciales qui sont prévues pour les statuts spéciaux. Par exemple, les baux d'habitation de la loi de 1948 sont soumis à une très forte restriction de la fixation et de l'évolution du loyer. De même, les loyers des baux d'habitation soumis à la loi de 1989 modifiée par la loi ALUR de 2014 (art. 17-1) sont différemment traités selon qu'ils s'insèrent dans une zone « très tendue », « tendue », ou en dehors des zones tendues dans lesquelles la fixation du loyer est encadrée. L'objectif est d'éviter les augmentations drastiques de loyers et de faciliter l'accès au logement dans les zones « très tendues » ou « tendues », qui sont des zones urbaines de plus de 50 000 habitants fixées par un décret du 10 mai 2013 (et *D.* 30 juill. 2014). Dans ces zones, un loyer de référence est fixé chaque année, ainsi qu'un loyer de référence majoré et un loyer de référence minoré, fixé par mètre carré. Le loyer ne peut alors être supérieur au loyer de référence majoré (lequel est plus élevé de 20 % du loyer de référence). En cas de fixation d'un loyer supérieur au loyer prévu, le locataire dispose d'une action en diminution. En dehors de ces zones, la fixation du loyer est libre, ceci sans compter les loyers

1. Soc. 16 juin 1951, *RTD civ.* 1952. 239, obs. J. Carbonnier.
2. Référence, d'ailleurs, expressément validée par une loi du 9 juillet 1970 à propos de la référence à l'indice Insee du coût de la construction. Demeure la question de savoir si le juge peut substituer un indice valable à un indice annulé, hypothèse traditionnelle de *réfaction* du contrat par le juge (Civ. 3e, 16 juill. 1974, *D.* 1974. 681, note Ph. Malaurie mais *contra* : Com. 3 nov. 1988, *Bull. civ.* IV, n° 287).

des baux dans les secteurs HLM ou conventionnés (*cf.* CCH, art. L. 351-1 et s.). L'ensemble est d'ailleurs réglementé s'agissant de la minoration d'un loyer en fonction de travaux à réaliser par le locataire ou de la majoration en fonction de travaux réalisés par le propriétaire, notamment à l'occasion du renouvellement du bail, règles d'ailleurs particulièrement complexes (L. 1989, art. 17-2).

S'agissant des baux commerciaux, la fixation initiale du loyer est libre mais son évolution est très strictement réglementée et compartimentée[1]. On observe également une dissociation entre le paiement d'un loyer périodique et d'une somme initiale, un *pas-de-porte* que l'on considère comme la contrepartie du droit au renouvellement dont bénéficiera le preneur en fin de bail[2]. En outre, le loyer est généralement variable, en fonction d'une clause d'indexation, qui dans les baux d'habitation, est l'indice IRL (Indice de Révision des Loyers) depuis la loi sur le pouvoir d'achat du 8 février 2008 et dont le régime a été modifié par la loi ALUR s'agissant des baux d'habitation : le fait de ne pas réclamer la hausse provoquée par l'augmentation de l'indice dans un délai d'un an après sa prise d'effet, le bailleur est présumé y avoir renoncé, ce afin d'éviter les rappels tardifs.

Section 4
La durée

319 **Avec ou sans écrit.** La durée du bail est un élément essentiel de ce contrat. Le bail est, en effet, un contrat qui s'inscrit dans la durée. L'article 1709 en fait d'ailleurs un élément essentiel à la validité du bail. Mais les articles 1736 à 1740 du Code civil disposent que le bail peut être conclu pour une durée indéterminée ou détermi-

1. V. ss 350.
2. Certains considèrent également que le pas-de-porte est un supplément de loyer versé initialement qui trouve sa justification dans le strict régime d'évolution du loyer en cours de bail. Tout dépend, alors, des stipulations du contrat (Com. 14 nov. 1962, *JCP* 1963. II. 12999, *D.* 1963. 305 ; Com. 14 avr. 1992, *JCP* 1992. II. 21957, note L. Rozès, I. 236, n° 12, obs. Ph. Pétel, *D.* 1994. Somm. 47, obs. L. Rozès).

née, ce qui s'inscrit désormais dans la logique des articles 1211 et 1212 du Code civil. Curieusement, l'article 1736 fait du bail sans écrit un bail à durée indéterminée et l'article 1737 du bail par écrit un bail à durée déterminée par une confusion du contenu et de la preuve du bail. Pour le bail sans écrit, la durée peut-être indifféremment déterminée ou indéterminée mais, s'agissant de la preuve de la durée, le bail sera considéré comme à durée indéterminée puisque seul un écrit peut prouver la durée du bail (v. ss 304). En revanche, un bail écrit peut contenir une durée indéterminée ou déterminée : il convient de le prévoir.

320 **Bail à durée indéterminée.** Le bail conclu pour une durée indéterminée n'est pas un contrat sans fin ; simplement, la durée du bail est inconnue des parties. Une deuxième forme de bail à durée indéterminée se présente face à un contrat à durée déterminée qui se renouvelle sans précision de la durée du nouveau contrat : le nouveau bail est, alors, un bail à durée indéterminée (*cf.* C. civ., art. 1738).

Il en résulte que chacune des parties pourra y mettre fin à tout moment, de façon unilatérale et discrétionnaire, en donnant congé à son cocontractant. En principe, la durée du préavis et la forme du congé ne sont pas fixées, elles dépendent des « délais fixés par les usages locaux » (art. 1736, en pratique environ trois mois) mais le contrat peut proposer une solution particulière, tant sur le fond que sur la forme. En revanche, un certain nombre de statuts spéciaux fixent avec rigueur les termes du congé.

321 **Bail à durée déterminée.** La durée du contrat peut être librement fixée par les parties. Un certain nombre de seuils existent, cependant, qui assurent des régimes différents.

Ainsi, la durée du bail peut être d'une durée exagérée en raison de la prohibition des contrats perpétuels (C. civ., art. 1210). Est un bail perpétuel celui qui est fixé pour une durée supérieure à 99 ans[1], durée qui a longtemps été considérée comme assimilée à une durée perpétuelle, ou bien celui qui, conclu pour une durée

1. Civ. 3e, 27 mai 1998, *Bull. civ.* III, n° 110 : bail de 99 ans considéré comme perpétuel. V. cependant Civ. 3e, 15 déc. 1999, *CCC* 2000. 77, obs. L. Leveneur, considérant que la prescription est trentenaire et rejetant l'action engagée 38 ans après la conclusion du bail.

moindre, assure au locataire un droit au renouvellement sans limite. La sanction est, alors, la nullité du contrat et non sa réduction à 99 ans. Cette solution est cependant assez curieuse dans la mesure où il est possible que la jouissance du locataire excède 99 ans, mais il n'est pas possible de le convenir par avance. Pose une difficulté en revanche la conclusion d'un bail à vie, conclu pour la vie du locataire. Inversement, la convention d'occupation précaire est un bail qui permet au bailleur d'y mettre fin à tout moment, sans préavis ni indemnité : le bailleur ne se comporte donc pas comme un véritable bailleur en ce sens qu'il n'accorde qu'un droit de jouissance précaire au profit du locataire, soit parce que le contrat s'inscrit comme une solution de dépannage, soit parce que le bailleur veut pouvoir disposer de la chose à tout moment. Pour ces raisons, les statuts d'ordre public qui réglementent le bail n'admettent ce type de convention que dans des conditions très précises : durée inférieure à vingt-quatre mois pour les baux commerciaux et si la convention est justifiée par des motifs objectifs et ne réalise pas une fraude (attente de la démolition d'un immeuble par exemple).

Ensuite, les baux de plus de 12 ans doivent être publiés pour être opposables aux tiers.

Enfin, certains baux sont conclus pour une durée minimale. Ainsi, les baux commerciaux ou ruraux sont conclus pour une durée minimale de 9 ans et les baux d'habitation pour une durée de 3 ans si le bailleur est une personne physique et 6 ans s'il est une personne morale.

L'intérêt de stipuler une durée déterminée tient à la certitude que le contrat se poursuivra jusqu'à l'extinction du terme (sauf résolution du contrat pour inexécution d'une obligation du bail ou bien stipulation d'une clause de résiliation assurant à l'un ou l'autre des contractants la faculté d'y mettre fin en cas de survenance d'un événement donné ou bien à leur libre convenance). Ainsi, le bailleur peut réclamer les loyers restant dus jusqu'au terme et le locataire évincé avant terme peut exiger le maintien dans les lieux [1].

1. Com. 24 oct. 2000, *CCC* 2001. 7, obs. M. Malaurie-Vignal.

À l'échéance du terme fixé dans le bail, en effet, le bail expire « sans qu'il soit nécessaire de donner un congé » précise l'article 1737 du Code civil.

Mais le contrat peut se renouveler par une manifestation expresse de volonté si le bail initial ne prévoit rien ou bien par une manifestation « tacite » (le terme n'est pas rigoureux car la volonté de renouveler le contrat est présente dans le bail initial) ; on parle, alors, de clause de tacite reconduction. Le phénomène est alors inverse du premier : celui des contractants qui voudrait faire échec à cette reconduction devrait la dénoncer dans un délai de préavis que le contrat prévoit généralement, raisonnable à défaut. De même, une reconduction, véritablement tacite cette fois, se produit aux termes de l'article 1738 du Code civil, « si, à l'expiration (...) le preneur reste et est laissé en possession, il s'opère un nouveau bail » de sorte que si le bailleur a préalablement fait savoir au locataire qu'il entendait mettre fin au bail, le fait que le locataire se maintienne dans les lieux n'emporte pas renouvellement du bail[1].

Ce renouvellement, ou cette reconduction, peut être envisagé sans stipulation concernant la durée du nouveau bail et un nouveau bail, à durée indéterminée, naîtra[2] ou bien avec une stipulation organisant une nouvelle durée déterminée (égale, inférieure ou supérieure à la durée initiale, peu importe). Un nouveau contrat de bail se forme alors qui présente toutes les caractéristiques du bail qu'il remplace (C. civ., art. 1214).

Une autre forme de poursuite du bail se rencontre par la faculté de proroger le bail (C. civ., art. 1213). Il s'agit, alors, non de proposer la conclusion d'un nouveau bail mais de repousser la durée du bail initial. Celui-ci devait prendre fin à telle date ; cette

1. Civ. 3e, 6 nov. 2001, *RJDA* 2002. 11 Comp. Civ. 1re, 20 févr. 1996, pour une location de véhicule. Mieux, le locataire devient *ipso facto* débiteur d'une indemnité d'occupation : Civ. 1re, 21 janv. 1998, *RJDA* 1998. 491 ; Civ. 3e, 13 juin 2001, *RJDA* 2001. 943.

2. Civ. 3e, 27 sept. 2006, *Bull. civ.* III, n° 183, *D.* 2007. 1188, note Tellier, *RDC* 2007. 371, note G. Lardeux. La raison en est à la fois de l'application des règles générales des contrats et du renvoi, par l'article 1738 à « l'article relatif aux locations faites sans écrit » c'est-à-dire l'article 1736 du Code civil. Cependant, les statuts spéciaux prévoient souvent une solution inverse : imposant, sans précision dans le contrat, une nouvelle durée de neuf ans (bail rural : C. rur., art. L. 411-50), identique à celle du bail renouvelé (bail d'habitation : L. 6 juill. 1989, art. 10, al. 2 ; bail professionnel, L. 23 déc. 1986, art. 47-A, al. 2)

durée est repoussée, pour une durée indéterminée ou déterminée selon que la nouvelle durée n'est pas ou est prévue dans la clause de prorogation. Cette formule est même la seule qu'il faille utiliser en présence de bail dont une exigence de forme est imposée. C'est le cas, par exemple des licences de brevet ou de marque : une clause de tacite reconduction crée, en effet, un nouveau contrat qui doit, comme le premier être écrit et publié, or tel n'est souvent pas le cas. Une clause de prorogation, parce qu'elle ne suppose pas un nouveau contrat permet de pallier cet inconvénient.

322 **Droit au renouvellement ?** Surtout, certains statuts spéciaux assurent au locataire un véritable droit au renouvellement. C'est essentiellement le cas du bail rural et du bail commercial, quoiqu'avec quelques réserves, et, à de moindres égards, du bail d'habitation, puisque le bailleur ne peut donner congé que pour certains motifs seulement[1]. Ce droit au renouvellement est, cependant, facultatif en ce sens que le processus de renouvellement résulte nécessairement d'un acte de volonté. Ainsi, des procédures particulières sont organisées pour chacun des statuts spéciaux assurant ce confort au preneur et tendant généralement à limiter les conditions dans lesquelles le bail renouvelé pourra modifier les clauses que le bail échu comprenait[2].

Plus complexe, cependant, est la situation, dans le droit commun du bail, du bail à durée déterminée conclu avec un consommateur. En principe, le droit commun du bail, et du contrat, permet d'assurer que sauf abus, le refus de renouveler un contrat, donc un bail, n'assure pas de droit à indemnité[3], solution générale, contredite par les règles du droit de la consommation, via une interprétation volontariste des règles du Code de la consommation qui proscrivent le refus de vente ou de *prestation de services* lesquels concernent, d'après la Cour de cassation, le bail, érigeant le refus de renouveler en refus de prestation de services[4].

1. V. ss 347.
2. *Cf.* par ex., le montant du loyer du bail d'habitation ne peut être modifié que si celui du bail échu était « manifestement sous-évalué » (L. 6 juill. 1989, art. 17-C, al. 1).
3. Comp. Com., 15 janv. 2008, *Bull. civ.* IV, n° 4.
4. Civ. 3e, 13 mai 2009, *RDC* 2009. 1418, obs. D. Fenouillet.

CHAPITRE 3

Les effets du bail

323 **Plan.** Les effets du bail se résument à des effets personnels, des obligations à la charge de l'un, le bailleur, comme de l'autre, le locataire (SECTION 1). Mais, comme le bail est un contrat qui s'inscrit dans la durée, des modifications peuvent être envisagées dans la situation des parties par des formes de circulation du bail (SECTION 2).

SECTION 1

LES OBLIGATIONS DU BAIL

324 **Contrat à exécution durable.** Le contrat de bail est un contrat qui s'inscrit dans la durée, un contrat à exécution durable en sorte que les obligations qu'il comporte procèdent du même rapport avec le temps. Certaines obligations sont à exécution successive comme l'obligation de paiement du loyer, affectée d'une périodicité qui marque cette succession, ou à exécution continue, sans aucune rupture dans l'intensité ou l'exigibilité de l'obligation, comme l'obligation du bailleur d'assurer la jouissance paisible du locataire. Observons, ainsi, les obligations du bailleur (**§ 1**) et du preneur (**§ 2**).

§ 1. Les obligations du bailleur

325 **Jouissance du preneur.** Les obligations du bailleur sont minutieusement décrites dans le Code civil (art. 1719 à 1727) et complétée par les règles spéciales à certains statuts spéciaux (bail à loyer : C. civ., art. 1752 à 1756 ; baux à ferme, C. civ., art. 1766 à 1773 et C. rur., art. L. 411-25 à L. 411-29 ; L. 6 juill. 1989 art. 6 et 7...). Malgré cette description, le bail n'a pas échappé au mouvement jurisprudentiel qui impose à certains débiteurs des obligations de conseil ou de prudence même si cela paraît assez marginal[1].

Toutes ces obligations s'articulent autour de la satisfaction du preneur par l'assurance qu'il bénéficiera d'une jouissance paisible, « l'âme du bail[2] » qui fédère toutes les obligations du bailleur[3] en commençant (*cf.* C. civ., art. 1719) par la délivrance de la chose (**A**) puis l'obligation d'entretien (**B**) et, enfin, l'obligation générale de garantie de la jouissance paisible (**C**).

A. L'obligation de délivrance de la chose louée

326 **Comme le vendeur.** L'obligation de délivrance à laquelle souscrit le bailleur ressemble très largement à celle que le Code civil impose au vendeur : il s'agit de mettre à la disposition du preneur la chose louée. L'obligation est évidente et importante : toute clause contraire serait écartée tant elle correspond à l'essence même du bail[4].

L'obligation de délivrance du bailleur ressemble à celle du vendeur tout en lui ajoutant. Ainsi, il doit s'agir d'une chose libre de toute occupation et l'obligation de délivrance dure tout le long de la durée du contrat en sorte que le bailleur ne saurait changer la forme de la chose en cours de bail (C. civ., art. 1724) ni supprimer[5] ou détruire[6] la chose ou l'un de ses éléments. En outre, « le

1. Civ. 3e, 28 févr. 1990, *Bull. civ.* III, n° 63, à propos d'un bailleur n'ayant pas averti son locataire qu'il procédait à une opération de ravalement qui avait facilité un cambriolage chez ce locataire.
2. P.-H. Antonmattéi et J. Raynard, n° 301.
3. J. Huet, G. Decocq, C. Grimaldi et H. Lecuyer, n° 21164.
4. Civ. 1re, 11 oct. 1989, *Bull. civ.* I, n° 317, Civ. 3e, 5 juin 2002, *Bull. civ.* III, n° 123.
5. Civ. 1re, 14 oct. 1964, *D.* 1964. 710 (escalier) ; Soc. 9 juill. 1959 ; *RTD civ.* 1960. 329, obs. J. Carbonnier (conciergerie).
6. Civ. 3e, 9 mars 1994, *Bull. civ.* III, n° 44.

bailleur est tenu de délivrer la chose en bon état de réparation de toute espèce » (art. 1720 al. 1), ce qui se justifie en ce que la chose a pu déjà être louée et surtout, qu'elle est destinée à un usage prolongé de la chose. Elle doit, alors, être en bon état.

En bon état, c'est-à-dire toutes réparations faites. En la matière, toutes les réparations sont pour le bailleur. Il n'existe pas ici de distinction entre les réparations qui seraient à la charge du bailleur et celles à la charge du preneur comme on en rencontre pour déterminer le domaine de l'obligation d'entretien, en cours de bail. Le bailleur assume toutes les réparations. Pourtant, une clause de location « en l'état », c'est-à-dire sans réparation, est valable en principe mais strictement limitée : elle ne doit pas aboutir à décharger le bailleur de son obligation de maintenir les lieux en état en cours de bail[1]. Il est même possible de prévoir dans le contrat que certains travaux seront effectués par le locataire (*cf.* L. 6 juill. 1989, art. 6-a).

Pour le reste, l'analogie avec la vente est évidente. Ainsi, pour les baux à ferme, l'article 1765 renvoie à la vente pour les difficultés liées à la différence de contenance entre la chose louée et la chose délivrée (conformité quantitative). La délivrance s'entend, ainsi, de la chose elle-même mais aussi de ses accessoires (des papiers du véhicule loué par exemple), posant les mêmes difficultés que pour la vente, sur le point, de savoir si un droit d'affichage, de chasse, le bénéfice d'une servitude, est confié au preneur avec la chose elle-même.

B. L'obligation d'entretien

327 **Le clos et le couvert.** L'obligation d'entretien est le prolongement de l'obligation de délivrance : il s'agit, pour le bailleur, d'entretenir la chose de manière à ce qu'elle demeure en état de servir tout au long du bail (art. 1719-2°). En réalité, l'article 1720, alinéa 2 met à la charge du bailleur « toutes les réparations qui peuvent devenir nécessaires, autres que locatives » (v. aussi, L. 6 juill. 1989 art. 6-c).

1. Civ. 3e, 18 mars 1992, *Bull. civ.* III, n° 88 mais *contra* : J. Calais-Aulois et F. Steinmetz, *Droit de la consommation*, *op. cit.*, n° 396.

Les réparations locatives qui sont donc à la charge du preneur sont les réparations de menu entretien, celles qui ne touchent pas à la structure de la chose (*cf.* art. 1754). Les autres réparations sont celles qui entrent dans le domaine de l'obligation d'entretien assumée par le bailleur, « le clos et le couvert ». Par exemple, le locataire devra remplacer un joint de robinetterie mais le bailleur devra entretenir tout ce qui a trait à la plomberie. Mais ici aussi une clause dans le bail peut transférer au preneur une partie de la charge des travaux d'entretien même si elles sont très strictement interprétées par la jurisprudence quand elles ne sont pas prohibées dans certains baux spéciaux, comme les baux d'habitation (L. 6 juill. 1989 art. 6, c).

L'obligation d'entretien est, d'ailleurs, très vaste puisque son exécution peut entraîner la reconstruction de la chose, si un défaut d'entretien le nécessite. Tel n'est cependant pas le cas si la destruction de la chose a pour origine un cas fortuit (*cf.* art. 1722)[1].

La principale difficulté tient à la sanction de cette obligation : la résolution du bail ou l'exécution forcée de l'obligation peuvent être demandées en justice, voire la responsabilité du bailleur du fait de la mauvaise exécution de son obligation par l'entrepreneur chargé d'une réparation[2], à moins que le preneur ne préfère demander à être autorisé, toujours en justice, à faire exécuter les travaux par un tiers aux frais du bailleur (C. civ., art. 1144). Mais peut-être le preneur trouvera-t-il plus efficace ou plus économe de se faire justice lui-même par le jeu de l'exception d'inexécution et retenir le paiement du loyer tant que les travaux n'auront pas été effectués. La jurisprudence est hésitante et ne l'admet que lorsque l'usage de la chose est impossible ou rendu très difficile par le défaut d'entretien[3].

1. Mais la différence est, en pratique, ténue puisque la jurisprudence tend à admettre que la destruction due à la vétusté du bâtiment (donc à un défaut d'entretien) est assimilée à un cas de force majeure si les travaux de reconstruction s'avèrent trop importants : Soc. 6 avr. 1951, *D.* 1951. 505, note R. Savatier, *RTD civ.* 1951. 227, obs. J. Carbonnier ; Civ. 3e, 6 mars 1984, *Bull. civ.* III, n° 59.

2. Civ. 3e, 29 avr. 2009, *RDC* 2009. 1497, obs. C. Grimaldi.

3. Civ. 3e, 11 mai 1995, *D.* 1996. Somm. obs. E. Martine ; Civ. 3e, 15 déc. 1993, *D.* 1994. 462, note M. Storck.

C. L'obligation de garantie

328 **Garantie des vices cachés.** Le bailleur doit garantie au preneur, l'article 1721 du Code civil le lui impose comme il le fait pour le vendeur[1]. L'obligation de garantie du bailleur est, d'ailleurs, analogue à celle du vendeur : ainsi ne doit-il que la garantie des vices cachés et point des vices apparents[2] et la garantie couvre les vices qui affectent l'usage attendu de la chose. De même le preneur pourra obtenir la résiliation du contrat ou bien une diminution du loyer (*cf.* art. 1722).

Quelques différences apparaissent cependant :

• le droit du bail ne connaît pas d'équivalent de l'article 1648 du Code civil imposant d'agir dans un certain délai ;

• peu importe la date d'origine du vice : même si le vice est postérieur au bail, le bailleur en doit garantie (contrairement à la vente et ce qui se justifie par le fait que le bail s'inscrit dans la durée et toutes les obligations du bail accompagnent cette durée, *cf.* L. 6 juill. 1989 art. 6-b) ;

• le bailleur doit réparer toutes les conséquences du vice, qu'il ait connu ou ignoré le vice (il n'y a pas de distinction comme celle des articles 1645 et 1646 pour la vente) ;

• curieusement, la démonstration par le bailleur que le vice est le résultat d'un événement de force majeure l'exonère de l'exécution de cette obligation (alors même qu'il s'agit d'une obligation de garantie).

Toutes ces différences pourraient faire douter qu'il s'agit véritablement d'une obligation de garantie au sens où on l'entend pour la vente mais qu'il s'agit simplement de la responsabilité contractuelle du bailleur si la jouissance paisible promise par lui est gâchée par un événement quelconque, qui peut être un vice caché.

D'ailleurs, les clauses allégeant l'obligation de garantie des vices cachés sont appréciées comme des clauses de non-responsabilité, valables si elles se contentent d'alléger la respon-

---

1. J.-P. Le Gall, *L'obligation de garantie dans le louage de chose,* Bibl. dr. priv., t. 36, préf. A. Tunc, LGDJ, 1962.
2. *Contra*, B. Gross et Ph. Bihr, p. 170.

sabilité du bailleur mais point si elles suppriment toute responsabilité[1] ou si elles sont imposées par un bailleur professionnel à un locataire consommateur.

329 **Obligation de sécurité.** Mais à l'inverse, comme dans la vente, de l'obligation de garantie des vices cachés émergeait une obligation de sécurité autonome, conçue comme une obligation de moyens[2]. Toutefois, la responsabilité du fait des produits défectueux s'étend au louage de meubles (C. civ., art. 1245-6 et v. ss 205) renvoyant alors à une responsabilité objective[3].

330 **Garantie d'éviction, jouissance paisible.** La jouissance du preneur ne doit pas être troublée par un fait du bailleur (ou de la chose si on ajoute la vraie fausse garantie des vices), le bailleur en répond par cette obligation de garantie d'éviction qui n'est autre que l'obligation d'assurer au preneur la jouissance paisible de la chose louée, obligation principale du bailleur, qui dure tout au long du bail (C. civ., art. 1719 al. 3) et ne saurait être écartée par une clause dans le bail.

Le bailleur assume, en premier lieu, les troubles qui résulteraient de son fait personnel. Par exemple, constituerait un trouble de jouissance le fait de louer la chose à un autre locataire ou de changer la forme de la chose louée (C. civ., art. 1723). Plus délicate est la question de savoir si le bailleur peut imposer au locataire de supporter des travaux : l'article 1724 en admet le principe mais uniquement pour des réparations urgentes et une *clause de souffrance* peut le prévoir[4]. De même, se pose fréquemment la question de savoir si le fait, pour le bailleur, de donner à bail un local dans lequel sera exercé un commerce concurrent de celui d'un premier locataire constitue un trouble de jouissance. La jurisprudence ne l'admet qu'en présence d'une clause spécialement prévue de non-concurrence. Par conséquent, le droit au bail ne comprend pas en lui-même un droit à la non-concurrence ou à

1. Soc., 25 oct. 1946, *D.* 1947. 88, note R. Savatier.
2. Civ. 3e, 29 avr. 1987 ; *Bull. civ.* III, n° 90 ; *RTD civ.* 1988. 149, obs. Ph. Rémy ; 21 nov. 1990, *Bull. civ.* III, n° 236.
3. Civ. 3e, 1er avr. 2009, *RDC* 2009. 1367, obs. S. Carval, Civ. 1re, 28 mars 2008, *RDC* 2008. 757, obs. S. Carval.
4. Civ. 3e, 18 juill. 2001, *RJDA* 2002. 1185.

l'exclusivité[1] à moins qu'une clause dans le bail n'assure cette non-concurrence ou exclusivité, de façon expresse, le plus souvent, ou de façon tacite si elle résulte de l'économie du bail[2]. à moins encore que le tiers n'invoque la responsabilité délictuelle du bailleur du fait du manquement à une obligation contractuelle[3].

Le bailleur assume, en second lieu, les troubles résultant de faits de tiers (C. civ., art. 1719-3°). Ici également, une distinction s'impose entre les troubles de droit et les troubles de fait.

Les troubles de droit proviennent de tiers qui revendiquent un droit sur le bien loué (le véritable propriétaire par exemple en cas de bail de la chose d'autrui). Les articles 1726 et 1727 du Code civil imposent alors au bailleur de garantir ce trouble émanant d'un tiers si ces troubles lui ont été dénoncés par le preneur. La garantie joue alors exactement de la même façon que la garantie d'éviction du fait des tiers dans le contrat de vente (diminution du loyer ou bien résolution du bail accompagnée de dommages et intérêts selon que l'éviction est partielle ou totale).

Les troubles de fait émanant de tiers ne revendiquant aucun droit (bris de clôture, vol...) ne sont pas garantis par le bailleur (art. 1725). Une exception demeure cependant pour les troubles émanant d'un autre locataire du bailleur.

§ 2. Les obligations du preneur

331 **Paiement du loyer.** C'est l'obligation essentielle du preneur « de payer le prix du bail aux termes convenus » (art. 1728-2°). Le droit commun s'applique ici : le loyer est exigible dans les conditions et date prévues par le bail (sauf mise en œuvre du C. civ., art. 1244-1 s.). Ainsi, les baux immobiliers prévoient généralement une périodicité (mensualité, trimestrialité, annualité...) alors que certains baux mobiliers, location de voiture par exemple, sont

1. Com. 2 juill. 1991, *CCC* 1991. 231, obs. L. Leveneur. En revanche, et curieusement, la jurisprudence semble ne pas admettre que le bailleur fasse lui-même concurrence au preneur (alors qu'il peut donner un bail à une personne qui concurrencera le preneur) : Civ. 3e, 25 févr. 1975, *JCP* 1975. II. 18096, note B. B., *RTD civ.* 1975. 736, obs. G. Cornu.
2. C'est le cas, par exemple, du bail ayant pour objet un fonds de commerce (location-gérance).
3. Civ. 3e, 13 juill. 2010, *RDC* 2011. 178, obs. J.-B. Seube.

payables en une seule fois. En échange et à titre de preuve du paiement, le bailleur remet au locataire une quittance de loyer (*cf.* C. civ., art. 1716, L. 6 juill. 1989, art. 21).

Le bailleur dispose d'un certain nombre de garanties de paiement du loyer. Le privilège du bailleur de l'article 2101-1° est réservé au bailleur immobilier et peu efficace. Aussi un dépôt de garantie appelé fréquemment mais improprement « caution » est souvent exigé par le bailleur, tant pour se prémunir d'un défaut de paiement que de la mauvaise conservation de la chose. Il s'assure également la faculté de mettre fin rapidement au contrat en cas de non-paiement par une clause résolutoire.

332 **Usage en bon père de famille, destination de la chose.** L'article 1728 du Code civil (*cf.* aussi L. 6 juill. 1989 art. 7-b) impose au preneur « 1° d'user de la chose louée en bon père de famille, et suivant la destination qui lui a été donnée par le bail ou suivant celle présumée d'après les circonstances, à défaut de convention ». Le comportement « en bon père de famille », constitue le repère de l'exécution correcte de l'utilisation de la chose[1] par comparaison avec un standard de comportement.

L'obligation concerne également la destination de chose, conventionnellement prévue dans le contrat. Par exemple, il ne peut pas exploiter une activité commerciale dans un local réservé à l'habitation[2] (« clause d'habitation bourgeoise »). Dans le bail commercial, cette destination a un rôle particulier puisqu'elle fixe la nature du commerce qui pourra être exploité (sauf possible adjonction d'une activité connexe ou complémentaire – C. com., art. L. 145-47 – changement de destination par une procédure de *déspécialisation* – C. com., art. L. 145-48 – ou clause dite « tous commerces »). La destination du local ainsi prévue limite donc l'usage de la chose par le preneur.

La sanction consiste en la possibilité pour le bailleur de résilier le bail (C. civ., art. 1729).

1. Soc. 8 juin 1956, *Bull. civ.* V, n° 532 (tapage nocturne) ; mais est correct par exemple le fait d'héberger ses proches, malgré la clause interdisant d'héberger des tiers en se fondant sur l'article 8 de la Convention européenne des droits de l'homme consacrant le droit à une vie familiale : Civ. 3e, 6 mars 1996, *Bull. civ.* III, n° 60, *JCP* 1997. II. 22764, note Nguyen Van Tuong ; *RTD civ.* 1997. 1024, obs. J.-P. Marguenaud ; *D.* 1997. 167, note Lamy.

2. Mais le locataire d'un local à usage d'habitation peut cependant domicilier une entreprise nouvelle pendant deux ans à ce domicile (L. 21 déc. 1984, art. 1er *ter*).

333 **Restitution, conservation de la chose.** Au terme du bail, le preneur devra restituer la chose « telle qu'il l'a reçue excepté ce qui a péri par vétusté ou force majeure » (C. civ., art. 1730).

L'état des lieux dressé lors de l'entrée dans les lieux est pour cette raison essentiel. En son absence, le preneur est présumé avoir reçu la chose en bon état et devra, donc, la rendre dans le même état (C. civ., art. 1731). Il est cependant obligatoire dans le bail d'habitation (*cf.* L. du 6 juill. 1989 art. 3, al. 2, et son absence renverse la présomption de l'article 1731 si elle est du fait du bailleur).

Pour restituer en bon état, il faut conserver la chose, justifiant, ainsi, l'obligation d'entretien du preneur portant sur les réparations locatives (*cf.* C. civ., art. 1754) mais également l'obligation de ne pas modifier la substance de la chose (par exemple, en abattant une cloison, *cf.* L. 6 juill. 1989 art. 7-f). Inversement, naît une obligation à la charge du preneur d'avertir le bailleur des travaux qui s'avéreraient nécessaires (et il devra supporter ces travaux sauf s'ils durent plus de 40 jours auquel cas il peut demander une diminution du loyer, voire la résiliation du contrat).

Cette obligation de conserver justifie aussi l'importance de l'obligation d'assurance pesant sur le preneur dans le bail d'habitation (L. 6 juill. 1989 art. 7-g).

De cette obligation de conserver résulte la prise en charge par le preneur des dégradations subies par la chose louée. Aux termes de l'article 1730 du Code civil en effet, le bailleur n'assume que la vétusté ou la force majeure (v. aussi C. civ., art. 1755 ; L. 6 juill. 1989 art. 7-c). Par conséquent, le preneur assume les dégradations et pertes subies par la chose : il est présumé en être responsable à moins qu'il ne démontre qu'elles ont eu lieu sans sa faute (C. civ., art. 1732). En plus des dégradations qui sont de son fait, le preneur assume celles qui sont « le fait des personnes de sa maison » (C. civ., art. 1735), soit sa famille, ses préposés, mais aussi les personnes qu'il a fait venir comme ses amis[1], ses clients[2], son

1. Civ. 13 déc. 1927, *DP* 1928. 1. 99 note Dallant (sa maîtresse).
2. Mais *contra* : Civ. 3e, 19 nov. 2008, *D.* 2008. 3004, note Y. Rouquet, *JCP G* 2008. Act. 722, obs. S. Bouzol ; *RLDC* févr. 2009. 18, J.-Ph. Bugnicourt ; *Defrénois* 2009. 435, Y. Dagorne-Labbé ; *D.* 2009. Pan. 897, N. Damas, et 1251, A.-C. Monge ; *RTD civ.* 2009. 133, P.-Y. Gautier.

éventuel sous-acquéreur ou le réparateur qu'il a appelé[1]. Les articles 1733 et 1734 du Code civil réservent cependant un cas particulier pour l'incendie, aggravant encore la responsabilité du preneur (sauf pour le bail rural, *cf.* C. rur., art. L. 415-3). La preuve de l'absence de faute de sa part ne suffit pas et il lui faut, pour s'exonérer, prouver que l'incendie est dû à un événement de force majeure[2] ou à un vice de construction de la chose[3] ou encore qu'il a été communiqué par une maison voisine[4].

De même, le preneur subit l'obligation d'assumer la dépollution d'un site (C. envir., art. L. 511-1) en tant qu'exploitant.

Section 2
La circulation du bail

334 Une circulation du bail, au sens où la personne du bailleur ou du preneur peut varier dans le temps, est prévue par le Code civil qui distingue le changement de bailleur (**§ 1**) puis celui de preneur (**§ 2**) en envisageant la cession de la chose louée par le bailleur, à laquelle on peut associer la transmission à cause de mort, la cession de bail par le preneur ou la sous-location.

§ 1. Changement de bailleur

335 **Vente de la chose louée.** La première hypothèse de changement de bailleur repose sur la possible vente de la chose louée[5]. Aux termes de l'article 1743 du Code civil, le bail se transmet automa-

1. Soc. 29 mai 1954, *D.* 1954. 571. Une clause faisant supporter la charge de la perte due à la vétusté ou à un événement de force majeure serait sans doute abusive : Civ. 1re, 6 janv. 1994, *Bull. civ.* I, n° 8 (pour une location d'automobile).
2. Plus globalement, une cause étrangère comme par exemple le fait d'un tiers, *cf.* Civ. 3e, 3 déc. 1987, *Bull. civ.* III, n° 211.
3. Civ. 3e, 17 juin 1980, *RTD civ.* 1981. 404, obs. G. Cornu (vice de l'installation électrique).
4. Dans l'hypothèse où l'incendie affecte plusieurs appartements d'un immeuble collectif, l'article 1734 impose alors une responsabilité conjointe entre tous les locataires, proportionnelle à la valeur locative des locaux qu'ils occupent sans pouvoir s'exonérer en démontrant que l'incendie a commencé dans l'un de ces appartements.
5. Mais la jurisprudence assimile naturellement à une cession des formes voisines telles que l'échange, l'apport en société, la donation…

tiquement à l'acquéreur de la chose qui devient le nouveau bailleur et doit donc exécuter et respecter le bail en cours. La règle fait ainsi échec au principe de l'effet relatif des contrats mais uniquement pour l'avenir. Le passé contractuel, par exemple la réclamation d'un dépôt de garantie ou le paiement d'arriérés de loyers, demeure établi entre le locataire et l'ancien bailleur[1].

Conscient, cependant, du risque de fraude que cette automaticité peut suggérer, le Code civil organise les conditions dans lesquelles cette transmission s'effectue : seuls les baux ayant reçu date certaine ou dressés par acte authentique bénéficient de l'article 1743 du Code civil.

Pourtant, la Cour de cassation admet que le bail est opposable à l'acquéreur de la chose louée dès lors que celui-ci a été porté à sa connaissance lors de la vente[2], solution qui prend tout son sens si l'on observe que la plupart des baux ne remplissent pas les conditions posées par l'article 1743. En outre, cette règle, d'ordre public pour le bail commercial, rural et d'habitation, ne l'est pas pour les autres baux, et une clause peut faire échec à cette transmission : la vente de la chose louée vaudra alors extinction du bail moyennant indemnité (art. C. civ., art. 1744 à 1750). Reste la question du cautionnement associé au paiement du loyer et consenti, au profit du bailleur, par un tiers : ce cautionnement circule-t-il au profit de l'acquéreur du bien loué, par accessoire ? La jurisprudence, un temps défavorable à cette circulation[3], considère désormais que le cautionnement se transmet de plein droit au nouveau propriétaire, sauf stipulation contraire[4].

1. Mais v. à propos de la caution du locataire : « à défaut de manifestation de volonté de la part de la caution de s'engager envers le nouveau bailleur, le cautionnement souscrit au profit (du bailleur) ne peut être étendu en faveur (du nouveau) propriétaire », Com. 26 oct. 1999, *D.* 2000. 224, note L. Aynès, *JCP E* 2000. 416, note O. Gout, *Defrénois* 2000. 480, note S. Piedelièvre, et *adde* Ch. Larroumet, « L'acquéreur de l'immeuble et la caution du locataire », *D.* 2000. Chron. 155.

2. Civ. 3e, 29 sept. 1999, *CCC* 2000. 19, obs. L. Leveneur ; Civ. 3e, 20 juill. 1989, *Bull. civ.* III, no 169, *Defrénois* 1990. 494, note G. Vermelle, *RTD civ.* 1990. 101, obs. Ph. Rémy ; Civ. 3e, 12 mars 1969, *Bull. civ.* III, no 217.

3. Com. 26 oct. 1999, *D.* 2000. 224, note L. Aynès ; C. Larroumet, « L'acquéreur de l'immeuble loué et la caution du locataire », *D.* 2000. Chron. 155.

4. Ass. plén., 6 déc. 2004, *D.* 2005. 227, note L. Aynès, *JCP* 2005. II. 10010, note S. Piedelièvre.

336 **Transmission de la chose.** Le contrat de bail se transmet également au successeur universel du bailleur. Il se transmet ainsi aux héritiers du bailleur si ce dernier vient à décéder. Le décès du bailleur ne met pas fin, en effet, au bail car le contrat de bail n'est pas considéré comme un contrat conclu *intuitu personae*. C'est également le cas d'une fusion de deux sociétés dont l'une serait bailleresse. La nouvelle société reprenant la chose reprend aussi le bail.

§ 2. Changement de preneur

337 **Substitution de preneur, décès du preneur, cession de bail.** Comme pour le bailleur, le décès du preneur emporte transmission du bail à ses héritiers (c'est le cas aussi de la fusion avec une société locataire), entraînant une jouissance partagée (C. civ., art. 1742)[1], solution que les règles instituant des statuts spéciaux modèrent cependant (*cf.* C. rur., art. L. 411-34, exigence de participation des successeurs pendant au moins cinq ans, L. 6 juill. 1989, art. 14, exigence de vie commune pendant au moins un an[2]).

La cession du bail par laquelle un nouveau preneur est substitué au preneur initial suscite davantage de difficultés. Aux termes de l'article 1717 du Code civil, une telle cession de bail est en principe permise sauf si une clause précise le contraire, même à l'égard du bailleur[3]. Les statuts spéciaux éclatent cependant cette règle de principe. Ainsi, la cession du bail d'habitation est au contraire interdite sauf accord écrit du bailleur (*cf.* L. 6 juill. 1989 art. 8), la cession du bail rural est interdite même avec l'accord du propriétaire (C. rur., art. L. 411-35 sauf à des proches : conjoint, descendant). Pour les baux commerciaux c'est la solution contraire de droit commun qui l'emporte : la cession est permise sauf clause contraire à l'exception de l'hypothèse dans laquelle la cession du bail accompagne la cession du fonds de commerce

1. Civ. 3e, 28 juin 2006, *Bull. civ.* III, n° 165.
2. À défaut, le bail cesse de plein droit du fait du décès du locataire : Civ. 3e, 10 déc. 2008, *RDC* 2009. 619, obs. J.-B. Seube.
3. Civ. 3e, 13 oct. 2004, *Bull. civ.* III, n° 170, *RDC* 2005. 356, note J.-B. Seube.

auquel cas toute clause contrariant la cession du bail serait nulle (C. com., art. L. 145-16).

Les conditions d'une telle cession sont celles de toute cession de contrat[1] désormais organisées par les articles 1216 et suivants du Code civil. Elle doit donc être écrite et emporter le consentement du cédé, le bailleur, et est opposable aux tiers, donc du bailleur à moins que le bail n'impose d'autres conditions (une demande écrite, un agrément du cédé...).

Les effets de cette cession opèrent entre tous les partenaires. Dans les rapports preneur-cédant et preneur-cessionnaire du bail il s'agit d'une forme de vente, d'apport en société ou de donation selon le cas. Dans les rapports bailleur-cédé et preneur-cessionnaire, la cession fait du second le nouveau locataire du premier, titulaire des créances et des dettes qui étaient celles du cédant. À ce titre, le nouveau preneur pourra exiger un droit de renouvellement ou de préemption mais devra payer les loyers. Dans les rapports bailleur-cédé et preneur-cédant, enfin, demeure la trace sinon le souvenir du contrat conclu. Ainsi, le débiteur des loyers est désormais le nouveau preneur mais si ce dernier ne s'exécute pas ou mal, la question se pose de savoir si le cédant n'est pas le garant du cessionnaire, à titre subsidiaire[2]. La doctrine l'admet généralement parce qu'alors l'opération de cession de contrat assure une *cession de dette* (c'est le côté passif de la cession de contrat à moins qu'il ne s'agisse d'une forme de délégation qui ne décharge pas le cédant[3]) ou simplement parce que la cession de bail n'a pas d'influence, du côté du bailleur, sur le bail[4]. La jurisprudence, cependant, ne l'admettait guère proposant sur cette question très controversée, une solution plutôt en défaveur du rejet de l'action contre le cédant[5] (et, partant, en faveur de la perfection des effets de la cession). Une clause du contrat prévoit

1. L. Aynès, *La cession de contrat et les opérations juridiques à trois personnes*, Economica, 1984 ; Ch. Larroumet, *Les opérations juridiques à trois personnes*, Thèse dr. Bordeaux, 1968.

2. La question serait d'ailleurs réglée par la stipulation dans le bail d'une clause assurant la solidarité du cessionnaire et du cédant à l'égard du bailleur (Ph. Rémy, obs. sur Paris, 1er mars 1990, *RTD. civ.* 1990. 677) ou bien d'une clause de garantie : *cf.* Civ. 3e, 7 mars 2001, *RJDA* 2001. 562.

3. A. Bénabent, no 350-2.

4. Ph. Malaurie, L. Aynès et P.-Y. Gautier, no 695 ; F. Collart-Dutilleul et Ph. Delebecque, no 476.

5. Civ. 3e, 12 juill. 1988, *Bull. civ.* III, no 125, *RTD com.* 1989. 217, obs. M. Pédamon ; Civ. 3e, 15 janv. 1992, *JCP E* 1993. I. 234, no 18, obs. M.-L. Izorche.

alors généralement une telle garantie[1]. Les articles 1216-1, 2 et 3 semblent aujourd'hui régler ce point. En effet, le cédant n'est pas libéré pour l'avenir, sauf accord du cédé : le preneur cédant demeure donc garant, solidairement, de l'exécution du contrat de bail et les sûretés éventuellement consenties par le cédant demeurent (C. civ. art. 1216-3). En outre, le cessionnaire peut opposer au cédé toutes les exceptions que le cédant aurait pu opposer au cédé, sauf celles qui lui seraient personnelles, et réciproquement (C. civ., art. 1216-2).

338 **Adjonction de contractant ; sous-location.** La sous-location n'est pas une hypothèse de *changement de preneur* puisque celui-ci demeure le contractant du bailleur mais, par la sous-location, il conclut un nouveau bail à un sous-locataire pour tout ou partie des locaux dont il a la jouissance. Cette adjonction de contractant s'effectue donc par la création d'un nouveau lien contractuel entre preneur et sous-preneur auquel échappe le bailleur, à la différence de la colocation, dans laquelle le bailleur conclut un bail avec deux locataires (*cf.* C. civ., art. 1751).

L'article 1717 du Code civil admet la validité de principe de la sous-location, sauf clause contraire mais, là encore, les statuts spéciaux offrent des solutions divergentes. Ainsi, la sous-location d'un bail d'habitation est interdite en principe sauf accord du bailleur et, donc, clause contraire dans le bail (*cf.* L. 6 juill. 1989 art. 8). La règle est identique dans le bail commercial (*cf.* C. com., art. L. 145-31)[2]. Au contraire, dans le bail rural, la prohibition de toute sous-location est d'ordre public (*cf.* C. rur., art. L. 411-35).

Les conditions de la sous-location sont strictes : l'accord du bailleur doit être formulé par écrit et viser le prix du loyer de la sous-location : il s'agit que le locataire ne s'enrichisse pas aux dépens du bailleur. Pour le bail commercial, il est même exigé que le bailleur concoure à l'acte de sous-location (C. com., art. L. 145-31).

Les effets de la sous-location, en revanche, sont limités aux rapports entre locataire et sous-locataire : le premier joue le rôle

1. Civ. 3e, 5 juin 2002, *Bull. civ.* III, n° 124, *RTD civ.* 2002. 830, obs. P.-Y. Gautier.
2. Civ. 3e, 4 mai 2011, *RDC* 2011. 1265, Obs. C. Grimaldi, admettant que l'accord du bailleur soit tacite et notamment en raison de son comportement.

d'un bailleur à l'égard du second et assume toutes les obligations d'un bailleur. Seules exceptions, la fin du bail principal emporte la fin de la sous-location[1], et le bailleur dispose d'une action directe en paiement contre le sous-locataire au cas où le loyer principal serait impayé, mais limité au montant du loyer de la sous-location (C. civ., art. 1753).

1. Par l'effet de la règle *nemo plus juris...* : Civ. 3e, 10 oct. 1979, *Bull. civ.* III, n° 173.

CHAPITRE 4

L'extinction du bail

339 **Plan.** L'extinction du bail obéit aux règles communes ou particulières au bail organisant les causes de l'extinction (**§ 1**) mais aussi de ses effets (**§ 2**).

§ 1. Les causes de l'extinction du bail

340 **Arrivée du terme, bail à durée déterminée.** L'arrivée du terme, pour un bail conclu pour une durée déterminée, ce qui est la situation la plus courante, provoque l'extinction du bail (*cf.* C. civ., art. 1737) sous réserve des durées minimales impératives du contrat.

Cependant, l'assurance d'un droit au renouvellement du bail pour certains statuts spéciaux limite la portée du principe de l'extinction automatique du bail par l'arrivée du terme prévu. C'est le cas du bail rural ou du bail commercial. Pour le bail d'habitation, le « droit » au renouvellement s'exprime par la limitation des circonstances dans lesquelles le bailleur peut valablement donner congé, essentiellement en cas de reprise du logement pour s'y loger, lui ou sa famille, pour le vendre ou pour des motifs légitimes et sérieux tenant à l'inexécution par le locataire de l'une de ses obligations[1].

1. L. 6 juill. 1989, art. 15-I (et v. pour le bail commercial, congé pour reprise pour motifs légitimes : *D.* 30 sept. 1953, art. 9-1, au cas d'insalubrité, art. 9-2, pour reconstruire, art. 10 et 13).

341 **Résiliation unilatérale, bail à durée indéterminée.** Comme dans tout contrat à durée indéterminée, chacun des contractants peut y mettre fin par l'effet d'une résiliation unilatérale qui prend, ici, la forme d'un congé. Assurant l'effectivité du principe selon lequel un contrat ne saurait engager perpétuellement les parties, une telle résiliation unilatérale d'un bail à durée indéterminée n'a pas à être motivée et n'est, en principe, soumise à aucune condition de forme si ce n'est le respect d'un préavis raisonnable, que l'article 1736 du Code civil se borne à définir par renvoi aux usages locaux, à moins que les parties n'aient organisé les conditions de la résiliation unilatérale. Les statuts spéciaux limitent, cependant, cette possibilité. Ainsi, le congé en matière de bail rural est extrêmement long[1]. Pendant tout le délai du congé, quel qu'il soit, le bail est encore en cours et doit donc être exécuté. À défaut, une sanction pour inexécution, par résiliation ou résolution selon le cas peut-être engagée.

342 **Résiliation ou résolution du contrat pour inexécution du bail.** L'hypothèse de l'inexécution du bail par l'une des parties ne peut être négligée même si c'est généralement l'inexécution des obligations du preneur qui est le plus strictement envisagé dont, surtout, l'absence de paiement.

En l'absence de clause, la sanction de l'inexécution des obligations du preneur est assurée par le jeu de la résolution du contrat dans les conditions de droit commun à moins que l'exécution forcée du contrat ne soit choisie. Quel que soit le moyen utilisé, le preneur pourra toujours demander, s'il s'agit de l'inexécution de l'obligation de paiement, des délais de grâce sur le fondement de l'article 1343-5 du Code civil (qui ne pourront excéder deux ans).

Le plus souvent, cependant, le bail contient une clause résolutoire. Celle-ci offre au bailleur la faculté de provoquer la résolution (ou la résiliation s'il s'agit d'une clause de résiliation) du contrat sans recourir à l'office du juge[2] (sauf dans le bail rural,

1. Aucune règle n'envisage spécialement cette situation mais de la combinaison des articles L. 416-1, L. 416-3 et L. 411-47 du Code rural, on peut déduire que si le bail s'est déroulé pendant 18 ans, le congé doit être de 18 mois et s'il est de plus de 25 ans, de 4 ans.
2. Ch. Paulin, *La clause résolutoire*, Bibl. dr. priv., t. 258, préf. J. Devèse, LGDJ, 1995.

C. rur., art. L. 411-31). Sa mise en œuvre est soumise aux conditions de droit commun, alourdies par le peu de bienveillance de la jurisprudence à leur égard[1]. En outre, les statuts spéciaux exigent souvent un certain formalisme tenant par exemple au respect d'une mise en demeure demeurée infructueuse (d'une durée variable : deux mois pour le bail d'habitation, L. 6 juill. 1989 art. 24 ; un mois pour le bail commercial, C. com., art. L. 145-41[2]). Par ailleurs, avec ou sans clause, l'extinction du bail pour défaut de paiement en cas de « faillite » du preneur est largement entravée par les règles en matière de redressement judiciaire (C. com., art. L. 621-29).

343 **Perte de la chose louée.** Parce que les obligations du bail se justifient par l'usage de la chose par le preneur, cette chose doit durer tout le long du bail. Par conséquent, si la chose disparaît totalement au cours du bail par cas fortuit[3], l'article 1722 du Code civil (et v. C. civ., art. 1741) impose la résiliation automatique du bail (mais il s'agit plus exactement d'une hypothèse de *caducité* du bail[4]). Si, cependant, la perte de la chose est due à la faute de l'une des parties, à l'extinction s'ajoute la réparation du préjudice subi par l'autre partie. Une destruction seulement partielle de la chose ouvre au preneur une option entre une diminution du loyer et la résiliation du bail.

1. Ainsi, la clause doit être invoquée de bonne foi (v. Civ. 3e, 25 janv. 1983, *Bull. civ.* III, n° 21 ; Civ. 3e, 6 juin 1984, *Bull. civ.* III, n° 111 ; Civ. 3e, 8 avr. 1987, *Bull. civ.* III, n° 88 ; Civ. 3e, 5 juin 1991, *Bull. civ.* III, n° 163), ne pas être équivoque (v. Civ. 3e, 7 déc. 1988, *Bull. civ.* III, n° 176) et concerner l'inexécution d'une obligation expresse du bail (v. Civ. 3e, 8 janv. 1985, *Bull. civ.* III, n° 88 ; Civ. 3e, 18 mai 1988, *Bull. civ.* III, n° 94, exigence plus que curieuse car elle semble imposer que le contrat vise toutes les obligations envisageables du contrat).

2. En outre, si le preneur refuse de donner effet à la clause, le bailleur devra exercer une action pour voir reconnaître en justice le jeu de la clause (*reconnaître, faire valoir*... et non *prononcer* la résolution). Or, cette solution se révèle très préjudiciable pour le bailleur commercial car l'article 25, alinéa 2, du décret de 1953 prévoit que la clause est suspendue et que le preneur peut demander des délais de grâce tant qu'une décision définitive n'est pas rendue, or cette action, qui peut être une action en résolution ou destinée à constater la résolution déjà acquise est, en cas de redressement judiciaire du preneur, suspendue par l'article 47 de la loi du 25 janvier 1985.

3. Il peut s'agir d'une perte matérielle de la chose ou juridique, comme la chute d'un brevet dans le domaine public, emportant extinction du contrat de licence qui avait ce brevet pour objet.

4. Ph. Antonmattéi et J. Raynard, n° 313. Dès lors, le locataire ne doit plus les loyers (Civ. 3e, 1er avr. 1998, *Bull. civ.* III, n° 76).

§ 2. Les effets de l'extinction

344 **Restitutions.** La fin du bail oblige le preneur à restituer la chose louée, perspective qui, tout le long du bail, justifie les obligations du preneur relatives à la chose.

Or, cette restitution peut rencontrer des difficultés tenant au comportement du preneur. Pour un bail immobilier, le bailleur peut agir en expulsion du locataire après avoir obtenu la résolution du bail (judiciairement ou conventionnellement) pour obtenir un titre exécutoire puis demander le concours de la force publique (qui peut d'ailleurs refuser, ce qui emporte responsabilité de l'état). Mais cette expulsion est impossible entre le 15 octobre et le 15 mars, pour des raisons évidemment humanitaires (mais qui transforme l'esprit du bail : de moins en moins un outil efficace de gestion de la propriété).

345 **Améliorations et constructions.** En outre, le locataire a pu effectuer des travaux dans les lieux loués, avec ou sans l'autorisation du bailleur. Le principe de l'accession de l'article 555 du Code joue ici pleinement pour des constructions sur sol d'autrui. Le bailleur peut, alors, exiger la destruction des constructions et, donc, la restitution des lieux dans leur état initial ou bien les conserver et verser une indemnité au locataire s'il s'agit de véritables constructions (et point de simples améliorations), indemnité qui sera alors égale au montant des travaux réalisés.

CHAPITRE 5

La diversité des baux

346 **Statuts spéciaux et droit commun du bail.** Déjà, le Code civil comportait des germes de statuts spéciaux puisqu'il distingue les baux à loyers (d'habitation), à cheptel, à ferme et les contrats ont été conclus sur ce modèle pendant plus d'un siècle malgré quelques réglementations spéciales précoces (1899 sur le métayage, 1926 sur les baux commerciaux). Après la Seconde Guerre mondiale, en revanche, est apparu de façon plus intense et générale le besoin de statuts plus protecteurs pour certains types de locataires (en raison de la rareté des immeubles à louer et, donc, de la position de force des propriétaires d'alors), s'agissant notamment des baux d'habitation (1948), ruraux (1947) et commerciaux (1953) et, depuis peu, un embryon de statut des baux professionnels, entendus comme les baux consentis aux professions libérales.

En résulte une réglementation tatillonne et très spécialisée qui, globalement, cherche à assouvir un même dessein.

Il s'agit, en premier lieu, de statuts ne concernant que des immeubles (mais *cf.* loi de 1956 sur la location-gérance de fonds de commerce, donc, de meuble) dont l'importance est marquée pour satisfaire un besoin essentiel : habiter, exercer une activité professionnelle, commerciale ou rurale. Il s'agit, ensuite, de statuts rigides, d'ordre public, qui ne connaissent que peu de marges de manœuvre supplétives. Tous obéissent à la même logique : le prix, la durée (pour garantir la stabilité au locataire) et, éventuellement, le renouvellement – généralement favorisé – sont, ainsi, strictement régentés.

Il reste au droit commun du bail quelques belles pièces : les locations de biens meubles (sauf la location-gérance de fonds de commerce), les locations d'immeubles échappant aux statuts comme les locations de résidences secondaires, les locations saisonnières, les locations d'habitation conclues avec une personne morale[1] lorsqu'il s'agit de loger du personnel par exemple, les locations de garages, etc.

SECTION 1
LES BAUX D'HABITATION

347 **Loi du 1er septembre 1948[2].** Les premières lois relatives aux rapports entre propriétaires et locataires remontent au début du XXe siècle, alors que les relations entre propriétaires et locataires étaient devenues caricaturales, ponctuées, déjà, d'actions démonstratives, d'associations de « sans logement » pour manifester contre le délabrement des logements et le déséquilibre entre les droits des propriétaires, majeurs, et les droits des locataires, réduits à peu près au seul droit de payer le « terme », comme on identifiait alors le loyer, aboutissant aux premières lois favorisant les habitations à prix modérés, ancêtres des HLM. Il reste que quelle que soit l'époque, les rapports entre propriétaires et locataires sont marqués par une conflictualité chronique, en raison notamment de l'antagonisme des intérêts et de la rareté des logements et du coût d'entretien de ceux-ci.

Après la Seconde Guerre mondiale, la crise du logement faisait rage et la loi de 1948 visait à prolonger la durée des baux et à contrôler les loyers. Elle ne s'appliquait (et ne s'applique toujours) qu'aux immeubles construits avant 1948 (pour ne pas brider

1. Civ., 12 janv. 1994, *Bull. civ.* III, n° 3.
2. B. Gross et Ph. Bihr, p. 355 s.

l'effort de reconstruction) et uniquement dans les villes (les seules victimes des destructions). Il s'agissait d'assurer aux locataires un droit au maintien dans les lieux à l'expiration du bail initial tout en tarifant les loyers selon une classification des logements. Les autres baux demeuraient soumis au Code civil.

348 **Lois du 22 juin 1982, 23 décembre 1986, 6 juillet 1989, 21 juillet 1994, loi « ALUR » du 24 mars 2014 [1].** Les différents changements de majorité politique depuis 1981 ont fait de la réglementation des baux d'habitation l'un de leur cheval de bataille favori. Au départ, la loi de 1982 (dite loi *Quillot*) consacrait un droit à l'habitat et assurait un certain contrôle des hausses de loyers et une stabilité du locataire (durée minimale du bail, droit au renouvellement, droit de préemption) et s'appliquait à tous les baux conclus ou renouvelés après son entrée en vigueur. La loi de 1986 (dite loi *Méhaignerie*) revenait en partie sur les dispositions de la loi *Quillot* notamment par la suppression du droit au renouvellement mais maintenait la durée minimale et le contrôle des loyers. La loi de 1989 (dite loi Mermaz) revenait sur le système de la loi de 1982 avant que la loi de 1994 revienne sur certaines de ces dispositions, puis, enfin, que la loi « pour l'Accès au Logement et à un Urbanisme Rénové », dite « ALUR », du 24 mars 2014, propose, à nouveau, des modifications, par exemple en intégrant les locations meublées dans le champ de la loi de 1989 et plus globalement dans le but de proposer des logements à des prix plus abordables, par un encadrement des loyers dans certaines zones et en tentant de rééquilibrer les rapports, historiquement complexes, entre propriétaires et locataires. À ces lois spécifiquement adoptées pour créer ou modifier les règles relatives aux baux d'habitation, il faut en outre compter de multiples lois et décrets intéressant, directement ou indirectement, le droit des baux, ce qui ne facilite pas la compréhension de leur régime.

Il en résulte un certain fouillis en raison du caractère d'ordre public qui imprime ces lois. Ainsi les baux conclus sous l'empire d'une loi sont conclus selon ses règles (et se maintiennent même

1. B. Gross et Ph. Bihr, p. 373 s. ; *adde* : J.-L. Aubert et Ph. Bihr, *La location d'habitation*, 2e éd., Sirey, 1996 : J. et F. Lafond, *Les baux d'habitation du secteur privé après la loi Méhaignerie*, Litec, 1988 ; *Les baux d'habitation après la loi du 6 juillet 1989*, Litec, 1990.

en cas de changement de la loi) mais des dispositions transitoires sont aménagées et certaines règles sont applicables même aux baux en cours en sorte qu'il est parfois difficile de s'y retrouver, notamment depuis l'entrée en vigueur de la loi ALUR[1].

349 **Aperçu de la loi du 6 juillet 1989 (mod. 21 juill. 1994 et 24 mars 2014).** La loi actuellement applicable aux baux d'habitation est la loi *Mermaz* du 6 juillet 1989, même modifiée par la loi du 21 juillet 1994. L'article 1er reprend une formule voisine de celle que la loi *Quillot* proclamait, comme une profession de foi : « Le droit au logement est un droit fondamental (...). Les droits et obligations réciproques des bailleurs et des locataires doivent être équilibrés dans leur relation individuelle comme (...) collective », droit tellement fondamental qu'il a été reconnu comme un objectif à valeur constitutionnelle[2]. Certains baux en sont cependant exclus : les résidences secondaires, les locations saisonnières, les logements de fonction.

Ainsi la loi du 29 juillet 1998 relative à la lutte contre l'exclusion avait établi un embryon de statut pour les locations meublées consenties par les bailleurs louant habituellement plus de quatre logements meublés (CCH, art. L. 321-1 s.) qui impose, dès lors que le preneur y installe sa résidence principale, un bail écrit d'une durée minimale d'un an et un droit au renouvellement par tacite reconduction sauf refus motivé du bailleur. L'ensemble a été modifié par la loi ALUR de 2014 pour intégrer les locations d'immeubles meublés dans le champ de la loi de 1989, et un décret présente le contrat-type annoncé dans la loi[3].

D'une manière générale, le droit des baux d'habitation tend à devenir particulièrement complexe, marqué en premier par la prohibition des discriminations dans la formation des baux (*cf.* L. 6 juill. 1989, art. 1er[4]), par exemple à travers l'interdiction,

1. *Cf.* B. Vial-Pedroletti, « La loi ALUR et les baux d'habitation », *Loyers et copr.* n° hors-série, mai 2014. V. Canu et M. Humblot-Catheland, « Loi ALUR : le bail d'habitation en détail », *Loyers*, 2014/946, n° 179, p. 163. J. Lafond, « Loi ALUR : l'impact sur la rédaction des baux régis par la loi du 6 juillet 1989 », *JCP N* 2014. 1161.

2. Déc. Cons. const., n° 94-359, 19 janv. 1995, *D.* 1997. Somm. 137, obs. P. Gaïa ; déc. Cons. const., n° 98-403, 29 juill. 1998, *D.* 1999. 272, note W. Sabete, *JCP* 1999. I. 141, n° 17, obs. B. Mathieu et M. Verpaux, *RTD civ.* 1999. 132, obs. F. Zenati.

3. *D.* 2015-587, 29 mai 2015, relatif aux contrats-types de location de logement à usage de résidence principale : *JO* 31 mai 2015, p. 9035, *RDC* 2015. 4, note J.-B. Seube.

4. L. Ferrand, « Accès au logement privé et lutte contre les discriminations », *Loyers*, 2008/883, n° 649, p. 2.

depuis la loi du 5 mars 2007 instituant le droit au logement opposable, de demander certains documents (photographie d'identité, carte d'assuré social, etc.).

Un formalisme protecteur du locataire est envisagé (art. 3) d'abord par l'exigence d'un écrit entre les parties, mais aussi par la question des frais d'intermédiaire, modifiés par la loi ALUR, en ce sens qu'ils sont à la charge du bailleur, sauf les frais de visite et d'établissement d'un état des lieux qui sont d'une part partagés entre bailleur et locataire et d'autre part plafonnés (L. 1989, art. 5). Certaines clauses imposant un régime minimal du bail d'habitation sont exigées dans le bail, dont la durée, les dates d'entrée et de sortie, la consistance et la destination du bail, la désignation des locaux dont le locataire a la jouissance exclusive ou partagée, le montant du loyer (y compris depuis la loi ALUR, le loyer de référence et le loyer de référence majoré, *cf.* L. 1989, art. 17 I et v. ss 318), d'autres sont écartées (art. 4), le loyer est étroitement encadré et des accords collectifs sont censés régler certaines difficultés (v. ss 318), des procédures de conciliation sont organisées, etc. Ainsi encore une durée minimale du bail est imposée (3 ou 6 ans selon que le bailleur est une personne physique ou morale).

Section 2

Les baux commerciaux

350 **Décret du 30 septembre 1953 (C. com., art. L. 145-1).** L'apparition du fonds de commerce durant le XIXe siècle puis la place prépondérante de cette valeur au sein du patrimoine du commerçant ont rendu inadéquates les règles du Code civil régissant les contrats de louage ; elles n'offrent en effet que trop peu de pérennité. Le commerçant se trouvait alors confronté à un risque majeur d'instabilité emportant une distorsion de concurrence inacceptable avec les commerçants propriétaires de leurs locaux. La protection du fonds de commerce du locataire nécessitait donc la mise en place de mécanismes juridiques conférant à ce dernier une certaine stabilité. C'est ainsi que, après différents projets, la

loi du 30 juin 1926 fut votée afin de protéger le locataire commerçant contre le préjudice éventuel que lui ferait subir un refus de renouvellement du bail l'obligeant à changer de locaux. La loi du 30 juin 1926 fut ensuite modifiée à plusieurs reprises imposant peu à peu une harmonisation et une codification qui furent réalisées par le décret n° 53-960 du 30 septembre 1953, plusieurs fois modifié depuis[1], intégré au Code de commerce en 1999 aux articles L.145-1 s. ; il a récemment fait l'objet de modifications et d'apports importants à l'occasion de la loi du 4 août 2008, dite loi de modernisation de l'économie, puis la loi « *Pinel* » du 18 juin 2014. Il s'agit du statut des baux commerciaux ; les conditions d'applicabilité vérifiées (**§ 1**), ce statut pourra être exposé (**§ 2**). L'objectif de la loi est d'assurer aux commerçants une certaine stabilité.

§ 1. L'applicabilité du statut des baux commerciaux

351 Les conditions d'application sont relatives à la location (**A**), au local (**B**) et enfin au locataire (**C**). À défaut de satisfaire à toutes ces conditions, les parties peuvent toutefois soumettre conventionnellement la location au statut des baux commerciaux.

A. Les conditions relatives à la location

352 Toutes les locations conclues par un commerçant pour exploiter son fonds de commerce ne sont pas nécessairement des baux commerciaux ; des exceptions existent telles les locations saisonnières ou celles conférant une jouissance intermittente des lieux, ou encore les baux dérogatoires de courte durée ou les conventions d'occupation précaire.

1. Aubry et Rau, par M. Pédamon, *Droit civil français*, 7e éd., t. V-2, *Baux commerciaux*, 1979 ; G. Ripert, R. Roblot et M. Germain, *Traité de droit commercial*, t. 1, 16e éd, 1996, nos 388 s. ; *adde* : Y. Chartier, « Rigidité et flexibilité dans le droit des baux commerciaux », *Mélanges J. Derruppé*, GLN-Joly-Litec, 1991, p. 71.

353 **Bail de courte durée.** L'article L. 145-5 du Code de commerce permet aux parties de soustraire leur contrat de location aux dispositions du statut : les « baux dérogatoires ». La durée de la location doit être « au plus égale à trois ans » (deux ans avant la loi *Pinel* de 2014), et c'est seulement par mesure de prudence que s'est établi l'usage de baux de vingt-trois mois, désormais de trente-cinq. Le seul fait de fixer une durée inférieure ou égale au maximum à deux ans n'est pas suffisant pour exclure l'application du statut : les parties doivent avoir eu la volonté d'en écarter les règles[1].

Avant la loi du 4 août 2008, l'article L. 145-5, al. 1 n'autorisait qu'une seule convention dérogatoire ; la nouvelle rédaction permet une succession de contrats de courte durée : « Les parties peuvent, lors de l'entrée dans les lieux du preneur, déroger aux dispositions du présent chapitre à la condition que la durée totale du bail ou des baux successifs ne soit pas supérieure à deux ans ». Tout dépassement de la durée contractuellement prévue par cette ou ces conventions emporte assujettissement au statut et au régime général des baux commerciaux[2] : « Si, à l'expiration de cette durée, le preneur reste et est laissé en possession, il s'opère un nouveau bail dont l'effet est réglé par les dispositions » du statut[3]. Le preneur peut toutefois renoncer au bénéfice du statut ; cette renonciation doit être non équivoque et postérieure à l'expiration du bail dérogatoire de courte durée.

354 **Convention d'occupation précaire.** La convention d'occupation précaire est un contrat par lequel une personne met un immeuble à la disposition d'une autre et lui en confère à titre onéreux la jouissance précaire et révocable[4]. L'article L. 145-4prévoit une durée qui ne peut être inférieure à neuf ans, sauf bail dérogatoire de

1. Com. 8 nov. 1972, n° 71-13.008, *Rev. loyers* 1973. 39 ; Civ. 3e., 2 févr. 2005, n° 03-19.541, *Bull. civ.* III, n° 20, p. 18.
2. Civ. 3e, 25 nov. 1975, n° 74-13.075, *Bull. civ.* III, n° 345, p. 261 ; Civ. 3e, 8 oct. 1986, n° 85-11.962, *Bull. civ.* III, n° 135, p. 107, *D.* 1986. IR 484.
3. Il en est de même de la prorogation du terme d'un bail dérogatoire initialement conclu pour une année ; s'opère automatiquement un bail commercial (Civ. 3e, 7 févr. 1996, *RHJ* 1996. 951, obs. J.-L. Respaud).
4. C. Roy-Loustaunau, « Une construction prétorienne originale, la convention d'occupation précaire de locaux commerciaux », *RTD com.* 1987. 377.

l'article L. 145-5 ou convention d'occupation précaire de l'article L. 145-5-1 qui reprend les solutions jurisprudentielles antérieures. Par sa nature, la convention d'occupation précaire exclut en outre tout droit au renouvellement. Ainsi le recours à cette convention ne doit pas être dicté par la volonté de se soustraire frauduleusement au statut. La volonté des parties n'est donc pas suffisante[1] et surtout, une convention d'occupation précaire ne doit pas être confondue avec un bail dérogatoire[2], la précarité doit résulter de l'existence de motifs particuliers ou de circonstances exceptionnelles justifiant le recours à une jouissance provisoire comme la vente prochaine du local, sa démolition, l'imminence d'une expropriation[3].

B. Les conditions relatives aux locaux

355 Le bail doit avoir pour objet des immeubles ou des locaux (C. com., art. L. 145-1) c'est-à-dire des lieux clos et couverts permettant d'accueillir la clientèle. Sont donc exclus les terrains nus ; toutefois si des constructions ont été édifiées avec le consentement exprès du propriétaire un bail commercial peut être conclu. Ne relèvent également pas du statut, les emplacements ou rayons de vente concédés de manière discrétionnaire à l'intérieur d'une grande surface[4], les installations mobiles telles que kiosques ou baraques sans attache fixe au sol, les vitrines d'exposition, les emplacements sur les murs d'une galerie de peinture[5].

Il faut également que les locaux soient, avec l'autorisation du bailleur, affectés à l'exploitation d'un fonds de commerce appartenant au locataire. La clientèle n'y étant pas reçue, le statut ne s'applique pas en principe pour les locaux accessoires, locaux à usage de hangar, d'entrepôt, de garage[6], sauf lorsque leur privation « est de nature à compromettre l'exploitation du fonds ».

1. Civ. 3e, 1er avr. 2009, n° 07-21.833 ; Civ. 3e, 29 avr. 2009, n° 08-10.506 ; Civ. 3e, 29 avr. 2009, n° 08-13.308 ; *Loyers et copr.* 2009. 150, obs. E. Chavance.
2. Cass. civ., 7 juill. 2015, n° 14-11644, *RDC* 2016. 1, obs. J.-B. Seube.
3. Civ. 3e, 9 nov. 2004, n° 03-15.084, *JCP E* 2004. Pan. 1833.
4. Civ. 3e, 20 févr. 1985, *Bull. civ.* 111, n° 38, p. 28 ; Civ. 3e, 5 avr. 1995, *Bull. civ.* III. n° 93, *D.* 1997. Somm. 306, obs. L. Rozès.
5. Civ. 3e, 20 nov. 1991, *Bull. civ.* III, n° 280.
6. Civ. 3e, 16 juin 2004, n° 03-11.314, *JCP E* 2004. Pan. 1212.

C. Les conditions relatives au locataire

356 Si le mode d'exploitation du fonds est indifférent, il peut être exploité directement ou indirectement par un locataire-gérant, le locataire doit en revanche être propriétaire de ce fonds de commerce ou du fonds artisanal exploité dans les lieux loués. Sont ainsi exclus du statut ceux qui n'exercent pas d'activité commerciale ou artisanale, tels membres des professions libérales mais également ceux parfois qualifiés de commerçants sans fonds de commerce, c'est-à-dire les locataires gérants[1], les sociétés à forme commerciale mais à objet civil et tous ceux qui ne peuvent pas justifier être titulaire d'une clientèle propre comme les concessionnaires d'emplacements sur marchés publics, les tenanciers de bars et restaurants sur les hippodromes ou les terrains de sport[2], les détaillants installés dans l'enceinte d'une grande surface[3]. Un récent arrêt, rendu à propos d'une activité commerciale développée dans un local intégré à un hôtel touristique, a toutefois précisé qu'il convient de rechercher si les contraintes de cette intégration sont incompatibles avec le libre exercice du commerce pour écarter le statut[4]. S'est également posée la question des distributeurs intégrés, franchisés ou concessionnaires. Le bénéfice du statut pouvait leur être refusé au motif que la clientèle qu'ils exploitent était attachée au titulaire de la marque[5]. Dans la foulée de quelques arrêts rendus par la Cour d'appel de Paris, la Cour de cassation amorça un revirement favorable à ces distributeurs[6], revirement consacré depuis[7].

1. Com. 2 juill. 1952, *D.* 1952. 595.
2. Ass. plén., 24 avr. 1970, *D.* 1970. 381, note R. L., *RDC* 1970. 674, obs. A. Jauffret.
3. Civ. 3e, 9 juill. 1979, *Bull. civ.* III, n° 153.
4. Civ. 3e, 19 janv. 2005, *Bull. civ.* III, n° 10.
5. Paris, 6 févr. 1996, *RTD com.* 1996. 237, obs. J. Derruppé, *JCP* 1997. II. 22818, note B. Boccara, *D.* 1997. Somm. 57, obs. D. Ferrier.
6. Civ. 3e, 20 déc. 2000, *BRDA* 3/2001, p. 9, n° 14, *Cah. dr. entr.* 2001, n° 4, obs. J.-L. Respaud ; Paris, 4 oct. 2000, *RTD com.* 2001. 50, obs. J. Derruppé, *JCP E* 2001. II. 324, note B Boccara, *D.* 2001. Somm. 301, obs. D. Ferrier, *D.* 2001. J. 1718, note H. Kenfack, *D.* 2001. J. 380, obs. A.-L. Monéger-Dupuis.
7. Civ. 3e, 27 mars 2002, n° 00-20.732, *Bull. civ.* III, n° 77, *Rev. Lamy dr. aff.* 2002, n° 52, n° 3305, note Ph. Delebecque, *JCP* 2002. II. n° 10112, note F. Auque, *RTD com.* 2003. 273, obs. J. Moneger. *D.* 2002. AJ 2400, note H. Kenfack, *Cah. dr. entr.* 2002, n° 5, p. 29, obs. J.-L. Respaud.

§ 2. L'application du statut des baux commerciaux

357 Le statut a pour objet principal de conférer au preneur une situation pérenne, il n'a pas vocation à détailler tous les droits et obligations des parties. En l'absence de dispositions particulières, les baux commerciaux demeurent assujettis aux règles générales qui régissent le louage d'immeuble contenues dans le Code civil (art. 1713 à 1762). Observons donc la spécificité du statut quant à la naissance du contrat de bail commercial (**A**), sa vie (**B**) puis sa mort (**C**).

A. La naissance du bail commercial

358 **Durée du bail.** Depuis la loi du 12 mai 1965 la durée minimale des baux commerciaux est fixée à neuf ans. La règle est d'ordre public ; les parties ne peuvent en revanche prévoir une durée plus longue.

Cette longue durée connaît toutefois des atténuations. Le locataire dispose en effet d'une faculté de résiliation triennale ; à l'expiration de chaque période de trois ans il peut mettre fin au bail en donnant congé six mois au moins à l'avance. Cette faculté n'était plus d'ordre public depuis la loi du 30 décembre 1985, de sorte que le locataire pouvait se lier irrévocablement pour neuf ans, ce que la loi *Pinel* de 2014 a modifié : les baux de neuf ans ne peuvent plus comporter de telles clauses de renonciation à la résiliation triennale (à l'exception des baux de plus de neuf ans portant sur certains locaux, comme les locaux à usage de bureaux ou les entrepôts). Le locataire dispose également d'une faculté de résiliation à tout moment s'il demande à bénéficier de ses droits à la retraite ou de ses droits à pension d'invalidité. Le bailleur, quant à lui, n'est investi de la faculté de résiliation triennale qu'en vue de reconstruire, surélever ou restaurer l'immeuble. Un état des lieux est désormais imposé à l'entrée dans les lieux (C. com., art. L. 145-39) accompagné d'un état prévisionnel des travaux à réaliser sur trois ans et des travaux réalisés dans les trois ans précédents ainsi qu'un inventaire des charges, impôts, taxe et redevances payés par le bailleur (C. com., art. L. 145-40).

359 **Loyer.** Lors de la conclusion du bail, les parties fixent librement le loyer. À cette occasion, le bailleur exige souvent le versement d'un « pas-de-porte » par le preneur. Cette pratique est licite[1] mais on s'interroge sur sa nature juridique ; supplément de loyer ou contrepartie du démembrement infligé à la propriété du bailleur, à raison des droits conférés au locataire, la propriété commerciale. Cette qualification peut être lourde de conséquences dans les relations entre les parties mais également pour des raisons fiscales.

Pendant l'exécution du bail commercial, le loyer peut faire l'objet d'une révision, notamment à la hausse via une procédure dite de « déplafonnement », modifiée notamment par la loi *Pinel* du 18 juin 2014. À défaut d'accord amiable entre les parties, cette révision est judiciaire. Le statut réglemente cette révision avec deux préoccupations qui sont largement antinomiques, d'une part, préserver les intérêts du bailleur et de sauvegarder l'équilibre financier du contrat contre les risques de la dépréciation monétaire et d'autre part, protéger le locataire contre une augmentation excessive de ses charges et de lutter contre l'inflation. La première préoccupation se traduit dans le principe selon lequel le loyer révisé doit correspondre à la valeur locative des lieux loués qui est déterminée en fonction de cinq critères s'imposant aux juges, les caractéristiques du local, la destination des lieux, les obligations respectives des parties, les facteurs locaux de commercialité et les prix pratiqués dans le voisinage. La protection du second intérêt s'exprime par la règle du plafonnement des loyers ordinaires ; les loyers non indexés ne peuvent pas en cas d'augmentation de la valeur locative être réévalués au-delà de l'évolution du coût de la construction (ICC) ou de l'évolution de l'indice trimestriel des loyers commerciaux (ILC)[2]. La règle du plafonnement s'efface toutefois lorsque l'évolution des facteurs locaux de commercialité a entraîné « une variation de plus de 10 % de la valeur

1. Civ. 3e, 15 févr. 1995, *Bull. civ.* III. n° 50.
2. V. J.-J. Martel, « ICC ou ILC, que choisir ? », *AJDI* 2009. 11.

locative[1] ». S'agissant du loyer indexé, lorsque son montant a varié de plus d'un quart par rapport au prix précédemment fixé par le contrat ou par une décision judiciaire lors d'une révision antérieure, il peut également être révisé. En outre, lorsqu'une augmentation est supérieure à 10 % du montant précédent, l'augmentation est étalée dans le temps.

B. La vie du bail commercial

360 Concernant les obligations des parties, celles-ci sont soumises au droit commun. Plus spécialement, le locataire veillera à ce que le local soit toujours exploité et garni... Au-delà de ces rappels, deux thèmes majeurs méritent une attention particulière, la déspécialisation et la circulation du contrat.

361 **Déspécialisation du bail.** Le plus souvent, le bail commercial détermine de manière précise le genre de commerce ou d'industrie qui, peut être exercé dans les lieux loués. Il existe toutefois des baux que l'on nomme tous commerces. En application de l'article 1728 C. civ., le locataire devrait respecter scrupuleusement la destination des lieux mais pour permettre au locataire de faire face à la concurrence et aux évolutions du commerce aux nouvelles formes de commerce le législateur permet au locataire de déspécialiser son fonds. La faculté de déspécialisation est d'ordre public[2], elle peut s'exercer de manière relative ou absolue.

La déspécialisation partielle, en premier, permet au locataire d'adjoindre dans les lieux loués à l'activité prévue au bail des activités connexes ou complémentaires, par exemple l'activité de charcuterie à une boucherie. Le preneur doit notifier au bailleur son intention en lui précisant les activités qu'il envisage d'exercer ; il ne s'agit que d'une information et non d'une demande d'autorisation mais cette condition est impérative, à défaut, le preneur risquerait soit la résiliation soit le non-renouvellement sans indemnité. Le bailleur dispose alors, d'un délai de deux mois pour

1. L'évolution doit avoir un intérêt direct pour le fonds de commerce en question : Civ. 3e, 7 avr. 2004, n° 02-17.946, *Bull. civ.* III, n° 71 ; *JCP E* 2004. Pan. 843.
2. Civ. 3e, 12 juill. 2000, *Cah. dr. entr.* 2001, n° 2, obs. J.-L. Respaud.

contester le caractère connexe ou complémentaire de ces activités, son silence valant acceptation.

La déspécialisation plénière, ensuite, permet au locataire d'exercer dans les lieux loués des activités entièrement nouvelles, que celles-ci s'ajoutent ou qu'elles se substituent à l'activité prévue au bail. Le locataire doit adresser une demande d'autorisation au bailleur et la notifier dans le même temps aux créanciers inscrits sur le fonds de commerce. Le bailleur dispose d'un délai de trois mois pour répondre, son silence valant là encore acceptation. En cas de désaccord, le juge du tribunal de grande instance vérifiera que la demande du preneur est bien compatible « avec la destination, les caractères et la situation de l'immeuble (...) eu égard à la conjoncture économique et aux nécessités de l'organisation rationnelle de la distribution » ; elle consiste aussi à s'assurer que le refus du bailleur est justifié par un motif grave et légitime. S'il accorde son autorisation, il fixe le montant du loyer en fonction de la seule valeur locative, sans avoir à se préoccuper de la règle du plafonnement.

362 **Circulation du bail.** La circulation du contrat ou des parties au contrat peut s'opérer soit par adjonction de partie, c'est la sous-location en l'espèce, soit par la substitution de contractant, c'est en l'espèce la cession du bail. Selon le droit commun le locataire « a le droit de sous-louer et même de céder son bail à un autre, si cette faculté ne lui est pas interdite, auquel cas la clause est toujours de rigueur » (C. civ., art. 1717). Par dérogation à ce texte, la sous-location de locaux donnés à bail commercial est en principe interdite sauf stipulation contraire du contrat ou accord du bailleur[1]. S'il n'a pas conféré son autorisation de sous-louer dans le contrat, le bailleur doit toujours concourir à l'acte de sous-location pour agréer le sous-locataire. Il peut refuser discrétionnairement cet agrément[2].

Le régime de la cession de bail est plus libéral : toute clause ou convention tendant à interdire au locataire la cession de son bail à l'acquéreur de son fonds de commerce ou de son entreprise

1. La location-gérance qui n'emporte pas sous-location : Civ. 3e, 19 mars 2008, n° 263.
2. Com. 16 juill. 1962, *D.* 1963. 112.

est frappée de nullité. En revanche la cession indépendante du droit au bail peut être interdite ou conditionnée par le contrat. La cession de bail présente un intérêt particulier ; le bailleur ne pouvant invoquer contre le locataire des faits imputables au locataire sortant, la cession a donc pour effet de neutraliser les fautes éventuellement commises par le cédant, y compris lorsqu'elle intervient après un refus de renouvellement sans indemnité[1].

C. La fin du bail commercial

363 Ce qui importe à présent est d'observer comment le contrat peut prendre fin, les clauses de résiliation, puis dans quelles conditions il peut renaître, c'est-à-dire son renouvellement.

364 **Les clauses de résiliation de plein droit.** Confronté à la multiplication des clauses résolutoires désarmant le juge, le décret de 1953 a donc institué dans son article 25 d'alors un régime protecteur des intérêts du locataire qui n'était applicable qu'aux clauses de résiliation de plein droit pour défaut de paiement des loyers. Mais la loi *Doubin* du 31 décembre 1989 a donné à ce régime une portée générale. Désormais il s'applique à toute clause fondée sur l'inexécution de l'une quelconque des obligations prévues au contrat[2]. La clause ne produit effet qu'un mois après un commandement d'exécuter demeuré infructueux[3]. Les délais de grâce, à fin de paiement par exemple, accordés par le juge en application de l'article 1244-1 du Code civil n'ont plus pour effet de suspendre les effets de la clause. Le bailleur qui met en œuvre la clause résolutoire doit notifier cette mise en œuvre aux créanciers inscrits. L'insertion dans le bail de clauses de ce type n'exclut pas d'ailleurs que le bailleur puisse résoudre unilatéralement ou demander au tribunal de prononcer la résiliation du contrat dans les termes du droit commun[4].

1. Civ. 3e, 10 janv. 2007, n° 05-20.634, inédit.
2. L'inexécution ainsi sanctionnée doit porter sur une obligation expressément prévue par le contrat de bail (v. par ex. pour l'obligation de d'exploitation du fonds : Civ. 3e, 10 juin 2009, n° 07-18.618 et Civ. 3e, 10 juin 2009, n° 08-14.422, *JCP E* 2009. 2083, n° 9, obs. H. Kenfack, *D.* 2009. 1692, obs. Y. Rouquet).
3. Il a été jugé que le bailleur pouvait faire procéder à l'expulsion des années après la mise en œuvre de la clause, son silence ne valant pas renonciation : Civ. 3e, 19 mars 2008, n° 262.
4. Civ. 3e, 10 oct. 1969, *JCP* 1970. II. 16252 ; Civ. 3e, 26 nov. 1991, *Bull. civ.* III, n° 286.

365 **Droit au renouvellement et droit de préemption en cas de cession du local.** À l'expiration du bail, le locataire de l'immeuble, propriétaire du fonds de commerce qui y est exploité, a droit soit au renouvellement de son contrat soit à une indemnité d'éviction, égale au préjudice qu'il subit : la pratique désigne cette situation par « la propriété commerciale ».

Le locataire doit satisfaire certaines conditions comme être de nationalité française[1], avoir exploité son fonds, l'exploitation n'a pas besoin d'être « personnelle », il suffit qu'elle soit « effective ». Le preneur doit également être immatriculé lors du renouvellement. L'article L. 145-1 du Code de commerce a d'ailleurs été complété pour n'exiger l'immatriculation au RCS ou au Répertoire des métiers que du seul exploitant cotitulaire du bail ou coïndivisaire.

À l'arrivée du terme contractuel le bail commercial ne se renouvelle pas automatiquement[2], la procédure de renouvellement peut être initiée soit par un congé du bailleur au preneur ou au contraire d'une demande de renouvellement du preneur au bailleur sinon le bail se poursuit par tacite reconduction pour une durée indéterminée tant qu'une telle initiative n'est pas prise. Le congé est un acte formel qui est délivré six mois au moins à l'avance et conformément aux usages, qui devait être notifié par huissier et qui peut aujourd'hui être réalisé par lettre recommandée avec accusé de réception. Le congé doit préciser à peine de nullité les motifs pour lesquels il est donné et les intentions du bailleur au sujet du renouvellement.

L'acceptation du renouvellement emporte en principe maintien des conditions de l'ancien bail[3]. Il existe fréquemment un désaccord sur la fixation du loyer renouvelé. Ce désaccord sur un élément pourtant essentiel, le prix, n'entrave pas la conclusion et

1. Les étrangers peuvent toutefois prétendre au statut s'ils ont des enfants français, s'ils ont combattu dans les armées françaises ou alliées ou s'ils bénéficient d'une convention diplomatique leur accordant l'assimilation aux nationaux. Bien entendu la condition ne s'applique pas en vertu de l'article 43 du Traité aux ressortissants des États membres de l'Union européenne.

2. Sauf clause contraire : Civ. 3e, 27 oct. 2004, n° 03-15769, *JCP E* 2004. Pan. 1746.

3. Toutefois nécessité d'un accord explicite des parties pour que la durée du bail renouvelé soit supérieure à neuf ans même si cela était le cas du bail initial : Civ. 3e, 2 oct. 2002, n° 02-01.5677, *JCP E* 2003. 148, note M. Keita.

l'exécution du bail renouvelé[1]. Il appartiendra au juge des loyers, après avis de la commission départementale de conciliation, de fixer le nouveau loyer comme il le fait à l'occasion de la révision triennale[2] c'est-à-dire en fonction de la valeur locative et dans la limite du coût de la construction. Toutefois, le mécanisme de plafonnement ne joue pas lorsque la durée du bail initial ou renouvelé est supérieure à neuf ans ou encore que l'ancien bail a été tacitement reconduit au-delà de douze ans.

Le bailleur est toujours en droit de refuser le renouvellement du bail. L'alternative qui s'offre alors à lui est simple, soit il accepte le renouvellement soit il paie l'indemnité d'éviction. L'indemnité doit être égale, selon la loi, au préjudice subi par le preneur. L'évaluation de cette réparation sera différente selon que le fonds disparaîtra ou qu'il pourra être transféré. Si le refus emporte la disparition totale du fonds de commerce du preneur, le bailleur doit lui verser une somme lui permettant de se procurer un fonds équivalent. En effet la loi précise que « l'indemnité comprend notamment la valeur marchande du fonds déterminée suivant les usages de la profession, augmentée éventuellement des frais normaux de déménagement et de réinstallation, ainsi que les frais et droits de mutation à payer pour un fonds de même valeur ». La situation est différente lorsque le bailleur rapporte la preuve que les activités commerciales peuvent être transférées en d'autres lieux sans compromettre la clientèle, l'indemnité d'éviction n'est plus alors qu'une « indemnité de déplacement » et le locataire ne saurait prétendre à la valeur marchande du fonds de commerce[3]. Mais là encore il est tenu compte le plus souvent de la valeur du droit au bail dont le locataire est évincé ainsi que des pertes diverses qu'il subit. Cette indemnité d'éviction ou de déménagement peut donc atteindre un montant très conséquent. Le bailleur peut alors regretter son refus. La loi lui permet de se rétracter, de revenir sur ce refus ; c'est le droit de repentir du

1. Civ. 3e, 24 juin 2009, no 08-13.970, *Loyers et copr.* 2009. 211, obs. Ph.-H. Brault, *Administrer* août-sept. 2009, no 424, p. 29, obs. J.-D. Barbier.
2. Les mêmes éléments déterminent la valeur locative à l'exception des prix pratiqués dans le voisinage qui ne sont pas visés lors de la fixation du loyer du bail renouvelé.
3. Civ. 3e, 14 déc. 1988, *Bull. civ.* III, no 182.

bailleur. Le bailleur n'a pas à payer d'indemnité s'il démontre l'existence d'un motif grave et légitime.

En outre, la loi *Pinel* prévoit, à l'instar du droit des baux d'habitation, un droit de préemption au profit du locataire en cas de cession du local loué par son propriétaire.

Section 3
Les baux ruraux

366 **Fermage.** Le Code civil connaît un certain nombre de règles qui intéressent les baux portant sur des immeubles ruraux mais elles sont largement supplétives. Aussi, le statut du fermage (C. rur., art. L. 411 s.) établi par présomption[1] sur la base du contrat de vente d'herbe ou de récolte, organise de façon précise le contenu des baux ruraux dans le but de contrôler le prix de ces baux et d'assurer au fermier une stabilité sans faille. Ainsi, le bail est conclu pour une durée minimale de neuf ans, tout en limitant les possibilités de mettre fin au bail et en assurant un droit au renouvellement (uniquement limité par l'hypothèse d'une reprise des terres agricoles par le propriétaire ou ses proches) et un droit de préemption en cas de vente par le propriétaire. De même, le loyer, le *fermage*, est largement contrôlé (et enfermé dans des minima et maxima fixés par le préfet).

Diverses déclinaisons du bail rural existent, héritages des anciennes coutumes, comme le *bail à métayage* (ou *bail à colonat partiaire*) qui prévoit un partage des récoltes et des frais entre le propriétaire et le métayer ; le *bail au comptant* ; le *bail à domaine congéable* (dans lequel la propriété des édifices et de la superficie est cédée au preneur) ; le *bail à cheptel* (*cf.* C. civ., art. 1800, 1804 et 1921).

1. Civ. 3e, 24 mars 2004, *Bull. civ.* III, n° 63.

SECTION 4
LES BAUX PROFESSIONNELS

367 **Professionnalisation des professions libérales.** Traditionnellement, on affirme que les professions libérales constituent une exception dans la dichotomie opposant les activités civiles et commerciales, comme un îlot de survivance des règles de l'Ancien droit. De plus en plus, cependant, les professions libérales se professionnalisent en raison de l'extrême exigence de qualité qu'imposent les progrès techniques, l'information de leurs clients (*cf.* en matière médicale). Aussi, les professions libérales ont changé d'aspect : elles sont de plus en plus exercées en groupe (sociétés civiles professionnelles ou modernes sociétés libérales) pour satisfaire leur clientèle dans des domaines toujours plus techniques (*cf.* en matière juridique) ; elles imposent de plus en plus de matériels onéreux, de personnels...

Aussi le local dans lequel s'exercent ces activités libérales modernisées tient une grande importance. Pourtant, pendant très longtemps, aucune règle particulière ne permettait d'organiser le régime des baux conclus par ces professionnels, sinon en référant aux règles du droit civil (mais essentiellement établies en faveur du bailleur).

La loi *Mermaz* du 6 juillet 1989 a, cependant, interrompu ce silence en insérant dans la loi *Méhaignerie* du 23 décembre 1986 un article 57-A qui impose une durée minimale de 6 ans pour les baux professionnels et l'établissement d'un écrit. Mais le reste de l'article 57-A ne fait qu'aménager des règles communes, par exemple en affirmant qu'au terme du contrat, il est tacitement reconduit pour une nouvelle durée identique à la durée initiale (et non pour une durée indéterminée). Aucun droit au renouvellement, aucun mécanisme de régulation ou d'encadrement des loyers n'est prévu (à moins que les parties ne soumettent leur contrat au décret de 1953). La Cour de cassation a également décidé récemment, le 7 novembre 2001, qu'un bail professionnel peut être conclu avec une société de professionnels libéraux (des avocats) ayant une forme commerciale dans la mesure où l'article 57 A est un texte d'ordre public.

Sous-titre 2

Le contrat de prêt

368 **Le prêt ou les prêts ?** Le contrat de prêt est un contrat qui trouve son origine dans le droit romain où il était tout à la fois un contrat réel, en sorte qu'il était formé par la remise de la chose prêtée, et un contrat d'ami parce qu'il était essentiellement gratuit et reposait sur la *bona fides*, la bonne foi. Mais le droit romain distinguait deux formes de prêt : le *commodat* et le *mutuum*.

L'article 1874 du Code civil recueille cet héritage historique et admet qu'il existe deux sortes de prêts : « Celui des choses dont on peut user sans les détruire ; et celui des choses qui se consomment par l'usage qu'on en fait. La première espèce s'appelle prêt à usage ou commodat ; la deuxième s'appelle prêt de consommation ou simplement prêt », ceci sans compter sur la suppression du terme « commodat » par une loi de 2009 de « simplification du droit ».

Il est, alors, difficile d'évoquer le contrat de prêt alors que même le Code civil n'admet pas l'existence d'une théorie générale du prêt : « il n'y a que des branches, il n'y a pas de tronc[1] ». La différence entre les deux contrats est en effet fondamentale : l'un, le commodat autorise l'usage de la chose mais impose sa restitution alors que l'autre, le prêt de consommation porte sur une

1. F. Grua, « Prêt », *J.-Cl. Civil*, art. 1874, n° 2.

chose détruite au premier usage en sorte que sa restitution devient impossible.

En outre, la division choisie par le Code civil ne paraît plus aussi efficace aujourd'hui. Le Code civil réserve, en effet, un chapitre au prêt à intérêt, c'est-à-dire au prêt d'argent, règles qu'ignore l'article 1874 du Code civil. Il est vrai que le prêt à intérêt ne paraît qu'être une variante du prêt de consommation. Or, aujourd'hui, c'est le prêt d'argent qui, de loin, sans doute, est la plus importante de ces trois formes du prêt et, pour cette raison, des règles propres au prêt d'argent se sont développées, essentiellement d'ailleurs sous les auspices du droit de la consommation ou du droit du crédit (pour autant que les termes *droit du crédit* ne soient pas synonymes de ceux *droit du prêt d'argent*).

La doctrine cherche malgré tout à préserver l'unité du prêt au moins de façon conceptuelle. Ainsi peut-on proposer la définition suivante du prêt : contrat par lequel une personne, le prêteur remet une chose à une autre personne, l'emprunteur, pour que le second se serve de cette chose puis la restitue, en nature ou en valeur, gratuitement ou moyennant intérêts[1].

Il reste que le prêt se scinde fondamentalement en trois branches : le prêt à usage (CHAPITRE 1), le prêt de consommation (CHAPITRE 2) et le prêt d'argent (CHAPITRE 3).

1. V. *Vocabulaire juridique H. Capitant*, par G. Cornu ; Ph. Malaurie, L. Aynès et P.-Y. Gautier, n° 905 ; J. Huet, G. Decocq, C. Grimaldi et H. Lecuyer, n° 22001.

CHAPITRE 1

Le prêt à usage

369 **Plan.** Les critères précédemment identifiés sont insuffisants pour assurer l'identification du commodat par ses éléments (SECTION 1). Précisés, la formation (SECTION 2), les effets (SECTION 3) du commodat pourront être envisagés.

SECTION 1

LES ÉLÉMENTS DU PRÊT À USAGE

370 **Définition et caractères.** L'article 1875 du Code civil définit le contrat de prêt à usage, autrement appelé commodat par révérence à l'ancienne terminologie romaine, comme « un contrat par lequel l'une des parties livre une chose à l'autre pour s'en servir, à la charge pour le preneur de la rendre après s'en être servie ». Il s'agit, donc, d'un contrat destiné à permettre l'usage d'une chose puis sa restitution.

En outre, et conformément à son origine romaine qui en faisait un contrat d'ami, « le prêt est essentiellement à titre gratuit ». Cette gratuité[1] s'entend parfaitement de façon ordinaire (untel prête un

1. Cette gratuité n'est d'ailleurs pas sans conséquences : l'avantage que l'emprunteur en retire peut être considéré comme une libéralité et, à ce titre, rapporté à une succession (Civ. 1re, 14 janv. 1997, *Bull. civ.* I, n° 22, *D.* 1997. 607, note Barabé-Bouchard).

livre à un ami) mais devient plus difficile lorsque le prêt à usage est utilisé dans le cadre de relations d'affaires *a priori* étrangères à toute relation désintéressée[1]. Ainsi la question du prêt de cuves par des compagnies pétrolières à leurs distributeurs pompistes de marque a donné lieu à un contentieux épineux[2]. La jurisprudence admet cependant qu'un prêt à usage soit utilisé dans une relation d'affaires, même sans rémunération particulièrement affectée à ce prêt ce qui ne signifie pas que la relation soit désintéressée[3] car il s'inscrit plus globalement dans le contrat.

En conséquence, le contrat de prêt à usage peut être un contrat unilatéral s'il ne comporte pas d'autre obligation que celle mise à la charge de l'emprunteur de restituer la chose. Or, le Code civil prévoit des obligations à la charge du prêteur ne serait-ce que l'obligation de laisser l'emprunteur user de la chose ce qui permet sinon d'évincer toute unilatéralité dans ce contrat[4], au moins de le décrire comme un contrat synallagmatique imparfait[5] en ce sens qu'il est conclu dans l'intérêt exclusif de l'emprunteur (à la différence d'ailleurs, du dépôt ou du gage) ce qui signifie que la masse relative des obligations de l'un ou de l'autre penche du côté de l'emprunteur, pour autant qu'on ne puisse le considérer comme un contrat synallagmatique parfait[6].

Enfin, le prêt est un de ces rares contrats réels (avec le dépôt ou le gage)[7].

Surtout, le commodat peut porter sur toutes sortes de biens (C. civ., art. 1878), qu'ils soient immeuble (maison de vacances) ou meubles corporels ou incorporels[8] pour autant que cette

---

1. R. Fabre, « Le prêt à usage en matière commerciale », *RTD com.* 1977. 193.
2. V. ss 378.
3. Ex. : prêt de matériel à un cafetier par un brasseur : Paris, 22 oct. 1975, *JCP* 1977. II. 18746, note J. Hémard ; prêt de chariots à un client, Rennes, 19 déc. 1972, *RTD civ.* 1973. 587, obs. G. Cornu.
4. Sur le problème, J. Attard, *Le contrat de prêt d'argent, contrat unilatéral ou contrat synallagmatique*, PUAM, 1999.
5. A. Bénabent, n° 417.
6. J. Huet, G. Decocq, C. Grimaldi et H. Lecuyer, n° 22134 mais *contra* : Civ. 1re, 28 mars 1984, *Bull. civ.* I, n° 120 qui n'admet pas que le contrat soit rédigé en autant d'exemplaires que de parties en présence.
7. M.-N. Jobard-Bachelier, « Existe-t-il encore des contrats réels en droit français ? », *RTD civ.* 1985. 1 et v. ss 373.
8. Pour le prêt d'une marque, Aix, 16 mai 1973, *D.* 1974. 676, note S. Bories mais v. une curieuse réponse ministérielle qui exclut le fonds de commerce du domaine du prêt, sans portée juridique heureusement (Rép. min. 25 janv. 1988, *JOAN* 25 janv. 1988, p. 372). En revanche il est nécessaire que l'on soit bien en présence d'un bien. Aussi, l'expression de « prêt de main-d'œuvre » pour désigner

chose puisse faire l'objet d'un usage et d'une restitution après cet usage.

Par ailleurs, le prêt à usage est, comme son nom l'indique, un contrat où la chose est remise à l'emprunteur pour qu'il l'utilise : l'usage de la chose est un caractère essentiel. De même, parce qu'il est un contrat de prêt, ses effets sont temporaires en sorte qu'il impose la restitution de la chose.

371 **Prêt à usage et autres contrats portant sur une chose.** Le premier rapprochement concerne les deux formes voisines du prêt. Le commodat ne peut porter sur une chose consomptible (qui sera l'objet du prêt de consommation) mais sur une chose susceptible d'usage, qui sera ensuite restituée (hypothèse impossible pour le prêt de consommation qui, en outre, est translatif de propriété). Encore que cette distinction ne soit pas parfaitement exacte : un prêt à usage peut porter sur une chose consomptible si l'usage prévu ne la consomme pas (ex. : « une bouteille de vin ou des aliments pour servir de décor à une photo et non de mets à un repas[1] »).

Le prêt à usage se distingue du contrat de dépôt ou du gage alors que ces deux contrats imposent également une obligation de conservation et de restitution. Mais le premier permet et à pour objet l'usage de la chose, ce que les seconds interdisent en principe.

Le commodat se distingue également du bail qui est toujours conclu à titre onéreux : le prêt à usage se transforme en bail dès lors qu'une rémunération est prévue[2]. Il se distingue aussi du don (les deux contrats sont gratuits et une chose est remise puis restituée) qui n'impose pas d'obligation de restitution[3].

Certains contrats sont cependant plus difficiles à distinguer ou à rapprocher du prêt. Ainsi en est-il du contrat assurant la mise à disposition d'un emballage consigné. Il peut autant s'agir d'un prêt consenti par le propriétaire de l'emballage assorti d'une sorte

la mise à disposition de personnel(s) par un employeur n'est pas un contrat de prêt mais un contrat d'entreprise d'ailleurs illégal en principe comme délit de marchandage (C. trav., art. L. 8231-1).

1. A. Bénabent, n° 401.

2. Com. 2 févr. 1967, *Bull. civ.* IV, n° 57. V. aussi Civ. 1re, 8 juin 1999, *D.* 2000. 423, note J. Julien : mise à disposition d'une chambre à un stagiaire considérée comme un bail.

3. Civ. 1re, 20 juin 1961, *D.* 1961. 641, note R. Savatier ; *JCP* 1961. II. 12352, note A. Ponsard, à propos de bijoux de famille remis à l'épouse.

de dépôt de garantie (le prix de la consignation) ou d'une vente avec promesse de rachat[1]. Ou encore du contrat par lequel une entreprise fabricant des aliments pour bétail remet de ces aliments à un éleveur afin que celui-ci engraisse son bétail et remette les animaux au fournisseur après engraissement. Ce contrat, dit contrat d'intégration, est réglementé par le Code rural et n'est pas un prêt (la chose n'est pas restituée). De même, l'identification d'un contrat de prêt de matériels dans certains contrats de distribution pose des difficultés moins, d'ailleurs, de qualification que d'exécution de ces contrats[2].

SECTION 2
LA FORMATION DU PRÊT À USAGE

372 **Capacité et pouvoir.** Aucune règle particulière n'affecte les règles générales de la formation des contrats. Simplement, le prêt à usage est, pour l'emprunteur comme pour le prêteur, un acte d'administration[3] puisque ce contrat, en raison de l'obligation de restitution qu'il contient, n'emporte aucun transfert de propriété ou même de droit réel au profit de l'emprunteur.

Il n'est même pas nécessaire d'être propriétaire de la chose pour pouvoir la prêter : il suffit de disposer du droit d'user de la chose (hypothèse qui exclut le dépositaire ou le gagiste mais qui inclut le locataire).

373 **Forme : contrat réel ?** On affirmait généralement et traditionnellement que le contrat de prêt et donc le prêt à usage en particulier est un contrat réel en sorte que le prêt n'est formé que de la remise de la chose à l'emprunteur, par fidélité à une description du droit romain reprise dans l'Ancien droit et sur laquelle le Code civil

1. Com. 2 mai 1954, *JCP* 1954. II. 8117, note J. Hémard ; *RTD civ.* 1954. 210, obs. J. Carbonnier, pour la qualification en prêt, il s'agissait de bouteilles de gaz ; Paris, 20 mars 1958, *D.* 1959. 268, note L. Mazeaud (bouteille de boisson), Com. 14 oct. 1974, *RTD civ.* 1975. 323, obs. G. Cornu, pour une qualification de vente.
2. V. ss 498.
3. Avec un doute pour le prêteur, cependant, tenant à l'absence de prix du prêt, traduisant un acte de mauvaise gestion et, peut-être, l'existence d'un acte de disposition (en ce sens : J. Huet, G. Decocq, C. Grimaldi et H. Lecuyer, n° 22123).

demeurait muet, du moins jusqu'à la réforme de 2016. L'article 1109 du Code civil propose désormais une description des contrats en fonction de leur forme et définit le contrat réel comme celui dont « la formation est subordonnée à la remise d'une chose ». Or la définition du contrat de prêt n'est guère éclairante sur la question de savoir si la remise de la chose s'effectue pour former le contrat ou en termes d'exécution de celui-ci. Or la question n'est pas sans intérêt : contrat portant sur une chose, sa formation dépend-elle du seul consentement portant sur les effets du contrat de prêt, à savoir la remise de la chose, obligation essentielle, voire unique du prêteur, ou de la remise de la chose elle-même ? Cette dernière formule s'imposait, en droit romain, parce que le respect des formes était le mode d'extériorisation de la conclusion du contrat et a traversé le temps, malgré l'irruption du consentement comme concurrent de la formation du contrat dans l'Ancien droit principalement. Pourtant, cette affirmation est aujourd'hui contestée pour certains prêts, notamment ceux conclus par un professionnel qui sont devenus des contrats consensuels, à la différence des prêts conclus par des particuliers [1]. La distinction est essentielle pour la preuve du prêt mais aussi pour son exécution. Le contrat de prêt conclu entre les parties avant la remise de la chose ne serait, si le prêt est un contrat réel et donc formé par la remise de la chose, qu'une promesse synallagmatique de prêt ne devenant prêt que lors de la remise de la chose. Si, avant la remise, le promettant refuse de remettre la chose, le bénéficiaire de cette promesse peut-il obtenir son exécution forcée (qu'elle refuse dans la vente [2]) ? Si à l'inverse, on considère le contrat de prêt comme un contrat non réel (consensuel ou solennel), la remise de la chose n'est plus une condition de formation du contrat mais une obligation du prêteur, obliga-

1. Civ. 1re, 19 juin 2008, n° 06-19.056, *RDC* 2009. 183, obs. P. Puig et comp. F. Chénédé, « La cause de l'obligation dans le contrat de prêt réel et dans le contrat de prêt consensuel (À propos de deux arrêts de la première Chambre civile du 19 juin 2008) », *D.* 2008. 2555.

2. Comp. Civ. 1re, 20 juill. 1981, *Bull. civ.* I, n° 267 ; *Defrénois* 1982. 1085, obs. J.-L. Aubert ; *RTD civ.* 1982. 427, obs. Ph. Rémy (pour le prêt d'argent et v. ss 386 et 396, solution aujourd'hui en voie d'être remise en cause pour le prêt d'argent : Civ. 1re, 28 mars 2000, *JCP* 2000. II. 10296, concl. J. Sainte-Rose, Civ. 1re, 27 mai 1998, *Bull. civ.* I, n° 186, *D.* 1999. 14, note M. Bruschi, *D.* 1999. Somm. 28, note M.-N. Jobard-Bachelier, *Defrénois* 1999. 36921, note S. Piedelièvre.) et J. Huet, G. Decocq, C. Grimaldi et H. Lecuyer, n° 21129 (commodat).

tion qui est alors susceptible d'exécution forcée. Plus généralement, la remise en cause du caractère réel de certaines formes de contrats de prêt est véritablement de nature à « contaminer » l'ensemble du prêt et partant l'ensemble de la catégorie des contrats réels, dont le contrat de prêt, avec le dépôt constitue l'îlot de résistance. Cette catégorie se justifiait comme se justifiait le formalisme qui l'accompagne : il permet un certain mûrissement du consentement qui, aujourd'hui, est largement relayé par d'autres formalismes, écrit et mentions obligatoires, peut-être considérés comme plus efficaces.

374 **Preuve.** Les règles ordinaires du droit de la preuve s'appliquent au prêt à usage sans autres traits particuliers que l'observation selon laquelle le prêt étant un contrat gratuit et d'ami, il se prête difficilement à l'exigence d'un écrit ouvrant la voie à l'argument de l'impossibilité morale de se procurer un écrit.

Ajoutons encore que cette question se complique un peu à l'observation du contenu du contrat. S'il ne contient d'obligations qu'à la charge de l'emprunteur, le contrat, unilatéral, impose à une partie de livrer une chose (C. civ., art. 1875) au sens de l'article 1376 du Code civil et l'acte (si, aux termes de l'article 1359 du Code civil un tel acte s'impose : valeur supérieure à 1 500 € ou conclu entre commerçants), devra comporter la mention manuscrite de la quantité[1].

Section 3

Les effets du prêt à usage

375 **Contrat synallagmatique ?** La partie du Code civil consacrée au prêt à usage adjoint à la section relative aux « engagements de l'emprunteur » la suivante consacrée aux « engagements de celui

1. Mais par qui ? Tant que la remise de la chose n'est pas effectuée, une simple promesse est consentie et cette promesse est unilatérale : seul le promettant-prêteur doit livrer et, donc, remplir la mention manuscrite. Mais dès la remise de la chose, l'unilatéralité s'inverse car seul l'emprunteur est tenu de la restituer. Il faudrait deux actes ou bien deux mentions manuscrites, à moins que le prêt à usage ne soit plus un contrat réel.

qui prête à usage » ce qui permet d'affirmer que le prêt à usage est bien un contrat bilatéral. Observons, donc, plus que les obligations de l'emprunteur (**§ 1**), celles du prêteur (**§ 2**).

§ 1. Les obligations de l'emprunteur

376 **User de la chose en personne raisonnable.** Le contrat de prêt est un contrat conclu dans l'intérêt de l'emprunteur. À ce titre, on affirme généralement que ce dernier dispose du droit d'user de la chose en ce que ce droit est le but même du contrat (*cf.* C. civ., art. 1875). Mais, en même temps, l'article 1880 du Code civil fixe les limites de ce droit, un peu comme pour le locataire : « L'emprunteur est tenu de veiller raisonnablement à la garde et à la conservation de la chose prêtée. Il ne peut s'en servir qu'à l'usage déterminé par sa nature ou par la convention ; le tout à peine de dommages et intérêts s'il y a lieu », la formule « raisonnablement » ayant remplacé la formule usuelle « bon père de famille » depuis la loi du 4 août 2014. Le Code civil insiste sur les obligations de l'emprunteur entourant l'usage de la chose.

Ce sont ou bien la nature de la chose (ex. : utiliser un véhicule de tourisme pour effectuer du tout-terrain) ou bien la convention qui fixent ces limites, encadrées par le jeu de la responsabilité contractuelle de l'emprunteur. Cet usage de la chose détermine également la charge des risques de perte de la chose : elle est assumée par le prêteur si la chose se détériore par son seul usage, sans qu'une faute puisse être reprochée à l'emprunteur (*res perit domino* et *cf.* C. civ., art. 1884)[1] mais si l'emprunteur détourne l'usage fixé pour la chose, il supporte le risque de sa perte (C. civ., art. 1881) ou doit réparer les détériorations résultant de son fait ou de sa faute[2]. En outre, le droit pénal assure que le détournement de l'usage de la chose constitue un abus de confiance (C. pén., art. 314-1 comme le fait pour l'emprunteur de vendre

1. *Cf.* pour un incendie dans la chose prêtée : Cass. civ. 1re 28 juin 2012, n° 11-17629, CCC, 2012, n° 226, obs. L. Leveneur ; Cass. civ. 1re, 6 févr. 1996 : Defrénois 1996 p. 1435, note A. Bénabent ; Cass. civ., 1re, 6 nov. 2002, CCC 2003, n° 37, obs. L. Leveneur.
2. Cass. civ. 2e, 17janv. 2013, n° 11-29032, CCC 2013, n° 72, obs. L. Leveneur.

la chose mais le tiers acquéreur serait protégé par les règles de la possession et même propriétaire en vertu de l'article 2276 du Code civil pour un meuble)[1].

En outre, l'usage de la chose doit être personnel car le contrat de prêt est généralement considéré comme un contrat *intuitu personae*. L'emprunteur ne peut donc conclure un « sous-prêt » avec un tiers[2] ni céder son droit d'usage ou louer la chose prêtée[3]. Pourtant, cette affirmation est contestée car rien dans l'article 1880 du Code civil ne permet de limiter ainsi les droits de l'emprunteur en sorte que, par exemple, l'obligation de restituer est supportée par les héritiers de l'emprunteur en cas de décès de ce dernier, sauf clause contraire (C. civ., art. 1879). Aussi, devrait-on admettre la possibilité d'un sous-prêt ou de la cession du contrat[4] à moins que la nature de la chose ou que la convention l'en empêche.

377 **Garder et conserver la chose.** L'emprunteur est aux termes de l'article 1880 du Code civil tenu de garder et conserver la chose, obligations qui s'expliquent davantage par la perspective de la restitution que de l'usage de la chose.

On déduit de l'obligation de garde de la chose une première conséquence tenant au fait que si l'emprunteur doit garder la chose, sans doute en est-il le gardien au sens de l'article 1242, alinéa 1er, même si la jurisprudence n'hésite pas à rechercher la responsabilité du prêteur par exemple en utilisant la distinction entre la garde de la structure, qui demeurerait assumée par le prêteur, et la garde du comportement, qui serait assumée par l'emprunteur.

L'obligation de conservation, qui est d'ailleurs, consubstantielle à la précédente, pose d'autres difficultés. Cette obligation s'apprécie comme une obligation de résultat atténuée : ce n'est pas au prêteur, créancier, de faire la preuve que l'emprunteur n'a pas conservé correctement la chose mais, au contraire, c'est à

1. V. F. Morançais-Demeester, « La responsabilité des personnes obligées à restitution », *RTD civ.* 1993. 757.
2. Civ. 1re, 3 nov. 1988, *JCP* 1989. II. 21375, note Th. Hassler ; *RTD civ.* 1989. 570, obs. Ph. Rémy.
3. Civ. 3e, 16 juill. 1974, *Bull. civ.* III, n° 305.
4. P.-H. Antonmattéi et J. Raynard, n° 324 ; J. Huet, G. Decocq, C. Grimaldi et H. Lecuyer n° 22141.

l'emprunteur, débiteur de conservation, de faire la preuve qu'il l'a bien conservée[1] contrairement au modèle de l'article 1197 du Code civil.

À ce titre, l'emprunteur devra, comme un bon père de famille, effectuer des réparations de la chose prêtée de façon à l'entretenir. Il ne pourra, en conséquence, demander remboursement de ces sommes. Seule, aux termes de l'article 1890 du Code civil, une « dépense extraordinaire, nécessaire et tellement urgente qu'il n'ait pas pu en prévenir le prêteur » pourra faire l'objet d'un remboursement.

En revanche, l'emprunteur doit prêter une attention toute particulière aux choses empruntées, avant même ses propres biens. Ainsi, l'article 1882 du Code civil impose qu'en présence d'un cas fortuit, l'emprunteur doit sauver d'abord la chose empruntée ou bien utiliser ses choses pour sauver celles empruntées.

378 **Restituer la chose.** L'obligation de restitution de la chose est l'obligation essentielle du commodat. Elle est assumée par l'emprunteur ou par ses héritiers (C. civ., art. 1879) ou bien par les coemprunteurs, solidairement (C. civ., art. 1887). Cette obligation de restitution, simplement envisagée dans l'article 1875, s'inscrit dans la ligne des règles prévues pour « les restitutions » des articles 1352 et suivants du Code civil, dans la mesure où les règles du prêt à usage, à la différence du prêt de consommation, ne prévoient pas de règles spécifiques.

S'agissant de déterminer qui est le créancier de cette obligation de restitution, le Code civil n'est pas aussi prolixe ici qu'il l'est pour le contrat de dépôt (*cf.* C. civ., art. 1937 s. et v. ss 429) mais les mêmes règles peuvent s'appliquer[2] : l'emprunteur devra restituer au prêteur, sans exiger de lui qu'il fasse la preuve qu'il est propriétaire de la chose, ou bien à son mandataire ou à l'un des coprêteurs s'il y a lieu.

C'est, ensuite, la chose elle-même qui doit être restituée : la restitution s'effectue par principe en nature (C. civ., art. 1352).

1. Civ. 1re, 29 avr. 1985, *Bull. civ.* I, n° 133.
2. A. Bénabent, n° 426.

La restitution de la chose s'accompagne de ses accessoires, mais, s'agissant des fruits de la chose, l'emprunteur était traditionnellement autorisé à les percevoir[1]. L'article 1352-3 inverse cependant cette solution : « La restitution inclut les fruits et la valeur de la jouissance que la chose a procurée ».

Cette obligation de restitution en nature a, cependant, posé quelques difficultés à propos des prêts de cuves d'essence accompagnant des contrats de distribution d'essence. Le problème était le suivant. Les distributeurs recevaient ces cuves de leur fournisseur à titre de prêt à usage mais si le distributeur décidait de résilier le contrat de distribution (sans doute pour changer de marque et, donc, de fournisseur), le fournisseur exigeait la restitution des cuves. Or, les distributeurs constataient que, une fois utilisées, ces cuves ne valaient plus grand-chose, alors que pour les restituer, il fallait les déterrer, travaux coûteux accompagnant la fermeture de la station-service et racheter une autre cuve pour exécuter un nouveau contrat avec une nouvelle compagnie pétrolière (à moins qu'elle ne la lui prête à son tour). Aussi les distributeurs proposaient une restitution par équivalent ou en valeur de ces cuves. Saisies en premier lieu, les juridictions civiles n'admirent pas le raisonnement des distributeurs proposant une restitution par équivalent[2] jusqu'à ce que les autorités en charge du contrôle de la concurrence considèrent ces clauses de prêt à usage des cuves comme des ententes anticoncurrentielles[3] puisqu'elles avaient pour effet de dissuader le distributeur de traiter avec un autre fournisseur. L'article 1352 entérine cette solution en disposant que la restitution s'effectue « en valeur, estimée au jour de la restitution » lorsque la restitution est impossible, ce à quoi on peut ajouter lorsqu'il y a « disproportion manifeste entre son coût pour le débiteur et son intérêt pour le créancier » au sens de l'article 1221.

1. Civ. 1re, 18 févr. 2009, *RDC* 2009. 1138, obs. P. Puig.
2. Com. 29 janv. 1985, *Bull. civ.* IV, n° 34.
3. Déc. Cons. conc. 29 sept. 1987, *Cah. dr. entr.* 1987/6, note F. Pérochon ; *D.* 1988. Somm. 295, obs. Ch. Gavalda et Cl. Lucas de Leyssac ; Com. 18 févr. 1992, *JCP* 1992. II. 21897, note M. Béhar-Touchais ; *D.* 1992. 57, note C. Hannoun ; *D.* 1992. Somm. 396, obs. D. Ferrier et v. D. et N. Ferrier, *Droit de la distribution*, op. cit., n° 477.

379 Le moment de la restitution de la chose dépend de la *durée du prêt*. À durée déterminée, le prêt prend fin à l'arrivée du terme qui date l'exigibilité de l'obligation de restitution, sans que le prêteur ait à mettre l'emprunteur en demeure[1]. Si le prêt a été conclu pour une durée indéterminée, les choses sont plus complexes comme une controverse jurisprudentielle l'a illustré et qui repose sur l'idée que le contrat de prêt à usage est un contrat conclu dans l'intérêt de l'emprunteur (sinon le prêteur aurait conclu un contrat de bail). On pourrait conclure des règles du droit commun des contrats que chacune des parties peut résilier le prêt moyennant le respect d'un préavis. Cette solution est limitée par l'article 1888 de Code civil qui dispose que « le prêteur ne peut retirer la chose convenue (...) qu'après qu'elle a servi à l'usage pour lequel elle a été empruntée » fixant, ainsi, un terme incertain qui survient à la fin de l'usage de la chose par l'emprunteur (le livre prêté sans durée déterminée est restitué après qu'il ait été achevé par l'emprunteur) ou plus exactement après que l'emprunteur n'en a plus besoin, terme qui apparaît dans l'article 1889[2]. À ces solutions, l'article 1889 apporte cependant un tempérament, dans l'hypothèse où le prêt dure, sans que l'usage par l'emprunteur semble cesser (hypothèse d'un prêt d'immeuble par exemple) autorisant le prêteur à demander au juge de reprendre la chose, même avant que le terme soit survenu ou l'usage achevé s'« il survient au prêteur un besoin pressant et imprévu de sa chose ». La jurisprudence admettait alors, jusqu'en 1996, contrairement à une jurisprudence très protectrice des intérêts de l'emprunteur[3] que le juge peut fixer un « terme raisonnable[4] » au contrat de prêt

1. Com. 7 déc. 1993, *Bull. civ.* IV, n° 461.
2. Civ. 1re, 19 nov. 1996, *D.* 1997. 145, note A. Bénabent : « Le prêteur à usage ne peut retirer la chose prêtée qu'après le terme convenu ou, à défaut de convention, qu'après que le besoin de l'emprunteur a cessé ». En l'espèce, le propriétaire d'un immeuble l'avait prêté à son frère. Le prêteur étant décédé, ses héritiers demandèrent la restitution de la chose ; Civ. 1re, 12 nov. 1998, *RJDA* 1999. 172 : c'est alors au juge de fixer la durée du prêt : « l'obligation pour le preneur de rendre la chose après s'en être servie est de l'essence du commodat (...). Lorsqu'aucun terme n'a été convenu pour le prêt d'une chose d'un usage permanent, sans qu'aucun terme naturel soit prévisible, il appartient au juge de déterminer la durée du prêt ».
3. Civ. 1re, 19 nov. 1996, préc.
4. Civ. 1re, 12 nov. 1998, préc. ; Civ. 1re, 29 mai 2001, *RJDA* 2001. 1100 : « l'obligation pour le preneur de rendre la chose prêtée après s'en être servie est de l'essence du commodat ; que, lorsqu'aucune durée n'a été convenue pour le prêt d'une chose d'un usage permanent, il appartient au juge d'assigner à ce prêt un terme raisonnable ».

jusqu'à un arrêt de 1996 qui portait l'attention davantage sur les formules des articles 1888 et 1889 de telle manière que si le besoin de l'emprunteur ne cessait pas, par exemple pour un prêt d'immeuble, le contrat pouvait durer toute la vie de l'emprunteur, voire de façon perpétuelle s'il s'agissait d'une personne morale. Un arrêt du 3 février 2004 a cependant rétabli la situation juridique au stade précédant l'arrêt de 1996[1] : le prêteur peut résilier unilatéralement le contrat de prêt à durée indéterminée moyennant un préavis d'une durée raisonnable, sous le contrôle éventuel du juge.

Quant au lieu de la restitution et en l'absence de tout texte sur ce point, on estime que l'obligation doit être exécutée selon les règles générales, soit, en suivant le texte de l'article 1342-6, « au domicile du débiteur ».

380 **Perte de la chose.** Résumons les différentes hypothèses dans lesquelles prêteur et emprunteur se partagent le risque de la perte de la chose pendant la durée du prêt. En premier lieu s'applique l'adage *res perit domino* qui fait du prêteur, propriétaire, celui qui supporte ce risque à titre principal, que la chose périsse par l'effet d'un événement de force majeure[2] ou d'un vice caché. En revanche, si la cause du sinistre est inconnue, le risque de la perte de la chose pèse sur l'emprunteur[3]. Il n'en est autrement par application de l'adage concurrent *res perit debitori* que si la chose périt alors que l'emprunteur a détourné l'usage de la chose (C. civ., art. 1881) ou bien s'il emploie la chose au-delà du temps prévu pour le contrat (art. 1881). De même, l'emprunteur supporte le risque de la chose s'il a préféré sauver sa chose plutôt que la chose prêtée (C. civ., art. 1882) ou bien s'il n'a pas suffisamment entretenu la chose (C. civ., art. 1881 et 1884)[4] ou enfin sur le fondement général de l'article 1352-1.

1. Civ. 1re, 3 févr. 2004, *D.* 2004. 903, note C. Noblot, *RTD civ.* 2004. 312, obs. P.-Y. Gautier : « L'obligation pour le preneur de rendre la chose prêtée après s'en être servie est de l'essence du commodat ; que lorsqu'aucun terme n'a été convenu pour le prêt d'une chose d'un usage permanent, sans qu'aucun terme naturel soit prévisible, le prêteur est en droit d'y mettre fin à tout moment, en respectant un délai de préavis raisonnable ». Civ. 3e, 19 janv. 2005, *CCC* 2005. 103, obs. L. Leveneur.
2. Civ. 1re, 6 févr. 1996, *Bull. civ.* I, n° 68.
3. Civ. 1re, 6 nov. 2002, *CCC* 2003. 37, obs. L. Leveneur (chalet ayant brûlé pour une raison inconnue).
4. Civ. 1re, 10 oct. 1995, *Bull. civ.* I, n° 553, *D.* 1995. Somm. 118, obs. Ph. Delebecque.

§ 2. Les obligations du prêteur

381 **Peu.** Le prêteur ne supporte que peu d'obligations comparées à celles de l'emprunteur.

La principale obligation du prêteur est de laisser l'emprunteur user de la chose comme il était prévu dans le contrat et, donc, ne pas retirer la chose avant le terme du prêt ou la fin des besoins de l'emprunteur sauf besoin urgent (C. civ., art. 1888 et 1889).

Une seconde obligation, corollaire de la première, consiste à garantir l'emprunteur des vices cachés de la chose prêtée (C. civ., art. 1891) mais de façon moindre qu'en matière de vente : « lorsque la chose prêtée a des défauts tels qu'elle puisse causer du préjudice à celui qui s'en sert, le prêteur est responsable s'il connaissait les défauts et n'en a pas averti l'emprunteur »[1].

1. Mais *cf.* Com. 24 nov. 1980, *Bull. civ.* IV, n° 392 ; *RTD civ.* 1981. 651, obs. G. Cornu, à propos d'un prêt précédant une vente où la Cour applique au prêteur la rigueur de la garantie que ce dernier connut ensuite comme vendeur.

CHAPITRE 2

Le prêt de consommation

382 **Plan.** Pour ce contrat voisin du précédant, observons de manière symétrique les éléments du prêt de consommation (SECTION 1), sa formation (SECTION 2) et ses effets (SECTION 3).

SECTION 1

LES ÉLÉMENTS DU PRÊT DE CONSOMMATION

383 **Définition et caractères.** Le prêt de consommation ou *mutuum* que le Code civil considère comme le véritable prêt, le « simple prêt », est défini dans le chapitre suivant celui concernant le commodat par l'article 1892 comme « un contrat par lequel l'une des parties livre à l'autre une certaine quantité de choses qui se consomment par l'usage, à la charge pour cette dernière de lui en rendre autant de même espèce et qualité ».

On saisit immédiatement la différence avec le commodat. Le prêt de consommation n'a pas pour objet l'usage de la chose mais sa consommation : il ne porte donc que sur des choses consomptibles et fongibles, comme de l'argent. Pour cette raison, la restitution à l'identique ne peut s'opérer : il ne pourra s'agir que d'une restitution par équivalent. Mais comme un commodat peut porter sur une chose consomptible, un prêt à usage peut porter sur une chose fongible mais non consomptible si le contrat prévoit sa consommation. Tel est le cas par exemple du prêt de titres consenti par une entreprise à certains intermédiaires financiers (C. mon. et fin., art. L. L. 421-1 et L. 213-1 s.)[1] mais point celui des prêts d'animaux, nécessairement un prêt à usage affirme l'article 1894 du Code civil.

En outre, le prêt de consommation peut être gratuit ou onéreux. L'article 1905 du Code civil admet que le prêt de consommation peut comporter une stipulation d'intérêts et point seulement le prêt d'argent.

Surtout, le prêt de consommation est un contrat translatif de propriété puisque l'emprunteur ne peut se servir de la chose qu'en la consommant, en la détruisant. Par conséquent, il se produira un second transfert de propriété, inverse, lors de la « restitution » de la chose.

384 **Prêt de consommation et autres contrats portant sur une chose.** Le prêt de consommation se distingue en premier du prêt à usage par presque tous ses caractères : l'un peut être onéreux, point l'autre, transfère la propriété de la chose prêtée alors que le prêt à usage ne permet que la jouissance de cette chose, l'objet de la restitution, *in specie* ou *in individuo*, les séparent.

Le prêt de consommation peut surtout être confondu avec l'échange ne serait-ce qu'en raison de l'ancien nom de ce prêt, le *mutuum* qui provient de la racine *mutuore* qui signifie échanger. En effet, l'échange emporte deux transferts de propriété réciproques ; le prêt également : lors de la remise de la chose puis à sa restitution et le fait qu'ils soient séparés dans le temps n'est pas un critère décisif de distinction. Ce qui les distingue tient à l'objet de ces transferts de propriété : alors que dans l'échange, il peut s'agir de choses très différentes, il ne peut s'agir que de choses identiques dans le prêt de consommation. En outre, le prêt

1. G. Baffoy, « Le prêt de consommation de titres des sociétés », *JCP E* 1996. I. 561 ; M. Jeantin, « Les prêts de titres », *Rev. sociétés* 1992. 465 ; H. Causse, « Prêt de titres... après la loi du 26 juillet 1991 », *JCP E* 1992. I. 125 ; Y. Guyon, « Le régime juridique des prêts de titres », *RD bancaire et bourse* 1988. 36.

de consommation peut être rémunéré en plus de l'obligation de restitution alors que dans l'échange la rémunération d'un copermutant ne réside que dans le transfert réciproque de la chose.

Le prêt peut encore être confondu avec le contrat de dépôt et essentiellement avec le dépôt irrégulier dans lequel le dépositaire devient propriétaire de la chose et peut en disposer. La différence porte sur l'intérêt que le contrat accorde à l'une ou l'autre des parties : l'emprunteur est préféré dans le prêt où le déposant l'est dans le dépôt. Aussi, l'emprunteur doit restituer au moment prévu alors que le déposant peut demander la restitution à tout moment ; si le contrat est onéreux, l'emprunteur doit rémunérer le prêteur alors que c'est le déposant qui rémunère le dépositaire. La différence se remarque par exemple à travers le contrat de dépôt d'argent à une banque et le prêt d'argent accordé par cette même banque.

Enfin la distinction avec le contrat de bail se pose à nouveau, d'autant que le prêt de consommation peut être conclu à titre onéreux. Mais le bail n'emporte pas de transfert de propriété à la différence du prêt de consommation.

SECTION 2

LA FORMATION DU PRÊT DE CONSOMMATION

385 **Capacité.** Les règles de capacité du prêt de consommation sont plus strictes que pour le commodat. En effet, parce que le prêt de consommation emporte transfert de propriété de la chose prêtée, le prêteur et l'emprunteur doivent avoir à la capacité de disposer.

386 **Forme, preuve.** La question de savoir si le prêt de consommation est ou non un contrat réel importe davantage que pour le prêt à usage parce qu'il emporte transfert de propriété de la chose prêtée. La Cour de cassation s'était expressément prononcée en faveur du caractère réel du prêt de consommation dans une décision du

20 juillet 1981 (il s'agissait d'un prêt d'argent)[1]. Par conséquent, tant que la remise de la chose n'est pas effectuée, le contrat n'est qu'une promesse de prêt de consommation qui ne saurait donner lieu à exécution forcée du prêt. Certains contestent ce caractère du prêt de consommation[2] même si c'est davantage le rejet de toute exécution forcée de la promesse de prêt que le caractère réel de ce dernier qui paraît critiquable. La remise en cause du caractère réel du prêt d'argent (v. ss 396) va, cependant, vraisemblablement renverser cette solution : le prêt de consommation devient un contrat consensuel.

S'agissant de la preuve du prêt de consommation, la question est résolue, comme pour le commodat, par les règles ordinaires de la preuve des contrats et, comme pour ce dernier, la question de la mention manuscrite de l'article 1376 du Code civil se pose ici.

Section 3
Les effets du prêt de consommation

387 **Plan.** Comme pour le commodat, la question se pose de savoir si le prêt de consommation est un contrat unilatéral ou synallagmatique. Notre préférence vers cette dernière solution nous conduit à observer les obligations de l'emprunteur (**§ 1**) puis celles du prêteur (**§ 2**).

§ 1. Les obligations de l'emprunteur

388 **Restitution.** L'obligation essentielle envisagée par le Code civil tient à la restitution de la chose prêtée avec les particularités que le transfert de la propriété de la chose prêtée au profit de

1. Civ. 1re, 20 juill. 1981, *Bull. civ.* I, n° 267 ; *RTD civ.* 1982. 427, obs. Ph. Rémy : « un prêt de consommation, contrat réel, ne se réalise que par la remise de la chose prêtée à l'emprunteur lui-même ou à un tiers qui la reçoit et la détient pour le compte de l'emprunteur ». Aussi, « l'inexécution fautive d'une promesse de prêt ne peut donner lieu qu'à des dommages et intérêt » et v. Civ. 1re, 19 avr. 1998, *Bull. civ.* I, n° 110.
2. J. Huet, G. Decocq, C. Grimaldi et H. Lecuyer, n° 22129.

l'emprunteur impose. Ainsi, la restitution ne peut se faire que par équivalent. Mais *par équivalent* ne signifie pas rendre une autre chose, son *équivalent* en argent comme on l'envisage généralement en droit des contrats. L'article 1902 du Code civil dispose que « l'emprunteur est tenu de rendre les choses prêtées, en même quantité et qualité et au terme convenu ». Par conséquent, ce sont d'autres choses que les choses prêtées mais identiques aux choses prêtées qui doivent être restituées. D'ailleurs, l'emprunteur n'a pas à tenir compte de l'évolution à la hausse ou à la baisse de la valeur des choses ce que l'article 1897 du Code civil énonce de façon désuète : « Si ce sont des lingots ou des denrées qui ont été prêtées, quelle que soit l'augmentation ou la diminution de leur prix, le débiteur doit toujours rendre la quantité ou la qualité, et ne doit rendre que cela. » L'emprunteur profite de la hausse de la valeur et subit la baisse de la valeur de la chose. Ce n'est que dans l'hypothèse où l'emprunteur est dans l'impossibilité de restituer dans les conditions de l'article 1902 qu'il devra restituer véritablement par équivalent, en payant au prêteur la valeur de la chose, « eu égard au temps et au lieu où la chose devait être rendue » (art. 1903).

Le moment de la restitution est fixé par le contrat. Si le prêt de consommation est conclu pour une durée déterminée, le moment de l'exécution de l'obligation de restitution est fixé au terme convenu par les parties. L'article 1899 du Code civil dispose, en effet, à la différence de l'article 1889 pour le commodat, que « le prêteur ne peut pas redemander les choses prêtées avant le terme convenu ». Si le contrat est à durée indéterminée, la rupture du contrat et, donc, la restitution peut intervenir à n'importe quel moment mais le juge peut, aux termes de l'article 1900 du Code civil accorder un délai à l'emprunteur « suivant les circonstances ».

389 **Risque de perte de la chose.** Les règles changent ici fondamentalement du commodat parce que l'emprunteur devient, dans le prêt de consommation, propriétaire de la chose prêtée. Aussi la destruction de la chose ne le libère pas de son obligation de restituer même si cette destruction résulte d'un cas fortuit. Aucune obligation de conservation particulièrement affûtée ne justifie cette règle. Simplement, elle repose sur le fait que l'emprunteur doit

rendre une autre chose que celle prêtée : peu importe donc que cette dernière ait été perdue.

390 **Intérêts.** Le prêt de consommation peut être conclu à titre onéreux et l'emprunteur doit alors payer les intérêts prévus, le plus souvent sous la forme du versement d'une somme d'argent représentatif de ces intérêts.

L'article 1904 du Code civil prévoit en outre que l'emprunteur doit verser un intérêt, même non contractuellement prévu, s'il ne restitue pas la chose au terme convenu.

§ 2. Les obligations du prêteur

391 **Vices cachés.** L'article 1898 du Code civil renvoie, pour le prêt de consommation, au régime de la garantie prévue par l'article 1891 pour le prêt à usage. Le prêteur doit donc garantie dans les mêmes conditions si le défaut était caché et s'il en avait connaissance et n'en avait pas informé l'emprunteur. Sans doute aurait-on pu envisager une solution plus osée, sur le modèle de la garantie dans la vente en raison du transfert de propriété qui s'opère. Ainsi, la question de savoir si une obligation de sécurité sur le même modèle serait envisagée. Ici, la composante « prêt » l'emporte sur celle de ses effets et, notamment, sur le transfert de propriété.

CHAPITRE 3

Le prêt d'argent

392 **Prêt de consommation, contrat de crédit.** Le contrat de prêt d'argent est, sans doute, le contrat de prêt de consommation par excellence en ce qu'il porte sur de l'argent, l'exemple-type de chose fongible et consomptible même si le Code civil classe le prêt d'argent après le prêt de consommation pour lui réserver quelques dispositions particulières.

Ce particularisme se justifie encore davantage aujourd'hui. Le prêt d'argent est d'abord, en effet, un contrat de crédit. Or, le crédit a toujours été présent dans les sociétés fondées sur l'échange et le contrat de crédit a toujours connu un certain particularisme.

Au Moyen Âge, ce particularisme s'affirmait à travers deux traits principaux. En premier lieu, l'aspect « crédit » dans le prêt d'argent était condamné par le droit canonique parce que le crédit impose un intérêt, salaire du temps qui n'appartient qu'à Dieu[1]. Aussi, en second lieu, l'activité d'*usurier* était réservée à certaines catégories de personnes, Juifs, Lombards, justifiant, d'ailleurs, pogroms, supplices, jalousies... jusqu'à ce que les Italiens d'abord

1. Mais *cf.* J. Huet, G. Decocq, C. Grimaldi et H. Lecuyer n° 22501 pour le parallèle entre deux textes contradictoires de la *Bible*, Luc, VI, 34-35 et Matthieu, XXV, 14 s. et la fameuse parabole des talents.

puis les États protestants réhabilitent cette activité essentielle au développement du commerce.

Il reste, dans le Code civil, la trace de la piètre considération du contrat de prêt d'argent. Ainsi, l'article 1905 du Code civil assure qu'« il est permis de stipuler des intérêts pour simple prêt soit d'argent, soit de denrées, ou autres choses mobilières ». « Il est permis... » : dans ces trois mots transparaît le dépassement du tabou que ce texte devait représenter en 1804. Et l'article 1907 *in fine* du Code civil affirme que « l'intérêt conventionnel doit être fixé par écrit » après avoir rappelé que le taux de l'intérêt ne peut dépasser le taux d'intérêt légal que lorsque la loi ne l'interdit pas comme pour renforcer l'idée que les contractants doivent se méfier de l'intérêt conventionnel.

Le souci de protection du « consommateur » de crédit n'a pas décru, bien au contraire, face à l'extraordinaire expansion du crédit dans nos sociétés modernes que ce soit des crédits consentis aux entreprises ou aux particuliers. Il en résulte quelques grandes lois notamment les deux grandes lois *Scrivener* du 10 janvier 1978 sur le crédit à la consommation et du 13 juillet 1979 sur le crédit immobilier, insérées depuis dans le Code de la consommation, sans oublier la loi du 28 décembre 1966 sur l'usure (C. consom., art. L. 314-6).

Il en résulte un régime du contrat de prêt d'argent qui ne doit plus grand-chose aux dispositions du Code civil. Ces règles de base demeurent, cependant, même complétées par des lois plus récentes (SECTION 1). Il reste, alors, que les dispositions protectrices des consommateurs sont très particulières et méritent une attention séparée (SECTION 2).

SECTION 1
LE PRÊT D'ARGENT : RÈGLES COMMUNES

393 **Plan.** Observons, comme pour tous les contrats, les éléments du prêt d'argent (**§ 1**), sa formation (**§ 2**) et ses effets (**§ 3**).

§ 1. Les éléments du prêt d'argent

394 **Définition et caractères.** Le prêt d'argent emprunte sa définition au prêt de consommation. Le prêt d'argent est un contrat par lequel le prêteur remet une somme d'argent, que l'on appelle aussi le capital, à l'emprunteur qui doit la restituer au terme convenu, l'échéance, qui peut se diviser, accompagné ou non d'intérêts rémunérant ce prêt.

Il lui emprunte également la plupart de ces caractères. Il peut être gratuit (prêt d'honneur), comme l'est, en principe, le prêt quel qu'il soit, ou bien onéreux, par la stipulation d'intérêts ce qui correspond à la majorité des hypothèses pratiques. En revanche, n'importe quel intérêt n'est pas possible. La stipulation d'un taux usuraire, notamment, est interdite. De même n'importe qui peut prêter de l'argent. En revanche, seuls les établissements de crédit peuvent, à titre habituel, consentir des prêts d'argent, en vertu du monopole que la loi leur reconnaît.

395 **Le prêt d'argent et d'autres contrats portant sur de l'argent.** De façon commune, nous l'avons vu, le prêt d'argent n'est jamais qu'une forme de prêt de consommation. Mais en même temps, beaucoup d'autres contrats portent sur de l'argent.

Le dépôt d'argent, à une banque par exemple, se distingue du prêt d'argent dans les mêmes termes que pour le prêt de consommation.

De même, une hésitation peut s'observer pour distinguer prêt d'argent et apport en société en numéraire. En pratique cette distinction s'impose notamment pour faire la part entre une action ou une part sociale et une obligation ou bien un compte-courant d'associé. L'apporteur en société apporte cette somme dans l'espoir d'un gain et, peut-être, d'une restitution de son apport en fin de société. Mais il reçoit des droits sociaux en contrepartie, point le prêteur.

De même, si un prêt à titre onéreux est une opération de crédit, toutes les opérations de crédit même portant exclusivement sur de l'argent ne sont pas des prêts (*cf.* C. mon. et fin., art. L. 313-1). C'est le cas, par exemple, de l'opération d'affacturage qui est une forme de subrogation personnelle organisée à grande échelle : une entreprise A dispose de créances sur ces clients B, payables à terme. Le *factor* C paie ces créances immédiatement, moins sa rémunération, éteignant le rapport AB (entreprise-clients) et créant un nouveau rapport CB (*factor*-client). En aucun cas il n'y a prêt bien que l'entreprise doive rembourser le *factor* en cas d'insolvabilité du client. C'est le cas aussi des cessions de créances professionnelles sur le modèle de la loi *Dailly* (C. mon. et fin., art. L. 313-23 s.). La même entreprise A disposant de créances sur d'autres clients B cède ces créances à un banquier C qui les lui paie, moins sa rémunération, devenant le créancier des clients B. Ici encore, l'entreprise est garant du paiement par les clients. Mais ce n'est pas plus un prêt d'argent. C'est encore le cas des autorisations de découvert, que l'on appelle encore des ouvertures de crédit par lesquelles le banquier autorise son client à disposer d'un solde négatif sur son compte-courant. Ce n'est pas un prêt car il n'y a aucune remise de fonds. Tout juste pourrait-il s'agir d'une promesse de prêt dont l'inexécution n'emporterait que la condamnation à des dommages et intérêts[1].

396 **Forme et preuve.** Le prêt a longtemps été considéré comme un contrat réel, en sorte que le contrat conclu avant la remise des fonds est une promesse de prêt enseignait-on traditionnellement (et v. ss 373 et 386). Cette figure juridique qui peut passer pour une bizarrerie juridique remonte aux logiques du droit romain et de l'Ancien droit. Elle est cependant en voie de disparition. La jurisprudence a opéré en effet un singulier renversement pour admettre que le prêt d'argent de consommation, soumis aux articles L. 312-1 s. du Code de la consommation, n'est pas un contrat réel[2]. De même « le prêt consenti par un professionnel du crédit n'est pas un contrat réel[3] », tandis que, à l'inverse, « le prêt qui n'est pas consenti par un établissement de crédit est un contrat réel »[4] et qu'en conséquence la preuve de ce contrat est celle des

1. Com. 25 févr. 1992, *Bull. civ.* IV, n° 87.
2. Civ. 1re, 27 mai 1998, *Bull. civ.* I, n° 186, *D.* 1999. 14, note M. Bruschi, *D.* 1999. Somm. 28, note M.-N. Jobard-Bachelier, *Defrénois* 1999. 36921, note S. Piedelièvre.
3. Civ. 1re, 28 mars 2000, *JCP* 2000. II. 10296, concl. J. Sainte-Rose.
4. Civ. 1re, 7 mars 2006, *CCC* 2006, n° 128, obs. L. Leveneur.

engagements unilatéraux et suppose le respect des mentions de l'article 1376 du Code civil[1]. On est alors très proche d'une solution admettant que le prêt d'argent, quel qu'il soit, n'est pas un contrat réel, mais consensuel. Il en résulte que l'engagement souscrit par les parties est un prêt même sans que les fonds aient été encore remis à l'emprunteur : ces fonds doivent donc être remis en tant qu'obligation du prêt, facilitant son exécution forcée, et non comme élément de formation du contrat et objet d'une promesse de prêt.

La preuve du prêt répond aux mêmes règles[2]. Une difficulté supplémentaire surgit cependant pour faire la différence entre le prêt d'argent et un don manuel, c'est-à-dire que la question se pose de la preuve de l'engagement de l'emprunteur de restituer les sommes prêtées. En effet, la Cour de cassation affirmait logiquement que « la preuve de la remise de fonds à une personne ne suffit pas à justifier l'obligation pour celle-ci de restituer la somme qu'elle a reçue[3] ». À défaut de l'établissement de cette preuve, par exemple par un commencement d'exécution, le contrat sera réputé constituer un don.

§ 2. La formation du prêt d'argent

A. Les parties

397 **Monopole bancaire.** En principe, n'importe qui peut conclure un contrat de prêt, surtout s'il est gratuit. S'il est conclu à titre onéreux et isolé, toute personne peut aussi prêter de l'argent (par exemple à une société par un compte-courant d'associé ou par la souscription d'obligations). En revanche, la loi du 24 janvier 1984 (intégrée dans le Code monétaire et financier) réserve aux établissements de crédit un monopole pour effectuer « des opérations de

1. Civ. 1re, 27 févr. 2013, *CCC* 2013, n° 109, obs. L. Leveneur.
2. S'ajoute ou se retranche la question de la mention manuscrite de l'article 1326 du Code civil. *A priori*, le contrat de prêt d'argent est synallagmatique, n'imposant pas le respect de l'article 1326 mais *contra* : A. Bénabent, n° 837.
3. Civ. 1re, 5 avr. 1993, *Bull. civ.* I, n° 141. Par conséquent, la simple preuve de l'émission d'un chèque (Civ. 1re, 11 avr. 1995, *Bull. civ.* I, n° 175, *JCP* 1995. II. 22554, note S. Piedelièvre) ou de l'établissement d'un reçu (Civ. 1re, 28 févr. 1995, *Bull. civ.* I, n° 107) est évidemment insuffisante.

banque à titre habituel » dont le prêt d'argent (C. mon. et fin., art. L. 511-5)[1]. La règle est d'ordre public. Aussi celui qui aura contracté avec une autre personne qu'un établissement de crédit peut demander l'annulation du prêt[2]. À l'inverse, n'importe quelle personne peut être emprunteur au risque, même de la « faillite » ou du surendettement des particuliers[3].

B. Le consentement

398 **Démarchage à domicile.** Activité très lucrative, le prêt d'argent inspire toutes les manœuvres pour obtenir le placement de contrat de prêt, justifiant l'intervention du législateur. Ainsi, comme le démarchage à domicile concernant la vente de choses mobilières est réglementé, celui destiné à offrir des prêts d'argent l'est aussi. Seule une banque peut ainsi démarcher une personne pour conseiller ou offrir un prêt d'argent (C. mon. et fin., art. L. 341-1). De même la publicité portant sur des offres de prêt d'argent est réglementée afin, notamment, que les coûts réels du crédit apparaissent (C. consom., art. L. 312-5 s.). Ces règles sont sanctionnées par la nullité du contrat[4].

399 **Prudence.** Dans la lignée des décisions aggravant la responsabilité des professionnels, la Cour de cassation considère que le prêteur assume des devoirs de prudence, de conseil, qui dépassent les devoirs qui lui sont imposés par les formules légales protectrices (v. ss 408).

C. Le contenu

400 **Contenu du prêt et contrat financé.** La notion de « contenu » a remplacé dans le Code civil celle de « cause » qui était pour le prêt importante et correspond, pour l'emprunteur, à la remise des

1. Sauf exception : comme des avances sur salaires consenties à des salariés par l'employeur (mais sont-elles rémunérées ?) ou par des organismes sans but lucratif comme les comités d'entreprise.
2. Com. 19 nov. 1991, *Bull. civ.* IV, n° 347, *RTD civ.* 1997. 381, obs. J. Mestre.
3. C'est, alors, le prêteur qui engage sa responsabilité s'il consent un crédit qui dépasse les possibilités de remboursement de l'emprunteur particulier (Civ. 1re, 8 juin 1994, *Bull. civ.* I, n° 206) et de l'emprunteur professionnel par le recours à la thèse du crédit abusif d'une situation irrémédiablement compromise (G.-J. Likillimba, *La notion de soutien abusif de crédit,* Bibl. dr. ent., n° 36, préf. J. Mestre, Litec, 1998).
4. Civ. 1re, 20 juill. 1994, *Bull. civ.* I, n° 261.

fonds[1] : c'est désormais en terme d'équivalence des prestations qu'il convient de raisonner. Le contenu est, donc, en principe, indépendant du contrat que le prêt servira à financer. Par conséquent, la résolution du contrat de base ou la non-réalisation de l'opération à financer est indifférente à l'existence et l'exécution du prêt : même devenu inutile, le prêt continue à être remboursé.

Cette solution traditionnelle est, cependant mise en échec dans le cadre des contrats de crédit à la consommation et de crédit immobilier conclus avec un consommateur (lois *Scrivener*, v. ss 409 s.). À tel point que l'on peut se demander, à la suite de décisions de la Cour de cassation, si le lien entre contrat à financer et contrat de financement ne peut être plus étroit[2] par une application du mécanisme de l'*indivisibilité* entre les contrats[3].

De même la licéité du prêt peut être contrôlée : celle-ci emprunte, au contraire de l'hypothèse précédente, au contrat que le prêt sert à financer : ainsi, le prêt destiné à financer un contrat de jeu ou de pari est nul[4].

D. Le prix : les intérêts

401 **Formalisme.** L'article 1905 du Code civil autorise la stipulation d'intérêts qui doit reposer sur une stipulation expresse[5], l'ensemble renvoyant désormais à l'article 1343-1 du Code civil. Cependant, l'article 1906 affirme que le paiement volontaire[6] des

1. Civ. 1re, 20 juill. 1994, préc.
2. Civ. 1re, 11 mars 1992, *Bull. civ.* I, no 79, mais *contra* : Civ. 1re, 16 déc. 1992, *Bull. civ.* I, no 316. C'est, sans doute, alors, à l'emprunteur de faire la preuve du lien entre les deux contrats. V. ainsi Civ. 1re, 1er juill. 1997, *D.* 1998. 32, note L. Aynès, Somm. 110, obs. D. Mazeaud ; *Defrénois* 1997. 1251, obs. L. Aynès, à propos de l'annulation d'une vente : « les deux actes de vente et de prêt, qui avaient été passés le même jour devant le même notaire, étaient intimement liés (...) les parties avaient entendu subordonner l'existence du prêt à la réalisation de la vente en vue de laquelle il avait été conclu, de sorte que les deux contrats avaient une cause unique ; (...) l'obligation de l'emprunteur (n') était (pas) dépourvue de cause, mais l'annulation du contrat de vente avait entraîné la caducité du prêt ».
3. J.-B. Seube, *L'indivisibilité entre les contrats*, Litec, 1999 ; J. Moury, « De l'indivisibilité entre les obligations et les contrats », *RTD civ.* 1994. 255 et v. D. Mainguy, « Les parties à un groupe de contrat », in *Lamy Droit des contrats*, nos 320 s.
4. On utilisait fréquemment un exemple devenu désuet : est nul le contrat de prêt destiné à financer une cession illicite de clientèle civile (Civ. 1re, 1er oct. 1996, *CCC* 1997. 3, obs. L. Leveneur), désuétude entérinée par l'arrêt du 7 nov. 2000 (v. ss 97).
5. Civ. 1re, 23 juill. 1974, *D.* 1975. 586. note J. Stoufflet.
6. *A contrario,* le paiement forcé, résultant par exemple de l'inscription d'office d'agios par une banque sur le compte de son client ou de sa modification ne fait pas preuve de l'existence des intérêts ou de leur modification : *cf.* Com. 23 oct. 1990, *D.* 1991. 73, note Ch. Gavalda.

intérêts qui n'étaient pas stipulés ne peut être répété ni être imputé sur le capital. Il fait, donc, preuve du caractère onéreux du prêt d'argent. De même la preuve du caractère onéreux du prêt peut résulter d'un usage du commerce comme c'est le cas des avances en compte-courant[1]. Mais une chose est de prouver le caractère onéreux du prêt, une autre de prouver l'existence de l'intérêt. L'article 1906 prouve simplement que le prêt est onéreux : reste à prouver le montant des intérêts, dans les conditions de l'article 1907 du Code civil (à défaut, seul l'intérêt légal[2] sera dû).

Il convient, en effet, aux termes de l'article 1907, alinéa 2 du Code civil que le taux de l'intérêt conventionnel soit écrit, dans le but évident de protéger l'emprunteur. Pour la Cour de cassation, l'existence d'un tel écrit est une condition de validité de la stipulation d'intérêt[3]. Une des questions récurrentes en matière de prêt y trouve solution : le fait d'indiquer un taux sur un relevé de compte ne répond pas à l'exigence de l'article 1907, alinéa 2, même si l'emprunteur n'effectue aucune protestation en recevant ce relevé de compte[4].

402 **Taux de l'intérêt.** La détermination du taux de l'intérêt pose difficulté. Ainsi, la jurisprudence développait pour la détermination du taux du prêt les mêmes raisonnements que ceux effectués pour les contrats-cadres sur le fondement de l'ex-article 1129 du Code civil[5]. L'influence des arrêts d'Assemblée plénière de 1995 s'est, depuis, fait sentir sur le contrat de prêt en sorte que désormais, cette question a été écartée au profit du contrôle de l'abus dans la fixation du taux de l'intérêt[6].

La question du taux maximum du taux d'intérêt se pose également. L'usure a, en effet, toujours fait l'objet de l'attention du législateur. L'article L. 314-6 du Code de la consommation définit le prêt conclu à un taux usuraire comme « le prêt conventionnel

1. Civ. 1re, 23 juill. 1974, préc.
2. À titre indicatif, le taux d'intérêt légal était de 3,47 % en 1999, 3,36 % en 1998, 3,87 % en 1997, 6,65 % en 1996, 5,82 % en 1995, 10,26 % en 1991.
3. Civ. 1re, 14 févr. 1995, *D.* 1995. 340, note S. Piedelièvre ; *JCP* 1995. II. 22402, note Y. Chartier.
4. Civ. 1re, 17 janv. 1995, *D.* 1995. 213, note D. Martin.
5. Civ. 1re, 2 mai 1990, *D.* 1991. 41, note Ch. Gavalda ; *JCP* 1991. II. 21655, note J. Stoufflet.
6. Com. 9 juill. 1996, *JCP* 1996. II. 22721, note J. Stoufflet ; *CCC* 1997. 12, obs. L. Leveneur, Civ. 1re, 17 nov. 1998, *Bull. civ.* I, n° 323, et L. Finel, « Les règles relatives à la détermination du prix et de contrat de prêt bancaire », *JCP* 1996. I. 3957.

consenti à un taux effectif global qui excède, au moment où il est consenti, de plus d'un tiers le taux effectif moyen pratiqué au cours du trimestre précédent par les établissements de crédit pour les opérations de même nature comportant des risques analogues, telles que définies par l'autorité administrative après avis du Conseil national du crédit ».

Une comparaison s'impose donc entre deux taux. Le taux effectif moyen augmenté d'un tiers sera comparé au taux effectif global, le TEG, d'un prêt donné. Ce taux effectif global est un taux annuel[1] reconstitué qui comprend le taux d'intérêt proprement dit, les frais, commissions ou rémunérations de toute nature, directs ou indirects payés à quiconque, le prêteur ou un intermédiaire (C. consom., art. L. 314-5) mais également, affirme la jurisprudence, les divers taxes et impôts[2]. N'intègrent pas en revanche le TEG l'indexation du capital[3] ou des pénalités contractuelles[4]. Lorsque la périodicité des remboursements est inférieure à une année, le TEG étant annuel, il convient de procéder à une recomposition du TEG en multipliant le taux de la période de remboursement du prêt par le nombre de ces périodes contenues dans une année civile[5]. Ce TEG doit en outre être mentionné dans l'écrit constatant le prêt afin que le consommateur en prenne conscience[6].

Une autre difficulté réside dans la conjugaison d'un même taux. C'est ce qu'on appelle l'anatocisme ou capitalisation des intérêts. Le risque de ce mécanisme est d'opérer une multiplication géométrique d'un taux et, par là, de contourner la prohibition de

---

1. D'où la question des taux d'une période inférieure à un an : un taux de 1 % par mois est-il égal à 12 % l'an ? Mathématiquement oui, c'est la méthode dite « proportionnelle » retenue par la Cour de cassation (Civ. 1re, 9 janv. 1987, *Bull. civ.* I, n° 15, Civ. 1re, 16 juin 1987, *Bull. civ.* I, n° 201), alors qu'économiquement ce n'est pas sûr : plus l'emprunteur paie tôt, plus il paie par application du principe que l'argent ainsi payé n'est pas placé, appliquant la méthode dite « par équivalent ».
2. Civ. 1re, 21 janv. 1992, *Bull. civ.* I, n° 22. V. aussi Com. 9 mai 2001, *RJDA* 2001. 1021 : une clause de variabilité du taux d'intérêt est valable et n'est pas incompatible avec le respect des exigences légales, par l'indication d'exemples significatifs.
3. Civ. 1re, 21 janv. 1992, préc.
4. Civ. 1re, 1er déc. 1987, *Bull. civ.* I, n° 318.
5. Civ. 1re, 16 juin 1987, *Bull. civ.* I, n° 201 et Y. Salats, « Mode de calcul du taux effectif global dans les prêts d'argent », *Defrénois* 1978, art. 31703.
6. Comp. D. Mainguy, « L'arrondi de la décimale », *JCP E.* 2015. 1250.

l'usure[1]. Aussi l'article 1343-2 (ex-article 1154) du Code civil exige une stipulation expresse pour que le mécanisme de l'anatocisme puisse jouer et interdit l'anatocisme prévu pour une période inférieure à un an. Traditionnellement, cependant, on affirmait que cette disposition était écartée par une coutume en matière commerciale, comme pour la solidarité. Mais la Cour de cassation a considéré que, dans un compte-courant, la capitalisation des intérêts dus en cas de découvert résultait du contrat lui-même en raison du mécanisme de fusion en compte-courant des dettes réciproques du client et du banquier[2]. C'est donc le résultat des termes du contrat de compte-courant lui-même, une stipulation expresse au sens de l'article 1343-2, et non d'une coutume commerciale.

§ 3. Les effets du prêt d'argent

A. Les obligations de l'emprunteur

403 **Restituer (rembourser) le capital.** L'obligation essentielle du prêt d'argent comme de tout prêt réside dans la restitution de la chose prêtée mais elle prend ici un tour particulier parce que la chose est de l'argent. Or, sa valeur est fluctuante et la question se posera de savoir quelle valeur d'argent l'emprunteur devra rembourser. L'article 1895 du Code civil affirme ici son attachement au principe du nominalisme monétaire : « l'obligation qui résulte d'un prêt en argent, n'est toujours que de la somme algébrique énoncée au contrat ». C'est, donc, le prêteur qui subit le risque de la perte de valeur de l'argent prêté. Pour pallier ce risque, le prêt contient parfois une *clause d'indexation* relevant du régime général déjà

1. Ex. : un prêt de 1 000 € à un taux de 10 % impose le remboursement du capital, 1 000 € et des intérêts, 100 €. Si, le prêt n'est pas payé la première année, l'emprunteur doit-il payer la seconde année, 1 000 € plus 100 € (intérêts de la première année) plus 100 € intérêts de la deuxième année ou, si l'on capitalise les intérêts, 1 000 € plus 100 € d'intérêts capitalisés, soit 1 100 € sur lequel on applique le taux d'intérêt, 10 %, soit une somme de 110 € la deuxième année. Si l'on continue, il devra verser la seconde année 121 € (1 000 + 100 + 110 × 10 %), soit au total 331 € sur trois ans au lieu de 300 €, correspondant à un taux réel annuel égal à 11,03 % (et non 10 %) qui croît chaque année et d'autant plus vite que le taux est plus élevé.

2. Com. 22 mai 2001, *RJDA* 2001. 1014 ; Com. 22 mai 1991, *JCP E* 1991. II. 190, note J. Stoufflet, *D.* 1991. 429, note Ch. Gavalda ; *Banque* 1991. 758, note J.-L. Rives-Langes.

étudié de ces clauses. Cependant, la condition selon laquelle l'indice choisi doit être en rapport avec l'objet du contrat est interprétée de façon souple. À défaut, l'objet du prêt étant l'argent, l'indice serait impossible (puisque nécessairement fondé sur l'évolution du coût de l'argent). La jurisprudence admet une référence à l'objet du contrat financé, comme le recours à indice du coût de la construction pour un prêt immobilier. De même le remboursement en francs s'impose pour un prêt interne à moins qu'une monnaie internationale serve simplement d'unité de compte[1] ou qu'il s'agisse d'un prêt international.

404 **Date du remboursement.** La date du remboursement dépendra de l'existence ou non d'un terme dans le prêt.

Parfois, aucun terme n'est fixé, ce qui peut être le cas d'un prêt conclu entre amis ou entre personnes d'une même famille. Chacune des parties peut, alors, mettre fin à ce contrat, unilatéralement, mais l'article 1900 du Code civil propose pour le prêt de consommation dont le prêt d'argent n'est qu'une variante, que « le juge peut accorder à l'emprunteur un délai suivant les circonstances », délai qui n'est pas un délai de grâce au sens de l'article 1343-5 du Code civil et qui peut dépasser deux ans[2]. De même, lorsque l'emprunteur a déclaré rembourser quand il le pourrait ou quand il en aurait les moyens, par une *clause de retour à meilleure fortune*, l'article 1901 du Code civil dispose que le juge peut également accorder un délai après avoir vérifié si le retour à meilleure fortune était effectif[3].

Le plus souvent, cependant, un terme est fixé et l'emprunteur comme le prêteur doivent le respecter. Mais la question se pose souvent de savoir si l'emprunteur peut effectuer un remboursement anticipé du prêt. En principe, cette faculté n'est admise que lorsque le prêt d'argent est stipulé à titre gratuit. S'il est conclu à titre onéreux, il l'est dans l'intérêt des deux parties et l'emprunteur devra alors obtenir l'accord du prêteur puisque ce prêteur perd

1. Civ. 1re, 10 mai 1966, *D.* 1966. 497, note Ph. Malaurie, *JCP* 1966. II. 21393, note J.-P. Lévy.
2. Civ. 1re, 12 oct. 1977, *Bull. civ.* I, n° 362. V. aussi, amusant, Civ. 1re, 19 janv. 1983, *Bull. civ.* I, n° 29 : si le terme fixé est la « Saint Glin-Glin », le juge avait fixé le terme à la Toussaint, date de la fête de tous les saints.
3. Civ. 1re, 20 nov. 1990, *Bull. civ.* I, n° 255, *RTD civ.* 1991. 333, obs. J. Mestre.

alors les intérêts à venir[1]. Mais on conçoit que les deux parties aient intérêt à entrevoir cette possibilité : le prêteur parce que le risque du non-remboursement du prêt diminue, l'emprunteur parce que son endettement décroît. Aussi les contrats de prêt d'argent contiennent souvent une clause prévoyant cette hypothèse. Cette clause prévoit alors le versement par l'emprunteur d'une indemnité destinée à compenser la perte d'intérêts qui avaient pourtant fait l'objet du consentement des parties[2]. Aussi, la jurisprudence ne considère pas qu'il s'agit d'une clause pénale révisable sur le fondement de l'article 1231-5, alinéa 2 du Code civil[3] et la question de la déterminabilité de l'indemnité de remboursement anticipé s'était posé[4]. Observons, cependant, que l'article L. 312-34 du Code de la consommation écarte ces clauses dans les contrats de prêts mobiliers aux consommateurs et que l'article L. 313-37 les limites dans les prêts immobiliers consentis à des consommateurs.

Cependant, l'emprunteur peut subir une déchéance du terme prévue dans le contrat permettant alors au prêteur d'exiger le remboursement du prêt avant le terme initialement prévu. Celle-ci peut résulter, aux termes de l'article 1305-5 du Code civil, du fait de l'emprunteur qui a diminué les sûretés qu'il avait données au prêteur en garantie du remboursement du prêt.

Dans bien des hypothèses, le contrat de prêt est assorti d'une assurance-vie, souscrite par l'emprunteur en cas de décès ou de perte d'emploi *via* le prêteur au nom d'une police d'assurance de groupe : les cotisations de l'assurance sont alors comprises dans l'amortissement du prêt, de sorte que c'est la banque qui paie l'assurance et se rembourse auprès de l'emprunteur assuré : excellente technique qui évite à la famille d'être ruinée ou d'être chassée d'un logement qu'elle ne peut plus payer.

1. Ph. Malaurie, « Baisse des taux d'intérêt, prêt d'argent à long terme et renégociation », *D.* 1998. Chron. 317.
2. V. aussi Civ. 1re, 7 févr. 1995, *D.* 1996. 66, note Mirbeau-Gauvin, pour une clause imposant le paiement des intérêts échus.
3. Delebecque, *RTD civ.* 1993. 607, obs. P.-Y Gautier mais *contra* : J. Huet, G. Decocq, C. Grimaldi et H. Lecuyer, n° 22550.
4. Civ. 1re, 9 mai 1996, *CCC* 1996. 136, obs. L. Leveneur ; *D.* 1997. Somm. p. 176, obs. D. Mazeaud, qui admettait l'annulation de l'indemnité alors pourtant que l'on se situait après les arrêts de 1995 mais, V. Civ. 1re, 6 mars 2001, *CCC* 2001. 103, obs. L. Leveneur qui revient sur cette solution.

405 **Lieu du remboursement.** Le lieu du paiement est défini comme en droit commun. Le paiement est en général portable pour le débiteur en sorte que l'emprunteur devra rembourser au domicile du prêteur, ce qui impose en pratique l'ouverture d'un compte dans les établissements du prêteur à partir duquel le banquier prêteur prélèvera les échéances de remboursement. Mais une clause peut prévoir que le paiement sera quérable, payable au domicile de l'emprunteur. De même, en cas de liquidation judiciaire ou de mise en œuvre d'un plan de cession totale de l'entreprise, la déchéance du terme est de droit (C. com., art. L. 622-22 et L. 621-94). En revanche, le seul redressement judiciaire de l'emprunteur ne rend pas exigible le prêt et toute clause contraire est écartée (C. com., art. L. 621-49 et L. 621-28). Surtout, une clause peut organiser les conditions dans lesquelles une telle déchéance du terme interviendra. Une clause résolutoire en cas de non-paiement d'une échéance peut, ainsi, rendre exigible le remboursement de tout le capital et des intérêts.

406 **Paiement, preuve et déchéance.** L'emprunteur doit également payer les intérêts lorsque ceux-ci sont stipulés, aux échéances prévues dans le contrat. Pour prouver le paiement de ces intérêts, la conservation des quittances s'impose mais l'article 1908 du Code civil facilite cette preuve en présumant irréfragablement que « la quittance du capital donnée sans réserve des intérêts en fait présumer le paiement et en opère la libération ».

Le défaut de paiement des intérêts expose l'emprunteur à une action en résolution du contrat, à moins qu'une clause résolutoire la facilite, lui imposant alors le paiement immédiat du capital et des intérêts restant dus. S'agissant des intérêts et point du capital, l'article 1900 du Code civil est impuissant pour octroyer des délais à l'emprunteur mais ce dernier pourra toujours, qu'un terme ait été ou non stipulé, demander des délais de grâce sur le fondement de l'article 1343-5 du Code civil ou bénéficier, pour une entreprise, d'une mesure d'étalement de sa dette dans le cadre d'un plan de redressement judiciaire ou bien encore, pour un particulier, sur le fondement de la loi sur le surendettement des particuliers ou le régime de la faillite personnelle. En matière de redressement judiciaire, le jugement d'ouverture porte ombrage aux paiements des intérêts : les intérêts des prêts inférieurs à un an sont suspendus.

407 **Prescription.** La prescription des intérêts est réduite à 5 ans aux termes de l'article 2277 du Code civil à compter de la date d'exigibilité de la dette d'intérêts, de façon à forcer le prêteur à se soucier du paiement de ces intérêts et éviter que l'emprunteur ne croule sous les intérêts échus impayés.

B. Les obligations du prêteur

408 **Information, discernement, conseil : attention aux prêts déraisonnables ou disproportionnés.** L'une des principales obligations mises à la charge du prêteur se situe lors de la formation du prêt. La jurisprudence a identifié des obligations nouvelles, notamment face à l'emprunteur consommateur dans la mesure où un prêt se traduit pour ce dernier par un endettement à court, moyen ou long terme sans qu'il ait nécessairement conscience du poids de la durée dans l'exécution de ses obligations. Ainsi le Code de la consommation prévoit de strictes obligations à la charge du prêteur dans le cadre d'un prêt soumis à ces règles (C. consom., art. L. 312-5 s.). Aussi, le prêteur doit informer le candidat emprunteur des risques encourus et l'inciter par exemple à souscrire une assurance-crédit en cas de perte d'emploi, de décès... De même doit-il adopter une attitude prudente et être doué d'une certaine faculté de discernement dans l'octroi d'un prêt de façon à éviter que l'emprunteur ne s'endette inconsidérément (*cf.* C. consom., art. L. 711-1 et s., en matière de surendettement à l'égard des particuliers[1] et de « soutien abusif de crédit » à l'égard des entreprises[2]). Ainsi, les tribunaux n'hésitent pas à engager la responsabilité du banquier en cas de prêt à une personne dont il savait que la situation était irrémédiablement compromise : les autres créanciers ont en effet pu alors croire que la situation de l'emprunteur était meilleure qu'elle ne paraissait[3]. Mieux, elle considère que le fait de remettre une offre de prêt dans les conditions protectrices prévues par la loi[4] ne dispense pas le ban-

1. Et v. X. Lagarde, *L'endettement des particuliers,* LGDJ, 1999.
2. G.-A. Likillimba, *Le soutien abusif d'une entreprise en difficulté,* 2e éd., Bibl. dr. ent., t. 36, Litec, 2000.
3. Civ. 1re, 8 juin 1994, *Bull. civ.* I, n° 206.
4. V. ss 415 s.

quier de son devoir de conseil notamment lorsqu'il lui apparaît que la charge du remboursement est excessive par rapport à ses facultés d'endettement[1].

Section 2
Les règles spécifiques à la protection de l'emprunteur consommateur

409 **« Demain on rase gratis. »** Affirmer que le recours au contrat de prêt s'est multiplié est devenu un lieu commun. Les prêts à la consommation font l'objet d'un marketing débridé qui insiste sur la perspective de l'acquisition de biens de consommation et non sur le contrat de prêt qui servira à les financer. De même des vendeurs de biens d'un certain prix offrent des formules de contrats financés par un crédit « clé en main », sans que le prêteur apparaisse. Parfois, toute perspective de crédit disparaît lorsque, par exemple, l'offre d'achat est présentée en ne mentionnant pas le prix de la chose mais simplement le montant de l'échéance mensuelle ou journalière. Les contrats de prêt immobilier sont également la source de surendettements importants parce qu'ils engagent l'emprunteur sur une durée très longue qui dépasse parfois vingt ans.

Toutes ces raisons ont incité le législateur à intervenir pour assurer une certaine protection du consommateur emprunteur notamment par les deux lois *Scrivener* de 1978 et 1979 réformées par une loi du 1er juillet 2010 (transposant une directive n° 2008/48

1. Civ. 1re, 8 juin 1994, préc. ; Civ. 1re, 27 juin 1995, *D.* 1995. 621, note S. Piedelièvre, *Defrénois* 1995. 36210, note D. Mazeaud ; Com. 23 juin 1998, *Bull. civ.* IV, n° 208 (prêt pour une opération vouée à l'échec), Com. 17 juin 1997, *Bull. civ.* IV, n° 188, *Defrénois* 1997. 1424, obs. L. Aynès (arrêt *Macron*, réclamation de garanties hors de proportion avec la créance garantie et les capacités du garant) ; *contra* : Th. Bonneau, *Droit bancaire*, Montchrestien, 1994, n° 400 ; J.-L. Rives-Langes et M. Contamines-Raynaud, *Droit bancaire*, Dalloz, 1996, n° 168. Encore faut-il que le prêt soit véritablement exagéré : Com. 9 mai 2001, *RJDA* 2001. 1020.

du 23 avril 2008 concernant les contrats de crédit aux consommateurs) en matière de crédit à la consommation (C. consom., art. L. 312-1 s.) et de crédit immobilier (C. consom., art. L. 312-1 s.), même si le contenu de ces règles offre, par le luxe de détails qu'elles contiennent, une impression de labyrinthe fastidieux[1].

Deux idées marquent ces règles nouvelles : la volonté de s'assurer que le consentement de l'emprunteur est réfléchi et éclairé et celle de lier le contrat de crédit au contrat financé, dans la mesure où cette liaison est opportune. On parle à cet égard de crédit lié.

Les deux formules assurant, cependant, des règles sensiblement divergentes, observons-les séparément, le crédit à la consommation d'abord (**§ 1**) puis le crédit immobilier (**§ 2**).

§ 1. Le crédit à la consommation

410 **Domaine de la protection du crédit à la consommation.** La première loi *Scrivener* du 10 janvier 1978 avait réglementé le crédit à la consommation (C. consom., art. L. 312-1 s.) dont le domaine dépend de la considération des parties et de l'objet du contrat, règles aujourd'hui modifiées.

S'agissant des parties, sont concernés par cette réglementation les crédits consentis par une personne morale professionnelle du crédit à des consommateurs, c'est-à-dire à des personnes qui utilisent ce crédit pour des besoins non professionnels. En sont donc exclus les crédits consentis à des personnes pour financer une activité professionnelle de même que les crédits consentis à des personnes morales de droit public (C. consom., art. L. 312-4-3°).

S'agissant de l'opération, le domaine des articles L. 312-1 s. est très large puisqu'il concerne « toute opération de crédit, ainsi qu'à son cautionnement éventuel... que ce soit à titre onéreux ou gratuit ». Le contrat de prêt proprement dit est visé mais aussi un découvert bancaire, l'octroi d'une carte de crédit, le crédit renouvelable ou « revolving » objet de la réforme de 2010 (avec la réforme des procédures de surendettement)... mais encore « la

1. J. Calais-Auloy et F. Steinmetz, *Droit de la consommation*, *op. cit.*, n° 315.

location-vente ou la location avec option d'achat ainsi que les ventes ou les prestations de services dont le paiement est échelonné, différé ou fractionné » (C. consom., art. L. 312-2, al. 2). De même, le contrat de crédit est visé quelle que soit sa destination, que le crédit soit ou non lié, affecté à la conclusion d'un contrat de vente d'un bien ou de prestation de services.

En revanche, quelques exclusions demeurent (C. consom., art. L. 312-3) :

- les crédits plus haut évoqués dont la durée est inférieure à un mois[1] (contre trois mois avant la loi de 2010) ou dont le montant est supérieur à 75 000 € (contre 21 500 € auparavant) ;
- les opérations de crédit immobilier, comme un prêt immobilier ou un contrat de crédit-bail ;
- les crédits mobiliers souscrits par acte notarié parce que l'on estime que l'intervention d'un notaire suffit pour informer et avertir l'emprunteur.

411 **Régime de la protection, formation du contrat de crédit.** La protection de l'emprunteur s'affirme en premier lieu lors de la formation du contrat de façon à ce que le consentement de ce dernier soit le plus éclairé et le plus réfléchi possible. Aussi, des sanctions pénales sanctionnent l'ensemble de ces règles. Ainsi, la publicité portant sur un crédit mobilier est strictement réglementée (C. consom., art. L. 312-5). De même que le crédit gratuit[2] qui n'est jamais gratuit puisque le prêteur doit toujours offrir une réduction en cas de paiement comptant.

Surtout, les modalités de formation du contrat sont étroitement encadrées. Le prêteur doit remettre à l'emprunteur une offre préalable selon des modèles fixés (C. consom., art. L. 312-12 s.) comportant de nombreuses mentions obligatoires (C. consom., art. L. 312-5 s. et 312-30 : montant du crédit, périodicité des remboursements, échéancier, TEG, existence du délai de rétractation...[3]).

---

1. *Cf.* pour un découvert bancaire : Civ. 1re, 16 janv. 1996, *CCC* 1996. 49, obs. G. Raymond.
2. Ch. Gavalda, « Le crédit gratuit », *D.* 1979. Chron. 277 ; « Un frein à l'expansion du crédit gratuit », *D.* 1984. Chron. 181.
3. ... et qui doit être renouvelée en cas de renégociation du prêt : Civ. 1re, 6 janv. 1998, *D.* 1998. 503, note D. Martin, *JCP* 1998. II. 10100, note J. Attard, *Defrénois* 1998. 388, note S. Piedelièvre, et v. P. Sargos, « La renégociation des prêts », *Defrénois* 1998. 703.

La remise de cette offre préalable oblige le prêteur à maintenir les conditions de son offre pendant une durée de quinze jours assurant à l'emprunteur un délai de réflexion. L'acceptation de cette offre préalable forme alors le contrat de promesse de prêt qui deviendra prêt à la remise des fonds (à moins que le prêteur ne se soit réservé la faculté d'agréer l'emprunteur). Enfin, s'ouvre à compter de l'acceptation un délai de réflexion (C. consom., art. L. 312-15) d'une durée de quatorze jours (ou C. consom., art. L. 312-20). En revanche, en cas de renégociation du prêt, le parallélisme des formes ne s'impose pas sauf si la situation de l'emprunteur devait être aggravée, de sorte qu'il n'y a pas besoin de tout recommencer[1].

412 **Régime de la protection, formation du contrat de crédit lié.** Le crédit peut être affecté à la conclusion d'un contrat financé par ce crédit. La loi lie alors ces deux contrats de façon à assurer leur indivisibilité, contre les règles de principe du droit commun[2] : « le consommateur n'achète que parce qu'il obtient un prêt ; réciproquement, il n'emprunte que pour acheter[3] ». S'organisent alors des règles très techniques. Ainsi, lorsque l'offre préalable mentionne que le crédit est un crédit lié, le contrat de crédit ne prend effet qu'à compter de la livraison du bien ou de la prestation du service requis (C. consom., art. L. 312-46).

Tout formalisme n'est pas absent dans le contrat financé. Ainsi, le contrat de vente ou de prestation de services doit préciser qu'il est financé à l'aide d'un contrat de crédit si tel est le cas. Et le contrat de vente ou de prestation de services ne peut être conclu tant que l'emprunteur-acheteur n'a pas accepté l'offre préalable du prêteur (C. consom., art. L. 312-46 s.). Inversement, tant que le contrat de crédit n'est pas définitivement conclu, le vendeur ou le prestataire de services ne peut recevoir aucun paiement, sauf la fraction que l'acheteur aurait accepté de payer comptant bien sûr et il n'est pas tenu d'exécuter le contrat.

1. V. Civ. 1re, 4 mars 2003, *Bull. civ.* I, n° 63. Comp. cependant S. Becqué, *Le parallélisme des formes en droit privé*, Thèse Paris II, 2002, n° 388.
2. Mais v. cependant : Civ ; 1re, 1er juill. 1997, *D.* 1998. 32, note L. Aynès : acquisition d'un fonds de commerce par un emprunt, l'annulation de la vente emportait la caducité du contrat de prêt.
3. A. Bénabent, n° 867.

Chaque contrat est donc subordonné l'un à l'autre. Plus exactement, le contrat financé est subordonné à l'obtention du prêt et le prêt est subordonné à l'exécution du contrat financé. Le schéma légal est alors, chronologiquement, celui-ci (pour un contrat de vente financé par un crédit) :

1. l'emprunteur-acheteur reçoit une offre de conclusion d'un contrat de vente dont la conclusion est repoussée à l'acceptation de l'offre préalable de crédit ;

2. le prêteur remet l'offre préalable qui permet un délai de réflexion d'au plus 15 jours (éventuellement concomitante à l'offre de vente ce qui est le cas lorsque le vendeur est le mandataire du prêteur) ;

3. l'emprunteur accepte l'offre de crédit, la conclusion de la vente est possible mais l'emprunteur bénéficie d'un délai de rétractation de 14 jours, s'il exerce ce droit, la vente est résolue ;

4. passé ce délai le contrat de crédit est définitivement conclu et le prix de la vente peut être payé ;

5. le bien est livré ;

6. La condition suspensive du contrat de crédit est réalisée et le contrat peut être exécuté.

413 **Régime de la protection, exécution du contrat de crédit, crédit lié.** Quel que soit le type de crédit, la protection de l'emprunteur est celle qu'assure le régime général du prêt, à savoir la possibilité de demander des délais de grâce sur le fondement de l'article 1343-5 s. du Code civil. De même, l'emprunteur peut effectuer un remboursement anticipé du prêt sans subir d'indemnité, la clause pénale qu'il peut subir en cas de défaillance dans le remboursement est plafonnée (C. consom., art. L. 312-35), la prescription est écourtée à deux ans, délai préfix, insusceptible d'interruption ou de suspension[1].

S'agissant d'un crédit lié, la complémentarité observée au stade de la formation des contrats est maintenue. Ainsi, si le contrat est à exécution successive, l'emprunteur peut cesser de

1. V. cependant parmi de nombreuses limites apportées par la Cour de cassation : Civ. 1re, 12 janv. 1999, *CCC* 1999. 45, obs. G. Raymond : non-application à l'exception de non-livraison de la chose ; Civ. 1re, 18 juin 1996, *CCC* 1996. 161, obs. G. Raymond : non-application à l'action en nullité ou en résolution du contrat principal.

rembourser le prêt si les prestations du contrat à exécution successive cessent (C. consom., art. L. 312-44) sauf si cette interruption est due à l'emprunteur.

414 **Régime de la protection, extinction du crédit lié.** L'interdépendance entre contrat de crédit et contrat financé se poursuit à l'extinction des contrats. Ainsi, l'extinction (annulation, résolution ou autre) du contrat financé emporte extinction selon le même régime du contrat de crédit (C. consom., art. L. 312-44 et pour autant que le prêteur soit appelé à la cause). L'emprunteur devra cependant restituer le capital prêté qu'il récupère de la part de son cocontractant au contrat financé.

§ 2. Le crédit immobilier

415 **Domaine de la protection.** Comme pour le crédit mobilier, le domaine de la protection de l'emprunteur immobilier est strictement défini.

Seuls sont visés les prêts conclus par un professionnel du crédit en vue de financer diverses opérations immobilières portant sur un immeuble à usage d'habitation ou à usage mixte, professionnel et à usage d'habitation (C. consom., art. L. 313-2), s'agissant de :

- leur acquisition ;
- La souscription ou l'achat de parts ou d'actions de société donnant vocation à leur attribution en propriété ou en jouissance ;
- les dépenses relatives à leur construction, leur réparation, leur amélioration ou leur entretien pour un montant supérieur à 10 000 €[1] ;
- l'achat du terrain destiné à les accueillir ;
- la location-vente ou assortie d'une promesse de vente (C. consom., art. L. 312-24).

Sont exclus, en revanche, les contrats conclus pour financer une opération immobilière professionnelle ou avec une personne publique (C. consom., art. L. 312-3).

1. Et ce, même si le montant du prêt est inférieur à cette somme : Civ. 1re, 15 déc. 1993, *D.* 1994. 217, note H. Davo.

416 **Régime de la protection.** La plupart des règles des articles L. 313-1 s. du Code de la consommation sont inspirées de celles prévues en matière de crédit à la consommation. Cependant, le crédit immobilier est toujours un crédit lié et quelques règles divergent.

Ainsi, l'offre préalable remise par le prêteur doit être maintenue pendant 30 jours. Mais aucun délai de rétractation ne s'ajoute ensuite parce que dans ce délai de 30 jours, l'emprunteur ne peut accepter le crédit avant l'expiration d'un délai de 10 jours (C. consom., art. L. 313-34)[1].

En outre, seule la formation du contrat de crédit et du contrat financé est liée et ces deux contrats retrouvent leur indépendance une fois formés.

Cette interdépendance au moment de la formation se traduit par la subordination du prêt à la réalisation de la vente. Ainsi le contrat de prêt sera résolu si la vente n'est finalement pas conclue dans un délai de 4 mois, prorogeable (C. consom., art. L. 312-36) ou si elle est ensuite résolue.

C'est surtout la subordination de la vente au prêt qui est réglementée car la promesse de vente est conclue « sous la condition suspensive de l'obtention de ou des prêts qui en assurent le financement » (C. consom., art. L. 313-40). Si l'acheteur-emprunteur n'obtient pas ce ou ces prêts, la promesse de vente est caduque et il pourra se voir restituer ce qu'il avait éventuellement versé au vendeur ou à un intermédiaire. Mais l'article L. 313-40 peut être écarté si l'acquéreur déclare acheter sans recours à un prêt, par une mention expresse (à défaut la protection légale s'applique) qui doit contenir une mention manuscrite par l'acquéreur par laquelle « il reconnaît avoir été informé que s'il recourt néanmoins à un prêt, il ne peut se prévaloir de la présente loi » (C. consom., art. L. 313-42). Une difficulté demeure dans le cas où l'acquéreur conclut la promesse de vente dans les termes stipulés par la loi mais s'abstient de rechercher un prêt destiné à le financer ou, ayant reçu une offre préalable de prêt conforme à ses besoins (éventuellement précisés dans la promesse) refuse cette offre. Le

1. V. Civ. 1re, 9 déc. 1997 et 17 mars 1998, *JCP* 1998. II. 10148, note S. Piedelièvre à propos d'une renonciation à ce délai, *a posteriori*.

terme « obtention » du prêt n'étant cependant pas défini, il peut s'agir de l'acceptation du crédit par le consommateur ou bien de la présentation d'une offre ferme correspondant à la demande du candidat emprunteur (et correspondant elle-même aux termes de la condition introduite dans la vente ou le compromis). La jurisprudence applique alors les règles de la condition suspensive et, notamment, l'article 1178 du Code civil qui répute accomplie la condition suspensive lorsque c'est le débiteur qui en a empêché la réalisation[1].

1. *Cf.* par ex., Civ. 1re, 9 déc. 1992, *Bull. civ.* I, n° 309, *Defrénois* 1993. 317, obs. J.-L. Aubert ; Civ. 1re, 16 févr. 1994, *CCC* 1994. 88, obs. L. Leveneur (offre déclinée par l'emprunteur) ; Civ. 1re, 16 juill. 1991, *CCC* 1991. 250 (retrait de la demande de prêt) ; Civ. 1re, 19 juin 1990, *Bull. civ.* I, n° 175 (non-fourniture de pièces au banquier). En revanche, il suffit de présenter une demande conforme aux stipulations du contrat (Civ. 3e, 8 déc. 1999, *RJDA* 2000. 140, *Defrénois* 2000. 254, obs. D. Mazeaud).

TITRE 3

LES CONTRATS ASSURANT LA CONSERVATION DE LA CHOSE : LE DÉPÔT

417 **Plan.** Le contrat de dépôt est un contrat portant sur une chose – il est même l'un de ces rares contrats réels – mais, en même temps, il se singularise par le fait qu'il n'assure pas en principe un transfert de propriété ni l'usage de la chose (mais, v. dépôt irrégulier). Il permet surtout au déposant de confier une chose à une autre pour que ce dernier la garde, la conserve. C'est dans cette obligation de garde que l'originalité du dépôt se manifeste.

Comme pour le contrat de prêt, le Code civil avait considéré le dépôt comme un contrat d'ami, sans envisager que ce contrat puisse se développer dans les relations d'affaires et il avait distingué entre plusieurs sortes de dépôts. Aux règles communes du dépôt (CHAPITRE 1), il associe d'autres sortes de dépôts pour lesquels il organise des règles particulières à certains dépôts (CHAPITRE 2).

CHAPITRE 1

Les règles communes du contrat de dépôt

418 **Plan.** Observons, alors, ce contrat original par ses éléments (SECTION 1), sa formation (SECTION 2), ses effets (SECTION 3) et son extinction (SECTION 4).

SECTION 1

LES ÉLÉMENTS DU CONTRAT DE DÉPÔT

419 **Caractères du contrat de dépôt.** Le contrat de dépôt est défini par l'article 1915 du Code civil : « Le dépôt, en général, est un acte par lequel on reçoit la chose d'autrui, à la charge de la garder et de la restituer en nature. » C'est donc un contrat par lequel le déposant confie – on appelle d'ailleurs aussi ce contrat « contrat de confié » – un bien au dépositaire afin que ce dernier conserve ce bien puis le restitue au déposant.

Ce contrat est considéré comme un contrat réel en sorte qu'il n'est formé que par la remise de la chose : la remise de la chose, comme sa restitution, forment la cause du contrat.

L'objet de ce contrat est limité : il ne peut s'agir que d'un meuble, dispose l'article 1918 du Code civil. Par conséquent, on ne peut déposer une personne en la confiant à la garde d'une autre[1], pas plus qu'un immeuble, ce qui est un parti pris du Code civil : rien ne s'oppose à ce qu'un dépôt porte sur un immeuble (*cf.* C. civ., art. 1961 à propos du séquestre). Malgré tout, le contrat de « dépôt » portant sur un immeuble n'en sera pas un mais un contrat d'entreprise, renommé de gardiennage, dont le nom est évocateur de sa proximité avec le dépôt, à telle enseigne que la jurisprudence lui applique lorsqu'il est gratuit, par analogie, les règles du dépôt[2]. Malgré l'article 1918 qui évoque des choses mobilières en général, seuls des meubles corporels semblent pouvoir être objet d'un contrat de dépôt. Mais des choses fongibles comme de l'argent peuvent être déposées, encore que la qualification de ce contrat en dépôt soit sujette à caution[3]. Surtout, le dépôt peut porter sur des choses fongibles, éventuellement consomptibles comme, à nouveau, de l'argent[4], formant un contrat de dépôt irrégulier. Le caractère irrégulier de ce contrat résulte, comme pour le prêt de consommation comparé au commodat, de ce que le dépositaire ne pourra pas, alors, restituer l'exacte chose qui lui aura été remise mais une chose semblable, une autre chose. Entre-temps, le dépositaire aura bénéficié d'un transfert de propriété de la chose déposée lui permettant, donc, de se servir de la chose[5].

Le contrat de dépôt est aussi, en principe, un contrat d'ami, un contrat d'entraide, comme le prêt. Mais un prix peut être stipulé et le développement du dépôt relève du *dépôt salarié* plus que du dépôt gratuit, comme les dépôts que l'on recense comme le contrat de vestiaire, de garde-meuble, d'entrepôt, de consignation, de dépôt de fonds[6]...

1. Mais *cf.* Civ. 2e, 17 juill. 1991, *Bull. civ.* I, n° 233, *RTD civ.* 1992. 412, obs. P.-Y. Gautier, à propos du dépôt du corps d'un défunt par un hôpital.
2. Civ. 1re, 18 janv. 1989, *JCP* 1989. II. 21326, note Ch. Larroumet.
3. M. Cabrillac et J.-L. Rives-Lange, « Dépôt et compte en banque », *Rép. com.*
4. F. Grua, « Le dépôt de monnaie en banque », *D.* 1998. Chron. 259.
5. Civ. 1re, 7 févr. 1984, *Bull. civ.* I, n° 49.
6. A. Gauvin, « Désuétude ou renaissance du contrat de dépôt en matière financière », *D. Affaires* 1998. 1470.

420 **Distinction du dépôt avec d'autres contrats.** La qualification du contrat de dépôt, dans ses limites avec d'autres contrats est souvent difficile[1]. Une distinction essentielle oppose le dépôt à trois contrats voisins : le mandat, le prêt à usage et le contrat d'entreprise[2].

Il se distingue difficilement du mandat car un mandataire peut recevoir une chose pour le compte du mandant. Il s'agira d'un dépôt si la remise de la chose s'effectue pour la conserver et à charge de la restituer. Plus souvent, c'est une certaine complémentarité des deux contrats qui s'observe comme dans le dépôt-vente de journaux par exemple. Le distributeur de journaux reçoit les journaux *pour* les vendre, comme mandataire à la vente et restituera les invendus. Mais il ne reçoit pas ces journaux à charge de les conserver et les restituer mais à charge de les vendre et le mandant assume une obligation (et non une créance) de reprise des invendus : il n'y a pas dépôt. Il peut s'agir ou bien d'un mandat ou bien d'une vente conclue sous la condition suspensive ou résolutoire de la revente de ces journaux[3].

Il se distingue du prêt à usage même si l'on observe les mêmes obligations : conserver et restituer la chose. Mais le prêt à usage est conclu dans l'intérêt de l'emprunteur, qui peut utiliser la chose alors que le dépôt est conclu dans l'intérêt du déposant, le dépositaire ne pouvant en principe utiliser la chose (sauf le dépôt irrégulier) et devant surtout la conserver.

Le dépôt ressemble également au contrat d'entreprise à telle enseigne que certains auteurs classent le dépôt parmi les contrats portant sur un service[4] si l'intérêt du contrat porte sur l'obligation de conserver et non sur la chose objet de la conservation. Mais le contrat d'entreprise impose la réalisation d'une prestation et non une obligation de conserver même si les deux sont des obligations de faire. En réalité, un dépôt est souvent combiné avec un contrat d'entreprise par exemple lorsqu'une personne remet sa voiture à

1. *Cf.* P.-Y. Gautier, Le dépôt, exercice de qualification, *RDC* 2014, p. 149.
2. Mais parfois aussi, curieusement, à la vente : *cf.* Com. 6 juill. 1999, *CCC* 2000. 2, à propos d'un contrat qui était assorti d'une promesse unilatérale d'achat au profit du dépositaire, faisant échec à la revendication de la chose par le déposant.
3. A. Bénabent, n° 728. Et v. R. de Quénaudon, « Formes contractuelles voisines du dépôt », *J.-Cl. Contr. distr.*, fasc. 2140, n° 103.
4. P.-H. Antonmattéi et J. Raynard, n°s 482 s. ; A. Bénabent, n°s 710 s.

un garagiste pour qu'il la répare. Ce contrat est un contrat d'entreprise auquel s'ajoute une formule de dépôt, imposant une obligation de conservation à la charge du garagiste[1].

Surtout, la distinction est difficile à l'égard du bail pour deux autres contrats particuliers, nés de la pratique contractuelle : le contrat de coffre-fort et le contrat de garage.

Le contrat de coffre-fort, en effet, est un contrat par lequel une banque met à la disposition d'une personne un coffre moyennant le paiement d'une certaine somme pour qu'elle y dépose des valeurs ou des documents. Le banquier assume une obligation de garde et de surveillance et la jurisprudence en fait une obligation de résultat[2]. La ressemblance avec le contrat de dépôt devient flagrante[3] alors pourtant que la jurisprudence le refuse lui préférant la nature de bail[4] parce que le banquier ne connaît pas les objets déposés dans le coffre[5] et que la chose ne lui est pas matériellement remise.

Dans le contrat de garage ou de parking ou de camping, une personne met à la disposition d'une autre un local, un garage, une place de stationnement permettant à son contractant d'y garer une automobile ou une caravane. Ce contrat est le plus souvent un contrat de *bail* si le contrat ne contient qu'une obligation de mise à disposition ; par conséquent, le bailleur n'assume aucune obligation de garde et n'est pas responsable des vols ou des dégradations de la voiture[6]. Il peut cependant s'agir d'un

1. Mais, v. A. Bénabent, n° 714, qui y voit plutôt une obligation accessoire empruntant au dépôt mais sans constituer un contrat accessoire de dépôt.

2. Civ. 1re, 15 nov. 1988, *D.* 1989. 349, note Ph. Delebecque ; 29 mars 1989, *JCP* 1990. II. 21415, note E. Putman et B. Soletty ; *RTD civ.* 1989. 560, obs. P. Jourdain.

3. En ce sens : J. Huet, G. Decocq, C. Grimaldi et H. Lecuyer n° 33116 mais *contra* : Ph. Malaurie, L. Aynès et P.-Y. Gautier, n° 868 ; Ch. Gavalda, *Rép. com.* V° Coffre-fort, n° 4.

4. Civ. 21 mai 1957, *Bull. civ.* I, n° 226, *RTD civ.* 1957. 707, obs. J. Carbonnier. Cette qualification n'est guère plus convaincante car l'obligation de garde imposée au banquier dépasse très largement les obligations du bailleur et que le client ne peut accéder au coffre sans l'aide de la banque, ne pouvant donc réellement en jouir.

5. L'argument est d'autant moins probant que l'article 1931 impose au dépositaire de ne point connaître la chose déposée si elle lui a été remise sous enveloppe fermée et que la jurisprudence considère comme un dépôt le même contrat conclu par un hôtel : Civ. 1re, 14 févr. 1990, *Bull. civ.* I, n° 44.

6. Mais en tant que bailleur, il assume l'obligation d'assurer la jouissance paisible de l'emplacement loué, non respectée alors que le véhicule garé avait été détruit à la suite d'une inondation qui ne présentait pas pour le bailleur les caractères d'une cause étrangère : Civ. 1re, 23 févr. 1994, *Bull. civ.* I, n° 76, *D.* 1995. 214, note S. Dion, *JCP* 1994. I. 3809, n° 15, obs. G. Viney. En outre, la clause élusive de responsabilité figurant sur le ticket de stationnement fut écartée, s'agissant d'une obligation essentielle du bailleur.

contrat de *dépôt* si une telle obligation de garde apparaît dans le contrat, emportant responsabilité du dépositaire en cas de vol ou de dégradations[1].

Il apparaît alors que le contrat de dépôt, dont le caractère archaïque apparaît avec les règles de sa formation, peut servir de technique de qualification pour les contrats les plus divers, les plus usuels ou les plus nouveaux[2].

SECTION 2

LA FORMATION DU CONTRAT DE DÉPÔT

421 **Capacité et pouvoir.** Le dépôt n'est pas en principe un contrat translatif de propriété. Par conséquent, il est un simple acte d'administration et la capacité pour les conclure est seulement exigée. L'article 1926 du Code civil précise, en outre, que le dépositaire incapable n'aura à restituer que ce qui restera encore en ses mains.

Le déposant n'est pas non plus nécessairement propriétaire de la chose, même si l'article 1922 du Code civil en fait une condition du contrat. La jurisprudence tempère cette exigence en admettant que celui qui a un droit quelconque sur la chose peut conclure un contrat de dépôt. Le véritable propriétaire, cependant, demeure un tiers au contrat et ne peut donc être tenu des obligations du déposant (payer par exemple) mais conserve, comme propriétaire, son droit de revendiquer la chose.

422 **Consentement.** Si le consentement du déposant ne fait généralement guère de doute en raison de la remise matérielle qui s'opère, celle du dépositaire est parfois source de difficultés. La réception de la chose des mains du déposant est, ainsi, insuffisante : il peut s'agir d'un simple acte de tolérance, comme lorsqu'une personne

1. Com. 13 déc. 1982, *Bull. civ.* I, n° 60 ; *RTD civ.* 1983. 555, obs. Ph. Rémy.
2. Comp. Pour le contrat de *Cloud Computing* : P.-Y. Gautier, Le dépôt exercice de qualification, op. cit., n° 4.

accepte qu'une autre laisse un objet chez lui[1]. Plus délicate est l'hypothèse dans laquelle une entreprise aménage un vestiaire pour ses employés ou pour ses clients, laissant ainsi planer une ambiguïté sur son consentement. Qu'elle ne précise rien et la jurisprudence y verra un dépôt[2] ; qu'elle indique au contraire qu'elle décline toute responsabilité en cas de vol et la jurisprudence y verra une clause par laquelle l'entreprise refuse de conclure un dépôt[3].

423 **Forme.** Le contrat de dépôt est traditionnellement considéré comme un contrat réel[4]. L'article 1919 du Code civil le souligne en affirmant que le dépôt « n'est parfait que par la tradition réelle ou feinte de la chose déposée ». Mais l'article 1921 affirme que le dépôt volontaire se forme « par le consentement réciproque » des parties. La remise de la chose ne serait, alors, qu'un acte d'exécution du contrat ? Mais l'article 1919 se situe dans la section consacrée à l'examen « de la nature et de l'essence du contrat » militant en faveur du réalisme du dépôt, alors que l'article 1921 ne concerne qu'un type de dépôt, le dépôt volontaire, pour lequel il convient d'observer outre la remise de la chose, le consentement des parties, qui s'imposerait avec moins de vigueur pour le dépôt nécessaire par exemple[5]. Aussi, sans remise de la chose, n'observe-t-on qu'une promesse synallagmatique de dépôt, ne donnant lieu qu'à des dommages et intérêts en cas de refus de s'exécuter par le dépositaire. Plus généralement, la jurisprudence que le contrat de prêt connaît, et qui conduit à intégrer ce contrat dans le giron du consensualisme, pourrait avoir des conséquences sur le dépôt, pour supprimer cette catégorie juridique héritée du droit romain.

424 **Preuve du dépôt.** Les règles de droit commun de la preuve s'appliquent, exigeant un écrit au-delà d'une somme de 1 500 € mais respectant la liberté probatoire en matière commerciale, règle

1. Com. 25 sept. 1984, *Bull. civ.* IV, n° 242 (objet laissé à un barman).
2. Civ. 1re, 18 nov. 1975, *Bull. civ.* I, n° 333, *RTD civ.* 1976. 369, obs. G. Cornu (restaurateur) ; Soc. 21 mai 1963, *JCP* 1963. II. 13383, note A. Tunc, *RTD civ.* 1964. 127, obs. G. Cornu (employeur).
3. Civ. 1re, 19 mai 1992, *Bull. civ.* I, n° 146.
4. *Contra* : J. Huet, G. Decocq, C. Grimaldi et H. Lecuyer, n° 33129.
5. V. ss 435.

que rappelle l'article 1924 du Code civil avec cette originalité que, en l'absence d'écrit, (pour un dépôt d'une chose d'une valeur supérieure à 1 500 €), le dépositaire est cru sur ses déclarations[1].

SECTION 3

LES EFFETS DU CONTRAT DE DÉPÔT

§ 1. Les obligations du dépositaire

A. L'obligation de conserver la chose

425 **Ne pas utiliser la chose.** L'article 1930 du Code civil affirme que le dépositaire « ne peut se servir de la chose déposée, sans la permission expresse ou présumée du déposant ». Cette obligation essentielle du dépôt distingue ce contrat du contrat de prêt. À défaut, le dépositaire engage sa responsabilité civile et, plus grave, commet un abus de confiance (*cf.* C. pén. art. 314-1). En corollaire, l'article 1936 lui interdit de consommer les éventuels fruits de la chose : il doit les percevoir et les conserver.

Le dépositaire assume une autre obligation de ne pas faire complémentaire : il ne doit pas dévoiler le secret de la chose qui lui aurait été remise « dans un coffre fermé ou sous pli cacheté » (art. 1931).

Aucune de ces deux règles n'est impérative en sorte qu'une clause contraire pourrait autoriser le dépositaire à user ou à révéler la chose. L'autorisation d'user de la chose peut même être tacite (art. 1930) ; elle transforme alors le dépôt en prêt à usage, à moins qu'il s'agisse d'un dépôt irrégulier selon la nature de la chose.

426 **Entretenir la chose.** Garder la chose ne signifie pas ne rien faire sur la chose, mais oblige le dépositaire à la conserver. Il doit donc

1. Civ. 1re, 6 févr. 1996, *CCC* 1996. 80, obs. L. Leveneur. Comp. J. Huet, G. Decocq, C. Grimaldi et H. Lecuyer, pour une critique de cette solution, estimant que l'article 1924 ne devrait jouer que pour un dépôt gratuit, devenant injuste en cas de dépôt salarié (n° 33130).

procéder à son entretien et la préserver des risques qu'elle pourrait encourir (vol, dégradations...). Cette obligation se traduit-elle par une obligation d'information du déposant de ces risques afin que ce dernier puisse effectuer un acte de sauvegarde de la chose qui dépasserait les attributions du dépositaire ? On songe, par exemple, à un dépôt de titres de société dont le cours s'effondrerait ou alors que la société risque une procédure collective[1]. La Cour de cassation eut l'occasion de répondre par la négative[2] : le dépositaire n'assume pas une telle obligation de renseignement alors que l'on pourrait au contraire y voir une modalité de l'obligation de conservation de la chose par ce dépositaire, dans la mesure où le contrat de dépôt est en principe conclu dans l'intérêt du déposant.

427 **Inexécution de l'obligation de conservation.** L'inexécution de l'obligation de conservation se traduira par la perte de la chose. En principe, *res perit domino,* le risque de perte de la chose pèse sur le déposant, propriétaire. Mais cette règle est inversée puisque le dépositaire assume une obligation : *res perit debitori.* L'article 1929 du Code civil qui dispose que le dépositaire « n'est tenu en aucun cas, des accidents de force majeure, à moins qu'il n'ait été mis en demeure de restituer la chose déposée » ne résout pas la question de savoir si l'obligation de conservation du dépositaire est une obligation de moyens (solution que l'article 1137 du Code civil retient) ou de résultat. L'article 1927 du Code civil affirme qu'il « doit apporter, dans la garde de la chose déposée, les mêmes soins qu'il apporte dans la garde des choses qui lui appartiennent », en faisant une obligation de moyens, curieusement moins intense que celle qu'assume l'emprunteur de la chose. La Cour de cassation renforce, cependant, cette obligation, en une *obligation de résultat atténuée* puisqu'elle affirme que le déposant n'a pas à apporter la preuve de la faute du dépositaire. Celle-ci

1. Même si, depuis, 1981, en raison de la dématérialisation des valeurs mobilières, on admet généralement qu'il ne peut plus y avoir dépôt de titre, mais un simple contrat d'entreprise, qualification sans conséquence sur l'obligation du teneur du compte de ces valeurs (Ph. Malaurie, L. Aynès et P.-Y. Gautier, n° 881).

2. Com. 9 janv. 1990, *D.* 1990. 173, note J.-P. Brill ; *JCP* 1990. II. 21459, note J. Stoufflet, *RTD civ.* 1990. 652, obs. J. Mestre ; Com. 12 janv. 1999, *JCP* 1999. II. 10070, note B. Petit, *D.* 2000. 239, note D. Fiorina.

est présumée et c'est à lui de démontrer qu'il n'a commis aucune faute[1].

Encore cette responsabilité est objet de variations selon que le dépôt est gratuit ou salarié. Gratuit, le dépôt ne comporte aucun intérêt particulier pour le dépositaire et sa responsabilité est appréciée en tenant compte de son comportement, *in concreto*, eu égard aux soins qu'il aurait apportés à sa propre chose, comme l'indique l'article 1927[2]. Onéreux au contraire, l'intérêt du dépositaire apparaît plus clairement et il répond de toute faute, *in abstracto*, sauf à démontrer son absence de faute[3] ou que la chose était dégradée avant la remise de la chose[4].

Le dépositaire peut, cependant, chercher à limiter sa responsabilité par des clauses d'exonération, éventuellement écartées si elles apparaissent comme des clauses abusives ou si elles se heurtent à une faute dolosive ou une faute lourde qui lui est équivalente *(culpa lata dolo aequiparatur)*.

B. L'obligation de restituer la chose

428 **Que restituer ?** Le dépositaire, devant conserver la chose, doit rendre « identiquement la chose même qu'il a reçue » (C. civ., art. 1932 al. 1er). À moins qu'il ne s'agisse de choses consomptibles, comme de l'argent, il devra restituer des choses semblables, comme dans le cas du dépôt irrégulier (C. civ., art. 1932, al. 2). En ce cas d'ailleurs, le dépositaire ne peut se libérer par la force majeure : *genera non pereunt* (les choses de genre ne périssent pas). Il devra également restituer les fruits de la chose (C. civ., art. 1936). Dès lors, la proximité avec le prêt à la consommation est forte, notamment en matière de dépôt d'argent dans une banque, question classique de droit commercial que la Cour de cassation évite par la notion de compte-courant, contrat parti-

1. Civ. 1re, 20 juill. 1994, *Bull. civ.* I, n° 256 ; *adde* : M.-L. Morançais-Demeester, « La responsabilité des personnes obligées à restituer », *RTD civ.* 1993. 757.
2. Civ. 28 mai 1984, *Bull. civ.* I, n° 173.
3. Civ. 1re, 5 janv. 1999, *CCC* 1999. 51, obs. L. Leveneur.
4. Civ. 1re, 5 mars 2009, p. 1135, obs. P. Puig. Civ. 1re, 22 mai 2008, *RDC* 2008. 1271, obs. P. Puig.

culier, en indiquant que le titulaire du compte est un créancier du banquier[1].

Si, cependant, la chose a été détériorée sans que le dépositaire y soit pour rien, il doit la rendre dans l'état où elle se trouve (C. civ., art. 1933) : il n'assume pas d'obligation de remise en état, c'est le déposant qui assume l'usure ou les avaries de la chose. Une exception, outre celle tenant à l'hypothèse du dépôt irrégulier, existe sur le fondement de la subrogation réelle : le dépositaire restituera l'indemnité d'assurance si la chose a disparu par force majeure et été subrogée par une telle indemnité (C. civ., art. 1934).

429 **Qui, à qui ?** Le débiteur de l'obligation de restituer est le dépositaire et, éventuellement, ses héritiers en cas de décès du premier, à moins qu'ils aient vendu la chose en pensant, de bonne foi, que la chose n'était pas déposée entre les mains du *de cujus* mais qu'il en était propriétaire : ils restitueront alors la chose par équivalent, en remettant le prix ou l'action en paiement du prix contre l'acheteur au déposant (C. civ., art. 1934).

Le créancier de l'obligation de restituer est « celui qui la lui a confiée » (C. civ., art. 1937), le ou les[2] déposant, sans que le dépositaire puisse exiger du déposant « la preuve qu'il était propriétaire de la chose déposée » (C. civ., art. 1938 al. 1er). Le déposant, propriétaire ou non de la chose, est, donc, en principe le seul créancier de l'obligation de restituer[3]. Cependant, si la chose déposée a été volée et que le dépositaire connaissait le véritable propriétaire, il doit l'en informer et le sommer de la réclamer dans un délai suffisant. Si dans ce délai le déposant n'a pas réclamé la chose, le dépositaire la restituera au déposant (C. civ., art. 1938 al. 2).

De même, le créancier peut être l'héritier du déposant (C. civ., art. 1939) ou le mandataire du déposant (C. civ., art. 1937).

1. Ex. : Civ. 1re, 7 févr. 1984, *Bull. civ.* I, n° 49, Com. 4 mars 1997, *CCC* 1997. 110, obs. L. Leveneur.

2. Logiquement, alors, en cas de pluralité de déposants, le dépositaire ne peut restituer la chose à l'un des cocréanciers, à moins qu'ils ne soient cocréanciers solidaires, comme c'est le cas, par exemple, dans les contrats de compte joint.

3. Civ. 1re, 20 juin 1995, *CCC* 1995. 161, obs. L. Leveneur ; *Defrénois* 1995. 1478, obs. G. Vermelle ; Civ. 1re, 3 juill. 2001, *D.* 2002. 1102, note L. Comangès (remise de titres à l'époux non-déposant) ; Civ. 1re, 27 nov. 2001, *CCC* 2002. 23, obs. L. Leveneur.

430 **Où et quand restituer ?** Le lieu de la restitution est, en principe, le lieu du dépôt (C. civ., art. 1943), c'est-à-dire le lieu où se situe la chose (et non le lieu de la remise de la chose), solution logique : l'obligation est en principe quérable.

Le moment de la restitution est le moment même où le déposant demande cette restitution, que le contrat de dépôt ait été conclu pour une durée indéterminée ou déterminée (C. civ., art. 1944). Le contrat de dépôt est donc, comme le mandat, révocable *ad nutum* par le déposant.

431 **Inexécution de l'obligation de restitution.** L'intensité de l'obligation de restituer pose, en premier lieu, difficulté : on conçoit qu'il devrait s'agir d'une obligation de résultat[1]. L'obligation essentielle est en effet l'obligation de restitution qui est par nature une obligation de résultat. Pourtant, la Cour de cassation y décèle une obligation de résultat atténuée[2]. Le dépositaire n'a, en effet, pas à prouver la faute du déposant. Celle-ci est présumée et c'est, au contraire, au déposant de démontrer qu'il n'a commis aucune faute. La solution est d'autant plus curieuse que la restitution est un résultat en soi. Mais la jurisprudence semble confondre conservation et restitution de la chose, attirant le régime de la responsabilité de l'obligation de restitution vers celui qu'elle adopte pour l'obligation de conservation, sans doute parce que cette dernière obligation est l'obligation essentielle du dépôt[3]. Aussi, c'est souvent parce que l'obligation de conservation n'est pas correctement exécutée que l'obligation de restitution devient non ou mal exécutée[4].

1. Ph. Malaurie, L. Aynès et P.-Y. Gautier, n° 889 ; M.-L. Morancais-Demeester, « La responsabilité des personnes obligées à restitution », *RTD civ.* 1993. 757.
2. Civ. 1re, 24 juin 1981, *Bull. civ.* I, n° 232, *RTD civ.* 1982. 430, obs. Ph. Rémy ; Civ. 1re, 5 janv. 1999, *CCC* 1999. 51, obs. L. Leveneur (jument de race victime d'une saillie par un étalon banal, faute présumée) ; Civ. 1re, 3 juill. 2001, *CCC* 2001, n° 169, obs. L. Leveneur (cheval blessé dans son box, responsabilité du dépositaire qui ne peut prouver l'absence de faute) ; Civ. 1re 14 oct. 2010, *RDC* 2011. 454, obs. Ph. Pierre.
3. M.-L. Morancais-Demeester, art. préc., spéc. n° 47.
4. A. Bénabent, n° 743.

§ 2. Les obligations du déposant

432 **Payer, indemniser, dédommager.** Le déposant doit payer le prix du dépôt lorsque celui-ci est conclu à titre onéreux[1].

Il doit également, lorsque le contrat est gratuit[2] certaines sommes prévues à l'article 1947 du Code civil (mais la question demeure s'agissant d'un dépôt salarié) :

• le remboursement des dépenses[3] faites par le dépositaire pour la conservation de la chose. En principe, la rémunération prévue dans un dépôt onéreux comprend déjà ces sommes, à moins qu'il s'agisse de dépenses exceptionnelles et imprévisibles[4] : une clause réglant cette situation sera la bienvenue ;

• l'indemnisation des dommages causés par la chose au dépositaire. Ici également, la rémunération du dépositaire salarié devrait comprendre cette somme et, là encore, une clause envisagera opportunément cette hypothèse.

À titre de garantie du paiement de toutes les sommes dues, l'article 2102, 3° du Code civil accorde au dépositaire non payé un privilège mobilier mais, surtout, l'article 1948 du Code civil lui reconnaît un droit de rétention sur la chose déposée dont l'autorité se mesure à son degré d'opposabilité aux tiers. La jurisprudence en fait une sûreté très efficace puisqu'elle admet que, s'agissant d'un droit réel, il est opposable à tous, au déposant et aux tiers[5] s'agissant cependant, des sommes ayant un lien de connexité avec le dépôt[6].

1. La jurisprudence estime que ce prix n'est pas révisable par le juge pour imprévision (Com. 18 déc. 1979, *Bull. civ.* IV, n° 339, *RTD civ.* 1980. 780, obs. G. Cornu) et la question se pose de savoir ce qu'il en serait si le prix était manifestement excessif, où le juge se réserve la possibilité d'une telle révision, comme dans le mandat ou le contrat d'entreprise.

2. Le contrat de dépôt, gratuit, devient alors un contrat synallagmatique imparfait.

3. Mais seules les dépenses nécessaires ou utiles devront être remboursées (Ph. Malaurie, L. Aynès et P.-Y. Gautier, n° 878 ; J. Huet, G. Decocq, C. Grimaldi et H. Lecuyer, n° 33138).

4. J. Huet, G. Decocq, C. Grimaldi et H. Lecuyer, *Ibid.*

5. Civ. 1re, 7 janv. 1992, *JCP* 1992. II. 21971, note Ramarolanto-Ratiary, *RTD civ.* 1992. 586, n° 6, obs. P.-Y. Gautier.

6. Ce qui ne serait pas le cas si la rétention s'exerçait pour demander paiement de sommes dues au titre d'un autre contrat (Com. 23 juin 1964, *Bull. civ.* III, n° 325 à propos d'un garagiste retenant la chose pour obtenir paiement des sommes dues au titre de réparations antérieures).

SECTION 4
L'EXTINCTION DU CONTRAT DE DÉPÔT

433 **Non-réclamation.** La demande de restitution formulée par le déposant assure, en principe la fin du dépôt, que celui-ci ait été conclu pour une durée déterminée ou indéterminée. En outre, l'ouverture d'une procédure collective à l'encontre du dépositaire éteint le dépôt[1] ; plus exactement, elle permet au déposant de revendiquer les marchandises déposées (*cf.* C. com., art. L. 621-121, ex-L. 25 janv. 1985 art. 121 al. 1er), provoquant l'extinction du dépôt.

Une difficulté demeure lorsque le déposant ne demande pas la restitution de la chose déposée. Si le contrat est conclu pour une durée déterminée sans, qu'au terme du dépôt, le déposant ne réclame la chose, et étant entendu que la chose est quérable – c'est au déposant de venir la chercher – le contrat s'éteint-il automatiquement, libérant le dépositaire de ses obligations ou celles-ci se maintiennent-elles pendant un certain temps ou tant que le déposant ne les récupère pas ? Logiquement, le contrat et les obligations du dépositaire, son obligation de conservation notamment, devraient prendre fin mais sans que le dépositaire puisse se débarrasser de la chose et sans doute devrait-il mettre en demeure le déposant de récupérer la chose[2], mais certains auteurs considèrent que ses obligations se maintiennent. Dans d'autres situations, passé un certain délai, le dépositaire peut procéder une vente judiciaire de choses conservées[3].

Si le contrat est conclu pour une durée indéterminée, la question inverse se pose, à savoir si le dépositaire bénéficie d'une faculté de résiliation unilatérale lui permettant de déclencher, à son initiative, l'obligation de restitution. Acquise lorsque le dépôt est onéreux cette solution est plus discutée s'il est gratuit où le contrat est conclu dans l'intérêt exclusif du déposant. Mais la

1. A. Bénabent, n° 759 ; P.-H. Antonmattéi et J. Raynard, n° 503.
2. A. Bénabent, n° 757.
3. L. 31 déc. 1903, ex. : un an pour les garde-meubles, six mois pour un garagiste.

prohibition des engagements perpétuels demeure. Aussi peut-on envisager les solutions que le commodat suggère : le dépositaire demande au juge qu'il soit mis fin au dépôt en tenant compte des besoins du déposant et des délais nécessaires pour ce faire.

Chapitre 2

Les règles particulières à certains dépôts

434 **Plan.** Le Code civil identifie plusieurs types de dépôt particuliers, comme le dépôt nécessaire (section 1), le dépôt hôtelier (section 2) et le séquestre (section 3).

Section 1

Le dépôt nécessaire

435 **Dépôt ou quasi-dépôt ?** Le dépôt nécessaire est envisagé par l'article 1949 du Code civil comme le dépôt « qui a été forcé par quelque accident, tel qu'un incendie, une ruine, un pillage ou un autre événement imprévu » révélant la contrainte qui s'est exercée sur le déposant, le plaçant dans la nécessité d'effectuer ce dépôt[1]. On pourrait y voir un quasi-contrat, un quasi-dépôt, sur le modèle de la gestion d'affaire, un quasi-mandat. Le Code civil lui préfère la nature d'un véritable contrat dans lequel le consentement du dépositaire s'exprime mais point celui du déposant : il se présume de la nécessité dans laquelle il se trouvait.

1. R. Rodière, « La notion de dépôt nécessaire », *D.* 1951. Chron. 123.

Aussi, l'article 1951 du Code civil impose l'application des règles du dépôt au dépôt nécessaire à une exception près, tenant au régime de la preuve de ce dépôt. L'article 1950 du Code civil dispose, en effet, que la preuve du dépôt nécessaire peut s'effectuer par un témoignage, même quand la somme de la chose déposée est supérieure au montant que l'article 1341 du Code civil impose pour la rédaction d'un écrit, soit aujourd'hui 1 500 €. Plus qu'une exception, il s'agit d'une application de l'impossibilité d'apporter une preuve écrite telle que l'article 1348 l'envisage, permettant d'échapper aux rigueurs de l'article 1341 et de retrouver la liberté de la preuve. Observons, cependant, que la preuve du dépôt nécessaire demeure plus difficile à rapporter que pour un dépôt ordinaire pour lequel l'article 1924 du Code civil admet que le déposant peut être cru sur sa seule parole. Il doit, en outre, apporter la preuve de la nécessité du dépôt[1].

Section 2
Le dépôt hôtelier

436 **Dépôt nécessaire ou dépôt accessoire ?** Le dépôt hôtelier est le contrat par lequel celui qui a conclu un contrat avec un hôtelier est amené à déposer des bagages, des vêtements voire des valeurs dans sa chambre d'hôtel. L'article 1952 du Code civil fait du dépôt hôtelier une forme de dépôt nécessaire alors pourtant qu'aucune nécessité particulière n'impose le dépôt. Les raisons de cette assimilation sont historiques, remontant au temps des calèches où le voyageur ne pouvait pas toujours choisir son hôtel ou son auberge (éventuellement rouge) et aujourd'hui totalement dépassées. Le dépôt hôtelier est, en réalité, un dépôt accessoire au contrat d'hôtellerie[2], mais qui continue à être traité comme un dépôt, même si, toujours assimilé au dépôt nécessaire, il subit le régime probatoire de ce dernier, prévu par l'article 1950 du Code civil.

1. Mais comp. Paris, 10 sept. 2001, *D.* 2002. 1300, note C. Bloud (remise de bagues dans un salon de coiffure, dépôt nécessaire).
2. L. Moret, « Le contrat d'hôtellerie », *RTD civ.* 1973. 663.

Par ailleurs, la nature même de dépôt peut être discutée dans la mesure où l'hôtelier ne se voit pas confier la garde des effets de son client.

437 **Responsabilité aggravée.** Surtout, les articles 1952 et 1954 du Code civil, réformés à la suite d'une loi du 24 décembre 1973[1], organisent un régime de responsabilité particulier pour le dépositaire-hôtelier[2]. Il est, en effet, responsable des vols et des dommages causés aux effets du client sauf la démonstration d'un événement de force majeure[3] ou que la perte résulte de la nature ou d'un vice de la chose (C. civ., art. 1954, al. 1er), ou encore d'une faute du client[4]. En outre, l'hôtelier est responsable des vols ou dommages commis par leurs employés ou par des personnes étrangères à l'hôtel, comme d'autres clients.

En même temps, la responsabilité des hôteliers est limitée par l'organisation de trois régimes différents :

• s'agissant des vols ou dommages de choses « déposées entre leurs mains » – c'est-à-dire des choses véritablement confiées – auxquelles on assimile les choses remises dans le coffre de l'hôtel, l'hôtelier est responsable sans possibilité de prévoir une clause contraire (C. civ., art. 1953, al. 2)[5] ;

• s'agissant des vols ou dommages de choses introduites dans l'hôtel, la responsabilité de l'hôtelier est limitée à 100 fois le prix de la chambre (C. civ., art. 1953, al. 3) ;

• enfin, pour les vols d'objets laissés dans un véhicule « stationné sur les lieux dont (l'hôtel) a la jouissance », la responsabilité de l'hôtelier est limitée à 50 fois le prix de la chambre (C. civ., art. 1954, al. 2)[6]. Cependant, la jurisprudence admet que ces limitations de responsabilité disparaissent lorsque le client démontre

---

1. J.-P. Dumas, « La loi du 24 décembre 1973 relative à la responsabilité des hôteliers », *D.* 1974. Chron. 104 ; J.-P. Bergel, « La responsabilité des hôteliers », *Gaz. Pal.* 1977. 1. Doctr. 62.
2. Et lui seul : le restaurateur n'est pas tenu des obligations particulières de l'hôtelier.
3. Et encore, la jurisprudence considère qu'un vol à main armée ne constitue pas nécessairement un cas de force majeure ; encore convient-il que l'hôtelier ait pris toutes les mesures pour rendre évitable ce type d'événement : Civ. 1re, 9 mars 1994, *Bull. civ.* I, n° 91, *JCP* 1994. I. 3733, n° 6, obs. G. Viney.
4. Cass. civ. 1re, 12 juin 2012, n° 11-18450, en l'espèce des biens de trop grande valeur laissés dans le coffre de la chambre d'hôtel.
5. Civ. 1re, 19 oct. 1999, *RJDA* 1999. 1072.
6. La jurisprudence y voit tout lieu affecté privativement à l'hôtel, même ouvert sur la voie publique : Rouen, 13 oct. 1994, *JCP* 1995. II. 22487, note R. de Quénaudon.

que l'hôtelier a manqué à son obligation de surveillance, analysée ici comme une obligation de moyen (alors que l'obligation de conservation est, dans le dépôt ordinaire une obligation de résultat atténuée)[1].

En outre, lorsque c'est le véhicule lui-même qui est volé, quelle règle appliquer, étant entendu que la limitation de l'article 1954, alinéa 2, devient ridicule ? La jurisprudence considérait que la situation diffère selon que l'hôtelier s'était ou non engagé à assurer la sécurité du véhicule, écartant toute référence à une obligation de garde et, donc, à l'article 1954 alinéa 2[2] mais une controverse importante est apparue, conduisant la Cour de cassation à opérer un surprenant et double revirement de jurisprudence. Elle admettait d'abord dans un arrêt du 22 juin 1999[3] que la responsabilité de l'hôtelier ne relevait pas de l'article 1954 alinéa 2 car le vol du véhicule avait été effectué sur un parking non surveillé ni clôturé, ainsi qu'un panneau l'indiquait. Elle revenait cependant sur cette solution le 22 février 2000[4] affirmant dans une espèce exactement similaire que la responsabilité de l'hôtelier relevait de l'article 1953, de sorte que le panneau « *parking non gardé* » ne pouvait l'exonérer de cette responsabilité. La jurisprudence offre donc une analyse subtile entre les effets volés dans un véhicule, soumis à l'article 1954, alinéa 2 et le vol du véhicule lui-même soumis à l'article 1953 et considéré donc comme les effets confiés à l'hôtelier, « déposés entre leurs mains » : l'hôtelier est alors responsable de façon illimitée et sans pouvoir exclure sa responsabilité par contrat.

438 **Variante, dépôt hospitalier.** La question s'était posée de savoir si les règles du dépôt hôtelier pouvaient s'appliquer à des hypothèses voisines, comme dans les établissements hospitaliers qui assument une forme de service hôtelier. La jurisprudence l'avait toujours

1. Civ. 1re, 27 janv. 1982, *JCP* 1983. II. 19936, note F. Chabas.
2. Civ. 1re, 2 avr. 1996, *JCP* 1996. II. 22679, note Th. Hassler, *CCC* 1996. 123, obs. L. Leveneur.
3. Civ. 1re, 22 juin 1999, *Bull. civ.* I, n° 210, *JCP* 2000. II. 10259, note F. Gauvin ; *RTD civ.* 1999. 845, obs. P. Jourdain.
4. Civ. 1re, 22 févr. 2000, *D.* 2001. 341, note O. Gout ; *JCP* 2001. II. 10543, note F. Gauvin, *RTD civ.* 2001. 579, obs. P. Jourdain. *Adde :* P. Servant, « L'extrême rapidité des revirements de jurisprudence en matière de responsabilité hôtelière », *D.* 2001. Chron. 2914.

refusé, interprétation stricte des exceptions oblige[1]. Le législateur est intervenu par une loi du 6 juillet 1992 assurant un régime de responsabilité voisin de celui des hôteliers, quoique moins sévère. Comme pour le régime dont il s'inspire, la responsabilité de l'établissement de santé, public ou privé, est une responsabilité de plein droit et plafonnée, mais qui connaît quelques différences[2] en raison de la très grande proximité de contrat avec le contrat médical[3]. De nombreux points communs rassemblent par ailleurs le contrat d'hôtellerie et le contrat d'hébergement médical tenant à la possibilité de choix entre plusieurs prestations par exemple et qui justifie que la chambre d'hôpital puisse être considérée comme le domicile du patient[4].

En premier lieu, toutes les choses volées ou endommagées ne sont pas susceptibles d'entraîner la responsabilité de l'établissement de santé mais seulement les choses dont la nature justifie leur détention par le patient hébergé durant son séjour (L. 6 juill. 1992, art. 1, al. 1er).

S'agissant des objets déposés (selon un formalisme administratif raffiné : les choses doivent être remises à un préposé commis à cet effet ou à un comptable public : art. 1er), la responsabilité est limitée à deux fois le plafond de la sécurité sociale, sauf faute, à démontrer, de l'établissement de santé.

S'agissant des objets non déposés, la responsabilité de l'établissement de santé n'est engagée qu'en démontrant sa faute ou celle de ses préposés.

1. Civ. 1re, 19 mai 1992, *Bull. civ.* I, n° 146.
2. G. Mémeteau, « La responsabilité hôtelière de la clinique privée », *RD sanit. soc.* 1995. 475 ; J. Crettas, *De l'inexécution des obligations contractuelles du médecin, quelques aspects*, Thèse Lusanne, éd. Chabloz, 1990 ; D. Mainguy, « Quelques aspects des obligations des établissements de santé en matière d'hébergement », *Cah. dr. ent.* 2001/1.
3. Civ. 17 déc. 1957, *Bull. civ.* I, n° 494, *JCP* 1958. II. 10452, *D.* 1956. 96.
4. *Cf.* par ex. Paris, 11 mars 1966, *Gaz. Pal.* 3 juill. 1966, note J.-P. D.

Section 3

Le séquestre

439 **Définition.** Le contrat de séquestre est défini par l'article 1956 du Code civil comme le dépôt d'une chose litigieuse entre les mains d'un tiers qui la rendra une fois la contestation terminée à la personne qui a le droit de l'obtenir. L'originalité de cette forme de dépôt tient au fait que la chose déposée fait l'objet d'une contestation et, donc, qu'on ne sait pas très bien à qui elle appartient.

Deux types de séquestres peuvent alors être envisagés, le séquestre conventionnel et le séquestre judiciaire. Le séquestre conventionnel est conclu entre les deux parties en litige qui sont, au moins à la formation du contrat, toutes deux déposants et le tiers séquestre qui recevra la chose en dépôt. Le séquestre judiciaire est un dépôt décidé par un juge entre les deux parties en litige et un gardien judiciaire, désigné par les parties ou par le juge (C. civ., art. 1963) portant sur une chose litigieuse à savoir, selon l'article 1961 du Code civil, de meubles saisis par un débiteur, d'un immeuble ou d'un meuble dont la propriété ou la possession est litigieuse ou des choses qu'un débiteur offre pour sa libération. Mais la jurisprudence ne voit pas dans l'article 1961 une liste limitative.

440 **Droits et obligations nés du séquestre.** Le séquestre est un dépositaire et est débiteur des obligations du dépositaire ordinaire, qu'il soit séquestre conventionnel (C. civ., art. 1958) ou judiciaire (C. civ., art. 1963) : conserver et restituer la chose. Il pourra même, s'il est un séquestre judiciaire, se servir de la chose dans les conditions que le juge envisagera. Par exemple si les choses déposées sont des titres de société, il pourra exercer les droits d'un associé.

En outre, le séquestre est le plus souvent conclu à titre onéreux en sorte que sa rémunération devra être payée par les deux parties pour un séquestre conventionnel, par la partie qui a demandé le séquestre en justice (C. civ., art. 1962) pour un séquestre judiciaire.

Enfin, la fin du séquestre se produira lorsque la contestation qui l'a justifié aura pris fin. Le séquestre devra alors restituer la chose entre les mains de celui dont le droit aura été reconnu, à moins que le contrat n'ait pris fin avant, par un accord des parties ou bien à la demande du séquestre, s'il justifie d'une raison légitime. Même s'il s'agit d'un contrat de séquestre conventionnel, un juge devra, alors apprécier les raisons avancées par le séquestre pour pouvoir le décharger et désigner un nouveau séquestre.

DEUXIÈME PARTIE

LES CONTRATS DE PRODUCTION ET DE DISTRIBUTION

441 **Présentation.** Les contrats spéciaux envisagés par le Code civil, la vente, le contrat d'entreprise, le mandat, n'épuisent pas, loin s'en faut, la matière contractuelle et la liberté contractuelle des contractants. Bien au contraire, cette liste de contrats du Code civil et des lois adjacentes paraît étriquée, limitée face à la révolution contractuelle qui a tout naturellement accompagné la révolution industrielle et commerciale du XXe siècle. Un système de production et de concurrence a ainsi permis, grâce au principe de liberté contractuelle du Code civil, de voir surgir de nouveaux contrats correspondants à de nouveaux besoins des industriels et des commerçants.

Ces contrats sont des contrats relationnels, des contrats de longue durée et le plus souvent des contrats d'affaires en ce sens où ils intéressent le monde du commerce, de l'industrie, de la distribution. La complexité des techniques de fabrication, l'usage majeur de la « technologie », l'épanouissement des procédés de distribution a ainsi permis la multiplication de toutes sortes de contrats comme les contrats de franchise, de concession commerciale, d'agence commerciale, de transmission de savoir-faire, de licence de brevet..., de consortium, de financement, etc. Ces schémas contractuels épousent alors les fonctions économiques qu'ils décrivent et accompagnent les temps forts des objectifs économiques fondamentaux : produire, distribuer. Le temps de la production mobilise l'attention contractuelle autour de formules qui permettent d'associer des efforts industriels, contrats de transferts de technologie, contrats de coopération sont les figures les plus connues. Le temps de la distribution impose des techniques de rationalisation des approvisionnements et de la fourniture, les formules contractuelles les plus connues sont le contrat de franchise ou de concession exclusive. Cette énumération n'est pas limitative : les contrats de production et de distribution pourraient s'élargir à la production et la distribution audiovisuelle, secteur en pleine croissance, la distribution de produits financiers, de produits d'assurance, etc.

Dans toutes les hypothèses, on change alors de catégorie contractuelle pour passer dans celle des « grands contrats » ou des contrats d'affaires, dans lesquels les intérêts en jeu sont extraordinairement complexes, où les modèles contractuels sont différents des contrats simples à somme nulle, comme le contrat d'échange ou le contrat de vente, mais fondés sur des « jeux » à somme non nulle et impliquant une coopération à information asymétrique, bref, la situation la plus difficile : chaque contractant risque de gagner ou de perdre plus que l'autre, ce qui suppose qu'ils s'organisent et coopèrent, et alors qu'ils ne disposent pas des mêmes informations au même moment ou ne les gèrent pas de la même façon[1].

442 **Technique contractuelle adaptée aux besoins économiques.** Ces schémas contractuels épousent alors les fonctions économiques qu'ils décrivent et accompagnent : le temps de la production mobilise l'attention contractuelle autour de formules qui permettent d'associer des efforts industriels. Les logiques contractuelles sollicitées sont alors celles qui permettent de gérer le long terme,

1. E. McKaye et St. Rousseau, *Analyse économique du droit*, Dalloz, 2008, D. Mainguy et J.-L. Respaud, *Droit des obligations*, Ellipses, 2008, n° 55 s.

d'éviter les opportunismes, de favoriser la coopération à toutes les étapes de la vie du contrat, formation exécution, litiges, et donc de gérer toutes les incertitudes, comme les divers changements qui peuvent affecter la vie du contrat (changement de contractant, changement de circonstances économiques, événement imprévu voire de force majeure, etc.), avec souvent des clauses très originales[1], clauses des « quatre coins » ou clause d'intégralité, clauses d'*earn out*, clauses de non-exploitation, clause de non-révélation, clause d'arrangement amiable, clause d'offre concurrente, clauses de *first refusal*, clause d'agrément, clause de *hardship*, clause de sincérité, etc. Ces contrats sont souvent très détaillés, comportent des annexes importantes, sont parfois divisés en plusieurs morceaux, ils sont l'archétype des contrats modernes. On y retrouve toutes les logiques du droit des contrats, certains contrats sont des contrats d'adhésion, d'autres sont des contrats de dépendance, certains contrats sont mêmes masqués en raison des risques d'atteintes au droit de la concurrence et d'autres encore, heureusement, valident pleinement le principe de liberté contractuelle.

443 **Plan.** C'est à propos de ces contrats, et peut-être plus encore à propos des contrats de production, ou contrats industriels, que l'ingénierie contractuelle est la plus riche et la plus intelligente. Elle nécessite toutefois une culture de droit international privé, de droit du commerce international[2] et de droit comparé très importante dans ce cadre du temps de la fabrication, de la production où apparaît une catégorie émergente de contrats, celle des contrats de production (TITRE 1).

Tous les fabricants cherchent à écouler leur production, c'est-à-dire à vendre... à des consommateurs. Or, des opérateurs spécialisés, les distributeurs, assurent aujourd'hui l'essentiel de la fonction commerciale fondamentale : acheter, pour revendre. Ils sont des intermédiaires du commerce qui achètent et revendent (à la différence des représentants, mandataires et autres agents commerciaux), en masse. L'intérêt du producteur repose alors sur

1. D. Mainguy et J.-L. Respaud, *Droit des obligations, op. cit* ; F.-X. Testu, *Contrats d'affaires*, Dalloz, 2010.
2. D. Mainguy, « Les opérations du commerce international », *in* J. Béguin et M. Menjucq (dir.), *Traité de droit du commerce international*, Litec, 2e éd., 2011, n° 1081 s.

l'optimisation de ses ventes et, donc, de l'organisation de ses relations contractuelles, au sens large, avec les distributeurs. Les relations contractuelles envisageront tout à la fois les ventes à conclure et l'encadrement juridique de ces ventes. On les appelle souvent des contrats-cadres de distribution (TITRE 2).

TITRE 1

LES CONTRATS DE PRODUCTION

444 **L'union fait la force.** Les logiques sollicitées sont souvent celles des groupements : le droit des sociétés connaît ainsi toutes les formules possibles, création de filiales communes, fusions, organisation ou restructuration d'un groupe de sociétés. Elles sont également celles du droit du financement, financement interne parfois ou financement externe, par le recours à l'emprunt ou une forme déclinée de celui-ci, ou bien par recours aux marchés financiers, mais aussi à travers des logiques d'optimisation fiscale des activités choisies. Le droit des contrats est également sollicité dans la mesure où la production concerne des logiques, de grande échelle, d'investissements lourds, de mesure stricte de la concurrence et des débouchés, de telle manière que les besoins contractuels industriels justifient des contrats intégrant les logiques de longue durée, de rationalisation des approvisionnements, des circuits de distribution, de recherche en commun, d'exportation ou d'importation.

Les contrats de production ne forment pas une catégorie homogène de contrats[1] ; ils n'en forment pas moins un pan

1. S. Paget, *La coproduction*, Thèse Montpellier, 2005, D. Mainguy, « Les opérations du commerce international », *in* J. Béguin et M. Menjucq (dir.), *Traité de droit du commerce international*, Litec, 2005, n°s 1081 s.

important des contrats spéciaux d'affaires qui pourraient être considérés comme antérieurs aux ventes des produits finis, conclus entre professionnels, soumis pour l'essentiel à la liberté contractuelle, souvent internationaux : ils forment la partie contractuelle de la « mondialisation » de l'économie. Leur présence repose sur le constat qu'un industriel moderne est confronté à des impératifs reposant sur des soucis de gestion et sur les progrès de la technique.

Ces contrats de production peuvent assurer un rapprochement entre entreprises : la pratique contractuelle évoque des contrats de *joint-venture*, des contrats « d'entreprise commune », terme générique qui n'est guère expressif[1]ce qui semble être un trait commun à tous ces contrats : la notion de contrat de coopération est purement générique et couvre tous les domaines du droit, tout comme les termes de contrat de partenariat, la notion d'intégration relève du droit fiscal, du vocabulaire mathématique ou du jargon des grandes écoles. La pratique, parfois relayée par le législateur, a pris pourtant l'habitude de retenir ces dénominations, souvent très ancrées. Ce rapprochement peut conduire à des conséquences très variées. Il peut s'agir de la formation d'une société commune, d'une filiale commune, on parle alors de « *concentrative joint-venture* ». Parfois, le contrat assure un rapprochement purement contractuel, il s'agira de « *cooperative joint-venture* ». Tous ces contrats sont très sophistiqués ; on y trouve les clauses les plus complexes choisies en fonction des impératifs des parties et des effets que les contrats cherchent à promouvoir : transfert de personnel, de technologie, financement d'une recherche commune, exploitation des résultats de celle-ci, fabrication commune, promotion commune[2]... Les contrats qui en résultent sont difficilement classables et encore plus difficilement inventoriables. Il reste que certains de ces contrats sont plus topiques, ou plus fréquents, que d'autres, sans doute parce que la jurisprudence a l'occasion d'en connaître – rarement car ces

1. N. David, « Les entreprises conjointes, quelques problèmes pratiques », *JDI* 1988. 37 ; K. Langefeld-Wirth, *Les joint-ventures internationales*, éd. GLN-Joly, 1992 ; M. Vivant, « Le joint-venture ou parlez-vous franglais », *Cah. dr. ent.* 1979/5, p. 1.
2. S. Poillot-Peruzzetto, « Entreprises communes », *J.-Cl. Europe*, fasc. 1461.

contrats sont le plus souvent soumis à des procédures arbitrales – ou bien parce que la loi, souvent européenne et de droit de la concurrence, à travers le contrôle français ou du droit de l'Union européenne des concentrations, s'intéresse à tel d'entre eux[1].

Nous observerons quelques contrats : les contrats portant sur des informations industrielles (CHAPITRE 1), les contrats de coopération (CHAPITRE 2) et les contrats d'intégration (CHAPITRE 3).

1. Ph. Delebecque et F. Collard-Dutilleul, n°s 889 s.

CHAPITRE 1

Les contrats portant sur des informations industrielles

445 **Présentation.** Les accords de transfert de technologie se présentent de manière éclatée, tant les formes qu'ils peuvent revêtir sont larges, des formules du bail ou de la vente adaptée à la matière, devenu contrat de licence ou (v. ss 514) à des formules plus sophistiquées, innommées et intégrées dans des contrats de coopération plus vaste (v. ss 455 s.).

Le droit de la concurrence n'est évidemment pas insensible à ces contrats dans la mesure où l'importance économique qui justifie leur conclusion est souvent de nature à influencer le marché sur lequel elles évoluent et alors que les coopérants peuvent être des concurrents. Ces contrats de coopération constituent donc des ententes anticoncurrentielles qui peuvent cependant bénéficier d'une exemption. Certains de ces contrats, parmi les plus courants, bénéficient d'un règlement d'exemption par catégorie. Un règlement d'exemption, n° 2659/2000 du 29 novembre 2000, sur les accords de recherche et développement, vise précisément les conditions de l'exemption de contrats de recherche et de développement en commun. Un autre règlement, n° 2658/2000 du même jour sur les accords de spécialisation, intéresse les contrats de coopération qui assurent des fabrications en commun ; on parle alors de contrats de spécialisation dans le jargon du droit de la concurrence. Ces deux nouveaux règlements sont accompagnés de lignes directrices[1] et s'inspirent de la nouvelle technique d'exemption, inaugurée avec le règlement d'exemption unique en matière de restrictions verticales (v. ss 514). C'est ainsi qu'ils ne définissent aucun accord en particulier mais distinguent selon que les contrats sont conclus par des entreprises disposant de moins de 20 % du marché pour les accords de spécialisation ou de 25 % pour les accords de recherche et développement, qui sont automatiquement exemptés, ou de plus de 20 % du marché. L'exemption est cependant exclue pour les accords présentant des « clauses noires » : clause de prix, clause de limitation de la production ou des ventes, clause de répartition de marché et clause de quota pour les accords de spécialisation, clauses limitant les activités, clauses de non-contestation, clause de fixation de prix et de répartition de marché pour les accords de recherche et développement. Au-delà de ces seuils ou pour d'autres accords comme les accords de coopération entre concurrents – tels les accords d'achat groupés ou les accords de commercialisation – les lignes directrices permettent aux entreprises concernées de vérifier la compatibilité de leur contrat avec les règles de la concurrence de l'Union européenne[2].

446 **Savoir-faire, technologie, propriété industrielle et contrat.** La technique est au cœur des sociétés industrielles : la maîtrise des informations permettant de les dominer est un gage essentiel de réussite pour une entreprise, qu'il s'agisse de brevets, de marques, ou de savoir-faire, toutes les informations techniques qui permettent la réalisation d'un produit, de maîtriser un process industriel. Il peut s'agir alors pour une entreprise de coopérer avec une autre pour obtenir un savoir-faire qu'elle ne connaît pas, de bénéficier de la recherche d'une autre via une licence de brevet, etc.

1. Comm. n° 2001/02, 6 janv. 2001, *JOCE* C3, 6 janv. 2001, p. 2.
2. S. Poillot-Peruzzetto, « La réforme des accords horizontaux en droit communautaire », CCC avr. 2001.

Toute l'industrie, essentiellement et initialement, mais à bien des égards, cela vaut pour tous les secteurs de l'économie, repose sur l'appropriation et l'exploitation d'informations participant à une logique d'innovation : savoir-faire, informations, techniques, inventions, signes distinctifs, etc. toutes ces informations sont dès lors qu'elles ont un intérêt, une valeur et sont ainsi des biens. Parmi ceux-ci, certains sont érigés en objet d'un droit de propriété, invention brevetable, obtention végétale, signe nouveau, création artistique ou littéraire, etc. Les droits de propriété afférents, brevet, marque, droit d'auteurs ou autres, sont les plus remarquables mais ne recouvrent pas, et de très loin, l'ensemble des informations objets de contrats multiples, d'utilisation beaucoup plus large que dans le seul secteur de la production quoique ce secteur ait très largement contribué à les développer. Très nombreux et très diversifiés, ces contrats ont pour modèle la vente ou la location, voire le contrat d'entreprise. Quelques-uns peuvent ainsi être plus spécifiquement observés.

447 **Contrats de recherche.** Les contrats de recherche[1], appelés aussi contrats de recherche et de développement ont pour objet la réalisation d'un programme de recherche conforme à un cahier des charges, réalisé en commun par une entreprise pour le compte d'une autre, ou bien par plusieurs entreprises qui peuvent le réaliser par exemple par le biais d'une opération de *joint-venture* (v. ss 458) : développer un procédé industriel, réaliser une recherche fondamentale comme en matière pharmaceutique, ou bien déterminer une solution technique à un problème particulier.

Le contrat de recherche a pour finalité la remise au donneur d'ordres des résultats de celle-ci, qu'il s'agisse des données brutes, de ses conséquences ou des titres de propriété, brevets par exemple, qui auraient pu être déposés. Lorsque le contrat de recherche porte sur une recherche en commun, une clause de répartition des résultats, minutieusement rédigée, permet à chacun de tirer profit du travail réalisé (cotitularité des brevets, licence d'un brevet, etc.).

1. Y. Reboul, *Les contrats de recherche*, Litec, 1978 ; O. Cohen-Nadar, *Les accords de recherche et de développement en droit international*, Thèse Toulouse, 1995, Ph. le Tourneau, *L'ingénierie, les transferts de technique et de maîtrise industrielle*, Litec, 2003.

Ces contrats sont d'une importance déterminante et influencent directement la capacité industrielle des entreprises d'un secteur. Les règles du droit de la concurrence de l'Union européenne contrôlent le contenu de ces contrats, via l'article 81 § 1 CE qui considère ce type de contrats comme d'éventuelles restrictions horizontales de concurrence. Un règlement d'exemption par catégorie prévoit cependant les techniques d'exemption de ces contrats, le règlement n° 2659/2000. Il prévoit l'exemption automatique de ces contrats sous réserve du respect de plusieurs conditions. La plus importante est une condition d'ordre économique : la part de marché des entreprises en cause ne doit pas dépasser 25 %. Les autres conditions portent sur le contenu du contrat : chaque partie doit par exemple pouvoir avoir accès aux résultats de la recherche (art. 3), certaines clauses dites « noires » dans le jargon du droit de la concurrence ne doivent pas apparaître : la clause d'interdiction de contestation de la validité des droits, la clause de non-concurrence contractuelle, la clause de limitation de production ou des ventes, la clause de fixation des prix de vente aux tiers, la clause de restriction de clientèle, etc. (art. 5).

448 **Les accords de transfert de technologie.** La technique est au cœur des sociétés industrielles : la maîtrise des informations permettant de les dominer est un gage essentiel de réussite pour une entreprise, qu'il s'agisse de brevets, de marques, ou de savoir-faire, toutes les informations techniques qui permettent la réalisation d'un produit, de maîtriser un process industriel. Il peut s'agir alors pour une entreprise de coopérer avec une autre pour obtenir un savoir-faire qu'elle ne connaît pas, de bénéficier de la recherche d'une autre via une licence de brevet...

Point n'est besoin d'insister sur l'importance hors du commun de l'objet de ces contrats. Il convient simplement, en préalable, de préciser que les contrats qui portent sur ces biens sont de nature différente.

449 Il peut s'agir de biens appropriés sous une forme particulière : brevet, marque, dessins et modèles. Le grand avantage de ces biens est de faire bénéficier leur titulaire d'un régime fondé sur la propriété, avec ses avantages, dont l'exclusivité. Les contrats por-

tant sur ces biens sont alors des adaptations des contrats traditionnels. La vente et la location deviennent, simplement, des cessions et des licences. Ces contrats sont des contrats formalistes : un écrit s'impose ainsi que des formules de publicité (*cf.* CPI, art. 613-9, R. 624-1 s.).

Le contrat de cession de brevet est par exemple un contrat qui assure la transmission définitive d'un brevet, et de l'invention qu'il recouvre, au cessionnaire du brevet. Elle porte soit sur un brevet ayant déjà fait l'objet d'un acte de délivrance d'un brevet, soit sur une demande de brevet : le rejet de la demande emportera alors résolution du contrat. La difficulté de la rédaction de ces contrats tient au fait que les brevets sont accordés pour un territoire déterminé de sorte qu'il y a autant de brevets que de territoires sur lesquels la protection est nécessaire. Il peut donc y avoir cession de tous les brevets ou de certains d'entre eux, la cession du brevet peut également être totale ou partielle selon qu'elle porte sur l'ensemble de ses prérogatives ou de certaines d'entre elles, emportant un régime de copropriété de brevet. Toutes les obligations de la vente s'appliquent alors : obligation de délivrance du brevet c'est-à-dire des titres de propriété mais également de ses accessoires, perfectionnements et savoir faire nécessaire à la mise en œuvre de l'invention ; obligation de garantie des vices cachés et contre l'éviction, ici particulièrement importante du fait du risque de prétentions émanant de tiers[1]. Les mêmes remarques valent pour les cessions d'autres droits de propriété intellectuelle, dont la cession de marque.

La licence de brevet[2], parfois imposée d'ailleurs, dite aussi concession de brevet ou concession de licence de brevet, est soumise au régime du bail des articles 1708 s. du Code civil ; ce pourrait être une licence de marque[3]. Elle se définit comme un contrat par lequel le titulaire d'un brevet, le concédant, autorise le licencié à exploiter tout ou partie du brevet moyennant rémunération,

1. O. Lestrade, *L'obligation de garantie dans les contrats d'exploitation des brevets*, Thèse Montpellier, 1974, J.-M. Mousseron, « L'obligation de garantie dans les contrats d'exploitation de brevets d'invention », *Mélanges H. Desbois*, Dalloz, 1974, p. 154.
2. G. Modiano, *Le contrat de licence de brevet*, Lib. Droz, Genève, 1979.
3. E. Tardieu-Guigue, *Le contrat de licence de marque*, Thèse Dr. Montpellier, 1990.

généralement sous forme de royalties calculées en fonction du chiffre d'affaires du licencié. Ce contrat est de loin l'exemple le plus répandu de contrat de coopération interentreprises. On retrouve les mêmes contraintes territoriales que pour la cession de brevet. S'ajoute cependant celle de la durée : la licence peut être conclue à durée déterminée ou indéterminée. Toutes sortes de clauses permettent d'aménager le contrat selon les souhaits et intérêts des parties : clause de perfectionnement, clause d'exclusivité à la charge du concédant, obligation d'assistance technique, garantie des vices cachés et contre l'éviction elle-même rendue complexe par le fait que seul le breveté peut agir, et se défendre, contre la contrefaçon d'un tiers, sauf à le permettre expressément au licencié. Par ailleurs, le licencié s'oblige à exploiter le brevet et à payer des redevances.

Une formule un peu voisine repose sur la technique des conventions de non-opposition[1] d'un droit de propriété industrielle : le titulaire d'un droit de propriété industrielle s'oblige à ne pas s'opposer, c'est-à-dire à ne pas engager d'action en contrefaçon ou en concurrence déloyale, à l'exploitation de ce droit. On trouve aussi ce contrat comme support des contrats de renommée[2] dans lequel une personnalité s'oblige à ne pas exercer d'action fondée sur ses droits de la personnalité ou en concurrence déloyale au profit d'une entreprise qui entend exploiter commercialement le nom, la renommée de cette personnalité.

450 Il peut s'agir de biens non appropriés, savoir-faire, *know-how*, créations intellectuelles ou immatérielles, techniques, technologies, informations, biens informationnels, etc., toutes appellations qui déterminent des informations définies par un important arrêt du 13 juillet 1966[3] comme des connaissances techniques ou

1. P. Philippon, *Les contrats de non-opposition*, Thèse dr. Montpellier, 1996.
2. J.-M. Mousseron, « Les contrats de transfert de renommée », *Cah. dr. entr.* 1989/2. 24 ; G. Loiseau, *Le nom objet d'un contrat*, LGDJ, 1996.
3. Com. 13 juill. 1966, *JCP* 1967. II. 15131, note Durand : « en révélant à un établissement industriel des procédés ou des tours de main encore ignorés de celui-ci et que ce dernier n'aurait pu découvrir lui-même qu'au prix de longues recherches et de tâtonnements coûteux, le concédant fournit à son cocontractant un avantage appréciable dont il est ainsi autorisé à subordonner l'octroi au versement des redevances ». V. aussi Règl. n° 2790-99, 22 déc. 1999, art. 1-f ; Règl. 31 janv. 1996 relatif aux accords de transfert de technologie, art. 10. *Adde* : J.-M. Mousseron, v° Savoir-faire, *Rép. com.*, J.-Ch. Galloux, *Droit de la propriété industrielle*, coll. Cours, Dalloz, 2000, n°s 605 s.

industrielles non immédiatement accessibles au public, formule que l'on retrouve de manière plus développée dans l'article 1-f du Règlement d'exemption n° 2790/99 du 22 décembre 1999 concernant les restrictions verticales de concurrence (v. ss 513). Les contrats seront alors beaucoup plus complexes que les précédents précisément parce qu'ils portent sur un bien non approprié[1] : l'exclusivité, la confidentialité, la non-concurrence, entre autres devront alors être contractuellement organisés. Ces derniers contrats sont alors essentiellement des contrats d'entreprise, des contrats d'enseignements, de communication de savoir-faire.

451 Enfin très souvent, l'objet de ces contrats est mixte : des biens incorporels appropriés et du savoir-faire.

452 **Contrats de communication de savoir-faire.** Le contrat de communication de savoir-faire est un contrat innommé qui se fonde sur le modèle du contrat d'entreprise[2] parfois appelé contrats de licence de savoir-faire[3]. Cela peut être plus complexe notamment lorsque le contrat mêle savoir-faire et brevet. La transmission du brevet s'effectue par une cession ou bien par une licence de brevet. Cette qualification n'a cependant aucun sens pour la transmission d'un savoir-faire, par nature non approprié. Quoi qu'il en soit, ces contrats de communication de savoir-faire ont pour objet la transmission d'une technique, disons d'un savoir-faire moyennant rémunération.

Plusieurs difficultés de technique contractuelle doivent alors être résolues qui tiennent à la volatilité, par nature, du savoir-faire, maigrement protégé par des formules de responsabilité, civile pour l'essentiel, rarement pénale[4].

Il convient d'abord de proposer les mécanismes permettant de transmettre le savoir-faire. Si aucune difficulté ne se pose pour un contrat portant sur un brevet, hormis une exigence formelle de publicité au registre national des brevets, un contrat portant sur du savoir-faire est plus complexe.

1. V. cependant : J.-M. Mousseron, « Licences sur informations brevetées et non brevetées », *Mélanges B. Mercadal*, F. Lefebvre, 2002.
2. A. Chavanne et J.-J. Burst, *Droit de la propriété industrielle*, Dalloz, n° 485, J.-Ch. Galloux, *op. cit.*, n° 217, F. Pollaud-Dulian, *Droit de la propriété industrielle*, Montchrestien, n° 769.
3. Deleuze, *Le contrat international de licence de know-how*, Masson, 1988.
4. J.-M. Mousseron, *Traité des brevets*, t. 1, 1984.

Il s'agit moins, pour le « concédant », de transmettre un savoir-faire que de l'enseigner. En même temps, le contrat doit ressembler le plus possible au modèle envisagé : cession si la transmission est définitive, licence si elle est provisoire. Ainsi, la « délivrance » du savoir-faire est organisée par des obligations de transmission de documents, comme des manuels d'instruction, des plans, ou par l'accès à des usines, des laboratoires, des machines, par des obligations d'informations proprement dites qui consistent en l'enseignement détaillé du savoir-faire et, surtout, de sa mise en œuvre. De même l'exclusivité que procure le brevet ou la marque est reproduite. Des jeux d'obligations de non-exploitation à la charge du « concédant » et du « licencié » permettront d'y parvenir, en jonglant avec les territoires d'application de ces clauses. Sitôt dévoilé par le concédant, le savoir-faire est connu par au moins deux personnes : il convient donc d'imposer confidentialité et non exploitation au concédant, pour le territoire du contrat tout au moins ; inversement, la fin du contrat impose des obligations exactement inverses. Inutile d'insister alors sur la rigueur qu'impose la rédaction de tels contrats. Le contrat de communication de savoir-faire, mais c'est vrai aussi des contrats de cession ou de licence de brevet, est souvent accompagné de formules d'assistance technique assurant conseils, collaboration technique, fourniture de matériels, de brevets accessoires[1]...

Il convient ensuite de protéger l'intégrité de ce savoir-faire, par des mécanismes de confidentialité notamment à tous les stades du contrat, sans oublier celui de l'avant-contrat et celui de l'après contrat. Ces contrats contiennent également des techniques d'assistance, plus haut envisagées, qui permettront d'adapter une formule de « garantie », contre les vices cachés et contre l'éviction.

Enfin ces contrats s'inscrivent dans une durée qu'il convient d'aménager selon que le contrat envisage une transmission à titre définitif ou non : clauses de non-exploitation postcontractuelle, de confidentialité, de non-concurrence s'ajouteront alors.

---

1. J.-J. Burst, « L'assistance technique dans les contrats de transfert technologique », *D.* 1979. Chron. 1.

453 Les obligations du « licencié » consistent en des obligations d'exploitation du savoir-faire ou du brevet, avec toute une palette de clauses, clauses de quotas, clauses de minima, clauses de contrôle... Elles consistent ensuite en l'obligation de payer un prix, souvent établi sous forme de redevances calculées en fonction du chiffre d'affaires réalisé.

Ces contrats de communication de savoir-faire intéressent également le droit de la concurrence, comme ententes potentiellement anticoncurrentielles. Un règlement d'exemption par catégorie, n° 774/2004 du 27 avril 2004, a remplacé le règlement n° 240/96 du 31 janvier 1996, relatif aux accords de transfert de technologie et encadre les conditions dans lesquelles de tels contrats peuvent être considérés comme n'entravant pas la concurrence de l'Union européenne[1].

454 **Contrats d'ingénierie et contrats de réalisation d'ensemble industriel.** Le contrat d'ingénierie est un contrat par lequel une personne, un ingénieur, s'engage à réaliser une installation industrielle[2] mais il pourrait s'agir de n'importe quelle opération : industrielle, financière, juridique même[3]. Il s'agit donc d'un contrat d'étude, un contrat portant sur une prestation purement intellectuelle, sans que l'on observe comme précédemment, de transmission de technologie au profit du maître de l'ouvrage.

Le contrat de réalisation d'un ensemble industriel est un contrat d'ingénierie qui impose en plus de réaliser l'ensemble industriel objet de l'étude[4]. Il s'agit d'un contrat qui regroupe plusieurs objets : il comprend une première partie qui porte sur l'ingénierie proprement dite, contrat d'entreprise, et une seconde partie portant sur la réalisation de l'ensemble industriel, un contrat de construction. Tout dépend alors du contenu du contrat mais, le plus souvent, les obligations de l'ingénieur-constructeur se limitent à la construction de l'usine et ne se poursuivent pas à la mise en route de celle-ci et encore moins à sa gestion.

1. S. Poillot-Peruzzetto et M. Luby, *Le droit communautaire appliqué à l'entreprise*, Dalloz, 1998, n° 1918.
2. J. Larrieu, *Le contrat d'ingénierie*, Thèse Toulouse, 1984, Ph. le Tourneau, « Ingénierie », *J.-Cl. Contr. distr.*, fasc. 1830.
3. J.-Ph. Dom. *Les montages en droit des sociétés*, éd. Joly, 1998.
4. Boon et Goffin, *Les contrats clés en main*, 2e éd., Masson, 1987.

CHAPITRE 2

Les contrats de coopération industrielle

455 **Présentation des accords de coopération.** Les contrats de coopération interentreprises[1] sont les prototypes des contrats de joint-venture[2] qui permettent à deux ou plusieurs entreprises de partager des compétences différentes ou bien d'unir leurs moyens pour satisfaire un objectif qui dépasse leurs propres capacités humaines, techniques ou financières. L'idée est simple et fertile : bien des opérations nécessitent de tels regroupements d'énergie, d'argent ou de compétence. Le domaine est immense, il peut s'agir de la construction d'une infrastructure importante (autoroute, pont, port, aéroport...) sous la forme d'un « contrat de consortium[3] », de la mise au point d'une recherche fondamentale ou appliquée, de mettre au point un prototype automobile, naval ou aéronautique, de réaliser une exploitation minière ou pétrolière, de conquérir l'espace, de mettre en place le financement d'un projet, etc. Les plus grands projets humains ont nécessité de tels

1. B. Mercadal et Ph. Janin, *Les contrats de coopération interentreprises*, éd. F. Lefebvre, 1990 ; G. Darmon, *Les contrats de coopération interentreprises*, Thèse Aix, 1998.
2. V. Pironon, *Les joint-ventures. Contribution à l'étude juridique d'un instrument de coopération internationale*, Dalloz, 2004 ; K. Langefeld-Wirth, *Les joint-ventures internationales*, LGDJ, 1992.
3. Ch.-H. Chenut, *Les contrats de consortium*, LGDJ, t. 390, préf. A. Bénabent, 2003.

contrats dans tous les domaines et depuis finalement assez longtemps : le Canal de Panama, le Canal de Suez, Eurotunnel, Airbus, Aérospatiale, etc.

Bien entendu les contrats de coopération ne s'épuisent pas dans le domaine de la production, on la retrouve dans tous les domaines, de la distribution au secteur bancaire ou des assurances. Mais le domaine de la production a fourni des solutions contractuelles pérennes et qui peuvent servir de modèle aux autres secteurs.

456 **Objet de la coopération.** La coopération contractuelle est le plus souvent un moyen de parvenir à un objectif particulier. Il peut s'inscrire dans la durée ou au contraire ne viser d'un objectif précis et à court terme. Ce peut être un rassemblement d'entreprises en vue de soumissionner à un marché, quel qu'il soit. D'ailleurs, ce type de rassemblement d'entreprises est de plus en plus visé par les règles juridiques, le régime de la coassurance par exemple[1], celui des conférences maritimes qui portent sur des accords de fret ou de trafic[2], mais encore dans le secteur de la construction. Dans ces situations, la forme contractuelle d'organisation de la coopération règne. le contrat est conclu pour une durée déterminée ou pour le temps de la réalisation d'un objectif, puis la coopération cesse. Le modèle du contrat innommé en la matière est le contrat de consortium.

Dans d'autres hypothèses, la coopération peut être envisagée de manière beaucoup plus pérenne, plus durable. Il s'agit souvent, alors, d'objectifs beaucoup plus ambitieux, la fabrication en commun d'un produit, une recherche fondamentale, la construction et l'exploitation d'une infrastructure, etc. Dans cette situation, l'objectif de coopération, dans le contrat, sera encore davantage marqué par les clauses à cet égard, avec souvent toute une série de mécanismes contractuels processualisant des différends, avec ou sans recours à une technique de règlement des litiges d'ailleurs : procédures d'information, d'agrément, de prise de décision en commun, d'expertise, de négociation et, le plus souvent

1. Y. Lambert-Faivre, *Risques et assurances des entreprises*, Dalloz, n° 303 s.
2. P. Bonnassies et J.-P. Scapel, *Traité de droit maritime*, LGDJ, 2006.

en cas d'échec, le recours à l'arbitrage qui poursuit, judiciairement, cette logique de coopération. Le modèle de ces contrats est le contrat de *joint-venture*.

Ces contrats sont des contrats le plus souvent innommés dont l'essentiel est concentré dans l'objectif de coopération où l'on trouvera des formules contractuelles très classiques et des clauses complexes qui obéissent au droit commun des contrats[1]. On observera simplement une attention particulière aux formes d'organisation des décisions, à la négociation, au respect mutuel des parties : « la coopération est pour les parties un moyen qui forme l'objet du contrat[2] ». Certains de ces contrats sont plus particulièrement envisagés comme des contrats de cotraitance[3], des « pools », des contrats de consortium, de partenariat... peu importe à partir du moment où ils satisfont l'objectif de coopération envisagé. Dans tous ces contrats, des formules se retrouvent : elles tiennent à la détermination des obligations des parties : assurer un financement, apporter une technologie, transférer du matériel ou du personnel, réaliser des prestations... La mission des contractants est souvent coordonnée par un *chef de file* qui assure un rôle de représentation à l'égard des tiers et qui coordonne la coopération.

457 **Coopération momentanée : contrat de consortium.** Ces contrats de « consortium » ou de coopération[4] sont des contrats assurant le groupement momentané d'entreprises en vue de l'exécution de marchés de travaux par exemple ou en matière de pools bancaires. Ils permettent à plusieurs entreprises de se regrouper afin d'atteindre ensemble une taille suffisante pour répondre à des offres que, seules, elles ne pourraient atteindre ou afin de compléter des spécialités différentes. Le contrat de consortium peut alors embrasser des formes variées : la forme contractuelle dans la très grande majorité des cas, la forme sociétaire par exemple une

1. Sur celles-ci, *cf.* D. Mainguy et J.-L. Respaud, *Droit des obligations*, Ellipses, 2008, n° 193 s. ; F.-X. Testu, *Contrats d'affaires*, Dalloz, 2010 ; J.-M. Mousseron, J. Raynard, P. Mousseron et J.-B. Seube, *Technique contractuelle*, 3e éd., éd. F. Lefebvre, 2005 ; M. Dubisson, *Les accords de coopération internationale ?*, Lamy, 1989.
2. Ph. Delebecque et F. Collard-Dutilleul, n° 890.
3. M. Dubisson, *op. cit.*
4. Ch.-H. Chenut, *Les contrats de consortium*, LGDJ, 2003.

société en participation, voire la forme associative ou des formules hybrides. Le risque d'ailleurs, de ces formules est double, lié à l'application des règles du droit des sociétés et du droit de la concurrence. Le risque sociétaire consiste à la considération du contrat de consortium en une société créée de fait[1], même si ce risque est en réalité assez minime dans la mesure où il est connu, et que ce type de contrat prend bien soin de préciser que les parties ne font aucun apport, ne participent ni aux bénéfices ni aux pertes et n'ont aucune envie de créer une personne juridique nouvelle.

Le droit de la concurrence n'est évidemment pas en reste : un tel consortium peut être considéré comme une entente anticoncurrentielle même en droit des transports[2], notamment si l'objet ou l'effet du consortium fausse le jeu du marché, comme c'est parfois le cas dans le secteur du bâtiment.

En pratique, un contrat de consortium s'organise autour d'un comité de coordination qui rassemble en principe l'ensemble des partenaires et qui a la charge de la gestion du consortium : préparer les termes d'une offre, négocier et rédiger le contrat principal notamment, contrôler la réalisation de l'opération juridique. Par ailleurs, des organes d'exécution du consortium sont mis en place. Un mandataire commun, le « chef de file », est chargé de représenter le consortium et d'assurer la coordination des actions des parties. De même une *équipe commune* peut être chargée d'assurer une forme de solidarité technique entre les parties, en raison, précisément, de la technicité de l'objectif contractuel.

458 **Coopération durable : contrat de joint-venture.** Les contrats de «*joint-venture*» sont issus de la pratique industrielle internationale. Le terme «*joint-venture*» peut être traduit par « entreprise commune » ou « opération conjointe »[3], sont des contrats souvent utilisés dans les différents secteurs de l'industrie. Ils ne révèlent cependant aucun modèle de contrat particulier mais constituent

1. Com. 17 nov. 1970, *D.* 1971. 206.
2. Depuis 2006, en effet, le secteur des transports, notamment des transports maritimes est redevenu sujet de droit de la concurrence (B. Rajot, *Transports maritimes et concurrence communautaire*, Economica, 2001).
3. M. Vivant, « Le joint-venture ou parlez-vous franglais », *Cah. dr. ent.* 1979/5. 1.

le type même de contrats de coopération interentreprises[1]. Ces contrats permettent à deux ou plusieurs entreprises de partager des compétences différentes ou bien d'unir leurs moyens pour satisfaire un objectif qui dépasse leurs propres capacités humaines, techniques ou financières.

En pratique plusieurs distinctions, d'origine anglo-saxonne, sont proposées même si, en pratique toujours, on parle confusément de *joint-venture*. La première oppose l'*equity joint-venture* et la *non equity joint-venture*. L'*equity joint-venture* ou *joint entreprise* suppose la création d'une entité commune, entre les parties au contrat. Cette entité commune est très souvent une société, la société par action simplifiée française (SAS) étant particulièrement adaptée à la situation. La *non equity joint-venture* ou *unincorporated joint-venture* ne donne au contraire pas naissance à une filiale commune, il s'agit donc d'une joint-venture purement contractuelle.

Dans tous ces contrats, le principe de liberté contractuelle joue pleinement : aucune forme particulière n'est imposée, mais certaines clauses et obligations se retrouvent plus spécifiquement. Des formules se retrouvent : elles tiennent à la détermination des obligations des parties : assurer un financement, apporter une technologie, transférer du matériel ou du personnel, réaliser des prestations, etc. Un chef de file est généralement désigné, l'opération de *joint-venture* se présente souvent comme un faisceau de conventions différentes, des contrats portant sur des droits de propriété industrielle, des contrats de fourniture, des projets de statuts de société, des études de faisabilité, des accords de financement, etc., dont l'unité et la cohérence sont assurées par un contrat-maître, le contrat de *joint-venture*, principal, auquel sont associés divers contrats d'application[2]. Le contrat principal, le contrat de *joint-venture*, organise essentiellement la coordination de l'opération, s'agissant des conditions du contrôle de l'opération, l'affectation des ressources, la difficile sortie.

1. V. Pironon, *Les joint-ventures, contribution à l'étude juridique d'un instrument de coopération internationale*, Dalloz, 2004. V. aussi K. Langefeld-Wirth, *Les joint-ventures internationales*, LGDJ, 1992.
2. V. Pironon, *Les joint-ventures, op. cit.*, n° 83 s.

Ici également, le droit de la concurrence menace. Certains de ces contrats, parmi les plus courants, bénéficient d'un règlement d'exemption par catégorie, notamment dans les hypothèses intéressant la propriété industrielle (v. ss 445).

459 **Partenariat public-privé.** Institués par une ordonnance du 17 juin 2004, ces nouveaux types de contrats[1] ont pour objet la réalisation, par des entreprises privées, d'équipements ou d'infrastructures publiques et des services publics, comprenant les logiques de financement, de conception, de construction et d'exploitation de celles-ci. Inspirés des modèles du *Private Finance Initiative* ou de BOT *(Built, Operate, and Transfert)*, ils sont des déclinaisons des modèles connus de concession de service public ou de délégation de service public. Seules certaines personnes publiques peuvent conclure ce type de contrat (État, collectivités territoriales, établissements publics, etc.) avec des entreprises privées.

1. St. Braconnier, « Le contrat de partenariat », *JCP* 2004. I. 181 ; Y. Gaudemet, « Les contrats de partenariat public privé », *Dr. et patr.* nov. 2004. 26. *Adde* : Martor, Thouvenot, Lichère et Pédini, *Pratique des partenariats public privé*, Litec, 2006, P. Lignières, *Partenariat public et privé*, Litec, 2005.

Chapitre 3

Les contrats d'intégration agricole

460 **Notion et régime des contrats d'intégration agricole.** Le contrat dit d'intégration agricole est un curieux contrat intéressant les entreprises du secteur agroalimentaire dans leurs rapports avec le monde rural, les agriculteurs baptisés « producteurs agricoles » par le Code rural[1]. Ce contrat est réglementé par une loi du 6 juillet 1964, modifiée par une loi du 30 décembre 1988, devenue l'article L. 326-1 du Code rural. Cette réglementation propose, dans des conditions peu claires, un régime particulièrement sévère pour ce type de contrat, justifié à la fois par les évolutions de la production agricole et par certains abus de la dépendance dans laquelle les agriculteurs sont parfois tenus. Il en résulte une qualification particulière propre, proposée par l'article L. 326-1 du Code rural et définissant ce contrat nommé. On peut décrire très aisément ce contrat : il s'agit d'un contrat par lequel une entreprise agroalimentaire fournit à un agriculteur des engrais ou de la nourriture

1. J. Prévault et N. Olszak, « Contrats d'intégration en agriculture », *Rép. com.* ; L. Lorvellec, *Droit rural*, Masson, 1987, n°s 1045 s. ; « Les contrats agro-industriels », *Mélanges Cosnard*, Economica, 1990, p. 57 et in *Écrits de droit rural et agroalimentaire*, Dalloz, 2002, p. 331, ; « Contrats individuels d'intégration », *J.-Cl. Rural*, fasc. B-5 ; G.-J. Martin, « Les contrats d'intégration dans l'agriculture », *RTD com.* 1974. 1.

pour animaux, parfois une aide financière pour son exploitation, et bénéficie en retour des produits de l'élevage. Ce contrat constate une transformation économique : l'agriculture est passée ainsi de l'ère de l'autogestion agraire à celle de la valorisation économique de masse, de l'industrialisation de l'agriculture dans un nouveau modèle, celui de l'exploitation agroalimentaire, où on peut se douter que l'agriculteur n'est pas nécessairement le grand bénéficiaire de l'opération : attaché à sa terre il le devient à une structure industrielle. Le modèle proposé est celui de l'acquisition d'animaux et d'aliments par l'entreprise agroalimentaire, laquelle rachète ensuite les animaux engraissés. Le plus souvent, en pratique, le producteur agricole n'est propriétaire ni des animaux ni des engrais ou des aliments et il n'intervient que comme partie à un contrat d'entreprise. À bien des égards, le développement des OGM répond également à ce modèle : une entreprise développant des céréales génétiquement modifiées pour résister à tel parasite, par exemple, conclut un contrat d'approvisionnement des semences nécessaires à son exploitation. Dans d'autres situations, l'agriculteur, exploitant ou producteur agricole est locataire ou emprunteur[1].

Peu importe eu égard à la définition proposée par le Code rural qui impose un régime impératif assurant la protection de l'agriculteur « dépendant » de l'entreprise agroalimentaire. Ce régime s'ajoute alors à la nature particulière du contrat qui sert de base à l'application du régime du contrat d'intégration à moins que ce régime soit incompatible avec celui du contrat d'intégration comme c'est le cas du régime du contrat de travail[2]. Par ailleurs ce régime vise les hypothèses d'intégration verticale, point les relations horizontales du type de celles nouées entre une coopérative agricole et ses adhérents[3].

---

1. L. Lorvellec, « Location de troupeaux et exploitation agricole », *Écrits en droit rural et agroalimentaire*, Dalloz, 2002, p. 145.
2. L. Lorvellec, *Droit rural, op. cit.*, n° 1059 ; A. Supiot, « L'élevage industriel face au droit du travail », *RD rur.* 1983. 325.
3. Civ. 1re, 4 mars 1997, *Bull. civ.* I, n° 77. Mais à l'égard d'un non-adhérent, le régime peut jouer : Civ. 1re, 9 nov. 1999, *Bull. civ.* I, n° 303, ou lorsque l'intégrateur n'est pas une entreprise industrielle et commerciale, comme un GAEC : Civ. 1re, 6 avr. 2004, *Bull. civ.* I, n° 106.

461 Le Code rural propose une définition large plus précise pour appliquer le régime légal : « Sont réputés contrats d'intégration tous contrats, accords ou conventions conclus entre un producteur agricole ou un groupe de producteurs et une ou plusieurs entreprises industrielles ou commerciales ». Il s'agit, d'un contrat par lequel un producteur agricole conclut un contrat avec une ou plusieurs entreprises industrielles ou commerciales imposant une « obligation réciproque de fourniture de produits ou de services ». Il en résulte que toutes les conventions emportant obligation de se fournir exclusivement en aliments, en semence ou en engrais moyennant obligation d'acquérir l'intégralité de la production de l'agriculteur sont visées. Le régime ne s'applique cependant pas au contrat ne contenant pas d'autre obligation à la charge du producteur agricole que celle de payer le prix mentionné au contrat (C. rur., art. L. 326-3) : il s'agit des ventes simples d'aliments ou d'engrais [1]. Mais la jurisprudence a interprété *a contrario* ce texte pour considérer que des contrats imposant des obligations allant au-delà de celle d'une obligation de paiement de l'article L. 326-3 du Code rural sont des contrats d'intégration [2] : on songe notamment à des obligations de respecter les prescriptions du fournisseur. C'est d'ailleurs ce dont dispose l'article L. 326-2 du Code rural introduit par une loi du 4 juillet 1980 relative à l'élevage : les contrats par lesquels le producteur s'engage à engraisser des animaux ou à produire des « denrées d'origine animale », du lait par exemple, doivent se conformer aux règles concernant la conduite de l'élevage, l'approvisionnement en moyens de production ou l'écoulement des produits finis. L'article L. 326-1, alinéa 2 précise en outre que le régime s'applique également aux systèmes d'intégration résultant d'un groupe de contrats.

Le régime de l'intégration impose d'abord la présence d'informations permettant au producteur de se rendre compte de la rentabilité de l'opération envisagée : l'article L. 326-6 du Code rural exige la présence de certaines informations : « fixer la nature, les

1. Civ. 1re, 20 déc. 1988, *JCP* 1989. II. 21219, note J. Prévault.
2. Civ. 1re, 14 déc. 1976, *Bull. civ.* I, n° 396, *D.* 1978. 177, note G. Chesné et E.-N. Martine, *RD rur.* 1977. 206, obs. L. Lorvellec.

prix et les qualités des fournitures réciproques de produits et de services, le rapport entre les variations de prix des fournitures faites ou acquises par le producteur » mais également les conditions de durée, de renouvellement, de révision et de résiliation du contrat proposé. Le régime de l'intégration imposé par le Code rural est un régime essentiellement négatif en ce sens qu'il n'impose pas des obligations particulières. Les obligations du contrat sont celles que les parties se sont choisies[1]. Par ailleurs, le régime impératif de l'intégration proscrit certaines clauses, comme les clauses pénales ou les clauses résolutoires.

La sanction de ces exigences est la nullité, relative, du contrat d'intégration[2] le plus souvent invoquée par voie d'exception par le producteur contre lequel une action en paiement est engagée par le fournisseur.

1. Et *cf.* Civ. 1re, 9 nov. 1999, *Bull. civ.* I, n° 303, à propos de l'exigence de détermination du prix, qui est la même qu'en droit commun des contrats-cadres, v. ss 232.

2. Civ. 1re, 10 janv. 1995, *Bull. civ.* I, n° 18, *D.* 1996. Somm. 123, obs. E.-N. Martine. La nullité est donc susceptible de confirmation : *cf.* Civ. 1re, 15 janv. 1980, *D.* 1981. IR 313, obs. J. Ghestin. *Adde* : D. Danet et L. Lorvellec, « Les restitutions après l'annulation d'un contrat d'intégration soumis à la loi du 6 juillet 1964 », *D.* 1982. Chron. 211 : la jurisprudence considère par ailleurs que les restitutions s'effectuent en tenant compte de la valeur réelle de chaque prestation et non de leur valeur contractuelle ce qui aboutit, en pratique, à accorder une sorte d'indemnité d'annulation à l'agriculteur (Civ. 1re, 25 nov. 1987, *RD rur.* 1982. 94, note L. Lorvellec ; Civ. 1re, 8 déc. 1987, *Bull. civ.* I, n° 327, *RD rur.* 1988. 169, note L. Lorvellec, Civ. 1re, 11 juin 1991, *Bull. civ.* I, n° 187, Civ. 1re, 19 févr. 1991, *Bull. civ.* I, n° 63).

Titre 2

Les contrats de distribution

462 **Plan.** Les contrats de distribution sont nés des efforts des producteurs pour proposer des techniques rationnelles et élargies de diffusion de leur production via des professionnels de la vente. Ils sont donc, globalement, des contrats conclus entre des industriels, on parle aujourd'hui de producteurs, et des commerçants, qui sont des distributeurs, ces derniers ayant vocation à distribuer ces marchandises auprès des utilisateurs, éventuellement consommateurs, sur la base de produits ou de services marqués bénéficiant d'une publicité considérable, de la coiffure aux automobiles. Le système contractuel, financier et publicitaire a formidablement fonctionné, sans doute parce qu'il correspond à un véritable appel économique et social et parce qu'il est supporté par une myriade d'autres formules contractuelles satellites dont les techniques de publicité et de promotion des ventes. Le mécanisme a connu un tel succès qu'il en est résulté l'apparition d'une matière qui a été défrichée dans les années soixante-dix sous l'impulsion de Mousseron, relayé par D. Ferrier[1] et faisant aujourd'hui l'objet de très

1. J.-M. Mousseron *et al.*, *Droit de la distribution*, Litec, 1975 ; J. Beauchard, *Droit de la distribution et de la consommation*, PUF, 1996 ; M. Behar-Touchais et G. Virassamy, *Les contrats de la distribution*, LGDJ, 1999 ; R. Bout, M. Bruschi, S. Poiloit-Perruzzeto et M. Luby, *Droit économique*, éd. Lamy ; D.et N. Ferrier, *Droit de la distribution*, 7ᵉ éd., Litec, 2014, M. Malaurie-Vignal, *Droit de la distribution*, masson, 2006, N. Mathey, *Droit de la distribution*, Sirey, 2015, et v. *Le contrat-cadre*, dir. A. Sayag, t. 1, *Exploration comparative*, t. 2, *La distribution*, CREDA, Litec, 1995 ; L. Amiel-Cosme, *Les réseaux de distribution*, LGDJ, 1995 ; F. Pollaud-Dulian et A. Ronzano, « Le contrat-cadre par-delà les para-

nombreuses études. Il convient alors d'observer ces contrats de distribution selon l'état de l'évolution des règles de droit à leur égard : longtemps étudiés contrat par contrat en raison de la croyance en une spécificité propre à chaque contrat, on observe au contraire aujourd'hui un rapprochement important des règles applicables important selon qu'elles sont des règles communes aux contrats de distribution (CHAPITRE 1) ou des règles spécifiques à certains contrats de distribution (CHAPITRE 2). En outre, longtemps ignorés du législateur, les contrats de distribution comprennent quelques règles générales, d'abord du fait de la définition des contrats-cadres de l'article 1110 du Code civil, mais également de règles spécifiques, dont celles issues de la loi *Macron* du 6 août 2015 (not. C. com., art. L. 341-1 et 2).

doxes », *RTD com.* 1996. 179 ; F.-X. Licari, *La protection du distributeur intégré en droit français et allemand*, Thèse Strasbourg, 2001, M. Lelièvre-Boucharat, *Contribution à la théorie des contrats de distribution, étude de droit français et anglais*, Thèse Aix, 2000.

CHAPITRE 1

Les contrats de distribution : règles communes

463 **Complexité et diversité des opérations de distribution, des conditions générales de vente aux contrats-cadres.** Les opérations de distribution sont complexes et diverses. Le mode contractuel de base est peut-être le contrat de travail, élargi au contrat de VRP (Vendeur Représentant Placier) voire à d'autres formules. Un autre modèle contractuel est la vente. Les relations nouées entre les producteurs et les entreprises de la grande distribution sont constituées d'une myriade de contrats, contrats de référencement, contrats de coopération commerciale, divers contrats de représentation (v. ss 274 et 633 s.) ayant pour objectif la conclusion de vente sur la base des conditions générales de vente du producteur, et des conditions générales d'achat de l'acheteur, technique banale mais tout particulièrement réglementée dans le secteur de la distribution de produits ou de services. Mais il pourrait s'agir d'autres formules encore : la formule, au titre discutable, de « dépôt-vente » (v. ss 420), dans le secteur de la distribution de la presse, de la téléphonie mobile ou du gaz domestique par exemple.

Un type de contrat émerge tout particulièrement cependant, celui des contrats-cadres, en ce qu'ils permettent de proposer des techniques de gestion de la distribution dans le temps. Le contrat-cadre est un contrat qui a pour objet de définir, en général sur le long terme, les conditions dans lesquelles des contrats d'application futurs, des ventes le plus souvent, seront conclus. Le contrat-cadre est donc essentiellement un contrat préparant la conclusion d'une multitude de contrats à venir. Il se distingue d'une vente à exécution successive, à livraison et paiement successifs[1], ne serait-ce que parce que la formule associant contrat-cadre et contrats d'application nécessite une multitude de consentements successifs[2]. Depuis la réforme du Code civil, le contrat-cadre fait l'objet d'une définition minimale par l'article 1111 qui le définit comme un contrat « par lequel les parties conviennent des caractéristiques générales de leurs relations contractuelles futures », minimale en ce qu'elle n'envisage que la conclusion des contrats d'application, et point la logique d'encadrement complexe d'une relation de long terme. Il en résulte un régime légiféré lui-même minimal, s'agissant de la détermination du prix notamment (C. civ. art. 1164).

Ces contrats-cadres sont de pratique relativement récente. Presque toute la distribution des boissons dans les bars, les hôtels ou les restaurants (il s'agit de « contrats de bière ») est ainsi organisée (v. ss 497), de même que la distribution de l'essence (contrat de pompiste de marque, aujourd'hui en voie d'abandon), des parfums (contrats de distribution sélective, v. ss 507) et également de nombreux autres produits. On situe par exemple le premier contrat de franchise (v. ss 502) importé des États-Unis, le contrat Rodier, vers 1935. De même, la première intervention législative musclée date de 1943 (v. ss 476) pour des clauses d'exclusivité incluses dans des contrats conclus entre les deux guerres.

464 L'intérêt de la formule tient, alors, à au moins deux avantages procurés par ces contrats. Le contrat-cadre, comme son nom l'indique assure l'encadrement, l'organisation, par avance de l'ensemble des règles contractuelles qui gouverneront les innombrables futurs contrats d'application qui seront, tous, conclus sur

---

1. Qui sont parfois des contrats d'abonnement, *cf.* J. Huet, G. Decocq, C. Grimaldi et H. Lecuyer, n° 11177.

2. J. Gatsi, *Le contrat-cadre*, Bibl. dr. priv., t. 273, préf. M. Behar-Touchais, LGDJ, 1996, n°s 232 s.

le même modèle qu'identifie le contrat-cadre. Ces contrats d'application sont, alors conclus selon la procédure, l'ampleur et le rythme qu'envisage le contrat-cadre : de simples bons de commande suffiront à former les ventes, l'acheteur sera ou non débiteur d'une obligation d'exclusivité, il devra ou non se soumettre à des clauses de quota, etc.

Ils ont tous pour objectif d'organiser une relation qui appelle la conclusion de nombreux contrats de même type sur une longue période. Certains ont, en outre, pour vocation de créer des réseaux selon un modèle contractuel type, que ces contrats reproduisent, comme c'est le cas des contrats de franchise ou des contrats de concession commerciale. Illustre cette formule l'organisation des réseaux de distribution automobile. Un fabricant concédant conclut un contrat de concession avec un concessionnaire qui précisera les relations entre les parties (marque, service après vente...) mais aussi tout ce qui concerne les ventes de voitures, futures.

Ce sont donc par ailleurs des contrats préparatoires des ventes futures qui seront conclues entre les deux contractants[1]. Mieux cette préparation serait nécessaire si on admet que la plupart des contrats-cadres contiennent une obligation de conclure des contrats d'application[2]. Ces contrats sont très souvent des contrats de distribution intégrée dans cette nouvelle discipline qu'est le droit de la distribution. Ce n'est, cependant, pas le seul domaine dans lequel ces contrats prospèrent. Le droit du travail à travers les conventions collectives de travail[3], le domaine du droit bancaire et financier (les cessions de créances professionnelles par bordereau dit « Dailly » du nom du rapporteur de la loi du 2 janvier 1981 s'effectuent sur la base d'un contrat-cadre, comme les opérations d'affacturage), le secteur de la publicité, de l'assurance, de

1. ... ou avec un tiers, v. ss 439. Mieux, même, ces contrats-cadres préparent les ventes d'application mais aussi les reventes qui seront conclues par le distributeur aux consommateurs, signe de l'intérêt porté par le fabricant à l'activité du distributeur et source d'intervention législative ou prétorienne protectionniste pour ce dernier (D. Mainguy, *op. cit.*, n°s 258 s.).

2. En ce sens, J.-L. Respaud, *L'obligation de contracter dans les contrats-cadres de distribution*, Thèse Montpellier, 2000.

3. P.-H. Antonmattéi, *Les conventions collectives*, coll. Connaissance du droit, Dalloz ; « L'accord-cadre », *Dr. soc.* nov. 1988, n° 11.

l'agroalimentaire avec les contrats d'intégration (dans lesquels un producteur d'aliments pour bétail assure à un éleveur une assistance financière et lui fournit des animaux à élever en échange d'une exclusivité d'approvisionnement[1]), connaissent cette technique contractuelle en vogue.

Deux questions peuvent, alors être abordées, celle de la qualification du contrat-cadre de distribution (SECTION 1) et de sa construction (SECTION 2).

SECTION 1 LA QUALIFICATION DU CONTRAT-CADRE DE DISTRIBUTION

§ 1. Problèmes économiques posés par la qualification du contrat-cadre de distribution

465 **Contrats de dépendance ?** Au-delà de la définition proposée par le Code civil, s'agissant des contrats-cadres de distribution, les règles du droit de la concurrence jouent un grand rôle. Ces règles et, notamment, les articles L. 420-1 s. du Code de commerce qui répriment les pratiques anticoncurrentielles[2], dont les ententes et les abus de domination, s'intéressent de plus en plus aux restrictions verticales de concurrence, c'est-à-dire aux accords conclus entre des opérateurs situés à des niveaux différents – un producteur et un distributeur par exemple – qui pourraient restreindre le jeu de la concurrence sur un marché donné.

Or, les contrats-cadres de distribution contiennent très souvent des clauses[3] qui assurent cette restriction. La clause d'exclusivité,

1. F. Collart-Dutilleul et Ph. Delebecque, n°s 904 s.
2. *Cf.* aussi Traité CE, art. 81 et 82 qui ont la même fonction en droit de l'Union européenne.
3. V. pour des définitions, D. Mainguy (dir.), *Dictionnaire de droit du marché*, Ellipses, 2008.

par exemple, impose à son débiteur de ne contracter qu'avec son créancier et interdit de contracter avec un tiers. La clause de quotas impose à son débiteur, le distributeur-acheteur le plus souvent, d'acheter des quantités minimums de marchandises. La formule ressemble alors à celle qui résulterait d'une promesse d'acheter[1], voire d'une vente à terme si les choses et le prix sont déjà définis, à moins que l'identification d'une obligation de conclure des contrats d'application ne permette de l'expliquer[2].

466 Pour ces raisons, et d'autres, on estime parfois que ces contrats-cadres peuvent souvent provoquer une situation de dépendance économique du distributeur à l'égard de son contractant[3] de laquelle découlent certaines interventions législatives et jurisprudentielles, tenant à la législation du contenu de ces contrats, mais qui ne se rattache que formellement à cette notion de dépendance.

Observons cependant qu'une telle différence de puissance économique n'est ni systématique ni uniforme. Ainsi, une dépendance économique a souvent été observée en défaveur du distributeur et en faveur du producteur. Cette situation peut être observée lorsque le producteur met en place un réseau organisé de distribution, de franchise, de concession, etc. Inversement, la « grande distribution » révèle une dépendance au profit des distributeurs et en défaveur des producteurs, en raison de l'organisation des achats qui résulte du regroupement à l'achat sur les contrats d'achat ou de référencement dont la France s'est fait le champion. En outre, la question de la dépendance dans les contrats de distribution s'analyse de manière diversifiée. Une première analyse, ou un réflexe, envisage une correction de la dépendance, sur le modèle du contrat de travail ou du contrat de consommation. L'analyse pousse alors à une considération du comportement des contractants, et notamment du contractant dominant, pour lui imposer un certain nombre de sujétions, de source jurisprudentielle ou législative, visant à rééquilibrer la relation contractuelle, sur le fondement de la bonne foi, de l'intérêt du contractant

1. P.-H. Antonmattéi et J. Raynard, n° 30.
2. J.-L. Respaud, *L'obligation de contracter dans les contrats-cadres de distribution*, *op. cit.*
3. *Cf.* not. G. Virassamy, *Les contrats de dépendance*, Bibl. dr. privé, t. 190, LGDJ, 1986.

dominé et, au final, sur une mise en œuvre de la thèse du solidarisme contractuel[1].

La considération du contrat de distribution comme un contrat d'adhésion légitime, à bien des égards, cette analyse. Or, la nouvelle considération du « contrat d'adhésion » de l'article 1110 du Code civil, à la supposer bien établie en ce qu'elle provoque la possibilité de contrôler les clauses d'un tel contrat lorsqu'elles provoquent un déséquilibre significatif dans le contrat, offre une nouvelle perspective à la question de la dépendance. De même, la considération dans le Code civil de la violence économique lorsque l'un des contractants, dans une relation de dépendance, obtient de lui un engagement qu'il n'aurait pas souscrit en l'absence d'une telle contrainte et en tire un avantage manifestement excessif (C. civ., art. 1143), ouvre un nouveau champ pour ces relations.

Une seconde analyse, prenant pour point de départ le contrat de distribution comme un contrat relationnel développe l'idée selon laquelle ce type de contrat est fondé sur une logique de coopération sur le long terme, sur une logique de stabilité elle-même appuyée sur la théorie des jeux et celle de l'agence[2]. Le contrat de franchise est ainsi considéré, par les spécialistes d'analyse économique du droit, comme le modèle de ces contrats relationnels. S'imposeraient, dans cette considération, des procédures contractuelles justifiant la logique de coopération, qui constituent autant de défis conceptuels aux juristes français, peu enclins et peu habitués à la gestion de ces outils contractuels réalisée à côté de l'analyse morale classique, mais non soumise à cette dernière. De ce point de vue, l'analyse de la dépendance permet d'identifier des obligations de coopération renforcées à la charge du contractant relationnel dominant, mais indépendamment d'une analyse en termes de responsabilité, de rapport de fort à faible.

1. D. Mainguy et J.-L. Respaud, *Droit des obligations*, Ellipses, 2008, n° 66 s.
2. D. Mainguy et J.-L. Respaud, *Droit des obligations, op. cit.*, n° 69 s., E. Mackaay et St. Rousseau, *Analyse économique du droit*, Dalloz, 2008, n° 1516 et la biblio.

467 **Contrat d'intérêt commun ?** Si dépendance il y a, la question se pose très vite, dans la suite de l'analyse morale traditionnelle du droit français des contrats, de savoir si une certaine protection du partenaire dépendant n'est pas méritée.

Historiquement, ce souci fut déjà rencontré au siècle dernier par certains mandataires qui se plaignaient de la facilité avec laquelle les mandants pouvaient mettre fin à leur contrat une fois que, eux, les mandataires avaient prospecté voire créé une clientèle. La jurisprudence découvrit, alors, la théorie du mandat d'intérêt commun selon laquelle le mandant ne peut mettre unilatéralement fin à un mandat s'il est conclu dans l'intérêt commun des deux parties[1].

Dans la même veine, la question s'est posée de savoir si cette thèse ne pouvait être élargie aux contrats d'intérêt commun[2], qui rassembleraient les contrats-cadres de distribution, et qui interdiraient à une partie de mettre fin unilatéralement au contrat. Le législateur a retenu la notion dans la loi du 31 décembre 1989, dite loi *Doubin* (C. com., art. L. 330-3), mais pour proposer une obligation générale d'information au profit du distributeur et non pour établir le régime de l'extinction du contrat qu'elle proposait ou bien pour constituer une sorte d'extension de l'article 1104 (ex-1134, alinéa 3), et renforcer la bonne foi contractuelle[3].

Au reste, cette notion est très surprenante. En premier lieu, on ne voit guère pour quelles raisons elle s'arrêterait aux frontières des contrats de distribution et ne gagnerait pas tous les contrats. Surtout, on ne voit guère ce que la notion recouvre, tant il est vrai que tout contrat est conclu pour l'intérêt des deux parties : qu'est-ce donc que cet intérêt commun qui se différencierait de l'*affectio contractus* pour n'apparaître que dans certains contrats seulement ? L'article 1108 du Code civil qui évoque l'équivalence, présumée, des obligations réciproques dans les contrats commutatifs et les règles assurant la police de la cause du contrat suffisent vraisemblablement.

1. Sur la révocation ad nutum du mandat et le mandat d'intérêt commun, v. ss 587.
2. A. Brunet, « Clientèle commune et contrat d'intérêt commun », *Mélanges A. Weill*, 1983, p. 85 ; Th. Hassler, « L'intérêt commun », *RTD com.* 1984. 612 ; Ph. Grignon, « Le concept d'intérêt commun dans le droit de la distribution », *Mélanges M. Cabrillac*, Litec-Dalloz, 1999, p. 127.
3. F. Collart-Dutilleul et Ph. Delebecque, n° 928.

468 **Contrat-cadre *sui generis* ou contrats-cadres nommés.** La qualification légale des contrats-cadres ne paraît pas s'imposer pour embrasser les contrats-cadres dans leur généralité, alors que nous avons vu que ce contrat se distingue fondamentalement du contrat de vente à exécution successive et de la simple fonction de production de contrats d'application. Pour certains, l'existence d'une obligation de conclure des contrats d'application, une clause de quotas donc, serait le critère du contrat-cadre[1]. Globalement cependant, le contrat de distribution est une activité d'entremise : le distributeur est souvent acheteur revendeur et assure une forme représentation du fournisseur.

Surtout, ces contrats sont utilisés dans des domaines forts variés et connaissent des contenus différents selon ces domaines ou selon les besoins des contractants. Ce sont donc des contrats qui regroupent en leur sein plusieurs opérations simples en une opération globale complexe. Le contrat-cadre, en tant que tel, est donc souvent un contrat *sui generis*.

Pourtant, si l'on observe plus attentivement ces contrats, on s'aperçoit que certains de ces contrats tendent de plus en plus à être nommés. Il s'agit le plus souvent de contrats de distribution que la pratique, d'abord, la jurisprudence ensuite, et la loi, enfin, ont nommés. Il est, alors, assez délicat de décrire ces contrats même si, au fur et à mesure, une unité et une originalité de certains de ces contrats se rencontrent qui permettent de les reconnaître, ce qui est l'apanage des contrats nommés. L'intérêt tient, surtout, à l'application des règles du droit de la concurrence et, notamment, du droit de la concurrence de l'Union européenne. Ces règles, en effet, s'inscrivent par exemple, dans le cadre de règlements d'exemption par catégories qui permettent à ces contrats d'échapper aux sanctions promises par le droit de la concurrence à la condition de se conformer aux strictes prescriptions qu'ils contiennent. D'où l'intérêt de qualifier le contrat pour connaître le règlement ou la solution jurisprudentielle applicables[2].

1. A. Sayag (dir.), *Le contrat-cadre*, t. 1, *op. cit.*, n°s 109 s. ; J.-L. Respaud, *L'obligation de contracter dans le contrat-cadre de distribution, op. cit.*, J. Ghestin, « La notion de contrat-cadre et les enjeux théoriques et pratiques qui s'y attachent », *Cah. dr. ent.* 1997/3-4. 7.

2. M. Trochu, « Incidence du droit communautaire sur la rédaction des contrats de distribution », *D.* 1995. Chron. 179.

En même temps, l'opération classique de « qualification » échoue face à ce type de contrats[1]. C'est moins de « qualification » que de classification dont il s'agit alors.

On trouve, ainsi, tout une série de tels contrats-cadres, généralement assez connus. Certains de ces contrats supposent que des contrats d'application seront conclus entre les parties, d'autres qu'ils seront conclus avec un tiers.

§ 2. Ébauche de classification des contrats-cadres de distribution

469 **Impossible classification.** Les classifications en la matière peuvent être variées ; elles sont souvent vaines. Ainsi peut-on adopter un regard très économique, distinguant les fonctions réalisées par ces contrats de distribution pour opposer contrat de diffusion, de représentation (v. ss 637 pour le contrat d'agence commerciale), de spécialisation ou de réitération[2], ou bien distinguant l'organisation des ventes ou des achats ou bien pour observer que certains contrats assurent une forme d'intégration de la distribution[3] ou plus simplement que ces contrats permettent de créer des réseaux de distribution[4]. On peut aussi retenir une classification fondée sur l'objet de ces contrats. Tous cherchent à organiser des ventes d'application entre les parties du contrat-cadre ou avec des tiers. C'est celle que nous retenons.

470 **Contrat-cadre imposant la conclusion de contrats d'application entre les mêmes parties.** Nous envisageons ici les contrats les plus classiques, contrat de franchise, contrat de concession, etc. Certains de ces contrats sont fondés sur une logique d'exclusivité, d'autres point.

1. V. par ex. pour une dénomination de fantaisie parmi d'autres : Civ. 1re, 8 déc. 1998, *CCC* 1999. 50, obs. L. Leveneur : contrat de partenariat qui ressemble à un contrat de franchise.
2. D. Ferrier, *Droit de la distribution*, *op. cit.*
3. P. Pigassou, « La distribution intégrée », *RTD com.* 1980. 473.
4. L. Amiel-Cosme, *Les réseaux de distribution*, LGDJ, 1995, G. Augendre, « Les réseaux de distribution », *in* La vente éclatée, *RJ com.* 1997, nº spéc. p. 136 ; D. Ferrier, « La considération juridique du réseau », *Mélanges C. Mouly*, Litec, 1998, t. 2, p. 95.

471 **Contrats fondés sur une logique de sélection quantitative et d'exclusivité.** L'exclusivité est souvent le moyen de rationaliser les approvisionnements ou la fourniture de marchandises et ce, que l'exclusivité soit imposée à un seul des contractants ou qu'elle soit réciproque. Ces contrats sont alors fondés tout autant sur une recherche d'exclusivité que sur une logique de sélection d'un distributeur efficace : la sélection est alors double, qualitative et quantitative. Cette dernière est assurée par le mécanisme d'exclusivité, de double signification : le contractant exclusif est le seul choisi, et ce choix exclut tous les autres.

Le contrat d'approvisionnement exclusif contient, son nom l'indique, une exclusivité d'approvisionnement en sorte que le fourni ne pourra s'approvisionner chez un autre que son fournisseur. En échange, le fournisseur assure au fourni une assistance, technique ou financière, comme les contrats dits de pompiste de marque ou les contrats de bière[1]. Aujourd'hui, ces contrats sont largement influencés par les règles du droit de la concurrence de l'Union européenne.

Le contrat de fourniture exclusive, à l'inverse, impose au fournisseur de ne livrer que le fourni qui reste libre de s'approvisionner ailleurs. La formule intéresse essentiellement le commerce international entre un producteur et un importateur. Observons aussi que ces deux formules contractuelles se rencontrent beaucoup sous forme de clauses d'approvisionnement ou de fourniture, dans les contrats plus vastes.

Certains contrats combinent les deux formules par un mécanisme d'exclusivité réciproque, par laquelle le fourni ne s'approvisionnera que chez le producteur qui, de son côté, ne vendra qu'au distributeur, dans un territoire donné. Le contrat de concession commerciale est le modèle de ces contrats[2] dont les contrats de distribution automobile sont le meilleur exemple[3].

1. J.-M. Mousseron et A. Seube, « À propos des contrats d'assistance et de fourniture », *D.* 1973. Chron. 197.

2. Cl. Champaud, « La concession commerciale », *RTD com.* 1963. 451 ; J. Guyénot, « Les conventions d'exclusivité de vente », *RTD com.* 1963. 513 ; Ph. Bécqué, *Le contrat de concession*, Thèse dr. Montpellier, 1986 ; D. Ferrier, v° Concession commerciale, *Rép. com.* ; Ph. Le Tourneau, *La concession commerciale exclusive*, Economica, 1995 ; *J.-Cl. Contr. distr.*, fasc. 520.

3. L. et J. Vogel, *La distribution automobile*, Dalloz, 1996.

Le contrat de franchise ou de franchisage, encore différent, est, sans doute, le modèle le plus sophistiqué de ces contrats-cadres. Par ce contrat, le franchiseur ne cherche pas nécessairement à écouler les produits qu'il fabrique. Il cherche, surtout, à réitérer une formule commerciale qui lui a réussi[1] par la transmission de son savoir-faire, de sa marque. Il peut s'agir d'une franchise de service, dans l'hôtellerie ou la restauration, par exemple, ou une franchise industrielle, comme dans le domaine de la construction immobilière, ou encore une franchise de distribution. La plupart de ces contrats de franchise (presque tous pour les franchises de distribution) contiennent une obligation d'approvisionnement, souvent exclusive[2].

472 **Contrats fondés sur une logique de sélection sans exclusivité.** L'exclusivité est, cependant, parfois absente des contrats-cadres de distribution. Le contrat de distribution sélective[3] est, ainsi, un contrat qui se fonde uniquement sur la compétence particulière reconnue à un distributeur ou bien aux qualités esthétiques de son magasin. la sélection est alors uniquement qualitative, en principe cependant car, bien souvent, mais de manière incidente, s'ajoute une sélection quantitative, mais sans exclusivité (v. ss 507). Ce contrat trouve surtout application dans le domaine de la distribution des parfums de luxe ou de produits techniques très spécialisés. Aucune exclusivité n'apparaît, ni dans un sens, ni dans l'autre et le fournisseur aura, au contraire, intérêt à la promiscuité de ses produits avec des produits de qualité équivalente. L'intérêt est,

---

1. D. Ferrier, *op. cit.*, n° 587 ; Ph. Le Tourneau, *Le franchisage*, Economica, 1994, *J.-Cl. Contr. distr.*, fasc. 565.
2. Observons que les règlements d'exemption ici évoqués ont tous, exception faite de celui pris en matière de distribution automobile, été remplacés par un nouveau règlement d'exemption unique n° 2790/99 du 22 décembre 1999 à compter du 1er juin 2000. L'approche beaucoup plus économique de ce nouveau règlement conduit à prolonger l'observation que les classifications de ces contrats ne peuvent être considérées comme des qualifications (v. S. Poillot-Perruzzetto, obs. *in CCC* 2000. 48). C'est ainsi que le nouveau règlement s'attache à la notion de « pouvoir de marché » : si le contrat s'inscrit dans un marché dominé à plus de 30 %, les règles du nouveau règlement ne s'appliquent plus ; en dessous de 30 %, en revanche, l'exemption joue sauf lorsque des clauses comme une clause d'exclusivité absolue ou de prix de revente minimum imposé peut se retrouver, supprimant d'autorité l'exemption.
3. D. Ferrier *et al.*, « La distribution sélective », *Cah. dr. entr.* 1991/1 ; Ph. Le Tourneau, *J.-Cl. Contr. distr.*, fasc. 540 ; J.-P. Viennois, *La distribution sélective*, Bibl. dr. entr., n° 40, Litec, 1999.

alors, de ne vendre qu'aux distributeurs qui proposent ces compétences, mais sans restriction quantitative[1], et le succès de la formule repose sur l'étanchéité du réseau que parviendra à maintenir le producteur.

473 **Contrat-cadre proposant la conclusion de contrats d'application avec des tiers.** Ces contrats imposent des relations contractuelles multipartites. Tel est le cas des contrats de bière, conclus entre un brasseur et un bar par exemple alors que ce dernier achètera la bière auprès d'un tiers, un entrepositaire-grossiste, qui l'aura lui-même achetée au brasseur.

Tel est, surtout, le cas des contrats qui intéressent la grande distribution. À la fin de la Seconde Guerre mondiale, certains commerçants se sont regroupés pour accéder aux tarifs préférentiels accordés par les producteurs aux grossistes. Les groupements d'achat et centrales d'achat organisés par des contrats de commission à l'achat avec les producteurs, ou les centrales de référencement, tiennent aujourd'hui une place essentielle dans l'organisation des relations de la grande distribution, c'est-à-dire la distribution de masse des produits de consommation courante. Dans ces relations, le producteur conclut un contrat de référencement que l'on peut parfois assimiler à un contrat-cadre puisqu'il détermine le contenu des ventes futures avec une centrale de référencement laquelle est en relation contractuelle avec des hypermarchés à son enseigne par des contrats d'affiliation. Mais les contrats de vente seront conclus directement entre le producteur et les hypermarchés[2].

1. Car, alors, un refus de vente, anticoncurrentiel, serait constitué, contrevenant aux règles du droit de la concurrence national ou de l'Union européenne : *cf.* CJCE, 16 déc. 1991, *Yves Saint-Laurent*, *CCC* 1992. 37, G. Bonnet, *D.* 1992. Chron. 303.

2. M.-E. André, *Les contrats de la grande distribution*, Bibl. dr. ent., n° 25, Litec, 1991.

Section 2
La construction du contrat-cadre de distribution

474 **Droit commun des contrats-cadres.** Apparus sous la plume de praticiens, puis adoptés par la jurisprudence puis par certains textes, ces contrats-cadres paraissent de prime abord hétérogènes, spécialisés. On peut cependant observer que, de plus en plus, des règles communes à tous les contrats-cadres, tirées de leur fonction économiques communes et de leur objet commun : organiser la conclusion de ventes d'application. Seuls ces éléments communs sont ici présentés et les spécialités relevant de l'implication du droit de la concurrence ne seront pas systématiquement présentées : importe cependant la considération de la formation (**§ 1**) de l'exécution (**§ 2**) et de l'extinction (**§ 3**) des contrats-cadres de distribution.

§ 1. La formation des contrats-cadres de distribution

475 **Consentement.** Le consentement donné par les partenaires au contrat-cadre fait l'objet d'une attention particulière. Le risque qu'évoquent certains est de voir une grande différence entre les résultats promis par le fournisseur, un franchiseur par exemple, et la réalité commerciale une fois le contrat conclu.

Pour tenter de pallier cette difficulté, l'invocation des vices du consentement, l'erreur, le dol, la violence réussissait rarement[1]. Aussi, le législateur est-il intervenu pour imposer une obligation d'information au producteur, qui « met à la disposition d'une autre

1. Com. 25 févr. 1986, *JCP* 1988. II. 20995, note G. Virassamy, mais Com. 4 déc. 1990, *JCP* 1991. II. 21725, note G. Virassamy. *Adde* : Com. 10 févr. 1998, annexe à Ph. Neau-Leduc, « La théorie générale des obligations à l'épreuve de la loi Doubin », *JCP E* n° spéc. *Cah. dr. entr.* 1998/2 ; *CCC* 1998. 55, obs. L. Leveneur ; Com. 13 avr. 1999, *RJDA* 1999. 660.

personne un nom commercial, une marque ou une enseigne, en exigeant d'elle un engagement d'exclusivité ou de quasi-exclusivité pour l'exercice de son activité, est tenue, préalablement à la signature de tout contrat conclu dans l'intérêt commun des deux parties de fournir à l'autre partie un document donnant des informations sincères, qui lui permettent de s'engager en connaissance de cause[1] » (C. com., art. L. 330-3, ex-L. 31 déc. 1989, dite loi *Doubin*, art. 1er).

La règle, complétée par un décret du 4 avril 1991, intéresse tous les contrats, pas simplement les contrats dits de distribution, contenant une obligation d'exclusivité à la charge de l'un et dans lesquels on trouve, en contrepartie, la mise à disposition d'un signe distinctif, marque, nom commercial ou enseigne. La liste de ces contrats est longue comprenant par exemple les contrats de franchise, de concession ou d'approvisionnement exclusif, mais aussi certains contrats de location-gérance, voire certains baux commerciaux, contrats d'agence commerciale, etc.

Cette obligation de renseignement est très importante car elle porte sur des renseignements d'un intérêt capital sur le réseau de distribution tels que les principales étapes de la vie de l'entreprise, le nombre de distributeurs, l'état du marché, les perspectives de développement de ce marché notamment ou sur le contrat envisagé comme la durée les conditions de renouvellement ou de résiliation, etc. La sanction est pénale (1 500 € d'amende) et civile : précontractuelle, l'obligation méconnue peut vicier le consentement du contractant par dol ou, plus simplement, par absence de consentement[2] : la Cour de cassation a dû s'employer pour faire admettre cette solution depuis un arrêt du 10 février 1998[3] contre

1. G. Blanc, « Les contrats de distribution concernés par la Loi Doubin », *D.* 1993. Chron. 218 ; Ch. Chambonnaud, « La loi du 31 déc. 1989 et la protection du franchisé », *Mélanges J. Derruppé*, 1991, p. 117 ; G. Virassamy, « La moralisation des contrats de distribution par la loi Doubin », *JCP E* 1990. II. 15509 ; M. Behar-Touchais et G. Virassamy, *Les contrats de la distribution*, LGDJ, 1999, n°s 14 s.

2. Ph. Neau-Leduc, art. cit.

3. Com. 10 févr. 1998, *Bull.* IV, n° 252, *CCC* 1998. 55, obs. L. Leveneur, *RTD civ.* 1998. 130, obs. P.-Y. Gautier, 365, obs. J. Mestre et Ph. Neau-Leduc, « La théorie générale des obligations à l'épreuve de la loi Doubin », art. cit. et depuis : Com. 13 avr. 1999, *RJDA* 1999. 660, Com. 19 oct. 1999, *RJDA* 2000. 258, *Cah. dr. ent.* 2000/4. 18, obs. J.-L. Respaud ; Com. 10 mai 2000, *Cah. dr. ent.* 2001/2. 28, obs. J.-L. Respaud ; Com. 16 mai 2000, *RJDA* 2000. 974, *Cah. dr. ent.* 2001/2. 28, obs. J.-L. Respaud ; Com. 21 nov. 2000, *CCC* 2001/2. 28, obs. L. Leveneur, *Cah. dr. ent.* 2001/4. 26, obs. J.-L. Respaud.

certaines cours d'appel qui avaient choisi des solutions plus radicales proposant des nullités quasi automatiques des contrats conclus en contravention de la loi *Doubin* prônant ainsi une efficacité du texte plus importante que celle que la Cour de cassation privilégie[1]. En toute hypothèse, la nullité, en général fondée sur le dol, étant très difficile à obtenir, le distributeur peut demander des dommages et intérêts sans demander la nullité du contrat[2]. On peut se demander si l'article 1112-1 du Code civil qui impose un devoir d'information précontractuel général au moment de la formation du contrat ne pourrait pas permettre d'inverser cette position. En effet, l'article 1112-1, al. 2, qui est d'ordre public, dispose qu'il « incombe à celui qui prétend qu'une information lui était due de prouver que l'autre partie la lui devait, à charge pour cette autre partie de prouver qu'elle l'a fournie » : ce serait donc au fournisseur de prouver qu'il a correctement exécuté son devoir précontractuel, à supposer que la jurisprudence admette que les règles de l'article L. 330-3 n'exceptent pas dans leur intégralité les règles communes, s'agissant de la preuve de l'exécution de ce devoir tout au moins.

De manière surprenante cependant, la Cour de cassation a décidé, en outre, que le contrat pouvait être annulé sur le fondement de l'erreur commise par le distributeur car « les résultats de l'activité du franchisé s'étaient révélés très inférieurs aux prévisions et avaient entraîné rapidement sa mise en liquidation judiciaire, sans rechercher si ces circonstances ne révélaient pas, même en l'absence de manquement du franchiseur à son obligation précontractuelle d'information, que le consentement du franchisé avait été déterminé par une erreur substantielle sur la rentabilité de l'activité entreprise »[3]. En d'autres termes, une

V. aussi Com. 14 janv. 2003, *Cah. dr. entr.* 2003/3. 20, obs. D. Mainguy (pour le renouvellement d'un contrat).

1. Et v. D. Mainguy et J.-L. Respaud, « Comment renforcer l'efficacité de la loi Doubin (C. com., art. L. 330-3) ? », *CCC* mars 2003. 5.

2. Com. 27 janv. 2009, *RDC* 2009. 1150, obs. M. Béhar-Touchais. L'inverse n'est pas exact : la demande de nullité du contrat ne peut être associée à une demande de dommages et intérêts pour obtenir l'équivalent de l'exécution du contrat : Com. 18 oct. 2011, n° 10-23.524.

3. Com. 4 oct. 2011, n° 10-20.956, *D.* 2011, p. 3052, note N. Dissaux, *D.* 2012, Pan. p. 577, obs. N. Ferrier, *JCP*, 2012, 135, note J. Ghestin, *RDC* 2012, p. 9, note Th. Génicon ; Cass. com. 12 juin 2012, n° 11-19047. Adde D. Mainguy, « L'erreur sur la rentabilité et le contrat de franchise », *RLDC* 2012/11, n° 4876.

erreur sur la rentabilité de l'activité entreprise peut emporter l'annulation du contrat, peu important la qualité de l'exécution des règles de l'article L. 330-1 du Code de commerce, règle dont la prise en compte dans l'article 1236 du Code civil donne davantage à s'interroger qu'à conclure.

476 **Durée.** Les contrats-cadres ont pour objet de régir une relation pour une longue période ; ils visent une certaine stabilité contractuelle. Pourtant, l'article 1er de la loi du 14 octobre 1943 devenu article L. 330-1 du Code de commerce, limite à dix ans les clauses d'exclusivité. En réalité, la loi de 1943 ne vise pas directement les contrats-cadres mais « la durée minimale de toute clause d'exclusivité par laquelle l'acheteur, cessionnaire ou locataire de biens meubles s'engage vis-à-vis de son vendeur, cédant, bailleur, à ne pas faire usage d'autres objets semblables ou complémentaires en provenance d'un autre fournisseur ». Et l'article L. 330-2 envisage la suite de ces contrats en décidant que leur succession est également limitée à la date qui est fixée dans le premier contrat[1]. Ne visant que les ventes ou les baux de biens meubles corporels et limitant le principe de liberté contractuelle, ce texte aurait dû connaître une interprétation stricte.

Pourtant, la jurisprudence en a étendu la portée aux contrats-cadres comportant une clause d'exclusivité[2]. Un temps, elle décidait que la sanction du dépassement devait être la nullité absolue du contrat[3], solution surprenante alors que l'article L. 330-1 dispose qu'« est limitée à dix ans... », incitant à ramener la durée excessive au délai de dix, par une forme de caducité du contrat à cette date, solution désormais retenue[4].

La durée de certains contrats de distribution, ceux comportant un tel objet, est donc limitée à dix ans, limitation parfois confon-

1. Il s'agissait, alors, de lutter contre les pratiques d'une entreprise industrielle américaine de machine à fabriquer des chaussures qui vendait, en exclusivité, des machines et assortissait chaque nouveau contrat de vente d'équipement ou de matériel d'une nouvelle clause d'exclusivité, en sorte que l'exclusivité à laquelle étaient tenus les acheteurs ne prenait jamais fin.

2. Com. 27 avr. 1971, *JCP* 1972. II. 16975, note J. Boré, *D.* 1972. 353, note J. Ghestin ; Com. 13 mars 1972, *JCP* 1972. II. 17196, note J. Boré ; Com. 7 avr. 1992, *Bull. civ.* IV, n° 154, *JCP E* 1992. II. 333, note Schodermeier.

3. Com. 7 avr. 1992, préc.

4. Com. 10 févr. 1998, préc. ; Com. 14 déc. 1999, *CCC* 2000. 46, obs. M. Malaurie-Vignal (clause insérée dans un bail commercial).

due avec la question de l'application éventuelle des règles du droit de la concurrence de l'Union européenne et notamment du Règlement n° 2790/99 qui exempte certaines clauses d'exclusivité à condition que leur durée soit limitée à cinq ans (v. ss 514).

477 **Détermination du prix.** Longtemps, tous les regards ont convergé vers cette question et ce n'est peut-être pas terminé. La question peut paraître curieuse alors qu'elle semble se ramener au prix du droit d'entrée ou des redevances éventuellement payées par le distributeur au fournisseur. En revanche, les contrats d'application, les ventes, devront avoir un prix déterminé ou déterminable, en vertu de l'article 1591 du Code civil. Or, les fournisseurs inséraient dans les contrats-cadres une clause dite clause de prix catalogue, par laquelle le distributeur devait conclure les ventes d'application aux prix fixés par le fournisseur. Longtemps la cause de l'annulation des contrats-cadres, cette hypothèse d'indétermination du prix n'est plus aujourd'hui sanctionnée en tant que telle, depuis 1995.

478 **La détermination du prix : petite évocation d'une histoire récente.** La question de la détermination du prix est aujourd'hui dépassée, presque oubliée. Pourtant, elle a passionné les juristes pendant vingt-cinq ans. Elle est aussi exemplaire en termes de méthode, raison pour laquelle un bref rappel n'est pas totalement inutile.

La question s'est, alors, posée, de savoir si le contrat-cadre, alors qu'il a pour objet la conclusion de ventes dont le prix doit être déterminé, ne devait pas déterminer le prix des contrats d'application, à tout le moins de fixer la méthode de détermination. Cette question est *a priori* absurde puisque le contrat cadre est prévu pour un long terme, alors que les prix futurs ne sont pas encore connus et que, peut-être, les marchandises qui seront vendues dans l'avenir sont inconnues. Mais, à l'inverse, le fournisseur dispose du pouvoir de fixer unilatéralement les prix et on pouvait craindre un risque d'arbitraire dans cette fixation.

En 1971, la Cour de cassation retint cette analyse et annula des contrats-cadres sur le fondement des articles 1591 et 1174 (visant les conditions potestatives)[1], ce qui était doublement

1. Com. 27 avr. et 5 nov. 1971, *D.* 1972. 353, note J. Ghestin.

inexact puisque le contrat-cadre n'est pas une vente (C. civ., art. 1591) et qu'aucune condition n'était formulée (C. civ., art. 1174). En 1978, la Cour de cassation a recherché un fondement plus adapté dans l'article 1129 du Code civil qui impose que l'objet du contrat doit être déterminé dans son espèce ou sa quotité. Observant que l'obligation de payer a pour objet un prix, la Cour en déduisit qu'« il faut pour la validité du contrat que la quotité de l'objet qui en est l'obligation puisse être déterminée », soit le prix [1]. Retenues au départ pour les contrats de pompistes de marque (arrêts de 1971) et les contrats de bière (arrêts de 1978), ces solutions avaient été petit à petit élargies à tous les contrats-cadres qui comprenaient une obligation de conclure des contrats d'application [2].

Pourtant, cette solution était largement critiquée : on lui reprochait son inadaptation, car l'article 1129 peut être appliqué à tous les contrats ; son inutilité si l'on observe que le droit de la concurrence contient tous les outils permettant d'éviter l'arbitraire du fournisseur, si tel était le but recherché par la jurisprudence [3] ; ou bien le fait que l'action en annulation du contrat-cadre menée par le distributeur ne l'était jamais pendant la vie du contrat mais après son extinction, pour échapper à une clause de non-concurrence postcontractuelle par exemple en utilisant la nullité absolue qui sanctionnait le défaut de détermination du prix au sens de cette jurisprudence [4].

En 1991, la Cour de cassation chercha une solution en distinguant les contrats-cadres qui contiennent essentiellement des obligations de donner de ceux qui contiennent essentiellement des obligations de faire, seuls les premiers encourant l'annulation [5]. Mais ce fut un nouvel échec car aucun de ces contrats ne contient d'obligation de donner et la Cour chercha une nouvelle

1. Com. 11 oct. 1978 (trois arrêts), *D.* 1979. 135, note R. Houin, *JCP* 1978. II. 19034, note Y. Loussouarn.
2. V. en dernier lieu, Com. 12 déc. 1989, *D.* 1990. Somm. 369, obs. D. Ferrier pour les contrats de franchise, après une longue hésitation jurisprudentielle : *cf.* J. Ghestin et B. Desché, n° 388.
3. L. Aynès, « L'indétermination du prix dans les contrats de distribution, comment sortir de l'impasse », *D.* 1993. Chron. 25.
4. M.-A. Frison-Roche, « L'indétermination du prix », *RTD civ.* 1992. 269.
5. Com. 22 janv. 1991, *D.* 1991. 175, concl. M. Jéol ; *JCP* 1991. II. 21679, note G. Virassamy ; *JCP E* 1991. II. 201, obs. L. Leveneur.

solution en recherchant si « lors de la conclusion des contrats de vente successifs, le prix des ventes successives pouvait être librement débattu et accepté[1] », c'est-à-dire si une obligation de négocier, par exemple, existait, ruinant alors les effets d'une obligation de conclure les ventes (puisqu'une obligation de négocier un contrat n'emporte pas celle de la conclure).

Par ailleurs, la Cour de cassation posait de difficiles problèmes de restitution en cas d'annulation. Jusqu'à présent, ceux-ci étaient simples : le fournisseur devait restituer le prix des marchandises et le distributeur ces marchandises ou leur valeur, leur prix, pour un solde nul ou presque. La Cour affirmait alors que le distributeur devait restituer le prix en faisant abstraction du bénéfice du fournisseur, instituant une véritable prime à la mauvaise foi[2].

479 **Mutation de jurisprudence.** En 1994 et 1995, la Cour de cassation a mis fin à ces solutions. D'abord initié par la première chambre civile, le 29 novembre 1994[3], ce renversement de jurisprudence a été achevé par l'Assemblée plénière, le 1er décembre 1995[4] qui, par quatre arrêts, décidait, sous le visa des articles 1134, alinéa 3, et 1135 du Code civil, que « l'article 1129 du Code civil n'est pas applicable à la détermination du prix » et surtout que « lorsqu'une convention prévoit la conclusion de contrats ultérieurs, l'indétermination du prix de ces contrats dans la convention initiale n'affecte pas, sauf dispositions légales, la validité de celui-ci », validant ainsi les clauses de prix catalogue, et, enfin, que « l'abus dans la fixation du prix peut donner lieu à résiliation ou indemnisation ».

1. Com. 5 et 19 nov. 1991, *D.* 1992. Somm. 266, nos 4 et 5, obs. L. Aynès ; *D.* 1993. 379, note J. Ghestin ; *CCC* 1992. 3, obs. L. Leveneur et J. Ghestin, « Réflexions sur le domaine et le fondement de la nullité pour indétermination du prix », *D.* 1993. Chron. 251.

2. Com. 23 juin 1992, *JCP E* 1993. II. 407, note L. Leveneur et *CCC* 1992/11. 1 ; *JCP* 1992. II. 21974, note M. Behar-Touchais ; *RTD civ.* 1993. 350, obs. J. Mestre, mais v. récemment Com. 19 mars 1996, *JCP E* 1997. I. 617, n° 8, obs. J. Raynard.

3. Civ. 1re, 29 nov. 1994, *JCP* 1995. II. 22371, note J. Ghestin ; *JCP E* 1995. II. 662, note L. Leveneur ; *D.* 1995. 122, note L. Aynès ; *RTD civ.* 1995. 358, obs. J. Mestre.

4. Cass., ass. plén., 1er déc. 1995, *JCP* 1996. II. 22565, note J. Ghestin ; *D.* 1996. 13, rapp. M. Jéol, note L. Aynès ; Chron. D. Bureau et N. Molfessis, *LPA* 1995, n° 155, p. 16 ; Chron. A. Laude, *D. Affaires* 1996, n° 1, p. 4 ; A. Coeuret, Chron. *Dr. et patr.* janv. 1996. 49 ; Chron. M.-A. Frison-Roche, *RJDA* 1996. 5 ; M. Jéol, Ch. Bourgeon, Ch. Jamin, Th. Revet, D. Ferrier, M. Pédamon et Ph. Simler, « La détermination du prix : nouveaux enjeux un an après les arrêts de l'Assemblée plénière », *RTD com.* 1997. 1 s. ; coll. Thèmes et commentaires, Dalloz, 1997.

On en retiendra que la détermination unilatérale du prix par le fournisseur n'est plus assimilée à une fixation arbitraire du prix. Mais, dans le même temps, le contentieux, jusqu'ici fixé au moment de la formation du contrat, se déplace vers son exécution puisque le distributeur pourra reprocher au fournisseur d'avoir commis un abus dans la fixation du prix. Or, la Cour ne donnait aucun critère permettant de repérer un tel abus[1] et la tentation aurait pu être grande d'y voir l'obligation pour le fournisseur de pratiquer des prix concurrentiels[2] voire d'assurer au distributeur un profit suffisant[3], le tout dans le cadre d'une « obligation pour le partenaire dominant de prendre en compte l'intérêt du partenaire dominé, lors de la fixation du prix[4] ». On aurait été alors dans une situation très proche de celle des contrats d'intérêt commun[5]. Fort justement, la Cour de cassation s'en est tenue à des applications sages de sa jurisprudence : le seul fait que les prix du fournisseur soient élevés ne justifie pas par exemple qu'il y ait abus[6], c'est au distributeur de faire la démonstration qu'il y a abus[7].

L'article 1163 du Code civil donne corps, pour partie (dans la mesure où il limite la règle nouvelle aux seuls contrats-cadres), à la jurisprudence de 1995 : « Dans les contrats-cadre, il peut être convenu que le prix sera fixé unilatéralement par l'une des parties, à charge pour elle d'en motiver le montant en cas de contestation. En cas d'abus dans la fixation du prix, le juge peut être saisi d'une demande tendant à obtenir des dommages et intérêts et le cas échéant la résolution du contrat ». On retiendra alors que

1. Com. 21 janv. 1997, *D.* 1997. 443, note Ch. Jamin ; Com. 23 févr. 1999, *CCC* 1999. 62, obs. L. Leveneur, *Cah. dr. entr.* 1999/5, p. 18, n° 8, obs. D. Mainguy ; Civ. 1re, 14 juin 2000, *RJDA* 2001. 410.
2. *Cf.* déjà Com. 3 nov. 1992 (arrêt *Huard*), *Bull. civ.* IV, n° 338, *JCP* 1993. II. 22614, note G. Virassamy, *Defrénois* 1993. 1377, obs. J.-L. Aubert, *RTD civ.* 1993. 124, obs. J. Mestre ; Com. 7 oct. 1997, *JCP* 1998. II. 10110, note D. Mainguy ; Com. 24 nov. 1998 (arrêt Chevassus-Marche), *Bull. civ.* IV, n° 277, *CCC* 1999. 56, obs. M. Malaurie-Vignal, *JCP* 1999. II. 10220, note Y. Picod, *Defrénois* 1999. 371, obs. D. Mazeaud.
3. Comp. Ch. Jamin, in *RTD com.* 1997. 25 ; A. Laude, Chron. préc.
4. Th. Revet, in *RTD com.* 1997. spéc. n° 13, p. 44.
5. D. Mainguy, « Bref retour sur l'indétermination du prix », *Cah. dr. entr.* 1998/2.
6. Mais v. Versailles, 27 janv. 2000, *RTD civ.* 2000. 570, obs. J. Mestre et B. Fages, condamnant pour abus la hausse de prix d'un loueur de matériel téléphonique et Paris, 24 oct. 2000, *D.* 2001. Somm. 3236, obs. D. Mazeaud à propos de la hausse des tarifs de la location d'un coffre-fort.
7. Com. 28 mars 2000 et 6 juin 2000, *Cah. dr. ent.* 2001-2. 28, obs. J.-L. Respaud et D. Mainguy.

la détermination unilatérale est validée, sous réserve qu'elle soit « convenue », ce qui suppose une clause en ce sens, une clause « prix catalogue », et qu'en cas de contestation de l'augmentation du prix, celle-ci doit être motivée.

480 **Implication du droit de la concurrence.** Le droit de la concurrence est une matière complémentaire de la vie des contrats-cadres, tant en droit interne qu'européen[1]. L'implication du droit de la concurrence sur les contrats est globale, en ce sens que le droit de la concurrence propose un traitement du contrat dans tous ses compartiments, mais le lien s'opère, du point de vue du droit des contrats, en termes de formation, par le truchement d'un contrôle de validité du contrat au regard de cet ordre public concurrentiel particulier.

Le principe est celui de la libre concurrence, principe assez voisin de celui de la liberté contractuelle, à cette différence cependant que ses critères d'application sont pratiquement exclusivement économiques. Les règles du droit de la concurrence ont pour objet de prévenir, limiter, réguler et éventuellement sanctionner les atteintes à ce principe. Or, dans la mesure où les contrats-cadres de distribution visent à sélectionner des opérateurs (des distributeurs le plus souvent) pour organiser des réseaux et donc limiter le nombre d'intervenants, ils ont nécessairement une influence sur la concurrence. Exclusivité, cloisonnement des marchés, non-concurrence, répartition des territoires, discriminations... on retrouve alors tous les ingrédients de l'application du droit de la concurrence. L'application de ces règles se fait par l'appréciation des apports bénéfiques sur la concurrence que procurent de tels contrats-cadres (amélioration de la distribution, de la production, de la qualité, service rendu au consommateur...) comparés à leurs effets négatifs (restriction de concurrence disproportionnée, imposition de prix, discrimination...), ce que l'on

1. D. Mainguy, J.-L. Respaud et M. Depincé, *Droit de la concurrence*, Litec, 2010, M.-A. Frison-Roche et M.-S. Payet, *Droit de la concurrence*, Dalloz, 2006. M. Malaurie-Vignal, *Droit communautaire et interne de la concurrence*, Masson, 2007 ; G. Cas, M. Bruschi, S. Poillot-Peruzetto et M. Luby, *Droit économique*, Lamy et v. J.-M. Bahans, *Théorie générale de l'action juridique et droit économique*, Thèse Bordeaux, 1998 ; *adde* : M. Chagny, *Droit de la concurrence et droit des obligations*, Dalloz, 2002.

appelle « bilan économique », lequel, lorsqu'il est favorable, emporte « exemption » de la pratique.

En droit interne de la concurrence, cette application s'effectue au cas par cas, devant le conseil de la concurrence, qui condamnera le contrat anticoncurrentiel au titre des ententes (C. com., art. L. 420-1), plus rarement des abus de domination (art. L. 420-2), ou bien accordera une *exemption* signifiant que le contrat qui lui est soumis est conforme avec le jeu de la concurrence (ou qu'il est « racheté » par le jeu du bilan économique).

En droit de l'Union européenne[1], la démarche est sensiblement la même dès lors que le contrat en question est susceptible d'avoir une influence sur le commerce entre états membres. La Commission de l'Union européenne ou le juge interne sont cependant aidés, dans leur appréciation par de multiples règlements d'*exemption par catégorie* aujourd'hui fusionnés en un règlement unique n° 330/2010 pour les autres contrats, y compris en matière automobile, secteur qui disposait avant 2010 d'un règlement d'exception particulier (REC n° 1400/2002), proposent, par avance, une exemption collective fondée sur un bilan économique global réalisé par anticipation mais sous condition (v. ss 282 s.). Ce règlement a pour objet de définir les conditions dans lesquelles une pratique, ici un contrat ou une clause particulière d'un contrat (comme une clause d'exclusivité, une clause de non-concurrence, une clause relative au prix) échappent aux sanctions du droit de la concurrence, de manière large d'ailleurs.

Les contrats de distribution font en effet l'objet d'un accueil de principe plutôt favorable par le droit de la concurrence : les conventions assurant une sélection des distributeurs, via une technique d'exclusivité ou non, assurent une forme de rationalisation du commerce par la création de commerces spécialisés emportant création de réseaux de vente uniformes pour le consommateur.

On observe enfin une large tendance à la « civilisation » du droit de la concurrence, spécialement pour les contrats de la dis-

1. M. Trochu, « Incidence du droit communautaire sur la rédaction des contrats de distribution », *D.* 1995. Chron. 179.

tribution, par l'application de formes voisines de ces règles par des juridictions civiles, à travers, notamment, le développement de l'exécution de bonne foi des obligations[1] ou l'abus dans les contrats[2], imposant par exemple à la charge du fournisseur une obligation de permettre de pratiquer des prix concurrentiels[3] tout à fait inédite.

481 **Implication du droit du travail.** Le droit du travail n'est pas sans influence sur les contrats de distribution, ne serait-ce qu'en raison de l'idée récurrente que les contrats de distribution sont des contrats de dépendance. Un texte du droit du travail a plus particulièrement vocation à s'appliquer, l'article L. 7321-2 (ex-L. 781-1) du Code du travail. Celui-ci dispose que les règles du droit du travail s'appliquent « aux personnes dont la profession consiste à vendre des marchandises fournies exclusivement ou presque exclusivement par une seule entreprise, lorsque ces personnes exercent leur profession dans un local agréé par le fournisseur, et aux conditions et prix imposés par ladite entreprise ». Dès lors par conséquent qu'un contrat de distribution de marchandise mais aussi un contrat de franchise de service, comme le secteur de la franchise hôtelière, est conclu avec une clause exclusivité, dans un local agréé par le fournisseur, aux conditions et prix fixé par ce dernier, les règles du droit du travail s'imposent : horaires de travail, congés payés, règles du licenciement applicables à la rupture du contrat, etc. C'est ainsi que la jurisprudence a appliqué ce texte à des pompistes de marque[4] ou bien à des mandataires consignataires[5] mais l'enjeu du texte tient à son application à des contrats de distribution en réseau, concession commerciale ou franchise notamment[6]. Cette application se heurte à un premier

1. B. Fages, *Le comportement du contractant*, PUAM, 1997 ; D. Mainguy, « Remarques sur les contrats de situation et quelques évolutions du droit des contrats », *Mélanges M. Cabrillac*, Dalloz-Litec, 1999, p. 725.
2. D. Mainguy (dir.), *L'abus de droit dans les contrats*, et spéc. B. Fages, « L'abus de droit dans les contrats de distribution », *Cah. dr. entr.* 1998/6. 16 ; Ph. Stoffel-Munck, *L'abus dans le contrat, essai d'une théorie*, Thèse Aix, 1999.
3. Com. 3 nov. 1992 ; Com. 27 déc. 1998, préc.
4. Soc. 13 janv. 1972, *D.* 1972. 425.
5. Soc. 1er mars 1973, *Bull. civ.* V, n° 129, *JCP CI* 1975. II. 11754, note Mayzonade.
6. J. Guyénot, « L'immixtion des règles du droit du travail dans les rapports entre concédants et concessionnaires », *Gaz. Pal.* 1996. 2. Doctr. 457.

obstacle qui tient au fait que le contrat en question peut être exploité par une personne morale, une société. La jurisprudence semble s'orienter vers un contrôle plus accru de la réalité d'une telle personne morale et cherche à vérifier qu'elle n'est pas créée dans le seul but de contourner l'application des règles du droit du travail[1]. Encore convient-il de vérifier que les règles de l'article L. 7321-1 (ex-L. 781-1) du Code du travail peuvent s'appliquer eu égard notamment à la question de la démonstration de l'existence d'un lien de subordination. Or, ici encore, la jurisprudence paraît admettre l'application de ce texte dès lors que ses conditions étaient réunies sans avoir « à rechercher si les obligations dépassaient celles d'un franchiseur en vue d'assurer l'unité de son réseau[2] ». Devenu une véritable machine de destruction des règles du droit de la distribution, ce texte et l'interprétation retenue par la Chambre sociale de la Cour de cassation deviennent aujourd'hui un véritable obstacle au développement de réseaux de distribution[3].

§ 2. L'exécution des contrats-cadres de distribution

482 **Obligations du fournisseur.** Les contrats-cadres mettent à la charge du fournisseur des obligations diverses.

La principale tient généralement au respect de l'exclusivité qu'il a pu consentir et qui consiste pour lui à ne livrer que le distributeur choisi dans le territoire qui lui a été reconnu. On évoque, à cet effet, une exclusivité territoriale qui impose au fournisseur de ne pas vendre à un autre distributeur dans ce territoire.

1. Soc. 29 oct. 1980, *Bull. civ.* V, n° 789, Paris, 7 juin 2001, *RJDA* 2002. 41, *Cah. dr. ent.* 2002/4, obs. D. Mainguy. *Adde* : Ch. Cutajar, « La franchise hôtelière à l'épreuve de la fictivité », *RJDA* 2002. 3. V. J. Mestre, « L'influence des relations de travail sur le droit commun des contrats », *Dr. soc.* 1998. 405.
2. Com. 3 mai 1995, *JCP E* 1995. II. 748, note L. Leveneur, *D.* 1997. 10, note L. Amiel-Cosme ; Soc., 4 déc. 2001, *Cah. dr. ent.* 2002/4. 31, obs. D. Mainguy : « il résulte de ce texte que dès lors que les conditions sus-énoncées sont, en fait, réunies, quelles que soient les énonciations du contrat, les dispositions du Code du travail sont applicables, sans qu'il soit besoin d'établir l'existence d'un lien de subordination », Nîmes, 5 juill. 2002, *Cah. dr. entr.* 2003/3. 21, obs. D. Mainguy.
3. D. Mainguy, « Faut-il brûler le droit de la distribution ? », *D.*2013, Chron.p. 1222.

Par conséquent il devra refuser de vendre à tous ceux qui lui demanderaient de le livrer dans ce territoire. Or, le refus de vente est considéré comme un acte anticoncurrentiel par les règles propres aux droits des ententes (C. com., art. L. 420-2 et art. 36-2, abrogé par L. 1er juill. 1996).

En l'absence d'exclusivité, comme dans les contrats de distribution sélective, un refus de vente sera opposé aux distributeurs non sélectionnés et les litiges qui surviennent seront souvent l'occasion de vérifier que les critères de ce contrat sont respectés.

Le fournisseur doit aussi d'autres obligations : livrer les marchandises dans les conditions prévues par le contrat, assister le distributeur lorsque le contrat le prévoit (comme les contrats d'approvisionnement exclusif) c'est-à-dire lui prêter des matériels (comme les cuves des contrats de pompiste de marque)[1], fournir le savoir-faire nécessaire dans les contrats de franchise, assurer au distributeur la disposition de la marque du fournisseur, contrôler que les autres distributeurs respectent leurs obligations...

483 **Obligations du distributeur.** Celles-ci sont en général plus lourdes. Il doit respecter les quotas prévus par le contrat, respecter l'exclusivité d'approvisionnement ou les critères du contrat de distribution sélective, payer, bien sûr le prix des marchandises, les droits d'entrée et redevances prévus par le contrat. La sanction est la résolution judiciaire ou la résiliation lorsqu'une telle clause a été insérée dans le contrat.

Il assume, surtout, des obligations à l'égard des consommateurs, sous-acquéreurs des marchandises vendues par le fournisseur au distributeur. Là se situe l'enjeu essentiel de ces contrats car le fournisseur cherche à organiser ces réseaux de distribution pour contrôler la distribution de ses marchandises aux consommateurs. Aussi ces contrats comportent-ils des clauses qui imposent par exemple des obligations de démonstration ou de conseil aux consommateurs, un service après vente même à ceux qui n'ont pas acquis les marchandises dans leur magasin[2].

---

1. V. ss 378.
2. Pareille obligation est, d'ailleurs, assez difficile à justifier. Fondée sur un mandat ? Mais il s'agira d'effectuer des actes matériels ; une délégation de créance ou plus exactement une promesse de délégation de créance, conclue entre chaque membre du réseau ? Une stipulation pour autrui où le revendeur, stipulant, achèterait au vendeur, promettant, au profit du bénéficiaire qui accepterait en achetant à

En revanche, le distributeur n'est pas obligé de respecter l'obligation qui lui serait faite de revendre au prix imposé par le fournisseur. Cette obligation, et ses avatars comme les clauses de prix conseillé, sont, en effet, interdites par l'article L. 442-5 du Code de commerce ou bien par les articles L. 420-1 et L. 420-2 du Code de commerce en matière d'ententes et d'abus de domination[1].

484 **Clause d'exclusivité.** La clause d'exclusivité est la clause la plus fréquente dans les contrats de distribution : elle impose au distributeur, pour une formule d'exclusivité d'approvisionnement, de ne contracter qu'avec le fournisseur à l'exclusion de tout autre[2]. Il s'ensuit une obligation de ne pas contracter avec d'autres mais également une obligation positive de contracter avec le fournisseur[3].

La clause d'exclusivité est fréquemment accompagnée d'obligations accessoires. Ainsi en est-il de la clause de rendement qui impose au distributeur de réaliser un certain nombre d'opérations contractuelles avec ses propres clients : on les appelle alors clause de minima lorsqu'on envisage les volumes d'achats que le distributeur doit réaliser, clause de quota lorsqu'il s'agit de mesurer un minimum de reventes. La jurisprudence attache une certaine importance à ces clauses : c'est ainsi qu'elle considère que leur non-respect justifie la résiliation du contrat à moins que le fournisseur ait admis une tolérance particulière qui l'empêche d'imposer une rigueur nouvelle, sauf à manquer à la bonne foi contractuelle[4]. La Cour de cassation considère par ailleurs que les clauses d'objectif créent des obligations de moyens, et non de résultat[5].

On repère en pratique plusieurs types de clauses d'exclusivité, dont la déclinaison est surtout importante au regard de l'application des règles du droit de la concurrence (v. ss 514).

---

son tour la marchandise, ajoutée à une promesse de porte-fort du promettant de faire exécuter la promesse par n'importe quel revendeur ? Les explications sont complexes, à l'image des constructions proposées par les contractants.

1. Com. 7 oct. 1997, préc.

2. S. Lebreton, *L'exclusivité contractuelle et les comportements opportunistes*, Bibl. dr. ent., t. 57, Litec, 2002 ; S. Bosco, *Le contrat exclusif*, PUAM, 2007, N. Eréséo, *La clause d'exclusivité*, Thèse Montpellier, 2007.

3. En ce sens, J.-L. Respaud, *L'obligation de contracter dans les contrats-cadres de distribution*, Thèse cit.

4. Com. 7 déc. 1993, *RTD civ.* 1994. 855, obs. J. Mestre.

5. Paris, 12 avr. 1996, *D. Affaires* 1996. 713 et v. les réf. citées *in* R. Bout, M. Bruschi, S. Poillot-Perruzzeto et M. Luby, *Droit économique*, éd. Lamy, n°s 3952 s. ; Ph. Becqué, « Les clauses de quotas dans les contrats de concession exclusive », *Cah. dr. ent.* 1985/4. 21.

La clause d'exclusivité absolue est la formule la plus dure : elle consiste pour le débiteur d'exclusivité, le distributeur le plus souvent, à ne pouvoir revendre que dans le périmètre territorial qui lui est accordé sans pouvoir effectuer de vente active, c'est-à-dire de prospecter des clients situer hors sa zone, ni de vente passive, c'est-à-dire de vente à des clients qui seraient domiciliés hors sa zone sans avoir été préalablement démarché en ce sens. Le distributeur voit ainsi son territoire parfaitement cloisonné, imperméable à toute concurrence externe et pour cette raison ces clauses sont prohibées par le droit de la concurrence. C'est même, dans le règlement unique n° 2790/99 (art. 4) une cause systématique de retrait de l'exemption, en droit de la concurrence de l'Union européenne (v. ss 514).

La clause d'exclusivité renforcée impose au vendeur de ne pas effectuer de vente active, mais admet les ventes passives : le secteur du concessionnaire est donc protégé, tout en assurant quelques éléments de perméabilité aux tiers. Elle reste licite dans cette limite.

La clause d'exclusivité simple est la formule la plus bénigne pour le droit de la concurrence : le distributeur dispose d'un territoire qui est en quelque sorte une base de départ, lui permettant de commercer avec des clients situés sur un autre territoire que le sien, favorisant ainsi une concurrence interne au réseau de distribution.

Au regard du droit des contrats, cette distinction importe moins. Les règles du droit des contrats ne proposent, *a priori*, aucune autre contrainte que celle de l'article L. 330-1 du Code de commerce, en terme de durée, de sorte que l'on observe, en principe que la clause d'exclusivité est, en dehors de cette question très particulière, valable. On peut cependant moduler cette affirmation. Les clauses d'exclusivité en effet imposent une action, exclusive, au profit du créancier d'exclusivité mais également une abstention, à l'égard des tiers et justifient l'identification d'une contrepartie, une cause particulière, qui peut être l'engagement réciproque du contractant ou un soutien financier, etc. comme l'exemple des contrats d'approvisionnement et d'assistance (v. ss 497) le montre, mais elles constituent également une limitation au principe de la liberté du commerce et de l'industrie, de telle manière que, comme les clauses de non-concurrence, elles doivent sans doute, quoiqu'aucune décision ne l'ait encore précisé, être indispensables à l'objectif économique déterminé par le contrat et être proportionnées à celui-ci, de telle sorte que des durées trop longues, des champs d'exclusivité trop vastes, peuvent être contenus, même en dehors du champ d'application des règles plus haut visées ou de l'application de celles du droit de la concurrence.

485 **Clause de non-concurrence.** Très fréquemment, le contrat comporte une clause de non-concurrence pendant l'exécution du contrat, qui n'est pas sans poser bien des difficultés. Ces clauses interdisent au distributeur d'exercer une activité qui serait susceptible de faire concurrence à celle du fournisseur. En ce sens, ces clauses se distinguent des clauses d'exclusivité.

La jurisprudence est alors souvent confrontée à la violation indirecte de cette clause, via une personne morale créée à cet effet par le distributeur. Lorsque la clause de non-concurrence vise cette situation, par exemple en indiquant qu'est interdit tout acte de concurrence « direct ou indirect », la résiliation du contrat pour violation de l'obligation de non-concurrence peut aisément être demandée. À défaut, la Cour de cassation considère que seule la fraude aux droits du fournisseur justifie le dépassement de l'écran constitué par la personne morale[1].

486 C'est surtout la clause de non-concurrence postcontractuelle qui pose difficulté dans ce type de contrat comme dans bien d'autres[2]. On les trouve dans des contrats qui emportent transfert d'une clientèle comme les cessions de fonds de commerce, ou une cession de contrôle d'une société mais aussi dans des contrats n'emportant pas de transfert de clientèle comme le contrat de travail ou les contrats de distribution. La clause de non-concurrence est en principe valable, pour autant que certaines conditions de plus en plus complexes à identifier soient respectées : elle repose sur des limitations de l'objet de l'obligation de non-concurrence. La justification de ces limites tient au respect de la liberté d'entreprise

1. Com. 15 déc. 1992, *D.* 1994. Somm. 75, obs. Y. Picod.
2. Y. Serra, *La non-concurrence*, Dalloz, 1991.

ou du travail opposé au principe de liberté contractuelle. Si une obligation de non-concurrence peut dans le contrat de travail, se déduire de l'obligation de fidélité due par le salarié ou de l'obligation de garantie d'éviction dans le contrat de cession de fonds de commerce, dans les contrats de distribution, une telle clause de non-concurrence postcontractuelle doit être expresse. Reste alors à mesurer les conditions de validité de ces clauses.

Une première condition repose sur l'exigence de limitation quant à l'activité objet de l'obligation de non-concurrence : la clause de non-concurrence ne doit pas interdire à son débiteur d'exercer normalement son activité professionnelle : elle doit se contenter de préserver certains intérêts commerciaux du créancier de non-concurrence. Ce serait le cas de clauses trop générales[1].

Une condition impose une limitation alternative quant au temps et au lieu. Une clause de non-concurrence illimitée dans l'espace ou dans le temps serait, là encore, critiquée. Cependant une seule de ces limites suffit en principe[2].

Il convient enfin que la clause de non-concurrence réponde à un intérêt légitime du créancier de non-concurrence[3] et qu'elle soit proportionnée à l'objet du contrat ou aux intérêts légitimes que celui-ci protège, par exemple la réalisation effective du transfert de clientèle dans un contrat de cession de fonds de commerce. L'exigence résulte d'un arrêt *Godissart* du 14 mai 1992, dit arrêt « du laveur de vitres[4] » suivi d'un arrêt du 9 novembre 1993 rendu cette fois par la chambre commerciale et largement répété depuis[5]. Il en résulte alors que le périmètre de l'activité interdite,

1. *Cf.* par ex. : Soc. 27 juin 1984, *Bull. civ.* V, n° 269.
2. Com. 19 mai 1987, *Bull. civ.* IV, n° 121, *D.* 1988. Somm. 177, obs. Y. Serra (cession de fonds de commerce).
3. Surtout, en droit du travail, cette condition est devenue essentielle : le juge doit d'abord vérifier si la clause de non-concurrence répond à un intérêt légitime de l'employeur, puis vérifier si les conditions de validité sont remplies et si elle est proportionnée (Soc. 18 sept. 2002, *Bull. civ.* V, n° 273, *D.* 2002. 3229, note Y. Serra).
4. Soc. 14 mai 1992, *Bull. civ.* V, n° 309, *D.* 1992. 350, note Y. Serra : une clause de non-concurrence insérée dans un contrat de travail qui avait été annulée car elle n'était pas indispensable à la protection des intérêts légitimes de l'employeur.
5. Com. 9 nov. 1993, *Bull. civ.* IV, n° 399, *D.* 1994. 399, note D. Lombard, *D.* 1994. Somm. 220, obs. Y. Serra ; Com. 4 janv. 1994, *Bull. civ.* IV, n° 4, *D.* 1995. 205, note Y. Serra, *RTD civ.* 1994. 349, obs. J. Mestre ; Com. 16 déc. 1997, *CCC* 1998. 39, obs. L. Leveneur ; v. aussi, dir. M. Béhar-Touchais, « Existe-t-il un principe de proportionnalité en droit privé ? », *LPA* 30 sept. 1998 ; Civ. 1re, 11 mai 1999, *Bull. civ.* IV, n° 156, *D.* 2000. Somm. 312, obs. Y. Serra.

le territoire comme la durée de la clause de non-concurrence peuvent être contrôlés. Il en résulte aussi que la sanction des clauses de non-concurrence est la réduction de la clause, plus que son annulation[1].

Reste une dernière condition, aujourd'hui simplement posée en droit du travail par les importants arrêts du 10 juillet 2002[2], imposant une contrepartie financière à la clause de non-concurrence en raison du « principe fondamental de libre exercice d'une activité professionnelle » découvert par la Cour de cassation, sur le fondement de l'ex-article 1131 du Code civil, c'est-à-dire de la cause, disparue. Un tel fondement était de nature à envisager une extension de cette jurisprudence à d'autres contrats, comme les contrats de distribution[3]. Pourtant, les éléments d'une telle rémunération de la clause de non-concurrence ne manquent pas, comme l'exigence d'une cause de l'engagement de non-concurrence, qui ne peut résulter exclusivement du souvenir contractuel, voire une obligation quasi contractuelle[4]. Se pose en outre la question du nouveau fondement légal au contrôle des clauses de non-concurrence dans le nouveau dispositif des articles 1162 à 1171 du Code civil : clauses déséquilibrées de l'article 1171 ou clause contraire à l'ordre public de l'article 1162 ?

Enfin, des clauses voisines, comme des clauses de non-affiliation interdisent, non pas d'exercer une activité particulière, comme ce serait le cas d'une clause de non-concurrence, mais d'exercer une activité dans un réseau. Tout aussi restrictive de concurrence que les précédentes, elles sont analysées, en droit de la concurrence comme en droit des contrats, de la même manière[5].

487 **Question dérivée : la propriété de la clientèle.** La question de la propriété de la clientèle est une question dérivée de la précédente dans la mesure où l'utilité de la rémunération d'une clause de

1. Soc., 18 nov. 2002, *D.* 2002. Somm. 3112, obs. J. Pélissier.
2. Soc. 10 juill. 2002, *Bull. civ.* V, n° 239, *D.* 2002. 2491, note Y. Serra, *JCP* 2002. II. 10162, note F. Petit, *CCC* 2002. 141, obs. M. Malaurie-Vignal, *RDC* 2003. 17, obs. J. Rochfeld, Soc. 29 janv. 2003, *Bull. civ.* V, n° 27.
3. C. Jamin, « Clause de non-concurrence et contrat de franchise », *D.* 2003. 2878.
4. Com. 9 oct. 2007, *JCP* 2007. II. 10211, note N. Dissaux, *CCC* 2007. 298, obs. M. Malaurie-Vignal, *RLDA* 2008/1. 1354, note D. Ferré et E. Debert, *RLDC* 2008/3. 6, note D. Mainguy et M. Depincé.
5. M. Depincé, « À propos des clauses de non réaffiliation », *RDLC* 2007. Com. 17 juill. 2006, *Bull. civ.* IV, n° 9, *D.* 2007. 1918, note D. Ferrier, *CCC* 2006. 67, obs. M. Malaurie-Vignal.

non-concurrence se justifie par la présupposition de propriété de la clientèle par le distributeur, de telle manière que l'interdiction contractuelle d'exercer une activité, équivaut, plus ou moins à une spoliation ou un gel de cette clientèle. De manière plus large, cependant, la question de l'appropriation de la clientèle est une question récurrente dans les contrats de distribution, qui s'est posée, notamment dans les rapports du distributeur avec son bailleur. En effet, pour bénéficier du statut des baux commerciaux (v. ss 350) encore convient-il de disposer d'une clientèle. La question est plutôt complexe et affaire d'appréciation. On pourrait considérer par exemple que la clientèle est tout entière attachée à la marque et, donc, au propriétaire de la marque, le promoteur du réseau le plus souvent, le fournisseur qui peut être différent, le distributeur ne disposant que d'un droit concédé de l'exploiter, le temps du contrat. On peut considérer à l'inverse que la clientèle est celle de celui qui l'exploite et que la clientèle du fournisseur n'est constituée que de ses contractants, les distributeurs, ceux-ci formant un écran avec la clientèle ou bien retenir une position médiane.

La Cour de cassation n'a jamais véritablement tranché au fond la question du rattachement de la clientèle, au franchiseur ou au franchisé[1], et semble en tout cas refuser un rattachement unique de la clientèle. En ce qui concerne le régime des baux commerciaux, elle préfère « allouer » à chacun des deux contractants, le franchiseur et le franchisé, une clientèle propre depuis l'arrêt *Trévisan*[2] : « d'une part (...) si une clientèle est au plan national attachée à la notoriété de la marque du franchiseur, la clientèle locale n'existe que par le fait des moyens mis en œuvre par le franchisé, parmi lesquels les éléments corporels de son fonds de commerce, matériel et stock, et l'élément incorporel que constitue le bail, que

---

1. H. Bensoussan, « La clientèle au franchisé, facteur d'illégitimité de la clause de non-rétablissement », *D.* 2001. Chron. 2498 ; M.-P. Dumont-Lefrand, « Bail commercial et droit de la distribution », *RTD com.* 2003. 43.

2. Com. 9 oct. 2007, préc., Civ. 3e, 27 mars 2002, *D.* 2002. 2400, note H. Kenfack, Somm. 3006, obs. D. Ferrier, *JCP* 2002. II. 10112, note F. Auque, *Cah. dr. entr.* 2002, n° 5, p. 20, obs. J.-L. Respaud. Comp. Paris, 6 févr. 1996, *JCP* 1997. II. 22818, note B. Boccara ; *D.* 1997. Somm. 57, obs. D. Ferrier ; *RTD com.* 1996. 238, obs. J. Derruppé : contre cette reconnaissance, Paris, 4 oct. 2000, *JCP* 2001. II. 10467, note B. Boccara, *D.* 2001. J. 1718, note H. Kenfack, Somm. 301, obs. D. Ferrier, pour cette reconnaissance.

cette clientèle fait elle-même partie du fonds de commerce du franchisé puisque, même si celui-ci n'est pas le propriétaire de la marque et de l'enseigne mises à sa disposition pendant l'exécution du contrat de franchise, elle est créée par son activité, avec des moyens que, contractant à titre personnel avec ses fournisseurs ou prêteurs de deniers, il met en œuvre à ses risques et périls, d'autre part, que le franchiseur reconnaissait aux époux B le droit de disposer des éléments constitutifs de leur fonds ». La jurisprudence retient donc la solution médiane, le distributeur, le franchisé en pratique dans ces affaires, dispose d'une clientèle locale et le fournisseur d'une clientèle nationale, attachée à la notoriété de la marque.

488 **Rapports avec les tiers : approvisionnement parallèle et concurrence déloyale.** Les tiers sont d'abord, les consommateurs, les sous-acquéreurs, qui bénéficieront d'un service après-vente et d'une action directe en garantie contre le fournisseur.

Les tiers sont, aussi, les tiers revendeurs exclus du réseau parce que non sélectionnés qui sont naturellement enclins à essayer de pénétrer le réseau et obtenir les marchandises réservées aux distributeurs sélectionnés, situation particulièrement observée dans les réseaux de distribution sélective. Les tiers revendeurs au réseau se voient alors opposer un refus de vente et, inversement, les distributeurs sélectionnés membres du réseau souhaitent que l'exclusion des tiers soit aussi importante que possible. Ce que l'on nomme l'« étanchéité » du réseau correspond à la construction contractuelle interdisant aux tiers de se procurer les marchandises distribuées par ce réseau et permettant alors de rendre efficace le réseau de distribution.

L'exemple du contrat de distribution sélective (v. ss 507) est, à cet égard, particulièrement éclairant. Les produits vendus dans les réseaux de contrats de distribution sélective, parce qu'ils sont des produits de luxe ou de haute technicité, sont les premiers convoités par les tiers distributeurs, non sélectionnés.

Le fournisseur, peut, en premier lieu, refuser de vendre ses marchandises à ce tiers : le contrat, entendu comme un accord respectant les règles du droit de la concurrence, est opposable aux tiers et cet argument suffit à la jurisprudence pour admettre un tel refus de vente, pour autant que le contrat de distribution sélective soit valable au regard des règles du droit de la concurrence (v. ss 507).

En second lieu, le tiers non sélectionné peut réussir à se procurer des marchandises auprès d'un distributeur sélectionné. Là encore, l'article 1199 du Code civil rend le contrat opposable au tiers. Mieux, ce tiers sera complice du distributeur sélectionné qui a violé le contrat. La jurisprudence sanctionne de plus en plus strictement ces violations contractuelles[1] : le tiers profite de la notoriété de la marque, des produits, sans se soumettre aux contraintes du contrat, il commet, au moins, un acte de concurrence déloyale par désorganisation du réseau.

Les contrats de concession, essentiellement automobiles, sont également victimes de ces agissements. Mais, en ce domaine, le règlement 123/95, suivi du règlement 1475/95 et du règlement n° 1400/2002 du 30 juillet 2002 sur l'application de l'article 81, § 3 du Traité CE aux contrats du secteur automobile, avaient imposé que ces contrats assurent une forme de distribution parallèle, estimant que les territoires seraient, à défaut, par trop fermés à la concurrence. C'est, ainsi, qu'un consommateur peut toujours donner mandat à une personne d'acquérir en son nom une auto mobile dans un autre état. Cette solution s'élargit : longtemps, la Cour de cassation était très stricte sur ces importations parallèles, estimant qu'il s'agissait, en soi d'un acte de concurrence déloyale. Depuis 1983, par un revirement de jurisprudence, la Cour considère que le fait de revendre des marchandises sur le territoire concédé à un concessionnaire ne constitue pas, en soi, un acte de concurrence déloyale[2] de sorte que le distributeur parallèle n'a pas à prouver que son approvisionnement est licite[3]. C'est au contraire au fabricant ou aux concessionnaires de prouver que l'approvisionnement est illicite.

1. Com. 27 oct. 1992, *D.* 1992. 505, note A. Bénabent ; *adde* : G. Bonet et J.-M. Mousseron, « Donner et retenir ne vaut II », *Cah. dr. entr.* 1993/1. 23.

2. Com. 16 févr. et 12 juill. 1983, *D.* 1983. 489, note D. Ferrier.

3. Com. 25 avr. 2001, *CCC* 2001. 108, obs. L. Leveneur à propos de l'approvisionnement de revendeurs automobiles non concessionnaires ayant acquis des véhicules de sociétés de location ; Com. 19 oct. 1999, *CCC* 2000. 6, obs. M. Malaurie-Vignal ; Com. 10 févr. 1998, *CCC* 1998. 61, obs. L. Leveneur.

489 **L'exécution de bonne foi des contrats de distribution.** La question de la qualité de l'exécution du contrat, en général, et plus singulièrement s'agissant des contrats relationnels comme les contrats de distribution, repose sur un double standard : le respect de la lettre du contrat et le respect de son esprit, traduit en droit français par l'exigence d'exécution de bonne foi des conventions (C. civ., art. 1104, ex-1134, al. 1er et al. 3). Sans revenir sur les conceptions fondamentales qui sous-tendent ces questions[1], on observe cependant que les contrats de distribution, sans doute par la fréquence des litiges en la matière, proposent des exemples jurisprudentiels efficaces, mais discutés. Selon la thèse du solidarisme contractuel, le contrat, par nature déséquilibré, impose, de la part du contractant dominant un effort particulier, de telle manière que l'exigence d'exécution de bonne foi, souvent maladroitement traduite par une « obligation » de bonne foi ou de loyauté, suppose la prise en compte des intérêts du partenaire dominé voire le sacrifice de ses propres intérêts. Une décision particulièrement controversée illustre ce point de vue[2] sanctionnant un concessionnaire qui avait mis fin à un contrat en raison des difficultés économiques qu'il connaissait tout en distribuant des bénéfices importants à ses actionnaires. Toutefois, cette thèse ne semble pas avoir convaincu la doctrine et la jurisprudence de telle manière que l'exigence de loyauté de l'article 1104 (ex-1134 al. 3) du Code civil se traduit soit par l'élimination, peu probable de cette exigence ou sa réduction[3] soit par une exigence de compréhension, à construire, plus économique du comportement attendu des contractants, avec quelques exemples jurisprudentiels patents, dont l'arrêt *Huard*[4] et l'arrêt *Chevassus-Marche*[5].

1. D. Mainguy et J.-L. Respaud, *Droit des obligations*, Ellipses, 2008, n° 66 et 204 et la bibliographie.
2. D. Mazeaud, note sous Com. 15 janv. 2002, *D.* 2002. 1974, note Ph. Stoffel-Munck, 2841, note D. Mazeaud, *Cah. entr. entr.* 2002/5. 20, Chron. Droit de la distribution, obs. D. Mainguy
3. Com. 10 juill. 2007, *JCP* 2007. II. 10154, note D. Houtcieff, *JCP E* 2007. 2394, note D. Mainguy et J.-L. Respaud.
4. Com. 3 nov. 1992, *Bull. civ.* IV, n° 338, *JCP* 1993. II. 22164, note G. Virassamy, *RTD civ.* 1993. 124. obs. J. Mestre.
5. Com. 24 nov. 1998, *Bull. civ.* IV, n° 277, *JCP* 1999. I. 143, n° 6, obs. Ch. Jamin, II, 12210, note Y. Picod, *Defrénois* 1999. 36953, obs. D. Mazeaud, *CCC* 1999. 56, obs. M. Malaurie-Vignal, *RTD civ.* 1999. 98, obs. J. Mestre.

Dans la première affaire, un fournisseur de produits pétroliers vendait de l'essence via des contrats d'approvisionnement exclusif avec des « pompistes de marque » dont M. Huard, mais aussi via un réseau de distributeurs-mandataires dans le but de proposer des prix aux consommateurs plus réactifs face à la concurrence de la grande distribution. Les prix proposés aux consommateurs via le réseau de mandataires étaient devenus plus bas que les prix de vente au pompiste de marque, lequel réagissait fortement. L'ex-article 1134, al. 3 du Code civil (1104 désormais) y était utilisé au support d'une analyse économique, tirée de règles du droit de la concurrence permettant de comparer les conditions contractuelles, discriminatoires, existants entre deux façons de distribuer ses marchandises et de vérifier si l'une n'est pas préjudiciable à l'autre, et ainsi de ne pas lui permettre de réaliser l'objectif économique du contrat, revendre les produits fournis à un prix compétitif. Dans le second, une entreprise du secteur alimentaire avait conclu un contrat d'agence commerciale pour l'Océan Indien. L'agent commercial, M. Chevassus-Marche, invoquait la rupture du contrat du fait de l'inexécution de ses obligations par le mandant qui avait créé une division « export » dans son entreprise permettant, sur son secteur, à des acheteurs de s'approvisionner à des conditions plus favorables que par le truchement de l'agent. L'arrêt reprochait à l'arrêt d'appel de n'avoir pas « recherché si, informées des difficultés de (l'agent) en raison des ventes parallèles de produits venant des centrales d'achats qui s'approvisionnaient en métropole, les sociétés ont pris des mesures concrètes pour permettre à leur mandataire de pratiquer des prix concurrentiels, proches de ceux des mêmes produits vendus dans le cadre de ces ventes parallèles et de la mettre ainsi en mesure d'exercer son mandat ». On peut analyser ces arrêts comme imposant une exécution utile du contrat, pour permettre à son contractant de pratiquer des prix concurrentiels, voire une renégociation du contrat. Plus que la bonne foi imposée, c'était cependant la mauvaise foi, la déloyauté qui était sanctionnée, le comportement opportuniste. Il en résulte alors une considération de l'exigence de bonne foi plus opérationnelle fondée sur l'attente légitime des contractants, sur l'utilité du contrat et donc sur une logique de coopération de nature à valider l'efficacité du pacte contractuel[1]. On retrouve alors cette exigence tout au long de la vie du contrat, même si c'est souvent plus spécifiquement au moment de l'extinction du contrat, avec une déclinaison de cette exigence sous forme d'abus dans l'exécution ou l'extinction du contrat.

490 **Circulation des contrats de distribution.** La question de la circulation du contrat n'est pas propre aux contrats de distribution, bien entendu[2] mais est propre aux contrats relationnels dont les contrats de distribution, qui illustrent ordinairement cette question. La « circulabilité » des contrats de distribution se heurte au caractère, souvent vérifié, d'*intuitu personae* de ces contrats, justifié par le fait que, en général, le distributeur est choisi selon des critères déterminés par avance et qui justifient une forme de discrimination contractuelle entre les candidats distributeurs. Pour autant, un contrat de distribution est, en tant que contrat relationnel, une valeur, quoique non valorisée dans la théorie du fonds de commerce, et qui apparaît souvent à l'actif du bilan de l'entreprise distributrice. Dès lors, le changement de partenaire dans ces contrats devient une réalité que les contractants doivent prendre en compte. C'est le cas, le plus fréquent, du changement de distributeur, c'est-à-dire de la cession du contrat de distribution, qui semble possible même sans clause à cet effet[3], au rebours de la solution proposée désormais par l'article 1216 du Code civil. Une clause peut cependant interdire toute circulation, par une clause d'incessibilité, que ce soit la cession proprement dite ou également les opérations produisant un résultat voisin, comme les opérations sociétaires, ce qui suppose de renforcer l'*intuitu personae* du contrat aux associés de la personne morale contractante. Il peut s'agir à l'inverse de favoriser la circulation du contrat, par exemple face à une licence de marque, de brevet ou de logiciel

1. D. Mainguy, « La liberté de l'entreprise face à ses partenaires », *in* Ph. Neau Leduc (dir.), *Entreprise et liberté*, Trav. Ass. H. Cap. 2007, p. 25.
2. D. Mainguy et J.-L. Respaud, *Droit des obligations*, Ellipses, 2008, n° 247 s.
3. Com. 3 nov. 2004, *JCP E* 1177. 1, obs. D. Mainguy, *RDC* 2005. 1130, obs. M. Béhar-Touchais : « le contrat de concession exclusive a été résilié et (...) les relations entre les parties ont repris peu de temps après par un contrat verbal, l'arrêt détermine souverainement le contenu du nouveau contrat en retenant qu'il stipule l'impossibilité de céder le contrat sans accord préalable du concédant, dont le droit d'agrément est limité par l'abus ». *Adde* et *contra* : pour une fusion, Com. 3 juin 2008 (2 arrêts), *RDC* 2008. 1278, obs. M. Béhar-Touchais.

consentie à un groupe de sociétés[1]. De façon médiane cependant, des clauses d'agrément assurent un contrôle de la circulation. Celles-ci supposent, avec une grande variété de stipulations, que la circulation recueille l'avis du cédé. Il est remarquable, alors, qu'un tel agrément soit, d'une part, proposé même en l'absence de clause[2] mais surtout que sa mise en œuvre est contrôlée de telle manière que le non-agrément établi de mauvaise foi soit sanctionné au nom de l'abus du droit d'agréer ou de ne pas agréer[3].

§ 3. L'extinction des contrats-cadres de distribution

491 **Préavis.** L'extinction du contrat est, selon la thèse du contrat d'intérêt commun, la pierre angulaire assurant la protection des intérêts du distributeur. Peut-être est-ce pour cette raison que cette question fait l'objet d'une attention soutenue de la jurisprudence et du législateur[4]. L'extinction du contrat guette, en effet, le distributeur à tout moment, en raison de l'arrivée du terme du contrat, de l'inexécution d'une obligation essentielle du contrat, de la violation de l'*intuitu personae* qui imprime le contrat, souvent renforcé par des clauses d'agrément faisant échec à sa circulation.

Surtout, les conditions de fond et de forme de la résiliation du contrat-cadre ont fait l'objet de nombreux contentieux, qui pourrait être simplifié par les nouvelles règles intéressant la durée des contrats (C. civ., art. 1210 et suivants du Code civil). Lorsque le contrat est conclu pour une durée déterminée, un contractant (souvent le fournisseur) ne peut y mettre fin unilatéralement avant son terme. Même conclu à durée indéterminée, et disposant

1. D. Mainguy, « Cession de contrôle et sort des contrats de la société cédée », *Rev. sociétés* 1996. 17.
2. Com. 3 nov. 2004, préc.
3. Com. 2 juill. 2002, *JCP* 2003. II. 1002, note D. Mainguy, *RDC* 2003. 152, obs. M. Béhar-Touchais (admission de l'abus), Com. 5 oct. 2004, *RDLC* 2004/12. 5, note J.-L. Respaud et D. Mainguy, *RDC* 2005. 384, obs. M. Béhar-Touchais (rejet de l'abus).
4. D. Mainguy, « Remarques sur les contrats de situation et quelques évolutions du droit des contrats », art. cit.

alors d'une faculté de résiliation unilatérale du contrat, le fournisseur ne saurait abuser de son droit de mettre fin au contrat, abus qui résulterait, par exemple, de l'absence d'un préavis raisonnable, signe d'une rupture brutale du contrat[1] ou bien de motifs fallacieux (alors qu'il n'a pas à donner de motifs) ou bien encore, formules plus suaves qui montrent l'évolution du droit des contrats en la matière, où l'on retrouve des exigences de bonne foi dans la rupture du même type que celles observées au cours de son exécution[2].

Le législateur est également intervenu à travers l'article L. 442-6, I, 5° du Code de commerce qui sanctionne le fait de « rompre, même partiellement, une relation commerciale établie sans préavis écrit tenant compte des relations commerciales antérieures ou des usages interprofessionnels ». Ayant pour objectif, au départ, de sanctionner les « déréférencements abusifs » par les centrales de référencement[3] ; le texte dépasse largement ce but et s'élargit même aux relations contractuelles non encadrées par un contrat-cadre (notion de « relation commerciale établie[4] ») ; il impose la rédaction d'un préavis écrit, ajoutant – apparemment – une nouvelle condition de forme à la rupture d'un contrat[5], dans le cadre d'un régime de responsabilité complexe qui semble délictuelle[6]. Longtemps invoqués de manière systématique, sans doute en raison de l'absence de fondement légal alternatif, ce texte et

1. Com. 5 oct. 1993, *JCP* 1994. II. 22224, note Ch. Jamin ; Com. 20 janv. 1998, *D.* 1998. 413, note Ch. Jamin, *JCP* 1998. II. 10018, note J.-P. Chazal ; Com. 23 mai 2000, *RTD civ.* 2001. 137, obs. J. Mestre et B. Fages ; Com. 25 avr. 2001, *D.* 2001. Somm. 3238, obs. D. Mazeaud. *Adde* : J. Mestre, *Résiliation unilatérale et non renouvellement des contrats de distribution*, PUAM, 1997, p. 21.

2. Paris, 11 févr. 1999, *JCP* 2000. II. 10244, note J.-P. Chazal ; Paris 26 mars 1999, *JCP* 1999. II. 10244, note J.-P. Chazal, *Cah. dr. ent.* 1999/5. 19 obs. D. Mainguy et J.-L. Respaud. Mais V. Com. 6 mai 2002, *JCP* 2002. II. 10146, note Ph. Stoeffel-Munck, *D.* 2002. Somm. 2942, obs. D. Mazeaud, *CCC* 2002. 134, obs. L. Leveneur : « le concédant n'est pas tenu d'une obligation d'assistance du concessionnaire en vue de sa reconversion ». *Adde* J.-L. Respaud, « Préavis, assistance et reconversion du distributeur évincé », *Cah. dr. entr.* 2002/5. 19. V. encore, Com. 3 avr. 2002 (3 arrêts), *Cah. dr. entr.* 2003/3. 22, obs. J.-L. Respaud, sur le lien entre exigence d'investissements et abus dans la rupture du contrat.

3. D. Ferrier, « Le déréférencement d'un fournisseur par une centrale d'achat », in *La cessation des relations contractuelles d'affaires, op. cit.* ; D. Mainguy, « L'abus de droit dans les contrats soumis au droit de la concurrence », in *L'abus de droit dans les contrats, op. cit.*

4. *Cf.* déjà, Com. 28 avr. 1995, *Cah. dr. entr.* 1995/8. 23, note D. Mainguy.

5. Com. 3 déc. 2002 et 23 avr. 2003, *JCP E* 2003. 1792, note D. Mainguy, application à toutes relations commerciales et pas seulement les relations fournisseurs distributeurs.

6. *Cf.* not. Com. 13 janv. 2009, n° 08-13.971, *RDC* 2009. 1016, obs. D. Mazeaud, 1048, obs. M. Béhar-Touchais, Com. 21 oct. 2008, n° 07-12.336, *RDC* 2009. 197, obs. M. Béhar-Touchais, mais comp. Civ. 1re, 22 oct. 2008, n° 07-15.823, *RDC* 2009. 197, préc.

le régime qu'ils proposent ne manquent pourtant pas d'inconvénients, notamment en termes processuels ; le contentieux de la rupture brutale pourrait bien reposer de manière plus raisonnable sur les règles du droit commun de l'article 1211 du Code civil qui exige pareillement un prévis d'une « durée raisonnable ».

492 **Rupture partielle d'un contrat.** L'article L. 442-6, I, 5° du Code de commerce précise également que la rupture, brutale, peut être partielle, comme une « fausse rupture » du contrat, par simple diminution des commandes, par exemple pour contourner l'exigence de préavis ou l'éventuelle sanction de la rupture abusive[1]. La jurisprudence rendue sur la base de l'article L. 442-6, I, 2° du Code de commerce[2] ou sur le fondement du droit commun des contrats[3] retient cette hypothèse pour l'assimiler à une rupture « ordinaire » du contrat, nécessitant donc le respect d'un préavis. De même est équivalente à une rupture totale la « rupture échelonnée » lorsque les parties sont liées par un ensemble de contrats et que l'un procède à la rupture d'un contrat mais laisse demeurer le contrat principal, alors que les contrats rompus étaient soit des compléments nécessaires, soit permettaient au contrat principal d'assurer son équilibre financier[4].

493 **Motivation de la rupture ?** En principe, la résiliation d'un contrat à durée indéterminée ou la décision de faire échec à un mécanisme de renouvellement d'un contrat à durée déterminée ne dépendant d'aucune autre condition que le respect d'un préavis et d'un délai de préavis, mais point d'une motivation de la décision[5]. Pourtant, des règles particulières imposent parfois une telle motivation, c'est le cas du mandat d'intérêt commun depuis la fin du XIXe siècle (v. ss 629), du contrat de travail (C. trav., art. L. 1224-1), du bail d'habitation (L. 6 juill. 1989, art. 15), du contrat d'agence commerciale (C. com., art. L. 134-13, 1°) et même un temps, en droit

1. J. Beauchard, « Réflexion sur le déréférencement abusif », *LPA* 7 févr. 1997, p. 13.
2. Com. 7 juill. 2004, *Cah. dr. entr.* 2004/5. 21, obs. D. Mainguy, *RDC* 2005. 392, obs. M. Béhar-Touchais.
3. Civ. 1re, 3 juill. 1996, *Bull. civ.* I, n° 292, *RTD civ.* 1997. 426, obs. J. Mestre (réduction de 80 % de l'activité d'une clinique avec un médecin anesthésiste).
4. Com. 17 juill. 2001, *RJDA* 2002. 148.
5. Civ. 1re, 3 avr. 2001, *Bull. civ.* I, n° 98, *D.* 2001. Somm. 3240, obs. D. Mazeaud, *Defrénois* 2001. 1048, obs. É. Savaux, *RTD civ.* 2001. 584, obs. J. Mestre et B. Fages (validité d'une clause prévoyant la faculté de rompre sans justification).

de la concurrence, dans le secteur de la distribution automobile (REC n° 1400/2002, art. 3-4). De plus en plus cependant, la rupture d'une relation contractuelle importante s'inscrivant dans la durée fait l'objet d'un contrôle, ne serait-ce que parce que celui qui subit cette rupture en conteste la légitimité. On peut y déceler la perpétuation du principe : la liberté de rompre est le principe et l'abus l'exception. Sans renverser le jeu du principe et de l'exception cependant, on peut admettre l'existence d'une certaine « processualisation » contractuelle de la rupture. C'est le cas lorsqu'une clause aménage les conditions de la rupture (forme du préavis, durée du préavis, conciliation préalable). C'est également le cas en l'absence de telle clause. Ainsi la jurisprudence a-t-elle sanctionné la décision rendue trop précipitamment[1]. Dès lors, la question de la motivation de la rupture se pose, comme dans le mandat d'intérêt commun (v. ss 629). C'est le cas lorsque l'auteur de la rupture entend rompre sans préavis, il doit justifier d'un cas de force majeure ou d'une inexécution grave de l'autre partie. C'est également le cas de la rupture unilatérale d'un contrat à durée déterminée. Mais la question s'est posée de la généralisation de cette exigence[2], refusée en principe par la jurisprudence, mais reprise dans l'article 1226, al. 4 du Code civil : si le créancier peut notifier une résolution unilatérale, à ses risques et périls, il doit mettre en demeure le débiteur de s'exécuter et, si l'inexécution persiste, le créancier peut notifier la résolution du contrat *« et les raisons qui la motivent »*, à supposer que la jurisprudence tienne compte du caractère essentiel de cette exigence de motivation.

494 **Effets : indemnités et restitutions.** Outre ces questions portant sur le principe même de la rupture, ses effets suscitent des questions importantes.

---

1. Com. 23 juin 1998, *Cah. dr. entr.* 1998/6. 20, obs. D. Mainguy. Com. 8 oct. 2003 (2 arrêts), *RTD civ.* 2003. 92, obs. J. Mestre et B. Fages.

2. M. Fabre-Magnan, « L'obligation de motivation en droit des contrats », *Mélanges J. Ghestin*, 2001. 301. « Pour la reconnaissance d'une obligation de motiver la rupture des contrats de dépendance économique », *in* « La motivation et le pouvoir contractuel », *RDC* 2004. 573, X. Lagarde, « La motivation des actes juridiques », Trav. Ass. H. Capitant, *La motivation*, 2000, p. 73 ; D. Mainguy, « Remarques sur les contrats de situation et quelques évolutions récentes du droit des contrats », *Mélanges M. Cabrillac*, 1999, p. 165.

Les inévitables demandes d'indemnités naissant de la rupture du contrat-cadre se posent[1] : des indemnités de clientèle, notamment, ou plus généralement de fin de contrat. En principe, pourtant, le distributeur, commerçant indépendant, ne peut solliciter aucune indemnité de clientèle, puisque c'est la sienne, il est un commerçant indépendant. Pourtant, là encore, l'indépendance fait défaut et le législateur assimile parfois le distributeur particulièrement dépendant à un salarié dans quelques conditions bien précises (C. trav., art. L. 7321-1)[2]. Le problème de la propriété de la clientèle dérive par ailleurs, du point de savoir si elle appartient au fournisseur, le franchiseur dans la plupart des hypothèses, ou au distributeur (v. ss 487).

Des restitutions s'observent également : le distributeur doit restituer les signes distinctifs, marque, enseigne, du fournisseur ou bien les matériels prêtés, dont les cuves des pompistes de marque qui ont donné lieu à une jurisprudence fameuse[3].

Plus difficile est la question de la restitution des stocks dont il disposerait encore : il ne peut les revendre car il ferait une concurrence déloyale au fournisseur et au nouveau distributeur qui occupe son territoire, et le fournisseur, pas plus qu'un autre distributeur du réseau, n'est tenu de les lui acheter. La jurisprudence affirme que le fournisseur n'a pas à reprendre ces marchandises : les parties auraient dû s'en préoccuper[4]. Pourtant, le distributeur ne peut plus en disposer, et l'on songe à la garantie d'éviction du fait personnel due par le vendeur pour y remédier[5] que la jurisprudence rejette pourtant.

1. Ph. Grignon, *Le fondement de l'indemnisation des intermédiaires du commerce*, Bibl. dr. ent., t. 44, Litec 2000.
2. *Cf.* récemment, Com. 3 mai 1995, *JCP E* 1995. II. 748, note L. Leveneur.
3. V. ss 354.
4. Com. 13 févr. 1970, *Bull. civ.* IV, n° 59, *RTD com.* 1970. 765, note J. Hémard, 26 oct. 1982, *Bull. civ.* IV, n° 275.
5. M. Cabrillac, « Le sort des stocks détenus par le revendeur lors de l'expiration de la concession de vente », *D.* 1964. Chron. 181.

CHAPITRE 2

Les contrats de distribution : règles particulières

495 **Plan.** Il n'est pas aisé de proposer une présentation des contrats de distribution tant ils empruntent des formes juridiques différentes. Nous n'évoquerons pas, par exemple, le contrat de VRP qui relève du droit du travail et le contrat d'agence commerciale sera abordé comme un contrat de mandat (v. ss 637). Certains auteurs présentent les contrats de distribution selon les fonctions qu'ils assument : accords de spécialisation ou accords de réitération[1], d'autres envisagent des formulations plus descriptives, parlant de « distribution contrôlée » par exemple. Ces contrats sont nés de la pratique des affaires au cours de la seconde moitié du XXe siècle et ne sont pas l'objet d'une réglementation particulière, ce qui pourra surprendre eu égard à l'importance économique de ces contrats et à la croissance des contentieux à leur sujet, à moins de compter les règles particulières en la matière comme la loi *Doubin* ou la loi du 14 octobre 1943, déjà rencontrées (v. ss 475 s.).

Il reste cependant que ces contrats ont fait l'objet d'une réglementation indirecte, à travers les règles du droit de la concurrence

1. D. Ferrier, *Droit de la distribution, op. cit.* n° 438 s.

qui s'est particulièrement intéressé ces dernières années à l'effet de ces contrats sur le marché. Cependant, ces règles n'ont pas pour objet de réglementer les contrats de distribution mais de proposer les conditions dans lesquelles ces contrats sont, ou non exemptés, avec, parfois, des règles adaptées à certains types de contrats. Par conséquent, il convient d'observer distributivement les règles du droit des contrats applicables aux contrats de distribution (SECTION 1) parfois contrariées par les règles du droit de la concurrence (SECTION 2).

SECTION 1
PRÉSENTATION DES CONTRATS DE DISTRIBUTION

496 Nous nous contenterons de présenter quelques-uns des principaux contrats en la matière, les contrats d'approvisionnement et de fourniture (**§ 1**), le contrat de concession commerciale (**§ 2**), le contrat de franchise (**§ 3**) et le contrat de distribution sélective (**§ 4**).

§ 1. Les contrats d'approvisionnement et de fourniture

497 **Exclusivité d'achat.** Le contrat d'approvisionnement exclusif est sans doute le contrat le plus répandu, ne serait-ce que parce qu'il accompagne la plupart des autres contrats de distribution de produits. Il s'agit des contrats conclus entre un fournisseur et un distributeur ayant pour objet l'approvisionnement exclusif ou quasi exclusif, voire parfois prioritaire, du second et à propos desquels s'est plus particulièrement posée la question de la détermination des prix et de la durée de l'exclusivité (v. ss 477 et 484) voire de l'information préalable (v. ss 476). Le distributeur s'oblige alors à ne s'approvisionner qu'auprès du fournisseur qui par là même lui interdit de s'approvisionner auprès d'un autre fournis-

seur[1]. Le but de ces formules est évidemment de permettre au fournisseur de s'assurer de canaux de distribution fiables et pérennes. Mais ces contrats sont des contrats synallagmatiques de sorte que le refus de livrer opposé au distributeur justifierait la rupture du contrat.

498 **Assistance et fourniture.** Ces contrats d'approvisionnement s'inscrivent fréquemment dans un ensemble associant une exclusivité d'approvisionnement et une assistance qui constitue une forme de contrepartie de l'exclusivité consentie, en un contrat parfois décrit comme un contrat d'assistance et de fourniture[2]. Cette assistance est très diverse : il peut s'agir de conseils, de promotion, de prêt de matériel ou d'argent – qui sont d'ailleurs à l'origine de contentieux de la restitution des matériels prêtés, de mise à disposition de signes distinctifs (marque, enseigne, nom commercial, éléments de publicité...).

L'assistance peut parfois être un piège pour le fournisseur qui peut avoir à subir l'engagement de sa responsabilité par exemple parce qu'un tiers reprochera une publicité considérée comme mensongère à l'égard du distributeur mais également du fournisseur concepteur du message ou bien parce qu'il n'aura pas appliqué une offre publicitaire que le fournisseur avait voulue nationale[3]. C'est surtout l'attraction d'une procédure collective menaçant le distributeur qui peut s'avérer la plus dangereuse pour le fournisseur par exemple parce que l'assistance comptable et financière fournie au distributeur sera considérée comme un contrôle voire comme une immixtion[4] ou au contraire parce qu'il n'aura pas cessé à temps son assistance[5].

On rencontre ce type de contrats en matière de distribution de produits de grande consommation : distribution des boissons et

1. V. G. Durry, *Les restrictions conventionnelles au libre choix de la personne du contractant*, Thèse Paris, 1957 ; S. Lebreton, *L'exclusivité contractuelle et les comportements opportunistes*, Litec, 2002 ; G. Parléani, « Les clauses d'exclusivité », *in Les principales clauses de contrats entre professionnels*, PUAM, 1990, p. 55.
2. D. Ferrier, *Droit de la distribution*, *op. cit.*, n° 495 s. ; J.-M. Mousseron et A. Seube, « À propos des contrats d'assistance et de fourniture », *D.* 1973. Chron. 197.
3. *Cf.* par ex. : Crim. 16 avr. 1992, *BID* 1993-2.
4. G.-A. Likillimba, *Le soutien abusif d'une entreprise en difficulté*, Bibl. dr. ent., t. 36, Litec, 2e éd., 2001.
5. Pau, 28 avr. 1993, *RJ com.* 1994. 23, obs. F. Grua.

notamment de la bière, de produits pétroliers, mais encore en dehors des produits de grande consommation entre professionnels notamment. Ce contrat est en effet un outil très souple permettant l'assurance de débouchés pour le fabricant et d'approvisionnement pour son contractant. Dans ces contrats, le déséquilibre contractuel apparaît parfois dès lors que l'engagement d'exclusivité n'est pas contrebalancé par un engagement suffisamment tangible, justifiant son annulation[1], solution jurisprudentielle qui pourrait être rendue plus pérenne par l'article 1169 du Code civil.

§ 2. Le contrat de concession commerciale

499 **Définition du contrat de concession. Exclusivité réciproque.** Le contrat de concession commerciale, appelé aussi concession exclusive, est un contrat-cadre par lequel le titulaire de signes distinctifs, appelé concédant, s'engage à fournir exclusivement sur un territoire déterminé son cocontractant, appelé concessionnaire, lequel, en retour, s'approvisionnera exclusivement chez le concédant avec pour objectif de revendre ces produits dans le territoire concédé[2]. Ce type de contrat est très utilisé dans la distribution des automobiles en premier lieu mais aussi des motos, du matériel agricole, de l'outillage, etc. Ce contrat ne fait, comme les autres contrats de distribution, l'objet d'aucune réglementation propre[3], sauf l'application des règles en matière d'information préalable (C. com., art. L. 330-3 et v. ss 476) et quant à la limitation de la durée de l'exclusivité (v. ss 477), voire l'application des règles du droit de la concurrence, en lien direct avec les obligations du contrat, par exemple s'agissant de la question du refus de contracter : par l'exclusivité territoriale consentie, le concédant est tenu de refuser de vendre à d'autres que les concessionnaires (v. ss 484).

1. Com. 8 févr. 2005, *D.* 2005. 639, *JCP E* 2005. 1177, n° 4, obs. D. Mainguy et T. Lambert, « Le contrôle de l'assistance dans le contrat de bière », *D.* 2005. 1086.
2. Cl. Champaud, « La concession commerciale », *RTD com.* 1963. 451 ; Ph. Le Tourneau, « La concession commerciale exclusive », *J.-Cl. Contr. distr.*, fasc. 1030 s. ; M. Pédamon, *Droit commercial*, 2e éd., Dalloz, 2000, n° 649.
3. Comp. Maymon-Goutaloy, « Contre une intervention législative en matière de concession commerciale », *RTD com.* 1982. 518.

Le contrat de concession permet d'associer les compétences d'un industriel, d'un fabricant, à celles d'un réseau organisé de commerçants spécialisés, les distributeurs ou concessionnaires, par une forme de maillage d'un territoire et permettant l'écoulement des productions du premier, sans bien entendu que ces seules relations soient couvertes par ce type de contrat. En outre, ce contrat assure une forme d'unité fonctionnelle autour de la marque par la publicité réalisée autour de celle-ci, par le service après-vente, etc., de telle manière que le fournisseur dispose d'un réseau garantissant ses ventes et les concessionnaires d'une forme de monopole de la revente des produits, imposant donc des refus de vente aux tiers.

Le contrat de concession est d'abord un contrat-cadre de sorte qu'il encadre les conditions de la conclusion de multiples contrats de vente entre les parties. Il est ensuite un contrat empreint d'une exclusivité réciproque s'imposant tant du côté du fournisseur sous la forme d'une exclusivité de fourniture territoriale assurant, bien plus qu'un simple droit de revendre, un monopole de revente au distributeur, que du côté du distributeur, sous la forme d'une exclusivité d'approvisionnement[1]. Il est ensuite un contrat de concession dont le titre n'est pas sans évoquer le contrat du droit administratif : le fournisseur abandonne en quelque sorte sa faculté de vendre seul sa production et accorde au distributeur un monopole de revente. Il convient donc que le contrat contienne une détermination précise du territoire concédé, étant entendu que les territoires voisins le sont également, vraisemblablement, ce qui n'est pas sans poser des difficultés de frontière que le contrat de concession doit envisager, sous le contrôle sévère des règles du droit de la concurrence.

500 **Obligations du concédant.** Comme aucune loi particulière ne réglemente ce type de contrat, la liberté contractuelle triomphe et on peut y trouver toute sorte d'obligations même si en pratique on retrouve toujours les mêmes obligations en raison d'une certaine

1. D'ailleurs, hors de cette exclusivité réciproque, il n'y a pas de concession, pour la jurisprudence (par ex. : Paris, 24 sept. 1990, *D.* 1990. 224) mais *contra* : F. Collard-Dutilleul et Ph. Delebecque, n°s 935 s.

standardisation de ces contrats liée à la pratique et à la jurisprudence.

Le concédant doit ainsi fournir des produits conformes à ceux faisant l'objet du contrat, en quantité et en qualité et doit toutes les obligations que supporte un vendeur : le contrat de concession comme tous les contrats de distribution de marchandises a pour objectif la vente pour la revente de celles-ci par le distributeur. Il doit aussi procéder à une assistance du concessionnaire, assistance technique, commerciale et éventuellement financière. Celle-ci passe notamment par une « garantie de réseau » qui fait qu'un client peut s'adresser à son propre vendeur ou bien à un concessionnaire quelconque[1]. Il doit enfin mettre à la disposition du concessionnaire la marque, c'est-à-dire, plus prudemment, qu'il confère le droit d'utiliser cette marque, sans qu'il s'agisse toutefois d'une licence de marque. En pratique, le concédant fournit généralement le panonceau, l'enseigne, qu'il prête au concessionnaire, de telle manière qu'en cas de rupture du contrat, il puisse la récupérer, au besoin en justice.

Il doit respecter l'exclusivité consentie, en ne nommant pas de nouveau concédant à l'intérieur de la zone territoriale déterminée.

501 **Obligations du concessionnaire.** Le concessionnaire s'oblige en retour à de nombreuses obligations, positives ou négatives.

Il doit d'abord respecter l'exclusivité et les clauses de rendement prévues dans le contrat de sorte qu'il doit en premier acquérir les produits contractuels et ensuite les revendre, dans le territoire dans lequel il exerce son monopole. Peut-il revendre en dehors de ce territoire ? La question intéresse moins le droit des contrats qui admet aisément des clauses de toute nature en la matière, que le droit de la concurrence qui interdit les clauses d'exclusivité absolues qui interdirait précisément de revendre en dehors de son territoire. Peut-il revendre à des tiers non concessionnaires ? Il s'agirait là *a priori* d'une violation de l'exclusivité consentie qui justifierait la résiliation du contrat. Mais cette sévérité n'atteint que le concessionnaire, point le tiers qui commet

1. Com. 13 janv. 1998, *PIBD* 1998. III. 286, Com. 10 févr. 1998, *Bull.* IV, n° 65 ; Com. 19 oct. 1999, *D.* 2000. 341, note L. Mauger-Vielpeau.

apparemment pourtant un acte de concurrence déloyale que la Cour de cassation n'envisage qu'avec beaucoup de pusillanimité, n'admettant pas que la vente hors réseau constitue, en soi, un acte de concurrence déloyale[1].

Il doit ensuite respecter les obligations relatives aux conditions de la revente des produits : en termes de méthode de vente, d'aménagement des locaux, de formation du personnel, assurer un service après vente, procéder à des démonstrations, à l'installation des produits vendus... Le contrat prévoit également souvent que le concessionnaire doit constituer un stock minimum de produits afin de satisfaire la clientèle.

Il ne doit pas, en revanche, révéler d'informations portant sur le fournisseur ou sur le réseau qui seraient de nature à fragiliser l'un comme l'autre.

Il ne doit pas davantage violer son obligation d'exclusivité d'approvisionnement.

§ 3. Le contrat de franchise

502 **Définition. Savoir-faire, marque, assistance.** Le contrat de franchise ou contrat de franchisage[2] est un contrat plus complexe que le contrat de concession, dont il dérive cependant. Par ce contrat, un commerçant, le franchiseur, qui dispose d'un savoir-faire particulier et de signes distinctifs particuliers dans un domaine donné accorde à un autre commerçant, un franchisé, le droit d'exploiter cet ensemble, moyennant versement de sommes d'argent. Le contrat de franchise présente cette particularité de n'être pas réservé à la distribution de marchandises, à la différence du contrat de concession ou de distribution sélective. C'est donc une formule contractuelle essentiellement *financière* permettant de développer une marque, un savoir-faire, à plusieurs.

1. Com. 16 févr. et 12 juill. 1983, préc.
2. *Cf.* la dénomination officielle en la matière : A. 29 mars 1973, *JO* 3 janv. 1974 et Ph. Le Tourneau, *Le franchisage*, Economica, 1995, « Franchisage », *J.-Cl. Contr. distr., fasc.* 1040 ; H. Bensoussan, *Le droit de la franchise*, Apogée, 1997. V. Aussi J. Guyenot, « La franchise commerciale », *RTD com.* 1973. 161 : D. Mainguy, J.-L. Respaud et V. Cadoret, « Le contrat de franchise (2003-2005) », *LPA* 2006. 3.

On observe ainsi le développement de la franchise, secteur très actif, dans bien des domaines : le secteur hôtelier (Novotel, Sofitel), le secteur industriel (PPB, Coca-Cola), le secteur très large des services (Avis, McDonald, Jacques Dessange, Manpower), et bien entendu le secteur de la distribution de produits dans lequel le franchiseur peut être un producteur et la franchise sera un avatar de la concession (Benetton, Rodier) ou bien dans lequel le franchiseur est lui-même un distributeur ou un grossiste qui a élaboré un savoir-faire particulier dans la distribution voire dans la grande distribution (Intermarché, Fnac, Jardiland...)[1].

On observe parfois des variantes, à travers le contrat de franchise de corner[2], par lequel le franchisé consacre une partie de sa boutique à l'environnement du franchiseur, comme dans certains grands magasins. C'est aussi le cas du contrat de management que l'on rencontre notamment dans le secteur hôtelier. Il s'agit de l'hypothèse exactement inverse de la franchise : une entreprise décide de confier la gestion de celle-ci, son management, à une entreprise qu'elle sait compétente à cet effet car elle dispose de l'expérience et du savoir-faire nécessaire en la matière. Ce contrat ne propose pas de transfert de savoir-faire mais une sorte de contrat de « confié » portant sur la gestion d'une entreprise. Plus récent est le contrat de commission-affiliation, compris comme une variante du contrat de franchise, par lequel le commissionnaire-affilié est un commissionaire à la vente de produits qui demeurent la propriété du commettant, mais tout en respectant des normes de commercialisation résultant de l'affiliation à un réseau[3].

503 Le contrat de franchise est le plus complexe des contrats de distribution, le plus discuté également. Il ne se confond, en principe, pas avec le contrat de concession, en raison de la présence d'un

1. Il y aurait plus de 500 franchises en France intéressant plus de 30 000 points de vente (sources : « La protection du réseau de franchise », *D. Affaires* 1999. 1151).

2. G. Amédée-Manesme, « Le contrat de corner », *RJ com.* 1983. 41.

3. G. Amédée-Manesme, « La politique des prix et la commission affiliation : un juste équilibre à trouver », *D. Affaires* 1999. 1160, L. Martinet et O. Akyurek, « Le droit au non-renouvellement du contrat de commission-affiliation », *RDC* 2007. 944, D. Mainguy et J.-L. Respaud, « À propos du contrat de commission affiliation », *Mélanges Ph. le Tourneau*, Dalloz, 2007, p. 705, Com. 28 févr. 2008, *JCP* 2008. II. 10094, obs. D. Mainguy et J.-L. Respaud.

savoir-faire spécifique, quoique les contrats de franchise de distribution de produits et le contrat de concession exclusive poursuivent des objectifs contractuels et économiques très proches. C'est ainsi que la loi *Doubin* du 31 décembre 1989 (C. com., art. L. 330-3) a d'abord été vue comme une règle de nature à « moraliser » la conclusion des contrats de franchise. C'est ainsi également qu'une norme AFNOR a été publiée de façon à proposer un modèle équilibré de contrat[1] et qu'un Code de déontologie de la franchise élaboré par la Fédération Française de la Franchise s'applique comme un usage dans les réseaux membres de cette fédération[2]. De manière plus spécifique, la loi *Macron* du 6 août 2015 a ajouté des règles relatives aux « réseaux de distribution » aux articles L. 341-1 et 2 du Code de commerce.

Le savoir-faire doit en premier être secret, c'est-à-dire qu'il ne doit pas être aisément accessible même s'il s'agit de la combinaison d'éléments par eux-mêmes très connus.

Le savoir-faire doit ensuite être substantiel en sorte que les informations qui le composent doivent être originales et indispensables pour le franchisé.

Le savoir-faire doit enfin être identifié en ce sens qu'il doit faire l'objet d'une description particulière et précise. Dans le jargon de la franchise le terme « bible » est très fréquemment utilisé pour faire valoir les caractères de la franchise et du savoir-faire qui la supporte.

C'est ce savoir-faire qui sera communiqué au franchisé de façon à ce que celui-ci puisse, avec l'utilisation des signes distinctifs et l'assistance du franchiseur, reproduire presque à l'identique la réussite qui a été celle du franchiseur.

Le contrat de franchise se distingue alors des autres contrats de distribution par l'existence et surtout par la place centrale occupée par le savoir-faire et sa communication. À défaut de savoir-faire en effet, et sauf à faire l'objet de sanctions plus importantes, le contrat ne serait pas un contrat de franchise mais

1. NF Z 20-000, Franchise, relations contractuelles.
2. Il y a même un Code européen de déontologie : *JCP E* 1990. I. 20656.

un contrat de concession ou d'assistance[1] voire un simple contrat de prestation de services.

Condition nécessaire, le savoir-faire n'est cependant pas une condition suffisante : le contrat de franchise qui ne porterait que sur le savoir-faire serait un banal contrat de communication de savoir-faire (v. ss 452). La logique de franchise repose en effet également sur l'assistance du franchisé, sur la mise à disposition d'une marque, donc d'une logique de constitution d'un réseau, et d'une logique de commercialisation de produits ou de services[2].

504 **Contrat de master franchise.** Le contrat de franchise est un contrat qui permet la reproduction d'un modèle commercial par des commerçants indépendants. Rien n'empêche l'extension de ces formules au-delà de leur territoire naturel. Or, dans la mesure où le contrat de franchise nécessite un contrôle serré du respect des normes de franchise, on imagine qu'il peut paraître difficile pour un franchiseur de maîtriser une extension trop importante et surtout internationale. La pratique a alors inventé un contrat « relais », le contrat de master franchise dit aussi de franchise principale[3]. Il s'agit alors de conclure un contrat avec une entreprise qui sera elle-même chargée de développer un réseau de contrat de franchise dans un territoire déterminé. Le contrat de master franchise est ainsi un contrat conclu entre un franchiseur et un sous-franchiseur qui conclura lui-même des contrats de franchise avec des franchisés de son ressort territorial et sera responsable de celui-ci devant le franchiseur. Ce contrat peut revêtir des formes diverses : contrat de mandat, de commission dans lequel le sous-franchiseur est le représentant du franchiseur principal et est rémunéré par celui-ci, ou bien contrats de concession ou d'entreprise dans lequel le franchiseur est au contraire rémunéré par le franchisé principal.

505 **Obligations du franchiseur.** Le contrat de franchise, le système de la franchise, repose sur le savoir-faire développé par le franchi-

1. Paris 7 juin 1990, *D.* 1990. IR 176, pour une requalification en contrat d'approvisionnement.
2. Com. 8 juill. 1997, *D. Affaires* 1997. 960, Toulouse, 3 déc. 2002, *D.* 2003. Somm. 2432, obs. D. Ferrier.
3. H. Kenfack, *La franchise internationale*, Thèse Toulouse, LGDJ, 2002 ; D. Ferrier, « La franchise internationale », *JDI* 1988. 625 ; *Droit de la distribution*, *op. cit.*, n°s 652 s.

seur, ce qui explique que la plupart des obligations du franchiseur sont à la charge de ce dernier.

Le franchiseur doit ainsi, d'abord, disposer d'un savoir-faire correspondant à un savoir-faire « franchisable », c'est-à-dire, secret, substantiel et identifié, qui a donc nécessairement été expérimenté pour faire la démonstration de son efficacité. Une installation « pilote » est ainsi une forme de magasin modèle, lieu d'expérimentation et de perfectionnement du savoir-faire.

Ce savoir-faire doit alors être communiqué au franchisé de façon efficace, par la remise de manuels d'instructions, de formation du personnel... et cette obligation perdure tout le long du contrat. Le franchiseur doit donc en permanence adapter, faire évoluer le savoir-faire. Il doit en outre assister le franchisé et la jurisprudence considère qu'il s'agit là d'une obligation inhérente au contrat de franchise[1]. Il doit par exemple réaliser des campagnes publicitaires de façon à assurer la renommée du réseau. En pratique, les contrats de franchise font souvent la part entre la publicité nationale, réalisée par le franchiseur et payée pour partie par un versement des franchisés et la publicité locale, réalisée et payée par le franchisé mais sous le contrôle du franchiseur. Le franchiseur doit également contrôler les franchisés de façon à assurer l'unité et la pérennité du réseau de franchise.

À bien des égards, l'exigence d'une telle expérimentation préalable peut apparaître comme une condition de validité du contrat[2] sanctionnée par la nullité et comme l'objet essentiel du contrat de sorte que l'inexécution de l'obligation de communication du savoir-faire faute de savoir-faire réel justifierait la résiliation du contrat par le franchisé[3].

La question se pose alors se savoir si le franchiseur engage sa responsabilité, pour défaut de communication de savoir-faire ou

1. Com. 1er févr. 1994, *CCC* 1994. 93, obs. L. Leveneur : résiliation du contrat aux torts du franchiseur. La jurisprudence considère par ailleurs que cette obligation est une obligation de résultat (Com. 1er févr. 1994, préc., Com. 30 janv. 1996, *RJDA* 1996. 775) mais elle n'est que de moyens s'agissant de l'efficacité de l'assistance technique (Paris, 23 janv. 1992, *D.* 1992. Somm. p. 392, obs. D. Ferrier).
2. *Cf.* par ex. Com. 26 mars 1996, *RJDA* 1996. 911, Versailles, 14 nov. 1996, *RJDA* 1997. 634, Com. 10 mai 1994, *RJDA* 1994. 1016, Com. 19 févr. 1991, *D.* 1992. Somm. 392, obs. D. Ferrier : annulant un contrat de franchise pour vice du consentement (Versailles, 12 oct. 1995, *JCP* 1995, *JCP E* 1996. Pan. 171), faute d'objet ou de cause.
3. Com. 24 mai 1994, *CCC* 1994. 191, obs. L. Leveneur.

pour savoir-faire déficient si le franchisé ne réalise pas de bonnes affaires. En d'autres termes, la rentabilité est-elle un critère du savoir-faire et donc du contrat de franchise ? La jurisprudence ne l'admet pas pour autant que le savoir-faire soit véritablement le fruit d'études et d'un travail rigoureux mais engage la responsabilité du franchiseur à défaut[1].

Le franchiseur doit également mettre à la disposition du franchisé la marque, autre élément essentiel à la franchise, et procurer une assistance commerciale, au départ du contrat mais également tout le long de celui-ci. L'intensité de cette assistance pose alors difficulté. S'il y en a trop peu, le franchisé peut se plaindre de l'inconsistance du savoir-faire, et s'il y en a trop, le risque de requalification en contrat de travail pèse (v. ss 481), voire l'attraction du franchiseur dans la faillite du franchisé ou l'identification d'une société créée de fait.

Les autres obligations du franchiseur sont plus accessoires. Notamment, lorsque la franchise est une franchise de distribution, on retrouve toutes les caractéristiques des formules d'approvisionnement exclusif d'achat.

506 **Obligations du franchisé.** Le franchisé est, comme tout distributeur, un commerçant indépendant. Pourtant le contrat de franchise répond à une exigence de proximité commerciale et contractuelle qui fait parfois penser le contraire. Le franchisé doit notamment mettre tout en œuvre pour parvenir à une exploitation cohérente et efficace du savoir-faire : il doit alors mettre en œuvre ce savoir-faire, utiliser les signes distinctifs, marques, enseignes dans les conditions prescrites par le franchiseur, en respectant les normes que le franchiseur a établies. C'est ce qui donne cette impression d'uniformité des points de vente franchisés, en tout cas qui assure, en principe, l'homogénéité du réseau de franchise. Il n'en résulte cependant pas que le franchisé n'est pas un commerçant indépendant[2], sauf immixtion du franchiseur dépassant les exigences du contrôle qu'il doit opérer[3].

1. Paris, 3 févr. 1994, *RJDA* 1994. 796, Com. 7 mars 1995, *RJDA* 1995. 836, Versailles, 29 juin 1995, *D.* 1997. Somm. 55, obs. D. Ferrier.
2. Crim. 27 févr. 1990, *Bull. crim.* n° 408, Com. 17 nov. 1995, *CCC* 1996. 4, obs. L. Leveneur.
3. Com. 9 nov. 1993, *Rev. sociétés* 1994. 321, note Ph. Le Tourneau.

C'est ainsi que le franchisé doit d'abord payer le prix de la franchise, par des redevances parfois associées à un droit d'entrée. Il doit surtout appliquer les normes de la franchise : appliquer les normes graphiques et esthétiques, suivre des formations professionnelles et les faire suivre à son personnel, appliquer les normes d'approvisionnement et de revente ou de prestation de services. C'est notamment à ce sujet que la question du caractère absolu de l'interdiction des pratiques de prix imposés est discutée. La politique de prix est un élément, au moins non-dit, de la franchise de sorte qu'il est paradoxal de reconnaître l'originalité de la franchise, y compris en droit de la concurrence et en même temps d'interdire de manière systématique ces pratiques[1]. Il doit ensuite respecter l'éventuelle exclusivité territoriale, très fréquente en pratique[2] mais qui ne s'impose pas en l'absence de clause[3] et l'obligation de non-concurrence à laquelle le contrat le soumet éventuellement pendant le contrat ou post-contractuelle[4].

§ 4. Le contrat de distribution sélective

507 **Définition : sélection qualitative.** Le contrat de distribution sélective est encore une autre forme de contrat de distribution, très différente des précédents[5]. Les contrats d'approvisionnement, de concession ou de franchise reposent peu ou prou sur une double sélection des distributeurs, qualitative et quantitative. Les distributeurs sont choisis pour leurs qualités d'abord mais s'ajoute une sélection quantitative par une limitation du nombre des distributeurs, que le mécanisme de l'exclusivité territoriale conforte.

1. Com. 1er juin 1993, *Bull. civ.* IV, n° 222, *D.* 1995. Somm. 70, obs. D. Ferrier, Com. 7 oct. 1997, *CCC* 1998. 2, obs. L. Leveneur, *JCP* 1998. II. 10110, note D. Mainguy, mais comp. Paris, 3 juill. 2002, *D.* 2003. Somm. 2429, obs. D. Ferrier.
2. Com. 9 mars 1993, *CCC* 1993. 107, obs. L. Leveneur, Com. 12 nov. 1996, *RJDA* 1997. 343, à propos de la résiliation d'un contrat de franchise pour non respect de l'exclusivité territoriale.
3. Com. 19 nov. 2002, *Cah. dr. entr.* 2003/3. 23, obs. D. Mainguy.
4. Com. 22 févr. 2000, *Cah. dr. ent.* 2001/2. 31, obs. J.-L. Respaud.
5. J.-P. Viennois, *La distribution sélective*, Bibl. dr. ent., t. 41, Litec, 1999 ; Ph. Le Tourneau, « Distribution sélective et agréée », *J.-Cl. Contr. distr., fasc.* 1020 ; D. Ferrier *et al.*, « La distribution sélective », *Cah. dr. ent.* 1991/1 ; B. Schaming, « La distribution sélective, une voie de plus en plus étroite », *D. Affaires* 2000. Chron. 173.

Le contrat de distribution sélective, au contraire, ne comporte en principe aucune sélection quantitative. Seule une sélection qualitative est requise c'est-à-dire que le promoteur du réseau de distribution sélective détermine un certain nombre de conditions, qualitatives, désignant abstraitement ce faisant les distributeurs aptes à commercialiser ses produits, à être sélectionnés. Aucune exclusivité territoriale n'est accordée aux distributeurs lesquels ne se soumettent à aucune exclusivité d'approvisionnement et peuvent donc – doivent souvent – s'approvisionner en produits concurrents. En pratique la sélection, essentiellement qualitative, peut également être quantitative, par exemple sous la forme de *numerus clausus* déterminant un nombre maximum de distributeurs, eux-mêmes sélectionnés selon des critères qualitatifs.

Encore convient-il naturellement que les produits en question se prêtent à cette technique de distribution qui, en pratique, est l'apanage des produits de luxe et de haute technicité ou présentant une certaine originalité dont les fabricants cherchent à protéger l'image de marque et à se protéger contre la massification et l'anonymisation résultant de la vente dans la grande distribution. Depuis 2002, en outre, les autorités de concurrence de l'Union européenne cherchent à favoriser la transformation des réseaux de distribution automobile, essentiellement organisés sur le modèle de la concession exclusive, vers celui de la distribution sélective.

Ce contrat est donc un contrat assez curieux dans la mesure où il masque que s'opère une sélection alors même que le promoteur du réseau opposera des refus de vente à tous les distributeurs qui n'auraient pas été sélectionnés[1]. Le droit de la concurrence s'est pour cette raison toujours intéressé à ce contrat pour en apprécier la licéité : les questions posées en la matière ressortissent principalement à la question première de la validité du contrat au regard des critères posés en droit de la concurrence. L'arrêt *Nina Ricci* du 3 novembre 1982 a ainsi fixé la définition

1. Il en résulte pour certains auteurs, que le contrat de distribution sélective est un contrat marqué par une exclusivité de fourniture puisque le fournisseur ne fournit que les distributeurs sélectionnés (D. Ferrier, *Droit de la distribution*, *op. cit.* n°s 518 s.) même si l'exclusivité de fourniture est traditionnellement envisagée comme attachée à un territoire, qui est ici exclu.

du contrat de distribution sélective : contrat par lequel « un fournisseur s'engage à approvisionner dans un secteur déterminé un ou plusieurs commerçants qu'il choisit en fonction de critères objectifs de caractères qualitatifs, sans discrimination et sans limitations quantitatives injustifiées et par lequel le distributeur est autorisé à vendre d'autres produits concurrents[1] ».

508 **Distinction avec des contrats voisins.** Le contrat de distribution sélective se distingue de contrats voisins. Il se distingue d'abord du contrat de concession, plutôt aisément : le contrat de concession comporte une exclusivité réciproque qui est absente du contrat de distribution sélective. En pratique, cette distinction est plus floue car bien des contrats de distribution sélective dissimulent derrière des critères qualitatifs de véritables objectifs de sélection quantitative et, réciproquement, bien des contrats de concession permettent au concessionnaire de vendre des produits concurrents de ceux du concédant dans des limites fixées par celui-ci[2]. On distingue ainsi, au sein des contrats de distribution sélective, les contrats de distribution sélective qualitative qui proposent une sélection purement qualitative sans *numerus clausus* des distributeurs donc, comme une simple forme d'agréation, des contrats de distribution sélective quantitative qui imposent, outre une sélection qualitative, une sélection quantitative.

Le contrat de distribution sélective se distingue encore du contrat de franchise car le premier ne propose pas la reproduction d'un modèle commercial. En pratique cependant, la distinction est parfois malaisée dans la mesure où nombre de réseaux de distribution sélective, en matière de parfumerie notamment, mêlent franchise et distribution sélective : un commerçant sélectionné propose de reproduire cette formule auprès de commer-

---

1. Crim. 3 nov. 1982, *Bull. crim.* n° 258, *D.* 1983. IR 211, obs. Ch. Gavalda et Cl. Lucas de Leyssac. Cette définition est à peu près celle du règlement n° 2790/99, art. 1-d.

2. V. D'ailleurs, Com. 25 janv. 2000, *CCC* 2000. 65, obs. M. Malaurie-Vignal, *Cah. dr. ent.* 2000/4. 19, obs. D. Mainguy et J.-L. Respaud, à propos de la réorganisation d'un réseau de concession exclusive où la Cour reprenait les critères du contrat de distribution sélective pour censurer l'arrêt d'appel qui avait admis la rupture d'un contrat de concession : « En se déterminant ainsi, par référence à des critères quantitatifs et qualitatifs imprécis, discrétionnairement mis en application par la Seita, et qui ne permettent pas de vérifier si les concessionnaires sont choisis selon les mêmes critères objectifs opposables à tous les candidats, la cour d'appel n'a pas donné de base légale à sa décision. »

çants indépendants qui devront respecter les critères de sélection et de la franchise[1].

Le contrat de distribution sélective se distingue encore d'une formule voisine, le contrat d'agréation. Il s'agit d'un contrat par lequel un fournisseur, titulaire d'une marque, accorde à un commerçant une habilitation, un agrément de sorte que les clients de ce commerçant agréé sauront qu'il est reconnu apte à distribuer les produits du fournisseur ou à réaliser certaines prestations de services, sans aucune exclusivité. La formule suppose, comme celle de la distribution sélective, que le fournisseur établisse des critères objectifs de caractère qualitatif sans discrimination et sans limitation quantitative injustifiée[2].

509 **Validité du contrat de distribution sélective.** Parce que la formule contractuelle de la distribution sélective impose au fournisseur des refus de vente aux distributeurs sélectionnés, pratiques particulièrement répréhensibles en droit de la concurrence, les autorités de la concurrence ont eu très tôt à se prononcer sur la validité des contrats de distribution sélective, à la demande des distributeurs non sélectionnés, et donc sur les fameux critères de sélection.

Les autorités de l'Union européenne, à travers la jurisprudence *Métro* dont les solutions sont reprises dans le Règlement d'exemption n° 2790/99[3] dans celui de 2010, et françaises[4] reprennent la définition plus haut décrite et exigent que « le choix des revendeurs s'opère en fonction de critères objectifs à caractère qualitatif, relatifs à la qualification professionnelle du revendeur, de son personnel, de son installation et que ces conditions soient appliquées sans discrimination » ; elle ajoute également que ces critères doivent être proportionnés, et donc strictement nécessaires, aux

1. F. Fournier, « L'équilibre des réseaux de franchise de parfumerie de luxe : d'un équilibre menacé à l'équilibre nécessaire », *D.* 2001. Chron. 793.
2. Paris, 16 janv. 1995, *RJDA* 1995. 266.
3. CJCE, 25 oct. 1977, Métro, *Rec.* 1977. 1875, CJCE 22 oct. 1986, *Métro II, Cah. dr. eur.* 1987. 667, obs. Schdermeier. Certaines décisions d'exemption rendues par la Commission des communautés européennes rendent bien compte des obligations valables et de celles qui ne le sont point : *cf.* déc. comm., 16 déc. 1991, *Yves Saint-Laurent, CCC* 1992. 37, déc. comm. 24 juill. 1992, *Givenchy, CCC* 1992. 164, CJCE, 28 avr. 1998, *Javico International* c. *Yves Saint-Laurent, D. Affaires* 1998. 951.
4. Paris, 28 janv. 1988, *D.* 1989. 499, note H. Bolze et sur pourvoi Com. 25 avr. 1889, *Bull. civ.* IV, n° 135, *D.* 1990. 64, note Lavillaine-Juliet, Paris, 1er juill. 1997, *D. Affaires* 1997. 1033.

objectifs de commercialisation des produits, de telle manière qu'ils ne doivent pas conduire à fermer le marché à des formes particulières de distribution, en clair, la grande distribution[1]. La formule est, dans ces conditions, valable car elle est considérée comme améliorant la commercialisation des produits et le service aux consommateurs. Encore convient-il que le contrat ne comporte pas de clause excédant les exigences du droit de la concurrence et notamment celles posées par le droit de la concurrence de l'Union européenne (v. ss 514).

510 **Critères et procédure de sélection.** Il importe d'abord, cependant, de procéder à la sélection des candidats distributeurs. Les critères sont nécessairement « objectifs et à caractère qualitatif » et adaptés à la commercialisation du produit[2], ce qui est plutôt vague. Ils peuvent concerner n'importe quel produit même si, en pratique, ce sont les produits de luxe (vêtements, parfums et cosmétique, maroquinerie, bijouterie...) ou techniques (vêtements et articles de sport, hi-fi, informatique...) qui sont l'objet de tels contrats. Les critères dépendent alors du produit : caractère chic et animé d'une rue ou d'un quartier, exigence de qualité et de formation du personnel... Mais ces critères ne doivent pas être établis de manière discriminatoire, ce qui pose parfois problème pour la personnalité du distributeur[3] singulièrement les grandes surfaces : la Cour de cassation a ainsi récemment décidé qu'il était faux d'affirmer que « la commercialisation des produits de luxe selon les techniques de la grande distribution fait perdre à ces produits leur renommée et le caractère luxueux que veut leur conférer le fabricant[4] ».

511 **Obligations du fournisseur : étanchéité du réseau.** Le choix d'une formule de distribution sélective se justifie par le souci de sélectionner des points de vente aptes à procéder à la distribution des

---

1. Cons. const., 19 nov. 1996, *CCC* 1997. 66, obs. L. Vogel ; TPICE, 12 déc. 1996, *RJDA* 1997. 666 ; Com. 21 oct. 1997, *Bull. civ.* IV, n° 271, *D.* 1998. Somm. 340, obs. D. Ferrier.
2. Versailles, 16 juin 1989, *D.* 1989. IR 240, à propos de critères non imposés par la technicité des produits, des planches à voiles en l'occurrence.
3. *Cf.* pour l'exigence contractuelle que le distributeur doit un pharmacien d'officine, de façon à évincer les supermarchés : Paris, 28 janv. 1988, *D.* 1989. 499, note H. Bolze et Com. 25 avr. 1989, préc. sur pourvoi ; TPICE 12 déc. 1996, *Rec.* 1996. II. 1967, Paris, 9 déc. 1997, *D.* 1998. Somm. 340, obs. D. Ferrier, pour une grande surface.
4. Com. 21 oct. 1997, *D.* 1998. Somm. 340, obs. D. Ferrier ; Paris, 11 oct. et 24 nov. 2000 et Com. 16 mai 2000, *Cah. dr. ent.* 2001/2. 31, obs. D. Mainguy.

produits du fournisseur établis en fonction de certains critères de qualité. Le fournisseur doit alors, outre ses obligations assez banales de fournisseur : livrer, assurer une publicité, entretenir l'image de marque du réseau – assurer aux distributeurs qu'ils seront les seuls à pouvoir effectivement distribuer ces produits, ce qu'on appelle parfois l'étanchéité du réseau et qui correspond aux relations que le réseau nourrit avec les tiers revendeurs (v. ss 488). Il en résulte une jurisprudence, dite parfois jurisprudence des parfumeurs, dont la sévérité s'est progressivement renforcée au profit des fournisseurs et au détriment des tiers revendeurs non sélectionnés.

La question intéresse, d'abord, les actions menées par les tiers revendeurs contre le fournisseur. La méthode de la distribution sélective impose de procéder à des refus de vente opposés aux distributeurs non sélectionnés. En 1982, la Cour de cassation considérait que c'était au fournisseur de justifier le refus de vente opposé au distributeur sélectionné ; le refus de vente entre professionnel était à l'époque pénalement sanctionné[1] ce qui supposait que le fournisseur fasse la démonstration que son réseau de distribution sélective était valable, au regard des règles du droit de la concurrence notamment[2]. C'est donc bien sur le fournisseur que pèse la charge de la preuve de la licéité du contrat de distribution sélective[3].

La question intéresse, en retour, les actions menées par le fournisseur contre les tiers revendeurs, ceux qui auraient pu se procurer des produits, qu'on appelle des revendeurs parallèles. Le fournisseur, parfois les distributeurs sélectionnés, sont facilement enclins à exercer des actions en concurrence déloyale en se fondant sur la faute délictuelle commise par le distributeur sélec-

---

1. Crim., 3 nov. 1982, préc.

2. *Cf.* par ex. : Com. 27 avr. 1993, *Bull. civ.* IV, n° 159, *D.* 1995. Somm. 73, obs. D. Ferrier à propos de non-renouvellement de contrats alors que le fournisseur avait réorganisé son réseau en réseau de concessionnaires « lorsque les nouveaux critères qualitatifs de sélection sont satisfaits par d'anciens distributeurs, le fournisseur s'expose à des poursuites pour refus de vente s'il interrompt ses relations avec eux, sauf à procéder à une réorganisation de sa distribution fondée sur des critères quantitatifs en remplaçant les distributeurs sélectionnés par des concessionnaires », Paris, 22 nov. 1994 et 10 févr. 1995, *D.* 1997. Somm. 62, obs. D. Ferrier.

3. Com. 22 mai 1985, *Bull. civ.*, n° 170, Com. 7 mars 1989, *Bull. civ.*, n° 82, *JCP* 1990. II. 21391, note A. Dorsner-Dolivet.

tionné, voire en publicité mensongère (C. consom., art. L. 121-1 : ne font-ils pas croire qu'ils appartiennent au réseau ?) ou en utilisation frauduleuse de la marque d'autrui (C. pén. art. L. 422-2) contre le distributeur sélectionné qui dispose de produits dont la commercialisation est réservée à un réseau de distribution sélective, sans que l'on puisse établir d'où provient la « fuite ». La Cour de cassation avait dans un premier temps manifesté sa réticence à l'admission de l'action du fournisseur dans une série de décisions opposant des parfumeurs à une grande centrale de distribution dans les années quatre-vingt dans lesquels elle affirmait que « le fait de commercialiser des produits relevant d'un réseau de distribution sélective ne constitue pas, en l'absence d'autres éléments, un acte fautif[1] ». C'était donc au fournisseur d'établir l'origine de la « fuite », nécessairement un distributeur sélectionné qui viole ses obligations, ou bien le fournisseur lui-même qui ne surveille pas suffisamment son réseau. La jurisprudence s'est finalement rangée à la solution inverse dans une série d'arrêts rendus le 27 octobre 1992[2] : la faute est caractérisée par le seul fait que le tiers revendeur non sélectionné refuse d'indiquer ses sources d'approvisionnement. La loi consacre désormais cette solution : l'article L. 442-6, I, 6° dispose, depuis une réforme de 1996, qu'engage sa responsabilité, celui qui participe directement ou indirectement à la violation de l'interdiction de revente hors réseau faite au distributeur par un accord de distribution sélective exempté au titre des règles du droit de la concurrence.

La question concerne enfin la pérennité du contrat : tant que le distributeur satisfait les conditions de sélection, il doit être livré[3].

1. Com. 13 déc. 1988, *Bull. civ.* IV, n° 344, *D.* 1989. 427, note A. Bénabent, Somm. 269, obs. Y. Serra ; Com. 10 janv. 1989, *Bull. civ.* IV, n° 18, *D.* 1989. 337, note Ph. Malaurie, *RTD civ.* 1989. 326, obs. P. Jourdain, Com. 31 janv. 1989, *Bull. civ.* IV, n° 45 ; Com. 21 mars 1989, *Bull. civ.* IV, n° 97, Com. 10 mai 1989, *D.* 1989. 427, note A. Bénabent. *Adde*, G. Bonet et J.-M. Mousseron, « Donner et retenir ne vaut », *Cah. dr. ent.* 1989/2. 12 ; P. Jourdain, « Les réseaux de distribution et la responsabilité des tiers revendeurs hors réseau », *D.* 1990. Chron. 43. V. égal. Com. 19 mai 1992, *RJDA* 1992. 699 pour la caractérisation d'une telle faute par le fournisseur.

2. Com. 27 oct. 1992, *D.* 1992. 505, note A. Bénabent ; *adde* : G. Bonet et J.-M. Mousseron, « Donner et retenir ne vaut II », *Cah. dr. entr.* 1993/1. 23. V. depuis Com. 23 févr. 1993, *D.* 1993. 318, note E. Fort-Cardon, *CCC* 1993. 71, obs. L. Vogel ; Com. 18 oct. 1994, *Bull. civ.* IV, n° 310, *D.* 1996. 311, note I. Krimmer, Com. 9 avr. 1996, *D.* 1997. Somm. 26, obs. D. Mazeaud, p. 61, obs. D. Ferrier ; Paris, 1er oct. 1997, *D.* 1998. 445, note M. Malaurie-Vignal ; Com. 19 mai 1998, *Bull. civ.* IV, n° 157.

3. Com. 14 janv. 2003, *Cah. dr. entr.*2003/3. 23, obs. J.-L. Respaud.

512 **Obligations du fournisseur et du distributeur.** Si la protection du réseau contre ses « prédateurs » apparaît comme fondamentale et première, il reste que le fournisseur doit également fournir les distributeurs sélectionnés dans les conditions posées par le contrat.

Le distributeur doit également exécuter nombre d'obligations : les plus importantes aux yeux du fournisseur sont celles qui assurent l'étanchéité du réseau, l'obligation de ne pas vendre à d'autres que des consommateurs ou d'autres distributeurs sélectionnés, mais également celles qui assurent l'efficacité du contrat : les obligations d'acquérir des produits nouveaux, de réaliser un chiffre minimum de vente, d'assurer une démonstration...

Section 2
Les contraintes du droit de la concurrence

513 **Importance et contingence du droit de la concurrence.** L'importance du droit de la concurrence, français et surtout européen, doit être soulignée. Un contrat de distribution, en soi, n'est pas un contrat qui est de nature à fausser ni même à influencer un marché ; c'est le réseau de contrats de même nature, un réseau de franchise, un réseau de concessions, etc. qui peut avoir cette influence. On observe alors que le droit de la concurrence s'est très tôt intéressé à ces réseaux de contrats de distribution, facilitant son contrôle par des règlements par catégorie.

En même temps, il faut relativiser cette importance : le droit de la concurrence, articles L. 420-1 et 2 du Code de commerce et articles 101 et 102 TFUE, n'intervient qu'à la marge comme un droit « policier » et pour autant que les critères d'application du droit de la concurrence soient atteints en vertu notamment de la règle « *de minimis* », prévalant tant en droit européen qu'en droit interne. Or, quantitativement, bien des contrats échappent à ce contrôle de sorte que s'il est parfois présenté que les règles du droit de la concurrence interviennent de façon première, avant celles du droit des contrats, voire de façon totalement imbriquée, force est d'observer au contraire que ces règles doivent être dissociées car elles n'ont pas les mêmes fondements et ne poursuivent pas les mêmes buts. Les autorités de la concurrence répètent ainsi fréquemment qu'un règlement d'exemption « n'établit aucune prescription contraignante » et se limite à établir des conditions d'exemption de certaines clauses ou contrats aux sanctions du droit de la concurrence[1] pour autant que celui-ci s'applique. Cela suppose qu'une atteinte suffisamment sérieuse au marché de l'Union européenne soit portée alors que la théorie des accords d'importance mineure évacue toutes les ententes de ce type qui représentent moins de 10 % pour une restriction horizontale, 15 % pour une restriction verticale, d'un marché, marché de l'Union européenne ou marché national, et que la théorie de la « règle de raison » permet à de « bonnes » ententes de passer entre les mailles du filet, règles que le droit interne de la concurrence a intégrées en 2004.

514 **Des règlements d'exemption par catégorie particuliers au règlement d'exemption unique.** Le droit de la concurrence a vocation à contrôler les effets éventuellement anticoncurrentiels que peuvent produire les contrats de distribution par les restrictions d'accès au marché qu'ils emportent : clauses d'exclusivité, clause de non-concurrence, refus de vente opposés aux tiers, contrôle du distributeur..., toutes ces clauses, ces contrats risquaient d'emporter un cloisonnement du marché de l'Union européenne. Deux formules fâchent particulièrement le droit de la concurrence : les clauses d'exclusivité territoriale trop strictes[2] mais aussi les clauses susceptibles d'imposer un prix minimum de revente[3], encore que depuis 2010, ce ne sont plus, théoriquement au moins, des pratiques sanctionnées *per se*, c'est-à-dire automatiquement, mais

1. CJCE, 18 déc. 1986, aff. 10/86, *Rec. CJCE*, p. 4084 ; Com. 4 juin 1996, *Europe* 1996. 287.
2. V. not. CJCE, 13 juill. 1966, *Grundig-Consten*, aff. 56 et 58/64, *Rec. CJCE*, p. 429, à propos des clauses d'exclusivité ; déc. Cons. const. n° 98-D-62, 13 oct. 1998, *Rec. Lamy*, n° 769, *CCC* 1999. 23, obs. M. Malaurie-Vignal. V. aussi très récemment à propos des clauses d'exclusivité dans les contrats de concession automobile : déc. n° 98/273, Comm., 18 janv. 1998, Volkswagen, *JOCE* 25 avr. 1998, n° L. 124, p. 60, *CCC* 1998. 133, note S. Poillot-Peruzzetto et sur appel TPICE, 6 juill. 2000, aff. T-62/98, *CCC* 2000. 179, obs. S. Poillot-Peruzzetto.
3. C. com., art. L. 442-5 ; Règl. n° 2790/99, art. 4 et v. Crim., 31 oct. 2000, *Bull. crim.*, n° 326, *Cah. dr. ent.* 2001/4. 33, obs. D. Mainguy.

une exemption individuelle demeure possible dans certaines circonstances strictement posées par les lignes directrices de 2010.

Le droit de la concurrence de l'Union européenne a alors proposé une technique permettant d'éviter à la Commission des communautés européennes (à l'époque de la CEE) de subir l'afflux de demandes d'exemptions individuelles, contrat par contrat, par l'adoption de règlement d'exemption par catégorie. Il s'agissait alors de proposer une grille d'analyse de certains contrats, dont certains contrats de distribution, en visant certaines clauses dont la présence, selon le cas, imposait le retrait de l'exemption, un examen particulier du contrat, ou était neutre (clauses « noires », « grises » et « blanches »). Ces règlements d'exemption par catégorie intéressaient les contrats d'approvisionnement exclusif (règl. n° 1984/83), les contrats de distribution exclusive c'est-à-dire les contrats de concession (règl. n° 1983/83), les contrats en matière de distribution automobile (règl. n° 123/85 puis règl. n° 1475/95 et enfin règl. n° 1400/2002, 30 juillet 2002) et les contrats de franchise (règl. n° 4087/88). Le contrat de distribution sélective, en revanche, ne bénéficiait pas d'une telle procédure d'exemption par catégorie mais certaines décisions avaient forgé le cadre des conditions d'une exemption individuelle. Ces règlements d'exemption prévoyaient, par ces clauses, des formules contractuelles vues par la lorgnette du droit de la concurrence mais qui pouvaient passer pour des sortes de contrats types, par un « effet de camisole » souvent dénoncé dans la mesure où le droit de la concurrence ne s'applique que pour autant que ses conditions d'application, strictes, soient rassemblées.

515 Aujourd'hui ces règlements d'exemption, à l'exception de celui existant en matière de distribution automobile, ont été abrogés et remplacés par un règlement d'exemption unique, le règlement n° 330/2010, complété par des « lignes directrices », en voie de révision. Le but est de proposer une méthode unique d'appréciation des contrats de distribution, plus largement des restrictions verticales de concurrence dans le langage du droit de la concurrence, même si inévitablement les lignes directrices proposent des raisonnements qui reposent sur les formules contractuelles déjà étudiées. Dès lors, le règlement unique ne propose que des clauses

interdites, de sorte que les clauses non prévues sont par principe valables. Par ailleurs, ce règlement d'exemption unique propose une méthode essentiellement économique, fondée sur l'appréciation des parts de marché et mieux, du pouvoir de marché. En effet, l'exemption est réservée aux contrats pour lesquels le fournisseur détient une part de marché inférieure à 30 % du marché de référence[1] ; au-dessus l'exemption est exclue et soumet les contractants à une vigilance toute particulière, car il n'est plus possible de notifier un contrat à la commission européenne dans le but d'obtenir une exemption individuelle. Par ailleurs, le droit de la concurrence de l'Union européenne considère que les contrats pour lesquels le fournisseur dispose de moins de 10 % du marché sont exclus, sauf exception, du champ d'application des règles des articles 81 et 82 du traité de Rome, en raison de la théorie dite « *de minimis* » dite aussi des « accords d'importance mineure[2] ».

L'article 4 prévoit cependant un certain nombre de conditions qui doivent en outre être respectées : elles correspondent à des interdits qui emportent retrait automatique de l'exemption. Ainsi, en est-il de la fixation des prix de revente et des clauses d'exclusivité territoriales « absolues ». La grande différence entre le règlement n° 330/2010 avec le précédent, le règlement n° 2790/99, tient au fait que ces restrictions caractérisées, ne le sont plus réellement dans la mesure où elles peuvent bénéficier d'une exemption individuelle. L'article 5 du règlement réserve également le sort de certaines clauses, dites « rouges », dont la sanction n'affecte pas le contrat, comme les « obligations de non-concurrence » – dans lesquelles on discerne des clauses d'exclusivité d'approvisionnement. Une durée maximale de cinq ans est prévue en principe, sauf quelques exceptions. De même sont interdites les clauses de non-concurrence postcontractuelles sauf lorsqu'elles concernent les biens ou services contractuels et lorsqu'elles sont indispensables à la protection d'un savoir-faire transmis (contrat de franchise essentiellement). Par ailleurs, le

1. Sur la détermination du marché de référence et le calcul de la part de marché : *cf.* règl., art. 9 et R. Bout, M. Bruschi, S. Poillot-Peruzzetto et M. Luby, *Droit économique*, Lamy, n° 4004.
2. Com. 22 déc. 2001, *JOCE* 22 déc. 2001, n° C 368/13, *Cah. dr. ent.* 2002/3. 2, obs. J.-L. Respaud.

retrait de l'exemption est automatique lorsqu'un contrat de distribution sélective impose de ne pas vendre de produits de concurrents déterminés, ce qu'on appelle parfois la « clause d'environnement de marque ». Enfin, un régime complexe s'ajoute en cas d'effet cumulatif de réseaux, situation qui résulte de réseaux de distribution, voisins, qui empêchent en pratique à un nouvel opérateur d'entrée sur le marché : le contrat, quoiqu'exempté en principe, pourrait ne pas l'être automatiquement pour cette raison (règl., art. 6).

Ajoutons, pour finir cette question, que ces règles sont déterminantes, tant en droit de la concurrence de l'Union européenne qu'en droit interne. Les juridictions françaises sont en effet compétentes pour tirer les conséquences des règles de la concurrence de l'Union européenne qui bénéficient de l'effet direct. Un nouveau règlement de procédure devrait même prochainement accroître encore les pouvoirs des juridictions internes en la matière, étendant donc l'empire des méthodes européennes[1].

516 **Distribution automobile.** Le domaine de la distribution automobile a, par ailleurs, toujours été considéré comme particulier[2], justifiant les raisonnements juridiques et, donc, des règlements d'exemption particuliers, comme ce fut le cas en 1984 (règl. n° 123/85, 12 déc. 1984) puis en 1995 (règl. n° 1475/95, 28 juin 1995) et enfin, un nouveau règlement n° 1400/2002. Il en ressortait des exigences plus importantes que pour les autres formules contractuelles s'agissant des clauses d'exclusivité d'abord : outre la prohibition des clauses d'exclusivité territoriale absolue, les importations parallèles étaient favorisées pour permettre une plus grande concurrence entre les pays membres, la durée devait être sous certaines conditions de cinq ans ou comprendre un préavis de deux ans pour un contrat à durée indéterminée. Désormais cependant, ce particularisme, pour autant qu'il se justifie, ne devrait plus être que d'essence jurisprudentielle le nouveau Règlement n° 330/2010 en effet, à l'occasion du renouvellement de

1. L. Idot, « Le futur règlement d'application des articles 81 et 82 CE : chronique d'une révolution annoncée », *D.* 2001. Chron. 1370.
2. O. Gauclère, « Évolutions récentes de la jurisprudence en matière de distribution automobile », *JCP E* 1999. 10.

celui de 1999 intègre désormais le secteur de la distribution automobile sans réserver de disposition particulière à ce secteur, ce qui signe la fin de cette exception concurrentielle, plutôt plus stricte d'ailleurs que le reste des règles du droit de la concurrence, et donc vers un assouplissement de l'application du droit de la concurrence à la distribution automobile.

TROISIÈME PARTIE

LES CONTRATS PORTANT SUR UN SERVICE

517 **Plan.** Les « services » constituent aujourd'hui une part dominante de l'activité économique, le secteur dit tertiaire. En même temps, cette notion de service ne représente ni un objet contractuel défini ni une catégorie homogène de contrats.

Le service, comme objet d'un contrat, appelle une prestation, une prestation de service dit-on souvent, c'est-à-dire une activité humaine, manuelle ou intellectuelle. Mais le contrat de travail, anciennement nommé louage de service ou d'industrie, par opposition au louage d'ouvrage – le contrat d'entreprise – et le louage de chose – le bail – répond à cette définition en sorte que pour le distinguer des autres contrats portant sur un service, il convient d'ajouter un critère distinctif : le contrat de travail porte sur une prestation fournie dans le cadre d'un rapport de subordination et l'on supposera qu'il n'en est pas de même des autres contrats.

Même ainsi, le service objet du contrat n'est pas homogène. Un service, une prestation de service : des domaines immenses sont concernés parce qu'ils envisagent tous les contrats dans lesquels le travail humain, non subordonné, est présent c'est-à-dire tous les contrats comportant une obligation de faire. Aussi, de nombreux contrats, parfois d'ailleurs considérés comme des contrats *sui generis* mériteraient d'apparaître.

Nous nous bornerons, cependant, à n'envisager ces contrats qu'en tant que catégorie juridique. Comme contrats portant sur un service, apparaissent le contrat d'entreprise (TITRE 1) et le contrat de mandat (TITRE 2).

TITRE 1

LE CONTRAT D'ENTREPRISE

518 **Louage d'ouvrage, contrat d'entreprise, contrat de prestation de services : définition.** Le contrat qu'aujourd'hui nous qualifions de contrat d'entreprise[1] n'est pas envisagé de cette façon dans le Code civil mais comme un contrat de louage d'ouvrage défini par l'article 1710 du Code civil comme le « contrat par lequel l'une des parties s'engage à faire quelque chose pour l'autre, moyennant un prix convenu entre elles ».

Cette définition est trop large car prise telle quelle il est impossible de distinguer le contrat d'entreprise du contrat de travail ou du contrat de mandat. Aussi retient-on une autre définition envisageant le contrat d'entreprise comme le contrat par lequel une personne, le maître d'ouvrage ou le donneur d'ordre, charge une autre personne, l'entrepreneur (le Code civil l'appelle l'ouvrier) d'effectuer un travail moyennant rémunération, en toute indépendance (contrairement au contrat de travail) et sans représentation (contrairement au mandat).

1. V. P. Puig, *La qualification du contrat d'entreprise*, préf. B. Teyssié, éd. Panthéon-Assas, 2002 : le contrat d'entreprise dérive du louage de choses mais au prix d'une inversion : le louage de chose impose au bailleur de mettre une chose à sa disposition moyennant le paiement d'un loyer ; le louage d'ouvrage romain ou de l'Ancien droit impose au maître de l'ouvrage de louer un ouvrage à l'entrepreneur, formule très éloignée de la conception du Code civil qui permet donc de parler de contrat d'entreprise ne serait-ce que pour marquer cette rupture.

Par ailleurs, le contrat d'entreprise est considéré dans l'article 1779 du Code civil comme comprenant trois espèces : le louage de service – le contrat de travail –, le louage des « voituriers, tant par terre que par eau qui se chargent du transport des personnes ou des marchandises » – le contrat de transport que les articles 1782 à 1786 du Code civil et le Code de commerce comme de nombreuses lois nouvelles réglementent –, le louage d'ouvrage des « architectes, entrepreneurs d'ouvrages et techniciens par suite d'études, devis ou marché ». Cette fois, la définition est trop étroite car le contrat d'entreprise comprend beaucoup plus de types de contrats que le contrat de transport ou les contrats touchant à la construction d'un immeuble.

De plus, l'expression même de « contrat d'entreprise » laisse parfois place à celle de contrat de « prestation de services », notamment dans les diverses réglementations économiques, et y compris dans le Code civil (*cf.* C. civ., art. 1165), ce qui n'est guère heureux dans la mesure où les contrats portant sur un service se révèlent une catégorie floue, plus large que celle du contrat d'entreprise mais que l'on s'accorde à limiter à ce dernier.

519 **Expansion du contrat d'entreprise.** Sans doute parce que nos économies modernes sont devenues des sociétés de services, le contrat d'entreprise apparaît comme « la bonne à tout faire » du droit des contrats[1] tant son expansion est fulgurante à la fois en quantité[2] et en diversité. En effet, nous faisons de moins en moins de choses par nous-même, essentiellement en raison des progrès de la technique dans tous les domaines en sorte que de nombreux contrats d'entreprise sont nécessaires pour assumer ces travaux nouveaux. C'est, ainsi, que, pour tenter de classifier les opérations entrant dans le domaine des contrats d'entreprise on peut recenser les contrats ayant pour objet un travail sur ou autour d'un bien. Sont concernés tous les contrats imposant une prestation matérielle,

1. Ph. Malaurie, L. Aynès et P.-Y. Gautier, n° 700.
2. À tel point qu'un auteur n'hésitait pas à promettre la prochaine extinction de la vente face au contrat d'entreprise (M. de Juglard, « La vente : un contrat en voie d'extinction au profit de l'entreprise », *Mélanges J. Derruppé*, Litec-GLN, 1991, p. 63). À moins que l'entreprise devienne au côté de la vente le second pilier de nos économies moderne (A. Bénabent, n° 472). Ainsi, les modernes contrats de transfert de techniques non brevetées, de savoir-faire, qui sont des contrats d'entreprise singent, par des clauses adaptées, la cession de techniques brevetées.

manuelle, tenant à la fabrication d'un bien, ou sa construction, sa réparation, son entretien, sa surveillance, son transport, son assurance ou plus intellectuelle comme sa conception. Il peut s'agir aussi d'une prestation portant sur une personne, une prestation purement intellectuelle dans le domaine de la santé notamment, mais aussi manuelle tenant à l'esthétique de la personne mais aussi la restauration ou l'hôtellerie. Il peut enfin s'agir d'une prestation totalement intellectuelle comme les prestations de conseil divers, de spectacle, d'enseignement.

Tous ces contrats reposent sur la souche commune du contrat d'entreprise, dont les règles passablement désuètes, telles qu'exprimées dans le Code civil, ont été largement interprétées, développées par la jurisprudence. C'est ainsi que l'on doit à la jurisprudence sur le contrat d'entreprise les obligations de sécurité, dans le contrat de transport de personne[1], la distinction entre les obligations de moyens et de résultat, proposée dans le contrat conclu avec un médecin, en 1936[2], et théorisée par Demogue dès 1925. Dans le même temps, si les contrats d'entreprise apparaissent différenciés – ainsi, les contrats de transport, de construction ou d'assurance méritent un ouvrage à eux seuls – les règles sont d'un premier abord globalement semblables de façon à identifier les règles communes du contrat d'entreprise (SOUS-TITRE 1) puis les règles spéciales à certains contrats d'entreprise (SOUS-TITRE 2).

1. Civ. 21 nov. 1911, *D.* 1913. 1. 249, note Sarrut.
2. Civ. 20 mai 1936, *D.* 1936. 1. 88 ; *S.* 1937. 1. 321.

Sous-titre 1

Les règles communes du contrat d'entreprise

520 Les règles communes du contrat d'entreprise concernent, comme pour tous les contrats, celles concernant les éléments (CHAPITRE 1), la formation (CHAPITRE 2), les effets (CHAPITRE 3) et l'extinction (CHAPITRE 4) du contrat d'entreprise seront envisagées.

CHAPITRE 1

Les éléments du contrat d'entreprise

521 **Plan.** L'observation des éléments du contrat d'entreprise permet d'envisager ses caractères (SECTION 1) avant de le distinguer d'autres contrats (SECTION 2).

SECTION 1

LES CARACTÈRES DU CONTRAT D'ENTREPRISE

522 **Caractères.** Les caractères du contrat d'entreprise apparaissent dans sa définition : c'est un contrat qui met à la charge de l'entrepreneur la réalisation d'une prestation, en toute indépendance et sans représentation. Mais à ces caractères déduits de la définition de l'entreprise s'en ajoutent certains autres. Il reste que l'essentiel tient à trois caractères : une prestation (**§ 1**), indépendante (**§ 2**) et sans représentation (**§ 3**).

§ 1. Une prestation

523 **Faire, ne pas faire.** L'élément caractéristique du contrat d'entreprise se trouve dans son objet : il s'agit d'une prestation. Mais ce terme est peu disert. Il n'est guère plus explicite de décrire cette prestation comme une obligation de faire même si c'est ainsi que l'article 1710 du Code civil procède (« faire quelque chose »).

En même temps, faire quelque chose renvoie à un travail, une prestation matérielle ou intellectuelle et personnelle à l'entrepreneur. On pourra, alors, considérer que si l'objet du contrat est un acte juridique, il ne s'agira pas d'un contrat d'entreprise mais d'un mandat.

Ainsi les contrats de construction, de réparation, de soins... sont des contrats d'entreprise parce qu'ils contiennent une telle obligation de faire se caractérisant par une prestation matérielle ou intellectuelle et personnelle, un travail. Inversement, un contrat de bail contient une obligation de faire : mettre une chose à la disposition du locataire comme le contrat de vente qui impose la délivrance d'une chose mais il ne s'agit pas d'un travail.

Le problème se pose à l'égard des contrats qui comportent une obligation de ne pas faire comme une obligation de non-concurrence ou une obligation d'exclusivité ou encore de secret. La qualification de ce contrat n'est pas aisée. Une obligation de ne pas faire se caractérise en effet par une non-prestation, une « non entreprise » : en ce sens, le contrat qui la contiendrait à titre principal n'est pas un contrat d'entreprise[1]. Ainsi le contrat par lequel une personne s'engage à ne pas construire un immeuble sur un terrain voisin du créancier n'est pas un contrat d'entreprise. Mais une telle affirmation est parfois plus difficile. Ainsi, les contrats de communication de savoir-faire sont des contrats qui tendent, par des obligations de ne pas faire, clause de secret, de non-exploitation à la charge du communiquant et post-contractuelles à la charge du communiqué..., à retrouver les éléments qui seraient celui d'un contrat de cession d'une information

1. En ce sens, A. Bénabent, n° 480.

appropriée, brevet ou marque. Cependant, ces obligations de ne pas faire accompagnent, à titre d'accessoire, une obligation de faire : communiquer le savoir-faire. Aussi, il s'agit bien d'un contrat d'entreprise. De même de nombreux contrats de distribution contiennent une obligation d'exclusivité qui, à bien des égards, est une obligation de ne pas faire : ne pas acheter ou vendre à un autre que son contractant. Mais en même temps, elle traduit une obligation de faire, renforcée souvent par une clause de quota : vendre ou acheter à son contractant mais vendre ou acheter n'est pas une prestation en sorte que si l'entreprise est présente dans ces contrats, une autre qualification leur est de plus en plus accordée[1].

524 **Faire, donner.** Aussi délicate est la question de savoir si le contrat dans lequel un transfert de propriété apparaît peut être considéré comme un contrat d'entreprise. En principe, en effet, l'obligation de donner, si elle existe, caractérise le contrat de vente, la donation... des contrats qui comportent un transfert de propriété pour prestation caractéristique, très éloigné d'un travail.

En même temps, nombre de contrats d'entreprise, qui se caractérisent par l'exécution d'un travail, emportent aussi un mécanisme de transfert de propriété d'un bien, que ce soit le contrat portant sur la construction ou la façon d'un bien ou sa réparation. Un mécanisme acquisitif de propriété se manifeste alors, le plus souvent par accession et, éventuellement, par transfert de propriété sans que le contrat d'entreprise en soit pour autant disqualifié.

525 **Un contrat de pro.** La très grande majorité des contrats d'entreprise sont conclus par des entrepreneurs professionnels en raison de la compétence exigée de ces derniers dans l'exécution de la prestation à laquelle ils s'obligent. Certains de ces contrats sont d'ailleurs réservés à des professionnels, sous peine de sanctions pénales. Ainsi en est-il des prestations médicales ou des contrats portant sur une prestation juridique. En même temps, conclu avec

1. Mais à l'inverse, comp. Com. 22 janv. 1991 (cité ss 233), en matière de détermination du prix dans les contrats-cadres qui distinguait les contrats-cadres qui comportent « essentiellement des obligations de donner » de ceux comportant « essentiellement des obligations de faire ».

un professionnel, ce contrat l'est toujours à titre onéreux. Aussi, la responsabilité du professionnel sera-t-elle sans doute accrue et son activité contrôlée et organisée. C'est, par exemple, le cas des professions libérales mais aussi, de plus en plus, des professions artisanales. Il en résulte que le contrat d'entreprise se place, d'emblée, dans le cadre d'un « droit professionnel » peu défini, à la différence du droit de la consommation[1], dans lequel on reconnaît des obligations particulières, de renseignement, de conseil, de loyauté, notamment.

526 **Un contrat rémunéré ?** L'existence d'une prestation, effectuée par un professionnel le plus souvent justifie aussi le caractère onéreux du contrat d'entreprise. On admet généralement que le contrat d'entreprise est un contrat à titre onéreux, voire présumé tel[2]. Mais la question se pose de savoir ce qu'il en est du contrat d'entreprise gratuit, du service gratuit, par exemple un soin gratuit ou une étude gratuite faite par un architecte. Dans cette hypothèse, même sans prix, le contrat demeure un contrat d'entreprise et, par conséquent, le prestataire s'oblige comme si le contrat était conclu à titre onéreux et engage sa responsabilité contractuelle, comme il en est pour le prêt ou le dépôt et on pourrait admettre que la gratuité emporte une responsabilité allégée[3]. La question rebondit avec l'essor des conventions d'assistance bénévole dans lesquels la jurisprudence, par le recours à ce contrat, identifie un régime de responsabilité contractuelle[4]. On retiendra que la qualification du contrat d'entreprise dépend de l'objet du contrat, un service, point de sa rémunération, que la distinction entre contrat à titre gratuit et à titre onéreux est, pour le moins floue, oublieuse d'un « contrat à titre intéressé », comme les débats sur la question de savoir si un prêt à usage dans un contrat d'affaires est possible, pour admettre la possibilité qu'un contrat d'entreprise soit conclu à titre gratuit.

527 **Un contrat personnalisé ?** Dans la mesure où le contrat d'entreprise impose à une personne l'exécution d'une prestation, la place de

1. Ph. Le Tourneau et L. Cadiet, *Droit de la responsabilité et des contrats*, Dalloz, 2001, n° 2985.
2. Civ. 3e, 17 déc. 1997, *D. Affaires* 1998. 667.
3. J. Huet, G. Decocq, C. Grimaldi et H. Lecuyer, n° 32115 et les réf. citées.
4. Ph. Malaurie, L. Aynès et Ph. Stoeffel-Munck, *Les obligations*, *op. cit.*, n° 349.

la considération de la personne de l'entrepreneur se pose. La confiance, la compétence de l'entrepreneur semblent prépondérantes conduisant à admettre la présence d'un fort *intuitu personae* dans le contrat d'entreprise. L'article 1795 du Code civil dispose que le contrat d'entreprise s'éteint avec la mort de « l'ouvrier, de l'architecte ou de l'entrepreneur » et l'on conçoit que le contrat conclu avec une profession libérale soit à ce point personnel que la clientèle du professionnel libéral est incessible. Tous ces arguments militent en faveur de la présence de l'*intuitu personae* dans le contrat d'entreprise.

Inversement, la loi elle-même organise un régime particulier de la *sous-traitance* qui constitue une application des formes de circulation du contrat par adjonction d'un sous-contractant, en sorte que tout *intuitu personae* semble avoir disparu. On peut alors en conclure que tout est affaire de situations particulières. Tel contrat d'entreprise sera affecté d'un *intuitu personae* important, point un autre, favorisant ou non sa circulation.

§ 2. Une prestation indépendante

528 **Contrat d'entreprise et contrat de travail.** Le contrat de travail se caractérise par l'obligation d'exécuter un travail sous la subordination du donneur d'ordre au contraire du contrat d'entreprise qui se traduit par une obligation d'exécuter un travail en toute indépendance. Aussi, si les règles sont différentes, eu égard, notamment, au protectionnisme qui s'attache au statut du contrat de travail, l'esprit des deux contrats est différent. Ainsi, l'indépendance a pour contrepartie la responsabilité : l'entrepreneur est responsable du travail effectué à la différence de l'employé[1].

En même temps, on conçoit que les frontières se brouillent. Le contrat de travail était nécessaire au temps des usines gigantesques employant une main-d'œuvre nombreuse, peu qualifiée et donc, nécessairement encadrée et subordonnée. Aujourd'hui, le

1. Sauf l'hypothèse d'une faute lourde, *cf.* Ch. Radé, *Droit du travail et responsabilité civile*, Bibl. dr. priv., t. 282, préf. J. Hauser, LGDJ, 1997.

travail s'est transformé au profit d'équipes plus réduites, généralement qualifiées voire très qualifiées dans lesquelles la subordination apparaît très réduite. C'est le cas, par exemple, des cadres d'entreprises. Ainsi, le juriste d'entreprise apparaît davantage comme un avocat n'ayant pour client que cette entreprise. Inversement, des professions comme celle d'avocat, notaire, médecin peuvent être exercées comme employé alors qu'elles imposent, par nature, une certaine indépendance. L'idée d'une catégorie intermédiaire, de *parasubordination* est en germe[1].

Aussi la frontière existant autrefois entre contrat d'entreprise et contrat de travail n'est plus si marquée aujourd'hui. L'indépendance technique n'est pas un critère permettant de distinguer contrat de travail et contrat d'entreprise, par exemple s'agissant des professions libérales[2]. Le travail jurisprudentiel de requalification d'un contrat d'entreprise en contrat de travail chaque fois qu'un élément de subordination apparaît existe toujours dès lors que le contrat d'entreprise cherche à masquer une relation de subordination essentiellement pour éviter de supporter les charges sociales pesant sur le travail salarié. La subordination juridique de l'entrepreneur est, alors, le critère permettant sa requalification en contrat de travail. La loi *Madelin* du 11 février 1994 avait modifié l'article L. 120-3 du Code du travail qui prévoyait une présomption selon laquelle la personne immatriculée au registre du commerce ou au registre des métiers est présumée ne pas exécuter de prestation sous la forme d'un contrat de travail, mais d'entreprise[3]. Il s'agissait cependant d'une présomption simple qui pouvait être renversée par la preuve contraire, reposant sur la démonstration de l'existence d'une *subordination juridique permanente* traduisant le pouvoir de l'employeur de fixer unilatéralement les conditions de la prestation[4] à savoir le lieu d'exécution du contrat, les conditions de travail (horaires par exemple), l'exis-

1. J. Barthélemy, « Le professionnel parasubordonné », *JCP E* 1996. I. 606.
2. P.-H. Antonmattéi et J. Raynard, n° 400 ; *adde* : J. Barthélemy, « Contrat de travail et activité libérale », *JCP* 1990. I. 3450.
3. B. Teyssié, « Sur un fragment de la loi n° 94-126 du 11 févr. 1994 : commentaire de l'article L. 120-3 du Code du travail », *Dr. soc.* 1994. 667.
4. *Cf.* pour les critères du droit de la sécurité sociale, désormais identiques à celles du droit du travail : Soc. 13 nov. 1996, *JCP E* 1997. II. 911, note J. Barthélemy, *Dr. soc.* 1996. 1067, note J.-J. Dupeyroux.

tence d'instructions. La loi *Aubry II* du 19 janvier 2000 sur la réduction du temps de travail a cependant remis en selle la présomption de subordination pour, à nouveau, retrouver une présomption de non-contrat de travail à l'issue de la loi du 1er août 2003… en attendant de prochains changements de majorité pour retrouver ces yoyos législatifs.

§ 3. Une prestation sans représentation

529 **Entreprise et représentation.** La distinction première oppose le contrat d'entreprise et le contrat de mandat dans lequel le mandataire effectue quelque chose, un acte juridique, *au nom et pour le compte* du mandant. Or, l'entrepreneur effectue quelque chose en son nom et pour son compte. Aussi, le contrat d'entreprise n'est pas un contrat de représentation et se distingue du mandat.

Mais en même temps, on ne peut s'empêcher de penser que si l'entrepreneur agit assurément en son nom, il agit aussi quelque peu pour le compte de son client. La figure ressemble alors étrangement au contrat de commission, contrat commercial par lequel le commissionnaire agit, en son nom mais pour le compte du commettant[1], du moins dans les rapports avec le tiers contractant du commissionnaire. Aussi est-il tenu de conclure et d'exécuter le contrat et le tiers ne peut agir directement contre le commettant. Mais sans doute parce que ce dernier agit toujours pour le compte d'un autrui qui n'est pas le tiers client, il ne peut être assimilé à un entrepreneur qui ne pourrait être considéré comme agissant pour le compte d'un autre que son client.

1. V. not. J. Hamel et *al.*, *Le contrat de commission*, Dalloz, 1949 ; G. Ripert et R. Roblot, par M. Germain et Ph. Delebecque, *Traité de droit commercial*, t. 2, LGDJ, nos 2632 s. ; J. Hémard, *Les contrats commerciaux*, t. 2, 1957 ; A. Bénabent, *V°* Commission, *J.-Cl. Contr. distr.*, fasc. 470 ; B. Bouloc, *V°* Commissionnaire, *Rép. com.*

SECTION 2
LA DISTINCTION DU CONTRAT D'ENTREPRISE AVEC D'AUTRES CONTRATS

530 **Contrat d'entreprise et vente.** Le contrat d'entreprise se distingue difficilement de la vente, notamment s'agissant de la comparaison d'une vente de chose à fabriquer et de contrat d'entreprise avec fourniture de matières, que nous avons déjà envisagée[1]. Rappelons que, en matière mobilière, la jurisprudence admet un critère objectif fondé sur l'existence d'un travail particulier effectué selon des instructions particulières : est une vente la production en série de choses à fabriquer ; est un contrat d'entreprise la production sur mesure d'une chose à fabriquer. En matière immobilière, c'est, en principe, la règle de l'accession qui prévaut (sauf hypothèse marginale dans laquelle le critère du travail spécifique pourrait s'appliquer[2]) en sorte que si la construction immobilière s'effectue sur le terrain ou la construction déjà propriété du maître d'ouvrage, ce dernier devient propriétaire par accession résultant d'un contrat d'entreprise et si la construction s'élève sur le terrain appartenant à l'entrepreneur, le maître d'ouvrage deviendra propriétaire par transfert de propriété résultant d'une vente.

Parfois, cependant, les deux opérations sont parfaitement alternatives comme l'illustre l'exemple de la restauration rapide : à la consommation sur place correspondra un contrat d'entreprise avec l'application du taux de TVA normal et à la consommation à emporter correspondra un contrat de vente avec application du taux réduit de TVA.

531 **Contrat d'entreprise et bail.** Nous avons également entrevu cette distinction[3]. Elle est importante car le contrat de bail et le contrat d'entreprise reposent sur une souche commune, le louage, de chose et d'ouvrage, largement associés par le Code civil. Pourtant,

1. V. ss 36 s.
2. Civ. 3e, 24 nov. 1987, *Gaz. Pal.* 1988. Pan. 8.
3. V. ss 302.

les deux opérations semblent très différentes : la mise à disposition d'une chose dans un cas, la prestation, humaine, d'un service dans un autre et les obligations des deux contrats divergent à l'avenant. Ainsi, la crainte de l'application des règles du bail commercial ou rural ou, au contraire, de celles de la sous-traitance, peut justifier le besoin de distinguer contrat d'entreprise et bail.

La difficulté principale tient à l'hypothèse dans laquelle le cumul des deux opérations s'opère comme dans le contrat de restauration ou d'hôtellerie. Très souvent, on applique le critère du principal et de l'accessoire pour procéder à la qualification du contrat, l'une des opérations absorbant l'autre. Le critère de l'accessoire semble le meilleur critère pour procéder à la qualification de contrat emportant les deux opérations de location et d'entreprise.

Le problème commence cependant, comme toujours s'agissant du critère de l'accessoire, lorsqu'il est difficile de repérer quel élément, du bail ou de l'entreprise est le principal et l'accessoire. Aussi utilise-t-on alors le critère de l'indépendance. Si le client utilise une chose en toute indépendance, le contrat sera un contrat de location, comme la location d'un véhicule avec chauffeur dans lequel le client pourrait se déplacer sans contrainte[1]. Si, à l'inverse, le client utilise la chose dans la dépendance, sous la surveillance de celui qui la lui a fournie, il s'agira, au contraire d'un contrat d'entreprise, comme dans l'hypothèse où la même personne utilisera un mode de transport en commun[2].

Enfin, comme souvent, contrat d'entreprise et bail peuvent non se confondre mais se compléter en une qualification mixte d'un contrat comportant les deux opérations. Ainsi en est-il du contrat conclu entre un médecin et une clinique où les soins (contrat d'entreprise) qu'il s'engage à dispenser le seront dans des locaux souvent mis à sa disposition par la clinique, comme le matériel y

1. Com. 1er déc. 1992, *CCC* 1993. 70.
2. *Cf.* aussi pour l'exemple de la location de chevaux opposée à la convention de promenade équestre où le cavalier est sous la surveillance de l'entrepreneur : Civ. 1re, 27 mars 1985, *Bull. civ.* I, n° 111, ou encore de la distinction entre contrat d'hôtellerie (entreprise) et de résidence (bail) : Civ. 3e, 1er juill. 1998, *Bull. civ.* III, n° 145, *CCC* 1998. 140, obs. L. Leveneur.

afférent moyennant un loyer, à moins que d'autres choses soient, en outre, prêtées.

532 **Contrat d'entreprise et dépôt.** L'intérêt de procéder à la distinction ne repose guère que sur la question de la formation du contrat – contrat consensuel contre contrat réel – alors que la jurisprudence assimile le régime de responsabilité de l'un sur celui de l'autre.

Pourtant, le risque de confusion est permanent : chaque fois, en effet, que l'exécution du contrat d'entreprise nécessite la remise de la chose à l'entrepreneur ce qui est fréquemment le cas pour la réparation ou la rénovation d'une chose corporelle. L'analyse du contrat comportant les deux opérations, entreprise et dépôt, repose ici aussi sur le critère de l'accessoire : selon que la chose aura été remise en vue de la réalisation d'un travail ou d'être conservée, à titre principal, le contrat sera un contrat d'entreprise ou de dépôt. Mais cette analyse peut être difficile et la jurisprudence admet également des qualifications mixtes[1].

533 **Contrat d'entreprise et contrat de mandat.** Nous avons déjà évoqué succinctement la difficulté en observant que le contrat d'entreprise offre une prestation sans représentation. Aussi la distinction entre les deux opérations est fondamentale puisque le contrat de mandat est, précisément, un contrat de représentation. L'intérêt de procéder à cette distinction tient, par exemple, à l'application des règles de la sous-traitance, contre les liens associant le mandant et le sous-mandataire ou bien de l'obligation pour le mandant d'indemniser les pertes subies par le mandataire, obligation inconnue par le contrat d'entreprise ou encore de la révocation du contrat, *ad nutum* dans le mandat, point dans le contrat d'entreprise.

Le critère de distinction repose sur le fait que le contrat d'entreprise n'emporte aucune représentation au contraire du mandat : le mandant est lié par les actes réalisés par le mandataire alors que le maître de l'ouvrage ne l'est pas par ceux effectués par l'entrepreneur. Aussi, la distinction s'opère en observant l'objet de ces deux contrats. Le contrat d'entreprise impose à l'entrepreneur

1. *Cf.* pour un garagiste, Civ. 1re, 7 juill. 1992, *Bull. civ.* I, n° 222 mais, *contra* : F. Collart-Dutilleul et Ph. Delebecque, n° 708, Ph. Malaurie, L. Aynès et P.-Y. Gautier, n° 868.

l'obligation d'effectuer une prestation matérielle, des actes matériels : réparer, conseiller, soigner... alors que le contrat de mandat impose au mandataire de le représenter et, ce faisant, d'effectuer des actes juridiques au nom et pour le compte du mandant : conclure un contrat, le résilier[1]...

Mais la distinction devient pourtant difficile lorsque le mandataire est chargé de négocier un contrat, comme c'est le cas de l'agent commercial ou de rapprocher deux personnes comme c'est le cas de l'agent immobilier ou de l'agent d'assurances. Inversement, le contrat d'entreprise peut conduire l'entrepreneur à réaliser des actes juridiques comme des contrats de sous-traitance, au su du maître de l'ouvrage, qui, dans certaines circonstances, l'engagent[2]. Aussi recherchera-t-on très exactement le contenu du contrat. Si la possibilité de conclure un acte juridique au nom et pour le compte de l'autre contractant est présente, il s'agira d'un mandat.

Parfois aussi, la qualification exclusive en faveur de l'un ou l'autre régime échoue au profit d'une qualification distributive. Tel est le cas de nombreuses hypothèses. Ainsi, le contrat d'agence de voyages associe un mandat, pour la conclusion des réservations d'hôtel ou la conclusion des contrats de transport par exemple, et un contrat d'entreprise lorsque l'agence organise une opération plus large, comme un *tour-opérateur*, associant un logement, la nourriture par exemple[3].

1. V. par ex. : Com. 8 janv. 2002, *Bull. civ.* IV, n° 1, *CCC* 2002. 87, obs. L. Leveneur, *RTD civ.* 2002. 323, obs. P.-Y. Gautier : le chef de rayon d'un grand magasin ne représente pas celui-ci et n'est donc pas un mandataire.

2. *Cf.* à propos du contrat de promotion immobilière qui associe des prestations matérielles, l'engagement de construire et juridiques, l'acquisition de terrain, un contrat avec un architecte, pour lequel l'article 1831-1 du Code civil choisit la qualification de mandat bien que le promoteur soit tenu de certaines obligations de l'entrepreneur comme la garantie des vices cachés (mais, *contra* : C. civ., art. 1831-1, al. 2).

3. Civ. 1re, 27 oct. 1970, *D.* 1971. 449, note P. Couvrat, *JCP* 1971. II. 16624, note R. Rodière, *RTD civ.* 1971. 392, obs. G. Cornu. *Adde* : P. Couvrat, *Les agences de voyages en droit français*, LGDJ, 1967.

CHAPITRE 2

La formation du contrat d'entreprise

534 **Contrat consensuel, droit de la consommation.** Le contrat d'entreprise est, en principe[1], un contrat consensuel en sorte qu'aucune formalité n'est exigée pour sa formation.

Ce principe est, cependant, tempéré à l'épreuve du droit de la consommation. Par exemple, le Code de la consommation exige, comme pour la vente, que les caractéristiques essentielles du bien ou du service tels que le prix, les éventuelles limitations de responsabilité et les conditions particulières du contrat fassent l'objet d'une information par voie de marquage, étiquetage ou affichage ou la date limite à laquelle l'entrepreneur s'engage à exécuter la prestation (C. consom., art. L. 111-1 et s. alors pourtant qu'aucune sanction particulière n'est prévue pour accompagner ce formalisme). De même, le contrat de construction d'une maison individuelle doit être conclu par écrit (CCH, art. L. 231-1 : le contrat est même presque entièrement prérédigé par la loi).

1. Ainsi, à titre d'exception on trouve, par exemple, le contrat de construction de navire (L. 3 janv. 1967, art. 5) ou le contrat d'architecte, à titre de règle déontologique (Civ. 3e, 11 juin 1986, *D.* 1987. 285, note A. Ponsard).

535 **Prix.** Le contrat d'entreprise se forme par le seul échange des consentements sur les éléments essentiels du contrat, à savoir le travail à effectuer.

En revanche, il n'est pas nécessaire que les parties s'entendent sur le prix au moment de l'échange des consentements (mais sur l'information sur le prix, à la différence, essentiellement, du contrat de vente). On admet en effet que le contrat d'entreprise peut être formé sans que le prix soit déterminé[1], solution désormais validée par l'article 1165 du Code civil, curieusement placé dans les règles générales du contrat. Ce texte admet que le prix soit déterminé par le créancier, à charge de motiver le montant demandé en cas de contestation. Aussi, le contrat d'entreprise peut valablement être formé sans qu'un devis estimatif soit établi[2]. La raison en est que la prestation est une activité humaine et que la quantité de prestation et, donc, le prix, ne peut pas toujours être connu à l'avance. C'est alors le juge qui sera chargé de fixer le prix par exemple pour baisser le prix, notamment lorsque l'entrepreneur envoie sa facture au maître de l'ouvrage sans que le prix ait fait l'objet d'un consentement préalable. C'est le cas des honoraires excessifs pour lesquels la jurisprudence adapte les règles qu'elle applique à la rémunération des mandataires aux contrats d'entreprise donnant lieu à honoraires[3].

536 **Modalités de détermination du prix.** Cependant, si le contrat peut valablement être conclu sans que le prix ait fait l'objet d'un consentement préalable, au risque d'une fixation judiciaire du prix, mieux vaut sans doute procéder dans le contrat à une méthode de détermination du prix. Plusieurs modalités de détermination du prix sont envisagées :

1. Civ. 1re, 15 juin 1973, *Bull. civ.* I, n° 202 ; Civ. 1re, 24 nov. 1993, *CCC* 1994. 20, obs. L. Leveneur, *RTD civ.* 1994. 631, obs. P.-Y. Gautier : « un accord préalable sur le montant exact de la rémunération n'est pas un élément essentiel du contrat de louage d'ouvrage » ; Civ. 1re, 20 févr. 1996, *Bull. civ.* I, n° 91 ; Civ. 1re, 28 nov. 2000, *CCC* 2001, n° 38, obs. L. Leveneur (à propos d'une convention d'enlèvement des ordures ménagères conclue avec un syndicat intercommunal).
2. *Cf.* note précédente. Des exceptions demeurent, cependant : L. 12 juill. 1971, art. 9 à propos du contrat d'enseignement à distance ; L. 23 juin 1989, art. 6, à propos du contrat de courtage matrimonial.
3. Civ. 1re, 3 juin 1986, *JCP* 1988. II. 20791, note A. Viandier ; Com. 2 mars 1993, *Bull. civ.* IV, n° 83, *D.* 1993. Somm. 11, obs. J. Kullman.

• Dans le marché à forfait, le prix est fixé dès la conclusion du contrat d'entreprise en fonction du travail à effectuer. Peu importe, ensuite, que des modifications du travail s'ajoutent, le prix ne croîtra pas. Une clause de révision de prix peut cependant permettre une certaine adéquation entre l'accroissement de la prestation et le prix. Cependant, les travaux supplémentaires à ceux prévus dans l'accord doivent, pour être payés, faire l'objet d'un nouvel accord, puisque, dans le marché au forfait, l'étendue de la prestation avait été prévue[1]. En outre, pour les contrats d'entreprise portant sur des travaux immobiliers, la règle est accrue à propos des travaux supplémentaires par l'article 1793 du Code civil qui dispose que, en principe, aucune augmentation de prix ne peut être exigée du fait de l'augmentation du coût de la prestation fournie si ces « augmentations n'ont pas été autorisées par écrit et le prix convenu avec le propriétaire ». Le formalisme est alors destiné à protéger le maître d'ouvrage mais on devine qu'elle suscite un important contentieux compte tenu de ce que l'entrepreneur pourra avoir tendance à présenter tout travail imprévu comme un travail supplémentaire nécessitant un nouvel accord. La jurisprudence apprécie généralement strictement l'article 1793 du Code civil, exigeant que toutes ses conditions soient réunies : il faut qu'il s'agisse d'un marché à forfait, qu'un plan ait été arrêté et convenu, pour la construction de bâtiments (non d'aménagements intérieurs ou d'une rénovation), pour un contrat conclu avec l'entrepreneur principal et non avec un sous-traitant. Dans ces conditions, un paiement des travaux supplémentaires peut être envisagé mais uniquement si un écrit est établi. Pourtant, la Cour de cassation écarte l'exigence d'écrit lorsque des augmentations de prix sont le fruit d'un « bouleversement économique du contrat[2] ».

• Dans le marché en régie, le prix est fixé en fonction d'un taux horaire ou bien par référence à un barème. C'est essentiellement cette technique qui est utilisée par les professions libérales comme les avocats ou les conseils.

1. *Cf.* pour des travaux supplémentaires effectués par un garagiste : Civ. 1re, 25 mars 1997, *CCC* 1997. 95, obs. L. Leveneur.

2. Civ. 3e, 24 janv. 1990, *D.* 1990. 257, note A. Bénabent, Civ. 3e, 20 janv. 1999, *D. Affaires* 1999. 373.

• Dans le marché sur séries, enfin, le prix est déterminé article par article, après l'achèvement des travaux en fonction d'un devis établi par avance et prévoyant l'étendue des travaux avec un prix prévu selon la quantité de matériaux employés, de surface ou de volume traités... En matière immobilière, on utilise souvent cette technique car elle permet d'adapter le prix du contrat en fonction de la réalité du coût de la construction tout en informant le maître d'ouvrage de l'étendue possible du prix.

537 **Problème particulier du devis.** Une difficulté demeure, cependant, dans la mesure où, préalablement à la formation du contrat et quelle que soit la méthode de fixation du prix du contrat d'entreprise, un devis est très souvent envoyé au maître d'ouvrage par l'entrepreneur. Ce devis comporte généralement des indications sur le prix, la nature, l'étendue de la prestation à réaliser mais souvent aussi, beaucoup plus d'informations telles que celles contenues dans les conditions générales de l'entrepreneur.

La question se pose alors de la nature juridique du devis. Il peut, en effet, s'agir d'une simple invitation à entrer en pourparlers n'engageant pas l'entrepreneur, d'une simple offre, mais qui formera le contrat après acceptation de ce devis, ou bien du contrat préparatoire, un contrat de négociation, notamment lorsqu'une rémunération est prévue pour ce devis, et peut-être une promesse unilatérale de contracter. Tout dépend alors des stipulations des parties. De même la question se pose de savoir si l'établissement du devis peut faire l'objet d'une rémunération, notamment parce que l'établissement d'un devis peut lui-même être considéré comme un contrat d'entreprise. Faute d'accord sur ce point, le devis est gratuit, surtout si son établissement s'est effectué à l'initiative de l'entrepreneur[1] mais si ce devis résulte d'un véritable travail, la rémunération de ce travail est méritée[2].

De même, une procédure d'appel d'offres peut assurer la conclusion du contrat d'entreprise comme c'est le cas des contrats conclus avec l'administration soumis aux règles des marchés

1. Com. 30 nov. 1971, *D.* 1972. 209.
2. En ce sens : F. Collart-Dutilleul et Ph. Delebecque, n° 718 et, pour un architecte : Civ. 3e, 29 avr. 1985, *RD imm.* 1985. 374.

publics mais aussi de certains importants contrats privés. Ici aussi, selon les cas, il peut s'agir de simples pourparlers ou bien d'un véritable contrat, contrat préparatoire de négociation ou encore une promesse de contracter.

538 **Chose, prestation.** Le contrat d'entreprise peut avoir pour objet une chose, soit que la chose est la propriété du maître de l'ouvrage et qu'il la confie à l'entrepreneur soit qu'elle appartienne à l'entrepreneur qui la « fournit » au maître d'ouvrage, situation qui pose de difficiles problèmes de frontière contractuelle déjà rencontrés.

L'entrepreneur peut alors conclure un tel contrat avec une clause de réserve de propriété même si cette institution est plus particulièrement envisagée dans la vente[1].

La nature de la technique permettant au maître d'ouvrage est alors discutée. La plupart des auteurs envisagent un transfert de propriété ou un mécanisme d'accession selon les cas alors que certains auteurs y voient un véritable transfert de propriété en toutes circonstances[2] dans la mesure où l'adage *solo superfecies cedit* souvent invoqué au soutien d'un transfert de propriété par accession, cède dès lors que la chose demeure mobilière, d'une part et, surtout, même en matière immobilière, dès lors que l'on s'attache à la finalité du contrat plus qu'à son objet : réaliser un ouvrage de telle manière que, à la réception des travaux, le maître de l'ouvrage en devienne propriétaire.

---

1. Com. 29 mai 2001, *RJDA* 2001. 1096.
2. P. Puig, *La qualification du contrat d'entreprise*, préf. B. Teyssié, éd. Panthéon-Assas, 2002, n°s 407 s. « Le contrat d'entreprise translatif de propriété », *Mélanges J. Dupichot*, Bruylant, 2004, p. 393 ; *Contrats spéciaux*, Dalloz, n°s 796 et 844 ; L. Marino, « Le transfert de propriété dans le contrat d'entreprise », *Defrénois* 2001. 907.

CHAPITRE 3

Les effets du contrat d'entreprise

539 **Plan.** Les effets du contrat d'entreprise intéressent essentiellement les obligations des parties (SECTION 1) mais également la circulation du contrat, eu égard, notamment, à l'importante question de l'application des règles de la sous-traitance (SECTION 2).

SECTION 1

LES OBLIGATIONS DES PARTIES

§ 1. Les obligations de l'entrepreneur

540 **Multiplication.** L'entrepreneur, outre les éventuels effets réels d'un contrat d'entreprise assurant le « transfert de propriété » d'une chose, déjà étudié, assume une obligation principale : exécuter la prestation promise dans le contrat d'entreprise (**A**) mais s'ajoutent de nombreuses autres obligations annexes (**B**).

A. L'obligation principale : exécution de la prestation

1. Contenu de l'obligation

a. Caractères généraux

541 **Règles de l'art.** L'objet de l'obligation d'exécution de la prestation n'est généralement pas difficile à déterminer car elle correspond très exactement au titre du contrat, réparer, entretenir, etc. Certaines opérations sont cependant assez complexes et l'objet de l'obligation deviendra plus difficile à cerner sans plus de précision par les parties dans le contrat. Aussi, les contrats d'entreprise contiennent nombre d'informations concernant les modalités d'exécution de l'obligation principale, tenant, par exemple, aux délais d'exécution, notamment dans un contrat conclu avec un consommateur ou à la qualité d'exécution de cette obligation. D'une manière générale, l'article 1166 du Code civil dispose que lorsque la qualité de la prestation n'est pas déterminée ni déterminable, le débiteur doit fournir une prestation de qualité conforme aux « attentes légitimes » des parties, considérant la nature de la prestation, les usages et le montant de la contrepartie ou bien des règles de l'art[1]. Par exemple, le garagiste ne peut se contenter d'une réparation partielle mais doit effectivement réparer le véhicule qui lui est confié[2]. Ainsi aussi, faute de délai prévu dans le contrat, la jurisprudence exige que l'obligation soit exécutée dans un délai raisonnable, dépendant des circonstances et des usages.

542 **Exécution personnelle ?** L'exécution de l'obligation du prestataire n'a pas, en principe, à l'être par l'entrepreneur : le contrat d'entreprise n'est pas un contrat *intuitu personae*, de sorte que l'entrepreneur peut procéder à une exécution par un tiers, par le recours à la sous-traitance (v. ss 556). De façon exceptionnelle, cependant, le caractère personnel de l'exécution peut être retrouvé, soit parce qu'une clause du contrat imprime un tel caractère *intuitu personae* soit parce que le contrat l'est par nature, notamment lorsque le contrat d'entreprise a pour objet une prestation intellectuelle ou artistique.

1. A. Penneau, *Règles de l'art et normes techniques,* Bibl. dr. priv., t. 203, LGDJ, 1989.
2. Civ. 1re, 15 nov. 1988, *D.* 1989. 179, note Ph. Malaurie.

b. Caractères supplémentaires lorsque le contrat porte sur une chose

543 **En cours d'exécution.** Lorsque le contrat d'entreprise porte sur une chose, qu'il s'agisse de la réparer ou de la construire, s'ajoutent aux caractères généraux de l'obligation d'exécution des obligations supplémentaires. Celles-ci sont différentes selon que la chose est simplement fournie à l'entrepreneur ou que ce dernier la fournit.

Ainsi, la chose peut être remise à l'entrepreneur, notamment lorsqu'il s'agit de la réparer. L'entrepreneur assume alors une obligation de conservation analogue à celle d'un dépositaire. Il assume, en outre, une obligation de restitution également analysée comme celle résultant d'un contrat de dépôt[1]. En outre, si la chose confiée est perdue, se pose la question de la charge du risque de cette perte. L'article 1789 du Code civil dispose que « dans le cas où l'ouvrier fournit seulement son travail ou son industrie, si la chose vient à périr, l'ouvrier n'est tenu que de sa faute » mais c'est là une question de responsabilité. Aussi l'article 1790 du Code civil règle plus précisément la question de la charge des risques : « (...) si la chose vient à périr quoique sans faute de la part de l'ouvrier, avant que l'ouvrage ait été reçu et sans que le maître fût en demeure de la vérifier, l'ouvrier n'a point de salaire, à moins que la chose n'ait péri par le vice de la matière ». Par conséquent, la perte de la chose est alors subie par l'entrepreneur, cette perte l'empêchant de percevoir sa rémunération, à moins qu'il ne démontre que la perte résultait d'un vice caché de la chose, vice qu'il ne maîtrisait pas.

Surtout, la chose peut être fournie par l'entrepreneur dans des situations très variées par exemple parce que l'entrepreneur est chargé de fabriquer ou construire une chose ou bien que, chargé de la réparer, il doit fournir des pièces de rechange.

L'entrepreneur doit alors livrer la chose dans les délais convenus sans que cette livraison libère, pourtant, l'entrepreneur qui est chargé, à titre principal de l'exécution de la prestation plus large qui comprend cette fourniture.

1. V. M.-L. Morançais-Demeester, « La responsabilité des personnes obligées à restituer », *RTD civ.* 1993. 757.

La question se pose, alors, de savoir, au-delà de toute question de responsabilité liée à l'inexécution de l'obligation qui, de l'entrepreneur ou du maître, supporte la *charge des risques de la chose. Res perit domino* serait-on logiquement tenté de faire valoir. Mais la propriété est acquise de façon différente selon les cas et, donc, les risques sont transférés de façon différente. La propriété est acquise par un transfert de propriété retardé à l'achèvement de la chose si la chose construite ou fabriquée l'est sans que le maître soit propriétaire des matériaux, c'est-à-dire en présence d'un contrat d'entreprise avec fourniture de matière (*cf.* C. civ., art. 1787). Au contraire, l'accession, immobilière ou mobilière selon le cas, justifiera une acquisition de propriété immédiate au profit du maître lorsque la chose s'incorpore dans une chose déjà propriété du maître (*cf.* construction sur le terrain du maître, pose de tuiles sur sa maison, pose d'une pièce sur son véhicule...). L'article 1788 du Code civil pose une règle de principe : si la chose vient à périr avant d'être livrée, la perte est subie par l'entrepreneur, à moins qu'il n'ait mis en demeure le maître de la retirer (comp. C. civ., art. 1138). Et la jurisprudence affirme que la règle s'applique de façon autonome c'est-à-dire quel que soit le mode d'acquisition de propriété, par transfert ou par accession[1]. Par conséquent, l'article 1788 du Code civil tient en échec l'adage *res perit domino* pour faire triompher l'adage *res perit debitori* : le débiteur de l'obligation d'exécuter la prestation, comprendrait-elle la fourniture d'une chose, assume les risques de perte de cette chose[2]. A-t-on, alors besoin, comme en matière de vente, de s'en référer à la question de savoir si le maître de l'ouvrage devient propriétaire par accession, comme la doctrine classique y invite, pour proposer au contraire, en le généralisant, un transfert de propriété comme M. Puig s'en fait le militant ardent ? Les articles 1787 et 1788 se suffisent à eux-mêmes, laissant donc place à une analyse du transfert de propriété sans doute plus moderne, même dans le contrat d'entreprise.

1. Civ. 3e, 23 avr. 1974, *D.* 1975. 287, note J. Mazeaud ; Civ. 3e, 28 oct. 1992, *Bull. civ.* III, n° 281, *RTD civ.* 1993. 602, obs. P.-Y. Gautier.
2. P.-Y. Gautier, obs. sous Civ. 3e, 28 oct. 1992, préc.

2. Inexécution de l'obligation

544 **Exécution forcée de l'obligation d'exécuter.** L'exécution forcée de l'obligation d'exécuter la prestation est par principe réalisée en nature (C. civ., art. 1221) sauf lorsque l'exécution est impossible ou qu'il existe une disproportion manifeste entre son coût pour le débiteur et son intérêt pour le créancier. Traditionnellement, la jurisprudence considérait que l'exécution forcée par équivalent était choisie en raison de l'atteinte à la personne qui en résulterait pour le débiteur ou de l'inefficacité d'une telle mesure, le débiteur risquant de ne guère y mettre de zèle[1]. Cette exclusion est cependant tempérée par la possibilité que soit prononcée une astreinte, à moins qu'elle ne fasse l'objet d'une clause à cet effet, destinée à forcer le débiteur à s'exécuter[2]. L'exécution forcée en nature est de principe toutes les fois où la personnalité du prestataire n'est pas l'enjeu de l'exécution. En outre, l'article 1222 du Code civil permet de demander en justice que la prestation soit effectuée par un tiers aux frais de l'entrepreneur. À moins que le maître ne préfère, si c'est possible, une exécution en nature par l'entrepreneur lui-même en utilisant la procédure d'injonction de faire proposée par les articles 1425 s. du Code de procédure civile.

545 **Responsabilité : moyen ou résultat ?** La question de l'intensité de l'obligation trouve dans les obligations du contrat d'entreprise son terrain d'élection[3]. Les solutions sont très différentes selon les cas et la qualification de contrat d'entreprise n'est pas suffisante pour apporter une réponse assurée. De ce point de vue, la présence d'une clause, de la plus grande clarté possible, permettra de mesurer plus exactement la portée de l'engagement de l'entrepreneur. C'est en l'absence de telles clauses ou bien face aux nouvelles obligations, celles qui ont été découvertes par les juges, obliga-

1. W. Jeandidier, « L'exécution forcée des obligations contractuelles de faire », *RTD civ.* 1976. 700.

2. Ces clauses d'astreinte ne jouissent cependant d'aucune autonomie par rapport aux clauses pénales : elles sont analysées comme des clauses pénales, des clauses pénales particulières, certes, car rédigées en termes exclusivement comminatoires (C. civ., art. 1226) et point indemnitaires (C. civ., art. 1229), en sorte que leur révision par le jeu du C. civ., art. 1152, al. 2 est permis : Civ. 3e, 6 mars 1986, *Bull. civ.* III, n° 150.

3. V. J. Bellissent, *Contribution à l'analyse de la distinction des obligations de moyens et des obligations de résultat*, LGDJ, 2000 ; J. Frossard, *La distinction des obligations de moyens et des obligations de résultat*, LGDJ, 1965 ; Ph. Le Tourneau, *Les obligations de moyens et de résultat*, *J.-Cl. Civil*, art. 1136, fasc. 20.

tions de renseignement ou de sécurité, que les difficultés commencent.

Ainsi, en présence d'une obligation d'exécuter une prestation intellectuelle, l'obligation est, le plus souvent, une obligation de moyens. L'exemple type en est l'obligation assurée par un médecin[1] mais l'existence d'une obligation de moyens s'explique surtout par le fait que la prestation s'effectue sur une personne et que les données de la science médicale ne sont pas parfaites : l'aléa domine ici. Par conséquent, le critère permettant d'opposer obligations de moyens et de résultat en cette matière porte plutôt sur l'existence et la maîtrise de l'aléa existant dans l'exécution de la prestation[2], comme dans un contrat de conseil[3] conclu par un avocat, un notaire, un bureau d'étude. Aussi, lorsque la prestation, quoiqu'intellectuelle, porte sur une chose, l'obligation peut être de résultat comme pour le contrat d'ingénierie ou de conseil. Généralement, l'obligation qui en est issue est une obligation de moyens, mais elle peut devenir une obligation de résultat lorsque l'entrepreneur maîtrise la mise en œuvre de ces conseils[4].

Face à une obligation d'exécuter une prestation manuelle ou matérielle, en revanche, la solution est plutôt inverse : l'obligation assumée est plutôt une obligation de résultat, mais les solutions sont très variables et, surtout, très équivoques. C'est le cas, notamment, de l'obligation assumée par le garagiste[5] : il assume en principe, affirme la jurisprudence avec une sévérité non masquée, une obligation de résultat que la jurisprudence considère comme telle[6] mais elle admet aussi que le garagiste peut s'exonérer en apportant la preuve qu'il n'a commis aucune faute[7] : il s'agit donc d'une obligation de résultat atténuée. De même, le teinturier, est débiteur d'une obligation de moyens, affirme la Cour de cassa-

1. V. ss 525 s.
2. Ph. Malaurie, L. Aynès et P. Stoeffel-Munck, *Les obligations*, *op. cit.*, n° 823.
3. R. Savatier, « Les contrats de conseil professionnel en droit privé », *D.* 1972. Chron. 137 et 145 ; N. Reboul, *Les contrats de conseil*, PUAM, 1999.
4. Civ. 1re, 8 janv. 1985, *Bull. civ.* I, n° 12, *RTD civ.* 1986. 138, obs. J. Huet, à propos de conseils techniques portant sur la destruction d'un bâtiment.
5. Civ. 1re, 9 juin 1993, *CCC* 1993. 205, obs. L. Leveneur ; Civ. 1re, 20 juin 1995, *Bull. civ.* I, n° 263.
6. Civ. 1re. 4 mai 2012, n° 11-13598, *CCC* 2012, n° 199, obs. L. Leveneur.
7. Civ. 1re, 2 févr. 1994, *Bull. civ.* I, n° 41, *RTD civ.* 1994. 613, obs. P.-Y. Gautier, mais comp. Civ. 1re, 21 oct. 1997, *D. Affaires* 1997. 1419.

tion[1] mais en réalité il s'agit également d'une obligation de résultat atténuée car sa faute est présumée et il doit démontrer l'absence de faute[2] ou l'existence d'un événement de force majeure. Remarquons également que la plupart des obligations imposant une prestation manuelle portent également sur une chose. Lorsque cette chose est confiée à l'entrepreneur, l'article 1789 du Code civil fait peser sur ce dernier la responsabilité liée à la perte de la chose (indépendante de la perte de chose par cas fortuit). Il s'agirait donc d'une responsabilité pour faute prouvée, la démonstration de la faute devant être faite par le maître, créancier : il s'agirait d'une simple obligation de moyens, éventuellement renforcée (en raison des règles de l'art, des impératifs déontologiques qui guident son exécution). Mais la jurisprudence en fait une obligation de résultat atténuée fondée sur une présomption de faute de l'entrepreneur affirmant que c'est à l'entrepreneur, débiteur, de démontrer qu'il n'a commis aucune faute[3] rapprochant, en ce sens, l'obligation de l'entrepreneur de celle d'un dépositaire.

546 **Fourniture d'une chose : responsabilité contractuelle ou garantie des vices cachés ?** Certaines obligations portent également sur la fourniture d'une chose. De ce point de vue, le contrat d'entreprise tend à ressembler à une vente. En réalité, les choses sont plus complexes et dépendent des situations, auxquelles s'ajoutent les règles particulières prévues pour le contrat de construction.

Si la chose principale appartient au maître de l'ouvrage, et outre la question déjà rencontrée de la question de la perte de la chose, au travail s'ajoute la fourniture d'une chose, des pièces détachées par exemple. La garantie des vices cachés pourrait être due par l'entrepreneur s'agissant de ces choses. Mais il s'agit alors d'une extrapolation des règles de la vente au contrat d'entreprise. Logiquement, en effet, l'entrepreneur devrait être tenu d'une obligation, éventuellement de résultat, tenant à l'exécution de la prestation, sans qu'aucun vice n'affecte la chose fournie avec le

1. Civ. 1re, 7 févr. 1978, *Bull. civ.* I, n° 46.
2. Civ. 1re, 20 déc. 1993, *Bull. civ.* I, n° 376 ; *CCC* 1994. 34, obs. G. Raymond, *RTD civ.* 1994. 611, obs. P. Jourdain.
3. Civ. 1re, 20 déc. 1993, préc. ; Civ. 3e, 17 févr. 1999, *CCC* 1999. 67, obs. L. Leveneur.

travail. Mais on peut au contraire admettre la mise en œuvre de la garantie de l'entrepreneur s'agissant des choses fournies[1]. On comprend, alors, que l'action en garantie dont bénéficie l'entrepreneur soit transmise avec la chose à l'acquéreur de cette chose, lui offrant une action directe.

Si, au contraire, la chose appartient à l'entrepreneur qui devait la construire et est fournie au maître, les règles de la garantie des vices cachés peuvent s'appliquer même si la jurisprudence semble préférer la voie d'une obligation d'exécution de résultat, apparemment plus favorable au maître[2].

Reste, enfin, le régime du contrat de construction, promis par les articles 1792 s. du Code civil. D'une façon plus générale, alors, l'application des règles de la garantie des vices cachés peut être envisagée en toutes circonstances, dès lors que l'entrepreneur fournit une chose dont le maître d'ouvrage devient propriétaire. D'ailleurs, l'ordonnance du 17 février 2005 sur la garantie de conformité admet (C. consom., art. L. 217-1) que ses règles s'appliquent au contrat d'entreprise tendant à la fabrication ou à la production d'un bien meuble, assimilé à une vente, peu importe que la matière ait été fournie en tout ou partie par l'entrepreneur, à moins que les vices proviennent d'une chose qu'il n'a pas fournie (C. consom., art. L. 217-4 s.).

547 **Clauses de non-responsabilité.** Une clause de non-responsabilité relative à l'obligation d'exécuter la prestation objet du contrat d'entreprise se heurte à plusieurs obstacles. Opposée à un consommateur, elle serait écartée par le jeu de l'article L. 212-1 du Code de la consommation. Opposée à un professionnel, elle le serait si elle se heurte au caractère essentiel de l'obligation d'exécution dans le contrat, comme la jurisprudence s'en était fait l'écho dans la désormais célèbre série d'arrêts *Chronopost* initiée le 22 octobre

1. B. Gross, *La notion d'obligation de garantie dans les contrats*, LGDJ, 1964, n° 28. Ainsi, la réception de l'ouvrage purgera les vices apparents (Civ. 1re, 4 janv. 1958, *D.* 1958. 457, note R. Rodière). D'ailleurs, la garantie des vices cachés n'est pas intégralement calquée sur celle de la vente. Ainsi, le bref délai de l'article 1648 du Code civil ne saurait être invoqué (Civ. 1re, 2 juin 1982, *Bull. civ.* I, n° 204).

2. *Cf.* par ex., pour la pose d'une prothèse par un chirurgien-dentiste : Civ. 1re, 15 nov. 1988, préc. ; Civ. 1re, 29 oct. 1985, *Bull. civ.* I, n° 273 ; Civ. 1re, 27 nov. 1994, *Bull. civ.* I, n° 340. V. aussi, Com. 26 juin 2001, *RJDA* 2002. 38 à propos de l'installation d'un ensemble informatique, dans un délai précis.

1996[1] dont la solution est reprise et généralisée dans l'article 1169 du Code civil ou bien en considérant que l'inexécution d'une telle obligation est une faute lourde, assimilée au dol, écartant, ce faisant, la clause limitative de responsabilité aux termes de l'article 1231-5 du Code civil[2].

B. Les obligations annexes

548 **Obligations d'informer, conseiller.** Il ne s'agit pas, ici, des obligations d'information ou de conseil qui peuvent constituer l'obligation principale du contrat d'entreprise, comme dans le cas des contrats de conseil ou d'étude mais d'obligations d'information ou de conseil accessoires à l'obligation principale.

---

1. Com. 22 oct. 1996, *Bull. civ.* IV, n° 261, *JCP* 1997. II. 22881, note D. Cohen, I. 4002, obs. M. Fabre-Magnan, *D.* 1997. 121, note A. Sériaux, Somm. 175, obs. Ph. Delebecque, *CCC* 1997. 24, obs. L. Leveneur, *Defrénois* 1997. 336, obs. D. Mazeaud, *RTD civ.* 1997. 418, obs. J. Mestre. *Adde* J.-P. Chazal, « Théorie de la cause et justice contractuelle, à propos de l'arrêt Chronopost », *JCP* 1998. I. 152 ; Ph. Delebecque, « Que reste-t-il du principe de validité des clauses de responsabilité ? », *D. Affaires* 1997. 235, Ch. Larroumet, « Obligation naturelle et clause limitative de responsabilité », *D.* 1997. Chron. 145. La Cour utilisait le recours à la cause du contrat, en utilisant le visa du C. civ., art. 1131 : « Attendu (...) que la société Chronopost s'était engagée à livrer les plis de la société Banchereau dans un délai déterminé et qu'en raison du manquement à cette obligation essentielle, la clause limitative de responsabilité du contrat, qui contredisait la portée de l'engagement pris, devait être réputée non écrite ». L'affaire *Chronopost* a connu un nouveau rebond (Com. 9 juill. 2002, *Chronopost II*, *JCP* 2002. II. 10176, note G. Loiseau et M. Billiau, *D.* 2003. 457, note D. Mazeaud, *D.* 2002. Somm. 2836, obs. Ph. Delebecque, *CCC* 2003. 2, obs. L. Leveneur) : le contrat de transport répondait au contrat type de messagerie résultant d'un décret pris en application de la loi du 30 déc. 1982 lequel contient une clause limitative de responsabilité du même type que celle que l'arrêt de 1996 avait écartée et qu'une cour d'appel ne pouvait ignorer ; seule la démonstration d'une faute lourde aurait permis d'écarter la clause. V. aussi sur l'écart des règles du droit de la consommation (art. L. 132-1), Com. 23 nov. 1999, *JCP E* 2000. 463, note Ph. Neau Leduc. Depuis, Ch. mixte, 22 avr. 2005, *D.* 2005. 1864, note J.-P. Tosi, *JCP* 2005. II. 10066, note G. Loiseau, *RDC* 2005. 651, avis R. de Gouttes et note D. Mazeaud : « la faute lourde de nature à tenir en échec la limitation d'indemnisation prévue par le contrat-type ne saurait résulter du seul fait pour le transporteur de ne pouvoir fournir d'éclaircissements sur la cause de son retard » et « la société X. ne prouvait aucun fait précis permettant de caractériser l'existence d'une faute lourde imputable à la société Chronopost, une telle faute ne pouvant résulter du seul retard de livraison ». En dehors de tout contrat-type : Com. 30 mai 2006, *Chronopost V*, *D.* 2006. 2288, note D. Mazeaud, *RTD civ.* 2006. 773, obs. P. Jourdain, *CCC* 2006. 10, obs. L. Leveneur. V. aussi Com. 17 juill. 2001, *Securinfor*, *JCP* 2002. I. 148, obs. G. Loiseau et depuis : Com. 13 févr. 2007, *Oracle*, *JCP* 2007. I. 185, obs. Ph. Stoffel-Munck, II. 10063, note Y.-M. Sérinet, *JCP E* 1702, obs. M. Vivant, *RDC* 2007. 707, obs. D. Mazeaud et 746, obs. S. Carval ; Com. 5 juin 2007, *D.* 2007. 1720, *JCP* 2007. II. 10145, obs. D. Houtcieff, *RDC* 2007. 1121, obs. D. Mazeaud et 1144, obs. S. Carval. Un soubresaut cependant avec un arrêt du 18 décembre 2007 proposant une analyse factuelle pour vérifier si la clause vide effectivement l'obligation de toute substance (Com. 18 déc. 2007, *D.* 2007. 154, obs. X. Delpech, *JCP* 2008. I. 125, obs. Ph. Stoffel-Munck, *RDC* 2008. 262, obs. Th. Genicon). *Adde* Com. 9 juin 2009, *RDC* 2009. 1359, obs. D. Mazeaud. *Adde* : Civ. 1re, 21 janv. 2009, *RDC* 2009. 1103, obs. J.-B. Seube, pour un bail.

2. V. par ex. Ass. plén., 30 juin 1998, *JCP* 1998. II. 10146, note Ph. Delebecque (colis en retard de 12 jours, faute lourde), Civ. 1re, 2 déc. 1997, *LPA* 24 juill. 1998. 27, note M. Briton.

La prolifération de ces obligations dans tous les contrats se manifeste tout particulièrement à l'égard du contrat d'entreprise, spécialement en raison du caractère professionnel du contrat d'entreprise. Pratiquement tous les contrats d'entreprise contiennent une telle obligation : le contrat d'agence de voyages, de soin, de réparation, etc. L'obligation se dédouble, d'ailleurs. Elle est, en premier lieu une obligation d'information portant sur la nature des travaux nécessaires ou utiles : le diagnostic en quelque sorte. Elle se poursuit, ensuite, par une obligation de conseil tenant à l'opportunité de réaliser telle ou telle prestation qui s'accompagne d'une autre obligation d'information sur les risques encourus par la chose ou par la personne. L'exemple type est fourni par les obligations du médecin : il doit fournir un diagnostic précis, il doit informer le patient des diverses méthodes de soins possibles et le conseiller sur celle qui lui paraît la mieux appropriée tout en l'informant des risques qu'il encourt. Ces obligations sont alors particulièrement lourdes car, d'obligations de moyens, elles sont devenues des obligations de moyens renforcés puis des obligations de résultat atténuées car c'est au médecin de démontrer qu'il a effectivement exécuté ces obligations[1] et la solution vaut pour toutes les obligations d'information. La loi a d'ailleurs relayé la jurisprudence, comme les règles du droit de la consommation.

C'est, cependant, le degré de compétence ou d'incompétence du maître qui guide l'intensité de ces obligations. Très faibles face à un professionnel[2] confirmé dans le domaine couvert par la prestation en question, elles deviennent très intenses face à un profane ou un consommateur.

549 **Obligation de sécurité. Ancienneté et diversité.** Le contrat d'entreprise est le premier contrat dans lequel l'obligation de sécurité s'est manifestée, dans le contrat de transport de personnes dès 1911 (v. ss 588 s.). Elle trouve aujourd'hui application dans la

---

1. Civ. 1re, 25 févr. 1997, *CCC* 1997. 76 et L. Leveneur, « Le risque thérapeutique devant la Cour de cassation : la recherche de l'équilibre », *ibid.*, chron. 5, *Defrénois* 1997. 36591, note J.-L. Aubert. *Adde :* C. Lapoyade-Deschamps, « Les médecins à l'épreuve », *RCA* 1997. Chron. 8.

2. V. au contraire pour un notaire ou un avocat, Civ. 1re, 9 déc. 1997, *Bull. civ.* I, no 356, et v. J. Mestre, obs. *in RTD civ.* 1999. 83.

plupart des contrats d'entreprise dans lesquels la prestation s'exécute d'une façon que ne maîtrise pas le maître. Aujourd'hui de droit positif, l'ensemble pourrait être totalement remis en cause par l'avant-projet de loi sur la responsabilité civile, dont le projet d'article 1234 du Code civil dispose que la réparation des dommages corporels devrait faire l'objet d'un régime de responsabilité délictuelle, détruisant donc tout l'édifice de la jurisprudence sur les obligations de sécurité (*cf.* supra, n° 204).

Il peut s'agir d'une prestation portant sur une chose : la sécurité quant aux produits prospère comme dans la vente. L'entrepreneur doit prendre garde à ce que les travaux ne créent aucun dommage aux personnes ou aux biens. C'est notamment le cas lorsque la prestation consiste à fournir une chose, en cas de malfaçon. L'origine et le régime de l'obligation de sécurité épousent alors les formes qu'elle connaît dans la vente[1]. C'est, cependant, surtout dans les prestations portant sur une personne que l'obligation de sécurité dans le contrat d'entreprise se manifeste. Aujourd'hui, la loi a d'ailleurs relayé le travail important accompli par la jurisprudence : l'article L. 412-1 du Code de la consommation, issu de la loi du 23 juillet 1983 sur la sécurité des produits dispose ainsi que « les produits et les services doivent, dans des conditions d'utilisation normales ou dans d'autres conditions raisonnablement prévisibles par le professionnel, présenter la sécurité à laquelle on peut légitimement s'attendre et ne pas porter atteinte à la santé des personnes » mais n'organise pas le régime de la responsabilité alors encourue, contractuelle, en principe lorsque le défaut cause un dommage au contractant, délictuelle si le dommage est subi par un tiers.

La loi du 19 mai 1998 sur la responsabilité du fait des produits défectueux (C. civ., art. 1386-1 s. et v. ss 205) apporte alors une touche légale à cette obligation.

550 **Obligation de moyens ou de résultat ?** La délimitation de l'intensité de l'obligation se pose ici de façon très aiguë. Elle illustre à merveille tant la complexité de la distinction que sa relative ineffica-

1. *Cf.* par ex., l'affaire du « cerceau brisé » : Civ. 1re, 17 janv. 1995, *D.* 1995. 351, note P. Jourdain.

cité sans toutefois que l'on puisse toujours saisir avec exactitude et rigueur la logique des distinctions parfois subtiles développées par la jurisprudence[1].

Le critère le plus pertinent permettant de savoir si l'obligation de sécurité est une obligation de moyens ou de résultat semble reposer sur l'appréciation du rôle actif ou passif du maître dans l'exécution de la prestation. S'il n'assume qu'un rôle passif, la jurisprudence aura tendance à qualifier l'obligation de sécurité d'obligation de résultat ; si, au contraire, il joue un rôle actif, l'obligation sera de moyens[2].

L'exemple des jeux forains ou des pistes de ski est révélateur de cette complexité. Ainsi, l'exploitant d'un manège d'auto-tamponneuses assume une obligation de sécurité de résultat lorsque le client est dans l'auto[3] alors pourtant qu'il joue un rôle actif dans la direction de l'engin mais sans doute ne contrôle-t-il pas la direction des autres, alors que l'obligation est de moyens s'il est blessé au bord de la piste[4]. De même, en matière de la pratique du ski, l'obligation de l'exploitant d'un remonte-pente est de moyens s'agissant d'un téléski[5] – le skieur joue un rôle actif – mais, s'agissant d'un télésiège, elle sera de résultat[6]. C'est encore le cas des clubs et moniteurs de sport.[7]

1. V. par ex. l'obligation de sécurité du médecin, de résultat s'agissant des matériels utilisés (Civ. 1re, 9 nov. 1999, *D.* 2000. 117, note P. Jourdain), celle des établissements de soins en cas d'infection nosocomiale (Civ. 1re, 29 juin 1999, *JCP* 1999. II. 10138, rapp. P. Sargos, *D.* 1999. 559, note D. Thouvenin, *RTD civ.* 1999. 841, obs. P. Jourdain), *Adde :* S. Hoscquet-Berg, *Obligation de moyens ou de résultat ? À propos de la responsabilité civile du médecin*, Thèse Paris X, 1995 ; B. Mansard, *La responsabilité médicale en cas d'atteinte à la sécurité du patient*, Thèse Paris I, 1999. V. aussi pour un exemple où l'obligation de sécurité n'a pas été retenue : Civ. 1re, 28 nov. 2000, *JCP* 2002. II. 10010, note C. Lièvrement.

2. Mais v. Civ. 1re, 8 déc. 1998, *Bull. civ.* I, n° 350, pour le salon d'une esthéticienne.

3. Civ. 1re, 28 avr. 1968, *D.* 1969. 650, note G.-C. M. ; Civ. 1re, 12 févr. 1975, *JCP* 1975. II. 18179, note G. Viney ; *D.* 1975. 512, note Ph. Le Tourneau.

4. Civ. 1re, 17 mars 1993, *Bull. civ.* I, n° 119.

5. Civ. 1re, 4 nov. 1992, *JCP* 1993. II. 22058, note P. Sarraz-Bournet.

6. Civ. 1re, 10 mars 1998, *Bull. civ.* I, n° 110 : pendant la montée l'obligation est de résultat – le skieur joue un rôle passif – alors que lors de la montée ou de la descente, elle est de moyens car le skieur retrouve son pouvoir d'initiative ; Civ. 1re, 4 juill. 1995 ; *JCP* 1995. I. 3893, n° 2, obs. G. Viney, *JCP* 1996. II. 22620, note G. Paisant et Ph. Brun : l'obligation était de résultat pendant toutes les phases : montée, transport, descente.

7. C. Albigès, S. Darmaisin, O. Sautel, *Responsabilité et sport*, Litec, 2010.

§ 2. Les obligations du maître de l'ouvrage

A. L'obligation de payer le prix

551 **Règlement du prix.** Bien que les règles du contrat d'entreprise soient peu exigeantes en matière de détermination du prix, il est un contrat à titre onéreux et le maître d'ouvrage assume une obligation d'en payer le prix, qu'il soit fixé lors de l'échange des consentements ou lors de l'exécution du contrat voire par un juge.

La date de paiement du prix est généralement fixée à l'achèvement de la prestation et, même, après la réception des travaux par le maître d'ouvrage. Il est cependant, souvent prévu un fractionnement du paiement. Ainsi, le maître d'ouvrage peut avoir à verser une somme d'argent au début du contrat, à titre d'acompte ou d'arrhes (l'article L. 214-1 du Code de la consommation dispose même que les sommes versées d'avance dans un contrat conclu avec un consommateur sont des arrhes, sauf stipulation contraire, et est productive d'intérêt), qui s'imputeront sur le prix total dont le solde est versé à la réception[1].

La prescription des sommes dues est, en général, le délai ordinaire de cinq ans mais des prescriptions plus courtes sont parfois prévues dans le Code civil (ex. : un an pour les huissiers, deux ans pour les médecins ou pour les avocats) ou d'autres textes spéciaux[2].

En outre, les règles de la sous-traitance organisent des règles particulières pour le paiement du sous-traitant par le maître d'ouvrage.

552 **Garantie du paiement.** Le contrat d'entreprise connaît tout une série de mécanismes qui constituent autant de garanties assurant le paiement de l'entrepreneur.

En premier lieu, des mécanismes propres au contrat existent, comme la clause de réserve de propriété[3] ou la classique excep-

1. Dans certains contrats, comme les contrats de construction immobilière, il est même prévu que le maître de l'ouvrage ne versera une dernière partie du prix que bien après la réception, cette somme devenant une retenue de garantie, comme le prévoit l'article 1er de la loi du 16 juillet 1971 et qui limite cette retenue de garantie à 5 % de la somme totale.
2. M. Bruschi, *La prescription en droit de la responsabilité civile*, préf. A. Sériaux, Economica, 1997.
3. Com. 29 mai 2001, CCC 2001. 133, obs. L. Leveneur.

tion d'inexécution par laquelle l'entrepreneur peut cesser d'exécuter la prestation promise si son cocontractant, le maître, n'exécute pas ses obligations réciproques comme le fait de ne pas payer une échéance. Ensuite, le travail fini, l'entrepreneur peut exercer un droit de rétention sur la chose qu'il fournit ou sur la chose confiée[1].

En second lieu, des sûretés lui sont accordées. Des privilèges légaux s'inscrivant dans la longue litanie des articles 2102 s. du Code civil, comme le privilège relatif aux frais prévus pour la conservation d'une chose (C. civ., art. 2102-3°), offert à l'aubergiste sur les effets du voyageur (C. civ., art. 2102-5°) ou sur les immeubles pour l'architecte, le maçon et les autres entrepreneurs ayant participé à l'édification des ouvrages (C. civ., art. 2103-4°). Ces privilèges présentent, cependant, l'inconvénient de n'être guère efficaces. Aussi, l'article 1799-1 du Code civil, introduit en 1994, prévoit que lorsqu'un contrat d'entreprise de l'article 1779-3° est conclu, à savoir un contrat de marché de travaux privés pour une activité professionnelle (soit un marché non public et non conclu avec un consommateur), le maître d'ouvrage doit garantir le paiement des sommes dues, qui passe par un cautionnement solidaire accordé par un établissement de crédit, du moins lorsque le prix du marché est supérieur à 15 000 €. L'entrepreneur peut ne pas exécuter la prestation tant que cette garantie n'est pas fournie.

B. Les obligations de coopérer, de prendre livraison et de réceptionner

553 **Coopérer.** L'entrepreneur assume également d'autres obligations qui toutes participent de la collaboration du maître dans la correcte exécution du contrat, comme lorsqu'il s'agit de prendre livraison des travaux ou, mieux, de les réceptionner. Mais, surtout, apparaît de plus en plus une véritable obligation de coopération qui traduit l'expansion contemporaine de l'application de l'article 1104 (ex-1134, alinéa 3) du Code civil.

1. Com. 8 févr. 1994, *Bull. civ.* IV, n° 56. Mais v. Civ. 3e, 23 juin 1999, *JCP* 2000. II. 10333, note S. Vicente (refusant le droit de rétention en matière immobilière).

Ainsi, le maître de l'ouvrage doit coopérer avec l'entrepreneur pour la bonne réalisation de la prestation objet du contrat. Il ne doit pas entraver l'exécution de la prestation et même rendre plus aisée cette exécution, notamment en facilitant l'accès à la chose, à un chantier, en fournissant des informations utiles à l'entrepreneur, tenant par exemple aux difficultés d'exécution[1].

554 **Prendre livraison.** Lorsque le contrat d'entreprise porte sur une chose et, spécialement s'il s'agit de la fourniture d'une chose, une obligation de prendre livraison est mise à la charge de l'entrepreneur, à moins qu'une clause ne prévoie le contraire (mais comp. C. civ., art. 1788). Il s'agit d'une obligation voisine de l'obligation de retirement que l'acheteur assume dans la vente. Ici, l'obligation de prendre livraison complète l'obligation d'exécuter la prestation à la charge de l'entrepreneur. L'intérêt de cette obligation se mesure dans les hypothèses où le maître de l'ouvrage ne retire pas la chose alors que l'entrepreneur a exécuté la prestation. Ne retirant pas la chose, le maître ne paie sans doute pas non plus le prix prévu au contrat dans la mesure où le prix est généralement exigible à la réception. Comme dans le contrat de dépôt, l'entrepreneur peut les faire vendre aux enchères publiques dans un délai d'un an (parfois de six mois pour les véhicules automobiles)[2] et se payer sur le prix ainsi reçu de la vente de la chose.

555 **Réceptionner.** La réception est un acte juridique très important dans le contrat d'entreprise car la réception est l'acte par lequel le maître de l'ouvrage constate le travail effectué et, surtout, reconnaît qu'il l'a été correctement (*cf.* pour les contrats de construction immobilière, C. civ., art. 1792-6). Généralement, réception, paiement et retirement interviennent au même moment. Mais il peut en être différemment, singulièrement pour le retirement et la réception, que cette dernière intervienne plus tôt ou plus tard.

Les conséquences de la réception donnent la mesure de son importance : elle emporte, en principe, l'exigibilité du solde du prix[3], transfert des risques de la chose (*cf.* C. civ., art. 1788) et

1. *Cf.* par ex. Civ. 3e, 19 janv. 1994, *Bull. civ.* III, n° 6 (à propos de caves autour d'un chantier).
2. V. L. 31 déc. 1903.
3. Civ. 3e, 15 nov. 1968, *Bull. civ.* III, n° 475.

elle purge la chose de ses vices apparents qui n'ont pas fait l'objet de réserves (ou, comme dans la vente, qui n'auraient pu être remarqués par le maître)[1].

La forme de la réception est indifférente : elle peut être expresse, par un acte traduisant la réception, ou tacite, par exemple si le maître prend effectivement possession de la chose ou bien si le maître paie les travaux encore que dans cette dernière hypothèse, il ne s'agisse que d'une présomption simple de réception[2]. Surtout, la réception peut s'accompagner de réserves qui empêcheront que les vices apparents ne soient purgés de façon à exiger la reprise de l'exécution de la prestation.

Section 2
La circulation du contrat d'entreprise : la sous-traitance

556 **Définition et domaine.** La « sous-traitance » n'est pas à proprement parler un terme juridique même si la loi du 31 décembre 1975 l'a fait entrer dans le vocabulaire du droit des contrats.

Il s'agit d'une forme de circulation du contrat d'entreprise par adjonction d'un contractant, mieux l'adjonction d'un sous-contractant : le maître de l'ouvrage conclut un contrat d'entreprise avec un entrepreneur qui, pour exécuter tout ou partie de l'ouvrage, confie à un autre entrepreneur le soin de réaliser l'ouvrage ou la partie de l'ouvrage à sa place. On désigne alors cette opération comme une opération de sous-traitance, opération à trois parties (au moins) et où les parties deviennent le maître de l'ouvrage, l'entrepreneur principal et le sous-traitant[3].

1. Civ. 3e, 16 déc. 1987, *Bull. civ.* III, n° 20 ; Civ. 3e, 9 oct. 1991, *Bull. civ.* III, n° 231.
2. Civ. 3e, 16 mars 1994, *Bull. civ.* III, n° 50.
3. L'opération se distingue de la *cotraitance* (R. Cabrillac, *L'acte juridique conjonctif en droit privé français*, préf. P. Catala, LGDJ, 1990) dans laquelle un maître s'engage avec plusieurs entrepreneurs qui, ensemble, prennent l'engagement de réaliser une prestation. En pratique, l'opération s'organise en un *pool* dans lequel est désigné un *chef de file* qui sera le principal contact du maître. Elle se distingue aussi de la *sous-traitance industrielle* par laquelle un industriel fait fabriquer par un tiers, qu'on appelle couramment aussi un *sous-traitant*, une partie de sa production. Dans cette hypothèse,

En principe, cette opération devrait être impossible si l'on suit l'article 1795 du Code civil qui semble faire du contrat d'entreprise un contrat *intuitu personae*, solution globalement remise en question aujourd'hui. Mais l'article 1237 du Code civil renforce cette conception en disposant que « l'obligation de faire ne peut être acquittée par un tiers contre le gré du créancier » : il faudrait donc obtenir l'accord du maître pour que l'entrepreneur conclue un sous-contrat d'entreprise. Surtout, plusieurs difficultés apparaissent dans la mesure où, l'article 1165 du Code civil aidant, le contrat d'entreprise principal et de sous-entreprise s'ignorent : le sous-entrepreneur peut craindre de ne pas être payé par son contractant et il ne peut espérer être payé par le maître si l'entrepreneur principal est failli[1], risquant de provoquer sa propre faillite.

Aussi, une réglementation nouvelle, par la loi du 31 décembre 1975, a cherché à protéger le sous-traitant contre ce risque de non-paiement par l'entrepreneur principal. Ainsi, la définition de la sous-traitance est donnée par l'article 1er de la loi de 1975 comme « l'opération par laquelle un entrepreneur confie par un sous-traité, et sous sa responsabilité, à une autre personne appelée sous-traitant tout ou partie de l'exécution d'un contrat d'entreprise ou du marché public conclu avec le maître de l'ouvrage ». La loi de 1975 s'applique donc aussi bien si le maître de l'ouvrage est une personne privée ou publique pour offrir au sous-traitant un lien privilégié avec le maître de l'ouvrage lui assurant une action directe en paiement ou un paiement direct. Mais pour cela, il convient que le maître de l'ouvrage ait agréé le sous-traitant.

557 **Agrément du sous-traitant.** L'article 3 de la loi de 1975 impose à l'entrepreneur principal recourant à un sous-traitant l'obligation de soumettre le sous-traitant à l'agrément par le maître. L'agrément porte à la fois sur le nom des sous-traitants et sur les conditions de leur paiement. C'est en principe à l'entrepreneur de demander l'agrément du ou des sous-traitants, voire des sous-

---

un simple contrat d'entreprise avec fourniture de matière est conclu entre l'industriel et le *sous-traitant*. Et ce contrat d'entreprise est totalement indépendant et, même, indifférent, au contrat, de vente le plus souvent, que l'industriel conclura avec ses propres clients.

1. Comp. C. civ., art. 1798, C. trav., art. L. 8231-1.

sous-traitants (des sous-traitants de second degré) ; il doit même communiquer les contrats de sous-traitance au maître à sa demande. Mais le maître d'ouvrage qui sait que l'entrepreneur recourt à un sous-traitant doit exiger l'agrément par l'entrepreneur. Le moment de l'agrément est indifférent, quoique l'article 3 de la loi de 1975 prévoit qu'il doive s'effectuer « au moment de la conclusion » du sous-traité, de même que sa forme. Ainsi admet-on que le maître qui ne réagit pas en présence d'un sous-traitant l'agrée tacitement, pour autant que cet agrément tacite résulte d'actes positifs dépourvus de toute équivoque[1].

La sanction du non-agrément concerne les rapports entre le maître et l'entrepreneur principal, envers ce dernier et le sous-traitant et entre le maître et le sous-traitant. Entre le maître et l'entrepreneur, le défaut de demande d'agrément constitue une faute contractuelle dont il répondra. Entre l'entrepreneur et le sous-traitant, le défaut de demande ou le défaut d'agrément constitue également une faute contractuelle et l'article 3 de la loi de 1975 lui ouvre une sanction particulière : « L'entrepreneur principal est néanmoins tenu avec le sous-traitant mais ne pourra lui invoquer le contrat de sous-traitance à l'encontre du sous-traitant. » Certains y voient une faculté de résiliation unilatérale[2]. En effet, le sous-traitant peut refuser d'exécuter le contrat ou le résilier ou bien l'exécuter et être payé[3]. Surtout, entre le maître et le sous-traitant, le sous-traitant est privé de la protection que la loi de 1975 lui organise et il ne pourra être payé par le maître. Mais seul le maître peut opposer le défaut d'agrément au sous-traitant et point l'entrepreneur principal (pour être payé à sa place) ni les créanciers (notamment si l'entrepreneur a cédé sa créance à un banquier)[4].

---

1. *Cf.* par ex. : Civ. 3e, 3 mars 1999, *CCC* 1999. 89, obs. L. Leveneur (signature de documents considérée comme insuffisante) ; Civ. 3e, 2 oct. 2002, *Bull. civ.* III, no 199 (agrément tardif mais admis).
2. A. Bénabent, no 614.
3. F. Collart-Dutilleul et Ph. Delebecque, no 918. En pratique, s'il exécute le contrat et s'il l'exécute mal, il pourrait s'en tenir à l'article 3 de la loi de 1975 qui lui assure que l'entrepreneur principal ne saurait lui opposer le contrat. Mais la jurisprudence affirme qu'il ne saurait invoquer le défaut d'agrément pour se soustraire à sa responsabilité (Civ. 3e, 13 avr. 1988, *D.* 1988. 522, note Dubois, *JCP* 1989. II. 21302 ; Civ. 3e, 3 juin 1992, *Bull. civ.* III, no 188, *D.* 1992. Somm. 153, obs. A. Bénabent).
4. Cette solution est plutôt contestée car le maître n'y trouve aucun bénéfice. Ainsi, l'entrepreneur failli doit être payé et le sous-traitant ne sera pas payé. Or, l'action directe en paiement serait de toute façon limitée à la somme due par l'entrepreneur au sous-traitant. Aussi certains évoquent l'idée que

558 **Paiement direct, action directe en paiement.** Par principe, le débiteur du sous-traitant demeure son contractant, l'entrepreneur principal. Cependant, dans l'hypothèse où ce dernier ne le paierait pas, la loi de 1975 a organisé deux régimes selon que le marché est public ou privé.

Dans le cas d'un marché public, le sous-traitant bénéficie d'un mécanisme de paiement direct (*cf.* L. 31 déc. 1975 art. 6 s.), impératif, par le maître sans que ce paiement transite par le patrimoine de l'entrepreneur.

Dans le cas d'un marché privé, le sous-traitant bénéficie d'une action directe en paiement (L. 31 déc. 1975 art. 12), que la jurisprudence a cependant contribué à limiter[1], si l'entrepreneur ne le paie pas, un mois après avoir été mis en demeure, portant sur toutes les sommes restant dues au sous-traitant mais à hauteur seulement des sommes que le maître doit encore à l'entrepreneur[2], éventuellement réparties proportionnellement en cas de pluralité de sous-traitants. Cette action directe est en outre garantie par une caution personnelle et solidaire obtenue par le maître auprès d'un établissement de crédit qui peut être supplantée par une délégation parfaite de paiement entre l'entrepreneur, délégant, le maitre, délégué et le sous-traitant, délégataire, en sorte que le maître devient alors personnellement débiteur du sous-traitant (*cf.* L. 31 déc. 1975, art. 14)[3].

l'action directe en paiement devrait être admise au profit du sous-traitant en toutes circonstances (v. A. Bénabent, n° 614). En outre l'article 12 de la loi de 1975 ne prévoit pas que le sous-traitant doit être agréé pour bénéficier de l'action directe au contraire de l'article 6 s'agissant du paiement direct.

1. La question s'était posée de savoir si des conditions s'ajoutaient à l'article 12, s'agissant notamment de l'agrément du sous-traitant : seul le sous-traitant agréé (expressément ou tacitement) bénéficie de l'action directe (Ch. mixte, 13 mars 1981, *D.* 1981. 309, note A. Bénabent, *JCP* 1981. II. 19568, note G. Flécheux, *RTD civ.* 1981. 862, obs. Ph. Rémy, Civ. 3e, 3 mars 1999, *CCC* 1999. 89, obs. L. Leveneur). V. aussi, s'agissant de l'action du sous-traitant du sous-traitant : Com. 19 mai 1998, *D. Affaires* 1998. 1315, *JCP E* 1999. 217, obs. D. Mainguy.

2. Civ. 3e, 3 juill. 1996, *CCC* 1996. 201, obs. L. Leveneur.

3. Mais se pose alors la question des conflits entre le sous-traitant et les créanciers de l'entrepreneur, notamment un banquier cessionnaire de la créance de l'entrepreneur sur le maître : la jurisprudence est partagée, privilégiant un temps l'action directe contre la cession de créance, sur le fondement de l'article 13-1 de la loi de 1975 (Com. 26 avr. 1994, *Bull. civ.* IV, n° 152, *Banque* 1994. 92 ; Com. 4 juill. 1989, *Bull. civ.* IV, n° 211, *D.* 1990. Somm. 120, obs. M. Cabrillac) mais préfère le banquier dès lors que la créance repose sur une lettre de change acceptée (Com. 18 nov. 1997, *RTD com.* 1998. 180, obs. M. Cabrillac). *Adde* : H. Synvet, « Nouvelles variations sur le conflit opposant banquiers et sous-traitants », *JCP* 1990. I. 3425.

559 **Responsabilité.** Aux termes de l'article 1787 du Code civil, l'entrepreneur répond des personnes qu'il emploie, qu'il s'agisse de ses propres salariés ou des sous-traitants dont il a utilisé les services pour la réalisation de sa prestation.

Entre le maître de l'ouvrage et le sous-traitant, la question de la responsabilité du sous-traitant a suivi les méandres de la jurisprudence sur les actions directes. Si la première chambre civile admettait que l'action directe en responsabilité était une action contractuelle[1] contre l'avis de la troisième chambre civile[2] et l'Assemblée plénière de la Cour de cassation a tranché en faveur de cette dernière dans le fameux arrêt *Besse* en sorte que l'action est une action délictuelle[3] (hormis les hypothèses fournies par l'article 1792 du Code civil sur la garantie de l'entrepreneur fournisseur de matières).

Enfin, la responsabilité d'un sous-traitant pour avoir fourni un produit défectueux tombe sous le coup des articles 1245 s. du Code civil (*cf.* not. C. civ., art. 1245-5 et 1245-7)[4].

1. Civ. 1re, 8 mars 1988, *JCP* 1988. II. 21070, note P. Jourdain ; Civ. 1re, 21 juin 1988, *JCP* 1988. II. 1988, 21125, note P. Jourdain, *D.* 1989. 5, note Ch. Larroumet.
2. Civ. 3e, 22 juin 1988, *JCP* 1988. II. 21115, note P. Jourdain.
3. Ass. plén., 12 juill. 1991, *D.* 1991. 549, note J. Ghestin, *JCP* 1991. II. 21743, note G. Viney, *JCP E* 1991. II. 218, note Ch. Larroumet, et Ch. Jamin, « La restauration de l'effet relatif du contrat », *D.* 1991. Chron. 157 et P. Jourdain, « La nature de la responsabilité civile dans les chaînes de contrats », *D.* 1992. Chron. 149.
4. Ph. Malinvaud, « La loi du 19 mai 1998 et le droit de la construction », *D.* 1999. Chron. 85.

CHAPITRE 4

L'extinction du contrat d'entreprise

560 **Droit commun et règles spéciales.** La fin du contrat d'entreprise répond en premier lieu aux règles du droit commun : l'exécution de la prestation, l'arrivée du terme si le contrat est à durée déterminée, la résolution unilatérale par notification, la résiliation bilatérale ou la résiliation unilatérale si le contrat est conclu pour une durée indéterminée.

Pour ce dernier mécanisme, la faculté de résiliation, l'article 1794 du Code civil ajoute cependant aux règles du droit commun puisqu'il offre au maître de l'ouvrage une faculté de résiliation unilatérale du contrat, quelle que soit sa durée, dans le cadre d'un marché à forfait, « quoique l'ouvrage soit déjà commencé, en dédommageant l'entrepreneur de toutes les dépenses, de tous ses travaux et de tout ce qu'il aurait pu gagner dans cette entreprise » et même si l'entrepreneur n'a commis aucune faute. Le but de ce texte est de protéger le maître qui ne souhaiterait plus réaliser l'ouvrage, tout en assurant l'indemnisation de l'entrepreneur.

D'autres règles apportent, cependant, leur lot de spécificités. Ainsi, l'article L. 111-1 du Code de la consommation dispose que l'entrepreneur doit indiquer à quelle date la prestation sera réalisée.

Enfin, la question des incidents affectant les parties se pose. Outre la question de la perte de la chose, le décès de l'entrepreneur met, en principe, fin au contrat d'entreprise, dispose l'article 1795 du Code civil, du moins, affirme-t-on aujourd'hui pour en limiter la portée, si le contrat d'entreprise est conclu *intuitu personae*[1] : on renverse alors la proposition : tous les contrats d'entreprise ne sont pas conclus *intuitu personae* du seul fait de l'article 1795. C'est l'inverse, seuls les contrats conclus *intuitu personae* sont rompus du fait du décès de l'entrepreneur. De même le redressement judiciaire de l'entrepreneur pose difficulté. Cependant, les règles du redressement judiciaire tendent à assurer la poursuite de l'activité de l'entreprise en difficulté en sorte que l'article L. 621-28 du Code de commerce cherche à assurer la poursuite des contrats en cours : le contrat d'entreprise n'est pas *ipso facto* rompu.

1. Ph. Malaurie, L. Aynès et P.-Y. Gautier, n° 780.

SOUS-TITRE 2

LES RÈGLES PARTICULIÈRES À CERTAINS CONTRATS D'ENTREPRISE

561 **Plan.** Il est évident qu'il n'est pratiquement pas possible de recenser tous les types de contrats d'entreprise. Il reste que certains de ces contrats sont plus marquants que d'autres, comme les contrats de soins (CHAPITRE 1), les contrats de transport (CHAPITRE 2) ou les contrats de construction (CHAPITRE 3).

CHAPITRE 1

Les contrats médicaux

562 **Définition, contrats médicaux et contrats de soins.** La reconnaissance de l'existence d'un contrat entre le professionnel de santé et le patient n'est qu'une qualification récente qui, au demeurant, ne s'est pas réalisée sans heurts : comme à l'égard de nombreux professionnels libéraux, la relation entre le patient et son médecin a longtemps été placée hors du champ contractuel (d'où certains termes : les honoraires, par exemple n'étaient pas le prix du travail réalisé mais une reconnaissance, le médecin était remercié, *honoré*). La pratique était traditionnellement hostile à la reconnaissance d'une responsabilité professionnelle, et c'est la raison pour laquelle elle considérait que la faute du professionnel dans l'exercice de son art relevait, classiquement, d'un fondement délictuel[1]. Dans un arrêt fondamental, la Cour de cassation finit par admettre « qu'il se forme entre le médecin et son client un véritable contrat comportant pour le praticien, l'engagement sinon bien évidemment, de guérir, le malade (...) du moins de lui donner des soins, non pas quelconques (...) mais consciencieux, attentifs et réserve faite de circonstances exceptionnelles, conformes aux données acquises de la science ». L'arrêt *Mercier*

1. Req. 18 juin 1835, *S.* 1835. I. 26, p. 401 ; *D.* 1835. 1. 300, concl. Dupin.

du 20 mai 1936[1] contenait l'essentiel de ce qui allait devenir le droit de la santé établissant tout à la fois l'existence des contrats de santé et la responsabilité qui en découle.

Par conséquent, la reconnaissance d'une relation contractuelle exclut d'abord le recours à la responsabilité délictuelle ; toutefois, la relation existant entre un patient et un établissement public n'est pas contractuelle et est soumise à la responsabilité administrative. Dans la relation hospitalière le patient est considéré comme un *usager du système de santé*. En outre, le contrat médical est un contrat d'entreprise empruntant au régime général mais teinté du particularisme propre à la nature de la relation. Par exemple, l'obligation principale est le plus souvent une obligation de moyens avec une intensité particulière évoquée dès l'arrêt *Mercier* : le praticien est tenu sinon bien évidemment de guérir du moins de donner : « des soins consciencieux et attentifs et, réserve faite des circonstances exceptionnelles, conformes aux données acquises de la science », des soins appropriés et adaptés[2] ce qui fait de cette obligation, en toutes circonstances, une obligation de moyens à contenu variable.

Il n'est pas tout à fait certain que ce principe demeure aussi intangible. Sur le fondement du devoir d'information du médecin à son patient, en effet, tiré de l'article L. 1111-1 du Code de la santé publique, la Cour de cassation a en effet, par deux fois, en 2010 et 2012, retenu la responsabilité du médecin sur le fondement de la responsabilité *délictuelle* engagée par celui-ci[3].

Ce contrat est particulier en ce sens qu'il s'exerce systématiquement sur l'homme et, *a priori*, sur l'homme mal en point, le malade, mais pas uniquement. Il en découle, d'une part, que l'existence d'un tel contrat se caractérise par la recherche systématique du consentement donné. Celui-ci est essentiel dans cette relation conventionnelle en ce que tout acte médical constitue une

1. Civ. 20 mai 1936, *DP* 1936. 1. 88, concl. Matter, rapp. L. Josserand, note E.P. ; *S.* 1937. 1. 321, note A. Breton. V. cependant Ph. Pierre, « Feu l'arrêt Mercier ? », *RDC* 2011. 357, Civ. 1re, 3 juin 2010, *JCP* 2010. 788, note S. Porchy-Simon, *D.* 2010. 1522, note P. Sargos, à propos de la sanction de la méconnaissance d'une obligation d'information, traditionnellement sanctionnée par un régime de responsabilité contractuelle et désormais délictuelle.
2. Civ. 1re, 27 nov. 2008, n° 07-15.963, *RDC* 2009. 533, obs. J.-S. Borghetti.
3. Civ. 1re, 3 juin 2010, préc. Cass. civ. 1re, 12 juin 2012, *CCC* 2012, n° 225, obs. L. Leveneur.

atteinte à l'intégrité de la personne humaine, qui est pénalement sanctionnée, à moins qu'elle ne soit justifiée par des raisons « médicales[1] » (C. civ., art. 16-3), ce qui n'admet d'exception qu'en cas d'urgence ou face à un impératif thérapeutique qui exclut de recueillir le consentement du patient, mais pose des difficultés au regard du refus de soins exprimé par le patient.

Il découle également de cette spécificité un déséquilibre de nature, qui fut longtemps stigmatisé sous le vocable de « paternalisme médical » qui est une relation de « profanes avec les initiés, des ignorants avec les mandarins[2] ». La spécificité tient également dans l'origine des sources des obligations de ce contrat : des obligations professionnelles spécifiques se manifestent par le respect des devoirs du médecin que lui impose son appartenance à une profession réglementée[3] et énoncées par le Code de déontologie médicale qui s'applique (Décr. 6 sept. 1995 ; CSP, art. R. 4127-1 s.), imposant des obligations secondaires dites « de conscience » qui s'ajoutent à l'obligation principale de soins, qui exigent, par exemple, le respect du secret professionnel (CSP, art. R. 4127-4), du respect du principe du libre choix du professionnel par le patient (CSP, art. R. 4127-6 ; CSS, art. L. 162-2), de l'indépendance du professionnel de santé (CSP, art. R. 4127-91 qui n'exclut pas pour autant le salariat).

563 On peut distinguer les contrats de santé et les contrats médicaux *stricto sensu*, distinction qui relève de la nature du praticien qui peut être professionnel médical (CSP, art. L. 4111-1 s.), à savoir médecin, chirurgien-dentiste ou sage-femme, ou professionnel de santé : pharmacien, infirmière, orthophoniste, kinésithérapeute, pédicure, podologue, orthoptiste, ostéopathe... Le contrat médical recouvre également des réalités particulières qui varient selon la nature de l'acte concerné : acte médical de prévention, acte de diagnostic, acte thérapeutique ou selon la nature de l'établissement d'accueil : clinique privée, hôpital public, cabinet libéral...

1. L. 27 juill. 1999, ayant remplacé le terme « thérapeutique » par « médical » permettant d'inclure, alors la chirurgie non réparatrice en s'en tenant à un motif psychiatrique ou psychologique.
2. R. Savatier, *Les métamorphoses économiques et sociales du droit civil aujourd'hui*, 2e série, *op. cit.* p. 238, n° 223.
3. F. Vialla, E. Terrier, *J.-Cl. Entreprise ind.*, fasc. 920.

On peut également distinguer contrat médical à vertu thérapeutique et contrat médical à vertu non thérapeutique ou contrat de soins : le contrat médical est conclu entre un patient et un professionnel médical à finalité thérapeutique. Un contrat de soins est une catégorie beaucoup plus floue dans laquelle on pourra par exemple, reconnaître un contrat conclu avec un coiffeur, une esthéticienne ou bien avec un établissement thermal, de cure, de thalassothérapie[1] comme il en est en matière de chirurgie esthétique. Or, la chirurgie esthétique n'est pas nécessairement effectuée pour des raisons médicales (chirurgie dite « reconstructive », admission de raisons psychiatriques plus ou moins justifiées) mais pour des raisons de confort[2] où les exigences d'information seront encore plus drastiques que pour les obligations médicales ordinaires, et la responsabilité plus aisément admise.

564 **Réparation des accidents médicaux, loi du 4 mars 2002.** L'observation des contrats médicaux, contrats spéciaux n'occulte pas les règles complexes de la responsabilité médicale, révélatrices de l'existence du contrat médical d'abord, des obligations qui le composent ensuite.

Or, celle-ci a longtemps été fondée sur les principes généraux de la responsabilité contractuelle, pour l'essentiel, mais aussi délictuelle sans oublier la responsabilité administrative et la responsabilité pénale.

L'enjeu des systèmes de santé a conduit le législateur à l'adoption, le 4 mars 2002 d'une loi, dite loi *Kouchner*, relative *aux droits des malades et à la qualité du système de santé*[3]. La loi de 2002 a ancré dans le droit légiféré les règles du droit sanitaire à travers la consécration de la transparence de l'information, l'accès au dossier médical, l'instauration d'une nouvelle démocratie sanitaire, l'affirmation du principe de dignité de la personne humaine (CSP, art. L. 1110-2), l'unification des régimes de responsabilité médicale, civile et administrative, entre autres[4]. En matière de

1. Comp. Ph. Le Tourneau et L. Cadiet, n° 3501 s.
2. Et Civ., avis, 6 juill. 1998, *Bull. civ.*, avis, n° 10, considérant que la ligature des trompes de Fallope non justifiée par des raisons thérapeutiques constituait une infraction.
3. L. 2002-303, 4 mars 2002, *JO* 5 mars.
4. F. Vialla (dir.), « Droit des malades et qualité du système de santé », *RGDM* 2004, n° spéc. ; Ch. Radé, « La réforme de la responsabilité médicale après la loi du 4 mars 2002 relative aux droits des malades

responsabilité, cette loi a pour objectif de proposer un mécanisme de responsabilité et d'indemnisation des victimes d'accidents médicaux *lato sensu* de façon unifiée et rapide.

Le mécanisme repose essentiellement sur deux outils, l'obligation faite aux professionnels de santé de souscrire une assurance de responsabilité civile (C. ass., art. L. 251-1 et CSP, art. L. 1142-2) et la mise en place d'une procédure amiable d'indemnisation par une *Commission régionale de conciliation et d'indemnisation des accidents médicaux* (CRCI, CSP, art. L. 1142-4 s.). Ainsi qu'il ressort des dispositions de l'article L. 1142-1-II du Code de la santé publique, toute personne qui s'estime victime d'un risque sanitaire qu'il s'agisse d'un accident médical, d'une infection nosocomiale ou d'une affection iatrogène de cause étrangère, fait une demande d'indemnisation auprès de la CRCI. Une procédure d'examen de la demande va permettre à la Commission régionale de donner un avis, après expertise médicale (CSP, art. L. 1142-9 s.), lequel, va examiner si la demande obéit aux conditions strictes posées (CSP, art. R. 1142-1) : être victime d'un risque sanitaire (c'est-à-dire avoir subi des conséquences anormales au regard de son état de santé antérieur ou de l'évolution prévisible de celui-ci) ; subir un préjudice supérieur ou égal à deux conditions alternatives : soit avoir subi un préjudice supérieur ou égal à 24 % d'IPP, soit être déclaré définitivement inapte à l'exercice d'une activité professionnelle antérieure, soit enfin subir des troubles particulièrement graves y compris économiques dans ses conditions d'existences. La CRCI impose à l'assureur du ou des professionnels de santé de proposer une offre de transaction dans un délai de quatre mois dont l'acception par le patient victime vaut transaction au sens de l'article 2044 du Code civil (CSP, art. L. 1142-14, al. 6). Si la Commission conclut à l'existence d'un aléa sans responsable, à défaut d'assurance ou encore en cas de défaillance de l'assureur, un fonds d'indemnisation, l'ONIAM, l'*office national d'indemnisation des accidents médicaux, des affections iatrogènes et des infections nosocomiales* se substitue à l'assureur pour assurer

et à la qualité du système de santé », *RCA* mai 2002. 4 ; P. Mistretta, « Réflexions critiques sur un droit en pleine mutation », *JCP* 2002. I. 141.

l'indemnisation de la victime dans les mêmes délais. L'objectif de cette procédure, est de « dédramatiser » le champ de la responsabilité civile médicale et d'offrir aux victimes d'accidents médicaux des solutions alternatives à un alourdissement des obligations pesant sur les professionnels de santé. Enfin, la loi *Touraine* du 26 janvier 2016 a introduit, aux articles L. 1143-1 et suivants, un régime d'action de groupe visant à réparer les préjudices corporels « subis par des usagers du système de santé placés dans une situation similaire ou identique et ayant pour cause commune un manquement d'un producteur ou d'un fournisseur de l'un des produits mentionnés au II de l'article L. 5311-1 ou d'un prestataire utilisant l'un de ces produits, à leurs obligations légales ou contractuelles ».

565 **Plan.** Pour s'en tenir au seul examen des contrats médicaux, en ce qu'ils sont un modèle de l'ensemble des contrats de santé, nous observerons ses principaux traits à travers l'obligation de moyens, de principe, du praticien médical (SECTION 1) et des développements de l'obligation de résultat, exceptionnelle (SECTION 2).

SECTION 1

LE PRINCIPE : L'OBLIGATION DE MOYENS DU PRATICIEN

§ 1. L'affirmation du principe

566 **Affirmation de l'existence d'une obligation de moyens.** L'obligation du médecin est, par principe, une obligation de moyens, quel que soit le type d'intervention dont il s'agit[1]. Il appartient donc au patient de prouver la faute du praticien[2].

L'application de ce principe a été réalisée pour tous les praticiens comme par exemple pour un infirmier[3], un chirurgien

1. *Cf.* par ex. : Civ. 1re, 28 juin 1989, *D.* 1990. 413, note Y. Dagorne-Labbé pour une intervention banale.
2. Comp. Civ. 1re, 27 mai 1998, *D.* 1999. 21, note St. Porchy : la faute ne saurait se déduire de l'anormalité ou de la gravité du dommage ce qui résultait autrefois de la notion de « faute incluse ».
3. Civ. 1re, 4 oct. 1988, *Gaz. Pal.* 1988. 2. Pan. 282.

esthétique[1], un chirurgien[2], une sage-femme[3]. Cette obligation de moyens se justifie par l'aléa et le risque consubstantiels à l'acte médical qui ne peuvent être mis à la charge du praticien. Le régime de responsabilité qui en résulte est donc peu favorable au patient qui doit apporter la preuve de la faute, même si cette preuve est facilitée par le fait que l'obligation est de moyens renforcée, voire par des techniques de substitution, comme la technique dite de la « faute incluse » : la faute serait présumée du fait de la gravité du dommage[4]. Ce régime de responsabilité civile contractuelle est en concurrence avec la responsabilité pénale ce qui pose difficulté pour deux raisons principales. La première repose sur le principe de droit pénal de l'unité de la faute civile et pénale : à partir du moment où la plupart des fautes médicales sont en même temps des homicides involontaires ou des atteintes involontaires à l'intégrité d'une personne, la faute pénale reconnue emporte en soi la reconnaissance d'une faute civile. La victime a donc tout intérêt à porter son action devant une juridiction pénale. La seconde se fonde sur la fâcheuse tendance des juridictions répressives à considérer que la responsabilité résultant d'une faute pénale est la responsabilité délictuelle, même en présence d'un contrat[5].

567 **Loi du 4 mars 2002.** La loi *Kouchner* du 4 mars 2002 n'a pas remis en cause ces principes jurisprudentiels même si les règles nouvelles s'insèrent dans le Code de la santé publique. L'article 1142-1, I du Code de la Santé publique dispose que « hors le cas où leur responsabilité est encourue en raison d'un défaut d'un produit de santé, les professionnels de santé (...) ainsi que tout établissement, service ou organisme dans lesquels sont réalisés des actes individuels de prévention, de diagnostic ou de soins ne sont responsables des conséquences dommageables d'actes de prévention, de diagnostic ou de soins qu'en cas de faute ».

---

1. Civ. 1re, 7 oct. 1992, *JCP* 1993. II. 22071, note F. Chabas.
2. Par ex. : Civ. 1re, 7 janv. 1997, *D.* 1997. 189, rapp. P. Sargos, note D. Thouvenin ; Civ. 1re, 13 oct. 1999, *JCP* 2000. II. 10270.
3. Civ. 1re, 30 oct. 1995, *Bull. civ.* I, n° 384.
4. Civ. 1re, 28 juin 1989, préc. condamnant cette solution. Comp. Ph. Le Tourneau et L. Cadiet, n° 3434.
5. Par ex. : Crim. 26 mai 1991, *Bull. crim.* n° 142.

La responsabilité des professionnels de santé n'est engagée « qu'en cas de faute », hormis le cas où un autre régime de responsabilité peut être engagé, ce qui n'est pas tout à fait la consécration de l'état de la jurisprudence antérieure. Les *professionnels de santé* ne sont responsables qu'en cas de faute, en toutes circonstances sauf dommage causé par un produit de santé. Les *établissements de santé* sont responsables dans les mêmes conditions[1] à la différence que, en cas d'infection nosocomiale, les établissements de santé sont responsables « sauf s'ils rapportent la preuve d'une cause étrangère », c'est-à-dire qu'ils sont responsables de façon objective, par le biais d'une présomption de responsabilité.

568 **Indifférence de la faute.** Outre l'épisode de l'article 1er A de la loi 2002-303 du 4 mars 2002 dit aussi dispositif « anti-Perruche » (CASF, art. L. 114-5) qui institue que « lorsque la responsabilité d'un professionnel ou d'un établissement de santé est engagée vis-à-vis des parents d'un enfant né avec un handicap non décelé pendant la grossesse à la suite d'une faute caractérisée, les parents peuvent demander une indemnité au titre de leur seul préjudice » et donc une faute *caractérisée* surprenante[2] et remise en cause, la faute susceptible d'engager la responsabilité d'un professionnel dans l'exercice de son art est équivalente à une *faute professionnelle.* Celle-ci ne peut être qu'une faute personnelle au praticien. Par ailleurs, il doit s'agir d'une véritable faute et non d'une *erreur non fautive*[3]. Mais la jurisprudence a tendance à confondre les deux notions, ne serait-ce que pour être favorable aux victimes. Une erreur médicale peut en effet résulter ou bien d'une faute, par exemple une erreur de diagnostic, une erreur d'interprétation d'une radio ou d'une analyse, une erreur thérapeutique ou une erreur technique. Or, la plupart des activités médicales reposent aujourd'hui sur l'utilisation d'un matériel de plus en plus sophisti-

---

1. Mais comp. Civ. 1re, 13 nov. 2008, *RDC* 2009. 533, obs. J.-S. Borghetti, sur l'obligation de l'établissement de procurer des soins qualifiés en mettant notamment au service du patient des médecins pouvant intervenir dans les délais imposés par son état.
2. V. A. Mettetal, E. Terrier *et al.*, « L'insoutenable imprécision de la faute caractérisée dans la réparation du handicap de naissance », in *Le Handicap*, CDS, PUAM, 2004, p. 139 s.
3. Civ. 1re, 18 mars 1997, *JCP* 1997. II. 22829, rapp. P. Sargos.

qué, de sorte qu'il est de plus en plus difficile de justifier que le praticien n'en réponde pas. Il peut aussi s'agir d'une faute d'imprudence[1].

La dichotomie usuelle revient à distinguer les fautes de science ou les fautes de conscience[2]. Les premières relèvent généralement de manquements, d'erreurs de conduite ou de défaillances dans l'exercice technique de la pratique médicale (faute de diagnostic ou de traitement[3], geste maladroit[4], oublis[5]) ; les secondes relèvent pour leur part de manquements plus « raffinés » issus de l'irrespect des devoirs d'humanisme tels qu'ils sont posés par la déontologie professionnelle qui sert à ce titre de référent[6].

En outre, l'article 1142-1, I, alinéa 1er fonde la responsabilité des praticiens sur leur faute, qui selon le cadre classique doit être prouvée par la victime. Toutefois dans les domaines qui sont celui des infections nosocomiales et des affections iatrogènes (v. ss 579) le législateur a opté pour un régime de faute présumée, confirmé au demeurant par la jurisprudence.

§ 2. L'application du principe

569 On retiendra plusieurs obligations à la charge du médecin : l'obligation d'établir un diagnostic (**A**), l'obligation de soins, qui est l'obligation principale du praticien (**B**), et l'obligation d'information dont l'importance n'a cessé de croître (**C**).

A. L'obligation d'établir un diagnostic

570 **Art et savoir-faire.** Le diagnostic est le moment le plus important dans la relation patient-praticien. Le diagnostic est le résultat d'un examen et de l'interprétation des résultats de celui-ci. Pour cette

1. Civ. 1re, 27 mai 1998, *Bull. civ.* I, n° 187, *D.* 1998. J. 530, note F. Laroche-Gisserot, à propos d'un obstétricien. V. également : Civ. 1re, 3 févr. 1998, *Bull. civ.* I, n° 46, à propos d'un dentiste.
2. D. Mainguy, « Rapport de synthèse », *in* « Droit des malades et qualité du système de santé », *RGDM* 2004, n° spéc. p. 219.
3. V. Montpellier, 14 déc. 1954, *D.* 1955. 745, note Carbonnier.
4. Civ. 1re, 17 janv. 1997, *JCP* 1997. I. 4016 note Viney, obs. Jourdain
5. Paris, 13 nov. 1998.
6. E. Terrier, *Déontologie médicale et droit,* LEH, 2003.

raison l'erreur de diagnostic n'est, en principe, pas fautive[1] : elle peut le devenir en fonction des circonstances, par exemple parce que le praticien ne s'est pas suffisamment informé des antécédents médicaux de son patient[2], parce que l'erreur peut être flagrante[3] ou parce qu'il n'a pas procédé à un examen approprié compte tenu des données actuelles de la science médicale[4] ou encore parce qu'il n'a pas sollicité l'avis d'un spécialiste[5].

B. L'obligation d'assurer un traitement adapté

571 **Art thérapeutique.** L'obligation essentielle du médecin consiste à procurer des soins, personnellement et en toute indépendance précise le Code de déontologie médicale (CSP, art. R. 4127-32). Il doit s'agir de soins appropriés, conformes aux *données acquises de la science médicale*[6], ce qui impose, alors, une formation permanente du praticien (comp. C. déont. méd., Décr. CSP, art. R. 4127-11, art. R. 4127-32). Il ne s'agit pas de n'importe quel traitement, mais du *bon* traitement, celui qui eu égard à l'avancée des connaissances doit permettre de soigner dans les meilleures conditions, y compris dans l'organisation du service[7], des soins appropriés n'étant pas équivalents de soins onéreux[8]. Cette obligation doit permettre la compatibilité avec le principe de la liberté de prescription du médecin, pour

1. Par ex. : Civ. 1re, 4 janv. 1974, *Bull. civ.* I, n° 4. Mais v. Civ. 1re, 8 juill. 1997, *Bull. civ.* I, nos 238 et 239 à propos de la faute dans la persistance d'une erreur qui aurait pu être observée rapidement.
2. Civ. 1re, 13 févr. 1985, *JCP* 1985. II. 20388, concl. P. Gulphe.
3. Civ. 1re, 16 juin 1998, *Bull. civ.* I, n° 210 (à propos d'une infection utérine évidente).
4. *Cf.* par ex. : Civ. 1re, 23 juin 1998, *Bull. civ.* I, n° 225, à propos du résultat d'un test mal reporté sur un carnet de santé. Comp. L. Finel, « La responsabilité du médecin en matière de diagnostic des anomalies fœtales », *RD sanit. soc.* 1997. 223.
5. Par ex. : Civ. 1re, 30 oct. 1995, *Bull. civ.* I, n° 383.
6. Civ. 20 mai 1936, préc. et récemment : Civ. 1re, 16 juin 1998, *D.* 1999. 653, note V. Thomas ; Civ. 1re, 6 juin 2000, *Bull. civ.* I, n° 176 : « l'obligation pesant sur un médecin étant de donner à son patient des soins conformes aux données acquises de la science », l'arrêt permet de mettre fin à une dispute portant sur l'existence d'arrêts qui affirmaient qu'il s'agissait des données « actuelles » de la science (et P. Sargos, « L'actualité du droit de la responsabilité médicale dans la jurisprudence », *Dr. et patr.* avr. 2001. 21). En pratique, les données acquises de la science recouvrent le contenu des traités et ouvrages médicaux, le contenu des congrès et conférences mais également les RMO (références médicales opposables) élaborées par l'ANAES qui identifient les actes inutiles ou dangereux.
7. Comp. Civ. 1re, 13 nov. 2008, *RDC* 2009. 533, obs. J.-S. Borghetti, sur l'obligation de l'établissement de procurer des soins qualifiés en mettant notamment au service du patient des médecins pouvant intervenir dans les délais imposés par son état.
8. Civ. 1re, 19 déc. 2000, *Bull. civ.* I, n° 331, à propos de soins dentaires dommageables réalisés indépendamment des données acquises de la science qui ne pouvaient pas être excusés par le fait que la prise en charge financière de la patiente ne permettait pas de réaliser des soins plus coûteux.

autant qu'un choix permette d'exercer cette liberté, ce dont il résulte que l'obligation est une obligation de moyens renforcée.

La loi du 4 mars 2002 (L. n° 2002-303 préc.) est venue rappeler ce principe dans les dispositions de l'article L. 1110-5 du Code de la santé publique, lequel précise que le patient a « le droit de recevoir les soins les plus appropriés et de bénéficier des thérapeutiques dont l'efficacité est reconnue et qui garantissent la meilleure sécurité sanitaire au regard des connaissances médicales avérées » dispositions qui reprennent le cadre initial auquel elles rajoutent une évaluation faite au regard d'une ration mettant en balance le bénéfice escompté par le patient et le risque encouru en se soumettant à la thérapeutique proposée.

Les fautes thérapeutiques relevées par la jurisprudence illustrent la complexité de l'exécution de ses obligations par le médecin tant elles sont de nature diverse. Cela va de l'erreur de diagnostic[1], au classique oubli d'une compresse[2] à l'injection d'une dose supérieure à la normale[3], en passant par l'erreur chirurgicale laquelle pose le problème du « geste médical » qui doit être précis, exact, habile et consciencieux[4] ou d'anesthésie[5].

572 **Aléa thérapeutique, loi *Kouchner* du 4 mars 2002 : procédure de règlement amiable et d'indemnisation.** L'affirmation que l'obligation du praticien est par nature et par principe une obligation de moyens conduit à laisser au patient la charge de l'aléa thérapeutique : la transformation de l'obligation en une obligation de résultat n'y changerait d'ailleurs rien dans la mesure où la force majeure peut toujours exonérer le débiteur. Admise en droit administratif depuis 1993[6], la réparation de l'aléa thérapeutique ne l'est pas en droit privé[7] (en l'absence de faute du médecin).

1. Civ. 1re, 18 sept. 2008, n° 07-15.427, *RDC* 2009. 1032, obs. O. Deshayes.
2. Civ. 1re, 26 janv. 1972, *D.* 1972. Somm. 66.
3. Civ. 1re, 23 mai 1973, *Gaz. Pal.* 1973. 2. 885.
4. Civ. 1re, 25 mai 1983, *JCP* 1984. II. 20281, note A. Dorsner-Dolivet (section du nerf sciatique), Civ. 1re, 30 sept. 1997, *Bull. civ.* I, n° 259 (section d'une artère) ; Civ. 1re, 3 févr. 1998, *Bull. civ.* I, n° 46 (section du nerf sublingual à l'occasion de soins dentaires) ; Civ. 1re, 13 oct. 1999, *JCP* 2000. II. 10270 (geste imprécis), Civ. 1re, 23 mai 2000, *Bull. civ.* I, n° 253.
5. Civ. 1re, 31 mars 1998, *RCA* 1998. 199.
6. CE, 9 avr. 1993, *AJDA* 1993. 383, *JCP* 1993. II. 22061, note Moreau ; CE, 3 nov. 1997, *D.* 1998. 146, note Chrestia, *JCP* 1998. II. 10016, note Moreau.
7. Civ. 1re, 8 nov. 2000, *Bull. civ.* I, n° 287, Civ. 1re, 13 nov. 2002, *CCC* 2003. 52, obs. L. Leveneur, Civ. 1re, 4 nov. 2003, *Cah. dr. entr.* 2004/1. 49, Civ. 1re, 22 nov. 2007, *Bull. civ.* I, n° 366, *D.* 2008. 816, note M. Bacache.

On peut le définir comme le risque subi par un patient à l'occasion d'une intervention nécessaire au diagnostic ou au traitement, qui se présente comme risquée alors que le risque réalisé n'est pas ordinaire, pour un patient qui n'est pas particulièrement exposé à ce risque, bref, la survenance d'un dommage que l'on ne peut imputer à une faute médicale et hors toute infection nosocomiale[1]. L'indemnisation de l'aléa thérapeutique pose alors la question de l'objectivation de la responsabilité médicale, une responsabilité médicale sans faute de sorte qu'il n'est pas réparé en droit privé sauf par le détour par l'obligation de sécurité, la responsabilité du fait des produits de santé et, demain peut-être la création d'un fonds spécial d'indemnisation (v. ss 487).

573 **Consentement et refus de soin.** Le patient doit exprimer son consentement au traitement envisagé, même s'il ne dispose pas, en pratique, de toute la science du médecin et si celui-ci sait se montrer convaincant. C'est une obligation résultant tant de la loi (C. civ., art. 16-3), du Code de déontologie médicale (CSP, art. R 4127-36) que de la jurisprudence[2]. L'exigence laisse de côté la question de l'urgence (C. civ., art. 16-3, al. 2), hypothèse dans laquelle le consentement pourra ne pas être recueilli.

La formule suppose cependant, en retour, que le patient puisse refuser ce qui initialement était évoqué comme « un traitement[3] », puis consacré par la loi comme un véritable droit au refus de « tout » traitement selon les dispositions de l'article L. 1111-4 du Code de la santé publique. En pratique, on se heurte ici au problème du **refus de soins** et tout particulièrement du refus des transfusions sanguines. La loi rappelle que le médecin doit respecter la volonté de la personne quel que soit son choix. Tout au plus les professionnels peuvent-ils informer le patient des conséquences de ses choix et tout mettre en œuvre pour lui faire accepter « les soins indispensables ». Toutefois, dans deux décisions remarquées les juridictions administratives ont admis la possibilité de passer outre ce droit au refus sans que soit engagée la

1. Ch. Larroumet, « L'indemnisation de l'aléa thérapeutique », *D.* 1999. Chron. 33, P. Sargos, « L'aléa thérapeutique devant le juge judiciaire », *JCP* 2000. I. 202.
2. Par ex. : Civ. 1re, 11 oct. 1988, *JCP* 1989. II. 21358, note A. Dorsner-Dolivet.
3. Civ. 2e, 10 mars 1997, *Bull. civ.* II, no 75.

responsabilité du praticien si l'acte accompli sans le consentement du patient est « un acte indispensable à sa survie et proportionné à son état » et ce, dans le but de tenter de le sauver[1]. La notion de refus de soins est aujourd'hui également entendue au prisme du refus de traitement en fin de vie tel qu'il relève des dispositions de l'article L. 1110-5 alinéa 2 du Code de la santé publique issu de la loi *Leonetti* n° 2005-370 du 22 avril 2005.

C. L'obligation d'information

574 **Information et conseil. Notion de risque médical.** À défaut de pouvoir alourdir l'obligation de soins, la pratique prétorienne s'est attachée à faire peser sur les professionnels de santé des charges plus lourdes sur les obligations de sécurité et d'information. Cette dernière s'inscrit dans le prolongement de la discussion existant (le « dialogue thérapeutique » selon l'expression admise[2] entre le praticien et le patient, dans ce que Savatier qualifiait de « colloque singulier »). Le principe de la dignité de la personne humaine assure le fondement théorique de l'obligation d'information mais qui, pragmatiquement est progressivement devenue le moyen utilisé par la jurisprudence pour assurer une indemnisation sinon systématique du moins plus importante des patients.

Ainsi, de façon générale, en se fondant sur les critères posés par le Code de déontologie médicale, la jurisprudence exige que le médecin informe le patient préalablement à toute intervention ou toute prescription sur l'existence ou le contenu de celle-ci de même qu'il doit l'informer des risques qu'il y a à suivre tel traitement ou telle intervention et ceux qu'il y a à les ignorer : l'information doit être « claire, loyale et appropriée[3] » et évidemment compréhensible.

Classiquement cependant, la jurisprudence admettait que le praticien devait une information sur les risques ordinaires, les risques normalement prévisibles de façon à ne pas affoler le

1. CE, 16 août 2002, n° 249552, *D.* 2002. IR 2581 obs. M.-C. M. ; *AJDA* 2002. 723 ; *Gaz. Pal.* 15-17 sept. 2002 obs. F.-J. Pansier ; *LPA* 26 mars 2003, n° 61, obs. C. Clément. TA Lille, 25 août 2002, *JCP* 2003. II. 10098 note F. Vialla *et al.* V. déjà Civ. 1re, 18 janv. 2000, *D.* 2000. IR 44.
2. V. G. Mémeteau, E. Terrier, *Le dialogue thérapeutique négligent,* LEH 2008.
3. *Cf.* par ex. : Civ. 1re, 14 oct. 1997, *JCP* 1997. II. 22942, rapp. P. Sargos.

malade en l'informant qu'il risque, même si c'est très exceptionnel, de mourir à l'occasion d'une prise de sang. La jurisprudence a cependant emprunté une nouvelle voie à compter de 1997.

L'évolution a commencé par la question de la preuve de l'exécution de l'obligation d'information. Alors que, traditionnellement, l'obligation d'information était considérée comme une obligation de moyens (renforcée), imposant au patient de démontrer que telle information ne lui avait pas été fournie[1], la Cour de cassation a, dans l'arrêt *Hédreul* du 25 février 1997, considéré au contraire qu'il appartenait au praticien de prouver qu'il avait correctement exécuté cette obligation[2]. Même si, quelques mois plus tard, la Cour de cassation considérait dans l'arrêt *Guyomar* du 14 octobre 1997 que la preuve pouvait s'effectuer par tous moyens[3], le changement était tout de même de taille, à l'avantage marqué pour les patients.

L'évolution s'est poursuivie par le contenu de l'obligation d'information s'élargissant à tous les risques, « tous les inconvénients pouvant en résulter[4] » puis à tous les risques mêmes aux risques exceptionnels[5] sauf cas d'urgence ou impossibilité[6].

575 La loi du 4 mars 2002 a singulièrement renforcé le fondement de cette obligation : l'article L. 1111-1 du Code de la santé publique en fait un véritable principe. L'article suivant en pose les jalons. En effet, aux termes de l'article L. 1111-2 du Code de la santé publique, l'information due doit être claire, loyale et appropriée

1. Civ. 29 mai 1951, *D.* 1952. 53, note R. Savatier.
2. Civ. 1re, 25 févr. 1997, *CCC* 1997. 76 et L. Leveneur, « Le risque thérapeutique devant la Cour de cassation : la recherche de l'équilibre », *ibid.*, Chron. 5, *Defrénois* 1997. 36591, n° 82, note J.-L. Aubert. *Adde* : C. Lapoyade-Deschamps, « Les médecins à l'épreuve », *RCA* 1997. Chron. 8 ; Civ. 1re, 14 oct. 1997, Guyomar, préc. ; Civ. 1re, 17 févr. 1998, *Bull. civ.* I, n° 67 ; Civ. 1re, 27 mai 1998, *Bull. civ.* I, n° 187, *D.* 1998. 530, note F. Laroche-Gisserot.
3. Civ. 1re, 14 oct. 1997, Guyomar, *JCP* 1997. II. 22942, rapp. P. Sargos. La Cour de cassation poursuivait, le 9 octobre 2001 (2 arrêts : *CCC* 2002. 22, obs. L. Leveneur) en affirmant qu'« un médecin ne peut être dispensé de son devoir d'information vis-à-vis de son patient, qui trouve son fondement dans l'exigence du respect du principe constitutionnel de sauvegarde de la dignité de la personne humaine, par le seul fait qu'un risque grave ne se réalise qu'exceptionnellement » et en déduisait que l'obligation d'information pouvait être sanctionnée alors même que les faits s'étaient déroulés avant l'arrêt de 1997. *Cf.* Cass. civ. 1re, 12 juin 2012, n° 11-18928, *CCC* 2012, n° 225, obs. L. Leveneur.
4. Civ. 1re, 17 févr. 1998, préc.
5. Civ. 1re, 7 oct. 1998, *JCP* 1998. II. 10176, concl. J. Sainte-Rose, note P. Sargos ; Civ. 1re, 15 juill. 1999, *Bull.civ.* I, n° 250. Comp. En matière administrative : CE, 5 janv. 2000, *D.* 2000. IR 28.
6. *Cf.* par ex. Civ. 1re, 23 mai 2000, *Bull. civ.* I, n° 159. V. aussi Civ. 1re, 18 juill. 2000, *Bull. civ.* I, n° 227 (la nécessité d'une opération n'exonère pas le praticien de l'information due).

sur l'état de santé du patient[1] : celle-ci doit porter sur les risques fréquents ou graves normalement prévisibles, ce qui laisse planer un doute sur le devenir de la nécessité d'informer des risques graves et exceptionnels, la jurisprudence énonçant simplement que le professionnel n'est pas tenu d'informer d'un risque imprévisible, ce qui en soi n'a rien d'étonnant[2]. La question qui se pose par ailleurs est de savoir si l'obligation doit être comprise, à savoir si elle soumet le praticien à une obligation de pédagogie, d'être compris voire de convaincre. Cela ne semble pas le cas[3], l'exigence étant de fournir une information simplement accessible, normalement compréhensible. De même, certaines informations doivent être cachées, parce qu'elles sont dangereuses, par exemple si elles risquent d'affoler inutilement un patient ; le droit reconnaît d'ailleurs la possibilité du patient de ne pas connaître un diagnostic ou un pronostic sauf hypothèse de risque de transmission aux tiers (Code déont. méd., CSP, art. 4127-35).

Seule, mais de taille, limitation à l'engagement de cette responsabilité fondée sur l'obligation d'information : la jurisprudence conditionne celle-ci à la détermination d'un préjudice spécifique qui est celui de la *perte de chance*[4] (sous-entendu, de se soumettre à l'intervention proposée ou à une autre voire à pas de thérapeutique du tout, conformément au respect du refus de soins), donc la perte de chance d'échapper au risque. Il en résulterait que cette obligation d'information serait conditionnée à la nécessité d'une réelle alternative et qu'en l'hypothèse où celle-ci n'existerait pas, parce que l'intervention serait médicalement nécessaire, le patient ne pourrait agir en responsabilité liée au défaut d'information. Cette « exception thérapeutique » fut toutefois rejetée par la Cour de cassation[5] en dépit de vives critiques

1. V. B. Pitcho, « La notion juridique de patient », *Les études hospitalières*, 2004.
2. E. Terrier, *Responsabilité médicale : retours pour le futur*, note sous Paris 4 mars 2005, *D.* 2005. 2131.
3. Civ. 1re, 18 janv. 2000, *Bull. civ.* I, 13 ; *D.* 2001. J. 3559, note Mathieu-Izorche ; *JCP* 2001. II. 10473, note Dorsner-Dolivet ; *JCP* 2001. I. 243, n° 25 obs. Viney ; *Defrénois* 2000. 722, obs. D. Mazeaud ; *RD sanit. soc.* 2000. 382 obs. Harichaux.
4. Civ. 7 févr. 1990, *D.* 1991, somm. 183, obs. J. Penneau, Civ. 1re, 7 déc. 2004, *RCA* 2005. 60, obs. Radé.
5. Civ. 1re, 18 juill. 2000, *D.* 2000. IR 217 ; *Gaz. Pal.* 2000. 2. 2451 obs. Bonneau.

et de tentatives de la réintroduire[1] : en effet, la position de la Cour sur la réparation de la seule perte de chance aboutit en pratique à écarter la responsabilité du médecin. Or c'est cette solution qui a été renversée par un arrêt du 3 juin 2010[2] qui censurait un arrêt d'appel qui avait rejeté la responsabilité du fait de l'absence de perte de chance, aux visas des articles 16, 16-3 et 1382 du Code civil, donc sur le fondement de l'absence de consentement éclairé du patient, mais également sur le fondement de la responsabilité délictuelle du médecin de ce point de vue : peu importe que le patient, quoiqu'informé, aurait de toute façon choisi le traitement dommageable, faute d'alternative : : « Le non-respect par un médecin du devoir d'information dont il est tenu envers son patient cause à celui auquel cette information était légalement due un préjudice qu'en vertu du texte susvisé le juge ne peut laisser sans réparation »[3]. Le dommage est donc présumé, sans doute irréfragablement, du seul fait que l'information due n'a pas été livrée.

Par ailleurs, la loi de 2002 reconnaît le droit du patient à l'accès à son dossier médical (CSP, art. L. 1111-7) élément qui va connaître une approche juridique intéressante avec l'instauration d'un « dossier médical personnel », issu de la loi n° 2004-810 du 13 août 2004, lequel sera tout à la fois unique et propre à chaque patient, informatisé et directement consultable tant par les patients que par un certain nombre de professionnels.

L'alourdissement ainsi constaté des obligations de renseignement n'est pas sans lien avec le refus de la jurisprudence et de la loi de sanctionner l'aléa thérapeutique : l'obligation médicale demeure une obligation de moyens mais le praticien doit informer le patient des risques encourus[4].

---

1. V. E. Terrier, *Responsabilité médicale : retours pour le futur,* note préc., M. Bacache, « Le défaut d'information sur les risques de l'intervention : quelles sanctions ? », *D.* 2008. Chron. 1908.
2. Civ. 1re, 3 juin 2010, *JCP* 2010. 788, note S. Porchy-Simon, *D.* 2010. 1522, note P. Sargos.
3. Cass. civ. 1re, 12 juin 2012, préc. Civ. 1re, 3 juin 2010, préc.
4. Pour autant cependant qu'un préjudice soit identifié : Civ. 1re, 13 nov. 2002, *CCC* 2003. 52, obs. L. Leveneur.

Section 2
L'exception : l'obligation de résultat du praticien

576 **Choses utilisées par le praticien.** La jurisprudence a, d'abord, dégagé, une obligation de résultat chaque fois que le praticien utilise des choses dans l'exécution du contrat, s'agissant par exemple des radiologues[1] ou des chirurgiens-dentistes[2]. Plus en effet, la médecine s'éloigne de l'art traditionnel médical et, donc, de l'aléa accompagnant l'obligation de moyens du praticien, et plus elle se rapproche de la technique, de la « mécanique », disait Savatier[3], plus les obligations du praticien deviennent des obligations de résultat, l'aléa s'éloignant quelque peu. Il en résulte une distinction difficile à réaliser : le radiologue se soumet à une obligation de résultat, comme le dentiste, mais point le chirurgien orthopédiste qui pose une prothèse car il effectue alors un soin objet par principe d'une obligation de moyens[4].

Le praticien qui utilise une chose se soumet alors à un régime de responsabilité contractuelle du fait des choses qui avait été particulièrement stigmatisé à l'occasion d'une affaire célèbre, quoiqu'étrangère au droit de la santé, dite du « cerceau brisé[5] ».

La loi du 4 mars 2002 a montré, ici, son ambiguïté en n'engageant la responsabilité du praticien « qu'en cas de faute ». Sans doute est-il possible de reconnaître une faute présumée, mais la jurisprudence pourra-t-elle prononcer une condamnation pour responsabilité sans faute ? En principe cela n'est possible que s'il existe un régime spécial de responsabilité, ce qui est le cas de la responsabilité du fait des produits défectueux ou des produits de santé (visés par le CSP, art. 1142-1, I) : c'est alors un singulier retour en arrière qui semble promis.

1. Civ. 1re, 28 juin 1960, *JCP* 1960. II. 11787, note R. Savatier ; Versailles, 14 oct. 1993, *D.* 1995. Somm. 101, obs. J. Penneau.
2. Paris, 4 mai 1986, *Gaz. Pal.* 1986. 1. J. 260 et v. ss 466, à propos de la fourniture de prothèses.
3. Note *D.* 1968. 653.
4. Civ. 1re, 25 févr. 1997, *Bull. civ.* I, n° 72.
5. Civ. 1re, 17 janv. 1995, *D.* 1995. 351, note P. Jourdain.

577 **Responsabilité du fait des injections.** Lorsqu'un praticien procède à une injection, il se soumet à une obligation de résultat s'agissant de l'innocuité du produit[1]. Or, les risques de contamination du fait d'une transfusion sont importants, qu'il s'agisse de la contamination par le VIH ou de l'hépatite B ou C, pour reprendre deux hypothèses hélas très connues. La jurisprudence considère que les centres de transfusion sanguine (remplacés par l'établissement français du sang) assument une obligation de sécurité de ce fait et sont responsables de plein droit des dommages causés par les vices affectant les produits sanguins fournis[2] en un régime qui ressemble à celui de la garantie des vices cachés, même s'il n'est jamais nommé ainsi, dans la mesure où s'ils peuvent s'exonérer par la preuve d'une cause étrangère, le vice interne du sang, même indécelable, n'est pas considéré comme un événement de force majeure[3]. En revanche, une clinique n'est tenue que d'une simple obligation de moyens[4].

De même, les analyses effectuées par un laboratoire d'analyses sont soumises à une obligation de résultat s'agissant des techniques simples ou sans aléa[5].

La question de la vaccination contre l'hépatite B, susceptible de provoquer une sclérose en plaque a donné également lieu à débat : la responsabilité du producteur du vaccin est engagée, sur le fondement de l'inexécution de son obligation de sécurité[6], pour autant cependant, la Cour de cassation a conditionné en 2003 à la preuve du dommage par la victime, à la preuve du défaut du produit et mieux encore à celle du lien de causalité, ce dernier élément se révélant très difficile à établir en raison de l'incertitude

1. Civ. 1re, 12 avr. 1995, *Bull. civ.* I, nos 179 et 180 (sang contaminé par le virus du sida), *adde* : Y. Lambert-Faivre, « L'hépatite C post-transfusionnelle et la responsabilité civile », *D.* 1993. Chron. 291 ; L. Leveneur, « Sida post-tranfusionnel et responsabilité », *CCC* 1995. Chron. 9.
2. Civ. 1re, 14 nov. 1995, *Bull. civ.* I, no 414 ; CE, 26 mai 1995, *Gaz. Pal.* 1995. 2. J. 363.
3. Civ. 1re, 12 avr. 1995, préc.
4. Civ. 1re, 13 nov. 1996, *D.* 1996. IR 268.
5. Civ. 1re, 8 déc. 1987, *Bull. civ.* I, no 336.
6. Civ. 1re, 23 sept. 2003, *JCP* 2003. II. 10179, note N. Jonquet, A.-C. Maillols, D. Mainguy et E. Terrier, *Cah. dr. ent.* 2004/1. 50, obs. I. Tosi, *D.* 2004. 898, note Y.-M. Sérinet et R. Mislawsji ; Civ. 1re, 24 janv. 2006, *D.* 2006. 1273, note L. Neyret, Civ. 1re, 22 mai 2008 (6 arrêts), *RDC* 2008. 1186, obs. J.-S. Borghetti, Civ. 1re, 22 janv. 2009, *RDC* 2009. 1028, obs. O. Deshayes.

scientifique sur le fait que le vaccin en serait la cause[1]. Les juges admettent en effet qu'en l'état des connaissances scientifiques actuelles, le risque lié à la vaccination n'est pas avéré et excluent à ce jour la responsabilité du fabricant[2].

Le Conseil d'État, cependant, dans de très remarquées décisions du 9 mars 2007[3] confirme qu'il incombe bien au demandeur de prouver l'imputabilité directe du préjudice lié à la vaccination, mais que cette imputabilité peut être regardée comme établie lorsque sont relevées des circonstances propres à accréditer celui-ci. La haute juridiction de droit public admet, contrairement à la Cour de cassation, la possibilité reconnue d'induire la causalité d'indices (succession temporelle, circonstances...).

578 **Le sang contaminé.** C'est également l'affaire du sang contaminé qui a le plus l'attention de la jurisprudence et de la doctrine[4], s'agissant de ses aspects en termes de responsabilité civile et non de responsabilité pénale. Le fait dommageable avait été constitué par la transfusion de produits sanguins contenant le virus du Sida. Devant l'ampleur de la catastrophe, l'article 47 de la loi du 31 décembre 1991 a alors organisé un régime d'indemnisation particulier à cet effet. Observons cependant que seules les victimes de la contamination par le Sida sont ainsi indemnisées. Les victimes d'autres contaminations, de l'hépatite C par exemple demeurent indemnisées selon les règles du droit commun[5].

L'article 47 de la loi de 1991 a créé un droit à l'indemnisation sur la base d'un fonds d'indemnisation qui s'ajoute au droit commun. Ainsi la victime bénéficie d'un concours d'actions : elle peut exercer une action de droit commun soit qu'elle n'envisage pas de recourir au fonds, soit que sa demande ait été rejetée par le fonds[6]. Le fonds d'indemnisation assure alors le paiement d'une

1. V. à ce titre, Paris, 2 juin 2006, *RCA* 2006. 306, obs. C. Radé : « il n'existe pas de consensus scientifique reconnaissant un lien de causalité certain entre la vaccination et la sclérose en plaques ».
2. Civ. 1re, 27 févr. 2007, *RCA* 2007. 165, obs. A. Gouttenoire, C. Radé.
3. CE, 9 mars 2007 (4 arrêts n° 267635, 278665, 285288 et 283067), *D.* 2007. AJ 943, obs. E. Pahlawan-Sentilhes, et J. 2204, note L. Neyret ; *AJDA* 2007. 861, concl. T. Olson ; *RDSS* 2007. 543, obs. D. Cristol, *RDSS* 2007. Chron. 217 ; *JCP* 2007. II. 10142, note A. Laude, et I. 2108, obs. D. Jean-Pierre.
4. A. Dorsner-Dolivet, « Sida et responsabilité des cliniques », *JCP* 1995. I. 3824 ; Y. Lambert-Faivre, « Principes d'indemnisation des victimes post-tranfusionnelles du sida », *D.* 1993. Chron. 61.
5. Civ. 1re, 9 juill. 1996, *RCA* 1996. 385 ; Civ. 1re, 4 déc. 2001, *Cah. dr. ent.* 2002/1, obs. D. Mainguy.
6. Civ. 1re, 28 avr. 1998, *Bull. civ.* I, n° 158. À l'inverse, lorsque le fonds a versé une indemnité, la victime peut exercer un recours sur le fondement du droit commun sans contourner le principe du

indemnité versée différemment selon les cas : le préjudice de séropositivité est d'abord réparable, puis le préjudice lié au Sida déclaré, au profit de la victime elle-même mais également de ses proches[1].

579 **Responsabilité du fait des produits de santé : prothèses et médicaments.** Le praticien qui utilise une chose pour réaliser un acte de soin se soumet à une obligation de sécurité de résultat[2] : c'est notamment le cas des prothèses. Le praticien comme le fabricant de la prothèse répondent des défauts de sécurité de la prothèse fournie[3].

La même règle vaut à propos de la fourniture de médicaments, comme le fameux arrêt *Laboratoire Léo* qui avait posé les jalons d'une transposition de la directive du 25 juillet 1985 l'avait admis[4] de sorte que c'est tout naturellement que les articles 1245 s. du Code civil introduit par la loi du 19 mai 1998 et créant un régime de responsabilité du fait des produits défectueux s'appliquent à ce type de produits[5]. C'est d'ailleurs tout particulièrement aux produits de santé et plus spécifiquement aux médicaments que s'applique naturellement les cas d'exonération pour risques de développement de l'article 1245-10, 4°, exclue par

non-cumul d'indemnités. La jurisprudence française qui admettait le contraire (Civ. 2e, 26 janv. 1994, *Bull. civ.* II, n° 41, Soc., 26 janv. 1995, *Bull.civ.* V, n° 42, *JCP* 1995. I. 3853, obs. G. Viney) fut condamnée par la CEDH dans l'affaire Bellet (CEDH, 4 déc. 1995, *JCP* 1996. II. 22648, note M. Harichaux, *D.* 1996. 357, note M. Collin-Dumunieux) admettant au contraire que la victime peut exercer des actions parallèles au nom du droit d'accès à un tribunal, sans pourtant faire varier la Cour de cassation (Civ. 1re, 9 juill. 1996, préc. ; Ass. plén., 6 juin 1997, *Bull. Ass. plén.*, n° 8, *JCP* 1997. I. 4070, obs. G. Viney ; *D.* 1998. 255, concl. P. Tatu, et Somm. 204, obs. D. Mazeaud).

1. Sur la procédure : Ph. Le Tourneau et L. Cadiet, nos 7545 s.

2. V. ss 512.

3. Civ. 1re, 29 oct. 1985, *Bull. civ.* I, n° 273, *RTD civ.* 1986. 762, note J. Huet ; Civ. 1re, 15 nov. 1988, *Bull.civ.* I, n° 319 ; Civ. 1re, 22 nov. 1994, *Bull. civ.* I, n° 340 ; Civ. 1re, 17 oct. 1995, *Bull. civ.* I, 369 ; Civ. 1re, 9 nov. 1999, *Bull. civ.* I, n° 300 (dommages provoqués à l'occasion d'examens radiologiques) : « Le contrat formé entre le patient et son médecin met à la charge de ce dernier, sans préjudice de son recours en garantie, une obligation de sécurité de résultat en ce qui concerne les matériels qu'il utilise pour l'exécution d'un acte médical d'investigation ou de soins. »

4. Civ. 1re, 3 mars 1998, *JCP* 1988. II. 10049, rapp. P. Sargos, *D.* 1999. 36, note G. Pignarre et Ph. Brun et v. ss 190.

5. A.-C. Maillols, *La responsabilité du fait des médicaments*, Thèse Montpellier, 2002. N. Boinet, *La responsabilité du fait des produits défectueux imputable aux producteurs de médicaments*, Thèse Paris XI, 1998 ; A. Laude, « La responsabilité du fait de produits de santé », *D.* 1999. Chron. 189 ; P. Sargos, « L'information sur les médicaments : vers un bouleversement majeur de l'appréciation des responsabilités », *JCP* 1999. I. 144 ; J. Huet, « Le paradoxe des médicaments et les risques de développement », *D.* 1987. Chron. 73.

l'article 1245-11 dès lors qu'il s'agit d'éléments du corps humain ou de produits dérivés du corps humain.

La loi du 4 mars 2002 n'a heureusement pas bouleversé ces solutions, encore que la responsabilité du fait des produits de santé n'est pas toujours adaptée aux produits de santé[1].

580 **Responsabilité du fait des infections nosocomiales.** Nombre d'infections sont contractées au cours d'un séjour dans un établissement de soin, public ou privé, ce que l'on appelle les *infections nosocomiales*. Depuis plusieurs arrêts du 29 juin 1999 dits des « staphylocoques dorés[2] », la responsabilité des établissements privés de soins reposait sur une obligation de sécurité de résultat générale et non réservée aux seules hypothèses d'infections contractées à l'occasion d'une opération chirurgicale, alors que la jurisprudence antérieure s'en tenait auparavant à une obligation de moyens[3] établie sur une présomption de faute de sorte qu'un établissement pouvait s'exonérer en démontrant l'absence de toute faute, de toute faute d'asepsie notamment. La jurisprudence a en la matière suivi l'évolution qu'a connue la responsabilité administrative[4]. La loi du 4 mars 2002 a d'ailleurs confirmé ces solutions : l'article 1142-1, I, alinéa 2 dispose en effet que les établissements de soins, publics ou privés, « sont responsables des dommages

1. A.-C. Maillols, *La responsabilité du fait des produits de santé*, Les éditions hospitalières, 2003.

2. Civ. 1re, 29 juin 1999, *D.* 1999. 559, note D. Thouvenin, F. Vialla, « L'obligation de sécurité de résultat du médecin en matière d'infection nosocomiale ou le retour du staphylocoque doré », *Médecine et Droit*, 1999, n° 37, p. 4 ; H. Groutel, « L'infection nosocomiale dans le secteur privé : un revirement de jurisprudentiel exemplaire », *RCA* 6 oct. 1999, p. 6 ; C. Clément, « La responsabilité des établissements de santé du fait des infections nosocomiales », *LPA* 2 sept. 1999, n° 175, p. 12 ; Y. Lachaud, « L'évolution de la jurisprudence de la Cour de cassation en matière d'infection nosocomiale », *Gaz. Pal.* 29-30 oct. 1999, p. 3, D. Mainguy, « Le traitement juridique des infections nosocomiales », in *Le risque épidémique*, dir. A. Leca et F. Vialla, PUAM, 2003, p. 343. Comp. M. Morlaas-Courties, *L'indemnisation des victimes d'accidents médicaux*, Thèse Montpellier, 1999. V. depuis à propos d'un acte médical pratiqué dans le cabinet d'un praticien Civ. 1re, 13 févr. 2001, *Bull. civ.* I, n° 32 ; Civ. 1re, 27 mars 2001 : *Bull. civ.* I, n° 87 ; *CCC* 2001. 105, obs. Leveneur ; *RTD civ.* 2001. 596, obs. P. Jourdain.

3. Civ. 1re, 21 mai 1996, Clinique Bouchard, *Bull. civ.* I, n° 219, *D.* 1997. Somm. 287, obs. D. Mazeaud, et 320, obs. J. Penneau ; *JCP* 1996. I. 3985, n° 24, obs. G. Viney ; *Gaz. Pal.* 1997. 2. 565, note S. Hocquet-Berg ; *Defrénois* 1997. 408, obs. A. Bénabent ; *RTD civ.* 1996. 913, obs. P. Jourdain, Civ. 1re, 16 juin 1998, *Bull. civ.* I, n° 210 ;*Rec.* p. 275 ;*D.* 1999. 653, note Thomas ; *JCP* 1998. I. 187, n° 34, obs. G. Viney, et 1999. II. 10122, note Denis-Chaubet.

4. CE 9 déc. 1988, Cohen, *Lebon*, p. 431 ; CE 14 juin 1991, *Maalem*, *Lebon*, p. 1185 : « Considérant que rien ne permet de présumer que M. Maalem ait été porteur, avant l'opération, d'un foyer infectieux ; que l'introduction accidentelle d'un germe microbien dans l'organisme lors d'une intervention chirurgicale révèle une faute dans l'organisation et le fonctionnement du service hospitalier et engage la responsabilité de celui-ci envers la victime pour les conséquences dommageables de l'infection » ; CE 9 avr. 1993, Bianchi, *JCP* 1993. II. 22061, note J. Moreau.

résultant d'infections nosocomiales sauf s'ils rapportent la preuve d'une cause étrangère » mais avec une application dans le temps discutée : la loi de 2002 s'applique aux infections contractées après le 4 septembre 2001, de sorte que pour celle contractées, auparavant la Cour de cassation continue d'appliquer la jurisprudence de 1999[1].

Un débat prétorien s'est toutefois établi autour de la notion de risque infectieux et tout particulièrement du caractère endogène ou exogène de la survenance de l'infection nosocomiale. Une décision des juges du fond, au demeurant isolée[2] avait admis que le caractère endogène d'une infection post-opératoire (à savoir que les germes microbiens étaient originellement portés par le patient) ne faisait pas obstacle à son caractère nosocomial mais qu'il incombait au demandeur de prouver alors la faute du professionnel. Dans une décision postérieure, la Cour de cassation est venue rappeler le principe dégagé de la loi par lequel la responsabilité liée à une infection nosocomiale est de plein droit et n'est pas limitée aux infections exogènes et qu'en toute hypothèse, seule une cause étrangère est exonératoire[3], pour autant toutefois que le patient apporte la preuve du caractère nosocomial de l'infection[4].

1. Civ. 1re, 11 juin 2009, *D.* 2009. 2567, note N. Molfessis, *RDC* 2009. 1371, obs. S. Carval.
2. Caen, 30 janv. 2007, *D.* 2007. 2147, note O. Smalwood.
3. Civ. 1re, 14 juin 2007, *D* 2007. 1870.
4. Civ. 1re, 30 oct. 2008, n° 07-13.791, *RDC* 2009. 533, obs. J.-S. Borghetti.

CHAPITRE 2

Les contrats de transport

581 **Plan.** Les contrats de transport constituent un second ensemble majeur de règles spéciales applicables aux contrats d'entreprise qui s'intègre d'ailleurs dans le cadre plus global du droit des transports, branche du droit commercial qui a toujours connu un vif succès et un grand particularisme[1].

Le Code civil leur réserve quelques textes (C. civ., art. 1782 à 1786) de même que le Code de commerce (C. com., art. L. 132-3 s., 133-1 s.) qui traite du commissionnaire de transport, du voiturier et de la responsabilité du transporteur en utilisant un vocabulaire particulièrement désuet. La législation postérieure au Code civil a cherché à combler ces lacunes : une loi du 31 mai 1924 modifiée par une loi du 2 mars 1957 intéresse le droit aérien, une loi du 22 mars 1941 modifiée en 1956 puis en 1994, le droit fluvial, une loi du 18 juin 1966 modifiée en 1986 propose une réglementation du transport maritime et plus globalement du droit maritime et surtout une grande loi d'orientation sur les transports intérieurs, dite LOTI, du 30 décembre 1982 invite la mise en œuvre de contrats-types dans toutes sortes de secteurs particuliers, une

1. V. not. M. Alter, *Droit des transports*, Dalloz, 1996, M. de Juglard, E. du Pontavice et *al.*, *Traité de droit aérien*, LGDJ (2 t., 1989, 1991) ; Ph. Le Tourneau, *V° Contrat de transport*, *Rép. civ.* ; B. Mercadal, *Droit des transports terrestres et aériens*, Dalloz, 1996, R. Rodière et E. du Pontavice, *Droit maritime*, Dalloz, 1997, A. Viallard, *Droit maritime*, PUF, 1998.

loi du 6 février 1998, dite loi Gayssot a réformé les conditions de paiement du transporteur. Par ailleurs le droit aérien fait l'objet d'une réglementation spécifique par le Code de l'aviation civile.

De nombreuses conventions internationales fixent un droit matériel international des transports : elles sont toutes impératives et directement applicables en droit français. Citons la Convention de Genève du 19 mai 1956 relative au transport international de marchandises par route (CMR), la Convention de Varsovie du 12 octobre 1929 en matière de transport aérien remplacée par une Convention de Montréal du 28 mai 1999, les Règles de Hambourg du 31 mars 1978 (non ratifiées par la France) sont en concurrence avec une Convention de Bruxelles du 25 août 1924 en matière de connaissement et de transport maritime, le transport ferroviaire bénéficie d'une convention conclue en 1965, la Cotif qui rassemble deux conventions plus anciennes en matière de transport de voyageurs (CIV) et de marchandises (CIM)... Enfin un règlement n° 2027/97 entré en vigueur en 1998 intéresse le sort des victimes d'accidents aériens.

Nous observerons alors les caractères du contrat de transport (SECTION 1), puis le contrat de transport de marchandises (SECTION 2) puis de voyageurs (SECTION 3).

SECTION 1
LES CARACTÈRES DU CONTRAT DE TRANSPORT

582 **Définition du contrat de transport.** Le contrat de transport se définit comme le contrat par lequel un professionnel du transport, le transporteur, se charge à titre onéreux[1] de déplacer une personne ou une marchandise d'un point à un autre : ces trois points, carac-

1. Rien ne s'oppose à ce que le contrat de transport soit gratuit : il est alors un contrat de complaisance ou de bienfaisance même si la jurisprudence considère que la relation, et la responsabilité qui en découle éventuellement, sont extracontractuelles (Ch. mixte, 20 déc. 1968, *D.* 1969. 38 ; Civ. 1re, 6 avr. 1994, *JCP* 1994. I. 3781, obs. M. Fabre-Magnan, *RTD civ.* 1994. 866, obs. P. Jourdain).

tère professionnel, déplacement, maîtrise par le transporteur, sont essentiels pour identifier un contrat de transport.

Il est par ailleurs un contrat consensuel et synallagmatique dont l'objet est un acte matériel de transport, peu important sa vitesse, son itinéraire, le ou les véhicules empruntés.

583 **Contrat de transport et contrats voisins.** La définition ainsi donnée permet de considérer que toutes sortes d'opérations parfois très voisines du contrat de transport ne sont pas des contrats de transport et obéissent à d'autres régimes.

C'est le cas par exemple des opérations de manutention. Celles-ci consistent en des opérations de chargement et de déchargement des marchandises opérées généralement par des entreprises d'entreposage, de manutention, l'acconier ou le « *stevedore* » comme on les appelle dans le jargon[1]. Les articles 50 s. de la loi du 18 juin 1966 réglementent cette activité de manutention. L'article 53 dispose notamment que l'entrepreneur de manutention n'engage sa responsabilité qu'à l'égard de son contractant, le transporteur ou l'affréteur[2].

C'est encore le cas du contrat de déménagement : traditionnellement, on admettait qu'il n'est un contrat de transport que pour autant que l'opération de déplacement constitue l'objet principal du contrat, à défaut c'est un banal contrat d'entreprise[3] voire un contrat de dépôt[4]. La Cour de cassation a cependant remis en cause ce conflit de qualification : « le contrat de déménagement étant un contrat d'entreprise qui est différencié du contrat de transport en ce que son objet n'est pas limité au déplacement de la marchandise, les règles spéciales concernant la livraison et la prescription dans le contrat de transport tirées des articles 103 à 108 du Code de commerce, devenues les articles L. 133-3 à

1. Com. 3 déc. 1956, *DMF* 1957. 144 : distinction subtile selon que la manutention s'effectue hors du bord ou à bord.
2. Par conséquent, le destinataire ne dispose par d'une action de nature contractuelle contre l'acconier : Com. 22 oct. 1996, *D.* 1997. 106.
3. Com. 20 janv. 1998, *Bull. civ.* IV, n° 26. *Adde :* R. Rodière, « La nature juridique du déménagement », *JCP* 1951. I. 917 ; L. Peyrefitte, « Le contrat de déménagement », *JCP E* 1986. II. 14655.
4. Com. 20 juill. 1970, *Bull. civ.* IV, n° 252.

L. 133-6 de ce Code, ne trouvent pas à s'appliquer[1] » : le contrat de déménagement n'est plus un contrat de transport parce qu'une dimension autre que le déplacement de marchandises interdit la possible qualification de transport. On devine alors que, pour la Cour de cassation, il s'agit de soustraire ce contrat du domaine du droit des transports, notamment parce que ce contrat est pour beaucoup un contrat conclu avec des particuliers, lesquels bénéficient des dispositions du droit de la consommation.

De même le transitaire est celui qui assure les transferts d'un mode de transport à un autre (on parle de transfert de charge)[2].

584 **Contrat de transport et contrat de commission de transport.** Les opérations de transport nécessitent, comme bien des activités professionnelles, le recours à des intermédiaires spécialisés, comme le sont les commissionnaires de transport. La commission de transport (C. com., art. L. 132-3 s.) est un contrat par lequel le commissionnaire assurera, au profit de son client, le commettant, un expéditeur de marchandises le plus souvent, à accomplir pour son compte les actes nécessaires au déplacement d'une marchandise d'un point à un autre. Mieux, le contrat de commission se caractérise par l'indépendance du commissionnaire dans l'organisation du transport, s'agissant des moyens de transport et de l'itinéraire et dans le fait que toute l'opération de transport est concernée[3]. Il en résulte que le commissionnaire de transport n'est pas un transporteur, précisément parce que son obligation principale est d'organiser un transport et point de réaliser le transport proprement, même s'il peut lui arriver de réaliser des opérations matérielles de transport, de sorte que les règles limitant ou interdisant le jeu des clauses limitatives de responsabilité ne lui sont pas applicables. Il n'est pas plus un banal entrepreneur[4] mais un commissionnaire. Il exerce sa mission en choisissant le transporteur,

1. Com. 3 avr. 2001, *JCP* 2002. 642, note Ph. Delebecque. V. aussi Com. 9 juill. 2002, *CCC* 2003, n° 1, obs. L. Leveneur à propos des règles en matière de livraison et de prescription, Com. 1er avr. 2003, *CCC* 2003, n° 103, obs. L. Leveneur.

2. L. Peyrefitte, « Le commissionnaire de transport et les autres auxiliaires de transport », *D.* 1978. Chron. 213.

3. Com. 16 févr. 1988, *Bull. civ.* IV, n° 75 ; Com. 20 févr. 1996, *D.* 1996. 290, note Ph. Delebecque ; Civ. 1re, 10 févr. 1998, *Bull. civ.* I, n° 59.

4. Comp. cependant, Ph. Delebecque, « La responsabilité personnelle du commissionnaire de transport », *RJDA* 1996, p. 219.

le mode de transport, l'itinéraire, moyennant une commission garantie par un privilège spécial (C. com., art. L. 132-2).

Le commissionnaire répond à l'égard du commettant de ses fautes par exemple le fait de ne pas avoir choisi le mode de transport adéquat ou d'avoir manqué à son obligation de conseil. Les obligations du commissionnaire de transport sont considérées par la jurisprudence comme des obligations de moyens[1] qui tendent de plus en plus à devenir des obligations de résultat[2]. Il répond également des fautes commises par les personnes avec lesquelles il a contracté, non comme garant ce qui suppose que le tiers, le transporteur le plus souvent, engage lui-même sa responsabilité[3].

585 **Contrat de transport et contrat de vente.** La vente effectuée par un professionnel suppose systématiquement un transport des marchandises vendues et, donc, la conclusion d'un contrat de transport à moins que le vendeur ou l'acheteur ne disposent d'une flotte de transport. Le plus souvent, le vendeur est l'*expéditeur* (le chargeur dans le vocabulaire du droit maritime) et le *destinataire* est l'acheteur. Les deux contrats sont en principe indépendants l'un de l'autre de sorte que le contenu de l'un ne peut rejaillir sur l'autre[4]. Il reste que cette indépendance juridique de principe est battue en brèche par la pratique contractuelle qui lie les deux contrats, notamment par le jeu des *Incoterms* dans les ventes internationales de marchandises (v. ss 250).

586 **Transport et affrètement.** Le transporteur est un entrepreneur qui assure sous sa responsabilité les opérations de transport. On distingue alors le contrat de transport du contrat d'affrètement dans lequel le propriétaire d'un moyen de transport, un avion, un camion ou un bateau en pratique, *le fréteur*, le met à la disposition d'une personne, *l'affréteur*. Le contrat d'affrètement est alors un banal contrat de bail[5]. Mais le contrat est un contrat de trans-

1. Com. 3 oct. 1989, *Bull. civ.* IV, n° 246, *D.* 1990. 81, concl. M. Jéol, *JCP* 1990. II. 21423, note M. Béhar-Touchais. Comp. Com. 16 mars 1999, *CCC* 1999, n° 86, obs. L. Leveneur : exonération pour force majeure résultant de la guerre du Golfe.
2. Com. 16 nov. 1993, *RJDA* 1994, n° 399.
3. Com. 6. janv. 1998, *RJDA* 1998. 179.
4. Com. 20 janv. 1998, *Bull. civ.* IV, n° 38. *Adde* : Ph. Delebecque, « Vente internationale et transport maritime », *Mélanges Ch. Mouly,* t. 2, p. 349.
5. J.-P. Tosi, *L'affrètement aérien*, LGDJ, 1977.

port lorsque le bailleur met à disposition un moyen de transport avec équipage[1]. La différence est très importante en pratique parce que le transporteur est responsable des pertes et avaries à la différence du bailleur, même si le vocabulaire employé par la loi ne reflète pas toujours cette distinction et encourage la confusion[2].

SECTION 2
LE TRANSPORT DE MARCHANDISES

587 **Conclusion du contrat de transport, les parties au contrat.** La conclusion du contrat se traduit par un écrit, qui n'est pas une forme solennelle, et que le Code de commerce appelle *la lettre de voiture*. Ce contrat est un titre qui fait foi de son contenu jusqu'à preuve contraire. Certains de ces documents comme la *lettre de transport maritime* ou le *document de transport multimodal* sont même des titres négociables.

Les parties au contrat de transport sont *le transporteur* et l'*expéditeur*[3]. L'article L. 132-8 du Code de commerce prévoit cependant que le domaine des parties peut être plus étendu. Il s'étend d'abord à l'éventuel commissionnaire de transport. En outre, le destinataire, celui dont le nom figure dans le contrat de transport, voire le destinataire réel[4] est compris comme partie au contrat de transport. L'article L. 132-8 le prévoit expressé-

1. Com. 10 juill. 1963, *Bull. civ.* III, n° 370. En droit maritime, le contrat, constaté par un contrat appelé charte-partie, est vaguement défini par l'article 1er de la loi du 18 juin 1966.
2. Comp. C. av. civ., art. L. 124-1 en matière aérienne et art. L. 323-1 : le contrat par lequel le propriétaire d'un aéronef le met à disposition de son cocontractant avec équipage est considéré comme un contrat d'affrètement, qui n'est pas un contrat de transport au sens de la Convention de Varsovie ; mais le fréteur est considéré comme un transporteur à l'égard de ses clients, notamment en cas d'accident aérien. V. aussi L. Guignard, *Sous-traitance et transport*, Litec, 2000.
3. Il peut d'ailleurs exercer une action en responsabilité contractuelle contre le transporteur même après que le transport ait été effectué s'*« il est le seul à avoir supporté le préjudice résultant du transport »* (Ass. plén., 22 déc. 1989, *Mercandia*, *JCP* 1990. II. 21503, note Ph. Delebecque, *DMF* 1990. 29, note P. Bonassies).
4. Com. 15 juill. 1987, *Bull. civ.* IV, n° 198, Com. 3 févr. 1998, *DMF* 1998. 581. *Adde* : J.-P. Tosi, « L'adhésion du destinataire au contrat de transport », *Mélanges C. Mouly*, t. 2, Litec, 1998, p. 174 ; Ph. Delebecque, « Le destinataire de la marchandise : tiers ou partie au contrat de transport ? », *D. Affaires* 1995. 189.

ment depuis sa modification par la loi du 6 février 1998, validant ainsi les solutions jurisprudentielles antérieures[1]. Le transporteur sous-traitant, en revanche, est un tiers, mais il bénéficie d'une action directe contre l'expéditeur, admise au titre de la loi de 1975 sur la sous-traitance (v. ss 556) depuis la loi de 1998.

588 **Obligations des parties, responsabilité du transporteur.** L'expéditeur doit réaliser toutes sortes de tâches préalables au transport : identifier, emballer les marchandises.

Le transporteur, surtout, doit transporter les marchandises dans les conditions prévues au contrat. Ses obligations commencent par la prise en charge des marchandises, acte juridique qui date le début de son éventuelle responsabilité qui lui permet de les vérifier voire d'émettre des *réserves* sur le document de transport. Ses obligations prennent fin avec la livraison des marchandises au point indiqué et la réception des marchandises par le destinataire fait courir le délai de prescription de l'article L. 133-3 du Code de commerce.

La responsabilité du transporteur[2] en cas de manque ou d'avaries – et à laquelle il faut associer l'hypothèse du retard, réglée par la jurisprudence *Chronopost* et ses suites (v. ss 547) – subies par les marchandises est très importante : l'article 1784 du Code civil dispose en effet que le transporteur est responsable « de la perte et des avaries des choses qui leur sont confiées, à moins qu'ils ne prouvent qu'elles ont été perdues et avariées par cas fortuit ou force majeure », solution reprise par les articles L. 132-7 et L. 133-3 s. du Code de commerce[3]. Les règles du Code de commerce apportent cependant quelques précisions.

1. Com. 1er févr. 1955, *D.* 1956. 338, note P. Durand ; Com. 28 févr. 1984, *Bull. civ.* IV, n° 81 : la solution se justifiait alors par une stipulation pour autrui implicite ; Com. 16 janv. 1996, *Bull. civ.* I, n° 21, sans recours à une telle stipulation pour autrui. Il reste alors à parfaire le régime de l'action du destinataire, pour revenir sur des solutions qui n'admettait pas qu'une clause attributive de compétence fût opposable au destinataire, faute de connaissance de celle-ci à la formation du contrat (Com. 26 mai 1992, *JCP E* 1993. II. 396, note J. Vallansan ; Com. 18 oct. 1994, *Bull. civ.* IV, n° 308) si le destinataire est bien partie au contrat de transport.

2. A. Sériaux, *La faute du transporteur*, 2e éd., Economica, 1998.

3. À la force majeure s'ajoutent des causes propres au droit des transports comme *le vice de la chose* c'est-à-dire son impropriété au transport, le péril de mer (H. Cherkaoui, « Le péril de mer, notion maritime de force majeure », *DMF* 1991. 211) ou la *feinte de routç* les pertes naturelles de la chose (évaporation par exemple).

L'article L. 133-1 du Code de commerce (ex-art. 103) dont la rédaction est due à la loi *Rabier* du 17 mars 1905 prohibe d'abord les clauses limitatives de responsabilité en la matière[1].

Par ailleurs, l'article L. 133-3 (ex-art. 105) du Code de commerce impose une *fin de non-recevoir* : « La réception des objets transportés éteint toute action contre le voiturier pour avarie ou perte partielle si, dans les trois jours, non compris les jours fériés qui suivent la date de cette réception, le destinataire n'a pas notifié au voiturier, par acte extrajudiciaire ou par lettre recommandée, sa protestation motivée. » Il en résulte que la réception sans protestation dans les trois jours qui suivent emporte purge de l'éventuelle responsabilité du transporteur.

Enfin, l'article L. 133-6 (ex-art. 108) du Code de commerce prescrit les actions par un délai d'un an, s'agissant des « actions auxquelles peut donner lieu contre le voiturier le contrat de transport ».

Section 3
Le transport de voyageurs

589 **Aux sources de l'obligation de sécurité.** « L'exécution du contrat de transport comportait l'obligation de conduire sain et sauf le voyageur à destination » décidait la Cour de cassation dans le célèbre arrêt du 21 novembre 1911[2]. Ce faisant, la jurisprudence plus que la loi a forgé un régime en matière de transport de personnes qui a été à l'origine de la création de l'obligation de sécurité[3].

La jurisprudence s'est affinée depuis, notamment pour reconnaître que l'obligation de sécurité est une obligation de résultat de sorte que le transporteur ne peut s'exonérer qu'en démontrant la présence d'un événement de force majeure sévèrement interpré-

1. Règle tellement importante qu'elle est considérée comme une loi de police de sorte qu'une clause insérée dans un contrat de transport international qui renverrait à l'application d'une loi validant cette clause serait malgré tout écartée, la loi étrangère étant elle-même écartée au profit de la loi française (Com. 16 avr. 1991, *Bull. civ.* IV, n° 147).
2. Civ. 21 nov. 1911, *DP* 1913. 1. 249, note Sarrut.
3. Depuis, la législation a rattrapé le temps qu'elle avait perdu : L. 18 juin 1966 en matière maritime, L. 2 mars 1957 en matière aérienne, reproduisant le contenu de la Convention de Varsovie de 1924.

tée ici, voire d'une faute de la victime[1], mais aussi pour limiter ses effets dans le temps. Depuis un arrêt du 7 mars 1989 en effet, la Cour de cassation considère que la responsabilité du voiturier (la SNCF en l'espèce) n'est contractuelle que pendant le temps du transport et délictuelle au-delà[2]. En outre, l'obligation de ponctualité est considérée comme une obligation de résultat[3].

En droit aérien, un régime particulier prévaut. La présomption de responsabilité du transporteur aérien couvre tous les dommages subis au cours des opérations d'embarquement, de transport et de débarquement en proposant un forfait de réparation susceptible d'être dépassé. La convention de Varsovie de 1929 (modifiée en 1955 par le protocole de La Haye) a été « transposée » en quelque sorte par la loi du 2 mars 1957 et depuis codifiée (C. av. civ. art. 321-3). Le système de Varsovie proposait un forfait d'indemnisation devenu assez ridicule (environ 7 500 à 15 000 euros)[4] et le droit français l'avait porté unilatéralement à 750 000 F en 1989. Le règlement n° 2027/97 du 9 octobre 1997 a alors proposé un régime s'écartant du système de Varsovie. Il fixe par ailleurs un plafond de responsabilité fixé à 100 000 DTS (correspondant à environ 110 000 euros) et interdisant aux transporteurs européens de se prévaloir des limitations de responsabilité de la convention de Varsovie.

Les victimes peuvent toujours tenter de dépasser le forfait de réparation en faisant la preuve de l'absence de titre de transport, de son irrégularité ou surtout en faisant la preuve d'une faute inexcusable du transporteur[5]. La convention de Montréal du 28 mai 1999 devrait parvenir à harmoniser ces règles.

1. Cass., ch. mixte, 28 nov. 2008, n° 06-12.307, *JCP* 2009. II. 10011, note P. Grosser, *RDC* 2009. 487, obs. Th. Génicon.
2. Civ. 1re, 7 mars 1989, *D.* 1991. 1, note Ph. Malaurie. *Adde* : R. Nerac-Croisier, « Soliloque sur la responsabilité du transporteur de personnes », *D.* 1995. Chron. 35, mais *contra* : V. C. Mascala, « Accidents de gare : le déraillement de l'obligation de sécurité », *D.* 1991. Chron. 80.
3. Cass. 1re civ., 14 janv. 2016, n° 14-28227, *RDC* 2016-2, obs. T. Génicon.
4. C. Scapel, « Vers la fin de la limitation de responsabilité du transporteur aérien de passagers », *RFD aérien* 1996. 15. Ce taux fut réévalué par le protocole de Guatémala-City en 1971, jamais entré en vigueur. De nouveaux accords conclus à Montréal en 1975 portèrent le plafond de réparation à 100 000 DTS, mais les États-Unis ne les ont pas ratifiés, exigeant un plafond plus élevé, bloquant ainsi le processus.
5. *Cf.* par ex. : Civ. 1re, 9 févr. 1999, *Bull. civ.* I, n° 41. *Adde* : R. Rodière, « La faute inexcusable du transporteur aérien », *D.* 1978. Chron. 31.

CHAPITRE 3

Les contrats de construction

590 **Quand le bâtiment va, tout va.** Le domaine de la construction est un secteur économique fondamental : il représente l'ensemble des activités d'édification d'immeubles dans toutes ses composantes. On devine alors que les contrats permettant la réalisation d'immeubles modernes sont un enchevêtrement complexe de contrats et de responsabilité.

Le Code civil réserve originellement peu de textes aux contrats de construction immobilière : les articles 1792 et 1793 qui traitent plus précisément des contrats de construction et l'article 1798 qui intéresse l'action directe ouverte aux maçons et ouvriers contre le maître d'ouvrage, pas uniquement dans le domaine de la construction d'ailleurs. Depuis le Code civil, un Code de la construction et de l'habitation a été adopté, de grandes lois sont intervenues comme la loi du 16 juillet 1971 sur les retenues de garantie, la loi du 19 décembre 1990 qui détermine minutieusement le contenu du contrat de construction de maison individuelle... pour former une discipline nouvelle, celle du droit de la construction[1]. Il en résulte un régime complexe, ultra-réglementé,

1. J.-B. Auby et H. Périnet-Marquet, *Droit de l'urbanisme et de la construction*, 3e éd., 1992, R. Saint-Halary et C. Saint-Halary-Houin, *Droit de la construction*, Dalloz ; Ph. Jestaz et Ph. Malinvaud, *Droit de la promotion immobilière*, Dalloz ; J.-L. Bergel et *al.*, *Droit immobilier*, éd. Lamy, Ph. Malinvaud et *al.*, *Construction*, Dalloz.

presque à l'excès, qui se combine avec le droit de l'urbanisme, le droit de la promotion immobilière... dans lequel nombre de contrats spéciaux prospèrent.

Ainsi, le contrat de promotion immobilière, régi par les articles 1831-1 à 1831-5 du Code civil issus d'une loi du 16 juillet 1971, est un contrat par lequel le propriétaire d'un terrain, maître de l'ouvrage, confie à un entrepreneur, le promoteur, le soin de se charger de la réalisation d'un immeuble qui sera édifié par d'autres, les entrepreneurs de construction. Il assume alors la charge de l'intermédiation entre le propriétaire et les entrepreneurs de construction. Il coordonne les travaux et les réceptionne.

Le contrat de construction immobilière ne présente pas de particularités au regard des règles de droit commun du contrat d'entreprise. Ainsi avons-nous pu déjà observer les questions relatives aux travaux supplémentaires de l'article 1793 du Code civil (v. ss 536) ou à la réception (v. ss 555), l'acte juridique qui marque la correcte exécution des obligations de l'entrepreneur. Cet acte prend, bien entendu, une importance cruciale en matière de travaux immobiliers. La réception peut en effet être amiable ou judiciaire et éventuellement tacite[1]. La réception vaut alors purge des éventuelles inexécutions et assure donc décharge de la responsabilité du constructeur s'agissant des défauts de conformité et des vices apparents qui n'auraient pas fait l'objet de réserves. C'est alors en matière de responsabilité des constructeurs que les spécificités du contrat de construction immobilière se manifestent véritablement.

591 **D'abord, le droit commun.** Avant cependant d'envisager ces spécificités, il convient de rappeler que le régime de responsabilité de droit commun joue. C'est le cas d'abord de la responsabilité contractuelle en matière de défaut de renseignement, qu'il s'agisse du choix des matériaux, des tarifs et de leur éventuelle augmentation, des risques relatifs à l'utilisation des matériaux... Il s'agit ensuite de la responsabilité du constructeur en matière d'exécution proprement dite des travaux, de laquelle on peut rappro-

1. Civ. 3e, 4 nov. 1992, *Bull. civ.* III, n° 284, qui impose la démonstration d'une volonté non équivoque du maître de l'ouvrage d'accepter les travaux.

cher la responsabilité en matière de conception, par exemple pour défaut de vérification du terrain, ou de construction particulièrement laide ou ratée, plus basiquement de travaux non commencés ou non achevés, de travaux non conformes aux stipulations contractuelles[1]... Il s'agit également de certaines obligations de surveillance comme celle du promoteur immobilier, de l'architecte[2] ou du maître d'œuvre qui est souvent le précédent. Nous n'oublierons pas la responsabilité du fait des produits défectueux[3].

592 **Mécanismes spéciaux de responsabilité du constructeur.** L'article 1792 du Code civil et ses déclinaisons forment un ensemble original de nature à organiser la garantie du constructeur sans qu'il évince les systèmes de droit commun : dès lors qu'un dommage provient d'un défaut autre que ceux ouvrant droit à l'une des trois garanties des articles 1792 s. du Code civil, l'inexécution de l'obligation d'exécuter sa prestation peut être reprochée au constructeur. Il s'agit alors d'une obligation de moyens : le maître doit démontrer la faute de l'entrepreneur. En outre cette action est enfermée dans un délai de dix ans, à moins que le maître ne démontre l'existence d'une faute lourde ou dolosive.

Le premier mécanisme est celui de la garantie annale ou garantie de parfait achèvement. Il est prévu par l'article 1792-6 du Code civil. Il concerne les défauts signalés lors de la réception de l'ouvrage et elle n'est due que par l'entrepreneur de construction et point par d'autres constructeurs ou l'architecte. Elle couvre toutes sortes de dommages sauf ceux résultant de l'usure normale de l'immeuble ou de son usage, qu'ils relèvent de la catégorie des vices ou de celles de la non-conformité[4]. Cette garantie joue indépendamment des autres mécanismes de garantie ou de res-

1. Le contentieux est ici particulièrement nourri, signe soit de la mauvaise qualité des travaux, soit de la mauvaise humeur chronique des maîtres d'ouvrage, en raison de la purge qui s'opère par la réception ; il s'agit alors de déterminer de savoir si tel vice était apparent eu égard aux capacités du maître de l'ouvrage...

2. Ph. Jestaz et Ph. Malinvaud, *Droit de la promotion immobilière*, *op. cit.*, n° 127.

3. Ph. Malinvaud, « La loi du 19 mai 1998 relative à la responsabilité du fait des produits défectueux et le droit de la construction », *D.* 1999. Chron. 85.

4. Civ. 3e, 10 avr. 1996, *RD imm.* 1996. 378, obs. Ph. Malinvaud et B. Boubli, à propos d'un dommage purement esthétique.

ponsabilité. Elle se prescrit par un délai d'un an à compter de la réception de l'immeuble.

La garantie biennale couvre la garantie de bon fonctionnement d'équipements liés à l'ouvrage, comme des ascenseurs ou des installations de climatisation ou de chauffage (C. civ., art. 1792-3 et 1793).

Enfin, la garantie décennale est due pour les dommages les plus graves, ceux qui « compromettent la solidité de l'ouvrage » ou qui « le rendent impropre à sa destination » (C. civ., art. 1792[1]).

Ces deux derniers mécanismes profitent tant au maître d'ouvrage qu'à leurs ayants cause : l'article 1792 du Code civil organise en effet un régime d'action directe de source légale qui s'exerce dans des conditions relativement voisines de l'action directe inventées par la jurisprudence[2]. Les garants sont selon les termes de l'article 1792-1 du Code civil les constructeurs, l'architecte mais aussi « les autres locateurs d'ouvrages liés au maître de l'ouvrage par un contrat de louage d'ouvrage », sémantique tortueuse pour évoquer l'ensemble des entrepreneurs qui entourent le constructeur, comme les bureaux d'études, les entreprises de contrôle technique à l'exclusion cependant des sous-traitants. Par ailleurs, la loi assimile au constructeur le vendeur d'immeuble à construire (C. civ., art. 1646-1) ou le vendeur d'un immeuble en l'état futur d'achèvement[3], le promoteur (C. civ., art. 1831-1) ou le constructeur de maison individuelle (CCH, art. L. 231-1).

La loi vise enfin mais surtout les fournisseurs du constructeur ou les fabricants de composants[4] précise l'article 1792-4 du Code civil pour autant que ces composants soient conçus pour satisfaire des exigences précises et déterminées à l'avance et qu'ils aient été mis en œuvre conformément aux instructions du fabricant et sans modification, condition interprétée strictement par la

1. Cette garantie suit l'immeuble entre les mains du sous-acquéreur, comme dans la vente, mais un texte, l'article 1792, alinéa 1 du Code civil, le prévoit expressément.
2. *Cf.* par ex. : Civ. 3e, 26 mai 1994, *RD imm.* 1994. 663.
3. Civ. 3e, 20 déc. 1994, *Bull. civ.* III, n° 224.
4. M. Carcenac, « La condition juridique du fabricant d'éléments préfabriqués », *RGDA* 1997. 655.

jurisprudence[1]. L'article 1792-4 alinéas 3 et 4 vise également le fournisseur, quel qu'il soit, qui est en réalité l'importateur d'une chose fabriquée à l'étranger ou celui qui présente la fabrication comme la sienne en y apposant un signe distinctif. Tous sont solidairement responsables avec le constructeur.

Les constructeurs assument alors une responsabilité objective, dispose l'article 1792 du Code civil, dont ils ne pourront s'exonérer que par la démonstration d'un cas de force majeure[2].

1. *Cf.* par ex. : Civ. 3e, 25 juin 1997, *D.* 1998. 360, note R. Raffi, à propos de matériaux composant un plancher chauffant répondant à des conditions très particulières et ayant emporté la responsabilité solidaire de son fabricant. En revanche, les produits inertes ne sont pas considérés comme entrant dans le champ d'application de l'article 1792-4 du Code civil : Civ. 3e, 24 nov. 1987, *Bull. civ.* III, n° 188, pour du béton.
2. *Cf.* par ex. : Civ. 3e, 15 juin 1988, *Bull. civ.* III, n° 109 (montée brusque de la nappe phréatique) mais le vice de la chose n'est pas exonératoire (Civ. 1re, 17 févr. 1998, *Bull. civ.* I, n° 61).

Titre 2

Le contrat de mandat

593 **Plan.** Le contrat de mandat est un contrat de représentation : par le mandat, une personne peut effectuer un acte juridique, conclure un contrat par exemple, par l'intermédiaire d'une autre personne, le mandataire, qui représente le mandant. Il est ainsi défini par l'article 1984 comme « l'acte par lequel une personne donne à une autre le pouvoir de faire quelque chose pour le mandant et en son nom[1] ».

De ce point de vue, le contrat de mandat s'inscrit dans les mécanismes plus généraux de représentation, comme les hypothèses de représentation légale (des parents à l'égard de leurs enfants mineurs, par exemple) ou judiciaire (comme dans le cas de l'administrateur judiciaire d'une entreprise placée en redressement judiciaire) ou même pour expliquer des hypothèses offertes par le droit des obligations à plusieurs personnes (comme dans le cas de la solidarité que l'on explique par un mécanisme de représentation des débiteurs solidaires).

1. Ph. Pétel, *Le contrat de mandat*, coll. « Connaissance du droit », Dalloz, 1994, *Les obligations du mandataire*, Bibl. dr. ent., t. 20, préf. M. Cabrillac, Litec, 1988, N. Dissaux, *La qualification d'intermédiaire dans les relations contractuelles*, LGDJ, 2007, J. Roque, *Les obligations du mandant*, Thèse Avignon, 2007.

Mais le contrat de mandat est un contrat et, à ce titre, il présente une autre facette, contractuelle, des mécanismes de représentation.

594 Historiquement[1], la représentation en général et le contrat de mandat en particulier ont éprouvé beaucoup de difficultés à émerger. Le contrat de mandat permet, en effet, de réaliser un don divin, celui d'ubiquité. En outre, le formalisme du droit romain, le caractère très personnel des obligations rendaient très difficile son acception. Le contrat de mandat finit cependant par apparaître et voir son importance grandir, sous l'influence du droit canon, notamment. Le consensualisme aidant, les obstacles au développement du mandat se levaient. L'ancien droit l'accueillait notamment pour les incapables et dans le cadre des relations d'affaires.

Dans le Code civil, l'affirmation d'un principe général de reconnaissance de la représentation apparaît dans la description de règles relatives à cette question particulièrement développées depuis 2016 aux articles 1153 s. du Code civil. En revanche, le Code de commerce connaît une forme dérivée de représentation, aux articles L. 132-1 et L. 132-2 du Code de commerce, par le contrat de commission qui défend une conception imparfaite de représentation.

Le contrat de mandat, dans cette évolution, est largement décrit aux articles 1984 s. du Code civil. Il y est conçu comme un de ces contrats d'ami, comme l'étaient le dépôt ou le prêt. Mais comme ces derniers, l'évolution moderne du contrat de mandat s'est développée en faveur d'une expansion des relations de mandat et de sa professionnalisation. Son expansion répond à un double besoin. Le premier tient sans doute au fait que l'on effectue de plus en plus en plus d'actes juridiques en tout genre, des contrats notamment, nécessitant de plus en plus de consentements dépassant les possibilités physiques de présence d'une personne et imposant, alors, la personne d'un mandataire, d'un représentant plus largement. Le second tient à la complexité croissante des

1. Cl. Giverdon, *L'évolution du contrat de mandat*, Thèse Paris, 1947, Ph. Le Tourneau, « De l'évolution du mandat », *D.* 1992. Chron. 157.

relations d'affaires dans lesquelles le contrat de mandat tient une place éminente, loin du « petit » contrat que le Code civil envisageait. En résultent la professionnalisation du mandat, le plus souvent conclu à titre onéreux, et sa sophistication, dans la mesure où des lois nouvelles ont pris le relais des règles du Code civil[1]. Dès lors, peut-on encore parler « du » mandat ou doit-on référer « aux » mandats ? De l'agent d'affaires à l'agent d'assurances, en passant par l'avocat, l'agent immobilier, l'agent de voyages, le banquier mandataire au paiement, etc., la banque d'affaires qui comme dans le film *Working Girl* s'entremet spontanément dans un rapprochement d'entreprises en vue d'une fusion[2], etc., la multiplicité des mandats croît avec l'intérêt de la formule[3].

Cependant, au contraire des règles intéressant le contrat de prêt ou de dépôt, les règles du contrat de mandat demeurent relativement homogènes, en sorte que son étude peut, dans un premier temps, demeurer globale : un droit commun du mandat demeure qui n'est affecté que marginalement par les règles spéciales nouvelles que l'évolution du contrat de mandat a proposées depuis le Code civil (SOUS-TITRE 1), complété par une multitude de règles spéciales (SOUS-TITRE 2).

1. *Cf.* agents d'assurances : *D.* 5 mars 1949 et 28 déc. 1950 ; agents commerciaux : *D.* 23 mars 1958, L. 25 juin 1991 ; agents immobiliers : L. 2 janv. 1970 ; agents de voyages : L. 13 juill. 1992...
2. H. Dubout, « Les contrats de mandat avec les banques d'affaires dans les opérations de cession-acquisition d'entreprises », *Bull. Joly*, 1997, p. 1029.
3. N. Dissaux (dir.), *La crise du mandat*, Economica, 2010.

SOUS-TITRE 1

LES RÈGLES COMMUNES DU CONTRAT DE MANDAT

595 Étudions, donc, les éléments du contrat de mandat (CHAPITRE 1), sa formation (CHAPITRE 2), ses effets (CHAPITRE 3) et son extinction (CHAPITRE 4).

CHAPITRE 1

Les éléments du contrat de mandat

596 **Plan.** Les caractères du contrat de mandat (SECTION 1), ainsi que les distinctions ou comparaisons du mandat avec d'autres contrats (SECTION 2) peuvent être déterminés.

SECTION 1

LES CARACTÈRES DU CONTRAT DE MANDAT

597 Les caractères du mandat s'expriment à travers sa définition : le contrat de mandat est un contrat par lequel une personne, le mandant, donne à une autre personne, le mandataire, le pouvoir d'accomplir des actes juridiques, en son nom et pour son compte. Ces caractères s'expriment ainsi à travers les actes effectués par le mandataire, des actes juridiques (**§ 1**) et par la représentation dans laquelle s'inscrivent ces actes juridiques (**§ 2**).

§ 1. Effectuer des actes juridiques

598 **Obligation de faire, caractère *intuitu personae*.** Nous avons déjà observé que le contrat de mandat est un contrat portant sur un service en sorte que ce contrat comporte essentiellement une obligation de faire à la charge du mandataire : effectuer des actes juridiques. Aussi, le contrat de mandat se distingue-t-il du contrat d'entreprise qui comprend également une obligation de faire mais qui porte sur des actes matériels[1].

La distinction est parfois difficile. Ainsi, l'article L. 134-1 du Code de commerce définit l'agent commercial (v. ss 559) comme celui qui négocie et éventuellement conclut des contrats au nom et pour le compte du mandant. La perspective de la conclusion de contrat fait basculer le contrat d'agence commerciale, tout comme la représentation dans laquelle il s'inscrit, dans le camp du contrat de mandat. Mais l'on pourrait en douter dans la mesure où la prestation principale de l'agent commercial est de négocier un contrat et il n'est pas certain que la négociation d'un contrat soit un acte juridique. À moins que l'on considère que cette négociation consiste à présenter une offre et la discuter, auquel cas il s'agira effectivement d'un acte juridique dans la mesure où l'offre est elle-même un acte juridique, même unilatéral. Par ailleurs, la qualification de mandat n'exclut pas en elle-même que le mandataire effectue des actes matériels, comme autant de contrats d'entreprise adjoints, pour autant qu'ils demeurent accessoires à la prestation principale consistant à effectuer des actes juridiques.

En outre, la mission du mandataire s'effectue en toute indépendance. En cela, le contrat de mandat s'oppose résolument au contrat de travail.

Parce que la mission imposée au mandataire est la réalisation d'un acte juridique, le lien qui l'unit au mandant est sans doute fortement imprégné d'*intuitu personae*[2] comme les règles relatives à l'extinction du mandat semblent en attester même si celles relatives à la substitution de mandataire permettent de tempérer cette affirmation.

1. V. ss 492.
2. J. Huet, G. Decocq, C. Grimaldi et H. Lecuyer, n° 31114.

599 **Contrat en principe gratuit.** L'article 1986 du Code civil dispose que le contrat est en principe gratuit mais réserve l'hypothèse dans laquelle une rémunération est prévue. Fréquemment, le prix s'exprime sous la forme d'honoraires par référence à la conception ancienne selon laquelle, le contrat étant par essence gratuit, la rémunération ne pouvait résulter que d'un hommage du mandant, un *honorarium*, référence que l'on trouve encore pour expliquer les honoraires des professions libérales, que la prestation soit un contrat d'entreprise ou un contrat de mandat.

Cependant, comme pour les autres contrats conclus en principe à titre gratuit, on admettra que le fait qu'ils soient conclus à titre onéreux modifiera à la hausse la responsabilité du mandataire (*cf.* C. civ., art. 1992).

§ 2. Avec représentation

600 **Au nom du mandant.** La représentation apparaît traditionnellement en doctrine comme de l'essence même du mandat en ce que le mandataire agit au nom du mandant. Par conséquent, le tiers qui conclut l'acte juridique avec le mandataire sait qu'il agit avec un représentant et sait qu'il agit en réalité avec le mandant dont il connaît le nom. Il y aurait là un critère essentiel permettant de distinguer le contrat de mandat qui assure ainsi une représentation parfaite[1], du contrat de commission, forme de représentation imparfaite. Pourtant, une partie de la doctrine plaide pour la présence de la formule du « mandat sans représentation[2] » dont le contrat de commission serait le modèle. Le contrat de commission[3], en effet, est un contrat dans lequel le commettant charge

1. En ce sens, Ph. Pétel, *Le contrat de mandat, op. cit.*, p. 12 s. ; Ph. Le Tourneau, *V°* Mandat, *Rép. civ.*, n° 48.
2. M.-L. Izorche, « À propos du mandat sans représentation », *D.* 1999. Chron. 369 : qui, constatant que les auteurs jonglent entre plusieurs conceptions de la notion de représentation, représentation de la personne (mandat « classique » qui exclut la commission), et représentation des intérêts d'autrui (qui l'inclut), présente les différentes positions de la doctrine, tant sur la notion de mandat, selon que la conception est stricte ou large, que sur la notion de représentation, dans les mêmes conditions et propose une synthèse dans laquelle elle envisage une extension de la notion de mandat mais une distinction de celle de représentation.
3. V. M.-P. Dumont, *L'opération de commission*, Bibl. dr. ent., t. 45, Litec, 2000.

le commissionnaire d'effectuer des actes juridiques pour le compte du commettant mais au nom du commissionnaire. L'opacité du contrat de commission masque ainsi la personne du commettant aux yeux du tiers qui agit avec le commissionnaire, comme un écran contractuel. Par conséquent, faute de représentation parfaite, le contrat de commission s'inscrirait dans le domaine des contrats de représentation mais aux côtés du mandat, sans être assimilé à un mandat[1].

En outre, le principe selon lequel le mandataire effectue des actes juridiques au nom du mandant pose la question de l'intensité du lien entre mandataire et mandant et, donc, de savoir si le mandataire est ou non indépendant dans l'exécution du mandat. L'affirmation d'indépendance permet, alors, de distinguer le mandat du contrat de travail.

601 **Pour le compte du mandant.** Le mandataire agit au nom et *pour le compte du mandant*. Il en résulte que tout le bénéfice et tous les risques inhérents à la conclusion des actes juridiques effectués par le mandataire sont supportés par le mandant. On affirme aussi pour cette raison que le mandat est conclu dans l'intérêt exclusif du mandant.

Telle n'est plus le cas, cependant, lorsque le mandataire est intéressé par l'exécution du mandat et, notamment, s'il est salarié. La jurisprudence a su, en effet, mettre en évidence la notion de mandat d'intérêt commun, essentiellement pour améliorer la situation du mandataire à l'occasion de la rupture du mandat[2]. Mais un tel mandat est toujours un contrat de représentation : l'intérêt partagé dans le mandat n'en modifie pas la nature mais simplement et éventuellement le régime.

1. *Cf. contra* : A. Bénabent, n° 631.
2. V. ss 630.

SECTION 2
LA DISTINCTION DU CONTRAT DE MANDAT AVEC D'AUTRES CONTRATS

602 **Mandat et entreprise.** Le principe selon lequel le contrat de mandat effectue des actes juridiques permet de le distinguer du contrat d'entreprise dans lequel l'entrepreneur est chargé d'effectuer des actes matériels. Nous avons déjà observé certaines distinctions, par exemple s'agissant du contrat d'agence commercial.

D'autres subsistent. Ainsi, existent de nombreux agents d'affaires (v. ss 643) dont l'activité peut ressembler, sémantiquement au moins, à un contrat de mandat. Ainsi en est-il, par exemple :

- des agents immobiliers (L. 2 janv. 1970, art. 1er) ;
- des agents de voyages (L. 13 juill. 1992) ;
- des agences de publicité (L. 29 janv. 1993, art. 20 s.) ;
- des agents d'assurances (Décr. 5 avr. 1949) ;
- des agents artistiques (L. 26 déc. 1989) ;
- des ex-agents de change, devenus sociétés de bourse (L. 22 janv. 1988) ;
- des agents d'affaires largement considérés (*cf.* C. com., art. L. 110-1, 6°).

Certains des contrats conclus par ces « intermédiaires » sont effectivement des contrats de mandat, comme ceux des sociétés de bourse, des agents d'assurances, des agents immobiliers. Parfois, la relation est plus complexe : elle peut emprunter à la fois au contrat de mandat et au contrat d'entreprise comme pour les agences de voyages ou les agences de publicité qui peuvent être chargées de préparer un message publicitaire (entreprise) et de conclure les contrats nécessaires à sa diffusion (mandat, obligatoire même depuis la loi du 29 janvier 1993, art. 20 s.). Dans d'autres circonstances, le contrat échappe à l'une des deux qualifications et peut apparaître comme un contrat de courtage comme pour certains contrats d'assurance ou lorsque l'agent immobilier se contente de rapprocher acheteur et vendeur[1]. Au-delà de ces formes réglementées, d'autres agents d'affaire existent et sont considérés comme des commerçants aux termes de l'article L. 110-1 qui considère que constituent des actes de commerce « toutes opérations d'intermédiaire pour l'achat, la souscription ou la vente d'immeubles, de fonds de commerce, d'actions ou de parts de sociétés » (activité entrant dans le champ d'application de la loi du 2 janvier 1970 réglementant les agents immobiliers : v. ss 644) mais aussi de façon globale « toute entreprise (...) de commission (...) ; toute entreprise (...) d'agence, de bureaux d'affaires (...) » opération non réglementée et pouvant emprunter, pour les contrats conclus, le régime du mandat.

603 **Mandat et autres formes d'intermédiation.** Le contrat de mandat se distingue du contrat de commission en ce que le second n'assure qu'une forme de représentation imparfaite[2].

De même le contrat de courtage est une forme d'entremise[3] mais sans représentation : le courtier se contente de rapprocher des parties pour qu'elles concluent un contrat, mais sans participer à la conclusion de ce contrat, comme c'est le cas des courtiers en placements, du courtier d'assurances, des agences matrimoniales. Le courtier est un commerçant qui agit au profit de son client, le donneur d'ordre, afin de rechercher un partenaire contractuel. Il est un intermédiaire qui ne participe pas à la conclusion du contrat ; il se contente de rechercher des partenaires et de faciliter leur rapprochement. Il doit alors fournir des informations à son client, des informations fiables, exactes, pertinentes, le conseiller et rendre compte de sa mission. Cependant le courtier n'est jamais tenu de conclure le contrat ni de trouver effectivement un partenaire contractuel : il n'est tenu à cet égard que d'une obligation de moyens. Il répond cependant de ses fautes comme un professionnel et donc sévèrement. Il perçoit une rémunération généralement due lorsque les parties concluent le contrat.

1. *Cf.* pour un impresario, Com. 22 mai 1991, *Bull. civ.* IV, n° 173, *RTD civ.* 1992. 86, obs. J. Mestre.
2. V. ss 635.
3. Ph. Devesa, *L'opération de courtage*, Bibl. dr. ent., t. 30, Litec, 1993, B. Bouloc, v° Courtier, *Rép. com.* 1973.

Une illustration plus moderne du courtage s'observe dans l'activité des centrales de référencement. La technique du référencement qui consiste à négocier les offres des fournisseurs aux meilleures conditions pour les affiliés des centrales peut s'analyser comme un contrat de courtage[1] voire un courtage tripartite[2].

604 Plus sûrement, le contrat de prête-nom[3] ressemble au contrat de mandat. Il s'agit d'une opération qui s'intègre dans le traitement de la simulation (*cf.* C. civ., art. 1201) plus exactement lorsque la simulation prend la forme d'une interposition de personne. Par exemple, une personne interdite dune activité commerciale ou de diriger une société conclut un contrat de prête-nom, que l'on nomme aussi *contrat de croupier* avec une autre personne, qui détiendra en son nom et pour son compte des titres dans une société. Ou bien encore une personne incapable d'acquérir ou de vendre un bien utilise les services d'un prête-nom pour conclure ce contrat. Dans ces exemples, le contrat est conclu dans un but de fraude des droits des tiers et pourra être annulé. Mais ce n'est pas toujours le cas lorsque par exemple, une personne demande à une autre de répondre à une offre parce qu'elle sait que cette offre sera plus intéressante que si elle lui était faite directement. Dans ce cas, le contrat est licite et opère entre les parties comme un mandat, plus exactement comme un contrat de commission

1. V. et M.-E. André, *Les contrats de la grande distribution*, Bibl. dr. ent., n° 25, Litec, 1991. V. aussi S. Retterer, « Le contrat de référencement : du droit des obligations au droit de la concurrence », *Cah. dr. ent.* 1999/2. 1. Certaines questions posées, en pratique, étaient voisines de celles posées en termes de commission ou de mandat : la centrale de référencement, courtier, ne garantit pas la solvabilité de ses adhérents (Com. 16 janv. 1990, *Bull.* IV, n° 16 ; Com. 28 mai 1991, *Bull. civ.* IV, n° 196, mais v. Com. 23 oct. 1990, *Bull. civ.* IV, n° 257 à propos de la responsabilité d'une centrale pour non-information de l'insolvabilité d'un adhérent). Par ailleurs, si la centrale est placée en redressement judiciaire, le fournisseur peut obtenir paiement de l'adhérent, même si les contrats prévoyaient que la centrale devait assurer ce paiement. Les solutions divergent pour admettre cette solution favorable au créancier : la centrale était mandataire au paiement ou à l'encaissement des sommes, voire partie à une délégation simple (Com. 25 oct. 1994, *Bull. civ.* IV, n° 317, *D.* 1997. Somm. 64, obs. D. Ferrier, Com. 22 mars 1994, *Bull. civ.* IV, n° 124, *Defrénois* 1995. 338, obs. D. Mazeaud ; Com. 3 janv. 1995, *Bull. civ.* IV, n° 5). La solution est encore différente si la centrale agissait comme commissionnaire à la vente : Paris, 25 sept. 1985 :« les ventes devant être considérées comme contractées directement entre (la centrale) agissant en qualité de commissionnaire et les fournisseurs, ce qui n'autorise pas ces derniers à se retourner vers des détaillants avec lesquels ils n'ont pas de lien de droit » (et v., inversement, si la centrale n'est pas commissionnaire : Com., 22 mars 1994, *Bull. civ.* IV, n° 124). Tout dépend alors d'une analyse fine des relations contractuelles complexes nouées entre les fournisseurs et la centrale, d'une part, entre la centrale et les détaillants adhérents d'autre part.

2. Com. 17 mars 2004, *D.* 2004. 1233, obs. E. Chevrier.

3. F. Leduc, « Réflexions sur la convention de prête-nom », *RTD civ.* 1999. 283.

puisque le tiers, par hypothèse, ne connaît pas l'identité du mandant[1]. Est en revanche illicite le contrat occulte qui a pour but de dissimuler une partie du prix ou qui aurait pour objet d'augmenter le prix stipulé dans un contrat de cession d'un office ministériel (C. civ., art. 1202). Par conséquent, les parties sont soumises à l'acte réel, le contrat secret, qui fait la loi des parties, alors que les tiers s'en tiennent à l'acte apparent, à moins que l'acte secret ne soit révélé, auquel cas ils pourront invoquer, à leur choix, l'acte secret ou l'acte ostensible, le prête-nom[2].

Le contrat de déclaration de command est encore une autre forme d'entremise, surtout dans le domaine des ventes aux enchères, lorsqu'un enchérisseur ne veut pas apparaître sous sa véritable identité, sans doute de crainte que d'autres enchérisseurs, appâtés, ne fassent grimper les enchères. Il peut alors, charger une personne, un « commandé » de surenchérir en son nom et pour son compte. Le commandé indique alors qu'il surenchérit pour un tiers dont il dévoilera le nom au terme d'un certain délai[3]. Si, effectivement, il dévoile le nom du command, le contrat devient rétroactivement un mandat et seul le command est tenu de respecter les obligations du contrat ; si, au contraire, il ne dévoile pas le nom du command, le commandé demeure personnellement tenu et il devra revendre au command (ce qui, fiscalement, change tout). C'est donc un contrat qui emprunte à la fois au régime du mandat, de la commission, du prête-nom, de la vente et qui est original à ce titre[4].

Le contrat de mandat se distingue par ailleurs des formules de délégation de paiement où le délégué s'engage personnellement, à la différence du mandataire qui n'intervient que pour le compte du mandant et suppose alors l'accord des trois personnes concernées, le délégant, le délégataire et le délégué[5].

1. *Cf.* sur le régime de la simulation, R. Cabrillac, *Les obligations, op. cit.*, n° 115.
2. V. cependant Civ. 1re, 17 nov. 1999, *Bull. civ.* I, n° 311, où le prête-nom n'a pu invoquer le prête-nom car il s'était activement prêté à la simulation.
3. La longueur du délai n'est pas imposée, cependant l'article 686 du CGI impose un délai de 24 heures pour révéler le nom du command, sauf à se voir appliquer un double droit de mutation, constatant une double vente, une entre le tiers et le commandé, l'autre entre le commandé et le command.
4. Ph. Malaurie, L. Aynès et P.-Y. Gautier, n° 535.
5. *Cf.* par ex. : Civ. 1re, 7 avr. 1998, *RJDA* 1998. 1040 ; Com. 3 avr. 2001, *RJDA* 2001. 902 : un créancier acheteur revendeur d'un véhicule, délégant, avait demandé à son débiteur, le sous-acquéreur

605 **Mandat et contrat de travail.** L'indépendance qui préside à l'exécution de sa mission par le mandataire contre la subordination du salarié préside à la distinction entre les deux contrats. Mais comme la distinction est difficile pour opposer contrat de travail et contrat d'entreprise, on conçoit qu'elle ne soit guère aisée non plus pour le contrat de mandat. C'est le cas notamment pour le contrat de VRP (vendeur, représentant, placier) qui, à l'origine, était un mandataire d'une « maison » dont il avait la « carte », c'est-à-dire avec laquelle il avait conclu le contrat de mandat. D'ailleurs, aujourd'hui, on évoque toujours cette « carte » pour envisager sa « cession » ou pour illustrer la situation du VRP « multicarte » c'est-à-dire un « multimandataire ». En même temps, le souci de protection des mandataires professionnels a été satisfait à plusieurs égards, pour construire le régime du mandat d'intérêt commun ou le statut des agents commerciaux. S'agissant des VRP, la voie choisie fut celle du salariat : les VRP sont considérés comme des salariés (*cf.* C. trav., art. L. 7313-1 s.) ce qui leur assure surtout la protection du contrat de travail plus que l'application de son régime.

606 **Mandat et transfert de propriété.** Enfin, d'autres formes contractuelles visant à opérer un transfert de propriété retardé, pour des raisons de garantie ou de crédit (ou les deux), notamment, empruntent la forme, sans exclusive d'ailleurs, du mandat pour réaliser ces opérations complexes que sont les opérations de fiducie ou de portage d'actions.

La fiducie[1] est un contrat qui ressemble au *trust* anglo-saxon dans lequel une personne, le fiduciant propriétaire d'un bien, le remet à un fiduciaire, en propriété, mais ce dernier devra finalement le remettre à une troisième personne, le bénéficiaire (que les Anglo-Saxons appellent joliment le *cestuy*). Aujourd'hui, même et peut-être malgré son introduction dans le Code civil en 2007, seul le mandat permet d'imposer de telles charges au fiduciaire mais

de celui-ci, délégué, de payer le vendeur originaire, délégataire. Or, le délégant ayant été placé en redressement judiciaire, le délégué avait contracté un engagement personnel et, de ce fait, devait payer le délégataire.

1. Cl. Witz, *La fiducie en droit privé français*, Economica, 1981 ; *Les opérations fiduciaires*, Fiducie-LGDJ, préf. B. Oppetit.

dans une grande insécurité juridique en ce qui concerne la sanction de celles-ci dans la mesure où il s'agit d'une obligation de faire. D'où l'idée, hélas manquée, de réintroduire la fiducie en droit français pour que l'intervention du fiduciaire soit une intervention réelle pour le compte d'autrui, le bénéficiaire.

Le contrat de portage[1] est un contrat par lequel une personne (une banque) achète des actions d'une société pour le compte d'un tiers qui s'engage à les lui acheter dans un certain délai. Ce n'est pas un mandat puisque le tiers n'est pas immédiatement propriétaire. Il ne s'agit pas de deux ventes simples puisque la banque ne choisit pas les titres et qu'elle acquiert pour le compte du tiers. C'est un mélange de vente, de mandat, de promesses de vendre et d'acheter qui se justifient comme mécanisme financier complexe de crédit et de garantie.

1. P. Soumrani, *Le contrat de portage*, préf. B. Oppetit, Bibl. dr. priv., t. 260, LGDJ, 1996 ; F.-X. Lucas, *Les transferts temporaires de titres*, Bibl. dr. priv., t. 283, LGDJ, 1997.

CHAPITRE 2

La formation du contrat de mandat

607 **Capacité.** Comme pour n'importe quel contrat, la capacité des parties est une condition de la formation du contrat. Cependant, dans le mandat, on conçoit que les règles de capacité soient appréciées différemment selon la personne du mandant, dans le patrimoine duquel se produiront les effets du mandat, et du mandataire, transparent et donc presque extérieur au contrat conclu. Le mandant doit donc être capable d'accomplir l'acte objet du mandat ; dès lors le décès du mandant emporte extinction du mandat (C. civ., art. 2003), quoique le mandataire puisse être tenu d'achever la mission en cas de péril (v. ss 631). La capacité du mandant s'apprécie à l'égard du contrat que le mandataire est chargé d'accomplir même si elle s'apprécie au moment de la conclusion du mandat et non à celui de l'acte que le mandataire conclura[1]. En outre, l'article 2003 du Code civil étant de nature supplétive, le mandant peut organiser l'exécution *post mortem* du mandant. Autre est l'hypothèse du mandat à effet posthume institué par la loi du 23 juin 2006 réformant le droit des successions[2] qui permet

1. Civ. 1re, 15 mai 1990, *Bull. civ.* I, n° 104.
2. M. Grimaldi, « Le mandat à effet posthume », *Defrénois* 2007. 3.

à une personne de donner mandat à un ou plusieurs mandataires, personnes physiques ou morales, d'administrer ou de gérer tout ou partie de sa succession, pour le compte et dans l'intérêt d'un ou de plusieurs héritiers identifiés (C. civ., art. 812), technique très efficace de gestion d'une succession en présence d'héritiers mineurs par exemple. De manière voisine, le mandat de protection future (C. civ., art. 492), institué par la loi du 5 mars 2007 permet à une personne de prévoir l'organisation de son incapacité future par désignation d'un mandataire.

La capacité du mandataire au contraire, s'apprécie en considération du seul mandat. On mesure la différence à la lecture de l'article 1990 du Code civil, qui dispose qu'« un mineur émancipé peut être choisi pour mandataire ; mais le mandant n'aura d'action contre lui que d'après les règles générales relatives aux obligations des mineurs » c'est-à-dire uniquement pour ce qui aura tourné à son profit ; pour le reste la responsabilité de l'incapable mineur ne peut être recherchée. Il demeure qu'un contrat de mandat peut être conclu avec un incapable : la règle ne s'entend pas d'évidence car le contrat de mandat, comme contrat, suppose aussi la capacité juridique.

608 **Objet du mandat.** L'objet du contrat de mandat est un autre acte juridique : celui qui devra être effectué par le mandataire. Cet acte doit alors être déterminé mais peu importe la détermination de l'objet de l'acte juridique lui-même.

On distingue, en effet, les mandats spéciaux et généraux (exceptant ainsi les règles générales des articles 1153 s. du Code civil). Le mandat spécial est, aux termes de l'article 1987 du Code civil, conclu pour « une affaire ou pour certaines affaires seulement ». Au contraire, le mandat général est conclu « pour toutes les affaires du mandant ». Mais, dans ce cas, précise l'article 1988 du Code civil, « le mandat conçu en termes généraux n'embrasse que les actes d'administration. S'il s'agit d'aliéner ou d'hypothéquer ou de quelque autre acte de propriété, le mandat doit être exprès ».

De tout ceci, on peut conclure en observant que le mandat peut être spécial et conçu en termes généraux auquel cas il ne peut porter que sur un acte d'administration ou être spécial et exprès et porter sur un acte de disposition ou bien être général et conçu en termes généraux ne reposant alors que sur des actes d'administration de tous les biens du mandant ou être général et exprès permettant d'aliéner tous les biens du mandant.

En tout état de cause, le mandataire ne saurait dépasser les termes du mandat (C. civ., art. 1989) signifiant que les termes du contrat de mandat s'interprètent strictement. L'article 1989 en offre un exemple : « le mandat de transiger ne renferme pas celui de compromettre ».

609 **Forme du mandat.** Le contrat est, par principe, un contrat consensuel, rendant inutile l'inévitable formule du « bon pour mandat » que l'on trouve souvent et qui n'ajoute rien[1].

D'ailleurs, le Code civil et la jurisprudence connaissent le mandat tacite[2]. L'article 1985, alinéa 2 du Code civil l'envisage en considérant que l'acceptation du mandataire peut être tacite et résulter de l'exécution du mandat. La jurisprudence admet également que le consentement du mandant peut être tacite, sauf s'il s'agit d'aliéner un bien puisque l'article 1988, alinéa 2 du Code civil précise alors que le mandat doit être exprès.

À titre d'exception, cependant, et outre celle déjà visitée de l'article 1988, alinéa 2 du Code civil, un formalisme est parfois exigé pour certains mandats spéciaux. C'est le cas du mandat conclu par un agent immobilier (L. 2 janv. 1970 art. 6), un agent commercial (C. com., art. L. 134-2) ou par une agence de publicité (*cf.* L. 29 janv. 1993 art. 20) pour lesquels un écrit est requis.

Surtout, on observe que le mandat doit parfois emprunter le formalisme de l'acte qui en est l'objet, selon une application de la fameuse mais mystérieuse règle du parallélisme des formes[3]. Ainsi la jurisprudence exige que le mandat doive emprunter la même forme que l'acte à accomplir, un mandat authentique pour un mandat de passer un acte authentique (*cf.* par ex. C. civ., art. 36), un mandat soumis aux exigences des lois protectrices de l'emprunteur consommateur pour un mandat de conclure un

1. Ph. Le Tourneau, « Contre le "bon pour" », *D.* 1975. Chron. 187.
2. Ch. Lazerges, « Les mandats tacites », *RTD civ.* 1975. 222.
3. S. Ickovitz-Becqué, *Le parallélisme des formes*, Thèse Paris II, 2002.

contrat de prêt soumis à ce régime... Cette question s'est surtout posée à propos du mandat donné pour se porter caution. Aux temps où la jurisprudence exigeait que le contrat de caution comporte la mention manuscrite de l'article 1326 du Code civil comme condition de validité du contrat, elle exigeait qu'il en soit de même pour le mandat de se porter caution[1]. À compter du moment où la Cour de cassation a considéré que les mentions de l'article 1326 du Code civil l'étaient à titre simplement probatoire[2], elle en a appliqué les solutions au contrat de mandat[3].

610 **Preuve du mandat.** L'article 1985 du Code civil cherche maladroitement à appliquer les règles communes de la preuve des contrats au mandat et ce, même au mandat tacite, de façon surprenante[4] encore que la preuve de ce mandat pourra s'autoriser de l'exception de l'article 1348, alinéa 1er, qui retrouve la liberté de la preuve en cas d'impossibilité matérielle ou morale d'apporter un écrit.

Cependant, prouver l'existence du mandat ne suffit pas, encore convient-il de prouver le contenu du mandat puisque ce contenu est déterminant pour connaître les pouvoirs du mandataire aux termes des articles 1987 et 1988 du Code civil. Par conséquent, l'exigence de la preuve du contenu du mandat sera surtout retenue pour savoir s'il s'agit d'un mandat général ou spécial et, dans ce cas, sur quel acte il porte, s'il s'agit d'un mandat d'aliéner ou non. Faute d'en apporter la preuve, et interprétation stricte (ou protection du mandant) oblige, le mandat sera alors plus spécial que général (*cf.* l'exemple de l'article 1989 du Code civil) et ne portera que sur des actes d'administration.

Enfin, la question de la preuve du mandat n'intéresse pas seulement le mandant et le mandataire mais également le tiers contractant du mandataire. Ce dernier pourrait se considérer comme un véritable tiers pour lequel le mandat est un fait juri-

---

1. Civ. 1re, 31 mai 1988, *JCP* 1989. II. 21181, note Ph. Simler, *D.* 1989. Somm. 289, obs. L. Aynès ; Civ. 1re, 22 nov. 1988, *D.* 1989. Somm. 289, obs. L. Aynès.
2. Civ. 1re, 15 nov. 1989, *JCP* 1990. II. 21422, note D. Legeais.
3. Civ. 1re, 27 juin 1995, *D.* 1996. 133, note R. Micha-Goudet, avec, cependant, un temps de retard : Civ. 1re, 26 mai 1993, *Defrénois* 1993. 1059, obs. L. Aynès qui exigeait encore la mention manuscrite comme condition de validité.
4. Civ. 3e, 29 oct. 1970, *Bull. civ.* III, n° 562.

dique dont il peut apporter la preuve par tous moyens. La jurisprudence considère au contraire que le tiers contractant est partie prenante à l'opération de mandat et qu'il doit supporter les mêmes exigences probatoires que les parties au contrat de mandat[1].

1. Civ. 1re, 22 mai 1959, *D.* 1959. 490 ; Civ. 1re, 19 déc. 1995, *CCC* 1996. 75, obs. L. Leveneur. *Contra* : J. Huet, G. Decocq, C. Grimaldi et H. Lecuyer, n° 31200.

Chapitre 3

Les effets du contrat de mandat

611 **Plan.** Le contrat de mandat ayant pour objet un acte, le plus souvent un contrat, avec un tiers, les effets du mandat se manifestent entre ces trois personnes. Retenons, cependant, les effets entre les parties (SECTION 1) puis ceux se produisant à l'égard du tiers (SECTION 2).

Section 1

Les effets entre les parties au contrat de mandat

§ 1. Les obligations du mandataire

A. L'exécution de la mission

1. Exécution par le mandataire

612 **Respecter les instructions du mandant.** En considération de l'article 1989 du Code civil et de l'interprétation stricte des termes du contrat de mandat qu'il impose, il résulte que le mandataire

doit accomplir les actes juridiques qui constituent la mission reçue par le mandant en respectant les instructions que ce dernier lui a données. Si, par exemple, les instructions données fixaient une limite de prix, le mandataire ne saurait de sa propre initiative dépasser cette limite.

Trois exigences supplémentaires permettent de préciser les conditions de l'exécution de la mission.

– L'exécution doit en premier lieu être diligente[1]. Ainsi, doit-il agir dans les délais prescrits par le mandant, par exemple s'il s'agit d'encaisser une somme d'argent[2] ou d'effectuer un acte interrompant une prescription, par exemple pour un avocat, s'il s'agit d'interjeter appel d'une décision de première instance. Aussi, la diligence peut-elle se décliner : la prudence[3] s'impose, naturellement, notamment lorsque l'acte confié est aléatoire.

– L'exécution doit aussi être pertinente, en sorte que le mandataire doit parfois faire preuve de persévérance. Ainsi, l'article 1991 alinéa 2 du Code civil lui impose d'achever la mission même en cas de décès du mandant lorsqu'il y a « péril en la demeure ». Surtout, l'efficacité est de mise et l'on admettra que l'on exigera davantage d'un mandataire professionnel que d'un mandataire occasionnel ou profane[4]. Aussi, le mandataire professionnel (plus généralement le mandataire plus compétent que le mandant) assume une obligation d'information et de conseil sur les actes à entreprendre, les précautions nécessaires, ou les dangers d'effectuer tel ou tel acte.

– Enfin, l'exécution doit être loyale dans la mesure où le contrat de mandat est, par principe, conclu dans l'intérêt du mandant. Par conséquent, le mandataire ne doit pas exécuter le mandat en cherchant à favoriser ses propres intérêts ou ceux d'un tiers. Par exemple, l'article 1596 du Code civil interdit au mandataire chargé de vendre aux enchères un bien de s'en porter acqué-

1. Ph. Pétel, *Les obligations du mandataire, op. cit.*, n° 121.
2. Par exemple, pour le banquier auquel est remis un chèque à l'encaissement.
3. Ph. Pétel, *op. cit.*, n° 125.
4. *Cf.* pour un gérant d'immeuble : Civ. 1re, 23 févr. 1994, *Bull. civ.* I, n° 73 ; pour un notaire : chargé de recouvrer un prêt, il doit renouveler une hypothèque : Civ. 1re, 14 juin 1989, *Bull. civ.* I, n° 238. *Adde* pour un mandataire chargé de fixer un prix, dans le cas d'une sous-évaluation, Com. 4 févr. 2004, *Bull. civ.* IV, n° 23.

reur et la jurisprudence étend cette règle à toutes les ventes[1]. Plus globalement, le mandataire ne saurait se porter contrepartiste de façon occulte c'est-à-dire en cachant au mandant qu'il conclut lui-même l'acte qu'il était chargé de conclure avec un tiers[2]. De même, il ne doit pas entrer en conflit d'intérêts avec le mandant en acceptant une mission d'un concurrent du mandant[3].

613 **Inexécution de l'obligation.** Les articles 1991 et 1992 du Code civil aménagent la responsabilité du mandataire[4]. Ainsi, le mandataire répond « des fautes qu'il commet dans sa gestion » mais sans qu'apparaisse la clef permettant de classer l'obligation d'exécuter la mission en termes de moyens ou de résultat. Après avoir longuement hésité, la jurisprudence a considéré l'intensité de l'obligation du mandataire de façon dualiste, du point de vue de l'intensité de l'inexécution. Ainsi, décidait-elle que « si le mandataire est, sauf cas fortuit, présumé en faute du seul fait de l'inexécution du mandat, cette présomption ne saurait être étendue à l'hypothèse de mauvaise exécution du mandat[5] ». Par conséquent, si on constate que le mandat n'a pas été exécuté, l'obligation du mandataire est considérée comme de résultat et si on constate que le mandat a été mal exécuté, l'obligation du mandataire est considérée comme de moyens. Curieuse obligation que celle dont l'intensité varie en fonction de la nature de son inexécution, d'autant que la frontière entre inexécution et mauvaise exécution est difficile à marquer[6] ! Aussi, la distinction paraît plus pertinente si l'on considère le contenu de l'obligation : imposant un résultat déterminé (mandat spécial d'acheter ou de vendre quelque chose, d'interjeter appel), on conçoit que la seule absence de résultat engage la responsabilité du mandataire. Imposant au contraire une mission comportant un aléa (défendre les intérêts d'un plai-

1. Civ. 1re, 19 déc. 1995, *CCC* 1996. 57, obs. L. Leveneur.
2. Ph. Pétel, *op. cit.*, n° 208, qui assimile à l'hypothèse de contrepartie celle dans laquelle le mandataire serait également mandataire d'un mandant ayant un mandat complémentaire (mandataire pour acheter et pour vendre une même chose).
3. Com. 16 mars 1993, *Bull. civ.* I, n° 109.
4. Lequel peut éventuellement se retourner contre un tiers responsable : Civ. 1re, 16 mai 2006, *Bull. civ.* I, n° 250.
5. Civ. 1re, 18 janv. 1989, *D.* 1989. 302, note Ch. Larroumet, *RTD civ.* 1989. 558, obs. P. Jourdain, 572, obs. Ph. Rémy.
6. Ph. Pétel, *op. cit.*, n° 10.

gnant), l'obligation doit alors être une obligation de moyens. Dès lors, l'article 1992, alinéa 2 du Code civil se comprend mieux, qui assure au mandataire bénévole une appréciation moins rigoureuse de sa faute que pour un mandataire salarié[1].

Cependant, ces règles sont supplétives et une clause peut renforcer l'intensité de l'obligation du mandataire, jusqu'à en faire une obligation de garantie, que traduit la clause de ducroire (plus fréquemment rencontrée dans les contrats de commission) par laquelle le mandataire garantit l'exécution de la mission, sans pouvoir s'exonérer par la démonstration d'un événement de force majeure.

2. Exécution par un mandataire substitué

614 **Sous-mandataire.** Si le Code civil envisage la possibilité que des co-mandataires soient parties à un contrat de mandat (*cf.* C. civ., art. 1995), la question de la présence d'un sous-mandataire ou mandataire substitué[2] pose davantage de difficultés. Le contrat étant, en principe, affecté d'un *intuitu personae*, le mandataire ne devrait pas être autorisé à se substituer un tiers, un sous-mandataire, ou mandataire substitué pour exécuter à sa place la mission confiée par le mandant. L'article 1994 du Code civil l'admet pourtant, au moins implicitement, puisqu'il fonde deux actions : une action du mandant contre le mandataire lorsque le mandataire substitué n'a pas été « agréé » par le mandant et une action directe contre le mandataire substitué. Aussi la jurisprudence franchit le pas en affirmant que le mandataire peut se substituer un sous-mandataire sauf lorsque la loi ou le contrat l'interdisent[3].

Par conséquent, le mandant dispose d'actions contre le mandataire :

• si la substitution de mandataire n'a été ni autorisée ni interdite, le mandataire répond de tous les actes du mandataire ;

1. Civ. 1re, 16 mai 2006, *Bull. civ.* I, n° 241.
2. B. Mallet-Bricout, *La substitution de mandataire*, éd. Panthéon-Assas, 2000 ; *LPA* 21 déc. 1999, p. 13.
3. Soc. 9 janv. 1974, *Bull. civ.* V, n° 24.

• si au contraire, la substitution a été autorisée, sans désignation de personne, le mandataire ne répond du mandataire substitué que s'il a choisi une personne notoirement insolvable ;

• si, enfin, la substitution a été autorisée et le sous-mandataire agréé, le mandataire est, en principe, déchargé sauf que la jurisprudence lui impose l'exécution d'une obligation de surveillance du mandataire substitué pour la bonne exécution du mandat, solution logique puisque le mandataire est toujours le contractant principal du mandant.

Le mandant dispose aussi d'actions directes contre le sous-mandataire et ce, en toute hypothèse même si le sous-mandat n'a pas été autorisé[1].

Inversement, le sous-mandataire dispose d'une action contre le mandant. Alors que l'article 1994, alinéa 2 du Code civil est muet sur ce point, cette action réciproque a été ajoutée par la jurisprudence afin de permettre au sous-mandataire d'obtenir le paiement de sa rémunération ainsi que de ses avances et frais[2] et alors même que la substitution n'aurait pas été autorisée[3]. Le mandant peut cependant opposer au sous-mandataire les paiements qu'il aurait effectués entre les mains du mandataire principal, ce que la Cour de cassation a admis en 2002, renversant sa jurisprudence antérieure[4].

B. Obligation de reddition de comptes

615 **Rendre compte de sa mission.** L'obligation de reddition des comptes du mandataire imposée par l'article 1993 du Code civil comporte un premier volet[5] portant sur le déroulement de la mission, notamment des difficultés d'exécution de celle-ci ainsi que de son

1. Com. 2 déc. 1997, *CCC* 1998. 42, obs. L. Leveneur.
2. Civ. 1re, 27 déc. 1960, *D.* 1961. 491, note J. Bigot, *RTD civ.* 1961. 700, obs. G. Cornu ; Com. 24 mars 1998, *CCC* 1998. 87, obs. L. Leveneur : le mandataire substitué ne peut se voir opposer les paiements faits par le mandant au mandataire.
3. Com. 9 nov. 1987, *Bull. civ.* IV, n° 233 ; Com. 5 oct. 1993, *D.* 1995. 169, note F. Auckenthaler.
4. Com. 3 déc. 2002, *CCC* 2003. 55, obs. L. Leveneur, *D.* 2003. 786, note B. Mallet-Bricout, *RTD civ.* 2003. 312, obs. P.-Y. Gautier. Auparavant aucun paiement, même antérieur à l'exercice de l'action directe, ne pouvait être opposé (Com. 9 nov. 1987, préc.).
5. Ph. Pétel, *op. cit.*, n° 24.

avancement. Enfin, au terme de l'exécution de la mission, le mandataire doit rendre compte de son succès ou de son échec.

616 **Rendre compte de sa gestion.** Il s'agit ici du second volet de l'obligation de reddition des comptes du mandataire qui porte sur le compte véritable de la gestion de la mission, c'est-à-dire un état des créances et des dettes qu'il a assumées au cours de l'exécution de la mission, puisque celles-ci sont au final assumées par le mandant. Aussi, ce compte doit également comprendre des sommes perçues sans être véritablement dues au mandant. Ainsi, la loi du 29 janvier 1993 applique le contenu de l'article 1993 du Code civil à l'agence de publicité mandataire de l'annonceur dans la conclusion des contrats conclus avec des supports publicitaires pour la diffusion d'un message publicitaire d'informer le mandant des éventuelles ristournes qu'elle peut avoir reçues de ces supports (L. 29 janv. 1993 art. 21).

Ce compte est, alors, un compte au sens qu'il connaît en droit bancaire. Ainsi, le compte présenté au mandant est indivisible : chaque article de ce compte fusionne en un solde qui sera, ensuite, exigible.

Par suite de cette obligation, le mandataire assume une obligation de restitution portant sur tout ce que le mandataire a reçu du mandant pour exécuter sa mission et qui n'aurait pas été utilisé (argent, documents, échantillons...) et ce qu'il a pu obtenir des tiers contractants (*cf.* loi 29 janv. 1993 art. 21). À défaut, le mandataire commettrait un abus de confiance. Cependant, une telle obligation de restitution induit tous les droits et obligations accessoires que le dépôt, par exemple promet[1] : le mandataire doit veiller à la conservation de ces choses et il peut arguer d'un droit de rétention si le mandant lui doit quelque argent.

1. Civ. 1re, 22 janv. 1991, *Bull. civ.* I, n° 28. V. Aussi pour des dons sur une liste de mariage auprès d'un voyagiste mandataire des époux, Versailles, 21 juin 2002, *CCC* 2003. 63, obs. G. Raymond.

§ 2. Les obligations du mandant

A. Le paiement de la rémunération

617 **Commission.** Même si le mandat est, en principe, gratuit, une rémunération est souvent prévue, faisant du mandat un contrat à titre onéreux. Toutes les formes de rémunération possibles peuvent être envisagées, au forfait ou proportionnelle. C'est généralement cette dernière forme qui est retenue, prévoyant le paiement d'une commission[1] au mandataire (mais : *contra* : les honoraires de l'avocat ne sauraient faire l'objet d'un pacte *de quota litis*). Cependant, comme le prix n'est pas une condition de formation du mandat, on admet que la détermination du prix, de la rémunération puisse être judiciaire. Elle relève d'ailleurs de l'appréciation souveraine des juges du fond[2].

De même, la rémunération du mandat est, depuis longtemps, susceptible de révision judiciaire, « lorsqu'il est hors de proportion avec le service rendu[3] » dans l'hypothèse où la rémunération a été fixée avant la réalisation de la mission[4]. La révision, qui ne s'appuie sur aucun texte, est justifiée par des raisons d'équité dans le but de protéger les clients de professionnels dont la fixation des honoraires est difficilement évaluable.

Le paiement des commissions s'effectue selon les termes du contrat, le plus souvent en fonction des contrats conclus par le mandataire (*cf.* pour l'agent commercial, C. com., art. L. 134-8 s.) mais la rémunération est due au mandataire même si la mission est un échec. L'article 1999, alinéa 2 du Code civil ne permet au mandant de ne pas payer le mandataire que si celui-ci a commis une faute. Retenons enfin que le mandataire dispose d'un droit de

1. Comme celle-ci dépend des actes réalisés par le mandataire, la jurisprudence accuse parfois les obligations du mandant. Ainsi le mandant doit permettre à l'agent commercial de pratiquer des prix concurrentiels, sur le fondement de l'article 4 de la loi du 25 juin 1991 (Com. 24 nov. 1998, *Bull. civ.* IV, n° 277, *CCC* 1999. 56, obs. M. Malaurie-Vignal).

2. Civ. 1re, 23 oct. 1979, *Bull. civ.* I, n° 252.

3. Civ. 12 janv. 1863, *D.* 1863. 1. 302, Civ. 1re, 3 juin 1986, *JCP* 1988. II. 20791, note A. Viandier.

4. F. Terré, Ph. Simler et Y. Lequette, *Droit civil, Les obligations, op. cit.*, n° 297. Par conséquent, si la rémunération a été fixée après l'exécution de la mission, ou si le contrat est un contrat aléatoire, toute révision devient impossible.

rétention sur les choses qui lui auraient été remises par le mandant afin de garantir le paiement de ce qui lui est dû (mais, *contra*, là encore, le cas des avocats qui ne sauraient retenir des pièces d'un dossier de leur client).

B. Les remboursements de frais

618 **Frais réels et frais forfaitaires.** Aux termes de l'article 1999, alinéa 1er du Code civil, le mandataire dispose d'une créance contre le mandant pour tous « les frais et avances que (le premier) a faits pour l'exécution du mandat » qui s'explique ici aussi par la transparence du mandat : tous ces frais ont été engagés au nom et pour le compte du mandant, du moins si le mandataire justifie de ces frais par l'exécution de son obligation de reddition de comptes. À ces frais engagés, s'ajoutent les intérêts des sommes avancées par le mandataire (*cf.* C. civ., art. 2001). Seule une faute du mandataire pourrait entraver ce droit au remboursement des frais (*cf.* C. civ., art. 1999, al. 2).

Surtout, le contrat de mandat peut contenir (ce qui est souvent le cas) une clause prévoyant une somme forfaitaire de remboursement des frais du mandataire. L'avantage pour le mandataire est que le forfait est dû même si le mandataire a subi des frais réels moindres.

C. L'indemnisation des pertes

619 **Perte réelle et perte forfaitaire.** Plus avancé encore dans la conception de la transparence que réalise le mandat, l'article 2000 du Code civil impose au mandant d'« indemniser le mandataire des pertes que celui-ci a essuyées à l'occasion de sa gestion, sans imprudence qui lui soit imputable ». Les « pertes » du mandataire sont ce qu'aujourd'hui nous envisagerions comme le « passif » du mandataire, ses pertes financières, commerciales, de « gestion » en sorte que le risque d'entreprise du mandataire est supporté par le mandant, pour autant que le mandataire ait bien géré (« sans imprudence... »)[1].

1. Com. 28 janv. 1992, *JCP E* 1992. II. 372 (4e esp.), note B. Gross ; *D.* 1992. Somm. 390, obs. D. Ferrier.

Cependant, l'article 2000 est supplétif et une clause peut fixer une somme forfaitaire couvrant les pertes du mandataire. Récemment, la question s'est posée de savoir si la clause par laquelle le mandant remboursait forfaitairement les frais de l'article 1999 du Code civil couvrait les pertes de l'article 2000. Après l'avoir un temps admis[1], la jurisprudence a choisi une solution plus stricte à l'occasion de litiges nés entre compagnies pétrolières et pompistes mandataires, exigeant une clause visant spécialement et sans ambiguïté les pertes de l'article 2000[2], qui n'est cependant efficace qu'en l'absence de faute du mandant[3].

Section 2
Les effets du contrat de mandat à l'égard du tiers contractant

§ 1. Le mandataire et le tiers

620 **Transparence.** En principe, le mandat est un contrat de représentation parfaite en sorte que le mandataire disparaît de la scène pour ne plus laisser place qu'à la relation directement née entre le mandant et le tiers. Par conséquent, l'opération contractée par le mandataire au nom et pour le compte du mandant ne lui procure aucun bénéfice ni aucune perte.

À titre d'exception, cependant, l'intervention du mandataire laisse une trace juridique. Il en est ainsi dans plusieurs situations. Ainsi, lorsque le mandataire intervient avec le tiers sans qu'il ait indiqué le nom du mandant, le contrat se rapproche alors d'un contrat de commission, contrat de représentation imparfaite et la

1. Com. 4 déc. 1990, *D.* 1991. 328, note F.-X. Testu.
2. Com. 17 déc. 1991 et 28 janv. 1992, *JCP E* 1992. II. 372, note B. Gross ; *D.* 1992. Somm. 390, obs. D. Ferrier.
3. Com. 26 oct. 1999, *CCC* 2000. 41, obs. L. Leveneur.

transparence faisant défaut, le mandataire est lié avec le tiers (mais pourra se retourner contre le mandant)[1].

De même, lorsque le mandataire outrepasse les pouvoirs que le mandant lui a donnés et se porte fort (*cf.* C. civ., art. 1120) pour le mandant, il n'engage pas ce dernier : si le mandant ratifie l'engagement, le mandataire disparaît ; en revanche, si le mandant ne le ratifie pas, le mandataire est seul engagé à l'égard du tiers (et peut-être même de façon ducroire s'il s'est engagé envers le tiers à ce que le mandant ratifie[2]). À moins que le mandataire ait informé le tiers des limitations de son pouvoir auquel cas le tiers ne dispose d'aucun recours contre le mandataire (*cf.* C. civ., art. 1997).

En cas de faute du mandataire, enfin, par exemple en cas de dépassement de pouvoirs (et sans porte-fort), le mandant n'est pas tenu mais, surtout, l'acte contracté avec le tiers sera nul. Plus globalement, le mandataire engage sa responsabilité (délictuelle : il n'y a pas de contrat), et point celle du mandant, pour toutes les fautes (par exemple en cas, banal, de violation d'un devoir d'information ou de conseil[3]) qu'il pourrait commettre à l'égard du tiers et ce, même si la faute commise l'a été sur les instructions du mandant[4].

§ 2. Le mandant et le tiers

621 **Position du problème.** En principe, conformément aux termes de l'article 1998 du Code civil, « le mandant est tenu d'exécuter les engagements contractés par le mandataire, conformément au pouvoir qui lui a été donné. Il n'est tenu de ce qui a pu être fait au-delà, qu'autant qu'il l'a ratifié expressément ou tacitement ». La transparence produit donc également ses effets dans les relations entre le tiers et le mandant (**A**) mais pour autant que le mandataire ait agi dans le cadre des pouvoirs donnés, à moins d'une ratification (**B**) ou que l'on puisse repérer, au profit du tiers, une situation d'apparence (**C**).

1. Civ. 1re, 17 nov. 1993, *Bull. civ.* I, n° 329 ; *Defrénois* 1994. 791, obs. Ph. Delebecque.
2. P.-H. Antonmattéi et J. Raynard, n° 466.
3. Civ. 1re, 18 avr. 1989, *RTD civ.* 1989, *RTD civ.* 1990. 267, obs. J. Mestre.
4. Ch. mixte, 26 mars 1971, *JCP* 1971. II. 16762, note M. Lindon.

A. Principe : la transparence

622 **Le mandant est tenu.** En principe, en effet, la disparition du mandataire impose au mandant d'exécuter toutes les obligations que crée l'acte conclu par le premier avec le tiers. Le mandant est seul partie à l'acte et tous ses effets se produisent dans son patrimoine.

Par conséquent, le tiers peut opposer au mandant tous les actes effectués par le tiers, même ses fautes contractuelles[1] ou délictuelles à l'égard des autres tiers[2]. Inversement, le mandant pourra opposer au tiers les actes effectués par le mandataire : par exemple le paiement effectué au tiers dans le cadre d'un mandat de payer.

Une exception, cependant, résulte de l'application générale de la fraude : en cas de fraude entre le mandataire et le tiers, l'acte ne sera pas opposable au mandant, par exemple pour un mandat de vendre où mandataire et tiers se seraient entendus pour que la vente s'effectue à un très bas prix[3].

B. Première exception : les engagements contractés hors pouvoir

623 **Inopposabilité.** L'article 1998 du Code civil précise logiquement que le mandant n'est engagé que dans la mesure des pouvoirs conférés au mandataire dans le contrat de mandat.

Par conséquent, que le mandataire agisse au-delà de ses pouvoirs ou sans pouvoir, le mandant n'est pas engagé. Quel est, alors, le sort du contrat conclu par le mandataire ? Il est annulable puisque le mandataire ne s'est pas engagé pour lui et que le consentement du mandant ne peut être retrouvé. La nullité de l'acte est alors, absolue, puisqu'elle repose sur une absence de consentement[4] bien que certaines décisions retiennent une nullité relative[5].

---

1. *Cf.* pour un dol : Com. 24 mai 1994, *Bull. civ.* IV, n° 184.
2. Le mandant est tenu par l'effet de la représentation ou bien par la considération que la mandataire est un préposé du mandant au sens de l'article 1384, alinéa 5 du Code civil (Civ. 1re, 27 mai 1986, *Bull. civ.* I, n° 134).
3. Civ. 3e, 29 nov. 1972, *Bull. civ.* III, n° 647.
4. Civ. 1re, 9 juin 1976, *Bull. civ.* I, n° 213 ; Civ. 3e, 15 avr. 1980, *Bull. civ.* III, n° 73, *D.* 1981. IR 314, obs. J. Ghestin, *RTD civ.* 1981. 155, obs. F. Chabas.
5. Civ. 1re, 25 mai 1992, *JCP* 1992. IV. 2118 (et même pour l'inopposabilité : Ass. plén., 28 mai 1982, *D.* 1983. 117, concl. Cabannes, 349, note E. Gaillard).

624 **Exception à l'exception : ratification.** Cependant, l'article 1998 du Code civil envisage l'hypothèse dans laquelle le mandant ratifie postérieurement les actes conclus sans pouvoir par le mandataire. Expresse ou tacite, la ratification, déclarative, présente alors un effet rétroactif en sorte que le mandant est tenu comme si l'acte avec été conclu par le mandant, même si le mandataire n'avait pas déclaré agir comme mandataire[1].

C. Seconde exception : le mandat apparent

625 **Théorie de l'apparence.** Une question demeure : lorsque le tiers contracte avec une personne en pensant qu'elle est le mandataire d'une autre personne, le mandant *inexistant* est-il tenu ? *A priori*, cette question ne souffre guère d'ambiguïté : le (non) mandant ne saurait être tenu puisqu'aucun contrat de mandat n'a donné le pouvoir de conclure ce contrat.

Cependant, le tiers, peut légitimement estimer que le faux mandataire disposait des pouvoirs nécessaires pour conclure ce contrat c'est-à-dire que ce faux mandataire présentait toutes les apparences d'un mandataire : un *mandat apparent* peut, alors, engager le (non) mandant, le mandant apparent[2].

Les conditions permettant de repérer un tel mandat apparent reposent sur une application de la théorie de l'apparence[3] par la croyance légitime[4] du tiers dans les pouvoirs du mandataire apparent[5], hypothèse qui permet de considérer qu'un mandat apparent peut être identifié dans l'hypothèse où aucun mandat n'a

1. Civ. 1re, 28 avr. 1980, *Bull. civ.* I, n° 129.
2. A. Batteur, *Le mandat apparent en droit privé*, Thèse Caen, 1989, pour laquelle le mandat apparent est un quasi-contrat (*ibid.*, nos 848 s.). *Adde* : L. Leveneur, *Situations de fait et droit privé*, Bibl. dr. priv., t. 212, LGDJ, 1990.
3. J. Calais-Auloy, *Essai sur la notion d'apparence en droit commercial*, Bibl. dr. priv., t. 17, LGDJ, 1959 ; M.-N. Jobard-Bachelier, *L'apparence en droit international privé*, Bibl. dr. priv., t. 178, LGDJ, 1983.
4. J.-L. Sourioux, « La croyance légitime », *JCP* 1982. I. 3058.
5. Jusqu'en 1962, la jurisprudence considérait que le mandant commettait une faute en laissant prospérer cette apparence : Ass. plén., 13 déc. 1962, *D.* 1963. 277, note J. Calais-Auloy, *JCP* 1963, II, 13105, note P. Esmein, *RTD civ.* 1963. 572, obs. G. Cornu : « Le mandant peut être engagé sur le fondement d'un mandat apparent, même en l'absence d'une faute susceptible de lui être reprochée, si la croyance du tiers à l'étendue des pouvoirs du mandataire est légitime, ce caractère supposant que les circonstances autorisant le tiers à ne pas vérifier les limites exactes de ce pouvoir. » Comp. presque dans les mêmes termes : Com. 27 juin 1995, *CCC* 1995. 199, obs. L. Leveneur.

été donné par le mandant mais également dans celle où un mandat a été donné mais que le mandataire a dépassé les pouvoirs qui lui ont été donnés[1]. La légitimité de cette croyance impose, alors, que le tiers ait pu croire en les pouvoirs du mandataire apparent et, donc, ait pu ne pas vérifier l'étendue de ces pouvoirs[2]. La croyance légitime a ainsi un rapport avec la bonne foi, présumée, du tiers. L'article 1156 du Code civil offre désormais un support légal à cette conception jurisprudentielle. En outre, l'article 1158 crée une nouvelle action interrogatoire permettant au tiers d'interroger le mandant pour qu'il lui confirme dans un délai raisonnable l'étendue des pouvoirs du représentant.

Les effets du mandat apparent sont alors ceux du mandat ordinaire : le mandant est lié avec ce tiers (mais ce dernier pourrait ne pas utiliser cette voie pour préférer ne pas être engagé). En revanche, le mandataire apparent n'est pas lié avec le tiers – il n'a pas pu conclure l'acte au nom d'autrui et il n'engage que sa responsabilité – ni avec le mandant – puisqu'il n'y a pas de contrat de mandat – mais il engage sa responsabilité et il est engagé comme dans le cadre de la gestion d'affaires (par exemple pour restituer le prix d'une chose vendue au tiers) puisque la doctrine considère que le mandat apparent est un quasi-contrat[3].

1. Civ. 1re, 30 mars 1965, *D.* 1965. 55.
2. La croyance légitime est, alors, une notion contrôlée par le Cour de cassation. En outre, elle est susceptible de degrés (Ph. Le Tourneau, *V°* Mandat, *Rép. civ.*, 1992, nos 146 s.). Ainsi admettra-t-on une simple vraisemblance entre l'apparence et la réalité (hypothèse ordinaire) par exemple en présence de relations d'affaires anciennes, d'usages professionnels ou de relations familiales et sera refusée si le tiers, professionnel par exemple, assumait un devoir de vigilance particulier (Ph. Le Tourneau, *op. cit.*, nos 148 s.) ou bien une *« croyance excusable »* (*ibid.*, nos 157 s., A. Batteur, *op. cit.*, nos 1114 s.) qui révèle un degré inférieur par exemple lorsque le tiers, non professionnel, contracte avec un professionnel, ou enfin une *« croyance qualifiée »* (Ph. Le Tourneau, *op. cit.*, nos 159 s.) par exemple face à une société où l'apparence doit être imputable au mandant (à sa faute).
3. A. Batteur, *op. cit.*, n° 848.

CHAPITRE 4

L'extinction du contrat de mandat

626 **Plan.** L'extinction du contrat de mandat est une perspective normale : comme tout contrat, il ne saurait être perpétuel. En outre, le mandat impose l'exécution d'une mission dont l'achèvement éteindra le contrat. Cependant, le caractère en principe intuitu personae du mandat permet d'envisager d'autres formes d'extinction, tenant au décès de l'une des parties ou de la perte de confiance en son partenaire par l'une des parties par exemple.

Aussi, l'extinction du mandant peut relever de la volonté des parties (SECTION 1) ou échapper à la leur volonté (SECTION 2).

SECTION 1

L'EXTINCTION VOLONTAIRE DU MANDAT

627 L'article 2003 du Code civil envisage, outre l'hypothèse du décès du mandant (v. ss 606), deux hypothèses d'extinction résultant de la volonté de l'une des parties, la révocation du mandant par le mandant (**§ 1**) et la renonciation au mandat par le mandataire (**§ 2**).

§ 1. La révocation du mandat par le mandant

628 **Principe : révocation *ad nutum*.** Par principe, le contrat de mandat est fondé sur la confiance. Aussi, l'article 2004 du Code civil dispose que « le mandant peut révoquer sa procuration quand bon lui semble, et contraindre, s'il y a lieu, le mandataire à lui remettre, soit l'écrit sous seing privé qui la contient, soit l'original de la procuration, si elle a été délivrée en brevet, soit l'expédition, s'il en a été gardé minute ». En ce sens, le mandat est révocable *ad nutum*, que le mandat ait été conclu à durée indéterminée ou à durée déterminée[1]. Dans ces conditions, la révocation peut s'effectuer à tout moment sans respecter aucun formalisme (mais *cf.* C. com., art. L. 442-6, 5°). Mais la révocation n'est opposable au mandataire (*cf.* C. civ., art. 2006) et aux tiers qu'au jour où ils ont eu connaissance de la révocation[2].

Cependant, si le mandant peut librement révoquer le mandat, encore ne doit-il pas le faire en abusant de ce droit par exemple si la révocation s'effectue en invoquant une faute inexistante ou dans des conditions vexatoires. Au-delà de cette exception commune, la révocation du mandat s'effectue en principe sans indemnité, sauf aménagements conventionnels, les fameux « parachutes dorés » notamment dans le cas de la révocation des dirigeants de société[3].

629 **Première limite : mandat irrévocable.** L'article 2004 du Code civil est supplétif de la volonté des parties qui peuvent l'écarter par une clause d'irrévocabilité[4]. De façon moins radicale, le contrat

1. En ce sens : Civ. 3e, 27 avr. 1988, *D.* 1988. 351, note Ch. Atias. En outre la révocation d'un mandat n'est pas une sanction disciplinaire : Soc. 25 oct. 2005, *Bull. civ.* V, n° 304.
2. Et non au jour de la révocation : Civ. 3e, 28 févr. 1984, *Bull. civ.* III, n° 52.
3. J.-J. Caussain, « La précarité de la fonction de mandataire social », *Bull. Joly*, 1993. 523 ; M.-C. Sordino, « Aménagements conventionnels et révocation *ad nutum* des dirigeants de SA », *Mélanges C. Mouly*, t. 2, Litec, 1997, p. 245, J. El Ahdab, « les parachutes dorés et autres indemnités conventionnelles de départ des dirigeants : approche pluridisciplinaire et comparée », *Rev. sociétés* 2004. 18 ; J. Delga, « Les indemnités de ruptures des PDG e SA en France sont interdites, propos sur les *golden parachutes* », *JCP E* 1803.
4. R. Perrot, *Le mandat irrévocable*, Trav. Ass. Cap., t. X, 1956, p. 446 ; J. Stoufflet, « Le mandat irrévocable, instrument de crédit », *Mélanges A. Colomer*, Litec, 1993, p. 477.

peut, plus simplement, stipuler que le mandat ne sera pas révocable *ad nutum*[1] par exemple en stipulant un terme au contrat de mandat.

L'exception mérite, cependant, un tempérament : la clause d'irrévocabilité ne prive pas d'effet la révocation du mandat par le mandant. Simplement elle répute fautive une telle révocation en sorte que le mandataire sera alors créancier d'une indemnité[2] à moins que le mandant ne parvienne à démontrer que la révocation était motivée par une faute du mandataire : celui-ci ne pourra pas, alors, réclamer une quelconque indemnité du fait de la rupture anticipée du mandat[3].

630 **Seconde limite : mandat d'intérêt commun.** À la fin du siècle dernier, la situation précaire de certains mandataires professionnels face aux mandants qui pouvaient révoquer le mandat à tout moment a justifié la création prétorienne du mandat d'intérêt commun[4]. Dans un arrêt du 13 mai 1885, en effet, la Cour de cassation a considéré que « lorsque le mandat a été donné dans l'intérêt du mandant et du mandataire, il ne peut pas être révoqué par la volonté de l'une ou même de la majorité des parties intéressées, mais seulement de leur consentement mutuel, ou pour une cause reconnue en justice, ou enfin suivant les clauses et conditions spécifiées par le contrat[5] ». Dans ces conditions, le caractère commun de l'intérêt présidant à l'exécution du mandat inverse la solution de l'article 2004 : le mandant d'intérêt commun n'est pas librement révocable puisque l'accord des parties doit être retrouvé, que le contrat soit conclu pour une durée indéterminée ou déterminée (sauf clause contraire[6]).

---

1. P.-H. Antonmattéi et J. Raynard, n° 476.
2. Plus souple également est la clause d'indemnité en cas de révocation (P.-H. Antonmattéi et J. Raynard, n° 476) : elle ne sera pas due si la révocation est justifiée par une faute du mandataire.
3. Civ. 1re, 6 mars 2001, *CCC* 2001. 103, obs. L. Leveneur, à propos d'un contrat de mandat confié à une agence immobilière à durée déterminée contenant une clause d'indemnité en cas de révocation intempestive.
4. Th. Hassler, « L'intérêt commun », *RTD civ.* 1984. 581 ; A. Brunet, « Clientèle commune et mandat d'intérêt commun », *Mélanges A. Weill*, Dalloz, 1983, p. 85 ; J. Ghestin, « Le mandat d'intérêt commun », *Mélanges J. Derruppé*, GLN-Joly, 1991, p. 105 ; Ph. Grignon, « Le concept d'intérêt commun dans le droit de la distribution », *Mélanges M. Cabrillac*, Litec-Dalloz, 1999, p. 127.
5. Civ. 13 mai 1885, *DP* 1885. 1. 350 ; *S.* 1887. 1. 220.
6. La clause peut même prévoir une révocation unilatérale sans indemnité, pour autant qu'elle soit expresse et non équivoque (comme toute renonciation à un droit) : Com. 3 juill. 1997, *RJDA* 1997. 903 et rapp. P. Grimaldi, p. 592.

Cependant, ici encore, la révocation unilatérale du mandat d'intérêt commun n'est pas inefficace : le mandataire reçoit une indemnité (assez élevée) sauf si cette révocation est justifiée par une faute commise par le mandataire ou, plus globalement, par une cause légitime telle que la réorganisation de l'entreprise[1].

Le succès du mandat d'intérêt commun fut certain, copié et amélioré pour définir le régime des agents commerciaux, par le décret du 23 mars 1958 repris par la loi du 25 juin 1991 intégrée au Code de commerce (C. com., art. 134-1 s.) où le contrat d'agent commercial est défini comme « un mandat d'intérêt commun ».

Cependant, les critères permettant de repérer un mandat d'intérêt commun restent flous. Le seul fait que le mandat soit salarié ou conclu avec un mandataire professionnel est insuffisant. Il peut résulter de la création ou du développement d'une clientèle commune intéressant les deux parties[2] (par exemple lorsque la rémunération du mandataire y est indexée).

§ 2. La renonciation au mandat par le mandataire

631 **Résiliation unilatérale.** Le mandataire peut aussi résilier le contrat à tout moment, quelle que soit sa durée, comme le précise l'article 2007 du Code civil à moins que cette résiliation ne cause un préjudice au mandant auquel cas le mandataire devra lui verser une indemnité[3]. Cependant, l'article 2007 reproduit une forme de « clause d'exceptionnelle dureté » telle qu'on peut la trouver dans le droit du mariage, dans la mesure où l'article 2207 du Code civil admet que nulle indemnité ne sera due si le mandataire « se trouve dans l'impossibilité de continuer le mandat sans en éprouver lui-même un préjudice considérable ».

1. Com. 11 juill. 1963, *Bull. civ.* III, n° 376 ; Com. 8 oct. 1969, *D.* 1970. 144, conc. J. Lambert, *RTD com.* 1970. 473, obs. J. Hémard. Et V. Ph. Grignon, *Le fondement de l'indemnisation des intermédiaires du commerce*, Bibl. dr. ent., t. 44, Litec, 1999.
2. Com. 8 oct. 1969, *JCP* 1970. II. 16339, *RTD com.* 1970. 473, obs. J. Hémard.
3. Com. 14 mars 1995, *RTD civ.* 1996. 195, obs. P.-Y. Gautier, qui applique l'article 2007 du Code civil au contrat d'agence commerciale.

SECTION 2
L'EXTINCTION INVOLONTAIRE DU MANDAT

632 **Décès de l'une des parties.** Outre l'incapacité, hypothèse obsolète depuis l'article 491-3 du Code civil issu de la réforme des incapacités[1], le décès de l'une des parties emporte, en principe, la fin du mandat (*cf.* C. civ., art. 2003) parce que le contrat de mandat est conclu *intuitu personae*.

Le décès du mandant (v. ss 606 et 626) n'empêche cependant pas d'achever l'exécution du mandat entamée du vivant du mandant, « s'il y a péril en la demeure ». En outre, aux termes de l'article 2008 du Code civil, si le mandataire exécute le mandat en ignorant le décès du mandant, ses actes sont validés.

Le décès du mandataire emporte également extinction du mandat : les héritiers doivent avertir le mandant et « pourvoir, en attendant, à ce que les circonstances exigent pour l'intérêt de celui-ci » (C. civ., art. 2010).

Ces règles sont cependant supplétives et une clause, expresse ou tacite (résultant par exemple des circonstances ou de l'objet du mandat) peut imposer au mandataire de poursuivre le mandat en dépit du décès du mandant[2]. De même, une clause peut prévoir que le mandat se poursuivra par les héritiers du mandataire ou, plus fréquemment, que les héritiers pourront être agréés par le mandant pour continuer le mandat ou bien présenter un successeur du mandataire décédé (en ce sens, pour les agents commerciaux : *cf.* C. com., art. 134-1 s. et v. ss 637 s.).

633 **Redressement judiciaire.** L'article 2003 du Code civil envisage enfin l'hypothèse de la « déconfiture » de l'une des parties, entendons l'ouverture d'une procédure collective. Là encore, cependant, la

1. L'article 491-3 du Code civil prévoit, en effet, que le mandat général d'administration donné par un majeur avant de subir une procédure de tutelle se maintient.
2. *Contra* : si la poursuite contrevient à l'ordre public successoral, Com. 20 avr. 1967, *JCP* 1968. II. 15389.

règle de l'article 2003 est contrariée par les règles du droit du redressement la loi du 25 janvier 1985 : ainsi, l'article 37 de cette loi permet à l'administrateur judiciaire d'imposer la continuation d'un contrat en cours, qu'il soit ou non conclu *intuitu personae.*

SOUS-TITRE 2

LES RÈGLES SPÉCIALES DU CONTRAT DE MANDAT

634 **Plan.** La multiplicité des règles particulières qui intéressent le contrat de mandat interdit de citer et d'étudier l'ensemble de ces règles mais seulement d'en envisager quelques-unes parmi les plus singulières et les plus importants : le contrat de commission (CHAPITRE 1), le contrat d'agence commerciale (CHAPITRE 2) et certains mandats réglementés (CHAPITRE 3).

Ces contrats sont pour l'essentiel des contrats d'affaires : ils révèlent l'impossibilité pour une entreprise de conclure tous les contrats qui font sa fortune et la nécessité de recourir à l'assistance de professionnels qui se chargeront de traiter avec des tiers, clients ou fournisseurs, pour son compte. Ils participent pour beaucoup à la fonction de distribution déjà étudiée tout en se distinguant : les contrats de distribution sont pour l'essentiel organisés en réseau de distribution entre entreprises indépendantes. Les intermédiaires dont il sera question ici assurent pour fonction principale de conclure des contrats pour le compte et, parfois, au nom du mandant.

Chapitre 1

Le contrat de commission

635 **Définition et caractères.** Le contrat de commission est un contrat très important du droit des affaires. D'ailleurs il était réglementé dans le Code de commerce : l'article 94 devenu l'article L. 132-1 du Code de commerce. Il est un contrat particulier en ce sens qu'il n'assure pas de représentation : le commissionnaire agit *pour le compte* du commettant mais *en son propre nom* où le mandataire agit *au nom et pour le compte du mandat.* Le contrat de commission, « l'opération de commission » comme la décrit un auteur pour en souligner la complexité[1] est donc un contrat « opaque » à l'égard des tiers contractants du commissionnaire. Ceux-ci ont le sentiment de contracter avec la personne du commissionnaire tout en sachant que tel n'est pas le cas puisque le commissionnaire se présente comme tel ; mais le commettant demeure en principe inconnu. Il reste que la proximité entre le contrat de mandat et le contrat de commission existe, ne serait-ce que parce que l'article L. 132-1, alinéa 2 du Code de commerce renvoie aux règles du mandat pour tout ce qui n'est spécialement envisagé par le Code de commerce.

1. M.-P. Dumont, *L'opération de commission,* Litec, 2000, M. Pédamon, *Droit commercial,* 2e éd., Dalloz, 2000, nos 622 s. : la doctrine se réintéresse seulement aujourd'hui à ce contrat laissé en jachère depuis l'étude réalisée sous la direction de J. Hamel en 1949 (*La commission,* 1949) malgré quelques études intermédiaires (A. Bénabent, *J.-Cl. Contr. distr.* fasc. 470, B. Bouloc, *V°* Commissionnaire, *Rép. com.,* 1972 ; et depuis P. Chauvel, v° Commissionnaire, *Rép. com,* Dalloz, 1999).

Le contrat de commission est le plus souvent un contrat commercial mais il peut parfaitement être un contrat civil et prospère dans certains domaines particuliers : c'est le cas de la commission de transport (v. ss 507), à la vente ou à l'achat dont les sociétés de bourse, remplaçant les agents de change depuis une loi de 1988 constituent une illustration, ou encore de la commission en douane (C. douanes, art. 86). Il peut en outre être combiné à des opérations plus complexes comme dans le cas du contrat de commission-affiliation (v. ss 502).

636 **Mission, droits et obligations du commissionnaire.** Les obligations du commissionnaire sont, principalement, celles d'un mandataire[1]. Par conséquent, il est tenu d'accomplir la mission qui lui a été confiée : acheter pour un commissionnaire à l'achat, vendre pour un commissionnaire à la vente, organiser un transport pour un commissionnaire de transport... en respectant les instructions du commettant, relatives au prix de vente ou d'achat, aux conditions de la vente notamment, sauf à engager sa responsabilité à l'égard du commettant. Il doit par ailleurs communiquer au commettant les informations sur la situation du marché qu'il prospère. Il doit alors rendre compte de l'exécution de sa mission et il répond à l'égard du commettant de l'inexécution de ses obligations. Il en rend même compte de façon plus sévère qu'un mandataire traditionnel dans la mesure où il est un professionnel. La jurisprudence semble cependant considérer que le commissionnaire est tenu d'une obligation de moyens[2] hormis s'agissant des marchandises qui lui ont été remises[3]. Par exemple, le commissionnaire engage sa responsabilité en concluant un contrat avec un tiers notoirement insolvable. Enfin, le commissionnaire ne peut pas se porter « contrepartiste » ; cela signifie qu'il ne peut pas conclure l'opération pour son compte, il ne peut pas acheter ce qu'il est chargé de vendre par exemple. À défaut, il agirait contre les intérêts du commettant en préservant ses propres intérêts. C'est une hypothèse de conflit d'intérêts bannie en droit des affaires. La sanction est la nullité du contrat conclu en violation de cette prohibition.

1. F. Derrida, « Les obligations du commissionnaire », in *Le contrat de commission*, *op. cit.*, p. 97.
2. Ph. Le Tourneau, *Droit de la responsabilité et des contrats*, n° 3876.
3. Ph. Le Tourneau, *op.* et. *loc. cit.*

Les obligations du commettant ne sont guère originales comparées à celles du mandant. Le commissionnaire est rémunéré par une « commission » due par le commettant, acquise lors de la conclusion de l'opération pour laquelle le contrat de commission a été réalisé. Elle peut être forfaitaire ou plus souvent calculée proportionnellement à la valeur des contrats conclus. Il peut par ailleurs obtenir remboursement de tous ses frais et dépenses ainsi que de ses pertes, comme le mandataire. Le commissionnaire bénéficie en outre d'un privilège spécial, revisité par une loi du 6 février 1998, prévu par l'article L. 132-2 du Code de commerce pour garantir ses créances de commission, qui grève toutes les marchandises qui passent entre ses mains, associé à un droit de rétention sur celles-ci.

637 **Effet du contrat à l'égard des tiers.** L'opacité qui caractérise le contrat de commission n'est pas sans poser des difficultés, notamment à l'égard des tiers contractants du commissionnaire.

Ainsi *le commissionnaire agit en son propre nom* et point au nom du commettant. De ce fait il ne révèle pas le nom du commettant au tiers et il apparaît à l'égard du tiers contractant comme un vendeur, comme un transporteur ou comme un acheteur et est tenu à ce titre. On admet même qu'il est tenu alors que le tiers contractant connaissait l'identité du commettant[1]. Par exemple, le commissionnaire à la vente qui aurait vendu alors que le commettant n'est pas en mesure de livrer le tiers, ce dernier peut exercer une action contre le commissionnaire et contre lui seul. Inversement, le commissionnaire à l'achat est tenu du paiement des marchandises à l'égard du tiers.

Le commissionnaire agit cependant pour le compte du commettant. Les effets des contrats conclus entre le commissionnaire et le tiers se réalisent en réalité entre les patrimoines du commettant et du tiers. C'est ainsi que le commissionnaire à la vente ou à l'achat ne devient jamais propriétaire des marchandises qu'il est chargé de vendre ou d'acheter. C'est en ce sens que l'on peut parler

1. Com. 7 mai 1962, *Bull. civ.* III, n° 240.

d'un phénomène de représentation imparfaite[1] dans le contrat de commission.

Le commissionnaire n'est cependant pas tenu à la place du tiers dans ses rapports avec le commettant : ainsi le commissionnaire à l'achat ne doit pas la garantie des vices cachés d'un vendeur à l'égard du commettant[2] de même que le commissionnaire à la vente ne doit pas au commettant le prix de la vente impayée par le tiers ou que le commissionnaire à l'achat ne doit le prix au vendeur, impayé par l'acheteur commettant[3]. Il n'en est différemment qu'en matière de transport ou en présence d'une clause de ducroire. Le commissionnaire devient alors garant de la bonne fin de l'opération à l'égard du commettant : il garantira alors le paiement par le tiers[4] et l'exécution de ses obligations par le tiers[5].

L'une des difficultés qui se pose est alors de savoir sur quel fondement les rapports entre le tiers et le commettant peuvent s'engager. L'existence d'une *action directe* du commettant contre le tiers, et réciproquement, est souvent envisagée[6], contre la jurisprudence qui, traditionnellement, la réfute. Or, il apparaît que ce phénomène se produit néanmoins.

1. Le contrat de commission peut cependant être requalifié en contrat de mandat s'il s'avère qu'il est en réalité un contrat fondé sur une représentation parfaite : Com. 20 juin 1995, *Bull. civ.* IV, n° 189.

2. M.-P. Dumont, *L'opération de commission, op. cit.*, n° 384. *Adde :* F. Auckentaler, « Commettant, commissionnaire de vente : détermination du véritable titulaire de la créance envers le tiers contractant », *D.* 1998. Chron. 53.

3. L'un des exemples récents en la matière repose sur la situation de certaines centrales d'achat placées en redressement judiciaire. Lorsque cette centrale d'achats se présente comme commissionnaire à l'achat pour le compte des sociétés distributrices (les hypermarchés), le fournisseur impayé ne peut se retourner contre la centrale par le jeu d'une telle action directe : T. com. Paris, 25 sept. 1985, *Cah. dr. ent.* 1986/3. 8.

4. Mais point la solvabilité du tiers : Com. 22 oct. 1996, *D.* 1998. 511, note D. Arlié. *Adde :* D. Henebelle, « La spécificité de la nature juridique du ducroire d'intermédiaire », *JCP E* 2000. 1366 ; F. Goré, « Le commissionnaire ducroire », in *le contrat de commission, op. cit.* p. 281.

5. Même en présence d'une cause étrangère : Com. 6 janv. 1981, *JCP* 1982. II. 19828, note J. Hémard.

6. B. Starck, « Les rapports du commettant et du commissionnaire avec les tiers », in *Le contrat de commission, op. cit.*, p. 148.

CHAPITRE 2

Le contrat d'agence commerciale

638 **Mandat d'intérêt commun spécial.** Le contrat d'agence commerciale[1] est un contrat de mandat qui participe de la distribution des marchandises. C'est à cette occasion que la jurisprudence avait échafaudé la notion de mandat d'intérêt commun dans le but de protéger le mandataire contre la révocation *ad nutum* du mandat par le mandant. L'évolution de ce régime s'est déroulée par l'institution d'un régime pour le VRP, dans le Code du travail (C. trav., art. L. 7313-1 à L. 7313-18), et le statut d'agent commercial par un décret du 23 décembre 1958. Le statut de l'agent commercial était alors particulièrement formel puisqu'il convenait que le contrat soit écrit et immatriculé sur un registre spécial tenu par le greffe du tribunal de commerce. À défaut le prétendu agent était privé du statut de l'agence commerciale.

Ce décret a été remplacé par une loi du 25 juin 1991, par transposition d'une directive européenne du 18 décembre 1986, et devenue articles L. 134-1 s. du Code de commerce. L'un des principaux avantages du régime nouveau a été de supprimer la

1. P. Grignon, *Le fondement de l'indemnisation des intermédiaires de* commerce, Litec, 1997 ; F. Fournier, *L'agence commercial*, Litec, 1998.

condition d'immatriculation, et même d'écrit, pour l'application du statut[1]. L'agence commerciale demeure un mandat d'intérêt commun spécial. L'article L. 134-1 du Code de commerce dispose précisément que « les contrats intervenus entre les agents commerciaux et leurs mandats sont conclus dans l'intérêt commun des parties ».

639 **Détermination des conditions d'application du statut.** Malgré les dispositions de la loi de 1991 (C. com., art. L. 134-1), les conditions d'application du statut de l'agence commerciale demeurent plutôt mystérieuses. L'article L. 134-1 du Code de commerce dispose en effet que l'agent commercial « négocie et éventuellement conclut des contrats au nom et pour le compte du mandant » et ce, de manière habituelle. L'agent commercial est donc d'abord chargé de prospecter une clientèle, ce qui en fait un mandataire très particulier : il n'est pas principalement chargé de conclure des contrats avec des tiers. C'est ainsi que les commissions lui sont dues dès lors que des commandes sont prises par des clients prospectés même si ces commandes n'ont pas été prises directement par l'agent. On peut alors considérer que le contrat d'agence commerciale est un type particulier de mandat d'intérêt commun qui lui-même est un type particulier de mandat. Tout contrat de mandat « d'affaires » n'est donc pas un contrat d'agence commerciale pas plus que tout mandat d'intérêt commun. Or, bien souvent, cette question de qualification se pose en pratique pour des contrats peu précis. Ainsi, un mandataire chargé de présenter des produits n'est pas un agent commercial[2]. En revanche, la qualification du contrat d'agence commerciale ne dépend pas de la volonté exprimée dans le contrat et notamment de la dénomination choisie par celles-ci, mais de la compatibilité entre l'activité des parties et la définition de l'opération donnée par l'article L. 134-1 du Code de commerce[3].

1. L'immatriculation demeure cependant mais comme simple mesure de police administrative.
2. Com. 6 mars 2001, *Cah. dr. ent.* 2001/4. 28, obs. Ph. Grignon ; Paris, 12 mai 2000, Com. 3 oct. 2000, *Cah. dr. ent.* 2001/2. 32, obs. Ph. Grignon.
3. Com. 10 déc. 2003, *Bull civ.* IV, n° 198, *D.* 2005. Pan. 150, obs. D. Ferrier, *CCC* 2004. 34, obs. L. Leveneur, *RDC* 2004. 731, obs. M. Béhar-Touchais. V. égal. Com. 5 avr. 2005, *Bull. civ.* IV, n° 77 : pour la qualification, il importe peu que l'opération reflète une activité accessoire du mandant.

Il est alors un mandataire indépendant, libre d'organiser son activité comme il l'entend, qui peut disposer de salariés, conclure des contrats de « sous-agence », exercer son activité pour plusieurs mandants, sous la condition que cette multiplicité ne présente pas de conflit d'intérêts (C. com., art. L. 134-3).

Professionnel, il est en principe un professionnel civil et non commerçant décide depuis longtemps la jurisprudence[1] – à moins bien entendu qu'il exerce son activité sous forme de société commerciale – ce dont il résulte qu'il ne peut compromettre, que toute clause attributive de compétence est nulle... Or, cette solution est contestable dans la mesure où ce professionnel exerce une activité d'entremise, exactement comme le courtier ou le commissionnaire. La recodification du Code de commerce a d'ailleurs intégré la loi de 1991 en son sein, parmi les contrats commerciaux.

640 **Droits et obligations de l'agent commercial.** Les obligations du mandant et de l'agent sont placées sous l'égide de la bonne foi contractuelle, redondance de l'article 1104 (ex-1134, alinéa 3) du Code civil (C. com. art. L. 134-4)[2] imposant notamment que « les rapports entre l'agent commercial et le mandant sont régis par une obligation de loyauté et un devoir réciproque d'information ».

L'inexécution du contrat peut résulter de la mauvaise exécution de ses obligations par l'agent comme le fait de ne pas atteindre les quotas fixés, l'empiétement sur un territoire qui n'est le sien ou bien de céder son contrat sans l'agrément du mandant[3].

Les obligations de l'agent sont en principe déterminées par le contrat. Les parties peuvent insérer une clause d'exclusivité, même si elle n'est pas véritablement dans l'esprit de ce contrat. Souvent, le contrat prévoit des clauses de quota ou une clause de ducroire[4], plus rarement. Une clause de non-concurrence postcontractuelle est parfois stipulée ; elle est limitée à une durée de deux ans (C. com., art. L. 134-14).

1. *Cf.* par ex. : Com. 24 oct. 1995, *Bull. civ.* IV, n° 248. Comp. Ph. Le Tourneau et L. Cadiet, *Droit de la responsabilité et des contrats*, n° 4388.
2. Com. 24 nov. 1998 (arrêt *Chevassus-Marche*), *Bull. civ.* IV, n° 277, *CCC* 1999. 56, obs. M. Malaurie-Vignal, *JCP* 1999. II. 10220, note Y. Picod, *Defrénois* 1999. 371, obs. D. Mazeaud.
3. Com. 14 janv. 1997, *RJDA* 1997. 496.
4. Com. 22 oct. 1996, *Bull. civ.* IV, n° 246.

Les obligations du mandant sont essentiellement celles de fournir à l'agent les moyens d'accomplir sa mission et le paiement de sa rémunération, sous forme de commission assise sur le chiffre d'affaires dans des conditions que le contrat doit préciser (eu égard à l'imprécision de l'article L. 134-5 du Code de commerce) : est-ce la prise de commande, la livraison, le paiement qui sont le fait générateur du paiement de la commission ? Par ailleurs, son article L. 134-7 dispose que le droit à commission est acquis « lorsque l'opération a été conclue grâce à son intervention » ou « lorsque l'opération a été conclue avec un tiers dont il a obtenu antérieurement la clientèle pour des opérations du même genre » mais aussi ce qu'on appelle les « ordres indirects » (C. com., art. L. 134-6) c'est-à-dire les commandes émanant de clients situés sur le territoire de l'agent[1], illustrant par là le fait que la mission de l'agent ne consiste pas à recueillir des commandes.

641 **Droit à indemnité de l'agent commercial.** L'originalité du régime de l'agence commercial repose cependant essentiellement sur les conditions de la rupture du contrat. L'article 134-12 du Code de commerce dispose que l'agent a droit à une indemnité compensatrice du préjudice subi en cas de « cessation » de la relation contractuelle. Le terme « cessation » résulte de la directive de 1986 et ouvre des discussions importantes. Nul doute que le droit à indemnité est justifié en cas de rupture *à l'initiative du mandant* lorsqu'elle n'est pas justifiée par une faute de l'agent. Inversement, la faute de l'agent le prive de cette indemnité ; encore convient-il qu'il s'agisse d'une faute d'une certaine gravité, concernant, pour l'essentiel la violation d'une obligation de non-concurrence[2] et que la jurisprudence détermine comme celle qui « porte atteinte à la finalité commune du mandat d'intérêt commun[3] ». De même l'indemnité n'est pas due en cas de rupture *à l'initiative de l'agent*

1. Pour une illustration : Paris, 8 nov. 2000, *Cah. dr. ent.* 2001/2. 34, obs. Ph. Grignon et surtout Com. 23 janv. 2007, *Bull. civ.* IV., n° 5.

2. En revanche, le non-respect des objectifs de vente n'est pas une faute grave : Versailles, 15 sept. 2000, *Cah. dr. ent.* 2001/2. 33, obs. Ph. Grignon ; Com. 14 oct. 1974, *Bull. civ.* IV, n° 244. Il en est différemment en présence d'une clause de résiliation en cas de non-accomplissement des objectifs : Paris, 18 juin 1999, *Cah. dr. ent.* 2000/4, obs. Ph. Grignon.

3. Com. 15 oct. 2002, *Cah. dr. entr.* 2003/3, obs. Ph. Grignon.

comme sa démission[1] à moins (C. com., art. L. 134-13) que celle-ci ne résulte de l'âge, de la maladie ou de l'infirmité de l'agent, causes qui ouvrent droit à indemnité, voire d'une cause imputable au mandant[2]. Enfin, le droit à indemnité cesse en cas de transmission du contrat par l'agent à un cessionnaire ou bien, mais c'est là une interprétation discutée du terme « cessation[3] », en cas de non-renouvellement d'un contrat à durée déterminée. L'arrêt *Beck* du 27 octobre 1998 a en effet décidé que le non-renouvellement était fautif parce que non motivé « le refus de renouvellement du contrat était dépourvu de motif tandis qu'il causait préjudice à (l'agent), faisant ainsi ressortir son caractère abusif[4] ». Parachevant le raisonnement, la Cour de cassation a reconnu que la cessation du contrat à durée déterminée, le seul fait que le terme du contrat survienne, ouvre droit à l'indemnité prévue par l'article L. 134-12 du Code de commerce[5].

642 Lorsque le droit à indemnité est ouvert, le calcul du montant de l'indemnisation pose encore difficulté. Sous l'empire du décret de 1958 et déjà avant celui-ci, les tribunaux avaient pris l'habitude de fixer le montant de l'indemnité par référence au volume des commissions brutes reçues, à hauteur d'un à trois ans de commissions avec une moyenne de deux ans de commissions. Or, l'article L. 134-12 du Code de commerce détermine cette indemnité comme devant « compenser le préjudice subi » : tout devrait donc dépendre de la nature et du volume de ce préjudice. La pratique judiciaire repose en effet sur une confusion avec les techniques d'indemnisation des VRP qui ont droit, automatiquement,

---

1. Com. 18 oct. 1988, *Bull. civ.* IV, n° 277. Plus complexe est l'hypothèse dans laquelle le mandat transmet le contrat d'agence commerciale à un cessionnaire, par exemple par voie de fusion ou d'apport partiel d'actif : le nouveau mandant n'est pas le redevable de l'indemnité (Com. 29 oct. 2002, *CCC* 2003. 36, obs. L. Leveneur).

2. Com. 6 mars 2007, *CCC* 2007, n° 118, obs. M. Malaurie ; Com. 5 oct. 2004, *RJDA* 2005. 373.

3. *Cf.* contre le droit à indemnisation en ce cas : D. Ferrier, *Droit de la distribution,* Litec, 1999, n° 158 ; F. Fournier, *L'agence commerciale, op. cit.* n°s 494 s. ; J.-J. Hanine, « Les rapports entre les agents commerciaux et leur mandant », *LPA* 11 oct. 1992, p. 18.

4. Com. 27 oct. 1998, *Beck*, *Bull. civ.* IV, n° 256. V. déjà Com. 9 oct. 1990, *JCP E* 1991. II. 211, note J.-J. Hanine ; Com. 22 oct. 1996, *CCC* 1997. 21, obs. L. Leveneur, *D.* 1998. 511, note D. Arlie, *Defrénois* 1997. 330, obs. Ph. Delebecque, *RTD civ.* 1997. 653, obs. J. Mestre.

5. Com. 23 avr. 2003, *D.* 2003. 2883, note D. Ferrier (critique), *Cah. dr. entr.* 2003/5. 47, obs. Ph. Grignon ; *CCC* 2003. 121, obs. L. Leveneur. V. déjà, Com. 28 mai 2002, *Cah. dr. entr.* 2002/5. 33, obs. Ph. Grignon.

à une indemnité compensatrice de nature à compenser la clientèle perdue[1]. Par ailleurs, l'indemnité de l'article L. 134-12 du Code de commerce ne se confond pas avec d'autres chefs d'indemnité, par exemple lorsque le contrat est rompu avant son terme : l'agent peut aussi prétendre à des indemnités pour rupture anticipée correspondant à la perte de commissions attendues jusqu'au terme contractuel[2].

1. Ph. Grignon, obs. in *Cah. dr. ent.* 2002/3. 35.
2. Com. 23 avr. 2003.

CHAPITRE 3

Les contrats de mandat réglementés

643 **Les agents d'affaires.** Le maelström des contrats de mandat dans les milieux d'affaires prend naissance avec la notion d'agent d'affaires à partir de laquelle sont nées toutes les véritables catégories réglementées de mandat : ils sont des entremetteurs, des mandataires, des courtiers. On les retrouve dans le milieu sportif où les « agents de joueurs » souffrent d'une mauvaise réputation, dans le milieu artistique, les fameux agents artistiques, des médias avec la cohorte des agences de presse, plus basiquement dans les milieux d'affaires où ils s'entremettent dans des cessions de fonds de commerce, d'entreprises, d'actions... Ils sont des commerçants dès lors qu'ils font de cette activité leur profession habituelle, ce qui les soumet aux exigences du droit commercial, mais c'est bien tout ce qu'en fait de réglementation, on peut trouver. En contraste, les mandats réglementés apparaissent surchargés de règles : nous observerons quelques-uns seulement de ces contrats dont le contrat d'agent immobilier (**§ 1**) et le contrat d'agent de voyages (**§ 2**).

§ 1. Le contrat d'agent immobilier

644 **Mandat réglementé.** Le contrat de l'agent immobilier est un contrat qui fait l'objet d'une réglementation lourde, proposée par la loi du 2 janvier 1970, dite loi *Hoguet*, accompagnée d'un décret du 20 juillet 1972. Ils concernent l'activité d'entremise immobilière, plus exactement le fait de se livrer, de manière habituelle, à des opérations de transaction ou de gestion immobilière, même si, à la vérité, la délimitation du champ d'application de ces règles et leur adaptation à la réalité de l'activité des professionnels de l'immobilier est plutôt malaisée[1] s'agissant par exemple des expertises, des opérations de vente ou de location, de cession de parts de sociétés relatives à un immeuble[2], etc. Ainsi l'intervention d'un avocat, d'un notaire, d'un marchand de biens n'est pas comprise dans ce champ d'application. L'enjeu repose sur les exigences imposées par la loi *Hoguet* en termes de formation, de garantie financière et d'assurance de responsabilité et de contenu du contrat de mandat qu'il conclut.

645 **Mandat particulier.** Le contrat de l'agent immobilier est en effet réglementé par la loi de 1970 et défini comme un contrat de mandat, quelle que soit la réalité de la relation contractuelle. Ainsi, la Cour de cassation admet que le mandat de l'agent immobilier ne supposait pas nécessairement que l'agent ait reçu pouvoir d'engager le mandant, d'agir en son nom et pour son compte[3]. Le régime proposé par la loi de 1970 indique même que l'agent ne peut engager le mandant que par une clause expresse en ce sens (Décr. 20 juill. 1972 art. 72). L'ordonnance du 1er juillet 2004 a simplifié l'exercice de ces activités et propose des dispositions de protection des clients des professionnels de l'immobilier.

Par ailleurs l'activité de l'agent immobilier se partage en deux catégories, identifiant deux formules de mandat distinctes, le mandat de transaction et le mandat de gestion d'un immeuble.

1. B. Alibert, « Les intermédiaires sans statut dans la vente d'immeuble », *RD immo.* 1996. 531. *Adde* : Civ. 1re, 28 oct. 2003, *Bull. civ.* I, n° 210.
2. Civ. 1re, 10 oct. 1995, *Bull. civ.* I, n° 351. V. J.-M. Guth, V°Agents immobiliers, *Rép. civ. Adde :* B. Alibert, « Les intermédiaires sans statut dans la vente d'immeuble », *RD imm.* 1996. 531.
3. Civ. 1re, 8 juill. 1986, *Bull. civ.* I, n° 194.

646 **Mandat relatif à la transaction portant sur un immeuble.** Ce contrat est particulièrement réglementé et cette réglementation s'articule de deux façons, par des exigences protectrices du mandant, et d'autres, de direction.

Le contrat doit, d'abord, être écrit et contenir un certain nombre de clauses obligatoires relatives à l'objet du mandat, à l'autorisation de manier des fonds, à la rémunération de l'agent ou à la reddition des comptes. L'absence de ces mentions est sanctionnée par la nullité du contrat, nullité de protection et donc relative mais aussi par une sanction pénale, sous forme d'amende.

Le contrat doit, ensuite, être conclu à durée déterminée et cette exigence est sanctionnée par une nullité absolue[1]. Par ailleurs, lorsque le contrat est assorti d'une clause d'exclusivité au profit du mandataire, la durée du mandat est limitée à trois mois.

Les obligations des parties sont une déclinaison des obligations communes avec un certain nombre de particularités. Ainsi, le mandataire est un professionnel et soumis à cet égard à tout une série d'exigences. Il doit exercer son mandat avec la diligence normale que l'on attend d'un tel professionnel : il est donc, évidemment, tenu d'une simple obligation de moyens dans la réalisation de sa mission. Il doit informer, conseiller le mandant, par exemple sur la valeur réelle ou estimée du bien, il doit s'assurer que la rédaction de l'acte définitif, pour autant qu'il en soit chargé, est efficace. Sa responsabilité ne résulte pas de l'échec de celle-ci mais de la médiocrité des moyens qu'il aurait mis en œuvre par exemple s'il n'a répondu à aucune demande de visite de l'immeuble.

Le mandant doit à l'inverse, respecter l'exclusivité éventuellement consentie et rémunérer l'agent. La rémunération est l'un des éléments dont la loi de 1970 impose la présence dans le contrat[2]. Elle est généralement fixée de façon proportionnelle au prix de

1. Civ. 1re, 22 mai 1985, *Bull. civ.* I, n° 159 : le mandat conclu pour une durée déterminée mais contenant une clause de reconduction pour une durée indéterminée est nul.
2. Tomasin, « La rémunération de l'agent immobilier », *RD imm.* 1989. 125. Par ailleurs, l'agent doit informer de ses tarifs en matière de transaction en vue de la vente ou de la location, par voie d'affichage. De même la rémunération de l'agent peut être réduite si elle apparaît excessive, en application des règles communes du mandat.

vente ou de la location ; elle peut être objet d'une négociation pour des sommes très importantes : la formule « nous consulter » en est généralement le signe. La rémunération n'est cependant due que pour autant que les conditions formelles de validité du contrat ont été respectées. Si par exemple le contrat n'est pas conclu à durée déterminée, le mandat est nul et tout droit à rémunération est exclu : il en résulte que le droit à rémunération résulte du contrat de mandat lui-même et non de l'opération que ce contrat traduit et aucune action en enrichissement sans cause ou fondée sur la gestion d'affaires ne pourrait justifier le paiement d'une indemnité[1]. Par ailleurs, la rémunération n'est acquise au profit de l'agent que pour autant que l'opération a été menée à bien : que les conditions suspensives soient réalisées, que le délai d'exercice d'un dédit soit passé. Mais il en résulte à l'inverse que si le mandant traite directement avec une personne qui a eu à faire avec l'agent, ce dernier a droit à sa rémunération, *a fortiori* si le mandat était un mandat exclusif.

647 **Mandat de gestion.** Le contrat de mandat de gestion est très différent du premier. Il porte non plus sur l'éphémère opération d'assistance à la formation d'un contrat de bail ou de vente d'un immeuble, mais à plus long terme, sur la gestion de l'immeuble : le paiement des charges communes, d'eaux d'électricité, le salaire d'un concierge, l'entretien des parties communes, des jardins, l'organisation de travaux... Ce travail astreignant mais nécessaire est souvent confié à des professionnels, les agents immobiliers, on les appelle parfois aussi les syndics de copropriété.

Le contrat est alors très souvent un acte conjonctif conclu entre un agent et des copropriétaires. Cet autre contrat de mandat répond également à un certain formalisme. Il doit être écrit, doit préciser la mission de l'agent, les autoriser éventuellement à percevoir des sommes pour le compte du ou des mandataires, prévoir les conditions de la rémunération de l'agent.

1. Civ. 1re, 6 oct. 1993, *Bull. civ.* I, n° 266 et 267. Par exemple, si l'agent dispose d'un mandat de location d'un immeuble et que l'un des locataires s'avise d'acquérir cet immeuble, un contrat de mandat de vente doit précéder la transaction, faute de quoi, toute rémunération associée à cette vente serait exclue.

Le contrat de mandat est limité à des opérations d'administration de l'immeuble et exclut par là même tout acte de disposition effectué par l'agent. Il doit, là encore effectuer sa mission avec diligence et assurer une reddition des comptes, souvent, en pratique, dans le cadre d'une assemblée générale de copropriétaires.

§ 2. Le contrat d'agent de voyages

648 **Un des nombreux mandats réglementés.** Parmi les très nombreux contrats de mandat réglementés, le contrat de mandat conclu par les agences de voyages compte parmi les plus importants. Une loi du 13 juillet 1992 remplaçant une loi du 11 juillet 1975, accompagnée d'un décret du 15 juin 1994, fixe tant les conditions d'exercice de l'activité d'agence de voyages que le contenu du contrat de « vente de voyage ». Au-delà de la sémantique approximative de la loi de 1992 concernant l'objet de ces contrats, qui relève davantage d'une approche sociologique du contrat – on achète un « voyage » comme un bien corporel –, on notera que la loi de 1992 visait à moraliser le secteur et la profession des agences de voyages[1]. C'est ainsi qu'elle propose des dispositions concernant l'organisation de la profession elle-même : une licence est nécessaire, accompagnée de garanties financières. Les contrats conclus par ces agences font également l'objet d'une réglementation particulière, de nature, essentiellement, à renforcer la responsabilité des agences de voyages.

La réglementation en la matière impose d'abord diverses exigences d'information sur les prestations proposées avant la conclusion du contrat, informations fournies souvent par des documents publicitaires qui engagent l'agence. Le client doit bien entendu le prix du contrat, prix fixé dans le contrat et non modifiable sauf à ce que ces modifications ou ajouts soient prévus dans le contrat.

1. G. Raymond, « La protection du consommateur-touriste », *CCC* févr. 1996.

Cette réglementation permet surtout d'identifier deux types d'opérations contractuelles : l'agent de voyages est tantôt mandataire tantôt traité comme un entrepreneur.

Le contrat est en premier lieu un contrat de mandat conclu entre l'agence et ses clients. C'est le cas lorsque l'agence se contente de conclure un contrat de transport pour le compte de son client comme le fait de réserver une place dans un avion ou un train ou une chambre dans un hôtel. L'agent de voyages mandataire ne répond alors que de ses éventuelles fautes comme mandataire. Il est tenu d'une obligation de moyens à cet égard plutôt strictement envisagée par la jurisprudence. C'est ainsi par exemple que l'agent de voyages engage sa responsabilité si le titre de transport délivré n'est pas efficace[1]. et il ne répond en rien de celles du transporteur à l'égard de son client.

Le contrat est en second lieu un contrat d'entreprise dès lors qu'il ne se contente pas de conclure un contrat de transport ou d'hébergement pour son client mais qu'il organise un séjour : transport, hébergement, excursion... un « voyage » pour lequel le client ne traite qu'avec l'agence de voyages ignorant l'identité des prestataires de transport ou d'hébergement. La loi de 1992 a ainsi rejoint les solutions proposées par la jurisprudence[2]. L'agence de voyages est « responsable de plein droit à l'égard de l'acheteur de la bonne exécution des obligations résultant du contrat, que ces obligations soient à exécuter par lui-même ou par d'autres prestataires de services, sans préjudice d'un droit de recours contre ceux-ci ». L'agent est alors contractuellement responsable à l'égard de son client du fait d'autrui, alors garante « de l'organisation du séjour et de sa bonne exécution ». Par conséquent, l'agence est tenue à l'égard de son client dans les mêmes termes que l'entreprise dont il est garant : transporteur ou hôtelier.

1. Civ. 1re, 31 mai 1978, *Bull. civ.* I, n° 210. V. aussi Civ. 1re, 12 juin 1985, *Bull. civ.* I, n° 185, à propos d'un changement de vol considéré comme imputable à des causes extérieures au contrat de mandat Civ. 1re, 22 oct. 2002, *CCC* 2003. 35, obs. L. Leveneur à propos d'un contretemps lors d'une escale.

2. Civ. 1re, 27 oct. 1970, *D.* 1971. 449, note P. Couvrat, *JCP* 1971. II. 16624, note R. Rodière. Il devait par exemple rembourser les bagages perdus : Civ. 1re, 10 mai 1989, *Bull. civ.* I, n° I, n° 183, *RTD civ.* 1989. 753, obs. P. Jourdain.

Bibliographie

J.-J. Barbieri, *Contrats civils, contrats commerciaux,* Masson/Armand Colin, 1995.

A. Bénabent, *Droit civil, Les contrats spéciaux,* coll. Domat, Montchrestien, 11e éd., 2015.

F. Collart-Dutilleul et Ph. Delebecque, *Contrats civils et commerciaux,* 10e éd., Dalloz, 2015.

J. Ghestin et B. Desché, *Traité de droit des contrats, La vente*, LGDJ, 1990.

J. Gatsi, *Les contrats spéciaux,* Armand Colin, 1998.

B. Gross et Ph. Bihr, *Contrats,* t. 1 : *Vente et baux*, 2e éd., PUF, 2002.

J. Huet, G. Decocq, C. Grimaldi et H. Lécuyer, *Traité de droit civil, Les principaux contrats spéciaux*, 3e éd., LGDJ, 2012.

F. Leclerc, *Droit des contrats spéciaux*, 2e éd., LGDJ, 2012.

Ph. Le Tourneau, *Droit de la responsabilité et des contrats,* Dalloz, 2008.

Ph. Malaurie, L. Aynès et P.-Y. Gautier, *Les contrats spéciaux,* Defrénois, 8e éd., 2016.

H., L. et J. Mazeaud, F. Chabas, *Leçons de droit civil, principaux contrats. Vente et échange*, t. III, vol. 2, Montchrestien, 1987.

P. Puig, *Contrats spéciaux,* coll. Hypercours, 6e éd., Dalloz, 2015.

J. Raynard et J.-B. Seube, *Droit civil, Les contrats spéciaux,* 8e éd., Litec, 2015.

A. Sériaux, *Contrats civils,* coll. Droit fondamental, PUF, 2001.

F.-X. Testu, *Contrats d'affaires*, Dalloz Action, 2010.

F. Zenati-Castaing et Th. Revet, *Cours de droit civil - Contrats*, Puf, 2016.

INDEX ALPHABÉTIQUE

Les chiffres renvoient aux numéros de paragraphes.

D

E

G

I

L

M

P

TABLE DES MATIÈRES

Photocomposition Nord Compo
59650 Villeneuve d'Ascq

716153 (I) OSB - Pr 60g - NOR - (FLE)
Achevé d'imprimer en septembre 2016
N° 2428517S - Dépôt légal : septembre 2016
Imprimé en France par Jouve
1 rue du Docteur Sauvé, 53100 MAYENNE